中国农业机械化年鉴

THE YEARBOOK OF AGRICULTURAL MECHANIZATION IN CHINA

主管 中华人民共和国农业农村部
主办 农业农村部南京农业机械化研究所
主编 陈巧敏

2019

中国农业科学技术出版社

图书在版编目 (CIP) 数据

中国农业机械化年鉴 . 2019 / 陈巧敏主编 . —北京 : 中国农业科学技术出版社 , 2020.6

ISBN 978-7-5116-4742-9

Ⅰ . ①中…　Ⅱ . ①陈…　Ⅲ . ①农业机械化—中国—2019—年鉴　Ⅳ . ① F323.3-54

中国版本图书馆 CIP 数据核字 (2020) 第 081329 号

责任编辑　姚　欢
责任校对　马广洋

出 版 者　中国农业科学技术出版社
北京市中关村南大街 12 号　　邮编 : 100081
电　　话　(010) 82106636 (编辑室)　(010) 82109704 (发行部)
(010) 82109709 (读者服务部)
传　　真　(010) 82106631
网　　址　http://www.castp.cn
经 销 者　各地新华书店
印 刷 者　南京理工大学资产经营有限公司
开　　本　889mm × 1194mm　1/16
印　　张　21.25　彩插　4 面
字　　数　880 千字
版　　次　2020 年 6 月第 1 版　2020 年 6 月第 1 次印刷
定　　价　320.00 元

《中国农业机械化年鉴》编辑委员会

编辑说明

一、《中国农业机械化年鉴》是我国农业机械化综合性行业年鉴，旨在逐年记载我国农业机械化发展的历史进程，提供农业机械化经济技术资料与统计数据，服务现代农业，促进行业发展，为政府决策提供发展借鉴与依据。

二、《中国农业机械化年鉴》2019年版设领导报告与论述、农业机械化论坛、农业机械化政策法规及规章、农业机械化工作、农业机械化统计资料、农机社团组织、机构与负责人、大事记、附录、索引等栏目。

三、《中国农业机械化年鉴》由中华人民共和国农业农村部主管，农业农村部南京农业机械化研究所主办。中国农业机械化年鉴编辑委员会由农业农村部农业机械化管理司、各省（自治区、直辖市）农业机械化主管部门、有关农业机械化企事业单位和高等院校专家组成。《中国农业机械化年鉴》编辑部设在农业农村部南京农业机械化研究所。

四、《中国农业机械化年鉴》采用分类编辑法编辑，类目下设分目，年鉴以条目为记载资料的基本单元。

五、《中国农业机械化年鉴》的类目、分目、条目标题使用不同字体、字号，类目标明于页眉，以便于检索，条目标题均为黑体字加【 】号。

六、《中国农业机械化年鉴》所采用的稿件来自农业农村部、各省（自治区、直辖市）农业机械化主管部门、有关农业机械化企事业单位和高等院校，条目、数据、事实等经过有关部门反复核对。

七、《中国农业机械化年鉴》的各项全国统计数字均不含香港特别行政区、澳门特别行政区和台湾地区。

八、为便于读者查阅，《中国农业机械化年鉴》卷首有目录，卷末有大事记和索引，全书的信息资料可通过目录、大事记、索引3个检索渠道查阅。

九、由于编排格式的需求，《中国农业机械化年鉴》中的农业机械化发展报告、领导报告与论述、农业机械化论坛等栏目文章略去了“参考文献”内容，在此深表歉意。

十、《中国农业机械化年鉴》的编辑工作得到中国农业科学院、各级农业机械化主管部门、农业机械化企事业单位和有关高等院校的大力支持，在此深表谢意。

目 录

领导报告与论述

在全国农机购置补贴工作座谈会上的讲话(摘要)

(2018 年 3 月 16 日 · 北京)

农业部副部长 **张桃林**

这次会议的主要任务是,贯彻党的十九大精神,落实中央农村工作会议、全国农业工作会议的部署要求,全面总结交流十八大以来农机购置补贴工作的成效和经验,分析存在的问题和不足,研究部署"十三五"中后期农机购置补贴工作。下面,我讲三点意见。

一、充分肯定十八大以来农机购置补贴的成效经验

农机购置补贴是党中央国务院重要的强农惠农富农政策之一,2004 年出台以来,支持强度持续加大,惠及范围不断扩大。特别是十八大以来的五年,中央财政累计安排农机购置补贴资金 1 116 亿元,为 2004 年补贴政策实施以来资金总量的 60%;补贴购置各类农机具 1 840 多万台(套),是 14 年累计总数的 45%,大幅提升农业物质技术装备水平,有力推动现代农业建设,取得了利农助工、一举多得的显著成效。

(一)推动农业生产方式的历史性转变。农机装备总量持续快速增长,农机化水平持续快速提高。2017 年,全国农机总动力近 10 亿千瓦,比 2012 年增长 23%;全国农作物耕种收综合机械化率超过 66%,较 2012 年提高 9 个百分点。农业生产方式由人畜力为主进入机械作业为主的历史新阶段。

(二)带动农机工业成长壮大。2017 年规模以上农机工业企业主营业务收入 4 499 亿元,比 2012 年增长 34%。我国已成为世界农机制造和使用第一大国,适应我国农业生产的农机工业体系逐步完善。

(三)促进了农业生产性服务业加快发展。2017 年全国农机作业服务组织近 19 万个,其中农机合作社近 7 万个,分别较 2012 年增加 2.3 万个和 3.6 万个,带动了其他农业经营组织的发展。跨区作业、代耕代种、全程托管等服务不断扩大,农机化经营服务总收入超过 5 500 亿元,比 2012 年增长 15%,成为农业生产性服务业的主力军、排头兵和"引擎",在推进小农户与现代农业发展有机衔接中发挥了重要桥梁作用。

2016 年,在财政部组织的第三方绩效考核中,农机购置补贴获"政策实现度高"最高等级评价。2017 年 11 月 7 日,汪洋副总理主持召开加快推进农机装备产业转型升级有关问题专题会议,对补贴政策实施成效予以充分肯定。

农机购置补贴实施工作的成功做法和有益经验,主要体现在以下四个方面。

第一,在"补什么"方面,紧紧围绕国家农业战略需求确定补贴范围,助力农业供给侧结构性改革。坚持保障国家粮食安全和重要农产品有效供给不动摇,持续将粮棉油糖等主要农作物生产全程机械化所需重点机具全部纳入补贴范围。同时,加快构建以绿色生态为导向的农机购置补贴制度,特别是把开展"一控两减三基本"、农业面源污染治理攻坚战所需的相关机具优先纳入补贴范围;支持开展老旧农机报废更新补贴试点,将实施区域由 2012 年的 11 个省份逐步扩大至全国;开展养蜂专用机具购置补贴试点,以及开展农机深松整地作业补助等。适应农业结构调整需要,积极开展农机新产品购置补贴试点,试点省份不断扩大,由 2016 年的 3 个扩大至 2017 年的 10 个;在 6 个省份开展农机购置补贴引导植保无人飞机规范应用试点。

第二,在"补多少"方面,正确处理促进发展与兼顾公平的关系,科学合理确定补贴标准。实行定额补贴,按照不超过全国或省域范围内同类农机产品市场均价的 30% 测算补贴额度,推行"缩范围、控定额、促敞开",最大限度减少补贴对市场价格的影响,创造补贴范围内机具普惠敞开补贴的条件。对常规、传统及区域相对饱和机具，按较低比例测算；对薄弱环节、绿色生态、技术创新机具，按接近或等于30%的比例测算；充分考虑边远贫困民族等特殊特定区域农机物流成本贵、价格高的实际，在西藏和新疆南疆地区开展差别化农机购置补贴试点，按当地农机市场均价的30%足额测算补贴标准。

第三，在“怎么补”方面，切实尊重农民主体地位和自主选择权，不断提高购机农户满意度。全面推行“自主购机、定额补贴、县级结算、直补到卡”的实施操作方式，既注重防控风险，又注重实施效率。农民由差价购机转为全价、自主购机，自主申报补贴，市场主体地位得到充分尊重，议价自主性大大提高。补贴资金由省级财政与企业结算转变为县级财政直接兑付农户，彻底消除了资金结算环节可能的权力寻租风险，大大增强了购机农户实惠获得感。补贴申领从经销商转为农民直接到农机部门办理，将经销商从补贴申领操作环节分离，大幅减少了虚购套补的风险。同时，辅之以全方位信息公开和便民高效的办事程序，购机农户获得感和满意度不断提高。

第四，在“怎么管”方面，坚持不懈加强制度建设，确保政策高效规范廉洁实施。逐步形成了以资金管理办法、实施指导意见为核心，分档投档、信息公开、绩效考核、违规查处等方面的制度规范相配套的制度体系，切实做到用制度管钱、靠制度管事、依制度管权。一是重构了资金管理制度。将农机购置补贴纳入新制定的《农业生产发展资金管理办法》管理范畴，并作为约束性任务单独列支。改变了实施指导意见一年一发的惯例，从2015年起按三年一个周期制定实施指导意见，操作更加稳定，实施更有预期。二是改进补贴机具资质确定和分档投档办法。将补贴机具资质与国家支持推广的农机产品目录脱钩，更好发挥市场机制的作用，强化了企业对产品质量的管理责任。完善补贴额一览表制定办法，赋予各省补贴机具分档定补更大的自主权，将补贴机具投档和补贴辅助管理系统管理权限下放至省，各地工作自主性、责任感明显增强。三是全面推进信息公开。广泛使用补贴辅助管理系统，县级补贴信息公开专栏建设率超过90%，补贴政策制度、补贴机具种类、补贴资金使用、补贴受益对象、补贴操作方式等相关信息基本实现了全面公开、及时公开，主动接受社会各个方面的监督。四是加强绩效管理。开展农机购置补贴政策落实延伸绩效管理，围绕政策任务目标、关键举措落实等全面考核，促进了资金使用进度和政策实施规范化。五是严格规范惩处违规。先后制定《农业部办公厅关于进一步规范农机购置补贴产品经营行为的通知》《农业机械购置补贴产品违规经营行为处理办法(试行)》，为各地查处违规工作提供了遵循；上线运行全国补贴违规处理和黑名单数据库，集中登记各地违规查处信息，初步构建起违规行为省际联动联查机制，违规农机企业“一处失信、处处受限”的氛围基本形成。

十八大以来农机购置补贴取得的显著成绩，得益于党中央、国务院的正确领导和高度重视，得益于广大农民群众和农机产销企业的真诚拥护和积极参与，得益于各级农业机械化、财政部门的辛勤付出和有关部门、有关方面的大力支持。

二、准确把握农机购置补贴面临的形势和任务

当前，我国正处在传统农业向现代农业转变的关键时期，进入了推进农业供给侧结构性改革的新阶段。随着工业化和城镇化进程的不断加快，农业“用工难”“用工贵”问题日益突出，特别是随着乡村振兴战略的实施，以及各个方面对农业再认识的提高，农业各领域对农业机械化的需求越来越迫切，广大农民对农机装备的依赖越来越明显，“机器换人”成为破解“谁来种地？怎么种地？”“怎么种好地?”问题的必然选择。但是，农业机械化发展不平衡、不充分的问题还比较突出。

农业机械是现代农业发展的重要物质基础，农业机械化是农业现代化的重要标志之一。党的十九大提出实施乡村振兴战略，明确农业农村要优先发展，加快推进农业农村现代化，为新时代农业发展指明了方向。中央农村工作会议对实施乡村振兴战略做了全面安排部署，要求加快推进农业由增产导向转向提质导向，深化农业供给侧结构性改革，走质量兴农之路，夯实农业生产能力基础，确保国家粮食安全，构建现代农业产业体系、生产体系、经营体系，加快实现由农业大国向农业强国转变。全国农业工作会议提出，坚持质量兴农、绿色兴农、效益优先，加快转变农业生产方式，特别强调要“机器换人”，向降低生产成本要效益；要扩大土地经营规模发展和社会化服务规模，向规模经营要效益；要在提高农业投入品使用效益、推进农业废弃物资源化利用上下工夫，提高农业可持续发展水平；要深入推进农业结构调整，优化农业生产力布局，使农业供需关系在更高水平上实现新的平衡等等。这些决策部署对农业机械化发展都提出了更新的更高的要求，为农业机械化工作提供了更广阔的舞台。必须着眼于更宽领域、更高质量的发展，着力补齐农业机械化发展中的短板，加快农业机械化转型升级，推进农业机械化全程全面高质高效发展，为实施乡村振兴战略，推进农业农村现代化提供有力支撑。

农机购置补贴是目前促进农业机械化发展的最直接、最主要手段。引导推动新时期农业机械化转型升级，破解农业机械化发展中不平衡、不充分的矛盾，是当前和今后一个时期农机购置补贴工作的方向和重要任务。面对新时期、新要求，应当有新的担当，特别是对农机购置补贴实施工作中存在的主要矛盾和问题，需要加快解决。

第一，补贴机具有效供给不足的问题。一些地方的农民特别是新型农业生产经营主体，对国内创新产品和国外高端产品的补贴需求日渐迫切，其中不仅是“有无”的问题，还有“好坏”“高低”的问题，特别是一些精准化、智能化机具的供给还不能满足需求。由于这些产品获得补贴机具资质还比较难，“想要补、补不了”的问题非常突出。近两年虽然开展了新产品补贴试点，但与农民、企业的期待，以及农业产业和农村发展的需求相比仍有较大差距。

第二，补贴机具分档定补办法不够精准的问题。农业机械门类复杂、产品多样，对机具进行精细分档定补的难度较大。多年来主要按照“分档宜粗不宜细”的原则，选择单一主要功能对机具进行分档定补，不能精准体现复式、多功能、智能化机具的技术进步特征，导致这些机具补贴标准相对偏低，一定程度上影响了农民选购的积极性。

第三，补贴资金使用管理机制有待进一步完善的问题。近年来，部分丘陵山区为主的省份不同程度地出现补贴资金较大量的结转，在这些省份内也存在部分市县不够用、部分市县用不完的现象。原因除了适用机具缺乏外，还与现行资金分配方式有一定关系，开展补贴资金区域间年度余缺调剂还有不少困难。

第四，部分操作环节上存在的“痛点”问题。受各方面因素影响，购机农民从通过审核到拿到补贴的时间，在有的地区仍然还比较长，农户对此有不少意见或者怨言；受技术条件和管理手

段所限，企业在对补贴机具进行投档时，还需要针对不同省份的不同要求准备不同的材料，有时还需要在多个省份之间来回奔波；受知识、经验不足等因素影响，一些县及县以下补贴机具核验工作存在着操作规范缺失、技术手段落后等短板。

要切实增强责任感、使命感，按照韩长赋部长提出的“调整、完善、提高”的要求，坚持成功经验，锐意改革创新，全力完善提高，充分发挥农机购置补贴在推进农业机械化转型升级中的重要作用。

三、认真做好“十三五”中后期农机购置补贴各项工作

2月22日，农业部、财政部联合印发了《2018—2020年农机购置补贴实施指导意见》，对新一个三年的政策实施工作做了全面安排部署，各地要不折不扣贯彻执行。对做好当前和今后一个时期的农机购置补贴组织实施工作，需着重突出下列五点工作。

第一，突出战略重点，科学确定补贴范围。补贴范围是政策实施的总入口。各省在选择确定补贴范围时，要提高针对性、战略性、前瞻性，立足于补贴范围内机具敞开补贴，坚持公开、公平、公正原则，规范、严密确定程序，确保三方面重点：一是优先保障发展粮食和主要农产品生产全程机械化的需求，为国家粮食安全和主要农产品有效供给提供坚实的物质技术支撑；二是要全力保障支持农业绿色发展机具的补贴需要，大力推广绿色高效机械化技术；三是注重选择短板机具、高端产品、智能装备，将区域内保有量明显过多、技术相对落后、需求量小的机具品目剔除出补贴范围，支持引导农业机械化转型升级。

第二，突出绿色生态导向，大力促进农业绿色发展。促进绿色发展是当前乃至今后很长一段时期农业补贴政策的导向，农机购置补贴要当好排头兵，与其他农业补贴政策结合好，充分发挥机具装备对农业绿色发展的支撑作用。在种植业领域，要把深松整地、免耕播种、高效植保、节水灌溉、高效施肥、秸秆还田离田、残膜回收等绿色增产技术应用所需机具全部纳入补贴范围；在畜牧水产养殖领域，要把畜禽粪污资源化利用、病死畜禽无害化处理等机具设备列为优先选项。对支持农业绿色发展的机具和环保、节能机械装备，要加大补贴力度，进一步提高分档定补的精准性。新产品补贴试点要把符合绿色生态导向的创新产品列为支持重点，着力加快转化推广。要完善农机报废更新补贴实施操作办法，适度提高回收拆解补贴标准，改革完善回收机制，进一步扩大机具范围和实施规模，列出清单，加速淘汰能耗高、污染重、安全性能低的老旧农机具。

第三，突出引导支持农机科技创新，促进农业供给侧结构性改革。加快农机科技进步是解决补贴机具供给不足问题的治本之策，也是农机购置补贴政策的应有之义。农业部、财政部对这方面工作高度重视，积极推进，从2018年起，不仅将新产品补贴试点扩大至全国范围，还打破农机鉴定作为补贴机具资质确定唯一方式的格局，引入采信农机产品认证结果制度，并取消了补贴机具中国境内生产的限制。这一系列改革创新是有效发挥农机购置补贴政策作用，加快农业机械“填空补缺”和农机工业技术创新步伐的重大举措。

对此，各省要抓好贯彻落实，特别是用好新产品补贴试点的“利器”，围绕农业结构调整需要，着力补短板、促创新，开展薄弱环节短缺机具、智能复式多功能机具和丘陵山区特色产业机械化发展所需的新产品补贴试点，加快新产品转化和推广应用步伐。要注重打通试点产品转向大范围补贴的渠道，引导相关鉴定认证检测机构和企业，加强试点产品标准、鉴定大纲和认证规则的制定工作，为试点产品尽快通过鉴定、认证纳入全国补贴范围打好基础。

第四，突出普惠共享，不断增强农民群众补贴实惠获得感。普惠共享是中央公共财政的基本属性之一。实行补贴范围内机具敞开补贴，有利于集中资金保重点，有助于稳定农民购机预期、促进市场公平竞争。近年来，随着农民购机日趋理性，以及资金供需的总体平衡，实行补贴范围内机具敞开补贴的条件已基本成熟。因此，农业部、财政部决定从2018年开始，进一步聚焦重点，在一定资金条件和补贴范围前提下，全面推行敞开补贴。各省要充分认识推行敞开补贴的重大意义，切实抓好贯彻落实。要把握好补贴机具种类数量与资金规模的匹配度，力求农民当年购机当年能够获得补贴。确实因当年资金规模不够、办理手续时间紧张等难以在当年兑付补贴的，应在下一个年度优先予以补贴，不要拖成问题。要加大对丘陵山区等薄弱地区的支持力度，支持薄弱地区加快补齐短板，分享农业机械化发展红利。要处理好对普通农民与对农业生产经营组织的补贴关系，不能为“垒大户”而挤压普通农民申领补贴空间，影响政策的公平性。

第五，突出高效便捷、规范廉洁，持续提高公众和社会满意度。习近平总书记曾说过，“政策好不好，要看乡亲们是哭还是笑”。我们要结合农机购置补贴政策实施工作实际，采取有力措施，着力提升制度化、信息化、便利化水平，把好事办好、把实事做实。要提高信息公开的质量和效果，全面公开政策实施各环节生成的各类信息，实时公开补贴资金申请登记进度和享受补贴购机者信息，进一步便利农民选机购机和社会监督。要按照每年不少于两次的规定公布补贴机具投档频次，要组织农机鉴定机构及时公开鉴定证书、鉴定结果和产品主要技术规格参数信息，加快投档工作规范化、信息化、自动化，进一步便利企业自主投档。鼓励使用手机App开展补贴申请，鼓励有条件的省份探索利用农业部新型农业经营主体信息直报系统实行网上补贴申请试点，推进购机者申领补贴信息化。

要围绕补贴范围确定、补贴资金分配、补贴额测算等关键环节工作，全面建立内部控制规程，确保重大决策规范严谨、公平合理、公正科学。要规范基层补贴机具核验流程，特别要加强对大中型机具和单人多台套、短期内大批量等异常申请补贴情形的核验监管，提升补贴机具核验制度化、规范化水平。

要定期组织开展廉政警示教育，不断提高补贴工作人员纪律规矩和廉洁从政意识。要加强违规查处制度建设，全面贯彻落实《农业部办公厅、财政部办公厅关于印发〈农业机械购置补贴产品违规经营行为处理办法（试行）〉的通知》精神，加快制定本辖区处理细则，进一步推进省际联动联查，持续保持对违规农机企业的高压态势。

做好新时期农机购置补贴工作，巩固和发展农业机械化的好形势，农业机械化前景广阔，任务艰巨。要认真贯彻落实党的十九大精神，坚定信心，开拓创新，扎扎实实，久久为功，全力开创农机购置补贴工作新局面，为推进农业机械化全程全面高质高效发展，助力实施乡村振兴战略和决胜全面建成小康社会做出新的更大的贡献。

在全国农机鉴定和农机化质量工作改革推进座谈会上的讲话(摘要)

(2018年5月3日·北京)

农业农村部*副部长 张桃林

2018年5月3号,在北京召开全国农业机械试验鉴定和农业机械化质量工作改革推进座谈会,总结发展成效,深入分析新形势、新要求,研究推进农机试验鉴定和农业机械化质量工作改革发展,非常重要,非常及时。内蒙古、黑龙江、河南、湖南、广东、甘肃农机鉴定站等6个单位作了典型发言。

一、充分肯定全国农机试验鉴定和农机化质量工作改革发展的成效

近些年,我国农业机械化加快发展,大幅提升了农业物质技术装备水平,有力推动现代农业建设,取得了显著成效。2017年,全国农机总动力近10亿千瓦,全国农作物耕种收综合机械化率达到66%。农业机械化质量是农机化发展水平的重要方面,关系到农机安全生产和效率水平,关系到农民的切身利益和企业的持续发展,直接影响到农业向高质量发展转型升级的进程。农机试验鉴定是促进农业机械化创新发展,保障农业机械化安全生产和加快农机推广应用的重要环节,是农业机械化工作的重要手段。近年来,全国农机试验鉴定系统围绕中心、服务大局,为实施农机购置补贴政策、推广先进适用的农业机械、保障农机安全生产做出了重要贡献。特别是在过去的一年里,攻坚克难、勇于担当,依法履行职能、突出规范实施、强化支撑保障,深入推进鉴定制度改革和事业单位改革,不断提升公共服务能力,农机试验鉴定和农业机械化质量各项工作都取得了明显成效。

在农机鉴定工作方面。积极推进农机试验鉴定制度改革,稳步推进《农业机械试验鉴定办法》和相关实施办法的制修订。推进"互联网+推广鉴定",优化改进推广鉴定申报系统,证书申报、变更等工作更加便捷高效。积极应对"农机产品测试检验费"停征后农机推广鉴定面临的新形势,确保推广鉴定工作持续有效开展。全系统的技术支撑能力进一步提升,特别是江苏、黑龙江、山东、内蒙古、安徽、吉林、四川、河南、湖南等省(自治区)农机鉴定站和农业农村部农业机械试验鉴定总站植保机械专业站,主动履职尽责,不断挖潜扩能,勇于担当、积极作为,为顺利完成部级推广鉴定工作任务作出了突出贡献。

在农业机械化质量监管方面。2017年,农业部和20个省区市共开展拖拉机、干燥机、喷雾机等19类产品质量调查43批次,持续开展推广鉴定证后监督检查,在用挤奶机质量安全监测等方面,认真做好农机产品质量投诉监督服务,加强农业机械化质量事中事后监管。开发建设了全国农机质量投诉管理系统,强化农机质量投诉数据共享与分析。

在农业机械化服务支撑方面。加强标准化建设,审定通过20项农业机械化国家标准和农业行业标准。扎实做好"互联网+农机职业技能开发",强化农机维修管理和农机合作社服务指导。围绕农机购置补贴、春耕备耕、跨区作业、农机社会化服务等重要时段和重大活动,加强宣传和信息化工作。

二、准确把握农机试验鉴定工作面临的形势和任务

当前,我国正处在传统农业向现代农业转变的关键时期,进入了推进农业供给侧结构性改革的新阶段。农业农村部改组成立后工作领域更宽,对农业机械化工作提出了更多的要求,为农机试验鉴定和质量服务等工作提供了更宽的舞台。在农业农村现代化的进程当中,广大农民对农机装备的依赖越来越明显,农业机械化是一项非常重要的基础工作,在某些方面也是一个引擎,随着农业机械化向信息化、智能化发展,其发展的空间和潜力很大。党的十九大提出实施乡村振兴战略,明确农业农村要优先发展,加快推进农业农村现代化,为新时代农业发展指明了方向。全国农业工作会议提出,坚持质量兴农、绿色兴农、效益优先,加快转变农业生产方式,特别强调要"机器换人",向降低生产成本要效益;要在提高农业投入品使用效益、推进农业废弃物资源化利用上下功夫,提高农业可持续发展水平。这些决策部署对农业机械化发展提出了更新更高的要求,为农机试验鉴定系统工作提供了新机遇,也提出了新要求。但目前农机试验鉴定系统工作中还存在不少突出的矛盾、问题和不适应性,突出表现为三个方面。

(一)农机试验鉴定能力发展不平衡不充分。随着农业现代化尤其是农业结构性改革进程加快,农机装备发展和应用跟不上的矛盾日益突出,在一定程度上,与鉴定保障跟不上、部分农机产品鉴定能力供给不足有很大关系。特别是棉油糖等经济作物、养殖业、加工业机械、设施农业机械、节能环保机械鉴定能力相对薄弱,部分精准化、智能化高新技术产品的鉴定能力处于空白。有些农机制造大省的鉴定能力还比较弱,供需矛盾比较突出。

(二)事业单位改革过渡期激励机制不够完善的问题。部分鉴定机构处于事业单位改革的过渡期和调整期,特别是行政事业性收费停征以后,尚未建立起新形势新要求下的有效激励机制,工作积极性、主动性、及时性有待提高。

(三)农业机械化质量管理统筹协调性不强的问题。有效利用全系统资源的机制需进一步完善,工作融合度和协调性有待提高,系统合力有待提升。

面对问题和挑战,必须更加注重坚持公益性发展定位,持续提升公众信任度和政策支持度;必须更加注重坚持服务为本的基本要求,持续提供公平、公正、科学、高效的服务,提升农民、企业的满意度;必须更加注重把改革创新作为持续发展的

* 2018年3月底,根据第十三届全国人民代表大会第一次会议批准的国务院机构改革方案设立农业农村部。

动力，不断通过制度改革创新和技术革新，积极适应农业机械化发展的新形势新要求，保持强劲的发展动力；必须更加注重增强系统协调性，坚持全国农机鉴定系统整体发展、协调发展，促进相关工作融合、相关单位联合，优势互补、形成合力、共同发展，进一步提升试验鉴定和质量工作的技术支撑能力和公共服务水平，为加快推进农业机械化全程全面高质高效发展，实施乡村振兴战略，推进农业农村现代化提供有力支撑。

三、认真做好新时期农机试验鉴定和农业机械化质量工作

2018年是贯彻党的十九大精神、实施乡村振兴战略的开局之年，《政府工作报告》提出要"推进农业机械化全程全面发展"，做好农业机械化各项工作，使命光荣、责任重大。农机试验鉴定系统要深入贯彻落实中央农村工作会议、全国农业工作会议精神，围绕质量兴农、绿色兴农、品牌强农，加快推进制度创新、科技创新、工作创新，推进农业机械化全程全面发展。重点抓好三个方面的工作。

（一）围绕质量兴农、绿色兴农，提高鉴定技术支撑能力。2018年是农业农村部确定的"农业质量年"，国家质量兴农战略规划正在编制，启动实施了质量兴农八大行动。与此同时，各地积极推进绿色发展，强化绿色兴农，进一步提高农业可持续发展能力。围绕绿色兴农、质量兴农，农机试验鉴定系统要积极研究创新试验鉴定的新方法，争取支持，改善试验鉴定的条件和手段，不断提升试验鉴定能力，推动高效节本、绿色环保、智能安全农机的技术创新、研发制造和推广应用，以鉴定拉动科技创新。

在种植业领域，要继续增强深松整地、免耕播种、高效植保、节水灌溉、高效施肥、秸秆还田离田、残膜回收等绿色增产技术应用所需机具的鉴定能力；在畜牧水产养殖领域，要加快补齐畜禽粪污资源化利用、病死畜禽无害化处理等机具设备鉴定能力的短板，以及加快补齐其他一些先进适用、生产急需的新产品的鉴定能力短板。要由"重数量"到"数量质量并重"转变，提高服务质量和效率，真正做到严格把关、推优扶强，加快有助于农业绿色发展、质量兴农的新型农机产品鉴定，加快淘汰能耗高、污染重、安全性能低的老旧农机具。

（二）围绕品牌强农，优化农业机械化质量公共服务。品牌强农是我部今年推动的一项重要工作。品牌强农，既是对树立农产品品牌的要求，也是对各项工作"品牌化"提出的要求。农机试验鉴定系统必须树立品牌意识，一方面通过鉴定推广一批品牌农机装备，另一方面在技术支撑服务方面也要品牌化，不断提高自身工作的规范化、信息化、国际化水平，提高社会公信度。要在技术和服务上精益求精，让服务对象切实感受到品牌质量的可靠性和服务的高质化；要以促进农业机械化产品质量、作业质量、维修质量和服务质量等四个质量稳步提升为主线，加强试验鉴定等重要公共服务的品牌建设，以服务创品牌，以品牌促发展。要着力加强农机职业技能开发服务，促进提升农机作业服务专业化水平，支持引导合作社、农机手等农机经营主体延伸产业链条，提升经营效益。要坚持标准先行，加强农机评价与应用标准基础研究，增加农机农艺融合标准有效供给，不断提高农业机械化发展水平。要围绕提升信息化水平，加快信息化在产品研发、农机鉴定、质量监督、农机作业、维修服务等工作的应用，高效提升农业机械化发展质量。

（三）围绕职责使命，深化改革和作风建设。要把农机试验鉴定业务作为鉴定系统的主体职能，履职尽责、勇于担当，为农机购置补贴政策实施、农业机械化技术推广提供更加强有力的支撑服务。要认真贯彻落实国务院"放管服"改革精神要求，积极主动投身农机试验鉴定制度改革，加快推进《农业机械试验鉴定办法》修订，加快与其配套的实施规范、鉴定大纲、工作规程等制修订，推进农机试验鉴定工作改革发展。要加快农机试验鉴定管理信息系统建设运用，全面推进鉴定信息公开。要树立更加牢固的依法依规意识，不断完善新的规范化工作机制，严格按照法律法规规定的内容、程序和要求开展工作。要执着持续推进廉政风险防控机制建设，完善监督机制，及时纠正和消除廉政隐患，创造有效监管环境和条件，更加坚决地把反腐倡廉贯穿于工作的全过程，推动农机试验鉴定和农业机械化质量工作不断上新台阶，为新时代农业机械化又好又快发展作出新的更大的贡献。

在2018年农机化技术推广工作创新座谈会上的讲话（摘要）

（2018年9月26日·北京）

农业农村部副部长　**张桃林**

这次会议是农业农村部改组后召开的第一次全国性的农机推广工作会议，也是乡村振兴战略实施第一年及全国农业机械化"十三五"规划实施中期召开的农机化技术推广工作会议。习近平总书记在9月21日主持中共中央政治局第八次集体学习时强调，乡村振兴战略是党的十九大提出的一项重大战略，是关系全面建设社会主义现代化国家的全局性、历史性任务，是新时代"三农"工作总抓手。习近平总书记指出，没有农业农村现代化，就没有整个国家现代化，农业农村现代化是实施乡村振兴战略的总目标。农业机械化是农业现代化的基础，新形势实现新发展需要新思路。在这样一个重要时间节点，农业机械化技术推广工作会议将主题聚焦"创新"，非常必要也非常及时。我代表部里对会议的召开表示热烈的祝贺！典型引路是打开工作局面的好方法，黑龙江、江苏、安徽、湖北、重庆、甘肃农机推广站6个单位作了很好的发言。

一、充分肯定“十三五”以来农机化技术推广工作的成效

“十三五”以来，全国农机推广系统认真贯彻落实《中华人民共和国农业技术推广法》《中华人民共和国农业机械化促进法》，紧紧围绕农业农村中心工作和农业机械化工作重点，履行职责、开拓创新、奋发有为，在农业机械化技术试验示范、培训指导、咨询服务等方面做了大量卓有成效的工作，在项目管理、政策实施等方面为主管部门提供了有力支撑，为新技术推广应用提供了先导引领，为推进农业机械化发展发挥了重要作用。总结起来，主要体现在四个方面。

（一）为提升农业综合生产能力，保障主要农产品有效供给。实践证明，通过农业机械化可以集成水、土、肥、药、技、机为一体，大面积推广应用先进适用技术措施，挖掘增产潜力、增强农业生产抵御自然风险能力。近两年，各级农机推广机构紧紧围绕推进主要农作物全程机械化，聚焦薄弱环节，因地制宜、先行先试，加强农机农艺融合、技术集成配套和系统解决方案研究，分作物、分区域开展了一系列全程机械化试验示范活动，创设了“中国农机推广田间日”服务品牌，开展参与式、体验式、互动式推广活动，有效地推动农业机械化补短板、提质量。例如，农业农村部2018年公布的十项重大引领性农业技术，其中就包括玉米籽粒低破碎机械化收获、水稻机插秧同步侧深施肥、油菜毯状苗机械化高效移栽等三项农业机械化技术。农业农村部农机推广总站牵头联合部分省推广站共同承担，在全国示范推广应用，发挥了很好的引领带头作用。全国各地围绕薄弱环节加大了新技术推广应用，取得了明显成效。可以说，借助推广之“力”，推进全程机械化之“技”，有力地促进了农业产能提升、农产品有效供给。

（二）为发展乡村主导产业，促进农民增收做出了积极贡献。近年来，各级农机推广机构在加快推进粮油作物机械化的同时，围绕与农民增收密切相关的主导产业、特色农产品发展，试验推广了一批接地气、可复制的机械化生产模式，加快了“机器换人”的步伐，为提升生产效率效益、助推农业结构调整提供了有力支撑。这些提质增效型农业机械化技术应用，既直接增加了农牧民种植特色农产品、发展养殖业的收益，又解放了大量农业劳动力，让很多农民可以从事二、三产业获得工资性收入，进一步拓宽了农民增收渠道。

（三）为推进绿色技术应用，增强了可持续发展的动能。“十三五”以来，各级农机推广机构牢固树立新发展理念，坚持绿色导向，紧紧围绕“一控两减三基本”目标，充分发挥农业机械化在农业投入品减量化、生产过程清洁化、农业废弃物资源化利用方面的重要作用，取得了明显成效。为保护和提升耕地质量，推进农业投入品减量化和农业废弃物资源化，实现农业可持续发展增强了动能。

（四）为规范有效实施重大政策项目，配合农业机械化主管部门履职尽责提供了支撑。各级推广机构始终坚持服务农业机械化中心工作，积极配合行政管理部门做好政策项目研究创设、宣传落实、组织实施等方面具体工作，为确定补贴范围、补贴机具分类分档、确定补贴额度、核定补贴机具等做了大量基础性、技术性、服务性工作，为农机购置补贴政策科学、有序实施落地发挥了重要支撑作用。没有各级农机推广人员的辛勤工作，就没有农机购置补贴等政策项目实施的良好局面。

“十三五”以来，各级农机推广机构积极作为、勇于创新，为农业机械化水平提升、农业供给侧结构性改革和产业发展提供了技术支撑，做出了重要贡献，也积累了许多宝贵的经验。主要包括：一是坚持围绕农业农村工作的大局，以稳定和提升粮食生产能力、振兴乡村产业和增加农民收入为己任，着力推广新技术新机具、培育新主体新机制、增添新动能；二是坚持因地制宜，注重试验示范先行，确保技术先进适用安全；三是坚持融合发展，注重良种、良法、良田、良机结合，促进技术集成配套，提高服务效益；四是坚持绿色发展，注重绿色环保高效农业机械化技术应用，提高服务质量；五是坚持创新驱动，注重机械化信息化融合促进，丰富推广服务方式方法，提高推广效率；六是坚持多元合力，注重公益性推广和经营性推广有机结合，实现功能互补，提高服务效能。

二、认清形势，准确把握农业机械化技术推广工作面临的任务

当前，我国农业生产已进入机械化作业主导的新阶段，农业机械化渗入农业生产、农民生活、农村生态的方方面面，成为农业现代化和乡村振兴的重要引擎。农业供给侧结构性改革的深刻变化、农业发展方式转变的深刻变化、农业经营方式的深刻变化，都对农业机械化及相关技术推广服务的供给效率、供给结构、供给质量提出了新的更高的要求。但农业机械化发展不平衡不充分问题仍然突出，产业间、地区间、环节间的机械化水平尚有不少的差距，迫切需要加快农业机械化步伐，加大农业机械化技术推广力度，引领推进农业机械化转型升级加快发展。

从农业机械化各领域发展水平方面来看，主要农作物生产机械化水平相对较高，小麦、水稻、玉米三大主粮的综合机械化水平都超过了80%，而果菜茶、设施农业、畜牧业、渔业、农产品初加工业的机械化水平还较低，有些方面才刚刚起步。农业机械化技术推广要在推进主要农作物生产全程机械化的同时，积极推进农业机械化全面发展，围绕产业规划布局，开展关键技术的试验示范，形成各行业、各领域、全链条机械化技术并进的局面。要加大节水灌溉、化肥农药精准施用、有机肥施用等节水节药节肥机械化技术试验示范力度，主动参与到果菜茶有机肥替代化肥、果菜茶病虫绿色防控等试点项目中，发挥农业机械化技术在农业生产绿色化中的重要作用。

从农业机械化区域发展水平方面来看，北方平原地区的机械化水平较高，黑龙江等地区基本整体实现了粮食作物机械化，而南方丘陵山区多数省份机械化率仍在50%以下，全国区域发展明显不平衡。丘陵山区机械化发展缓慢将影响全国实现农业现代化进程。在巩固平原地区机械化水平提升发展质量的同时，需更加注重加大丘陵山区机械化技术的创新和推广应用力度，改造扩大宜机耕地，因地制宜遴选推广应用特色机具，完善提出全程机械化解决方案，走出一条中国特色的丘陵山区机械化发展道路。

从农业机械化技术供给方面来看，单项农业机械化技术供给多，整体解决方案供给明显不足，农机和农艺融合还不够紧密，特别是品种选育、栽培制度、种养方式、产后加工与机械化生产的适应性有待加强。这就要求农业机械化技术推广工作中注重加强农机农艺融合技术集成创新，建立农机农艺融合机制，形成全程机械化整体解决方案，推进农机与农艺之间、机械化各环节之间、农业机械装备之间的集成配套、协调发展。

从农业机械化的多功能方面来看，服务农业生产的功能发挥得比较充分，但服务农民生活、农村生态的功能发挥还有很大的空间。乡村振兴战略提出了产业兴旺、生态宜居、治理有效、乡风文明、生活富裕的总目标，农业机械化不仅要在促进农村产业发展方面积极作为，在其他方面都应该有更大的作为。要通过推广绿色农业机械化技术、农业废弃物资源化利用技术，通过利用农机装备参与乡村河道和污染治理等工作，促进农村生态环境建设。农机专业合作组织、农机大户是农业新型生产经营主体的重要组成部分，实体性强，在实践中对其他新型生产经营主体的发展具有重要的引擎作用。要通过指导、扶持农机专业合作组织的发展，促进乡村治理水平提高和乡风文明发展，为农业强、农村美、农民富，助力实施乡村振兴战略提供更加坚实有力的技术支撑和服务保障。

三、创新引领，推动农业机械化发展转型升级

当前和今后一个时期，农机推广系统要紧紧围绕实施乡村振兴战略的要求和农业机械化发展的需要，以创新引领工作能力和服务水平提高，加快农业机械化新技术推广应用，推进农业机械化发展转型升级。

（一）要改进试验示范方式，提升农业机械化技术推广效果。一项好的农业机械化技术，是否能在本区域推广，首先要经过试验示范证明有效，农民才能接受，才能推广得开。要注重多渠道建立农业机械化技术试验示范基地，形成全程机械化技术生产模式和技术规范，引领带动技术推广应用。要推进参与式推广，以农民为中心，以需求为出发点，结合地域特点举办“田间日”“田间学校”等农民参与式活动，用农民通俗易懂、喜闻乐见的语言和方式开展技术服务，推进新技术、新机具现场体验互动，提升推广服务的生动性和趣味性，增强农民的认知度和接受度。

（二）要加强技术集成，提高农业机械化技术推广服务能力。我国农业生产条件复杂多样，农业机械化技术需求千差万别，既要适应当地气候、地形、土壤等自然条件，又要匹配作物品种、耕作制度、种养模式等生产习惯，还要与机械化生产各环节相协调，因此，必须不断加强技术集成创新，提高技术服务能力。

一是推进农机农艺融合。创新农机农艺融合机制，推进良种、良法、良田、良机集成配套，提出不同区域生产模式、技术路线清单，构建可复制、可推广的机械化生产技术体系，指导农民选用，提高服务效益。

二是围绕“三区三园”建设，着力打造农业机械化技术推广服务新高地。粮食生产功能区、重要农产品生产保护区、特色农产品优势区和现代农业产业园、科技园、创业园是现代农业科技创新、技术集成、科技应用、科技服务、产业融合、创新创业等各种要素聚集的平台，是我国农业现代化建设的排头兵，是保障国家粮食安全和重要农产品有效供给的主力军。要围绕农业中心工作，面向主战场，要紧跟国家“三区三园”建设，通过打造新型技术推广和作业服务的新样板，辐射带动周边发展，从而引领农业机械化技术推广和服务升级。

（三）要构建多元协同推广机制，增强农业机械化技术推广服务活力。随着农业适度规模经营的加快推进和新型经营主体的快速成长，农业生产规模、组织方式以及劳动力组成等都出现了新情况，农民和农业生产经营者对技术推广服务需求向多样化、系统化、个性化转变，对推广服务的及时性、准确性、互动性都提出了新的要求，迫切需要增强公益性推广的活力，增加技术推广服务的有效供给。

一是要充分发挥新型经营主体的示范作用。要围绕产业发展和生产需求，依托新型经营主体开展推广活动，打造样板，树立标杆，形成“头羊效应”，以成功的案例来引导其他经营主体和小农户接受和应用新技术，以点带面，全面提升推广成效。

二是要充分发挥科研院校和生产企业的协同作用。要积极引导科研院校和生产企业广泛参与公益性技术推广工作，整合技术、人才、资金、设备及服务等资源，形成分工合理、优势互补、联合推进的协同推广机制。

三是要充分激发公益性推广的活力。要积极创新多元协同推广机制，主动加强与农业科研院校、农民专业合作社、涉农企业、农业生产服务组织、协会、学会等社团组织的联系与合作，既调动推广人员的积极性，又发挥多元组织在技术推广中自主、灵活、便捷、高效的优势，实现供给多样化和功能互补，满足农业现代化发展的需求。

（四）要推进“互联网＋推广”，提高农业机械化技术推广服务效率。随着信息高速公路在农村的快速推进和互联网终端在农民中普及应用，手机已逐步成为农业生产的“新农具”和知识传播的“新媒介”，农业生产经营主体对“互联网＋”手段的需求日益增长，对技术供给的及时性、针对性、有效性提出了更高的需求，这就要求跟时代发展步伐，运用智能装备和现代通信技术创新服务手段，发挥“互联网＋推广”优势，打造信息服务平台，提升技术服务效率。要利用“互联网＋”的渠道优势、大数据优势和互动优势，形成线上线下相结合的传播通道，满足多样化、个性化技术需求，让推广工作更及时、更精准，更加生动、有趣、有效，不断提升服务效率和质量。

农业机械化发展任务繁重。做好推广应用工作是农业机械化管理部门及技术推广机构的职责所在，也是推进农业机械化全程全面、高质高效发展的关键。希望各级农业机械化主管部门切实加强对农业机械化技术推广工作的组织领导，将技术推广作为重中之重的工作来抓，有关重点工作、重要事项要与技术推广机构共同谋划、一起落实；要加强农业机械化技术推广体系建设，完善机构岗位设置，培养专业人才队伍，形成合理梯队，为履行好公益性职责打下坚实的基础；要保障试验示范投入，谋划好推广项目，让推广有项目、有试验、有集成、有示范，充分发挥好项目示范带动作用；要加强典型宣传，要及时总结推广工作中的好做法、好经验、好典型，营造良好工作氛围。各级农业机械化技术推广机构要主动配合行政主管部门做好工作，扎实落实重点技术试验推广任务，切实提高技术应用效果。

今后几年是实现“十三五”规划的决胜阶段，也是推进农业机械化转型升级关键时期。需要深入贯彻党的十九大精神，更加紧密地团结在以习近平同志为核心的党中央周围，勇于担当、锐意进取，开拓创新、奋发有为，用更加良好的精神风貌努力推进农业机械化技术推广工作取得更大成效，为实施乡村振兴战略、推动农业农村现代化做出更大贡献！

在全国农机购置补贴工作座谈会上的讲话（摘要）

（2018年3月16日·北京）

农业部农机械化管理司司长　李伟国

全国农机购置补贴工作座谈会就要结束了。农业部领导对这次会议高度重视，张桃林副部长到会并作重要讲话，系统总结了十八大以来农机购置补贴的成效经验，深入分析了农机购置补贴工作面临的形势与任务，对做好2018—2020年农机购置补贴实施工作提出了明确的要求。讲话主题鲜明、内涵丰富、要求明确，具有很强的前瞻性和指导性，要认真学习，深刻领会，抓好贯彻落实。

这次会议得到了财政部、中国民用航空局、中国国家认证认可监督管理委员会的大力支持，中国国家认证认可监督管理委员会监管部、中国民用航空局飞行标准司、财政部农业司的领导出席会议并讲话，肯定了农机购置补贴实施工作，从不同方面对有关工作提出了要求，充分体现了有关部门对农机购置补贴和农业机械化工作的高度重视和大力支持。江苏、安徽、江西、山东、湖北、湖南、四川、新疆维吾尔自治区等8个省、自治区和青岛市围绕内控制度建设、敞开补贴、分档定补、新产品试点、管理服务信息化、绩效管理、违规查处等工作作了典型发言，介绍了本地区好经验、好做法。大家在座谈讨论中，踊跃发言，相互交流了近几年的工作，并结合本省实际，就做好“十三五”中后期的农机购置补贴工作进行了研讨，提出了很多有价值的意见和建议。

李伟国司长结合实际问题，围绕贯彻落实《2018—2020年农机购置补贴实施指导意见》和这次会议精神，就做好今后一段时期特别是2018年的工作，提出三点意见。

一、早谋早动，最大限度提高资金使用效率

农机购置补贴是国家强农惠农富农政策的重要内容。政策实施工作，说到底是资金的分配、使用、管理问题。资金能否得以及时、有效、充分地使用，直接关系到群众的切身利益和政策的实施效果。各省要加强与财政等有关部门的沟通，早谋划、早动作，围绕分配好、管理好、使用好补贴资金，下力气提高使用效率，推动政策实施工作取得良好成效。

（一）尽早启动政策实施工作。“春争日，夏争时”，为不误农时，便于各地及早组织实施补贴工作，发挥资金效应，农、财两部按三年一个周期安排政策实施工作，并提前一个年度分配拨付资金。各地要深刻领会有关精神，立足于“早”，抓紧组织启动年度农机购置补贴工作。2018年补贴资金已提前下达，各省要加快做好实施方案和补贴额一览表制定公布、资金下达、补贴机具投档等相关工作，及早启动实施，并力求一并部署安排新产品购置补贴、报废更新补贴试点等工作，避免“挤牙膏”式的工作部署。要综合考虑敞开补贴、上年结转等因素，及时将资金分配到市县。对缺口大、进度快、使用规范的市县重点倾斜，对结转量较大的市县可少安排或不安排。要认真落实补贴范围内机具敞开补贴的要求和有关规定，科学确定补贴范围和补贴额，为政策的普惠共享奠定良好基础。要采取有效措施，做好2017、2018年补贴辅助管理系统衔接过渡工作，保持好政策实施连续性。

（二）加快资金兑付和实时公开。要指导各地加快补贴申请受理、资格审核、机具核验、受益公示等工作，鼓励县乡开展随时申请、随时受理服务，清理取消补贴申领有效期限制，稳定购机者预期。要加强与财政部门协作沟通，提高补贴资金结算兑付的频次与效率，加快资金兑付，增强群众政策获得感。对支出进度较慢的市县，要联合财政部门及时了解情况、分析原因，找出对策，并采取约谈、通报、专项督导、核减预算等措施，督促加快资金支出、发挥应有效应。2018年要在以往信息公开工作基础上，重点做好补贴资金申请登记进度网上实时公开工作，引导农民理性购机、有序申领补贴，引导企业理性营销、降低经营管理等成本，为实行敞开补贴提供有力支撑。

（三）及时开展资金余缺动态调剂。政策实施中，受农民购机行为、市场变化等不确定性因素影响，当年资金产生少量结转属于正常情形，对这些结转资金要在下年度优先使用，避免沉淀两年以上被收回处理，实现资金供求两年动态紧平衡。需做好资金使用进度定期调度工作，及时准确掌握和分析各市县资金使用情况，对预判可能出现较大结余的市县，要及时协调配合省财政部门，开展余缺调剂，避免出现大量结余，力求市县资金供需相对均衡。扎实做好下年度资金需求建议提出工作，自下而上开展资金需求摸底工作，辅之以必要的抽查、预测方法，指导各市县科学严谨、实事求是地提出需求。按照《国务院关于探索建立涉农资金统筹整合长效机制的意见》（国发〔2017〕54号）精神，以及财政部《农业生产发展资金管理办法》等相关规定，中央财政农机购置补贴虽然按“大专项＋任务清单”模式管理，但属对农牧民直接补贴的政策，是约束性任务，实行专款专用，不允许统筹他用。对违规整合或将补贴资金用于其他方面的地区，发现后要及时商财政部门开展联合调查、处理，难以把握的要及时向上级报告。要防止少数地区故意将部分资金积压两年不用而出现“被结余”“被整合”的情况。

（四）着力加强资金使用绩效管理。要持续开展农机购置补贴延伸绩效管理，重点围绕资金使用效益效率开展相关工作，加强专家和第三方督导评估，强化补贴政策实施全程监管。通过延伸绩效管理，细化工作要求，及时发现整改分配、使用中的问题，促进规范实施；通过延伸绩效管理，增强地方党委政府对农机购置补贴政策实施重要性的认识，激发农机化管理部门做好工作的责任感和主动性，推动农机购置补贴各项改革措施落地生根。2018年，要在完善指标设置、考评方法以及全面考核省级工作的同时，推进绩效管理向市县延伸。原则上各省都要开展，到2020年要实现全覆盖。

二、创新创优，驰而不息提升政策实施满意度

实施农机购置补贴政策，是当前农业机械化管理部门的重要管理服务工作，面广、线长，涉及对象众多，我们必须把不断提升政策实施满意度作为不懈的目标，深入贯彻落实“放管服”改革精神，坚持补短板、强弱项、去痛点、优服务，坚持创新导向，突出精细管理，全力以赴破解政策实施中的难点问题，树立农业机械化管理工作的良好形象。2018年起，要着力做好以下几项工作。

（一）积极扩展补贴机具资质。前些年，我们将中国境内通过农机推广鉴定作为补贴机具资质，有效确保了补贴机具的先进性、适用性和可靠性。当前，随着农业供给侧结构性改革深入推进，对各类农业机械的需求日益旺盛；农机工业科技创新步伐不断加快，各类新型农机产品不断涌现，单一的补贴机具资质采信渠道已不能满足农业生产对补贴机具的要求。遵照《国务院关于加强质量认证体系建设促进全面质量管理的意见》（国发〔2018〕3号）的要求，在全面梳理现有农机产品评价制度的基础上，将获得农机产品认证证书的产品列入补贴机具资质采信范围。对此，已会同中国国家认证认可监督管理委员会制定了具体办法，基本思路：对强制性认证结果直接采信，获证产品直接具备补贴机具资质，种类范围按国家认证认可监管部门《强制性产品认证实施规则农机产品》确定，目前主要是植保机械；对自愿性认证结果采信开展试点，试点产品获证后即具备补贴机具资质，种类范围在具体办法中予以明确，试点期限为2018—2020年。

除了将农机产品认证制度纳入补贴机具资质采信范围外，2018年起，不再将“中国境内生产”作为补贴机具资质前提条件。从实际情况分析，国内企业在中低端产品上竞争能力较强，进口产品多为中高端产品，二者实际为错位竞争；另外，放开限制对农业生产是有利的，有助于缓解国内农机产品缺门断档的问题，一定程度上也能够倒逼我国农机工业加快创新步伐，提高企业核心竞争力。大家对扩展补贴机具资质要正确认识，积极做好各项工作。有意愿的省份，还可以开展补贴机具资质采信多元化、市场化试点，进一步探索扩大补贴机具资质采信的渠道和办法。

（二）全面开展农机新产品购置补贴试点。2016年以来，农业部、财政部在13个省份（次）开展了新产品试点，并联合中国民用航空局在6个省份开展农机购置补贴引导植保无人飞机规范应用试点，取得了积极成效和有益经验，有效解决了新产品由于标准、鉴定大纲制定以及鉴定能力建设滞后而无法很快通过鉴定、农民“想要补、补不了”的矛盾，受到了各方欢迎。从2018年起，将该试点扩展至全国范围，具体办法已经发布，各地要抓好落实。

第一，科学选择试点产品。要立足全国层面遴选试点产品，严禁搞地方保护，严禁为特定企业量身定做。要遵从农业和农民需求，按照绿色生态导向和支持丘陵山区等机械化薄弱地区发展的要求，多选一些“雪中送炭”类产品。要严格按照试点目的要求精选产品，确保所选产品确实是没有鉴定大纲或依据现行大纲难以鉴定的产品，防止将以往补贴过的产品纳入试点。要落实好先进性、安全性、适用性评价工作要求，切实排除简单拼凑、抄袭剽窃、粗制滥造等假冒伪劣产品。

第二，推动新产品加快运用。要通过试点，加快推动新产品鉴定大纲研发制定，促进新产品能够及早进行鉴定，达到补贴机具资质条件，纳入农机购置补贴机具种类范围，进一步扩大应用。要通过试点，促进完善植保无人飞机设计制造等标准，健全检测鉴定和驾驶员培训体系，引导和推动有关部门加快构建安全飞行监管机制，让植保无人飞机行业发展得又好又快。

此外，养蜂机具和畜禽粪污资源化利用机械设备购置补贴问题还需关注。养蜂业对提高农作物产量、维护生态平衡具有重要意义。虽然养蜂平台在全国补贴范围已好多年，但实施效果并不理想，其中一个主要原因就是认识不到位、宣传引导力度不够，以致很多省份并未将其纳入补贴范围。2016年，农业部、财政部曾部署山东省畜牧、财政部门试点养蜂平台购置补贴，有一定效果，但力度仍然不够。推进畜禽粪污资源化利用是中央的重大决策部署，对畜牧业可持续发展和农业生态环境改善具有重要意义，习近平总书记对此非常关心，有明确要求。提高畜禽粪污资源化利用效率，必须依靠现代化的机械设备支撑。目前，清粪、粪污固液分离、沼液沼渣抽排等机具已纳入补贴范围，有机废弃物干式厌氧发酵等新产品的试点也正在进行当中，但与中央的要求和农牧民的需求相比，支持力度有待进一步提升。2018年开始，各省尤其是蜂业大省和养殖大省，要充分认识蜜蜂授粉酿蜜“月下老人”的作用和畜禽粪污资源化利用“变废为宝”的益处，将养蜂平台和畜禽粪污资源化利用相关设备纳入本省补贴范围，足额测算补贴标准，加快推广应用。特别是要运用新产品补贴试点手段，积极将相关的新型机具设备纳入新产品试点范围，加快提升畜牧业机械化水平。

（三）加大信息公开力度。2018年，省级和县级农机化管理部门要全面建立农机购置补贴信息公开专栏，实现县级公开专栏建设100%。要通过省市县各层级补贴专栏等信息公开渠道，全面、及时、广泛地公布实施方案、补贴额一览表、补贴机具信息表、补贴资金实时使用进度等信息，努力扩大社会公众知晓度，激发农民群众购机积极性。要加快推进农机鉴定认证证书公开工作，通过“全国农业机械试验鉴定管理服务信息化平台”，准确、及时、有效地组织上传公开农机产品鉴定认证结果、证书和主要技术规格参数信息，方便各省补贴机具投档、社会查询和监督等工作。

需要注意的是，目前在已公开的农机试验鉴定结果通告中，存在部分产品的归属分类和品目与现行标准不一致的情况。各省要按照《农业部办公厅关于规范农业机械试验鉴定结果公开工作的通知》（农办机〔2018〕3号）要求，组织按期在4月15日之前完成规范农机试验鉴定结果公开相关工作，并推动此项工作今后及时、有效、常态化开展，为农机购置补贴管理信息化、便利化、规范化奠定基础。

（四）推进信息共享和互联互通。要以信息化促进农机购置补贴实施工作便利化、规范化，“让数据多跑路，让群众少跑腿”，有效提高管理服务水平。第一，推广使用补贴机具网络投档软件，逐步将投档基本程序和要求格式化、电子化，实现网上投档，提升效率。目前已有15个省份开展了此项工作，其他各省要全面跟进。2018年我们升级完善了“全国农业机械试验鉴定管理服务信息化平台”功能，并组织开发了应用软件，能够实现从中自动抓取投档信息，大家要积极运用，减少企业往来奔波。下一步要抓紧规范投档资料和申报要求，开发统一的电子投档系统，切实便利企业。第二，要支持购机者在稳定从事农业生产经营所在地申领补贴，积极推行使用手机 App 申领补贴，利用新型农业经营主体信息直报系统实行网上申领补贴，使除必要的现场核机验机外的申报工作，都预先在网上完成，让申领者“最多跑一次”，减少等待时间。第三，鼓励开展补贴机具“一机一码”二维码识别，推进省与省之间系统信息共享，促进系统建设标准化和互联互通。积极探索农机购置补贴、农机试验鉴定、农机安全监理、农机化生产、农机化统计等信息数据共享和互校，加强数据深度挖掘和分析，为农机购置补贴管理乃至农业机械化工作决策提供大数据支撑。

（五）鼓励开展融资租赁等试点。加强金融政策支持，能够有效缓解购机“融资难”“融资贵”问题。实践当中，对农机具抵押担保贷款，各地比较容易理解，操作上不难，只是存在担保机构和银行愿不愿意做的问题；对融资租赁，《国务院办公厅关于促进金融租赁行业健康发展的指导意见》（国办发〔2015〕69 号）虽然明确“通过融资租赁方式获得农机的实际使用者可享受农机购置补贴”，但多数地区对此项政策的理解还不够深入，落实效果不够理想。各地要进一步领会落实国办要求，推动农机具抵押担保贷款、融资租赁等金融支农政策与农机购置补贴有机结合。在农机具抵押担保贷款方面，各省可结合实际开展试点；在融资租赁方面，各省要深入研究，支持农机监理机构按照拖拉机、联合收割机登记规定，受理开展抵押登记业务，确保此类农业机械在抵押期间不发生所有权转移、变更或重复抵押等现象，为大型农机融资租赁业务顺利开展提供优质服务。

三、抓长抓常，持之以恒防控实施管理风险

高效、规范、廉洁实施农机购置补贴政策工作只有进行时，没有完成时。我们要一以贯之地保持防控政策实施管理风险的自觉性、主动性，进一步构建更为健全、有力、有效的风险防控体系，不能因政策实施环境更加良好、监督机制更加健全而放松警惕、放松监管。

（一）加强内控体系建设。2018 年各省要全部建立内控制度。要围绕补贴机具种类范围确定、分类分档与补贴额测定、市县资金分配调剂、信息公开、举报投诉查处、延伸绩效管理等关键工作，科学制定实施本省补贴管理工作内部控制规程，在我们内部先把办事规矩立起来，把自我约束严起来，并自觉遵照执行。这些工作做扎实了，就能够有效提高重大决策的科学性，能够切实减少具体实施中的问题，能够显著降低工作人员的操作风险。

（二）规范补贴申领。申领补贴是政策实施工作中的紧要环节，是不法企业和购机者绞尽脑汁想闯过的关口，是最容易出现问题的风险点。把好这个关口，必须在补贴机具核验和异常情形监测预警等方面下功夫。要紧盯补贴机具关键事项和关键参数，切实将基层补贴机具核验制度化，明确核什么、怎么核、核到什么程度，让基层干部职工依规核验，轻松上阵，有效工作。目前，已有 17 个省份出台了核验流程以规范补贴机具核验，其他各省要在 2018 年完成相应规范的制定出台。要落实好补贴申领具体操作“去经销商”的规定，严禁以任何方式授予补贴机具产销企业进入补贴辅助管理系统办理补贴申请的具体操作权限，防止农机经销商操控、误导农民申领补贴。要明确异常购机和申领补贴的情形，如短期内大批量、单人次多台套等，制定相应的监测监管措施，及时发现和消除实际补贴比例过高、农机产销企业自办合作社“自卖自买”骗、套补贴等隐患。

（三）严厉打击违规行为。对违反政策规定的行为，要坚持无禁区、全覆盖、零容忍，坚持重遏制、强高压、长震慑，发现一起，查处一起、曝光一起，持续保持严管、严打的高压态势，营造公平公正严肃的政策实施环境。各省要抓紧出台本辖区农业机械购置补贴产品违规经营行为处理实施细则，规范补贴违规查处工作。要充分发挥“全国农机购置补贴违规通报及黑名单数据库”功能作用，不断提升省际联动联查力度，让违规企业“一处失信、处处受限”。要建立制度，加强监测，重点关注国家和省级质量监督抽查不合格农机产品公告发布情况（一般每季度一次），及时撤销不合格产品的农机推广鉴定证书，及时停止其补贴资格，并将处理结果上传“全国农机购置补贴违规通报及黑名单数据库”，以便他省实行联动。

（四）加强廉洁自律。要以“永远在路上”的执着持续推进农机购置补贴廉政风险防控机制建设，健全岗位责任制，完善监督机制，及时纠正和消除廉政隐患，杜绝腐败问题发生。要加强反腐倡廉警示教育，结合补贴工作实际举案说法，不断增强干部职工“不想腐”的意识和决心，带动补贴政策环境风清气正，干部踏实安心履职。要切实转变工作作风，主动加强与财政、质监、民航和农业产业部门的沟通配合，主动听取基层人员、农民和农机产销企业等参与方的意见建议，不断改进工作，提升服务水平，推进效能建设，力戒形式主义、官僚主义，切实杜绝“门好进、脸好看、事难办”，树立农机化系统的良好形象。要把讲政治、懂规矩、守纪律摆在更加重要的位置，不忘初心，敢于担当，遇到矛盾不回避，出现问题不推诿，切实把工作的重担挑起来。对于实施过程中的重难点工作，要对症施策；对于重大事项，要及时向上级机关报告请示，提出建议。要切实加强自律，防控风险。近些年，各省负责补贴工作的领导和人员变化较大。新负责同志要切实加强政策规定的学习，全面了解政策变迁历程，并与时俱进，把握新情况、新难点、新风险，切实加强自律，防控风险。

2018 年是贯彻落实党的十九大精神、实施乡村振兴战略的开局之年，也是新一轮农机购置补贴政策实施工作开启的一年，我们要以新的思路、新的面貌、新的举措全面开创农机购置补贴政策实施新局面，为促进农业机械化全程全面高质高效发展，推进农业供给侧结构性改革，实施乡村振兴战略，加快农业农村现代化作出新的、更大的贡献。

当前，春耕生产已从南到北陆续展开，各级农业机械化管理部门需认真贯彻全国春管春耕暨种植业结构调整工作视频会议精神，以实施农机购置补贴政策为重要抓手，发挥好农业机械在春耕生产中的主力军作用，做好人员培训、机具准备检修、维修配件供应等工作，开展形式多样的科技下乡、现场演示、观摩培训等活动，积极组织跨区作业、订单服务、生产托管等多种形式的农机社会化服务，抓好事故预防与应急处理，确保春季农业机械化生产安全、有序、高效进行。

在全国农机安全规章宣贯培训班上的讲话(摘要)

(2018 年 3 月 21 日 · 北京)

农业部农业机械化管理司司长　李伟国

2018 年 3 月 21—24 日,全国农机安全规章宣贯培训班在北京举办,农业部农业机械化管理司司长李伟国出席并作讲话。讲话中充分肯定了去年以来农机安全工作取得的成绩,对落实好农机牌证管理新规定和 2018 年农机安全监理重点工作做了动员部署。

2018 年 3 月 21 日举办全国农机安全规章宣传贯彻培训班,主要目的是深入学习贯彻党的十九大精神,认真落实中央农村工作会议、全国"两会"、全国安全生产电视电话会议和全国农业工作会议精神,宣传培训农业部近期发布的农机牌证管理部门规章和规范,部署 2018 年农机安全工作,持续强化农机安全生产管理,为实施乡村振兴战略、加快推进农业农村现代化营造稳定的安全生产环境。

一、充分肯定 2017 年农机安全监管工作成效

2017 年,各级农业机械化主管部门和农机安全监理机构按照党中央、国务院关于"三农"工作和安全生产工作的决策部署,牢固树立安全发展理念,坚持"安全第一,预防为主,综合治理"的方针,农机安全工作取得了明显成效。全年累计报告农机事故(包括农机道路外事故和农机道路交通事故)2 683 起,死亡 917 人,受伤 1 957 人,直接经济损失 2 065 万元。与上年相比,农机事故起数、死亡人数、受伤人数和直接经济损失分别下降 16.34%、15.17%、21.18%和 0.69%。农机事故四项指标全面下降,安全生产形势持续稳定向好,农机安全工作多次得到国务院领导和国务院安委会的肯定和表扬。

总结 2017 年农机安全工作成效,主要体现在以下 5 个方面。

(一)农机安全监理制度改革取得突破性进展。从 2015 年开始历时 3 年时间,农业部组织各地农业机械化主管部门和农机安全监理机构,对农机牌证管理的规章和业务规范进行了修订,在充分调研、科学论证和广泛征求意见的基础上,出台了拖拉机和联合收割机《驾驶证管理规定》和《登记规定》以及《驾驶证业务工作规范》和《登记业务工作规范》。《出厂合格证》《登记证书》《检验合格标志》《驾驶证》和《行驶证》行业标准已经公布。新规章、新规范和新标准,对以往的规定进行了整合优化,并在明确责任、简政放权、分类管理、新机免检、"两证合一"、便民服务、保障安全等方面进行了重大调整和改革,标志着符合新时代要求的农机牌证管理新制度已经建立,农机安全监理制度改革取得了新的突破。

(二)"变型拖拉机"专项整治成效明显。农业部会同公安部、国家安监总局在全国深入开展了"变型拖拉机"专项整治,针对违法登记、假牌、套牌等乱象,采取了杜绝发牌、遏制增量,调查摸底、理清存量,共享信息、集中整治,打非治违、排查隐患,限期淘汰、消化存量等一系列措施,"变型拖拉机"专项整治取得明显成效。全年"变型拖拉机"减少 11 万台,有效治理了安全事故隐患,全年未发生"变型拖拉机"重大农机道路交通事故,遏制了上一年度事故多发势态。

(三)农机安全惠农政策深入实施。2017 年是全面实施农机安全监理牌证免费政策的第一年,各地政府高度重视,财政等有关部门大力支持,农业机械化主管部门积极协调,免费政策在全国全面实施。据调查,所有地区都按照要求免征了拖拉机牌证和检验费 5 项行政事业性收费,部分地区还免征了驾驶证考试费,由此减免监理收费 10 亿元左右。针对 500 多个免征收费后财政经费保障欠缺的县(市、区),农业部在调查摸底的基础上进行了及时通报。各地也积极行动,采取督办、约谈、巡查等方式督促地方整改,有效推动了免费惠农政策落实。近期,有的县专门印发文件,落实监理经费,保证正常工作开展。

(四)新一轮"平安农机"创建活动开局良好。按照国务院制定的《"十三五"安全生产规划》,2017 年,农业部会同国家安监总局启动了"十三五""平安农机"创建活动,两部门共同制定了活动方案,全年高标准创建了 13 个全国"平安农机"示范市、97 个全国"平安农机"示范县(市、区),有 230 名同志被评为全国农机安全监理示范岗位标兵。各地积极开展创建活动,示范地区农机安全监理的政府重视程度、财政保障程度、监管机构和能力建设、人员素质等方面明显提升,乡镇和行政村农机安全生产责任制得到有效落实,"最后一公里"监管欠缺的问题得到有效解决,进一步夯实了农机安全工作基础。

(五)农机安全监管活动有声有色。各地高度重视农机安全文化建设,持续加大宣传工作力度,积极组织送安全下乡等活动,通过编印安全宣传教材、举办安全培训班、开展事故警示教育、知识技能竞赛等多种形式,普及农机安全生产和驾驶操作知识,不断增强农机手安全意识,营造良好的农机安全生产氛围。农业部农业机械试验鉴定总站印制安全宣传挂图 20 余万份,免费发放到农机大户和合作社,陕西一些地区创作了农机安全监理微电影等文化作品。农业部连续三年举办全国农机事故应急处置演练,带动各地以演练训练队伍、提升能力、促进工作。各地深入开展农机安全生产大检查,强化农机安全监管执法,加强农机事故隐患排查治理,进一步促进了农机安全生产。农机系统积极组织农机"安全生产月""安全生产宣传咨询日"活动,农业部农业机械化管理司被国务院安委会评为 2017 年全国"安全生产月"和"安全生产万里行"先进单位。

2017 年农机安全工作成绩的取得,得益于党中央、国务院和各级政府的高度重视和正确领导,得益于有关部门的大力支持,更是各级农业机械化管理和安全监理人辛勤努力的结果。

当前农机安全监理仍存在不少需要尽快解决的问题。比如:新部令、新规范再有 2 个多月就要实施,时间紧、任务重,有的地方软件开发更新还没有到位;部分地区免费监理政策实施后，财政资金保障还存在缺口；“变型拖拉机”专项整治开展以来，个别地区仍发现县级监理机构给违法生产的机动车发放拖拉机牌证；一些地区在改革中，行政审批权、综合执法权与农机安全监管责任错位，未能做到有效划分和合理配置；农机手的安全意识和农业机械的安全技术状态整体偏低，有待提高等等。这些问题，要在今后的工作中进一步加强研究，强化督导，推进解决。

二、严格落实农机牌证管理新规定

2004 年以来，农业部先后颁布实施的《拖拉机驾驶证申领和使用规定》《拖拉机登记规定》《联合收割机及驾驶人安全监理规定》三个牌证管理部门规章和有关工作规范，对强化农机安全生产、规范农机登记与驾驶证使用发挥了重要作用。但是，随着安全生产形势的发展、农机化工作的深入推进、“放管服”改革的需要和新法规、新标准的实施，农机安全监理制度必须进行相应的修订和完善。

1 月 15 日，农业部通过 2018 年第 1 号和第 2 号部令，公布了新修订的拖拉机和联合收割机《驾驶证管理规定》和《登记规定》；2 月 5 日，农业部通过部文，印发了新修订的拖拉机和联合收割机《驾驶证业务工作规范》和《登记业务工作规范》，2 个“新规定”和 2 个“新规范”将于今年 6 月 1 日起同步施行。严格落实好“新规章”和“新规范”，是当前各级农业机械化主管部门和农机安全监理机构的一项重要工作，各地要下大力气抓紧抓好抓实。

（一）深刻理解修订的重要意义。此次修订遵循“依法规范、简政放权、便民服务、保障安全”4 个原则。“依法规范”就是依据新公布的相关法律、法规和国家强制标准，对主管部门的名称、拖拉机和联合收割机的分类、管理部门的职责进行规范；“简政放权”就是按照党中央国务院“放管服”改革的新要求，进一步深化农机牌证管理制度的改革、创新工作机制；“便民服务”就是通过修订《规定》以及相应的配套工作《规范》，进一步在减环节、优流程、转作风、提效能、强服务等方面取得突破性进展，使监理业务办理更加便民高效；“保障安全”就是在注册登记、驾驶证考试、安全技术检验等方面，一切着眼于确保安全，与安全没有直接关系的规定，能减则减，与安全有关的，须严则严。

有利于强化依法行政。法律是治国之重器，良法是善治之前提。贯彻落实中共中央关于全面推进依法治国若干重大问题的决定，要求必须建立完备的农机安全生产法律法规和规章制度体系。2009 年《农业机械安全监督管理条例》施行，2008 年《农业机械运行安全技术条件》国家强制标准实施，2012 年《机动车运行安全技术条件》国家强制标准进行修订。原有农机安全监理规章的一些规定与这些新的法规、标准规定不统一、不符合问题突出，有必要进行修订，使农机安全监理的法规体系更加完善。比如：原来规定申请驾驶证的最大年龄是 60 岁，而《农业机械安全监督管理条例》规定允许驾驶拖拉机和联合收割机的最大年龄是 70 岁。必须通过修订农机安全监理规章制度，使法规之间更加统一规范。

有利于保障安全生产。我国农业机械事故仍处于多发、易发、高发期。近年来，全国农业机械保有量持续快速增长，新型、大型、智能拖拉机和联合收割机不断涌现，其结构、类型发生了很大变化，有必要对其进行重新科学分类和优化管理。比如：原来注册登记的拖拉机按照大中小分类，14.71 千瓦以上的拖拉机为大中型拖拉机，而现在有的拖拉机动力已经达到 294.12千瓦以上，原有的分类标准已经无法适应新的发展需要。新的分类方法与新的国家标准衔接，按照结构性能分为轮式拖拉机、履带拖拉机、手扶拖拉机和拖拉机运输机组，并通过科学分类进行区别管理，优化登记和考试发证工作，提升管理的针对性，进一步强化源头监管，减少违法行为，预防农机事故发生。

有利于推进行业“放管服”改革。党的十八大以来，中央加快了转变政府职能、深化行政体制改革的步伐，做出了简政放权、放管结合、优化服务的重要部署。近年来，农业机械化管理部门和农机安全监理机构贯彻落实“放管服”改革要求，在减环节、优流程等工作实践中积极探索，积累了一些好经验和好做法。近年来公安部门在机动车管理方面也采取了不少便民措施，值得农机部门学习借鉴。因此，有必要将这些行之有效的具体措施以部门规章或规范的形式确定下来，在农机安全监管方面大力推进便民服务改革措施。

（二）准确掌握修订的主要内容。这次规章和规范的修订，内容多、变化大，有不少创新和突破，可归纳为以下 5 个方面。

一是优化顶层设计。按“人”和“机”分类，本着“依法规范、简政放权、便民服务、保障安全”的原则对现行监理规章制度进行优化整合，牌证监理规章数量由 3 个优化整合为 2 个，规范性文件数量由 8 个优化整合为 2 个，合并拖拉机和联合收割机驾驶证，实现驾驶证的“两证合一”；合并拖拉机和联合收割机行驶证，实现行驶证的“两证合一”。修订后的规章制度结构更加优化，数量更加精简，内容更加统一，要求更加规范，针对性和可操作性进一步增强。

二是强化简政放权。修订以后，将农机牌证订制管理职责下放到省级，农业部不再选定牌证定点企业；将牌证业务办理职责统一明确下放到县级监理机构；将出具驾驶人身体条件证明的医疗机构由县级扩展到乡镇级医疗机构。允许境外人员申领驾驶证，扩展拖拉机和联合收割机来历证明的采信范围，放宽驾驶证申领年龄上限到 70 周岁，取消驾驶证实习期、拖拉机“停驶、复驶”等管理制度，取消培训记录、准考证、遗失声明等申报材料，通过制度创新推进简政放权。

三是注重放管结合。依据国家标准和危及公共安全的程度，对拖拉机和联合收割机登记类型进行科学分类，并实行放管结合、分类管理。拖拉机运输机组主要从事道路运输作业，危及公共安全程度大，《中华人民共和国道路交通安全法》和《机动车运行安全技术条件》将拖拉机运输机组纳入机动车范畴，修订后的规定明确拖拉机运输机组注册登记时应进行安全技术检验、查验交强险凭证、核发 2 面号牌等；与此同时，对其他危及公共安全程度较低的拖拉机和联合收割机，实行新机免检、交强险免查、核发 1 面号牌的规定。

四是加强便民服务。新规定注重简化工作环节、优化业务流程、统一考试内容与要求。将驾驶证和登记业务岗位流程由原 5 个精简为 3 个，将场地和田间作业安全技能考试图形分别由原先的 3 个精简为 1 个，将道路驾驶技能考试评判标准由 51 项整合为 15 项，增加补考次数，推行监理业务异地办理、代理等便民举措，推进信息化管理以及网络办理，增强服务能力，提高工作效率。

五是突出安全保障。针对农机事故特点，突出了安全保障，优化了理论知识和驾驶技能方面的考试内容。在理论知识方面，强化了安全文明驾驶的要求；在驾驶技能方面，针对农机事故多数集中于农田、场院和道路“两点一线”的特点，将考试内容聚焦到事故多发的农田作业“掉头”、场院停车“入库”和农村道路"驾驶"等关键点;在评判标准方面,对容易造成严重事故的违规操作行为实行一票否决,采取"零容忍"。通过优化考试内容和合格标准等措施,确保农机手掌握安全知识和操作技能。

(三)认真细致抓好落实和新旧制度的过渡。各级农业机械化主管部门和农机安全监理机构要将落实好改革要求、执行好农机安全监理"新规定"和"新规范"作为当前的重要任务,明确责任、强化落实、加强督导,保证将新规章新办法落到实处。

组织好学习培训。各地要逐级组织开展"两个规定"和"两个规范"以及相关标准的学习培训,利用新闻媒体,组织好宣传解读,使各级农机安全监管人员熟练掌握农机安全监理的新规定和新要求,更好地依法监理,切实把"放管服"改革和便民服务的有关规定落到实处。

完善好配套措施。各地要根据"两个规定"和"两个规范",做好拖拉机和联合收割机牌证管理计算机软件系统的开发、更新与应用,做好软件的测试,确保按时使用新的计算机管理系统办理各项监理业务。要做好新旧制度的平稳过渡,原有证件在有效期内应允许农机手继续使用,原有证件有效期满的,应免费更换新的证件。严禁强制农机手更换新证。

开展好监督检查。各地要以部令宣贯为契机,进一步强化拖拉机和联合收割机及其驾驶人的安全监督管理,向广大农机手广泛宣传新规定、新规范和新标准,提高安全意识,促进安全生产。各地要做好新制度实施的监督检查,确保监理机构严格依法依规开展监理业务,进一步提高工作效能,确保新旧制度的顺利过渡。

三、扎实做好2018年农机安全监管工作

2018年是贯彻党的十九大精神开局之年。农机安全监理工作要以习近平新时代中国特色社会主义思想为指导,深入贯彻落实党的十九大精神,按照党中央、国务院关于乡村振兴和安全生产的决策部署,牢固树立安全发展理念,以预防和减少农机事故、提高农业机械化安全生产水平为中心,以压实安全责任、落实监理新规、强化政策措施、创建安全文化、加大隐患治理、提升监管能力为重点,突出"便民服务"和"安全保障",全面落实"放管服"改革措施,扎实做好农机安全监理各项工作,有效防范和遏制农机重特大事故,为实施乡村振兴战略、加快推进农业农村现代化营造稳定的安全生产环境。

2018年,要在落实好农机安全监理两个"新规定"和两个"新规范"的基础上,重点抓好以下工作。

压实农机安全生产责任制。认真贯彻落实"党政同责、一岗双责、齐抓共管、失职追责""管行业必须管安全、管业务必须管安全、管生产经营必须管安全"和"谁主管、谁负责"的要求,进一步明确和落实党委政府领导责任、部门监管责任、生产经营者主体责任,积极推进将农机安全生产纳入同级人民政府安全生产工作的年度考核内容。各地要按照《国务院安委会2018年工作要点》要求,推进制定农机安全生产管理的权力清单和责任清单,严格履行农机安全执法、行政审批、驾证考试、安全宣传、安全检查、事故处理、应急管理、安全检验等安全监管职责。要建立健全农机安全生产约谈、警示教育制度,完善农机安全生产巡查工作制度,加强对事故多发地区、隐患集中地区农机安全生产责任落实情况的督查。要积极推进落实乡镇、行政村两级农机安全生产责任制,明确生产经营者的农机安全生产主体责任。

强化"变型拖拉机"专项治理。继续按照农业部、公安部和安全监管总局三部门办公厅文件要求,加强"变型拖拉机"专项治理。彻底杜绝给非法生产的机动车发放拖拉机牌证,严格查处违法发放牌证的单位和责任人。借助牌证查询平台,会同有关部门加大牌证打假力度。按照机动车同类车型强制报废规定,设定严格的报废淘汰期限,及时注销报废车辆,加快"变型拖拉机"报废淘汰速度。会同有关部门加大"打非治违"力度,严查无证驾驶、无牌行驶、拼装改装、超速超载等违法行为,减少农机安全生产事故隐患,营造安全稳定的生产生活氛围。

落实农机安全监理惠农政策。全面落实国务院关于免征拖拉机牌证费和安全技术检验费等5项农机安全监理行政事业性收费的决定,积极协调财政部门做好经费保障,确保政策落到到位、安全保障有力。有条件的地方积极争取财政投入,将驾驶证考试费纳入免征范围,实现农机安全监理免费全覆盖。继续在全国范围内开展农机报废更新补贴试点工作。尚未开展试点的省份要结合本地实际,积极组织开展试点工作,加快老旧农机的报废更新,促进农机结构调整、节能减排和安全生产。

深化"平安农机"创建活动。会同安监等部门扎实开展好2018年度"平安农机"示范创建活动,在地方创建的基础上,推出10个左右全国"平安农机"示范市、100个左右示范县和100名左右农机安全监理示范岗位标兵。要积极争取地方政府重视和支持,将创建工作纳入各级政府安委会工作内容,加大创建活动投入。合理推进创建工作进度,加强监督检查,注重工作质量,对示范市、县和岗位标兵实行动态管理。进一步巩固创建活动成效,大力宣传示范市、县和示范岗位标兵的好经验、好做法、好事迹,发挥好典型引领作用,提升"平安农机"示范创建品牌效应。

组织好农机安全宣传教育活动。按照国务院安委会部署,开展好第17个全国"安全生产月"和"安全生产宣传咨询日"活动,组织农机监管人员深入乡村面向群众,大力宣传农机安全生产法规和安全生产知识,推动农机安全知识、安全常识在广大群众中普及应用。加强农机安全文化建设,设计创作一批农机安全宣传作品,免费发放到农机合作社、农机户手中。利用好网络媒体等手段开展农机安全宣传教育,进一步扩大农机安全宣传覆盖面和影响力,提高农机手安全生产意识。按照统一部署组织开展农机安全生产大检查,加强重要节假日、重要农时、重要活动和关键时期的安全生产督导检查。组织好农机事故应急处置演练,开展农机使用环节职业健康研究,加强对农业机械驾驶操作人员有关职业健康知识的宣传教育和培训,提升广大农机手农机驾驶操作职业病防护意识和水平。

加强农机安全监管创新研究。组织开展农机安全监理执法制度改革和执法工作规范研究,密切关注行政审批和综合执法制度改革对农机安全监理工作的影响,确保农业机械化主管部门和安全监理机构有效履行安全监管职责。加强农机事故处理工作规范和农机安全风险防范措施的研究,进一步强化事故防范,规范事故处理程序,减少事故引发的社会矛盾。加强农机保险政策研究,积极争取财政补贴,鼓励各地开展农机事故保险保费补贴试点。加强农机年检制度改革研究,进一步优化工作流程,简化检验项目,提高年检效率。

安全责任重于泰山,我们要深入贯彻落实党中央关于实施乡村振兴战略、推进"放管服"改革和加强安全生产的决策部署,强化责任意识,落实好农机安全监理"新规定"和"新规范",不断提高农机安全监管能力和水平,为新时代实施乡村振兴战略、加快推进农业农村现代化做出积极贡献!

在全国农机鉴定和农机化质量工作改革推进座谈会上的讲话(摘要)

(2018年5月3日·北京)

农业农村部农业机械化管理司司长　李伟国

2018年5月3日,农业农村部副部长张桃林作重要讲话,充分肯定了农机试验鉴定和农业机械化质量工作的新成效,深刻分析了新形势,提出了新要求,要认真学习、深刻领会、贯彻落实。农业农村部农业机械化管理司司长李伟国结合贯彻落实农业农村部副部长张桃林的重要讲话精神,就农机试验鉴定有关问题提出几点意见。

一、切实增强责任意识,履行好农机试验鉴定主体职能

农业机械试验鉴定主要是从满足农业生产和农民实际使用的需要出发,通过考核评价农业机械产品相关性能和质量水平,为农业机械化技术推广工作和指导农民选购先进适用农业机械产品提供服务的评价制度。农机试验鉴定是农业机械化管理工作的重要组成部分,是农业机械化技术推广应用的基础工作和重要环节,也是当前农机鉴定系统的主体职能。农业机械试验鉴定与其他一般质量监督制度不同,不是简单评价产品是否合格、是否符合产品质量标准,而是评价是否适用于生产应用、是否值得推广,应该属于农业技术推广范畴。这也是要在全国农业系统设置专门的农机试验鉴定机构的原因,否则就会与国家质量监督系统职能重叠。所有的农机试验鉴定工作都应该围绕促进农业机械化技术的推广应用来开展。农机试验鉴定机构要聚焦农业机械化技术推广来开展试验鉴定工作这个主业,充分挖掘潜力,整合系统资源和利用好社会资源,全力保障农机试验鉴定工作的开展,特别是切实解决好当前鉴定供需矛盾。当前,很多鉴定机构都被列为公益一类事业机构,而能够列入公益性的主要原因:一是基于是为农业这一弱势产业服务;二是基于是为农业技术推广这一公共产品服务。因此,无论试验鉴定系统机构怎么改革,都应该把农机试验鉴定工作始终作为主体职能,履职尽责。

二、切实增强担当意识,发挥好农机购置补贴政策的技术支撑作用

农机购置补贴政策是国家强农惠农富农政策的重要组成部分,也是国家促进先进适用农业机械化技术推广应用的一项重要支撑政策手段。多年以来,把通过相关试验鉴定的农机产品作为农机购置补贴机具的资质条件,既突出了中央财政支持的针对性、精准性,也确保了政策实施的科学性、规范性。在某种程度上,也促进了鉴定技术成果的转化推广,是对鉴定工作的信任和对鉴定成果的充分肯定,进一步提升了鉴定系统在农业机械化技术推广工作中的地位和作用。所以,把农机试验鉴定评价结果作为农机购置补贴机具的资质条件,是鉴定机构的光荣,不能因为规范性、科学性要求更高,觉得有压力、成为负担,而要以高度的使命感来做好这项工作,为实施农机购置补贴政策、推进农业机械化"全程、全面、高质、高效"发展提供坚实有力的技术支撑和公共服务。当然,考虑到当前农机试验鉴定能力的实际情况,在新一轮购机补贴政策实施意见中,拓展了补贴机具的资质采信渠道。在继续保留农机试验鉴定资质要求的同时,增加了认证结果的采信,包括强制性认证的直接采信和在试点范围内的自愿性认证采信。多元采信一方面是为了减轻农机试验鉴定供需矛盾压力,弥补能力不足;另一方面也是为了提高补贴政策实施的科学性,通过形成良性竞争推动采信质量的提高。农机试验鉴定和认证 机构要加强沟通、相互配合,促进检测方法、标准、要求等技术规则和试验检测结果互联互通、融合发展,形成合力,共同为补贴政策提供更加有效的技术支撑。

三、切实增强创新意识,加快提升农机试验鉴定能力

随着农业供给侧结构性改革深入推进,对各类农业机械的需求日益旺盛;农机工业科技创新步伐不断加快,各类新型农机产品不断涌现。如何适应新形势、新需求,加快改革创新,切实提升农机试验鉴定能力,促进新机具新技术的推广应用,是当前农机试验鉴定面临的重要任务,重点要抓好以下两方面工作。一是切实抓好鉴定制度改革的推进实施。贯彻落实国务院"放管服"改革精神,适应当前事业单位分类改革、行政事业性收费改革实际,2017年,农业农村部组织开展了《农业机械试验鉴定办法》等相关制度的改革修订工作。目前《农业机械试验鉴定办法(征求意见稿)》已经完成了公开征求意见和修改工作,正在报请农业农村部常务会审议。这次改革修订的力度比较大,也可以说是一次系统性的改革。接下来,重点要围绕修订后的《农业机械试验鉴定办法》,抓紧组织修订完善实施办法、鉴定种类指南编制办法、大纲制修订办法、国家支持的推广鉴定项目实施办法等一系列配套工作制度,清理修订部省推广鉴定大纲、相关工作规范和技术规程等工作,任务十分繁重。希望鉴定系统的全体同志进一步树立主人翁精神,积极投身改革,敢于担当担责,主动献计献策,共同推进农机试验鉴定改革圆满完成。二是加快试验鉴定方式方法的创新。要适应形势的发展,充分借鉴应用现代科技进步的成果,不断地研究、创新农机试验鉴定的方式方法,研究试验鉴定新技术新手段,促进新产品新技术的推广应用。特别是农业农村部农业机械试验鉴定总站,要充分发挥人员、科技的龙头优势,在做好常规性试验鉴定任务的同时,着力在农机试验鉴定技术和方式方法创新上下工夫,深入研究衡量农机适用性、安全性、先进性的核心指标和技术评价手段,指导各省的试验鉴定工作。当前,要重点加强补贴新产品的试验鉴定方式方法研究创新,加强相关标准、鉴定大纲和鉴定能力的建设,解决农机购置补贴政策实施中"想要补、补不了"的矛盾。从2018年起,农业农村部、财政部明确将新产品试点扩展至全国范围。各省农业机械化主管部门要组织实施好农机新产品补贴试点工作,各省农机试验鉴定机构要充分发挥技术支撑作用,全程参与新产品补贴试点工作,加快推

动新产品鉴定大纲研发制定,促进先进适用、生产急需的新产品能够及早进行鉴定,达到纳入农机购置补贴机具的资质条件,进一步扩大应用。要按照农机新产品购置补贴试点重点支持绿色生态导向和丘陵山区特色产业适用机具的要求,结合试点重点开展有关试验鉴定大纲的制定和鉴定能力研发,促进高效节本、绿色环保、智能安全的农机加快示范应用和丘陵山区农业机械化发展,支持推动农机新产品购置补贴试点工作取得良好成效。

四、切实增强制度意识,促进农机试验鉴定规范化

农业农村部副部长张桃林讲话中提出要打造打响试验鉴定服务的品牌,关键是要提高鉴定工作的社会公信力、影响力,靠的是鉴定工作的科学化、规范化。一是加快建立完善科学的技术标准和工作制度,严格按照标准和制度规范开展试验鉴定工作。当前供需矛盾突出,更需要我们严格标准、严格规范,把好试验鉴定关口,更需要我们有专业的精神、专业的水平,提高鉴定执行的严肃性。特别是各个试验鉴定机构要建立完善规范的受理制度,避免短缺经济产生的风险和问题。二是加快鉴定管理服务信息的公开化。通过公开化,更好的服务企业和农民;通过公开化,倒逼推动试验鉴定工作的规范化。信息公开既是对企业产品的监督,也是对试验鉴定工作的监督。

为了提高农业机械试验鉴定结果公开规范化、信息化水平,更好地支持、服务农机购置补贴等政策实施和农业机械化技术推广,2018 年 2 月农业农村部办公厅印发了《关于规范农业机械试验鉴定结果公开工作的通知》,对有关工作做了部署。要求统一在部总站负责管理的"农业机械试验鉴定管理服务信息化平台"公开鉴定结果信息,规范信息公开内容和形式。各省鉴定机构要加强学习了解相关要求,建立完善对公开内容的审核规定和程序,提高信息公开质量,确保按时完成有关工作。农业农村部农业机械试验鉴定总站要抓紧完善平台建设,做好先行引导工作,加强对各地工作的指导,规范信息公开的内容和形式,强化对信息真实、及时、有效性的监管。

五、切实加强对农机试验鉴定工作的指导和支持

各省农业机械化主管部门要加强对农机试验鉴定工作的指导,积极为农机试验鉴定工作的顺利开展创造条件。要加大相关投入,努力改善试验鉴定、检验检测的设备和手段。加强人才的引进和培养,建立完善相应的工作激励机制,充分调动人员的积极性。当前,要重点帮助解决农机鉴定经费由行政事业性收费改为财政预算后的经费保障问题。一些地方反映,在现行财政管理制度下,各省只能保障本省制造企业的产品鉴定需要,无法承接别的省所属企业的鉴定申请。这实际是对鉴定目的的认识误区。开展农机鉴定,主要是为农业生产应用服务、为农民使用服务,而不是主要为本地企业服务,这是财政应该保障鉴定经费的理由。确定鉴定的产品种类应从本省农业生产、农业机械化发展的需要出发。希望各地转变观念,明确出发点和落脚点,以本省农机购置补贴范围确定的产品种类为依据,安排鉴定工作,开展生产急需、农民急用的产品鉴定,切忌地方保护主义。目前农业农村部以农业农村部农业机械试验鉴定总站名义申请了近 1 500 万元的国家支持的农机推广鉴定项目费用,主要用于全国范围内重点推广的农机产品试验鉴定,引导和调剂缓解部分省鉴定能力的供需矛盾。希望各地农业机械化主管部门和鉴定机构加强与本省财政部门沟通,与财政管理制度对接,积极争取省级财政支持,不断提高本省农机试验鉴定能力,适应农业机械化发展需求。农业农村部农业机械试验鉴定总站要强化全国农机试验鉴定能力规划指导,主动调剂余缺,引导各地及时查漏补缺,提高鉴定对需求反馈的针对性、及时性,推动鉴定系统协调、持续健康发展。为了切实推进各省对农机试验鉴定工作的重视,农业农村部农业机械化管理司正在研究把承担完成国家支持的推广鉴定任务的情况纳入购机补贴延伸绩效考核。按照农业农村部副部长张桃林的要求,各地农业机械化主管部门也要加强对鉴定工作的指导,研究建立新的绩效考核办法,不断优化鉴定工作机制,共同提升系统管理水平和整体鉴定能力。

做好新时期农机试验鉴定工作,任务光荣,责任重大。全系统要认真贯彻落实党的十九大精神,齐心协力,开拓创新,全力开创工作新局面,共同为推进新时期农业机械化全程全面高质高效发展,助力乡村振兴战略做出新的、更大的贡献。

在 2019 年全国农业机械化工作会议上的总结讲话(摘要)

(2019 年 3 月 18 日 · 湖北襄阳)

农业农村部农业机械化管理司司长　**张兴旺***

在国务院全国春季农业生产暨农业机械化转型升级工作会议之后,接着召开全国农业机械化工作会议,传达学习了国务院副总理胡春华、农业农村部部长韩长赋讲话和会议精神,农业农村部副部长张桃林对做好农业机械化工作作出了全面部署安排,要认真学习领会,迅速统一思想行动,不折不扣抓好落实。组织参观了"全程机械化+综合农事服务"新型农机合作社、种养加融合发展现代农业示范园区和农机装备制造基地等现场;山西、浙江、山东、湖北、安徽、重庆、黑龙江、吉林等 8 个省市,江苏省常州市金坛区、陕西省西安市长安区长丰农机合作社分别作了典型交流发言,从不同角度介绍了各自的好经

* 2018 年 8 月,农业农村部农业机械化管理司召开干部大会,人事司司长潘显政宣布农业农村部农业机械化管理司领导班子成员名单:张兴旺任司长、李安宁任副司长、王家忠任副巡视员。李伟国同志不再担任农业农村部农业机械化管理司司长(转任农村社会事业促进司司长)。

验好做法;工业和信息化部装备工业司副司长罗俊杰介绍了下一步农机装备产业转型升级情况;围绕履行好机构改革后职责、贯彻落实国务院意见进行了讨论交流;农业农村部农业机械试验鉴定总站、农业农村部农业机械化技术开发推广总站和中国农业机械工业协会、中国农业机械流通协会、中国农业机械化协会还作了专题发言,希望大家认真学习借鉴。下面,我再补充强调四点。

一、加快构建农业机械化管理新格局,推动国务院意见落实

按照中央关于党和国家机构改革部署,新组建的农业农村部设立农业机械化管理司。地方机构改革扎实推进。从省级机构设置上看,原先相对独立设置的农机局大都转为事业单位,行政职能并入到省级农业农村厅(委)农机职能处室,形成了新的农业机械化管理架构。从人员安排上看,省级农业机械化战线的队伍发生了很大的调整,出席本次会议的各省市参会代表就出现了很多"新面孔"。新的管理架构,形成新的工作格局,提出新的要求。希望大家正确看待和处理好机构改革后省厅农机业务处室和事业单位之间的关系,在厅党组的统一领导下,各司其职,各负其责,加强沟通,相互补位,互相支持,创新思路、机制和办法,形成推动农业机械化事业发展的合力,在贯彻落实国务院意见部署,着力推进农业机械化转型升级,开好局、起好步。

当前,行政处室和事业单位都要提高工作站位,找准角色定位。一般来讲,行政业务处室主要负责牵头抓总,抓好政策法规、规划编制、行政审批、执法监督等行政性工作。事业单位主要是抓好公共服务、提供技术支撑、当好参谋助手,做好具体业务工作。行政处室要有大胸怀、大格局、大视野,重程序、重沟通、重协调,加强统筹谋划,建立健全与事业单位的沟通协调机制、会商决策机制,信任和支持事业单位充分发挥作用,建立良好的工作运行体系。事业单位特别是副厅级事业单位,要充分理解和尊重行政处室业务归口的职责,主动谋划、主动沟通、主动联系,积极出主意建议、积极参与决策、积极承担工作任务,共同推动农业机械化事业加快发展。

抓好国务院意见的贯彻落实是当前和今后一个时期农业机械化工作的中心任务。无论各省职责如何分工,都不能影响农业机械化各项工作的正常进行,要确保事有人干、责有人负,把国务院意见精神和政策举措落细落实落到位。

二、突出风险防控,严格农机购置补贴实施

回顾近年来农机购置补贴政策实施工作,通过持续创新完善,补贴政策框架基本稳定,实施操作办法逐渐成熟,资金供需总体处于平衡状态,农民对政策的满意度和获得感越来越高。但是,也发现了一些亟待解决的问题,特别是一些地方落实农财两部《2018—2020年农机购置补贴实施指导意见》的力度不够、属地管理责任落实不力、补贴机具核验不认真、补贴资金被骗套压力增大等,给政策实施工作带来隐患。为确保政策规范安全廉洁实施,最大限度发挥政策效益,各地要在进一步便民利民的基础上,推进农财两部有关规定真正落到实处,加强风险防控工作。

一要落实属地管理责任。最大限度发挥农机购置补贴政策效益,关键是依靠基层政府的领导和主管部门的精心实施。各地要切实组织加强县级农机购置补贴领导小组建设,充分发挥领导小组的政策实施领导责任,及时对政策实施重大事项进行决策,对农业机械化、财政部门的实施工作进行监督,并协调组织其他相关部门共同解决影响政策实施的难点焦点问题。要健全政府领导下的农业机械化、财政部门联合监管、相互监督机制,进一步明确县级及以下农业机械化主管部门的组织实施责任、财政部门的资金兑付与监管责任,发挥部门合力,保障政策有效实施。

二要防范政策实施风险。组织实施好农机购置补贴政策,底线是不能出现系统性管理风险和资金安全问题。各级农业机械化主管部门要切实落实全面从严治党要求,坚持把纪律规矩挺在前面,加强廉政警示教育,严禁有关人员以各种形式直接或间接进行补贴机具经营活动。要围绕补贴政策实施的关键环节,组织各县市抓紧建立健全内部控制规程,把规矩立起来严起来,不断提升决策科学性和工作规范性。要组织各县市加快制定完善机具核验方面的规章制度,结合实际明确核验内容和标准,科学设置核验岗位和工作职责,让工作人员知道核什么、怎么核,切实把好机具核验关,最大限度堵截不法企业与农民骗套补贴行为,打造"不能骗"的环境。要全面推行农机产销企业参与政策实施承诺践诺,聚焦全流程关键节点工作,细化深化企业承诺事项,明确违背承诺应承担的责任,落实企业的主体责任。

三要严打违法违规行为。违法违规行为是补贴政策实施工作中的毒瘤,不做到严查严处,苗头性的问题就会蔓延,对政策环境造成难以估量的影响。2019－2020年,要紧盯提供不实投档信息、虚购报补、一机多补、重复报补、以小抵大(比如大马拉小车、小机大标)等当前影响政策实施的典型违规行为,持续保持严管、严打的高压态势,发现一起,查处一起、曝光一起,着力营造公平公正严肃的政策实施环境。要全面升级违规行为查处措施,在发现或查实企业有上述违规行为后,一律采取暂停企业全部产品补贴资格及以上的严厉处理措施,再根据违规情节从严从重处理。要跟进实行经济处罚,配合省级财政部门责令违规企业退缴等同于补贴额度的资金,切实增强打击力度,提高违规查处的震慑性,打造"不敢骗"的环境。要实行信用管理,对在一省查实的违规行为,其他省份联动处理,使违规企业"一处失信、处处受限"。

三、积极参与农业综合行政执法改革,保障农机安全生产

这次党和国家机构改革,明确提出要整合组建五支综合执法队伍,农业综合执法队伍是其中一支。习近平总书记亲自审定了农业综合行政执法改革指导意见,充分体现了总书记对农业农村法制工作的高度重视,彰显了党中央推进农业综合行政执法改革的坚定决心。中国共产党中央委员会办公厅、中华人民共和国国务院办公厅专门印发了《关于深化农业综合行政执法改革的指导意见》,农业农村部召开了深化农业综合行政执法改革工作视频会议,农业农村部部长韩长赋作了重要讲话,进行全面部署。要切实提高政治站位,充分认识到深化农业综合行政执法改革是全面依法治国、加快建设法治政府的内在要求,是实施乡村振兴战略、完善乡村治理体系的迫切需要,是加快农业农村部门职能转变、提升农业执法监管能力的重要举措,高度重视,主动入位,积极配合,切实贯彻执行。

一要积极参与。在推进改革中,各地要主动汇报、积极协调、充分沟通,全面反映农机安全监理的行业特点,妥善处理好改革中遇到的有关问题。二要厘清职责。这次改革,将分散在同级农业农村部门内设机构及所属单位的行政处罚,以及与行政处罚相关的行政检查、行政强制职能剥离，由整合组建后的农业综合行政执法队伍集中行使，以农业农村部门的名义统一执法。明确要求创新工作机制，建立农业农村部门内部分工协作机制，加强综合行政执法队伍与行业管理、技术推广、检验检测等其他机构的协作配合，充分发挥各自优势，形成工作合力。对此，各地要认真梳理农机牌证核发、安全检验、安全检查、安全宣传、行政处罚、事故处理、应急管理等农机安全监管责任，明确职责分工，按照先立后破、不立不破的原则，全面厘清职责，落实安全生产责任。三要保障安全。要确保改革过程中“人心不散、队伍不乱、工作不断”，防止因改革出现安全监管“空档期”。同时，要加强对新调整人员的岗位培训，逐级举办培训班，使新上岗和入职人员得到及时培训，提高安全生产责任意识，提升履职能力和工作效能，继续保持农机安全生产稳中向好态势，为农业机械化转型升级提供安全稳定的发展环境。

四、转变指导扶持方式，推进农机社会化服务提档升级

农机社会化服务是农业生产性服务的一个重要组成部分，农机服务组织在农业生产中发挥了主力军作用。当前，各类新型经营主体加快融合，新业态、新模式不断涌现，国家的相关扶持政策加快整合，支持对象、领域更加广泛，涵盖了包括农机合作社在内的各类主体。随着国家清理示范创建活动、优化整合财政项目等工作的深入推进，以及机构改革的落实到位，农业机械化系统单独开展农机合作社示范社创建、设立实施能力建设奖补类项目的难度比较大。要以更宽的视野、更新的理念，进一步推进农机社会化服务加快发展。

一要主动对接有关部门，借势借力培育壮大农机服务主体。要从农业农村发展全局出发，树立不求所有、但求所用的理念，转变工作方法，主动与厅内相关处室共同谋划相关工作。要与科教负责处室对接，争取新型经营主体带头人培训项目，加强农机大户和农机合作社理事长培训；要与经管负责处室沟通，支持更多的农机合作社参评国家农民合作社示范社，争取将具备“全程机械化＋综合农事服务”功能的服务组织优先纳入农业生产托管服务主体名录；还要与计财处室对接，争取中央财政转移支付的农业社会化服务补助资金支持购买关键环节农机服务、支持发展全程机械化综合农事服务中心。

二要加力推广应用信息化技术，提升农机作业服务效能。要加快互联网、物联网、大数据等信息化技术在农机社会化服务中的有效应用。推行“互联网＋”农机服务方式，完善“农机直通车”等农机服务、调度管理信息平台，鼓励开发“滴滴”农机类App，为“有机户”和“用机户”牵线搭桥，提供快捷便利服务，促进大中型农机共享共用。

三要注重引导农机作业服务组织与小农户有机衔接，扩大服务空间。中央强调发展现代农业不能忽视小农户，要促进小农户和现代农业发展的有机衔接，提升小农户发展能力。在培育壮大农机服务组织过程中，从相关政策设计、工作导向上，要鼓励农机合作社等服务组织通过多种形式的社会化服务，为广大小农户服务，在服务小农户过程中提高机具使用效率、提升经营效益。要引导农机合作社、作业公司等组织与家庭农场、农机户和小农户开展合作与联合，建立利益联接机制，促进传统小农户向现代小农户转变，实现小农户与家庭经营、合作经营、企业经营等经营形式共同发展。要防止人为“垒大户”“一刀切”，支持农机户、小农户共同购置农业机械，合理配置集中烘干、集中育秧等公用设施，降低生产经营成本，让各种类型生产服务主体都有充分的发展和增收空间。

当前，春耕春播已从南到北陆续展开。各地农业机械化主管部门要认真贯彻国务院全国春季农业生产暨农业机械化转型升级工作会议精神，充分发挥农机在春耕生产中的主力军作用，迅速掀起农机春耕春播热潮，全力以赴打好今年农业生产第一仗。要提前动员有关生产主体和企业，做好人员培训、机具准备检修、油料配件供应等工作，确保农机具以良好的技术状态投入生产。要结合全程机械化推进行动，积极开展形式多样的科技下乡、现场演示、观摩培训活动，大力推广宽幅精量播种、种肥同施、机插同步测深施肥、节水灌溉、高效植保等新装备新技术，积极组织生产托管、跨区作业、订单作业，开展农机社会化服务，确保春季农业机械化生产高效率、高质量。要落实安全生产责任，加强安全教育和检查，提高机手安全意识，消除事故隐患，切实做好事故预防与应急处理工作，保障人民群众生命财产安全。

2019年是新中国成立70周年，也是贯彻落实国务院意见的开局之年、起步之年，要进一步增强责任感、使命感、紧迫感，弘扬真抓实干精神，创造性地开展工作，努力推进农业机械化转型升级取得新进展，进一步提升农业机械化水平，为实施乡村振兴战略、推进农业农村现代化作出新的更大的贡献，以优异成绩为新中国成立70周年献礼！

在2018年全国农机化形势分析会上的讲话（摘要）

（2018年12月5日 • 北京）

农业农村部农业机械化管理司司长　**张兴旺**

在2018年实施乡村振兴战略的关键时点上，农业机械化怎么样、怎么看、怎么干？很显然这必须放到农业农村现代化的全局中，放到国家工业转型升级的进程当中来思考。农业机械化发展至今，简单地与国际对标，简单地眼光向外、简单地跟跑，正在逐渐成为过去。寻找一条适合中国特点的农业机械化发展道路，目前还未完全找到答案，还需要在实践中去探索和创新。在经历农机装备水平“黄金十年”之后，近几年市场盘整甚至低迷，在此剧烈的、痛苦的转折期、爬坡期，一些农业机械化发展急需的细分市场强劲增长，给予业界信息和信心，指引行业方向。

过去40年的辉煌，是因为有党中央、国务院的高度重视，有整个业界的努力；未来整个行业的发展，也必须紧紧依靠党中央、国务院的坚强领导和整个行业的不懈努力。处在这样的一个时代节点上，必须认识到时代的变化，并顺应社会的期待，否则政策就会跑偏，科研就可能缺乏方向，企业就可能失去市场。有人认为，提出一个问题比解决一个问题更重要，但提出一个问题随后就必须寻求解决问题的办法。当前农业机械化发展有很多问题需要研究，很紧迫的是应关注处理好以下十个方面的关系。

第一，农业机械化与乡村振兴的关系。农业机械化对推进农业现代化发挥了并正在发挥着特别重要的作用，但是乡村振兴的总目标是农业农村现代化，如何通过机械化让乡村更美好？从国际的经验看，没有农业机械化，就没有农业农村现代化，乡村振兴战略关系到“五位一体”总体布局，这要求农业机械化不仅在农业生产中发挥重要作用，也要为农民生活和农村生态贡献力量。

要让农业成为有奔头的产业，让农民成为有吸引力的职业，让农村成为安居乐业的美丽家园，机械化不可缺位。很多农民主体都是进过城接受过城市洗礼后回到农村的打工一代、二代，甚至三代，很多人都有了私家车，如果农机驾驶室里没有空调，座椅的减震弹性不好，农民主体怎么会喜欢，怎么会有吸引力呢？因此这样的一些变化，包括农村环境的变化，正在对机械化提出新的要求。在2018年购机补贴实施过程中，有一个省发布的品目中有28个品目没有合适的产品投档。难道说没有市场机会吗？关键是看没看到市场机会，并有针对性地去为农业农村提供农机产品。

第二，农业机械化和农机装备产业的关系。有没有可能构建一个从农业机械化的需求人手，推进农业装备产业的供给侧结构性改革，这是目前农业机械化发展非常紧迫的一个任务，需要更加尊重市场规律，更好发挥政府作用。作为企业，要服务于时代的发展，才能体现企业的价值。不仅要继续发展大宗农作物机械化，还要积极推进特色产业机械化、畜牧渔业机械化；不仅有平原、丘陵山区的机械化，还有都市农业机械化，有设施农业的机械化，这些都是机械化对农机装备产业的要求，必须有实实在在的载体才能实现，同时也意味着巨大的成长潜力。

第三，主角和配角的关系。农业机械化领域涉及哪些市场主体，涉及哪些人？无论是发挥政府的作用、企业的作用、市场主体的作用，还是发挥行业协会的作用、科研的作用，最终都是服务于乡村振兴这样一个主战场，服务于广大农民群众和新型经营主体。在这样的背景下，怎样构建不同主体之间良性互动的一个大农机生态链，是我们共同面对的重要任务。现在有些地方在尝试着推动以农机合作社为主体，建设综合农事服务中心就值得关注。在安徽省宿州市埇桥区调研时了解到，有一位农机合作社理事长，原来是做种子生意的，农机合作发展以后，又开始为周边的家庭农场提供服务，目前已成为农业产业综合体。不必担心搞农资的人把搞农机合作社的整合了，只要是对老百姓有益的事，只要有利于农业农村发展的事，农民和市场是会作出选择的。

第四，要我机械化和我要机械化的关系。目前在农机领域，一方面有一些不太适销对路的大路货不受欢迎，另一方面有一些领域又对机械化的需求非常迫切。怎样降低这个领域的寻找成本，提高市场的透明度，提高效率，是一个重要的问题。农机企业如何在细分市场中寻找自己的市场定位？如何在细分市场中满足老百姓新的机械化需求？企业要提前布局未来，应该认真研究需求，提前在前方路口等着需求的到来。对于传统的市场，农机企业如何巩固？对于新的市场如何发现，都是一个很重要的任务。经济学上萨伊定律提出，供给可以创造需求，可以帮助老百姓去寻求解决问题的方案。而对于农业机械化管理部门，也要主动与其他行业管理部门对接，降低寻找成本。比如，我们能为畜牧机械化做什么？能为经济作物机械化做什么？能为渔业机械化做什么？能为农产品加工业做什么？能够为设施农业做什么？要主动服务，主动衔接，或许会打开另外一片天地。

第五，提供产品与提供整体解决方案的关系。提倡农机企业要像服务城里人那样去服务农民，要像尊重城市的消费者那样去尊重农村的消费者。如果能够做到，相信农机企业会有很好的未来。从发展趋势看，企业要生存和发展，简单地以卖产品打造竞争力的时代正在成为历史，既提供产品，又提供服务，帮助农民解决农机使用中遇到的养护难、维修难等问题，也应该成为农机企业高质量发展的自我救赎之道。

第六，此岸和彼岸的关系。早在党的十六大报告中就提出，要把发展的速度、改革的力度和人民群众可接受的程度结合起来。细化到农业机械化这个领域，这也是一个很重要的话题。技术太先进了，太超前了，企业和产品的成本都过高，用户很难接受。太迟了，机会就会失去。柯达胶卷、乐凯胶卷是如何走向衰落的？就是因为没有看到数字技术的机会，最终失去了市场。

第七，国际化和中国化的关系。1946年美国基本实现农业机械化，世界上第一台电子计算机同年也在美国宾夕法尼亚州立大学诞生。毫无疑问，中国在农业机械化领域的发展也必须要参考、借鉴、吸收国际先进产品和技术。国外企业要进入中国也要寻求本土化的力量，怎样把两方面力量很好地结合起来值得思考。

第八，机构和机遇的关系。随着机构改革的推进实施，财政、水利等部门的有关职能调整到了农业农村部门。大多数农机部门也回归农业农村大本营，农机管理部门看似没那么独立了，但是更要看到融入和服务乡村振兴主战场的关键机遇。我们以什么样的思维方式和态度开展工作，非常重要。

第九，政府和政策的关系。政府不可能把“所有的问题都自己扛”，要大家一起来，政府部门的作用在于宏观调控、市场监管、社会管理、公共服务、环境保护。怎样把握农业机械化领域的发展趋势，怎样来对产业产能做出分析预警，甚至发布一些警示性的信息，这些更应受到重视。农机购置补贴政策关键是怎样更好地坚持、更好地完善、更好地顺势而为，让它更加绿色生态，让政策更加聚焦于新时代的要求。在重大政策落实上，希望各地要研究本地的实际情况，更好地推进。同时要进一步加强风险管控，不能让好的政策在执行层面出现问题，甚至影响发展。目前农机企业发展也遇到些困难，谁能熬得住，谁能够布局未来，或许就将成为百年老店。恰恰是在这样一个痛苦的转折时期，我们更要看到机遇。机遇是来自于对整个农民群体的真正高质量服务，这是商业的本质要求。

第十，唱多和唱空的关系。如何客观认识行业的发展情况，向社会传递什么样的信息？目前很多行业数据是下行的，不能简单看数据，而要看到数据背后的原因，看趋势、看未来。要重视数据，但是不能唯数据论，要透过现象看本质，看到正在孕育的增长极，就更应该增强信心。我们要一起努力，为这个行业营造一个好的环境。关于投融资问题，实际上国家不同方面的政策设计都有相应的安排，未来的相关扶持政策也会既重视财政政策的力量，又更加重视金融政策的力量。

农业机械化对于农业和农村而言，就是工业文明遇上农耕文明，到底在新的形势下会产生什么样的力量？这要靠大家一起来努力，最近发布的乡村振兴战略规划纲要，对农业机械化和农机装备产业都有明确的要求。时代是出卷人，我们是答题人，如何向这个时代交出满意的农业机械化答卷，不会有人帮我们回答，最后还是要由我们共同回答！

在2018年度全国农机化统计直报系统操作员培训班上的讲话（摘要）

（2018年4月24日·贵州贵阳）

农业农村部农业机械化管理司副司长　李安宁

2018年4月24日，在国家大数据综合试验区贵州省贵阳市举办2018年第一期全国农业机械化统计直报系统操作员培训班，参加人员扩大到分管统计工作的负责同志，主要目的是结合汇总审核2017年全国农业机械化统计年报数据，学习贯彻党中央、国务院推进统计工作改革发展的新精神新要求，总结交流近年来农业机械化统计工作的成效，研究部署下一步重点工作。审核组专家通报了2017年年报审核情况，结合实际进行了座谈交流，对做好农业机械化统计工作提出了很多很好的意见建议。对此，农业农村部农业机械化管理司副司长李安宁提出三点意见。

一、充分肯定近年来农业机械化统计工作的成效

近年来，特别是党的十八大以来，各级农业机械化主管部门认真贯彻落实党中央、国务院对统计工作的部署要求，扎实推进农业机械化统计制度化、规范化、信息化，加强队伍建设，不断提升数据质量水平、增强服务能力，得了良好成效。

（一）报表制度不断完善。2012年以来，三次修改完善了报表制度，有效增强了农业机械化统计工作的针对性。一是归并精简报表数量，将《农机化管理服务情况》《农机化投入情况》《农机化经营效益情况》3张表合并为《农机化管理服务与经营效益情况》1张表，删除与农业机械化中心工作结合不够紧密、使用频次较低的部分统计指标。二是明确了“农机专业合作社”“运输机械”等重要项目的统计范围和相关指标的解释，删除与“农用运输”不相关联的若干指标。三是研究制定了“农产品初加工”“果、茶、桑”及“设施农业”机械化水平评价标准并在全国范围内进行统计验证，扩展了农业机械化水平评价行业标准，扩大了农业机械化统计评价的覆盖领域。山东省等开展了“全国农机化统计考评的考核方法和指标体系”研究，积极探索新的农业机械化统计方法和综合评价方法；安徽省、湖南省等制定了本省的《农机化管理统计报表制度》，新疆维吾尔自治区制定了《新疆农林牧渔综合机械化作业水平计算方法》地方标准等，从不同方面推进了农业机械化统计报表制度的改革完善。

（二）数据质量持续提高。建立并有效运行初审、复审的统计数据双重审核机制，形成《农业机械化管理统计数据审核》行业标准。构建了乡（镇）、县、市、省四级审核报送机制，逐级明确责任，落实要求，分层管控数据质量。完善了农业机械化、农业、统计等各部门数据会商衔接机制，有效避免了数据“打架”。目前，农业机械化统计数据为国家统计局直采、法定数据，多项指标被纳入中国统计年鉴、中国农业年鉴等，能够在更大范围内服务社会。

（三）信息化工作扎实推进。依托“金农工程”设计开发和优化升级全国农业机械化统计直报系统，实现了部、省、市、县四级联网，统计工作信息化水平显著提高，工作效率明显提升，数据的及时性、准确性得以有效保障。目前，全国已有22个省（区、市）通过系统上报农业机械化统计数据。浙江、安徽、山东、广东和新疆等部分省份，还根据本地工作实际，在全国系统的基础上开发适宜本省农业机械化统计工作的软件系统，有的已延伸到乡镇一级，为进一步优化完善农业机械化统计信息系统功能，积累了有益经验。

（四）队伍建设不断加强。近年来，由农业农村部农业机械试验鉴定总站牵头组织，坚持不断开展统计业务培训，提升省级农业机械化统计干部队伍素质能力。通过传达学习党中央、国务院有关精神和国家统计局、农业农村部的相关要求，邀请专家作专题辅导报告，强化典型省份经验交流，协调审核专家组现场讲课审数等方式，不断提高统计人员的业务素质能力，培养出了一批农业机械化统计工作的“行家里手”。各省农业机械化主管部门也根据本省实际加强了统计干部队伍建设工作，山西、山东、广东、甘肃、新疆、内蒙古等省（区）坚持每年举办省级培训班；山东省、新疆维吾尔自治区、安徽省等还制定了农业机械化统计工作考核评比办法，对建立一支高素质农业机械化统计干部队伍起到了很好的促进作用。

统计工作是科学决策和管理的重要基础。近年来农业机械化统计统计指标体系不断健全，工作规范性和效率不断提高，数据质量稳步提升，有效支持了各级农业机械化主管部门分析把握农业机械化发展状况趋势、研究提出政策措施，为做好农业机械化管理服务工作，推动我国农业机械化快速发展提供了重要的参考依据和信息支撑。“我国农业生产已经全面进入机械化作业为主的新阶段”的重大论断、“十三五”我国农业机械化发展主要目标的确定都建立在农业机械化统计数据的基础上。农业机械化统计工作取得的良好成绩，是各省农业机械化主管部门领导高度重视和大力支持的结果，是各级农业机械化统计工作部门领导和岗位工作人员辛勤工作和不懈努力的结果。

二、切实加强农业机械化统计工作责任制建设

党的十八大以来，党中央、国务院高度重视统计工作。2016年10月中央印发《关于深化统计管理体制改革提高数据真实性的意见》，首次要求建立领导干部统计工作考核机制，对统计造假、弄虚作假的实行"一票否决"。2017年9月中央印发《统计违纪违法责任人处分处理建议办法》，对统计违纪违法行为发现、调查、行政处罚、案件移送等提出程序性要求，明确对领导人员、统计机构及有关部门责任人员等违纪违法行为的认定。2017年5月，国务院公布了《中华人民共和国统计法实施条例》，自8月1日起施行。国家统计局遵照中央部署要求，先后修订、出台《部门统计调查项目管理办法》和《统计执法监督检查办法》等规章，组建统计执法监督局等。这些举措的核心是围绕提高数据真实性、保证数据质量，建立健全责任制、实行责任追究，推进依法统计、依法统治。面对新形势新要求，必须深刻认识到位，认真贯彻到位，着力加强责任制建设。

（一）切实增强责任意识。各省农业机械化主管部门要认真组织学习党中央、国务院关于统计工作的新部署、新要求和法律法规，吃透精神，牢固树立依法统计的理念，切实增强责任意识，遵守程序规范，做到"实事求是，不出假数，真实可信，准确完整"。要采取举办培训班、召开座谈会、开展实地验证等多种形式，切实在学懂、弄通、做实上下工夫，把思想和行动统一到中央的决策部署上来，遵守统计法律法规，严肃执行统计调查制度。《全国农业机械化管理统计报表制度》是依法经国家统计局备案的部门统计制度，是农业机械化统计的规则，各级农业机械化主管部门要坚决执行，认真落实，依法做好农业机械化统计工作。

（二）加快建立防范造假责任制度。近年来，辽宁省、内蒙古自治区等地财政数据造假引起社会广泛关注，严重损害政府公信力，群众对数据真实性的敏感程度不断提高。各省农业机械化主管部门要认真贯彻落实中央精神要求，制定防范造假责任制。一是明确部门主要领导、分管领导及统计人员在防范和惩治统计造假、弄虚作假中的具体责任，明确统计岗位工作职责，落实好责任分工，细化任务、量化责任。二是理清统计工作的流程、环节，工作要全程留痕，让每一个数据都能倒查、倒追到具体的人员和工作环节。三是明确数据修改、公开等关键环节的程序规定，切实防范伪造、篡改数据。

（三）进一步完善数据质量核查制度。各省农业机械化主管部门要尽快组织建立数据质量核查制度，全面审核统计调查对象提供的原始资料，加强对数据采集、处理、汇总、报送等环节的监控。要加快建立本省的统计数据质量责任体系，明确各级农业机械化统计机构及其工作岗位人员的数据质量责任。要针对本省实际情况，规范质量核查工作，明确核查内容、频次及范围。

（四）大力加强监督检查制度建设。目前，农业机械化统计数据监督检查主要依靠形式检查，缺乏进一步监督检查的措施。主要原因是把统计工作的范围同完成年报等同起来，将统计工作做成了一个时间点上的工作、一个阶段性的工作，而不是一项贯穿全年的工作。各省农业机械化统计部门要借建立责任制的契机，围绕"年报"工作做好前延后伸，加大对执行统计法律法规和统计调查制度的监督检查，综合运用"双随机"抽查、专项检查、重点检查、实地核查等方式，组织开展数据监督检查工作。通过监督检查，及时发现统计调查过程中的违法违规行为，依规开展问责。同时，要积极配合统计部门查处违纪违法行为。

（五）切实提高统计工作保障水平。《统计违纪违法责任人处分处理建议办法》明确规定，因工作能力不足造成数据失实的，同样属于责任追究的范围。目前，我们农业机械化统计工作的资金、人员保障还不尽如人意。特别是基层统计存在"人单势薄"的客观现状，但这并不是责任追究的免责事由。各省农业机械化主管部门要把统计工作摆到重要位置，推动建立健全本系统统计调查人力、物力和财力保障机制，不断提高部门统计能力和工作水平。尤其要注重加强统计队伍建设，充实统计力量，合理配置统计人员，强化人员专业培训，努力提高人员素质，保持统计队伍稳定，切实将统计工作责任制落到实处。

三、着力推进新时期农业机械化统计改革创新

统计是认识国情、判断形势、制定政策的重要基础。统计数据是制定农业机械化发展战略、规划、政策，实施农业机械化管理服务的重要依据。当前，我国农业已经从主要依靠人力畜力转到主要依靠机械动力，农业生产进入机械化作业为主的新时期，农业机械化正向全程、全面、高质、高效转型升级。农机与农艺、机械化与多种形式的适度规模经营加快融合，农业机械化领域不断拓展，农机作业服务主体多元化、服务市场化、业态多样化加快发展，互联网、大数据、云计算等现代信息技术日新月异，农业机械化管理"放管服"加快推进等等，对农业机械化统计的数据质量、统计调查内容、统计工作效率等提出了新的更高要求。要适应新形势，抓住新机遇，迎接新挑战，加快推进农业机械化统计工作改革创新。当前和今后一个时期，要深入贯彻党中央、国务院对统计工作的决策部署，以全面准确反映农业机械化全程、全面、高质、高效发展为主要目标，以统计工作规范有效、统计数据真实权威、统计服务准确便捷为基本要求，以全面运用互联网、大数据等信息技术为重要支撑，推动统计工作向客观独立反映、预测预判和对策建议并重转变，为支撑新时期农业机械化管理科学决策、优化服务，推进农业机械化转型升级提供坚实可靠的统计保障。要在积极推进统计工作责任制建设的同时，做好三个方面的重点工作。

（一）加快构建新时期统计报表制度。改革完善农业机械化统计报表制度，大力精简不适应发展形势的指标，补充农业机械化管理工作急需的指标，建立健全反映农业机械化全程、全面发展，反映绿色生态农业机械化技术装备增长、反映农机作业服务提质增效的指标体系，推进统计指标动态管理。探索应用新的调查方法，加大重点调查、抽样调查、大数据应用调查等方法的应用范围，精简全面调查的项目、范围，提升调查统计的针对性、有效性，减轻基层全面统计的负担。积极研究反映产业、地区农业机械化发展水平的评价方法标准和指标，健全完善农业机械化工作成效的考核评价体系。2018年要组织修订提出新的报表制度，各级农业机械化主管部门以及审核专家组等有关单位的专家要积极参与，群策群力。鼓励各地积极探索、先行先试，总结经验，在全国推广，共同构建新时期统计报表制度。

（二）加快提升新时期统计工作信息化水平。要力推统计直报系统升级改造，解决好当前农业机械化统计直报系统兼容性较差、运行速度缓慢、批量处理能力不足和指标平衡管理不完善等问题，在工作内容上从数据填报信息化向审核信息化、

确认信息化等延伸，同时完善人机和谐交互、兼容操作运行系统，满足各级垂直管理的需要，规范各级操作。要积极探索农业机械化统计与农机购置补贴、农机试验鉴定、农机安全监理、农业机械化生产等信息数据共享和互校，加强数据深度挖掘和分析，逐步打造统一完备的数据采集、分析、报送平台，以信息化促进农业机械化统计工作便利化、规范化，为农业机械化各项工作决策提供大数据支撑。

（三）加快拓展新时期统计服务职能。着力完善统计工作信息、咨询与监督各项职能，建立内容完整、真实可靠、方式多样、获取便捷的统计服务系统，更好的服务农业机械化管理、农业机械化生产、农机研发推广等各个方面，有效提高农业机械化统计工作服务水平。要深入开展统计分析，强化预警预判，为社会各界提供及时、全面、准确的信息服务和咨询建议。要按照“公开为常态、不公开为例外”原则，充分运用互联网和各种新媒介，全面公开统计制度方法，及时有效公布统计数据，发布统计分析建议，提升统计信息服务的满意度。要积极开拓信息源，加强农业机械化统计数据与农业生产、农业经营管理，以及农机工业、农机进出口、农机市场销售等方面统计数据的共享、衔接、运用，为各级农业、农业机械化、农机工业主管部门把握新时期农业机械化发展大势，做好管理服务工作提供数据支持和统计分析服务。要积极探索综合统计与专项调研相结合的方法途径，通过组织开展专项调查（如植保无人飞机调查）、建立定点监测点等方式，优化统计数据生产过程，提供针对性、精准性更强的统计数据和分析、咨询服务。

在全国果菜茶生产机械化现场推进会上的讲话（摘要）

（2018 年 10 月 11 日 · 湖北宜昌）

农业农村部农业机械化管理司副司长　李安宁

2018 年，国务院《政府工作报告》明确提出“推进农业机械化全程全面发展”。为贯彻国务院决策部署，农业农村部制定印发了《2018 年推进农业机械化全程全面发展重点技术推广行动方案》，将果菜茶生产机械化技术示范列为八大行动之一，组织各地、各方面积极开展果菜茶生产机械化技术创新、试验选型、研讨培训、示范推广，掀起了推进果菜茶生产机械化的热潮！在“三秋”农业生产全面展开之际，在湖北省宜昌市召开全国果菜茶生产机械化现场推进会，总结交流推进果菜茶生产机械化的进展，研究部署进一步推进果菜茶生产机械化工作，既是 2018 年果菜茶生产机械化技术示范行动的重要内容，也是推进农业机械化全面发展的一次标志性活动。这次会议是农业农村部第一次召开推进果菜茶生产机械化的工作会议，具有里程碑式的重要意义。对此，农业农村部农业机械化管理司副司长李安宁强调三点意见。

一、充分肯定果菜茶生产机械化的积极进展

近年来，各地积极开展果菜茶生产机械化技术的引进、研发、示范和推广，果菜茶生产机具保有量和作业面积持续增长，我国果菜茶生产机械化取得了可喜的突破和进展。

（一）重视程度不断提高，扶持力度逐步加大。农业农村部研究制定了“果茶桑”“设施农业”及“农产品初加工”机械化水平评价标准，将果菜茶生产适用机具纳入农机购置补贴范围，在主产区布局建设试验示范基地，推动各地推进果菜茶生产机械化。山东省、江苏省、北京市、上海市等农业机械化先进省（市），已经把果菜茶生产机械化列为农业机械化转型升级的重要内容，不断加大扶持、推进力度。许多果菜茶生产主产省份，因地制宜，重点突破，主要品种、重点环节机械化不断有新的进展。山西省、江苏省、安徽省、山东省、河南省、江西省、甘肃省等地相继出台了促进果菜茶等特色农产品生产机械化发展的规划或指导意见，加强顶层设计，明确工作重点，出台政策措施。2017 年以来，湖北省、江苏省、山西省、山东省、上海市、安徽省、广西壮族自治区、四川省、宁夏回族自治区、福建省、宁波市等地安排超过 4 亿元财政专项资金，用于果菜茶生产机械化新技术新机具新模式引进研发、推广示范及标准化园区建设，支持、推进力度不断加大，果菜茶生产机械化进展十分明显。湖北省有些茶产区机修剪率达到了 90%，蔬菜生产机械化耕整率达到了 85%。江苏省林果业（果茶桑）机械化水平达 52%。浙江省大宗茶类修剪、采摘机械化水平达到 93%。

（二）科技创新不断加快，装备技术逐步突破。“十三五”以来，农业农村部布局建立了柑橘、苹果、茶叶等机械化科学试验基地，组建了“林果与设施农业工程专业组”等农业机械化科技创新专家队伍，在柑橘、苹果、大宗蔬菜、特色蔬菜、茶叶等国家现代农业产业技术体系增加了农机岗位专家 12 人，支持建立了“热带亚热带作物农机科技创新联盟”等，持续推进果菜茶生产机械装备和机械化技术创新。国家重点研发计划“智能农机装备”中设立了“丘陵山地拖拉机”“园艺拖拉机”“蔬菜生产技术与装备”“特色作物收获技术与装备”等相关的果菜茶生产机械化研究项目。农机购置补贴政策实施设立了农机新产品补贴试点专项，将果菜茶生产新机具新装备列为支持重点。各地农业机械化主管部门在国家统筹布局的基础上，结合本地区果菜茶生产实际需求，着力推动“产业急需、农民急用”的关键技术创新和产品创制，突破了一批重要技术和装备。山东省在全国率先实施农机装备研发创新计划，涉及果菜茶生产机械化的立项约 50 项，占项目总数的 1/4。大葱钵盘育秧机、大苗移栽机，大蒜正芽播种机、联合收获机及产后加工机械，以及多种型号的生姜收获机等机型推向市场。上海市引进、消化、吸收国外蔬菜生产装备，研发的全国首台电动叶菜收割机已经进入产业化生产阶段。育苗成套设备、根茎作物播种机、蔬菜收获机、大葱收获机、果园自走式升降作业机（平台）、电动自走式喷杆喷雾机、田间运输机、标准化设施大棚及附属设备、食用菌料装瓶（袋）机、水果分级机、果树修剪机（电动）、枝条切碎机等一批

新装备列为多个省份的农机新产品购置补贴试点产品，进入示范推广阶段。

（三）示范推广不断加强，应用水平逐步提升。一是推进农机农艺融合，形成了一批技术规范。农业农村部制定印发了《茶园机械化生产技术指导意见》及《采茶机作业质量》《风送式果园喷雾机施药技术规范》《水果分级机质量评价技术规范》等20多项标准规范。江苏省研究提出了12个蔬菜、林果生产主要环节机械化作业技术规范。江苏常熟碧溪露地青花菜、山东惠民鑫诚露地结球生菜、北京延庆露地甘蓝、四川彭州露地胡萝卜等典型蔬菜生产机械化解决方案深受欢迎，北京市露地甘蓝生产全程机械化技术集成示范入选2018年农业农村部农业主推技术。上海市组织编制《上海市设施菜田机械化适应性建设指南》，针对不同种类的菜品和生产规模，形成了小型设施绿叶蔬菜机械技术模式、中大型设施绿叶蔬菜机械技术模式、低密度大颗类蔬菜移栽技术模式等3种蔬菜机械化生产主推技术模式，广泛应用于青菜、鸡毛菜、苋菜、茼蒿、杭白菜、广东菜心、菠菜、结球生菜、甘蓝等绿叶蔬菜生产，极大促进了蔬菜生产机械化。

二是推进示范基地建设，培植了一批推广服务主体。各地加强政策、资金、项目、人才等多方面支持，围绕当地产业规划和布局，创建了一批规模化、标准化、产业化的果菜茶生产机械化示范基地，培养了一批技术推广和作业服务能力强的新型经营主体，对农民的示范带动作用明显增强。重庆市通过对果菜茶园进行宜机化建设，打造了1.33千公顷高标准示范基地。四川省等地支持龙头企业自建标准化机采基地，推行以“公司＋合作社＋农户＋基地”的模式建立标准化基地，结合茶园规模化、标准化种植，大力推广茶业农机作业社会化服务，培育农机专业合作社32个，累计扶持农机大户、农机合作社等新型茶业主体购置大型农机400余台（套）。河南省等地采取政府以奖代补的方式，扶持茶叶企业和茶叶专业合作社以订单收购的方式与茶农签订协议，茶叶生产机械化进程不断加快。宁夏回族自治区等地扶持蔬菜产销合作社组建蔬菜产业联合体，为种植户提供机械化生产等全方位社会化综合服务，促进蔬菜生产机械化发展。江西省建立“科研机构＋公司＋基地”模式平台，协同开展果业机械科研、试验、开发和推广，推进果业生产和采后处理全程机械化。

三是推进培训指导，提升了技术应用的认知度。2016年以来，全国农业机械化科技创新专家组林果与设施农业工程专业组和各地围绕果菜茶三大产业机械化发展，共举办各类研讨会、现场会、培训班1 000余次，培训人数20多万人次，培训了一批技术骨干，演示宣传了各类技术内容和实施效果，有效增强了广大农民和社会各方面对果菜茶生产机械化的认识，推动了果菜茶生产机械化的发展。

据不完全统计，目前全国果菜茶机械化技术推广应用面积达到25 866.67千公顷次（其中：中耕5 400千公顷、施肥3 333.33千公顷、植保8 333.33千公顷、修剪2 066.67千公顷）。果菜生产综合机械化率接近30%、茶叶生产综合机械化率20%，相较前些年取得了明显进步。

在充分肯定成绩的同时，也应清醒地看到，果菜茶生产品种多样、农艺复杂，种植范围广、制约因素多，机械化难度比较大，我国果菜茶生产机械化水平总体还不高，尚处于初级阶段。区域、品种、环节之间发展也很不平衡。特别是采收、田间运输、产地初加工更是滞后。受先进适用的技术装备不多、农机农艺结合不够、宜机化的农田基础设施不足等因素的制约，无机可用、无好机用、有机难用等问题还在相当程度上存在，需要采取更加有力的措施推进发展。

二、切实增强推进果菜茶生产机械化的紧迫感责任感

果菜茶生产在我国农业生产中占有重要的地位。2016年，全国水果（不含瓜果、草莓、干坚果）面积13 000千公顷，产量1.81亿吨；蔬菜面积22 333.33千公顷，产量7.98亿吨；茶园面积2 933.33千公顷，产量240万吨，果菜茶生产无论是面积还是产量均居世界第一，是世界果菜茶生产和消费第一大国。果菜茶生产，直接关系到城乡居民的菜篮子、果袋子、茶罐子和广大农民的钱袋子，直接影响到满足广大消费者食物多样性的需求和对丰富多彩的饮食文化的需要，也是休闲农业、观光农业和农村生态建设的重要内容。随着农业供给侧结构性改革深入推进，果菜茶生产呈现加快发展势头。当前，我国农业已经从主要依靠人力畜力转向主要依靠机械动力，农业生产方式进入了机械化作业为主的新时期。农业各领域对机械化的需求越来越迫切，广大农民对农机装备的依赖越来越明显。机械化程度的高低，直接影响到农民生产意愿和农业生产的稳定发展。加快推进果菜茶生产机械化，提升果菜茶生产机械化水平，已经成为果菜茶稳生产、提效率、降成本、增效益的迫切需要和现实选择。

（一）生产机械化是确保果菜茶有效供给的必然选择。我国自然条件多样，果菜茶品种丰富。长期以来，果菜茶生产以人工为主，劳动强度大，人工成本高、规模化程度低。随着工业化和城镇化的进程不断加快，农村劳动力加快转移，农业生产成本不断攀升，农民劳动观念深刻变化，果菜茶等农业生产“用工难”“用工贵”问题日益突出。目前蔬菜人工成本在蔬菜生产总成本中占比59%，运输及贮藏过程损耗达到30%左右；苹果、柑橘、茶叶等大宗产品人工成本在总成本中占比均超过50%，已成为影响农民种植意愿和果菜茶产业持续发展的重要因素。机械化生产能够大幅度提高果菜茶劳动生产率，减轻劳动强度，有效替代人工，降低生产成本，稳定和提升生产能力，“机器换人”已成为破解“谁来种菜？”“靠谁种果？”“怎么种茶？”等问题的必然选择。必须加快推进果菜茶生产机械化，保障果菜茶综合生产能力，有效满足市场对果菜茶产品的需求，提升果菜茶产业发展质量、效益和竞争力。

（二）生产机械化是推进果菜茶绿色发展的迫切需要。多年来，为满足市场供应、提高果菜茶产量，我国果菜茶生产水肥药用量大，如化肥投入，果树单位化肥用量是日本的2倍多、美国的6倍、欧盟的7倍，蔬菜单位化肥用量比日本高12.8千克、比美国高29.7千克、比欧盟高31.4千克。化肥、农药等的过量使用，带来成本增加和环境污染，也影响产品的品质和生产效益。同时对果菜产地尾菜、果皮果壳等带来的农业面源污染问题关注也不够。当前，我国农业由增产导向转向提质导向，进入了转型升级、实现绿色发展的新阶段。保证更高质量更加安全和绿色生态农产品的供给，保护生态环境，必须加快推行绿色生产方式，走质量兴农、绿色兴农、品牌强农之路，增强农业可持续发展能力。农业机械化能够实现人畜力所不能达到的生产效率和精度，做到定量、定位、适时、保质完成农业生产作业，使水肥药种膜等投入品实现精准化、减量化使用，农业废弃物有效实现资源化利用，是支撑农业绿色发展的重要物质技术基础。因此，加快推进果菜茶生产机械化，是减少果菜茶水资源、肥料、化学药剂等的使用量，促进果菜废弃物资源化利用的必然选择，是实现果菜茶生产资源节约、环境友好，向绿色发展、高质量发展迈进的迫切需要。

（三）生产机械化是增加果菜茶农收入的有力手段。果菜茶生产投入大，价值高，是许多地区农民收入的重要来源。特别是我国果菜茶生产大多集中在丘陵山区，多数贫困县和贫困村是高山蔬菜、特色林果和名优茶等集中产区，发展果菜茶生产，直接关系到广大农民增产增收，也是诸多地区产业扶贫、精准脱贫的重要支撑。随着我国城乡居民农产品消费需求升级，多样化、便捷化和品牌化趋势明显，对果菜茶产地加工分级、贮藏保鲜和冷链运输也提出了新的更高要求，同时也为农民增收提供了新的机遇。各地实践表明，果菜茶生产机械化，可以大幅度提高果菜茶劳动生产率、土地产出率和资源利用率，增产增效；可以大幅度降低果菜茶生产成本，节支增收；可以有效支持果菜茶规模经营和产品产后加工处理增值，提高经济效益。可以说，发展果菜茶生产机械化，是新时期转变果菜茶生产方式，推进果菜茶区域化布局、产业化经营、标准化生产、规模化作业和社会化服务的有力举措和重要支撑，能够有效支持产业兴旺、促进农民增收和助力脱贫攻坚。

总之，果菜茶生产机械化的发展事关新时期果菜茶产品的有效供给，事关果菜茶生产的绿色发展，事关广大农民的脱贫增收，对拓展农业机械化的新领域，培育农业机械化发展新动能，优化全国农业机械化结构布局，提升农业机械化总体水平，推进农业机械化全面发展，也具有十分重要的战略意义。要从战略和全局的高度，不断深化发展果菜茶生产机械化重要性的认识，增强紧迫感、责任感和使命感，抓住机遇，开拓创新，大力推进果菜茶生产机械化加快发展。

三、奋力开创果菜茶生产机械化发展新局面

当前和今后一个时期，各级农业机械化主管部门要把推进果菜茶生产机械化发展作为农业机械化新的增长点和转型升级的重要内容，摆上重要议事日程，加强组织领导，以习近平新时代中国特色社会主义思想为指导，深入贯彻落实新发展理念和创新驱动发展战略，以区域代表性的作物、标准化的果菜茶园和规模化的新型经营主体为着力点，以科技创新、机制创新和政策创新为主要抓手，推进农机农艺融合、机械化发展与农田基础设施宜机化建设结合、农业机械化技术推广应用与规模经营结合，加快突破薄弱环节装备技术，加快构建全程机械化技术体系，加快技术示范推广步伐，推动果菜茶生产机械化迈上新的台阶，为推进农业机械化全程、全面、高质、高效发展，助力乡村振兴战略实施提供有力支持。要重点抓好以下五个方面的工作。

（一）强化政策引导扶持，打造率先发展典型。要结合实际，做好果菜茶生产机械化发展规划，明确目标任务，积极创设支持促进政策，统筹技术、资金、人才等保障措施，加强顶层设计和扶持引领。要突出重点，积极争取地方财政支持，建立一批标准化、规模化的果菜茶生产机械化示范基地，加强示范引领和培训推广。要发挥好农机购置补贴等扶持政策的引导作用，统筹整合有关项目投入，支持有条件的县乡村整体创建果菜茶主要作物生产全程机械化示范区，推出一批率先发展的典型。要注重发掘各地推进果菜茶生产机械化的典型，及时总结推介新经验、新进展、新模式，充分利用广播、电视、报刊、互联网等媒体开展宣传，提升社会关注度和影响力，营造推进果菜茶生产机械化的良好氛围。

（二）推进瓶颈技术攻关，增加装备有效供给。要坚持问题导向，加强需求分析引导，支持协同创新，组织指导产学研推开展联合攻关，推动科研院所、企业研发生产急需、农民急用的果菜茶生产机械装备，加快突破田间管理水肥药精量施用机械化关键技术，攻克采收和产地初加工机械化难点，增强高效、节本、绿色、智能的果菜茶生产机械供给能力。要积极争取资金投入，组织好重大科技选题和项目遴选，争取地方财政资金、科技重点研发计划列项支持，创新资金项目实施管理机制，加强科研条件建设，加快装备研发生产，推进技术创新和集成配套。要大力促进成果转化，加大农机购置补贴、技术示范推广资金对新产品、新技术的支持力度，强化果菜茶生产机械新产品补贴试点、检测鉴定和试验验证，公开鉴定检测结果和试验验证数据，及时向企业和科研单位反馈相关信息，引导改进熟化新技术新产品，加快成果转化应用。要充分发挥国家现代农业产业技术体系农业机械化岗位专家、全国农业机械化科技创新专家组和各省专家作用，深入生产一线，围绕果菜茶生产机械化需求，加强对各地的技术指导，开展重点机具的研制和技术集成示范。

（三）加强农机农艺融合，构建高效技术体系。要建立完善农机农艺协作合作机制，加强农机、农技、特产、加工、植保、种子等部门联系和沟通，统筹协调解决果菜茶生产机械化发展中遇到的困难和问题，推进品种、种植模式、初加工方式等宜机化，促进品种、栽培、装备集成配套，产前产中产后机械化协调推进。要加强农机与农艺专家的合作联动，共建试验示范基地，建立和完善符合机械化作业的种植标准、生产作业规范，探索形成适应不同区域的果菜茶生产工艺、机器配套方案和操作规程，总结推出一批区域化、标准化的机械化生产技术模式，开展宣传培训推广。要用好现代农业产业技术体系、科技创新联盟、协同创新中心等平台，推动品种栽培装备多学科、产前产中产后各环节联合、联动，实现协同、协作技术创新和成果转化推广，为不同区域、不同作物的果菜茶生产机械化技术体系构建提供解决方案。要积极配合种植业、畜牧业等有关部门，主动参与果菜茶有机肥替代化肥行动，为打好农业面源污染防治攻坚战提供技术装备支撑。

（四）推动基础设施建设，改善机械化立地条件。要打破传统思维模式和工作定式，树立良种、良法、良田、良机“四良”结合推进农业机械化的理念，主动发声，积极进位，努力协调，推动促成有关方面达成“宜机”共识，促使机械化适应性成为农田基本建设、土地整治等工作的必要考量和必要目标，创造良好“宜机”条件，拓展果菜茶生产机械化发展空间，释放发展潜力和活力。要积极推进丘陵山区宜机化土地整治建设，制定果菜茶种植田块宜机化整理改造技术标准，协调利用高标准农田建设、农业综合开发及扶贫开发等相关资金，支持各类规模经营主体和集体经济组织对条件适合的连片土地进行宜机化整理，促使土地标准化和规模化，加快果菜茶生产机械化进程。要围绕高效智能温室、日光温室、大棚等机械化生产，推进设施农业宜机化、标准化建设，制定完善相关技术标准，建立和完善设施农业机械化生产模式，加大农机购置补贴对标准化设施温室的支持力度，引导先进设施装备和高效生产技术投入生产应用。

（五）培育新型经营主体，推进社会化服务。要把农机合作社、家庭农场、果菜茶种植加工企业、合作组织等新型经营主体作为推进果菜茶生产机械化的主要依靠对象，采取支持政策优先倾斜、项目任务优先安排、技术培训率先进行、长期跟踪指导帮扶等有效措施，使之成为新技术新机具集成应用的试验田、全程机械化新模式的演示场。要培育规模经营主体和规模化服务主体相结合，解决好他们在机具存放、育苗、烘干、冷藏、仓储等基础设施建设中的用地用电问题，落实好购机补贴、跨区作业、税费减免、项目承接等方面支持政策，大力推进机械化与多种形式的果菜茶适度规模经营融合，既发展土地流转＋全程机械化“机农合一”的土地集中式规模经营，又发展规模化农机服务＋土地托管、订单作业、代耕代种等“机农联姻”的服务集中式规模经营，促使机械化发展与果菜茶规模经营发展相辅相成，相得益彰。要在抓好传统耕种收农机社会化作业服务的同时，提升果菜茶产后初加工和处理社会化服务水平，大力培育清选分级、烘干加工、储藏保鲜等专业化服务组织，解决好一家一户办不到办不好的问题，促进小农户和现代农业发展有机衔接，共享果菜茶生产机械化发展的红利。

推进果菜茶生产机械化，是时代的要求，人民的期盼，历史的必然，使命光荣，任务艰巨，责任重大。让我们凝心聚力，顺势而为，乘势而上，扎实工作，开拓创新，攻坚克难，加快提升果菜茶生产机械化水平，为促进农业机械化全面发展，推进农业供给侧结构性改革，为实施乡村振兴战略做出新的、更大的贡献！

在全国农机社会化服务提档升级现场会上的讲话（摘要）

（2018年11月23日·浙江宁波）

农业农村部农业机械化管理司副巡视员　王家忠

2018年11月23日的全国农机社会化服务提档升级现场会的主要任务是深入贯彻乡村振兴战略规划关于健全农业社会化服务体系的要求，总结交流农机社会化服务工作取得的成效经验，分析社会化服务发展形势，研究部署进一步推进农机社会化服务提档升级的目标任务与思路措施。

会议选择在浙江省宁波市召开很有意义。宁波市在农业机械化发展走在了全国前列，近年在农机社会化服务领域拓展、质量升级方面进行了有益探索，2018年11月22日的现场观摩留下了深刻的印象。10个单位做了交流发言，这些典型各具特色，从新主体、新模式、新业态等不同角度介绍了各自推进农机社会化服务提档升级的做法和经验，值得各地学习和借鉴。对此，农业农村部农业机械化管理司副巡视员王家忠讲三点意见。

一、充分肯定我国农机社会化服务发展取得的显著成效

近年来，特别是党的十八大以来，各级农业机械化主管部门积极主动作为，大力引导农机社会化服务发展，取得了显著成效。主要表现在以下四个方面。

一是数量与质量并重发展。2017年我国农机专业户超过500万个，乡村农机从业人员5 128万人。农机作业服务组织18.7万个，比2013年增长1.9万个。其中，拥有农机原值50万元的服务组织数量达到4.67万个；农机合作社数量达到6.8万个，增加2.6万个，入社成员数达到152万人（户）。在全国初步形成了以农机作业服务为主，以技术推广、技能培训、机具维修、配件供应、信息服务等为支撑、功能较为完善的农机社会化服务体系。农机作业服务组织装备精良化、全程化趋势明显，大马力拖拉机、大型联合收割机等先进高端的农业机械大都集中在农机合作社，部分合作社配备了高性能粮食烘干设备、农用植保无人机、粮食初加工设备等，拥有标准化的机库、维修间等基础设施，综合服务保障能力不断提高。

二是服务领域与服务能力拓展提升。全国农机社会化服务面积超过280 000千公顷次。主要粮食产区农机合作社以不到1/3的农机拥有量，承担和完成了60%以上的农机作业量，农机合作社已成为农业生产的主力军。农机服务组织不断延长产业链，拓展经营领域，服务环节已经从耕种收为主向专业化植保、秸秆处理、产地烘干等农业生产全过程延伸。一批有较强实力的农机合作社拓展升级为农机作业公司、综合农事服务中心。各地农机服务组织通过积极承担政府农业机械化示范推广项目、农机深松整地等作业项目，在保障项目实施、促进产业发展和农民增收的同时，实现了自身的发展壮大。

三是经营规模与经营效益显著增加。一方面，农机社会化服务组织满足了农村劳动力大量转移，农业劳动力兼业化、老龄化情况下的农业生产需要，也使农民能够放心离乡就业、增加收入。另一方面，通过开展农机社会化服务，实现规模化使物质成本下降，提高作业质量使产量增加、损失减少，并大幅度降低农业用工成本支出。实践表明，农机合作社通过土地入股、土地托管、承包经营、代耕代种、联耕联种等方式，在不改变土地承包权的前提下，在更大规模上促进土地统一经营，实现规模效益。2017年全国农业机械化经营服务总收入达到5 336亿元，农机经营服务总利润达到2 004亿元。山东省共有3 000多家农机合作社开展了土地托管，总面积达到733.33多千公顷，全省合作社田间作业收入56亿元。

四是作业服务与公益性服务相得益彰。各地注重将作业服务等经营性服务与公益性服务有机结合。农机服务组织在农业技术集成化、生产手段机械化、生产过程标准化，打通农业技术推广“最后一公里”方面逐渐成为主要载体，成为基层农业技术推广的重要平台。据初步统计，新增的高性能机具80%以上都由农机合作社率先购置并投入使用，农机农艺新技术多数是通过农机合作社先行示范和传播推广。农机服务组织除开展经营性服务以外，还积极承接农村扶贫等公益性服务。山西省两年来在贫困县创建125个农机合作社资产收益扶贫试点，探索出可复制推广的扶贫工作模式，取得了合作社、贫困户和村集体“多赢”的阶段性成果。

各级农业机械化主管部门在推动农机社会化服务发展过程中，采取了许多行之有效的做法，归纳起来有以下四个方面。

一是推动农机服务组织建设规范化。农业农村部及各省深入开展了农机合作社示范创建活动，明确运营管理规范化建设要求，营造比学赶超氛围，引导农机合作社向"五有"型方向发展，着力培育了一批设施完善、机制良好、制度健全、规模较大、效益显著的示范合作社。近年来，全国共有220家农机合作社被评为国家农民专业合作社示范社。黑龙江省2018年组织对已建成的现代农机合作社，从受益主体、装备管理、制度落实等方面进行全面规范。江苏省通过制定标准、召开现场会、举办培训班等措施，大力推进规范常用农机机务管理。

二是引导农机服务组织向专业性综合化发展。越来越多的农机社会化服务组织积极开展订单作业、生产托管，为小农户提供了农资采购、全程机械化作业、粮食仓储与烘干、加工与销售等多种形式、全方位生产型服务，成为联系大农业和小农户之间的桥梁和纽带，带动小农实现农业现代化。安徽省2017年安排1 500万元扶持建设100个省级综合性全程农事服务中心，2018—2020年再新建300个，争取财政建设补助资金3.45亿元。截至2016年底，全国从事农业生产托管的服务组织22.7万个，服务农户3 656万户，托管服务土地面积1 546.67万公顷，从事托管服务的很多都是农机社会化服务组织。

三是加强农机服务组织人才队伍建设。2017年印发了《农机合作社带头人培训大纲》，推进培训组织管理规范化、方案设计系统化、培训内容实用化，增强培训效果，新型农业经营主体带头人轮训计划每年支持培训农机合作社理事长超过1万名。农业农村部、有关行业协会及各地举办了形式多样的合作社示范社创新发展培训研讨活动，着力提升合作社带头人能力水平。推动组建了中国农业机械化协会大学生从业合作社工作指导机构，搭建交流平台，吸引社会力量关注支持、号召大学毕业生以新理念新模式创业兴社，打造一支引领合作社转型升级的"精锐"力量。

四是加大农机服务组织发展政策扶持。加强了农业机械化技术推广、质量监督、教育培训、安全监理、信息宣传等农业机械化公共服务体系建设，为农机服务组织的发展营造了良好的外部环境，为推进农机社会化服务创造了必要条件。在农机购置补贴政策上向合作社等农机服务组织予以倾斜，并鼓励通过购买服务的方式，支持农机合作社优先承担深松、秸秆还田等作业项目，为当地农民提供高质量的公益化、社会化服务。各地在解决合作社融资难、用地难、农机维修难等问题上采取很多有效措施。江西、福建、江苏等省财政连续安排专项资金支持合作社机库及维修中心建设。湖南省实施千社工程、洞庭湖工程，省财政已投入3.2亿元扶持建设2 189家合作社。吉林省设立奖补资金，布局开展全程机械化新型经营主体农机装备建设，"县县都有主力军，乡乡都有领头羊"的新格局初步形成。

我国农机社会化服务发展呈现服务主体多元化、服务模式多样化、服务手段专业化、服务内容综合化、服务机制市场化、服务对象稳固化、农资农机服务一体化、社社联合、社企联合、村社联合等新特征新趋势。各类农机社会化服务主体成为农业生产主力军，在推动农业机械化全程全面高质高效发展、推进生产要素集聚及先进装备技术普及、推动多种形式适度规模经营、示范带动小农户应用现代生产方式、承接农业机械化（农业）公益性服务等方面发挥了非常重要的作用，为保障国家粮食安全和推进农业现代化做出了重要贡献。

二、准确把握农机社会化服务发展面临的新形势

党的十九大做出了实施乡村振兴战略的重大部署，农业农村现代化是乡村振兴战略的主要目标和重要基础。当前，我国进入了加快发展现代农业的关键时期，生产方式进入了机械化主导的新阶段。从各国发展农业现代化的经验来看，规模化和机械化都是必经之路，社会化服务分业分工是必然选择。我国农业具有典型的大国小农特点，目前2.3亿农户中经营耕地0.67公顷以下的农户2.1亿户，即使2030年城镇化率达到75%，预计仍将有3.6亿人口生活在农村，农民人均土地也只有0.33公顷，小农生产方式是我国农业发展需要长期面对的现实。在这样"超小规模"农业经营形态上实现乡村振兴战略的产业兴旺目标，必然要在发展土地集中型规模经营的同时，大力发展服务带动型规模经营，以服务规模化弥补经营细碎化的严重不足、避免经营风险集中，以生产机械化应对有效劳动力的日益短缺、用工成本的日益走高，进而实现基于社会化服务的节本增效、提质增效，促进小农户和现代农业发展有机衔接。

近年来，中央文件多次对发展农业（农机）社会化服务提出了明确要求和支持措施。2017年中央一号文件提出，大力培育新型农业经营主体和服务主体，通过经营权流转、股份合作、代耕代种、土地托管等多种方式，加快发展土地流转型、服务带动型等多种形式规模经营；扶持培育农机作业、农田灌排、统防统治、烘干仓储等经营性服务组织；支持供销、农机等系统发挥为农服务综合平台作用。2018年中央一号文件《中共中央　国务院关于实施乡村振兴战略的意见》再次强调，促进小农户和现代农业发展有机衔接，培育各类专业化市场化服务组织，推进农业生产全程社会化服务，帮助小农户节本增效。党中央、国务院发布实施的《乡村振兴战略规划》要求，健全农业社会化服务体系，大力培育新型服务主体，加快发展"一站式"农业生产性服务业。中办国办印发的《关于加快构建政策体系培育新型农业经营主体的意见》，2017年农业部、国家发改委、财政部联合印发的《关于加快发展农业生产性服务业的指导意见》出台了系列政策举措。这些决策部署，为农机社会化服务提档升级指明了方向、提出了要求，也为推进农业机械化供给侧结构性改革提供了新理念、新动能。

随着工业化、城镇化进程加快，我国农业劳动力老龄化、兼业化，农业生产请工难、用工贵问题加剧，农民对农机作业服务产生了全面而旺盛的需求。以跨区作业为代表的农机社会化服务蓬勃发展，把农民从传统的人畜力生产方式中解放出来，既让传统农户享受到了机械化的便利、拓展了非农产业就业增收空间，也有效提高了规模经营主体的劳动生产率和土地产出率。实践证明，农机合作社等农机服务组织能够有效整合劳动力、装备、技术、人才等生产要素，不断创新服务模式，以农机为载体加快先进生产方式普及应用，推动解决"谁来种地""怎么种地"问题，成为了发展农业社会化服务的中坚力量、推进农业现代化进程的重要引擎。农机社会化服务作为农业生产性、农村生活性服务的重要内容，是支撑乡村产业振兴、生态振兴、人才振兴的大产业。

随着乡村振兴规划的深入实施，农业生产、农村生活对"机器换人”、机械化服务的需求越来越迫切。加快发展农机社会化服务，中央有明确要求、农民有旺盛需求、装备能力有扎实基础、服务模式有成功探索、政策支持有新加强，今后一个时期将是黄金发展的机遇期。

机遇与挑战并存。在看到农机社会化服务取得成绩、面临机遇的同时，也要清醒地认识到当前存在的突出问题。主要表现在：一是服务组织化程度不高。农机合作社凝聚力、服务能力和规范程度、带动性有待进一步提升。农机服务组织化程度还不高，多数农机户还习惯于散兵作战，各服务主体之间缺乏有效的协调。丘陵山区和贫困地区还有不少乡镇没有农机合作社。二是服务领域不宽，配套性不够。当前我国平原地区粮食生产环节农机作业服务领域相对发达，丘陵山区、其他特色作物及养殖业方面的农机服务相对薄弱。单项环节服务多，全程服务较少。农机租赁、金融、信息等服务刚刚起步，还不能充分满足广大农民的需求。三是服务市场规范化不够。相关服务标准、服务规范建设滞后，“约定有合同、内容有标准、过程有监管、质量有保证”的服务模式还不普遍，无法有效保障农户利益。四是实用人才缺乏。服务组织普遍缺少吸引人才、留住人才的有效机制，合作社熟练机手青黄不接、管理人才缺乏现象普遍，与农机企业、科研院所、公益性推广机构的深度合作有待加强。五是扶持政策还不够丰富。目前对农机服务组织的直接支持政策不多，融资难、用地难、维修难等问题还比较突出，现有政策体系还需要进一步创新、完善，政策的精准性、配套性还有待加强。

各级农业机械化主管部门要站在乡村振兴战略和农业现代化发展全局的高度，充分认识农机社会化服务提档升级发展的重要性、紧迫性，主动适应新形势新任务新要求，坚持问题导向，创新思路，主动作为，奋力提高我国农机社会化服务整体水平。

三、进一步明确推进农机社会化服务提档升级的目标任务

综合分析当前的形势，确定当前和今后一个时期，推进农机社会化服务提档升级的总体思路目标是：以更好满足广大农民日益增长的多样化高质量农机服务需求为目标，以提高农机利用效率经营效益为核心，以组织创新、机制创新为动力，以推进农机农艺农事融合、机械化信息化融合、农机服务模式与农业规模经营融合为重点，培育发展各类农机服务新主体、新模式、新业态，推进农机服务向农业生产全过程、全产业和农村生态、农民生活服务领域延伸，优化创新链、扩大服务链、拓展产业链、提升价值链。力争通过5年左右的发展，基本形成总量适宜、布局合理、经济便捷、专业高效的农机社会化服务体系，为发展农业农村现代化、实施乡村振兴战略提供坚强支撑。在实际工作中，要做到“五个围绕”。

第一，围绕优化农机装备资源配置，积极促进多元农机服务主体融合发展。

当前，一些地区农机服务主体散小弱、传统机具重复配置、作业服务无序竞争现象比较突出。要着眼机具利用共享、作业对象稳固、服务综合配套，引导农机服务资源多层级多形式整合。既要引导农机专业户、农机合作社之间的合作，形成服务联盟、联合社、作业公司，又要引导农机服务主体与家庭农场、种养大户、龙头企业、村集体经济组织通过“机农联姻”、订单作业、生产托管等形式稳定合作关系。同时，又要鼓励农机或农资产销企业及其他社会资本与农机服务主体合作，共同开展农机作业、专业维修、农机租赁服务，共享机具资源和市场资源，促进各类主体扬长补短、各类要素资源聚集整合，实现融合发展、协同发展、良性发展。引导农机服务组织利用自身装备优势，围绕市场需求开拓思路，把服务领域向当地特色优势产业、农业废弃物资源化利用、农村环境整治等农业生产、农村生态全过程延伸。

第二，围绕助推多种形式的适度规模经营，探索发展“全程机械化＋综合农事”等“一站式”配套服务模式。

当前，随着高标准农田建设推进、农户耕地互换并块、丘陵山地宜机化改造等模式推广，机械规模化作业条件正在加快改善。单打独斗的农机户，缺门少类的机械装备，耕种收单环节的服务供给，越来越难以满足广大农民及多种形式规模经营对全程机械化服务的现实需求，同时由不同主体提供的农机作业服务、农资供应等服务，既给生产环节集成配套、农机农艺融合带来难度，又增加了服务层级和生产成本。应积极探索在粮棉油糖作物主产区，特别是村集体组织动员能力较强、社会化服务需求较集中的区域，依托有实力的农机作业服务主体升级建设全程机械化＋综合农事服务中心，为农户提供全程机械作业、农资统购、培训咨询及贮藏加工、产销对接、金融对接等产前产中产后“一站式”服务。这种模式的核心是通过提供经济便捷的耕种收管等全程机械化作业托管服务，与一定区域农户建立信任关系、形成服务“黏性”，以集中连片的服务规模和标准化生产方式，大幅度降低作业成本，提高与有关企业进行农资采购、产品销售的议价空间，服务组织在帮助农民省心省钱增收的基础上，在不增加经营风险的前提下，获得综合效益。建这类“一站式”服务中心，要注意不是鼓励大购机具、另起炉灶，而是要通过模式创新，把区域内的现有农机资源整合进来统一开展服务、互补短板、互利共赢，防止对农机大户等从业群体形成挤出效应。

第三，围绕持续增强发展后劲，大力加强农机社会化服务制度规范建设和高素质人才队伍建设。

经过二十多年发展，我国农机服务主体及从业人员总体数量不少，当前已经进入规范发展、素质提升的关键阶段。各级农机部门要培养建立专门的辅导员队伍，长期跟踪指导农机合作社、作业公司等新型服务主体，从组织架构、管理方式、规章制度、利益分配机制等入手，提升规范化运营水平。发挥行业协会自律功能，建立健全农机服务标准体系，针对不同地区、不同环节制定服务标准和操作规范，引导服务主体严格遵守服务承诺、履行服务合同。加强农机实用人才队伍建设，培养造就一支既精通农机驾驶、维修技术，又懂农业、农艺栽培技术的新型农机能手。依托新型农业经营主体带头人轮训计划，执行《农机合作社带头人培训大纲》，充分利用高等院校、农机企业等各类培训资源，重点加强农机合作社理事长培训，让他们成为既懂生产又善管理的新型农机职业经理人。讲好农机故事，搭建平台、创造条件，支持农业院校师生到农机合作社示范社开展社会实践。引导合作社采取技术入股、赠予股份等形式，吸引和留住人才。鼓励大中专毕业生、农机推广科技人员等返乡下乡创办领办新型农机服务组织，打造一支引领农机社会化服务提档升级发展的生力军。

第四，围绕提升管理服务效率，加快互联网、物联网、大数据等信息化技术在农机社会化服务中的有效应用。

要加强农业机械化与信息化融合的顶层设计，研究制定农机装备制造、流通、监督管理、作业服务等信息化融合框架，推动农机信息数据格式标准及数据传输接口规范一致性，促进信息互联共享，为农业机械化大数据形成创造条件。大力推行“互联网＋”农机服务方式，完善“农机直通车”等农机服务、调度管理信息平台，鼓励开发“滴滴”农机类 App，为“有机户”和“需机户”牵线搭桥，促进作业农机的有序流动和提供快捷便利服务。要加快发展农机作业过程信息化，引导大中型农业机械配备导航定位、作业监测、维修诊断、自动驾驶等终端，配套完善信息采集分析系统，既可帮助机手实现作业精准化、轻便化，又可为相关政策实施提供远程监管手段，还将有助于解决农机租赁、农机信贷、二手机交易业务中信息不对称问题，促进相关服务发展。要用信息化手段助推管理精细化，组织社会力量开发应用“农机合作社（服务组织）管理”App，帮助服务组织更好提高管理能力和农机利用效率。

第五，围绕解决制约新型主体发展壮大的瓶颈问题，进一步完善农机社会化服务支持保障措施。

要认真落实中办国办《关于加快构建政策体系培育新型农业经营主体的意见》确定的财政税收、基础设施建设、金融信贷等各方面的相关政策措施。加大农机购置补贴政策支持力度，对包括农机作业服务组织的各种新型农业经营主体购机应补尽补。针对融资难问题，积极推动大型农机具产权抵押贷款和生产服务订单融资；鼓励农机产销企业、金融企业单独或合作开展农机金融（融资）租赁业务，解决新型主体生产急用的大型机械购置更新不足的问题，通过融资租赁方式获得农机的实际使用者按规定享受农机购置补贴。针对用地难问题，推动制定出台补充规定，落实国家关于农机场库棚建设用地政策；在适宜地区支持农机服务主体以及农村集体经济组织等建设集中育秧、集中烘干、农机具存放等设施；创新基础设施建设机制，积极推广江苏泰州、上海松江等地经验，协调地方统一规划布局、出资支持建设集中烘干、维修等公共性农机设施，实行用地及设施所有权与实际使用权分离。将合作社示范社纳入新型农业经营主体生产经营直报系统，推行点对点对接信贷、保险和补贴等服务。通过政府购买服务等方式，支持符合一定资质条件的农机服务组织从事可量化、易监管、受益广的农业（农业机械化）公益性服务，当前要引导农机合作社等服务主体积极申请承担深松整地等作业补助项目、全程机械化试验示范项目、以生产托管为主的农业生产社会化服务补助项目。注重典型示范引领，及时总结宣传新主体新模式新业态。积极协调争取对开展全程机械化服务达到一定规模的“五有”型农机服务组织、综合农事服务中心，采取先建后补、以奖代补等形式，鼓励其加大配套机具和设施投入，提高服务能力，打造服务品牌，从而推动农机服务组织整体建设和社会化服务跃上新台阶。

大力推进农机社会化服务是推进现代农业发展、实施乡村振兴战略的一件方向性大事，意义重大，任务艰巨。各级农业机械化主管部门要认真贯彻党的十九大精神，紧抓机遇、乘势而上，扎实工作、务求实效，努力开创农机社会化服务工作新局面，为实现中国特色农业现代化、实施乡村振兴战略做出新的、更大的贡献。

农业机械化论坛

供给侧结构性改革背景下农业机械化质量提升对策研究

姚春生

习近平总书记在参加十二届全国人大四次会议湖南代表团审议时指出："新形势下我国农业发展的主要矛盾已经由总量不足转变为结构性矛盾，推进农业供给侧结构性改革是当前和今后一个时期我国农业政策改革和完善的主要方向。"2017年中央一号文件对推进农业供给侧结构性改革做出具体部署。2018年中央一号文件《关于实施乡村振兴战略的意见》中进一步强调"以农业供给侧结构性改革为主线，加快构建现代农业产业体系、生产体系、经营体系，提高农业创新力、竞争力和全要素生产率。"这些论述为农业供给侧结构性改革提供基本遵循。

农业供给侧结构性改革的基本内涵是转变农业发展方式，优化资源要素投入结构，提高农业供给体系质量和效率，化解农业生产成本不断攀升、国际国内农产品价格倒挂带来的挑战，保障农产品有效供给，提升农业的国际竞争力。生产要素投入结构决定农业发展方式，提高农业供给体系质量和效率，重要的政策途径是矫正农业投入要素结构失衡的问题。农业机械是现代农业重要的资本性投入要素，提升农业机械化质量是农业供给侧结构性改革的应有之义，也是今后一个时期农业机械化发展的基本路径和方向指南，需要深入研究提出具体对策。

一、提升农业机械化质量的意义述评

一般来说，农业生产的投入要素包括自然资源（阳光、空气、水等）、土地、资本（农业机械、种子、化肥、农药等）、劳动和技术等，土地与自然资源禀赋在农业供给体系中是一种固定的约束，劳动、资本和技术等要素往往是农业发展的主要动力源。农业供给侧结构性改革要在根源上改观生产要素投入结构失衡的局面，才能在机制上转变农业发展方式。传统粗放型增长方式主要依靠增加资本、劳动数量的投入，现代集约型增长方式则主要依靠生产要素质量的提高和结构优化，传统农业向现代农业转型的过程实质上就是一个现代生产要素不断引入和重新组合配置的过程，这正是农业供给侧结构性改革的基本要求。改革开放以来，特别是近十年来，我国农业机械化快速发展，我国的农业生产方式已经实现从人畜力为主向机械化作业为主的转变。2016年我国农作物综合机械化率达到65.19%，水稻、小麦、玉米三大粮食作物耕种收综合机械化率分别达到79.20%、94.15%、83.08%，农业机械投入成本分别为2 800.95元/公顷、2 030.4元/公顷、1 738.2元/公顷，在总成本中占比达到13.37%、10.87%、11.33%，在物质与服务费用中平均占比也超过1/3。

可以看出，农业机械已经成为农业的主要投入要素。因此，优化农业机械投入结构，提升农业机械化质量是农业供给侧结构性改革的重要内容。我国农业的结构性问题突出表现为高成本、高库存、低竞争力。产生原因是复杂的、多方面的，一个最重要的直接原因就是农业生产成本过高，农业综合效益低。在农业生产成本中，尽管劳动投入数量逐年减少，但由于劳动力价格上涨，人工成本迅速上升，成为农业生产中的第一大投入要素。例如，虽然2016年我国水稻、小麦、玉米生产中的劳动投入数量比2000年分别下降60.21%、42.53%、53.63%，但是人工成本不断攀升，分别增加2.25倍、3.47倍、2.61倍，在生产成本中的占比为50.55%、46.05%、55.35%，同期增加4.81个、9.82个、8.04个百分点。与美国比较，2016年我国三大粮食作物生产总成本分别是其1.16倍、3.08倍，1.52倍，其中人工成本为4.51倍、15.96倍、13.93倍，在总成本中的占比高出其30.54个、29.57个、38.30个百分点。我国农业劳动生产率仅为美国的2.37%（2014年）。我国大宗农产品价格普遍高于国际市场价格，人工成本上升推动生产成本居高是主要原因。因此，增加先进适用农业机械的投入，提高农业劳动生产率，减少人工投入，降低生产成本，是提高我国农业竞争力的主要途径，也是农业供给侧结构性改革的必然选择。

进入21世纪以来，我国农业机械化发展经过约十年的高

速发展期后，近几年速度趋缓。如：2004—2016年年均增速为3.73%，但2010—2016年年均增速下降到0.85%；主要农作物综合机械化率2004—2016年间年均增长2.52个百分点，但在2010—2016年间增速下降到年均2.15个百分点。我国农业机械化已经从高速增长阶段转向更加重视质量的发展阶段。

从农业机械化自身看，长期累积的供给体系的质量和效率不高的结构性矛盾同样日益凸显：一是农业机械制造总体水平较低。产品质量不高，中高端产品、创新产品和优质服务有效供给不足，不能很好地满足市场需求，大型、高性能农业机械产品主要依靠进口品牌，消费能力外流与质量不高、技术含量低的产能过剩并存。二是农业机械以小规模农户经营为主，远达不到规模经济的要求，造成机械闲置多、空行浪费多，交易费用高，技术效率低。据统计，2016年我国单位耕地面积拥有农业机械总动力7.21千瓦/公顷、拖拉机标准台0.09台/公顷，而美国2014年仅为1.05千瓦/公顷、0.02台/公顷。三是薄弱环节较多，全程全面机械化发展任务艰巨。如耕地机械化率达到81.40%，而播种环节只有52.76%；小麦收获机械化率达到93.74%，而棉花采收环节只有22.83%；特色农作物、杂粮、果蔬等生产中的适用机械化技术和机械装备不能满足需求，成为农业机械化发展的短板。四是地域间发展不平衡，丘陵山区和经济欠发达地区机械化水平滞后。

可见，我国农业机械化自身也要着眼于提升质量与效率，推进供给侧结构性改革，去库存、降成本、补短板，这不仅是农业机械化发展的现实需要，也是农业供给侧结构性改革的内在要求。

二、农业机械化质量的基本内涵和政策现状

十九大报告指出："深化供给侧结构性改革……把提高供给体系质量作为主攻方向，显著增强我国经济质量优势。"供给侧结构性改革的主攻方向是提高供给质量，提升供给体系的中心任务是全面提高产品和服务质量。根据2008年农业部发布的《关于进一步加强农业机械化质量工作的意见》对农业机械化质量的界定，农业机械化质量是产品质量和运用效果的综合反映，主要涵盖农业机械产品质量、作业质量、维修质量和服务质量等四项内容。产品质量是农业机械在适用性、安全性、可靠性等方面满足农业生产技术要求的评价，这是农业机械化质量的基础；作业质量是在特定的农业生产环境下机械作业满足农艺要求的反映，体现农业机械使用的最终效果，是产品质量、维修质量和服务质量高低的实际检验，也是农业机械化质量的重要体现。维修质量是在维修设备、配件质量、维修技能等方面满足农业机械故障修理技术要求的程度，影响着维修后的机械技术状态和作业质量，是农业机械化质量的重要保障；服务质量具有更为宽泛的内涵，是管理服务在提高产品质量、作业质量、维修质量上的综合体现，对发挥农业机械化质量的综合效益起着关键作用。因此，现有的农业机械化质量保障监督政策应更多聚焦在提升产品质量、作业质量、维修质量和服务质量上，根本目标就是十九大报告中所提出的扩大优质增量供给，优化存量资源配置，实现农业机械化的宏观质量与微观质量的"双提高"。

总体上看，伴随着近年来的高速发展，我国农业机械化质量取得很大进步，有力支撑购机补贴政策的实施和农业稳定持续发展，为农业机械化质量的进一步提升奠定良好基础。首先，农业机械化质量保障监督的法律体系初步构建，《中华人民共和国农业机械化促进法》《农业机械安全监督管理条例》和《农业机械质量调查办法》等法律法规以及地方法规、部门规章使农业机械化质量保障监督有法可依、有章可循；其次，质量保障工作体系逐步完善，以试验鉴定、投诉监督、质量调查、维修质量管理、标准制修订等为重点的质量保障监督手段不断丰富和发展，规范化程度和信息化水平逐步提高，质量成效持续提升；再次，质量保障监督能力建设不断加强，基础设施投入逐年增加，技术手段更加丰富，为推进农业机械化质量提升创造条件。据不完全统计，截至2017年底，全国农业机械标委会农业机械化分会归口管理的现行有效的各类农业机械化国家标准达到13项、行业标准319项；部省级农业机械推广鉴定证书有效产品数达到16 458个；建成各类农业机械维修网点16.99万个，维修人员40.49万人，其中获得维修资格证书的19.90万人；2017年农业部以及部分省（区、市）开展农业机械质量调查15项，涵盖质量问题反映比较集中的谷物干燥机、大中型轮式拖拉机、玉米收获机等11类农业机械，涉及243家企业（次）、431个型号（次）、4 279个用户（次）；我国已设立各级农业机械质量投诉监督机构2 628个，2017年接收各类质量投诉391件，涉及农户452人（次）、经销商274家（次）、生产企业264家（次）；各地还通过"3·15"活动和科技"三下乡"以及质量月、宣传周、宣传咨询日等多种形式，积极开展消费者维权宣传和咨询服务活动等。可见，农业机械化质量保障监督手段和方法不断创新，质量提升的政策与技术途径也逐步拓宽。

同时应看到，我国农业机械化质量基础仍然比较薄弱，在保障监督方面上还存在一些亟待解决的问题和薄弱环节。例如，农业机械化质量还没有得到足够重视，有的地方对法律法规明确赋予的保障监督职责还不能贯彻执行，还没有把以追求速度的思维导向转变为以质量效率为中心，重数量轻质量的思想认识比较普遍；一些环节质量保障监督较弱，激励机制缺乏，成效不高，例如：相对而言对产品质量和维修质量重视程度较高，对作业质量与服务质量还缺少有效监督；农业机械化质量保障监督手段与现代技术融合不够，数据信息不能互认共享，监督结果应用不充分，社会认知度不高；相关农业机械化质量保障监督部门之间和系统内部上下协同性不高，对法律法规执行的随意性较大，质量监督效果不能充分发挥。这些问题的存在，削弱了新形势下农业机械化质量保障监督供给能力，应通过深化改革创新加以解决。

三、提升农业机械化质量的对策建议

农业机械化质量保障监督作为公共服务的组成部分，是农业机械化供给体系的重要构成，需要各质量保障监督主体坚持问题导向，创新机制、方法与途径，进一步提升质量保障监督效能，协同推进供给侧结构性改革。

（1）注重创新驱动，建立质量提升机制。通过多种途径推进质量提升的制度创新、科技创新、组织创新，引导推动各种创新要素向高质量的产品和服务供给侧集聚，逐步建立创新驱动的农业机械化质量提升长效机制。推进制度创新，就是要加强相关法规制修订研究，加快制度配套建设，进一步明确相关公共部门在农业机械化质量保障监督中的主体责任，完善职能，创新质量监管方法和结果运用，增加监管权威性与结果运用成效。推进科技创新，就是要针对市场需求，以企业为主体，搭建质量提升平台，增加科研投入和补贴政策支持力度，鼓励企业开展提升质量的科学研究和新机械研发，提高优质农业机械产

品供给能力。推进组织创新，就是要坚持家庭承包责任制的前提下，加快培育农机大户、农机合作社等新型经营主体，围绕土地流转、社会化服务开展多种形式的规模经营，提高机械作业标准化水平和机械利用效率。

(2)探索途径方法，强化事中事后监管。加强事中事后监管是供给侧结构性改革需要强化的重点方向，需要不断创新政策路径与工具，提高农业机械化事中事后监管效果。投诉监督、质量调查以及推广鉴定获证产品监督检查、补贴产品质量督导检查等是农业机械化质量事中事后监管的重要法定手段，在质量保障监督中的地位和作用越来越突出，要积极推进监管平台的体系化和规范化建设，完善办法，优化程序方法。要深入研究重点检查、安全鉴定等其他法定监管方式的实施办法，不断丰富监管途径和手段。

(3)健全标准体系，完善质量评价方法。改革农业机械化质量标准供给体系，科学界定农业机械化标准范畴，简化标准制定修订程序，建立政府主导制定的标准与不同质量主体自主制定的标准协同发展机制，加快形成国家标准、行业标准、地方标准、团体标准、企业标准协调配套、互为补充的新型农业机械化质量标准体系，着力提升标准化水平，为农业机械化质量保障监督提供技术支撑，推动建立以法律作保障、以标准作引领、以鉴定为支撑、以监督为基础的农业机械化质量监督体制，不断提高生产企业、社会化服务组织和农民用户贯彻标准的自觉性。围绕产品质量、作业质量、维修质量、服务质量开展评价指标的研究，积极探索部、省、市、县四级农业机械化质量指标统计、评价与分析方法。

(4)坚持系统联动，提高质量主体责任。农业机械化质量主管部门之间应加强配合，积极探索多部门系统联动机制，开展跨部门联合检查、打击假冒伪劣执法、质量问题专项整治和问题产品召回等质量保障监督行动，逐步实现数据互联、方法互通、信息共享、结果共认。以监管结果来强化制造企业、销售企业、维修网点、社会化服务组织和农机户等各类质量主体在产品质量、作业质量、维修质量与服务质量上的责任担当，推进构建市场主体自治、行业自律、社会监督、政府监管的农业机械化质量共治格局。要创造条件，搭建平台，鼓励各类质量主体全面加强质量管理，推广应用先进质量管理方法，提高制造、销售、应用全过程质量控制水平。积极倡导品牌意识和工匠精神，树立质量标杆，推动质量管理水平的提高。

(5)加强能力建设，夯实质量监管基础。围绕农业机械化质量监督，不断创新保障手段，推进信息化、智能化技术运用，加快试验鉴定、投诉监督、质量调查、维修管理等质量监管的公共服务能力建设，分级建成从中央到地方的基础设施完备、人员机构健全、职能体系完整的农业机械化质量监管网络，增加质量监管能力的有效供给，加快质量监管技术资源、信息资源向社会共享开放，接受社会监督。

(作者单位：农业农村部农业机械试验鉴定总站；论文来源：《中国农机化学报》2019 年第 1 期)

中国蔬菜生产机械化 2018 年度发展报告

陈永生

蔬菜是重要的农产品，也是重要的民生产品。我国是世界上最大的蔬菜生产国和消费国，蔬菜播种面积和产量分别约占世界总量的 40%和 50%以上。近年来，我国蔬菜种植面积持续增加，达 20 000 千公顷，仅次于粮食作物，产量稳步增长，质量不断提高，对农民增收作用显著。2018 年，中国蔬菜生产机械化从起步转入加速发展的新阶段，面临农业机械化发展良好的外部环境和农业产业转型升级的新机遇，蔬菜生产机械化技术研发、推广取得重大突破和进展。

一、蔬菜生产机械化面临加速发展好机遇

1. 蔬菜产业转型升级迫切需要加快机械化

当前，我国农业发展进入加快转型升级新阶段，蔬菜生产品种专用化、种植区域化、生产机械化、经营产业化、产品绿色化已是发展大势。随着我国工业化和城镇化进程不断加快，农村劳动力加快转移，农业生产成本不断攀升，农民劳动观念深刻变化，蔬菜生产"用工难""用工贵"问题日益突出，对蔬菜生产机械化的需求十分旺盛。近年来，随着农业调结构提质增效和开展扶贫攻坚，很多地方已把蔬菜产业列入当地现代农业的优先发展方向，迫切需要加快发展蔬菜生产机械化。

2. 农业机械化全程全面发展为蔬菜机械化带来良机

2018 年 12 月，国务院在《关于加快推进农业机械化和农机装备产业转型升级的指导意见》中明确指出，新时期我国农业机械化的工作重点是"补短板、强弱项、促协调，推动农机装备产业向高质量发展转型，推动农业机械化向全程全面高质高效升级"。蔬菜生产机械化起点低、起步晚、发展慢、水平低，已成为制约蔬菜产业发展的瓶颈。以蔬菜等为代表的园艺作物、经济作物生产机械化将是今后农业机械化工作的重要一环，蔬菜生产机械化加速发展的大好机遇已经来临！

二、蔬菜生产装备研发有新突破

1. 重点科研项目实施

2018 年，中央和地方财政支持了一些与蔬菜机械化相关的科研项目，主要项目实施进展良好，在蔬菜生产新装备研发方面有所突破。

(1)"十二五"国家科技支撑计划课题"园艺作物机械化高效栽培关键技术研究与示范"。主持单位：农业农村部南京农业机械化研究所；实施期：2013—2018 年；2018 年 3 月通过验收。课题针对蔬菜整地、直播、移栽主要环节，突破双轴分层精整地、回转针孔吸吹组合式精量播种、适合机栽标准化育苗、整排插拔取苗有序分苗一体化和膜上栽前覆土移栽技术等 6 大关键技术，研发整地、直播、移栽 3 大类 5 种新机具，制定蔬菜机械化生产农机农艺融合规范(规程)11 项，形成生菜、甘蓝等

生产机具选型配备方案4套，建立蔬菜生产机械化试验示范基地8个，机械化作业面积近320公顷。

(2)"十三五"国家重点研发计划"智能农机装备"项目"蔬菜智能化精细生产技术与装备研发"。主持单位：农业农村部南京农业机械化研究所；实施期：2017—2020年；实施中。项目旨在突破蔬菜精细耕整作畦、精量点(穴)播、育苗及高速定植、水肥精量施用、叶类及根茎类蔬菜收获和双动力驱动等关键技术，研制具备主要参数实时采集、故障诊断与自动监控功能的装备，进行蔬菜全程智能化、机械化生产技术装备集成与示范，实现甘蓝、青梗菜和胡萝卜生产的全程机械化，番茄和辣椒的机械化标准育苗和高速定植，洋葱和大蒜收获机械化。

(3)"十三五"国家重点研发计划"智能农机装备"项目"温室智能化精细生产技术与装备研发"。主持单位：农业农村部规划设计研究院；实施期：2017—2020年；实施中。项目围绕智能精细调控(信息感知与在线分析、智能化精细管理平台、用能在线监测和调配)、园艺机器人(温室输运、蔬菜自动采收、植保机器人技术)、果菜智能化(设施种苗、设施果菜自动化栽培、营养耦合技术与供给设备)、叶菜智能化(立体栽培环境、物流化输送装备、水培叶菜种苗、移植装备系统)、食用菌智能化(栽培生长模型、培养基料装袋、液体菌种接种技术)五个方面开展研究。

(4)2018年山东省农机装备研发创新计划项目"设施农业生产机械化技术装备体系研究与优化"。主持单位：山东理工大学农业工程与食品科学学院；实施期：2018—2020年；实施中。项目围绕设施大棚生产机械化技术，从耕整、种植、管理和收获环节，开展大棚专用动力、土壤精细化耕整、小粒种子精密播种、全自动移栽、水肥一体化智能高效施药、蔬菜嫁接、典型叶菜收获以及温室大棚环境智能调控技术与装备等方面进行研发，基本实现设施农业生产的机械化。

(5)2018年山东省农机装备研发创新计划项目"大葱生产全程机械化技术装备体系研究与优化"。主持单位：山东农业大学机械与电子工程学院；实施期：2018—2020年；实施中。项目重点进行适合大葱生产要求的种植(大葱移栽)、田间管理(中耕植保、灌溉施肥)、收获(分段挖掘、联合收获)等机械装备的创新完善。研发形成从种植、田间管理到收获全过程的机械化生产装备体系、全程机械化生产技术数字模拟体系、农机农艺融合生产技术模式体系，建立20公顷以上高标准示范区1～2处，机械化技术装备体系整体技术水平达到国内领先，为整乡、整县实现大葱生产全程机械化创造条件。

(6)2016年江苏省农业科技自主创新资金项目"设施蔬菜生产关键技术与装备配套技术研发"。主持单位：江苏省农科院农业设施与装备研究所；实施期：2016—2019年；实施中。项目针对低温弱光、连作障碍、装备配套等方面的难题，针对日光温室、钢架大棚，研究保温增温、废弃物资源基质化高效利用、土壤连作障碍机械化防控、集约化育苗和肥水一体化耦合等关键技术，建设适应不同设施类型、不同土壤类型及不同种植品种的设施农业全程农机农艺融合技术体系，并开展集成示范。

2.蔬菜生产主要环节装备研发和产业化

(1)耕整地机械。耕整地的规范化、精细化是蔬菜生产全程机械化的基础。蔬菜耕整地阶段包括直播和定植前的清茬、平整、施基肥、耕翻、起垄、铺管、覆膜等作业环节。国产相关装备在种类、系列化和作业质量等方面都已基本达到国外同类产品先进水平，满足产业需求。生产厂商主要集中在江苏、山东、上海等地。有机肥撒施机、宽刀灭茬还田机、回转犁式深翻机、双轴分层精整地机等新机具都已应用。蔬菜精整地机具今后应在粘重土壤作业适应性、垄沟规直化、机具系列化方面进一步完善。

(2)穴盘育苗播种机械。我国目前的蔬菜育苗方式以普通塑料穴盘为主，相关的精量播种机械已完全可替代进口。生产厂商主要集中在浙江、江苏、山东等地。近几年，为适应蔬菜自动移栽和快速移栽的需要，高弹性塑料穴盘育苗、基质块育苗正渐受关注，相关育苗装备会有较大市场。

(3)蔬菜精量直播机械。蔬菜种子种类多、差异性大，加上我国蔬菜种子处理的质量普遍不高，所以对蔬菜播种设备带来很高的要求。除黑龙江、河北等地的少数国产蔬菜精量直播机械作业质量较好外，我国蔬菜精量直播设备在对异形种的适应性、机具系列化方面都有较大的提升空间。

(4)蔬菜移栽机械。按取苗的自动化程度，蔬菜移栽机分为半自动和自动两类。由人工取苗、投苗的半自动移栽机比较简单，多为吊杯式(鸭嘴式)。国产机具质量已完全可替代进口，生产企业主要分布在山东、江苏、北京、河北、陕西等地。自动移栽机方面，国内已应用于生产的主要是引进日本或采用日本关键部件在国内生产的两种机型：一种是迎苗夹取式，另一种是后顶出式。两种机型都要求配套高弹性塑料穴盘，对标准化育苗的要求较高。

近年国内一些高校和科研院所在蔬菜高效移栽方面也取得一些积极进展，如：针对普通塑料穴盘苗，开发自动整排插拔取苗、有序分苗一体化的自动移栽机；针对方体基质块苗，开发人工整排取苗、带式送苗、自动分苗的快速移栽机，预计近一二年内可批量化投产。

(5)蔬菜收获机械。按照根、茎、叶、花、果等5类蔬菜植物产品器官的区别，结合机械收获方式的同异性分类，以下几类蔬菜收获机械的研发和产业化取得较大进展。

根茎类。包括大蒜、洋葱、胡萝卜、萝卜等蔬菜，都是通过松土、铲拔等方式把土下的根茎完整地取出并与泥土分离，有对行和不对行两种方式之分。在所有蔬菜收获机械中，根茎类的国产化装备水平较高，应用较多，如大蒜、洋葱、大葱、生姜等，机械生产厂主要集中在山东、河南等地。但国产胡萝卜收获机械还未形成批量，萝卜收获机还是空白。

茎叶类。包括小白菜、茼蒿、蕹菜、韭菜等土表去根切割类，以及菠菜、芫荽、芹菜等土下带根切割类蔬菜，基本都是整幅对行或不对行收获，分有序和无序两种输送方式。我国茎叶类蔬菜无序收获机械在近三年已有长足发展，已形成油动和电动式动力、牵引和自走式底盘、往复和带锯式割刀等多种机型，在江苏、上海等地已形成小批量投产能力。

结球类。包括结球甘蓝、生菜、大白菜等土表去根切割类蔬菜，通常对行单棵切割收获并夹持输送。目前国内已有北京、成都、武汉、苏州等地引进国外的结球甘蓝和生菜收获机多台，在此基础上，山东、浙江等地已有企业正在消化吸收，国产样机已经出现。

花球类。包括西兰花、花椰菜、食用菊、黄花菜等单株选择性收获类蔬菜，由于机械一次性收获的难度很大，目前国内外基本完全依靠人工采收，有的辅以移动作业平台解决转运问题。

茄果类。包括辣椒、番茄、茄子、草莓、西瓜等果蔬，分为一次性采收和选择性采收。一次性采收的蔬菜如加工用的辣椒、番茄已有系列化的机械收获装备在我国应用，除了欧美的一些大型机型外，我国新疆、河北少数企业的国产机型也比较成熟。近年已有其他一些玉米收获机企业转而进入这一市场。选择性采收的茄果类蔬菜用机械收获的难度很大，基本处于研发试验阶段。以荷兰瓦赫宁根大学组织的一个国际化研究团队为例，经过20多年的不懈努力，才在黄瓜、甜椒的自动采收方面取得阶段性成果，最新一代的Sweeper甜椒采摘机器人有望在2020年进入商业化应用。

三、蔬菜机械化推广取得新进展

1.行业内外共促共推作用明显

一方面，是由于中国蔬菜行业协会对蔬菜机械化工作的重视。2014年11月，中国蔬菜协会成立了第一个分会即机械化分会。4年多来，机械化分会发挥桥梁和纽带作用，组织了10多场较大规模的全国性蔬菜机械展演现场会，先后有近80个厂家共计约1 000台次的机具参加了示范推广，促进了蔬菜机械生产者和使用者紧密对接；机械化分会发挥组织和平台作用，促进技术交流和信息互通。先后组织了8次全国性蔬菜生产机械化技术交流会，有50多人次的专家应邀作报告。春季中国蔬菜产业大会、秋季全国农机展期间的蔬菜机械化学术交流会已成为国内常态化、品牌化活动。另一方面，是由于农业机械化管理及推广服务部门对蔬菜机械化工作的重视。2018年，全国农机推广总站先后在浙江、江西、重庆、湖北和四川组织多场与蔬菜机械化有关的交流培训、机具展演活动。中国农机流通协会也十分重视蔬菜机械化工作，从2016年起，在秋季全国性农机展期间，除了积极协同组织有关学术论坛外，还开辟蔬菜机械装备展览专区，既方便了观众也扩大了厂商的影响力。

2.典型区域机械化稳步推进

进入“十二五”以来，来自蔬菜产业界对机械化生产的呼声越来越高。上海、江苏、北京、山东、四川、浙江、湖北等地加大对蔬菜生产新机具引进、创新、试验、示范、推广的力度，创新工作机制，促进蔬菜生产农机和农艺融合，在推动区域性蔬菜生产机械化进程中取得可喜成绩。

（1）北京市。农机农艺相向融合，点面结合成效显著。2016起，北京市以全市生产面积较大的露地甘蓝为切入点，在全国率先开展露地甘蓝生产全程机械化技术集成与规模化生产示范，通过细化拆分蔬菜生产农艺技术流程为具体环节及技术节点，实现甘蓝菜各节点机械作业前后有机衔接。通过在延庆开展的6.67公顷甘蓝全程机械化作业试验，实现前茬玉米田园清洁、耕整地、集约化育苗、移栽、田间管理、收获、本茬甘蓝田园清洁7大环节26个技术节点的机械化作业。

2018年，露地甘蓝生产全程机械化技术被评为农业农村部向全国推荐的70项主推技术之一。北京还将着重围绕以甘蓝为代表的结球叶类蔬菜全程、以黄瓜为代表的果类蔬菜关键环节、以大葱为代表的香辛叶类蔬菜全程、以胡萝卜为代表的根茎类蔬菜全程、以白菜（菜心）为代表的普通叶类蔬菜全程等5类机械化生产模式开展集成示范推广。同时，通过鼓励成立专业化的社会服务组织，为菜农提供专业的全程机械化服务。

（2）上海市。发挥体系协同作用，绿叶蔬菜率先推进。2012年以来，依托“叶菜类蔬菜机械直播技术的示范推广”“蔬菜机械化生产机械的引进、消化和吸收”“意大利叶菜生产机械的引进、消化和吸收”“自走式叶菜收割机的适应性试验”“低密度移栽类蔬菜机械化种植集成技术的研究和示范”等项目，从日本、意大利引进蔬菜生产机械60余台，充分发挥绿叶蔬菜产业技术体系的协同作用，通过集中的试验消化吸收，至今已形成小型、中大型等两种青菜机械化技术路线模式及机具配置方案，并发布青菜（设施栽培）主要机械化生产技术指导意见，2018年在全市17个蔬菜专业合作社（园艺场）进行推广。

（3）江苏省。项目带动多点开花，机制创新协同推进。2012年以来，江苏省以重大集成项目“设施蔬菜生产关键环节机械化技术集成应用”带动，在全省18个县35个蔬菜基地集成应用机械化技术，蔬菜品种涵盖小青菜、生菜、韭菜等10多种蔬菜，应用撒肥、耕翻、整地、播种、移栽、植保、收获等环节生产机具，以南京谷里“韭菜机械化生产技术路线”、徐州市沛县“日光温室茄果类机械化生产技术路线”为代表，已初步探索形成一批体现农机和农艺融合特点的蔬菜机械化生产模式。有关部门还发布设施小青菜、韭菜、番茄、辣椒等11项生产主要环节机械化作业技术规范作为指导性文件用于指导全省面上蔬菜生产机械化工作。2017年开始，江苏实施“机器换人两大工程”项目，加大支持力度，项目资金不仅可用于购机还可用于机具作业补贴，引导蔬菜机械社会化服务体系发展。有关科教推广单位还自发成立合作联盟，协同推进蔬菜生产机械化。

（4）山东省。机具研推厚积薄发，特色蔬菜引领全国。山东是蔬菜大省，也是蔬菜机械生产大省。自2000年以来，山东省一直把以蔬菜生产为主的设施农业列为全省农业机械化创新示范工程的重点项目。尤其是2015年开始实施的山东省农机装备研发创新计划，加大对葱、姜、蒜等特色蔬菜生产机械的支持力度，三种特色蔬菜全程机械化装备技术储备雄厚，多种机具已基本定型并已形成产业化能力。以安丘沃华大葱全程机械化及社会化服务为代表的蔬菜机械化发展模式在引起业界广泛关注。该模式在技术层面实现了大葱“丸粒化包衣、精量化播种、工厂化育苗、自动化移栽、集约化采收”，在机制层面推动了“经营规模化、种植标准化、服务社会化、销售一体化、利益紧密化”，值得蔬菜产业界学习和借鉴。

（5）成都市。政府支持外引内联，由易到难重点推进。2014年，成都市政府出台有关文件明确要求加大蔬菜新品种、新技术研发力度，大力推广使用新技术、新机具。在有关部门的支持下，成都市农林科学院在加强院内农机和农艺学科联合攻关的同时，积极引进国内外先进蔬菜生产机械，主动对接国家重大科技项目，充分调动地方部门和基地的积极性，坚持“由易到难、稳步推进”的原则，开展试验示范，有序推进蔬菜生产机械化。按照成都市东南西北的地理分布以及各地蔬菜种植品种和习惯的实际情况进行部署，依托有积极性且有实力的蔬菜种植企业和合作社，建立了5个蔬菜机械化生产试验示范基地，基地核心面积33.33公顷。以郫县露地生菜、简阳胡萝卜等为典型的全程机械化生产模式已代表国内领先水平。

3.农机农艺融合初显成效

蔬菜生产机械化离不开种植标准化。农机和农艺的结合、融合是推进蔬菜生产机械化的重要法宝，这一点已引起业界的共识。尤其是近两年，一些地方和单位制定并发布了一些规范、规程（表1），有的是关键环节的作业规范或作业质量标准，更多的是典型蔬菜生产全程机械化作业规范(规程);有的是列入了行业或地方标准的计划,有的是通过指导性文件发布试行。虽然这些标准还有蔬菜种类间不呼应、生产环节间不配套、不同区域间不统一、各类标准间不衔接甚至相矛盾等不完善之处,但总体来说对蔬菜机械化起到积极推动作用,应在今后实践中继续完善、提高。

表1 2017—2018年蔬菜机械化标准制定情况

序号	名称	代号	类别	牵头单位	备注
1	蔬菜移栽机作业质量		农业行业标准	农业农村部南京农业机械化研究所	2018年12月通过审定
2	茎叶类蔬菜收获机质量评价技术规范		农业行业标准	上海市农业机械鉴定推广站	2019年提交审定
3	甘蓝机械化生产技术规范		中国农机化协会团体标准	江苏省农业科学院农业设施与装备研究所	2019年提交审定
4	蔬菜机械化耕整地作业技术规范	DB32/ T 3350—2018	江苏省地方标准	农业农村部南京农业机械化研究所	2018年3月10日实施
5	设施小青菜生产主要环节机械化作业技术规范等共11项		江苏省农机化指导性文件	江苏省农机具开发应用中心	2018年5月发布
6	小白菜生产机械化技术规范	DB4201/T 525—2017	武汉市地方标准	武汉市农业机械化技术推广指导中心	2017年7月20日实施
7	韭菜生产全程机械化技术规范	DB4201/T 526—2017	武汉市地方标准	武汉市农业机械化技术推广指导中心	2017年7月20日实施
8	蔬菜精密直播机械化作业技术规程	DB4201/T 553—2018	武汉市地方标准	武汉市农业机械化技术推广指导中心	2018年9月28日实施
9	蔬菜穴盘精密播种机械化作业技术规程	DB4201/T 554—2018	武汉市地方标准	武汉市农业机械化技术推广指导中心	2018年9月28日实施
10	白萝卜生产全程机械化作业技术规程		武汉市地方标准	武汉市农业机械化技术推广指导中心	2018年12月通过审定
11	茼蒿生产全程机械化技术规程		武汉市地方标准	武汉市农业机械化技术推广指导中心	2018年12月通过审定
12	菠菜生产全程机械化技术规程		湖北省地方标准	武汉市农业机械化技术推广指导中心	2017年6月通过审定
13	青菜(设施栽培)主要机械化生产技术指导意见		上海市农机化指导性文件	上海市农业委员会	2018年6月发布
14	散叶生菜机械化生产技术规范		成都市农机化指导性文件	成都市农机科研推广服务站	
15	胡萝卜机械化生产技术规范		成都市农机化指导性文件	成都市农机科研推广服务站	
16	秧苗移栽机	DG11/T 09—2017	北京市农机推广鉴定大纲	北京市农业机械试验鉴定推广站	2017年8月1日实施
17	蔬菜移栽机作业质量		甘肃省地方标准	甘肃省农业机械化技术推广总站	2018年12月通过审定

4.蔬菜机械化水平有所提升

对我国蔬菜生产机械化水平的评价目前只能采用统计分析加评估的方法，这是因为依据2013年底农业机械化行业发布的“设施农业机械化水平评价指标体系”（即设施园艺机械化水平，包括设施蔬菜、花卉、苗木），从2014年起农机部门有相关完整的统计结果发布，从中可大致了解设施蔬菜机械化水平，而对于露地蔬菜生产机械化水平目前还没有统一的评价体系，所以无法做出准确的统计。

2014年7月中国蔬菜协会发布的“我国蔬菜生产机械化现状及发展对策”中，对当时我国蔬菜生产综合机械化水平评估为20%左右，如果参照设施园艺机械化水平每年约递增1个百分点的速度（表2），至2017年底，我国蔬菜生产综合机械化水平在23%左右。同期，我国农作物耕种收综合机械化率由2014年的60%提升到超过66%，每年约递增1.5个百分点。显而易见的是蔬菜与我国其他主要农作物相比，机械化水平提升的速度还不快，自身提高的空间还是相当大的，尤其是种植和采收环节的短板差距很大。

表2 2014年和2017年蔬菜机械化水平分析 单位：%

年份	蔬菜机械化整体水平评估结果	设施园艺机械化水平统计结果					
		综合	耕整地	种植	采运	水肥	环控
2014年	20	30.1	71	12	6	50	25
2017年	23	33.1	74	17	9	56	25

四、问题和建议

近几年我国蔬菜生产机械化已经起步发力，部分地区、少数品类，蔬菜机械化已取得十分显著的进展，但还是太慢了，不仅跟不上农业机械化发展的步伐，而且距产业发展的要求相差很大。究其原因：一是面临一些客观的困难，如蔬菜农艺复杂，农机研制难；蔬菜种植规模小，农机应用推广难；农艺农机脱节，农机配套难；农机装备技术储备少，新科技应用难。二是蔬菜机械化实际推广工作乏力，不少地方存在这样的现象：关注部门多，形成合力少；现场会机具多，下田作业少；开展项目多，持续支持少；涉及蔬菜种类多，机械化有影响的少。因此，必须正确把握蔬菜机械化发展的客观规律，充分认识其艰巨性、复杂性，要用系统工程的理念，从全局的高度着眼，加大扶持力度，统筹推进蔬菜生产机械化。

1.加强规划引领

蔬菜生产是现代农业的重要内容，推进蔬菜生产机械化是全面农业机械化的重要着力点。国家有关主管部门要尽快制定蔬菜生产机械化的战略规划，搞好顶层设计，明确总方向，确定重点领域，抓住关键技术，瞄准起步突破口。统筹考虑设施和露地、区域和种类、环节和全程等关系，有重点、有步骤地协调推进蔬菜生产机械化。

2.加强标准指导

蔬菜生产机械化离不开设施的标准化和农艺的规范化。在当前我国蔬菜种类繁多、种植农艺多样，以及设施结构不规范严重制约机械化发展的形势下，要积极借国外先进地区产业规模化、生产标准化的经验，积极支持和推动蔬菜机械化生产国家、行业、地方和团体标准的制定和实施。在蔬菜园区建设、设施结构设计、生产农艺规范、作业质量统一等方面的标准中，要将适宜机械作业作为重要评价内容，充分发挥标准在蔬菜生产中的指导作用。

3.加强协同攻关

提升蔬菜机械化水平是一项系统工程，需要园区规划和设施技术、栽培农艺技术、农机装备技术结合配套，需要多部门、多学科间协同攻关。既要积极引进消化国外先进的装备技术，也要加强自主创新，加大蔬菜生产装备研发和栽培农艺技术的示范，推动蔬菜生产农机和农艺相融合、机械化和信息化相融合，形成可复制、可推广的蔬菜生产机械化技术模式和实施方案。

4.加强机制创新

我国蔬菜生产领域依然是小规模、分散经营方式为主，蔬菜产品类型杂、生产环节多、作业要求高、制约装备投入效果。应大力发展规模化新型蔬菜生产经营主体和专业化农机服务经营主体，积极探索多种形式的农机社会化服务模式，着力解决蔬菜生产播种、移栽、收获、分拣、包装等机械化程度不高问题。

5.加强政策保障

蔬菜是重要的农业支柱产业和民生产业，要制定加快蔬菜机械化发展的鼓励支持政策，为实施乡镇振兴战略提供支撑。建议加大对先进适用温室设施、机械装备的购机补贴支持力度。在金融保险、库棚建设、人员培训等方面，为蔬菜机械化专业化服务组织提供更多扶持政策，吸引各方资源向蔬菜产业投入，形成更加强劲的发展动力。

（作者单位：农业农村部南京农业机械化研究所；论文来源：《中国农机化学报》2019年第4期）

农业机械重点检查评价方法研究

冯健　兰心敏　丁艳

近些年，在国家农机补贴政策的引导下，农业机械化水平迅速提高，用户购置农机产品需求量不断提高，与此同时，农机质量安全问题也日益增多，出现了集中质量投诉、批量质量问题、安全性事故的情况。国务院2009年颁布的《农业机械安全监督管理条例》(中华人民共和国国务院令第563号)中第三十九条规定:“国务院农业机械化主管部门和省、自治区、直辖市人民政府农业机械化主管部门应当根据投诉情况和农业安全生产需要,组织开展在用的特定种类农业机械的安全鉴定和重点检查。”明确要求对出现集中质量投诉、批量质量问题、安全性事故的在用农业机械产品开展农业机械重点检查。

为了加强对出现集中投诉、批量质量事故、安全性事故农业机械产品的质量监管,各级农业机械质量监管部门对在用的特定农机产品也开展过重点检查,但由于我国农业机械重点检查没有统一的评价规范方法,多数农机监管机构采用质量调查方法,通过对产品“三性一状况”调查结果进行分析,得出调查结论。然而,重点检查是通过找出被检查产品出现集中投诉、批量质量安全事故的发生原因和存在问题,了解其质量状况,运用质量调查方法与重点检查检查目的不一致,缺乏针对性,缺少具体的量化项目和评价指标,无法为农机化主管部门解决集中投诉、批量质量事故、安全性事故提供依据和建议。

因此,贯彻执行国务院发布的《农业机械安全监督管理条例》,建立统一农业机械重点检查的评价技术规范,构建科学的农业机械重点检查评价方法,不仅能够准确、有效地评价被检查产品的质量状况,准确找出农机产品存在问题,对提高农机产品重点检查工作质量,维护农民合法权益,促使农机生产企业提高产品质量和服务质量,进而为农机主管部门提供决策依据都具有重要意义。

一、农业机械重点检查评价体系

构建农业机械重点检查评价方法,从重点检查目的出发,综合考虑我国农机行业发展状况以及产品特点,确定检查内容和检查方式,并将比较笼统、抽象的定性指标定量化,构造出一个多因素、多层次的综合评价体系。结合《农业机械安全监督管理条例释义》(国务院法制办公室、农业部编制2010年),农业机械重点检查是对出现集中质量投诉、批量质量问题、安全性事故的在用农业机械产品,做出质量评价结果的活动。检查内容包括产品的安全性和使用情况。安全性包括产品的安全防护、安全信息、安全装备、安全性能等;使用情况包括机具对当地农艺、作物条件的适用性、机具操作方便性、可靠性等。农业机械重点检查评价方法由农业机械重点检查用户评价指标和农业机械安全性检验综合判定组成。重点检查用户评价采用多级模糊综合测评法,通过用户评价指数进行评价;安全性检验通过对产品安全性进行检验,对检验结果进行综合判定进行评价。重点检查评价结论是依据重点检查用户评价指数和安全性检验结果对产品质量进行综合评价,评价结论分为通过和不通过。

二、检查方法

农机产品的安全性和使用情况只有通过用户使用才能得以体现。重点检查的检查方法构建应遵从“以用户为中心”的指导思想,从用户对产品的接受程度出发评价农机产品质量,这样才具有现实意义。对于因产品设计导致出现的问题,通过产品检验得出的结果才科学准确,因此,确定检查方法为用户调查和安全性检验。

开展农业机械重点检查前,应汇总集中质量投诉、批量质量问题、安全性事故发生情况,并分析其发生原因,根据分析结果选择检查方法,一般采用用户调查方式进行。当存在因产品设计等原因造成的安全质量问题时,采用用户调查与安全性检验相结合的方式进行。

1. 检查依据

重点检查依据被检查产品所执行的国家、行业产品标准、推广鉴定大纲以及相关的技术法规。如微耕机,主要依据GB 10395.10—2006《农林拖拉机和机械安全技术要求 第10部分 手扶微型耕耘机》、JB/T 10266—2013《微型耕耘机》和DG/T 006—2016《微耕机》部级推广鉴定大纲等。

2. 用户调查

(1)调查项目确定。用户调查主要包括安全性用户调查和使用情况用户调查,根据产品集中质量投诉、批量质量问题、安全性事故发生情况,确定用户调查项目及子项目。

(2)调查用户确定。根据被调查产品的集中质量投诉、批量质量问题、安全性事故发生情况,确定用户并进行全数调查。若调查数量不能充分说明调查结果、影响调查结论准确性时,可适当在主要出现问题区域内追加用户数量。被调查用户及其机具应与投诉记录一致,否则视为无效用户,调查结果不参与统计。

(3)调查方法。用户调查采用走访式调查方式进行,即检查人员在农业机械产品作业或停放现场,对用户进行问卷调查,根据调查结果评价农业机械质量的方法。调查前应制订调查方案,规定调查内容和结果判定方法,确定调查项目,编制用户调查表,明确各表的编制要求和填写要求。编制安全性用户调查表和使用情况用户调查表时,调查表中应该包含用户基本信息、产品基本信息、产品安全性或使用情况存在问题及用户评价项目、用户建议、用户确认等内容。

3. 安全性检验

(1)检验项目确定。根据农业机械重点检查目的,确定样机的安全性检验内容,选择满足评价产品安全性要求的试验条件和检验方法。

(2)检验样机确定。检验样机的确定应考虑产品使用后存在因使用人自身原因导致与出厂时不一致、检查样机应覆盖集中出现问题区域且面广等因素,因此确定被检验样机应从生产企业提供的合格经销商处抽取,抽取样机应为企业近12个月内生产、经企业确认的待销合格产品。样机总台数不少于2台,且至少覆盖2个主要出现问题区域的不同经销商。

(3)检验方法。安全性检验前,应制订检验方案,确定安全性检验项目,编制安全性检验记录表,明确各检验项目的检验方法和判定规则。有标准规定的,应按标准要求进行。无标准规定的,应研究规定非标准方法。如水稻插秧机安全性检验记录表,检验内容应包括产品基本信息、配套动力、安全警示标志内容检查、安全防护检查、安全装置(如有无运动部件锁定装置、划行器是否牢固锁定)、安全性能(如噪声、四轮乘座式高速插秧机停车制动等)。

三、评价规则

1. 用户调查

为了科学、准确、客观地反映调查结果,用户调查采用农业机械重点检查用户评价指数(即A类指标,一级指标)来评价产品的质量。采用多级模糊综合测评法,由用户对各C类指标进行5级(差、较差、一般、较好、好,各等级对应的分值分别为1、2、3、4、5)评价后,汇总形成被检查产品基础指标的模糊评判集,再根据通过专家测评法得出的各C类、B类指标的权重值,计算安全性和使用情况两个B类指标的评价分值,从而

得出用户评价指数 E_A，根据 E_A 的大小来确定该产品的质量状况。B类指标包括产品的安全性和使用情况两个二级指标，C类指标为各B类指标下属的三级指标，指标的确定根据重点检查的目前，即通过分析集中投诉情况、批量质量事故或安全性事故的原因来确定。

(1)各层次权重值的确定。设计权重测评表，组织长期从事农业机械产品设计开发、质量控制与管理、试验鉴定、技术推广等工作的专家，对各指标在其相应层次的评价指标中的重要程度打分，并按归一化要求对各指标赋予相应的权重。专家人数应不少于5人。

(2)各层级指标计算方法。对每个子项目C的用户评价结果按好、较好、一般、较差和差五级分等，并分别赋以分值5、4、3、2、1。每个子项目C的评价分值 E_C 为其对应的所有用户评价分值的算术平均值，按式(1)计算。

$$E_C=\frac{1}{n}\sum_{i=1}^{n}X_i \tag{1}$$

式中：E_C ——单项C类指标评价分值；

X_i ——第 i 个用户对该指标调查内容的评价分值；

n ——调查用户总数。

对每个项目B的评价分值 E_B 为其对应的子项目C评价分值 E_C 与其权重值的加权平均值，按式(2)计算。

$$E_{B_i}=\sum_{j=1}^{m}c_jE_{C_j} \tag{2}$$

式中：E_{B_i} ——第 i 个B类指标的评价分值。B类指标包括安全性和使用情况，$i=1,2$；

c_j ——该B类指标中，赋予第 j 个C类指标的权重；

E_{C_j} ——该B类指标中，第 j 个C类指标的评价分值；

m ——影响该B类指标的C类指标数量。

按式(3)计算产品的农业机械重点检查用户评价指数 E_A，即各评价项目B得分与其权重的乘积和。

$$E_A=\left(\frac{E_{B1}-1}{4}\times I_{B1}+\frac{E_{B2}-1}{4}\times I_{B2}\right)\times 5 \tag{3}$$

式中：E_A ——农业机械重点检查用户评价指数；

E_{B1} ——产品安全性用户调查评价分值；

E_{B2} ——产品使用情况用户调查评价分值；

I_{B1} ——产品安全性用户调查权重值；

I_{B2} ——产品使用情况用户调查权重值。

(3)综合评价。农业机械重点检查用户评价指数 E_A 根据表1进行结果评价。

表1 农业机械重点检查用户评价指数与评价结果的对应关系

农业机械重点检查用户评价指数	$E_A<3$	$3\leqslant E_A\leqslant 4$	$E_A>4$
评价结果	差	一般	好

2.安全性检验

考虑到产品安全性事关人身安全，是衡量农机产品质量的重要指标，为了科学公正，依据国家强制性安全标准、产品标准中的安全技术要求以及产品推广鉴定大纲编制安全性检验判定规则，对抽取样机的安全性检验结果进行判定，对所检验的样机中若有1台出现1项及以上检查项目不符合检验要求的，则判该产品安全性检验不合格。

四、重点检查评价结论

农业机械重点检查评价结论由农业机械重点检查用户评价指数 E_A 和安全性检验结果(若有)组成，结论分通过和不通过。根据近些年农业农村部开展的水田耕整机、卷帘机等农机产品重点检查项目，参考2014年因出现多次安全质量事故、用户投诉临时开展的微耕机质量调查项目，确定农业机械重点检查用户评价指数与评价结果的对应关系。

为科学、准确、客观地反映农业机械重点检查结果，采用专家测评法对农业机械重点检查用户评价指数 E_A 赋值。组织11名长期从事农业机械产品设计开发、质量控制与管理、重点检查、质量调查、试验鉴定、技术推广等工作的行业专家对农业机械重点检查用户评价指数的重要程度打分(分值设1～5分，重要程度越高分值越大)，计算平均值确定 E_A 数值。经计算，确定了农业机械重点检查用户评价指数与评价结果的对应关系，即对于安全性检验合格，用户评价指数≥3的，判通过，否则均不通过。

五、方法验证

验证对象选择用户投诉较多的玉米收获机。在我国玉米收获机产品技术成熟，根据近几年玉米收获机投诉情况，产品的质量投诉集中在安全性和使用情况，不涉及产品设计方面的问题，因此依据农业机械重点检查评价方法，选择用户调查方式进行玉米收获机的重点检查。

1.调查项目确定

调查项目主要包括安全性用户调查和使用情况用户调查。安全性用户调查包括安全警示标志、危险部位的安全防护和安全装置的保护作用；使用情况用户调查包括对当地作物种植行距的适用程度、对作物倒伏的适用程度、对当地大小田块的适用程度、对当地作物结穗高度的适用程度、操作方便性、可靠性满意程度。

2.调查用户确定

根据玉米收获机使用范围和区域，以及使用情况反馈，确定调查区域为甘肃省白银市靖远县和景泰县，每个区域各调查10个用户，共计20户。

3.调查方法确定

本次用户调查采用走访的形式调查，检查人员在玉米收获机停放现场，见人见机，对用户进行问卷调查。调查前制订了调查方案，编制了用户调查表，并明确各表的编制要求和填写要求。

4.结果评价。

(1)评价指标体系。玉米收获机的质量状况采用玉米收获机重点检查用户评价指数 E_A 表示。根据调查内容确定B类指标和C类指标，并组织质量管理、农机鉴定、技术推广等领域的5位专家对各指标的重要性打分，并按归一化要求对各指标赋予相应的权重。玉米收获机用户调查各级指标及权重见表2。

(2)评价结果统计。由用户对每个C类指标进行五级(差、较差、一般、较好、好)评价，各等级对应的分值分别为1、2、3、4、5。依据本文相关指标计算方法，对A类指标、B类指标和C类指标评价分值计算，经统计各级指标分值分别见表3和表4。

表 2 玉米收获机指标体系及权重表

A 类指标	B 类指标		C 类指标	
	指标	权重	指标	权重
玉米收获机重点检查用户评价指数 E_A	安全性用户调查评价分值 E_{B1}	0.5	安全警示标志 C_{11}	0.40
			危险部位的安全防护 C_{12}	0.40
			安全装置的保护作用 C_{13}	0.20
	使用情况用户调查评价分值 E_{B2}	0.5	对当地作物种植行距的适用程度 C_{21}	0.10
			对作物倒伏的适用程度 C_{22}	0.20
			对当地大小田块的适用程度 C_{23}	0.10
			对当地作物结穗高度的适用程度 C_{24}	0.20
			操作方便性 C_{25}	0.10
			可靠性满意程度 C_{26}	0.30

表 3 玉米收获机 C 类指标分值统计表

C 类指标	评价分值
安全警示标志 C_{11}	5.00
危险部位的安全防护 C_{12}	5.00
安全装置的保护作用 C_{13}	4.00
对当地作物种植行距的适用程度 C_{21}	3.40
对作物倒伏的适用程度 C_{22}	3.30
对当地大小田块的适用程度 C_{23}	3.20
对当地作物结穗高度的适用程度 C_{24}	3.45
操作方便性 C_{25}	3.40
可靠性满意程度 C_{26}	3.45

表 4 玉米收获机 A 类、B 指标分值统计表

各级指标	评价分值
安全性用户调查评价分值 E_{B1}	4.80
使用情况用户调查评价分值 E_{B2}	3.35
玉米收获机重点检查用户评价指数 E_A	3.80

依据重点检查评价结论，本次检查玉米收获机重点检查用户评价指数 E_A 为 3.8，大于 3，因此，玉米收获机重点检查评价结论为通过。

(3)验证结果评价。本次玉米收获机重点检查的调查内容、项目确定、用户确定、调查方法、评价方法依据本文农业机械重点检查评价方法设定，通过检查检查结果：一般。根据当地玉米收获机用户调查总体情况，用户反映情况来看，玉米收获机用户总体评价也为一般，因此与玉米收获机实际情况相符。验证证明，农业机械重点检查技术评价方法科学，指标设置合理、准确，调查方法能够保障结果真实可靠。

六、结论

(1)针对发生集中投诉、批量质量事故或安全性事故农机产品的特殊性，提出了一种通过农业机械重点检查来评价农机产品质量水平的方法，为农机化主管部门组织开展在用农业机械产品重点检查提供理论依据。

(2)提出农业机械重点检查评价体系由农业机械重点检查用户评价体系和农机产品安全性检验评价体系两部分组成，科学地设置和确定评价项目和指标权重，降低了评价过程中过多的人为干扰因素，将定性评价指标和定量评价指标相结合，具有赋权合理、计算简便的特点。

(3)通过验证，得出农业机械重点检查技术评价方法科学，指标设置合理、准确，具有可操作性，能较准确地反映被检查产品的实际质量状况，结果真实可靠。

(作者单位：农业农村部农业机械试验鉴定总站；论文来源：《中国农机化学报》2019 年第 9 期)

考虑递进发展的我国农业机械化效率评估

——基于 Bootstrapped 修正的三阶段 DEA 模型

张济建　刘宏笪　张茜

伴随着农村劳动力的转移与人口红利的消失，农业可持续发展的压力骤增。以农业机械化推动农业技术转型、农业生产升级，是破解我国劳动力不足等困境的关键手段。2017 年，我国农机工业增加值增速为 9.1%，12 个农机子行业均实现正增长，进一步凸显我国全面全程农机化的强力推进与持续发展。当年全国农作物耕种收综合机械化率超过 66%，农机总动力约 10 亿千瓦，是名副其实的世界第一农机大国。可以说，农业机械化的深化转型既是农业科技创新的重要载体与广泛应用，

也是培育新型农民的关键平台与实践支撑，更是实现乡村振兴、农业现代化的必由之路与战略抉择。

在农业生产方式和组织形式变革的关键时期，我国逐步改善涉农产业的分工经济性、优先投资作物生产的机械化、有效引导农户卷入分工，实现小农生产与现代农业的接轨、落后农业至智慧农业的转型。随着精准脱贫攻坚、全面深化农村改革等关键战役的打响，促进一二三产业融合、提升农业生产效率、壮大农业新业态等任务将给予农业机械化转型更多使命与要求，明确我国农业机械化的生产效率、辨析农机转型的发展进程，对于构建农机创新发展路径具有深远意义。

学术界对于“农机效率”的研究较少。曹光乔基于实地调查数据，分析秸秆机械化还田中政府补贴对农机用户社会化服务效率及农机作业质量的影响，强调作业补贴对农机发展的推动作用；李娜分析了山东省马铃薯生产的机械化现状，指出规模狭小、农艺农机融合缺失对农业机械化高效发展的制约；胡祎基于超越对数随机前沿模型分析了农机服务对小麦生产技术效率的影响，认为农机服务存在区域发展不平衡、科技引入不稳定的现实问题。但整体而言，尚未有学者将上述问题综合解析，仅单纯地分析农业机械化对粮食生产效率提升的贡献程度，并将此引为“农机发展效率”，未曾直观地度量农业机械化的生产效率及发展情况。张敏、吴海华、刘成虽分别对农机化的投资、创新效率和投入效率进行测算，但未考虑外部环境的干扰，也未明确指出农机化的发展进程与效果。湛小梅、潘佰强分别对重庆与南宁农机发展进行解析，指出整合资源、优化技术创新体系的重要性，进一步强调因地制宜、开展特色农机的意义。严中成基于供给端和需求端两大角度，总结我国农机发展现状，提出宏观管理机制构建、农机要素配置优化等建议，肯定了农机发展的大好局面。由此，我国农机化进程几何，农机化发展是否处于进步状态，已成为亟待解决的话题。本文将基于递进发展的视角，研究我国农机化的生产效率与发展环境，以明确下一阶段农业机械化的发展道路。

一、研究方法和变量选取

1.研究方法

DEA模型最早由Charnes等学者提出，是一种经典的效率测度法。Fried等人基于DEA模型和SFA回归模型的结合，形成测度决策单元效率的三阶段DEA方法，以剔除环境变量和随机因素对决策单元效率值的干扰，获得更为真实的效率数据；但三阶段DEA模型所得出的效率值仍然存在有偏现象，无法确认效率值是否具备统计有效性与一致性，本文基于Bootstrapped－DEA模型，进一步剔除随机误差，得到摆脱环境干扰的真实效率值。

第一阶段：基础DEA模型。农业机械化投入存在一定的可控性，故本研究选用投入导向的DEA－BBC模型。其模型规划式如下。

$$\min_{\theta,\lambda}[\theta-\varepsilon(e^t s^- + e^t s^+)]$$

$$St.\ \sum_{i=1}^{n}\lambda_i y_{ir} - s^+ = y_{0r}$$

$$\sum_{i=1}^{n}\lambda_i x_{ij} + s^+ = \theta x_{0j}$$

$$\sum_{i=1}^{n}\lambda_i = 1$$

$$\lambda_i \geqslant 0,\ s^+ \geqslant 0,\ s^- \geqslant 0$$

$$i=1,2,\cdots,n;\ j=1,2,\cdots,m;\ r=1,2,\cdots,s;$$

式中：n ——DMU（决策单元）的个数；

m ——输入变量个数；

s ——输出变量个数；

x_{ij}——投入要素；

y_{ir}——产出要素。

若$\theta=1$，则表明各决策单元处于效率前沿面；若$\theta<1$，则处于无效状态。

第二阶段：SFA模型分析与变量修正。第二阶段：主要对第一阶段得到的效率值剔除管理效率、环境因素和统计噪声，本文基于随机前沿分析，其公式如下。

$$f^n(Z_i;\beta_n)=\beta_0+\beta_1 Z_1+\beta_2 Z_2+\beta_3 Z_3+\cdots+\beta_n Z_n$$

式中：n——环境变量的个数；

β——变量系数；

Z——环境变量。

由各投入要素的松弛值减去环境值即为混合误差项。其公式为

$$\varepsilon=S_{ni}-f^n(Z_i;\beta_n)$$

管理无效率的计算公式参考罗登跃等人的模型构建，为

$$E[U_{ni}\mid V_{ni}+U_{ni}]=\frac{\sigma\lambda}{1+\lambda^2}\left[\frac{\varphi\left(\frac{\varepsilon_i\lambda}{\sigma}\right)}{\phi\left(\frac{\varepsilon_i\lambda}{\sigma}\right)}+\frac{\varepsilon_i\lambda}{\sigma}\right]$$

其中$\lambda=\frac{\sigma_u}{\sigma_v}$，$\varepsilon_i=v_i+u_i$为联合误差项，$v_i$表现为统计噪声，$u_i$为管理无效，$\sigma$为误差项，$\varphi$、$\phi$为标准正态分布的密度函数及分布函数。具体计算中，由SFA回归模型得出σ^2、γ，其中σ_u、σ_v计算方式为：

$$\sigma^2=\sigma_u^2+\sigma_v^2,\ \gamma=\frac{\sigma_u^2}{\sigma_u^2+\sigma_v^2}$$

SFA回归的本质是消除环境因素和随机误差对效率值的干扰，最终调整公式如下。

$$X_{ni}^A=X_{ni}+[\max(f(Z_i;\hat{\beta}_n))-f(Z_i;\hat{\beta}_n)]+[\max(v_{ni})-v_{ni}]$$

$$i=1,2,\cdots,I;\ n=1,2,\cdots,N$$

式中：X_{ni}^A——修正后的投入值；

X_{ni}——原始投入值；

$\max(f(Z_i;\hat{\beta}_n))-f(Z_i;\hat{\beta}_n)$——环境因素的修正；

$\max(v_{ni})-v_{ni}$——对所有决策单元进行随机扰动修正。

第三阶段：修正投入值后的DEA－BBC模型。将二阶段调整后的投入值与原始产出数据代入经典DEA模型计算，最终得到的效率值是剔除外部环境干扰和随机误差后的真实效率。

第四阶段：Bootstrapped－DEA。由第二阶段获取调整后的投入值和原始产出作为Bootstrapped－DEA的数据，计算得到各样本的效率得分；通过有放回的重复抽样方式，选取一初始样本进行平滑处理，得到新样本；再利用Bootstrape对初始样本投入值进行调整，代入DEA计算效率值，以此重复N次，即可得到每个决策单元的N个效率得分估计值，通过重复获得的效率值与初始效率值的偏差，得到最终的精确效率期望值、调整偏差等。

2.变量选取和数据来源

王瑞基于技术进步视角，对C－D生产函数进行量子扩展

模型构建，将综合技术水平、劳动力投入、资本投入作为DEA模型的投入要素；本文总结刘成、张敏等学者的评价指标体系（表1），构建生产函数指导下的人—机—物投入指标，选取农业机械总动力、农机化从业人员、农机化投入、农机化管理机构和农机化培育机构作为投入变量，农机经营总收入与农机化脱出农产品总量作为产出变量。环境变量中，本文主要基于发展递进的视角展开分析，即研究现有农机规模和建设基础对下阶段农机效率提升的影响，剔除上期农机发展的影响与干扰，获取更为真实的当年度农机生产效率。故综合考虑后本文选取地域农业生产总值、农业专利数与前一年度地域综合农机化率作为外生变量。各地的农业生产总值反映了当地的农业发展水平，良好的农业生产规模与发展环境有利于农业机械化普及；农业专利数反映了地区的农技环境状况，技术资源的禀赋差异将对农业机械化转型产生重大影响；前一年度地域综合农业机械化率反映了各地的农机建设情况，农业机械化率越高，农机建设基础越扎实，从而产生农机发展的"递进性"与"渐进性"，即农机普及的认知门槛被破除、农机作业与管理服务实现深度融合，从而为下阶段农机发展营造良好局面。数据来源于2017年《中国农业机械工业年鉴》、各地农机局官方数据和《中国统计年鉴》。

表1　农业机械化生产效率评价体系

类型	名称	定义
投入变量	农业机械总动力/万千瓦	农机动力投入
	农机化从业人员/人	农机化劳动要素投入
	农机化投入/万元	农机化资本要素投入
	农机化管理机构/个	农机化发展管理投入
	农机化培育机构/个	农机化发展培育投入
产出变量	农机经营总收入/万元	农机化生产产出
	农机化脱出农产品总量/万吨	农机化最终产出
环境变量	农业生产总值/亿元	农业发展经济环境
	农业专利数/件	农业发展技术环境
	前一年度农机化率/%	农机化发展基础

二、实证分析

1.一阶段分析

以Deap 2.1软件计算2016年全国31个省（区）（部分地区资料缺失）农机化生产效率值（表2）。从技术效率来看，黑龙江、上海、安徽、福建、广东、广西和西藏处于效率前沿面，表明该省份的农机生产效率最优；纯技术效率方面，北京、湖南、海南、青海等省市也达到效率前沿面，处于发展上升期；规模效率中，陕西和甘肃处于最佳生产规模的前沿面，农业发展规模最为适宜。

各变量单边似然比检验均通过，可进行SFA随机前沿回归。误差分析显示，sigma - squared值过大，表明管理无效率导致数据误差的形成。由表3可见，农业生产总值和农机化率对各变量的回归系数均为正，表明两者对农机发展呈显著正向推动作用。良好的第一产业发展环境为农业机械化转型提供扎实的发展基础，繁荣的第一产业市场扩大了农业劳动者对农机的需求；蓬勃的农业经济活力与卓越的农商环境带来农业发展的信心，催生现代农业新动力，提高社会对农业关注度，逐步消除农机发展经济门槛，缓解农机转型资源压力，带动农机从业人员和农机培育机构数增长、整合优化并加大对农机的投入，促成农机事业高效发展；农机化率方面，地区农机化普及率越高，农机建设环境越优，农机装备水平和技术水平稳定增长，有利于优化农机投入要素水平，实现农机生产的高效率与稳增长。

表2　第一阶段农机化生产效率情况

地区	技术效率	纯技术效率	规模效率	规模报酬变化
北京	0.598	1	0.598	Irs递增
天津	0.291	0.773	0.377	Irs递增
河北	0.735	0.736	0.999	Irs递增
山西	0.456	0.484	0.943	Irs递增
内蒙古	0.799	0.817	0.979	Drs递减
辽宁	0.466	0.495	0.942	Irs递增
吉林	0.826	0.874	0.945	Drs递减
黑龙江	1	1	1	不变
上海	1	1	1	不变
江苏	0.837	0.949	0.883	Drs递减
浙江	0.845	0.859	0.984	Irs递增
安徽	1	1	1	不变
福建	1	1	1	不变
江西	0.762	0.777	0.981	Irs递增
山东	0.735	1	0.735	Drs递减
河南	0.757	0.768	0.986	Drs递减
湖北	0.943	0.979	0.963	Drs递减
湖南	0.944	1	0.944	Drs递减
广东	1	1	1	不变
广西	1	1	1	不变
海南	0.975	1	0.975	Irs递增
重庆	0.943	0.995	0.947	Drs递减
四川	0.559	0.563	0.992	Irs递增
贵州	0.454	0.505	0.899	Irs递增
云南	0.465	0.479	0.972	Irs递增
西藏	1	1	1	不变
陕西	0.594	0.594	1	不变
甘肃	0.476	0.476	1	不变
青海	0.182	1	0.182	Irs递增
宁夏	0.795	0.961	0.827	Irs递增
新疆	0.714	0.74	0.965	Irs递增
均值	0.747	0.833	0.904	

较高农机化率表明地区农机发展体系越发完善，农机投入资源的周转更为流畅，避免不必要的资源冗余与利用效率损失。从递进发展视角而言，综合农机化率高的地区农机发展更迅速，其能更简便地获取和集中农机资源，助推农机的快速研发、生产，并产生"农机发展惯性"，形成农机发展顶尖效应：积累充沛农机发展经验、放大自身农机发展优势，跨越农机发展障碍，造成优胜劣汰的农机发展局面。农业技术则对农机发展起抑制作用。在农业技术资源充沛的条件下，盲目引入技术或技术配置失调使农机投入出现过多冗余，具体表现为：农机生产企业加大技术研发资金，但研发周期与技术转化周期过长，投入与回报短期内无法匹配，使农机化资金投入效率较低；过分强调农机人才的培育，但农机高端人才缺失、尖端技术薄弱，使农机化人才投入效率较低。同欧美等国家相比，其多凭借强

大的科技支持实现农机投入的“减负”目标，形成“科技换资源”的良好局面，而我国虽大力强调科技作为生产力重要性，但在农机化转型方面尚需升级。

2. 二阶段分析

以各投入变量的松弛值作为被解释变量、环境变量为解释变量，通过 Frontier 4.1 软件进行 SFA 回归计算，得表 3。

表 3 SFA 回归结果

项目	农业机械总动力松弛变量	农机化从业人员松弛变量	农机化投入松弛变量	农机管理机构松弛变量	农机培育机构松弛变量
常量	−1 066.85***	−814.61**	−2 801.02***	220.46**	−3.97*
农业生产总值	1.02***	0.98***	77.53***	0.35***	0.02***
农业技术	−0.02*	−0.07**	−1.20	−0.01**	0.01***
农机化率	7.28**	8.88**	25.10***	2.65**	0.11*
sigma−squared	2 841 362.71***	2 447 431.20***	4 345 621.00***	115 700.56***	4 651.20***
gamma	0.90***	0.92***	0.93***	0.92***	0.90*
单边似然比检验	35.60	9.40	12.90	10.60	6.20

注：***表明1%显著水平，**表明5%显著水平，*表明10%显著水平。

3. 三阶段分析

通过 SFA 调整后，基于 Deap 2.1 软件重新计算各省（区）的农机化生产效率情况，如表 4 所示。

表 4 第三阶段农机化生产效率情况

地区	新技术效率	新纯技术效率	新规模效率	规模报酬
北京	0.318	1	0.318	Irs 递增
天津	0.227	0.941	0.241	Irs 递增
河北	0.676	0.711	0.951	Irs 递增
山西	0.441	0.829	0.532	Irs 递增
内蒙古	0.459	0.679	0.676	Irs 递增
辽宁	0.453	0.894	0.507	Irs 递增
吉林	0.482	0.742	0.649	Irs 递增
黑龙江	0.628	0.88	0.713	Irs 递增
上海	0.476	1	0.476	Irs 递增
江苏	0.803	1	0.803	Irs 递增
浙江	0.622	0.884	0.704	Irs 递增
安徽	0.948	1	0.948	Drs 递减
福建	0.656	1	0.656	Irs 递增
江西	0.676	0.901	0.75	Irs 递增
山东	1	1	1	不变
河南	0.794	0.803	0.989	Irs 递增
湖北	0.714	0.893	0.800	Irs 递增
湖南	1	1	1	不变
广东	0.946	1	0.946	Irs 递增
广西	1	1	1	不变
海南	0.555	0.997	0.557	Irs 递增
重庆	0.596	0.944	0.631	Irs 递增
四川	0.712	1	0.712	Irs 递增
贵州	0.234	0.826	0.283	Irs 递增
云南	0.433	0.691	0.627	Irs 递增
西藏	0.046	0.852	0.054	Irs 递增
陕西	0.582	0.796	0.731	Irs 递增
甘肃	0.464	0.793	0.585	Irs 递增
青海	0.137	0.93	0.148	Irs 递增
宁夏	0.392	0.914	0.429	Irs 递增
新疆	0.698	0.991	0.704	Irs 递增
均值	0.586	0.900	0.649	

由表 2、表 4 对比可见，环境因素、随机干扰和无效管理对各地区的农机化效率产生显著影响，使各项效率值出现较大变化，其中 SFA 回归表明，各项松弛投入量的 sigma 值较大，反映为管理无效成为误差干扰的主导因素，间接导致农机发展的技术效率持续走低。整体技术效率剔除误差后下降了 21.55%，即外部环境的干扰程度。除广西依旧处于效率最优前沿面外，黑龙江、上海、安徽、福建、广东和西藏的技术效率均脱离前沿面，整体降低幅度在 40%以上，其中西藏的农机效率调低 95%，基本处于技术无效状态。从基础数据而言，西藏的农机发展规模较小，农机投入和产出成果皆不显著，狭小的产业环境与较低的发展需求使之农机化转型缓慢，通过剔除环境干扰与误差得到真实的西藏农机发展情况；山东、河南、湖南、四川地区的农机技术效率得到反弹，上升幅度达 10%，其中山东与河南两省达到最佳效率。不难发现，该些地区农机发展起步较早、农业历史悠久、第一产业地位突出，伴随着一二三产业融合和经济结构的调整，农业发展地位受到冲击，农机投入出现迟滞，进入农机化转型阵痛期，与之较优的农业经济、技术和发展环境不相匹配，生产效率被环境因素限制，从而在第一阶段被低估；其余地区的农机生产效率均有不同程度的下降，表明实际的农机资源利用与管理水平并不高，存在一定的投入冗余问题。

整体纯技术效率剔除环境因素影响后上升了 8%，结合 SFA 回归结果来看，各地处于农机发展的高速阶段，但由于农业技术的运用失衡，从而对纯技术效率产生抑制作用，使效率结果失真。纯技术效率的调高，表明各地保有农机递进发展的良好状态，即农机生产效率处于稳定增长期，伴随着顶尖效应与递进发展模式的影响，未来农机化发展可能出现分层现象，北京、上海、江苏、安徽、福建、山东、湖南、广东、广西和四川的农机发展势头强劲，处于农机化转型顶层端，在资源、信息、认识等方面形成发展优势，农机生产效率提高更为迅速、稳定；河北、内蒙古、云南等地处于农机转型弱势端，可能会遭遇发展疲软等现实问题。此外，河北、内蒙、吉林、黑龙江、湖北、西藏地区的农机发展多依托于稳定、高效的环境保障中，一旦脱离外部环境的支撑，发展效率则会有一定程度的损失。此外，纯技术效率较高的地区农机普及率也较为突出，存在显著的递进发展现象。

规模效率经修正后降低约 28.2%。山东、湖南和广西处于最优发展规模，其余省市农机规模效率大幅降低，尤其是西藏地区，农机产业远未形成规模化效应，剔除管理支持、政策导向与资金扶持后，西藏的真实规模效率降低94.6%，农机化发展严重依赖于外部环境。此外，北京、上海、天津、重庆四大直辖市的规模效率也偏低，随着城市化的挤压，农业生产已难形成规模，大多趋于个体散式经营，且随着农村劳动力的转移、乡土情结的淡化，农机发展规模还将进一步压缩。

从整体而言，我国面临着农机发展三大难题。其一，农机发展处于技术导向性阶段，技术进步效率的提升支撑了农机效率的稳定增长，但可以预见的是，技术效率的增长已趋于放缓，由此带来的效率进步也进一步降低，且由于农业技术资源的过分冗余，已对农机发展呈现负向作用，加之农业规模的不断缩小，将赋予农业和农机产业更多的转型压力。其二，各地农机发展效率的分层逐步体现，东部经济领先区率先开展农机普及活动，奠定稳定的农机发展基础，以此获得递进发展优势，从而和其他地区拉开差距，西部地区制约于经济水平，农机化启动晚、压力大，丧失了农机发展先导权，农机转型更艰难。随着地域差距的扩大，我国农机发展将面临失衡问题，结合表3来看，农机化普及率的提高推动农机生产动力、从业人员和资金投入的扩大，间接影响了地区农机发展规模，促成整体效率的提升，不失为解决难题一的有效策略，但值得深思的是，获得递进发展优势的地区多为经济发达省份，二三产业的增长进一步压缩农业发展空间，也限制了农业的规模化发展，两者抵消后带来的效率增长较为有限。其三，即是我国农机发展的抉择问题，保规模还是重技术，平衡好农业、农机发展与经济增长将是各地直面的发展难题。

4.四阶段分析

基于Bootstrap修正排除随机误差的干扰，得到更为准确的农机化技术效率。在95%的置信区间上下界水平来看，各地效率值均落入置信区间，整体数据估算信度较高，数据偏差得到进一步修正（表5）。

表5　基于Bootstrapped－DEA修正的农机化技术效率值估算情况

地区	Bootstrapped效率值	偏差	均值	中值	偏差方差	置信区间下界	置信区间上界
北京	0.259	0.059	0.259	0.256	0.028	0.221	0.305
天津	0.182	0.045	0.182	0.180	0.023	0.155	0.214
河北	0.375	0.301	0.375	0.366	0.145	0.202	0.653
山西	0.332	0.109	0.333	0.315	0.066	0.253	0.449
内蒙古	0.254	0.205	0.254	0.235	0.106	0.135	0.464
辽宁	0.280	0.173	0.280	0.282	0.085	0.179	0.428
吉林	0.292	0.190	0.292	0.292	0.093	0.186	0.471
黑龙江	0.349	0.279	0.348	0.341	0.125	0.175	0.544
上海	0.398	0.078	0.397	0.393	0.033	0.351	0.455
江苏	0.488	0.315	0.487	0.442	0.184	0.298	0.863
浙江	0.447	0.175	0.447	0.441	0.063	0.375	0.536
安徽	0.515	0.433	0.515	0.474	0.186	0.317	0.892
福建	0.517	0.139	0.517	0.507	0.056	0.444	0.608
江西	0.492	0.184	0.492	0.455	0.083	0.416	0.626
山东	0.146	0.854	0.146	−0.045	0.543	−0.499	1.014
河南	0.487	0.307	0.487	0.552	0.157	0.282	0.697
湖北	0.367	0.347	0.367	0.337	0.166	0.196	0.703
湖南	0.433	0.567	0.433	0.374	0.304	0.107	1.063
广东	0.479	0.467	0.479	0.437	0.298	0.199	1.101
广西	0.347	0.653	0.347	0.280	0.352	−0.098	1.015
海南	0.431	0.124	0.431	0.418	0.069	0.354	0.546
重庆	0.453	0.143	0.453	0.432	0.085	0.350	0.606
四川	0.364	0.348	0.364	0.348	0.190	0.177	0.760
贵州	0.166	0.068	0.166	0.149	0.033	0.137	0.222
云南	0.237	0.196	0.237	0.216	0.125	0.102	0.485
西藏	0.037	0.009	0.037	0.037	0.004	0.032	0.045
陕西	0.426	0.156	0.426	0.385	0.087	0.351	0.581
甘肃	0.356	0.108	0.357	0.341	0.060	0.295	0.475
青海	0.114	0.023	0.114	0.111	0.011	0.101	0.133
宁夏	0.312	0.080	0.311	0.304	0.040	0.262	0.366
新疆	0.514	0.184	0.515	0.470	0.102	0.405	0.684
均值	0.350	—	—	—	—	—	—

注：Bootstrapped效率值为修正后技术效率的估算值，由新技术效率值减去偏差得到；偏差为修正后DEA的偏差估计量；其中置信区间上下界为95%的Bootstrapped置信水平下得到。

Bootstrapped—DEA 技术效率值较三阶段结果有所下降，整体效率均值下降 0.236，即生产前沿面的非效率程度，隔绝环境与外部影响后，各地的农机发展可平均减少 40.27%的投入，以避免无效资源的损耗。

三、结论与建议

本文基于递进发展视角，分析 2016 年我国 31 个地区的农机化发展情况，通过三阶段 DEA 与 Bootstrapped—DEA 方法，整合得到较真实的农机发展效率，得到以下结论。

(1)我国农业机械化效率较低，技术效率值仅 0.586，纯技术效率为 0.9，规模效率为 0.649，外部环境对农机发展的干扰较大，在强有力的经济实力与良好的农机基础建设支撑下，我国农业机械化发展呈“虚高”景象，技术效率和规模效率浮动达 0.161、0.255，剔除随机干扰与环境因素影响后，40.27%的投入要素仍被闲置或冗余，处于无效状态。

(2)农业发展与农机化普及推动了农机产业的进步，农业技术则对农机发展呈负向作用。各地农机转型存在显著的递进发展与顶尖效应，农业机械化领先区凭借资源优势的累积与认知障碍的消除，进一步扩大自身优势，从而实现递进式跨越发展，并不断提升发展质量，农业机械化效率也逐步走高；农业机械化落后区面临着产业调整的压力、其他区域的竞争，发展瓶颈与障碍逐步呈现，转型压力骤增。综合来看，递进发展与顶尖效应主要通过影响农机培育(管理机构与人才建设基地)、农机资本(农机总动力供给、资金供给)两方面对各地农机化进程施加作用。

(3)我国农业机械化发展将面临纯技术效率推动放缓、地区发展失衡、规模发展与技术发展取舍的三大难题，摆脱技术运用障碍、解决农机发展散而小的经营问题，是我国农机产业突破的关键之路。

综上，本文提出以下建议：一是注重农机发展的积淀，强化农机新机具新技术的推广普及与实际运用，注重农机人才的培育与农机教育机构的建设，以此获得农机发展的根本原动力，实现递进式发展；二是平衡与协调各地的农机发展，领先区与落后区应当协同共进，实现农机经验的分享与交流，通过互助共建、机械共享等形式加快推进农机薄弱区的建设；三是平衡好农业与其他产业的发展问题，在农业经营规模有限的前提下，发展精细化、高质化农业，推动农机产业的革新与调整，将发展重心从注重推广向注重应用与效率转变；四是解决农机的实际运用难题，即根治有效装备供给缺失、低端设备产能过剩、适宜机械化基建严重落后的问题，各地应强化政策措施、引导技术企业下田考察，提高技术成果的转化率，避免技术资源的冗余和投入资金的损失；五是继续加大耕种收综合机械化率的提升，在农机普及工程中消除农民认知偏差、解决基层资金缺失等问题，积极引入民间资本，强化社会对农机产业的关注与支持，做到全程全面农机化发展。

(作者单位：江苏大学财经学院，上海大学管理学院；论文来源：《中国农机化学报》2019 年第 8 期)

农机生产性服务模式创新研究

——来自山东与江苏的实践

吴萍　刘小伟　吴迪　赵静

农机服务作为重要的农业生产中间投入品，服务范围集中在农业生产环节，但是实践中农机服务组织综合化经营趋势越来越明显，涌现出多种形式的“农机为农服务中心”，主动对接小农户，满足农户农业生产的多元化需求。截至 2017 年，我国农机作业服务组织达到 18.7 万个，其中农机户 4 184.5 万户，农机合作社 6.8 万个；农机维修厂及维修点 17 万个，农机经销企业 1.3 万个；农机从业人员 5 128.14 万人，年经营收入5 336 亿元，年利润达到 2 004 亿元。我国农机服务产业发展的基础是农机社会化服务。自我国开始推动以家庭承包经营为核心的农村改革，允许农民个人或联户购置农机具，使得农民逐步成为农机经营的主体，才逐步有农机服务的市场化。我国的农机社会化服务发展起步较晚，始于 20 世纪 90 年代的跨区机收小麦。由于收割机单价较高，单个农户很难买得起收割机，于是部分农户通过合作的方式购买，并参与跨区作业，赚取利润。1997 年农业部、公安部、交通部等部门联合成为机收小麦工作领导小组，给予联合收割机配备《跨区作业证》，实行免收过路过桥费等系列政策，农机跨区作业面积逐年扩大，得到各级领导和社会的广泛关注，被誉为“农业现代化的一道亮丽风景线”，以农机跨区作为主要形式的农机服务进入快速发展阶段。随着我国市场经济的快速发展，非农就业机会不断增多，农业劳动力向城镇转移的规模和速度逐年扩大，购买农机作业服务的市场价格相比外出务工的机会成本更为便宜，于是农业经营主体对农机作业的需求进一步高涨，这也是农机服务快速发展的重要微观基础。

近年来，为满足农业生产多样化需求，出现“全程托管”“订单作业”“代耕代种”“联耕联种”等多种形式的服务模式，既让分散的小农户享受到机械化的便利，又让规模经营的家庭农场、农民合作社解决劳动生产率的瓶颈难题。现阶段，在山东、江苏等地还出现依靠农机合作社、供销社等主体成立各种形式的“为农服务中心”。农机服务产业链从农机服务延伸到农资供应、产后加工、农产品营销等环节。农机服务业的兴起和壮大，为促进农村劳动力转移、增加农民收入等方面做出重要贡献。各类农机服务产业组织蓬勃兴起，将一家一户小农户生产融入到农业现代化大生产之中，成为提升农业生产效率的重要途径。本文在实践调研的基础上，分析农机服务业发展的演变规律，并根据当前的农业农村环境，分析农机服务产业发展的趋势并提出相关政策建议。

一、文献综述

农业生产性服务来源于专业化分工，为农业生产组织提供各类中间投入的行业。农业生产性服务业，即面向农业产业链提供生产性服务的服务业。从产业链角度，农业生产的产前、产中及产后都需要生产性服务的支撑。农机服务业是以农机服务为中间投入品，为农业生产、农业生产者和其他经济组织提供服务的产业，是农业生产性服务业的重要组成部分。近年来，我国农业生产性服务业发展迅速，成为发展现代农业、推动农业方式转变的重要引擎。2017年农业部、国家发展和改革委员会、财政部发布《关于加快发展农业生产性服务业的指导意见》。文中对“农业生产性服务业”的服务领域有全面界定，主要涵盖农业市场信息服务、农资供应服务、农业生产绿色生产技术服务、农业废弃物资源化利用服务、农机作业机维修服务、农产品加工服务以及农产品营销服务七方面内容。农业生产性服务在农业发展中的作用，不仅体现在其自身作为利润源泉的价值，更体现在其作为农业产业链各环节的纽带而产生的“黏合剂”功能。还有一些学者从农机服务促农增收角度进行研究，张一豪等运用DID模型评价黑龙江省农机合作社助农增收的绩效，结果表明农机合作社社员与非社员相比，家庭总收入显著增加。

关于农业生产性服务业发展模式，肖卫东等在对河南现代农业发展调研的基础上，总结出由政府主导的公共农业生产性服务模式、农民合作社引领的内在扩张模式、农业产业化龙头企业的外部拉动模式等五种主要发展模式。芦千文在界定农业生产性服务业业务范围的基础上，提出三类供给模式：内生需求诱致模式、外部植入引领模式和政府保障扶持模式。而对于农机服务业的内涵和发展模式，学者们多数从农机社会化服务与农业机械化的视角进行分析。尚书旗等认为从农业生产中剥离出来的农机社会化服务是我国农业和农村经济发展服务的新行业，是我国实现农业机械化的关键途径。农机服务产业化是一种兼容中国超小规模和机械化大生产的农业经营体制，有利于实现传统农业生产方式的变革，快速提高中国农业的整体效益。农机服务产业化是联系农户和农机服务组织的有机桥梁，应当成为农业机械化发展的主要方向。推进农机社会化服务对于加快农业机械化，构建新型农业经营体系，建设现代化农业具有重要意义。

对于农机服务供给主体的研究，张国霖认为我国农机作业服务组织总体呈现出资源配置方式多样化、组织规模化、投资多元化的发展态势，农机作业服务组织发展是实现农业服务产业化的重要途径。辛德树基于新制度经济学分析框架，讨论农机服务组织产生的原因，并运用交易成本理论对各种服务组织形式进行对比分析；陈孝树以温岭市久发农机合作社为案例，定性分析农机合作社在促进农机社会化服务发展的重要作用。祝华军在对农机合作社社会化服务的基础上，探讨农机社会化服务模式的发展创新，结果表明单纯农机作业将日渐式微，全托管、土地流转等模式逐步得到农户认同，建议政府对多元化农机服务供给模式加以政策支持和引导规范。总结前面文献，可以发现，学者们对农机服务产业的研究主要集中在对农业机械化发展的作用、农机社会化服务模式、农机服务组织发展等方面，而对现阶段农机服务业向农业生产资料供给、农产品营销等产业链延伸、农机服务组织综合化经营趋势方面的研究比较少。

二、我国农机生产性服务的发展环境分析

1. 劳动力环境

当前农村劳动力大量转移，从事农业生产劳动力老龄化严重，对农业生产性服务的需求迫切。我国第一产业就业人员比重从2000年的50%下降到2016年的27.7%，我国城镇化水平从2010年的49.7%提高到2016年的57.4%。据2010年第六次全国人口普查数据显示，60岁及以上人口比重为13.26%，较2000年相比，比重上升2.93个百分比。从这些数据可以看出，随着我国城镇化进程的加快，农村青壮劳动力大量转移，劳动力老龄化趋于显著，一家一户办不了、办不好、办起来不合算的事越来越多，农户对代耕、全托、半托等服务需求尤为迫切。当前更需要发挥农业生产性服务业的基础支撑和保障作用，促进农业整体竞争力提升。农业生产性服务的快速发展契合农业生产方式转变的重大需求，“机器换人”解放大量劳动力，保证城镇化稳步推进。

2. 土地环境

近年来土地规模经营趋势显著，为农业生产性服务发展提供契机。据第三次全国农业普查数据显示，2016年全国农业经营户20 743万户，其中规模农业经营户398万户，占2%。据农业部农村经济体制与经营管理司统计，2016年经营规模3.3公顷以上的农户数持续增加，达到376.2万户，增加19.6万户，增长5.5%，占总农户数的1.4%。其中，经营规模3.3～6.7公顷、6.7～13.3公顷、13.3公顷以上的农户数分别为252万户、88万户、37万户，占3.3公顷以上农户数的67%、23.3%、9.7%。全国家庭承包耕地流转面积32 000千公顷，比2015年底增长7.3%，流转面积占家庭承包经营耕地面积的35.1%。部分地区家庭承包耕地流转比重甚至超过50%，如江苏、上海、浙江、黑龙江，流转比重分别是60.2%、74.8%、53.8%和50.4%。土地经营权流转的结果形成规模经营的基础，农业生产性服务发展条件逐步优化。

3. 市场环境

由于粮食生产成本、国内外粮食市场价格等因素，我国种粮比较效益有逐步下降的趋势，农民在农业上的收入增收较为困难，“种地一亩不如打工两周”。农业整体竞争力不强，急需农业生产性服务提升农业附加值。通过发展生产性服务业，建立健全专业化分工、标准化生产、集约化经营、市场化运作的现代农业产业体系和经营体系，能够提高农业附加值和竞争力。近年来粮食作物全程机械化农机装备趋于饱和，产中农机作业效益正在逐渐递减，为延伸产业链条实现种粮收益最大化，农机服务必须从单一的耕种收领域向产前、产中、产后的多个环节拓展。目前，农民对农资购销、土地深松作业、秸秆还田、田间植保、粮食烘干与仓储等农机服务需求强烈，这也成为农业经营主体提高收益的重要着力点。据调研，如今一些种粮大户、农机大户都是规模经营主体，在提供农机生产性服务的同时，他们利用自身拥有的资源优势和销售渠道优势，为农民提供综合农事服务，如农资销售、粮食烘干、产品销售等社会化服务，取得较好效益。2016年江苏、安徽、河南等地区雨水偏多，小麦在地时间过长，导致已经成熟的小麦无法及时收获，小麦出现发芽和轻度霉变，小麦品质下降。有些地区小麦价格仅卖到1元/千克，种植户损失较为惨重；而当时具备烘干中心的规模新型经营主体，他们抗自然风险的能力就较强，避免这一重大损失。烘干后的粮食品质较好，还能卖到好价格，对于农民增效也起到重要作用。

三、农机生产性服务模式创新

1. 山东实践

人多地少是我国的基本国情，也决定小农家庭经营在我国

长期存在着，虽然近几年土地流转加快，但是土地流转增速逐年下降，如何实现小农与现代农业的有效衔接问题是实现农业现代化的关键问题。在土地租金居高不下、土地流转困难、农民老龄化严重的地区，农户有将农业生产经营部分或全部外包的需求，各地出现了部分半托管或全程托管的形式。在土地托管模式下，土地的经营权虽然没有流转，但是农民通过对土地进行托管、代耕以及购买服务等方式，也在小块土地上享受到了现代农业装备技术带来的效益。2016年山东全省共3 000多家农机合作社开展土地托管，总面积达到733.3千公顷。农机社会化服务规模不断扩大，全省农机合作社和农机大户作业服务总面积分别为6 050.7千公顷、7 597.3千公顷，承担全省80%以上的主要农作物机械化作业量。面向农业产业链的农机合作社最初提供耕、种、管、收农机服务为主，在当地供销社的帮助下，农机合作社在内部成立了综合农事服务中心，为农户提供农机服务和农资采购服务，并逐步向产后烘干、营销等环节延伸，日益成为促进农业生产业发展的内在力量和有效组织模式。供销社对每一个提供全程农业机械化作业服务、功能完备、经营完善的农机合作社给予50万～200万元资金扶持，主要用于实施智能配肥系统、无人植保飞机等，以保证农机合作社为农民提供耕种到收获全程机械化服务。农机合作社由镇村两级牵头，合作社进行统一土地托管服务，服务费低于市场价15%左右，并且给予村集体74.6～149.3元/公顷的提成。由于在村委会、农机合作社、供销社的资源整合下，农户在农机作业、农资服务上省去不少麻烦，并且享受到低于市场价格的农机作业费和农资费用，为农户节本增效起到重要作用。这种模式也实现一定程度的农民组织化，有益于统防统治、测土配方等新技术的推广。农机合作社和供销社给村委会的协调管理费，还可在一定程度上壮大集体经济。

2.江苏实践

2015年下半年农业部将江苏省确定为全国粮食生产全程机械化整体推进示范省，各市也都正式启动实施粮食生产全程机械化推进示范县建设。为全面推进这项工作，就必须充分发挥农机社会化服务组织的作用，将小农、家庭农场、种植大户紧密联系起来。为加快构建新型社会化服务体系，不断提升农业综合生产能力，全面推进现代农业发展，兴化市2017年起启动建设一批为农综合服务体，坚持政府主导、市场运作、政策扶持、服务全程、强化监管，加强农机服务基础设施建设，提升全市粮食生产全程机械化高质量发展水平。为农综合服务体按照社会化服务功能齐全的要求进行建设，主要包括农机库、烘干中心（烘干房、除尘用房、仓储、晒场）、农机维修间、配件库、农资库、办公用房等配套设施，每个为农综合服务体资金投入约为300万元。烘干用房按满足配置10台12吨粮食烘干机的要求建设，粮食产地烘干处理能力达50%以上，建设面积不低于500米^2，附属集尘用房120米^2，粮食仓储周转用房建设面积不低于400米^2，晒场1 000米^2，农机库建设面积不低于600米^2。当为农综合服务体验收后交予管理使用时，申报租赁使用综合服务主体必须是具备一般法人资格，管理规范到位，服务能力较强，优先考虑农机专业合作社，租赁经营主体耕种、收获、植保、烘干等农机装备要配备到位，能满足规划区内种粮面积农机全程机械化作业服务要求。综合服务体年租金每年不低于8万元，使用协议一签五年左右，租赁经营收益用于为农综合服务体的土地租金和经济薄弱村集体收入的补充。

3.比较与分析

（1）土地规模经营。我国长期实行的家庭承包分散经营方式，导致农业生产的组织化、规模化偏低，为实现农业规模经营，可以通过“土地规模经营”“服务规模经营”这两种方式实现。土地规模经营，不仅有利于农机服务发挥最大效能，还有利于农业技术推广，提高劳动生产率，降低农业生产成本，实现规模效益最大化。上述案例中的农机服务模式都是在实现土地的规模化经营基础上，同时实现了服务经营的规模化。从山东实践看，土地托管模式不涉及土地承包经营权流转，通过规模化的土地代耕、代种、代管和代收，将细碎的土地集中到农机服务组织手中，实现土地的集中连片和规模经营。土地托管又催生为农服务中心，开辟农业服务规模化经营的新路径。近几年，种粮成本不断攀升，而粮食价格稳中有降的趋势，外出务工收入不断增长，种粮的比较收益越来越低。在无需承担土地经营风险和投入大量土地租金情况下，种粮大户、家庭农场、合作社等更为合理地选择土地托管而非流转，能够充分发挥农机服务优势获得较为稳定的土地托管收益。江苏则利用政府搭建为农服务中心平台，由新型农业生产经营主体承包经营，将农机合作社、家庭农场、种植大户、散户紧密联系起来，构建产前、产中、产后一体化的服务体系。该模式中不强调土地规模经营的形式，只要求相关承包体必须具有全程机械化服务能力，并且能够满足规划范围内服务规模要求。

（2）农机服务专业化综合化分析。经济学中分工理论认为“分工取决于市场规模，而市场规模又取决于分工”，两者之间是相互依赖的关系。我国目前处于传统农业向现代农业转型时期，工业化、城镇化的发展，使得农村人口结构和就业结构发生变化，中青年农业劳动力大量向非农部门转移，农村劳动力相对于土地、农机等生产要素，变得更为昂贵，导致农户对中间投入品以及农业生产环节中社会化服务的需求增加，也加快促使了农户与社会化服务组织之间的社会分工。从山东实践看，农机合作社在提供农机专业化服务的基础上，借助供销社的力量建立为农服务中心，经营服务及范围主要有农资直供、粮食烘干、智能配方施肥等。江苏利用政府为农机合作社、家庭农场、种粮大户等新型经营主体提供服务平台，为农民提供产前、产中、产后全程农机专业化作业服务，构成一条完整的服务链，促进了农业规模化经营，加速了农机新技术的推广应用。农机合作社还更多地承担政府驾考培训任务、扶贫等公益性职能。

（3）村集体的组织协调与政府的行政推动作用。从上述实践看，农机服务的规模化、专业化、综合化都离不开村集体的协调组织。农户在家庭经营过程中，耕地细碎化、种植品种差异化，无论在农业生产还是购买服务上都无法实现规模效益。村集体将分散的农户组织起来，选择与农机服务主体进行对接，在整合细碎耕地、统一农机作业、共同采购农资等方面发挥着重要作用。如土地托管过程中，牵扯整村农户的组织动员、土地托管环节和方式的选择、合约的签订等，在熟人和半熟人的乡村，村集体作为农户的代理人，在土地集中连片、土地托管费用谈判、纠纷协调等方面发挥着不可替代的作用，即使村委会会收取少量的管理费，但是远低于合作社或其他主体在组织农民和协调服务过程中的交易成本。在江苏，村集体与合作社、家庭农场、种粮大户等新型农业经营主体签订土地流转合同都需要经过政府成立的土地流转交易平台，合同签订和管理更加规范。村集体在土地租金谈判、流转合同签订与监管等方面也起着不可替代的作用。通过村集体的组织协调,形成了"小农+村集体+社会化服务组织"的服务模式。从山东的实践看,村委会、供销社都是政府的代理人,在推动农业生产性服务发展过程中都起到主导作用,把供销社的经营与服务优势、村委会的组织、信任优势进行完美结合,共同组织开展综合农事服务,实现了农机服务主体、村集体、供销社、小农户多方互利共赢。从江苏的实践看,由于江苏省实行全省粮食生产——全程机械化推进工程,各级政府层层落实责任,将全程机械化示范创建工作纳入干部的考核体系,有些地方甚至实行一票否决制,从而调动了各级政府推动粮食生产全程机械化工作的积极性。为农综合服务体还可以解决农业生产经营中存在的农机用地难、粮食烘干难、粮食仓储难等问题,将农机大户、家庭农场、种粮大户、合作社等吸引进来,实现了资源共享,提升了农业综合生产能力。

(4)农机生产性服务模式发展趋势。从山东和江苏的实践看,这两种农机服务模式都是在不改变农户独立经营的基础上,很大程度上实现了农资采购、农机服务、粮食烘干等农业社会化服务的规模化,从而在发挥家庭经营优势的同时克服小农经营的不足。江苏以政府搭建的为农综合服务体为纽带,实现小农与现代农业的有效衔接。两种模式虽然在服务内容上存在一定的同质性,但是在提供方式、服务功能发挥的完整性程度、土地规模经营形式等诸多方面的差异性显著,其服务功能互补性的特征也正在显现。如供销社系统提供的测土配方施肥、病虫害统防统治;政府搭建的农业生产性服务公共服务平台,都是为更好地满足农户对农业生产性服务的差异化、多样化和高端化需求。农机服务组织在产前、产中提供的专业化服务有了较好发展,而产后加工、储藏、销售等这些增值型综合化服务是今后农机服务发展的重点。在专业化的农机服务发展到一定阶段后,基于农业产业链一体化的需求和农业生产性服务组织追求规模经济的考虑,往往会往综合性服务发展,但是提供的专业性服务是基础。

四、结论

(1)农机专业化、综合化服务是实现小农户与现代农业发展有机衔接的重要路径。2016 年我国农村人均耕地面积为 0.23公顷,且土地细碎化比较严重,特别是在一些丘陵地区,如何在小规模经营的而基础上发展现代农业问题成为亟需解决的现实难题。从发展实践上看,小农户可以将土地流转出去,促进土地集中连片实现规模经营;也可以在不流转土地经营权情况下购买农机专业化服务,最终在服务规模化基础上实现农业经营规模。农业规模经营的模式主要区别是土地规模经营的形式不同,2017 年中央一号文件进一步明确"大力培育新型农业经营主体和服务主体,通过经营权流转、股份合作、代耕代种、土地托管等多种方式,加快发展土地流转型、服务带动型等多种形式规模经营"。不同的土地规模经营形式,其风险机制和利益分配机制也不尽相同。如土地托管模式,小农户承担农业经营市场风险和自然风险,而在土地流转模式下,各类风险都集中到规模经营主体身上。但是在调研的江苏地区,很多规模经营主体虽然认为当前土地租金偏高,但也更倾向于土地流转模式,认为土地流转不会出现农机服务质量、农产品产量等各类纠纷,便于农业生产和管理。由于现实中存在着各地经济发展水平不同,农户重视土地程度不一样等很多复杂情况,土地规模经营形式实践和做法虽然有差异,但是都离不开土地的连片规模经营和农机规模化服务。各地政府需因地制宜,鼓励适应本地区的土地规模经营模式。

(2)农机服务是农业生产性服务的重要内容,在提供专业化服务的基础上发展综合服务是未来发展趋势。2017 年农业部、国家发改委、财政部联合发布《关于加快发展农业生产性服务的指导意见》,意见强调要在七个关键服务领域发力,提出"农机服务环节从耕种收为主向专业化植保、秸秆处理、产地烘干等农业生产全过程延伸。打造区域农机安全应急救援中心和维修中心,推动专业维修网点转型升级"。不难看出,农机专业化服务集中于产中服务,为了提高经济效益,适应市场需求,各类农机服务组织也在积极探索全程机械化+综合农事服务、互联网+农机服务、土地托管+农机服务等农机服务新模式,推动服务链条横向拓展、纵向延伸,强化农机服务与多领域农业生产性服务功能互补,融合发展。对于小农户,农机专业化服务主要价值体现在弥补劳动力投入不足,实现对劳动的替代,应该着重提供土地托管、代耕代种、统防统治等农业生产中专业化服务,而对种粮大户、家庭农场、农民合作社等新型经营主体要更加注重对产后加工、产品包装与销售等综合化增值性服务。

(3)在一些具有外部性、公益性的环节上,农机专业化、综合化服务离不开政府的扶持引导。在上述案例中分析不难看出,当前作为基层政府农村工作代理人的村集体,在土地流转、农资采购、农民组织化等方面发挥不可替代的作用。农业基础设施薄弱也是制约农机服务发展的重要瓶颈,如机耕道、用地难等突出问题。这就需要政府继续加大土地整理、高标准农田建设、机耕道、农机场库棚等配套设施建设,为开展农机服务打牢基础。

(作者单位:农业农村部南京农业机械化研究所;论文来源:《中国农机化学报》2019 年第 3 期)

面向智能农业装备的农机类人才培养路径探究

王亚娜　杨启志　毛罕平

智能农业装备是指将信息技术、互联网、无人机、机器人、大数据等现代科学技术集成于传统农业机械之上所形成的新型农业装备。相比于传统农业装备,智能农业装备具有智能、自动、安全可靠、多能通用等诸多优势。我国正处于从传统农业向现代农业转变的关键时期,智能农业装备是实现现代农业发展提出的节能、绿色全新要求的有效途径,也对推进我国实现从农机大国向农机强国转变具有重要的战略意义。《中国制造 2025》将发展农业机械装备列为十大重点领域之一;国家《"十三五"国家科技创新规划》将智能农业装备技术、农业智能生产作为新增点;《新一代人工智能发展规划》(国发〔2017〕35号)强调了加快推动产业智能化升级的重要意义;2017年国家重点研发计划设立了“智能农机装备”重点专项项目;2018年中央一号文件也提及了“智能农机”。由此可见,发展智能农业装备已经成为国家战略需求,智能农业装备成为农机领域的研究热点和农机行业发展的大势所趋。近几年,高校、科研院所、农机行业等对智能农业装备的理论研究、技术开发、作业试验投入了大量的人力物力,国内智能化农机有了较大发展,但与国外发达国家相比还有一定差距。人才的质量和数量决定着智能农业装备发展的水平和可能,所以国家急需大批高端优秀农业装备类人才。

随着人工智能的兴起和应用,工作岗位内容发生革新,具体表现为:各行业领域工作过程的分工化和人才机构的分层化大幅弱化,各类技能操作高端化和智能化特征凸显,工作方式研究化及服务与生产一体化趋势明显。同样,智能农业装备领域的工作岗位内容也发生革新,对人才的知识结构、能力素质产生新的要求。因此,及时调整农机人才培养模式,深化人才培养的供给侧改革,促进人才在传统农机、人工智能、大数据、互联网等的交叉融合,使人才培养与实际需求无缝对接,才能确保智能农业装备背景下的人才供给与社会需求达到平衡。本文基于智能农业装备的发展背景,探索智能农业装备发展对人才能力的新要求,构建智能农业装备背景下农机人才培养的路径,为我国农机人才培养提供一定的参考。

一、智能农业装备对人才能力的新要求

新工科背景下及人工智能时代对人才的新要求,为我们探索智能农业装备背景下人才的要求提供了借鉴的蓝本。新工科背景下人才培养更加强调基础化、综合化、个性化、实践化,形成通识教育基础上的专业教育人才培养模式。随着人工智能时代的到来和深入,工作个体要适应社会的发展与要求,需要拥有广而深的学科知识基础,并着重提升自己的审美能力、思考能力、沟通能力、创新能力和知识的社会化应用能力等。智能农业装备并不是传统研究范式,它属于跨越传统学科边界的跨学科研究领域,是一项系统工程,所以智能农业装备背景下的人才培养应注重跨界整合能力和创新能力的培养,突出行业特色。

1.交叉式知识体系

智慧农机展示了多学科交叉融合的新天地,它将传统农业机械与现代信息技术相结合,涉及数字化技术、互联网技术、智能化技术和制造技术,因此对人才的专业知识储备提出了更高的要求:具备系统的专业知识体系,以此为基础,促进物联网、人工智能、大数据等与传统的农业机械设计制造、农业电气化与自动化等知识内容有机融合,并培养学生学科交叉的意识,使学生具备交叉式的知识体系。

2.融合创新能力

融合创新是将各种创新要素通过创造性的融合,使各创新要素之间互补匹配,从而使创新系统的整体功能发生质的飞跃,形成独特的不可复制、不可超越的创新能力和核心竞争力。智能农业装备不是传统意义上的单一机械工艺,而是基于信息系统等的智能装备,是新兴学科和传统学科的融合,这就要求高校人才培养过程中促使学生养成在多学科空间观察与思考问题的习惯,培养融合创新的意识和能力。

3.人机协同能力

智能制造背景下,需要实现设备与设备之间的通信,这要求人才不仅要具备综合运用软件进行设计与开发的能力,还需要具备与智能设备和网络系统进行交流的能力;另外,人工智能时代,人的角色也由操作者变为规划者和决策者,这个过程也需要广泛地实现有效的人机合作和协同。

二、智能农业装备背景下人才培养路径的探索与实践

智能农业装备背景下对人才培养提出了新的要求,各高校应主动适应人才需求的变化,探索面向智能农业装备的人才培养新模式,推动新形势下人才质量的提高。本文以江苏大学为例分析智能农业装备背景下人才培养新思路。

1.以智能农业装备为导向,构建交叉式课程体系

以专业基础和智能化需求相融合、专业之间协同为原则,按照通识教育、学科专业基础、专业课、实践环节、自主研修的构架构建跨学科交叉式课程体系,课程设置既考虑对传统农业机械学科的传承,又具有明显的智能化特征,通过农业工程、电气工程、智能化技术之间交叉和融合实现通识教育、基础教育和特色教育相结合。面向智能农业装备制造的课程体系构成要素如表1所示,其体现专业能力、动手能力、融合创新能力和人机协同能力四个能力模块:大一,通识教育课为主,开设智能化学科前沿特色专业导论,配套专业认知、基础工程训练和教学工厂实习,着重培养学生的基础能力、专业兴趣和创新意识;大二,学科基础课,配套体验式为主的初级智能农业装备创新综合训练,着重培养学生专业素养和动手能力;大三,深入学习学科基础课和专业方向课,学生到农场进行农业装备生产实习,进行中级智能农业装备创新综合训练,参与“无人农机”作业试验,参与智能农业装备创新大赛,着重素质拓展,培养学生的融合创新能力及人机协同能力;大四,专业方向课,配套高级智能农业装备创新综合训练,企业智能农业装备生产实习,理论实践相结合,提升学生综合能力。课程体系面向智能农机,同时具有连续性和系统性,实现了理论课程—科研实践—产业服务间的无缝连接和有效衔接。

表1 面向智能农业装备制造的课程体系构成要素

学年	主要课程内容	课程阶段	主要对应能力模块
第一学年	通识教育课认知性实践	基础知识构建	学习能力、创新意识
第二学年	学科基础课体验式实践	初步智能农业装备知识构建	专业素养、动手能力
第三学年	学科基础课专业方向课程参与式实践	深入智能农业装备知识构建	专业素养、融合创新能力、人机协同能力
第四学年	专业方向课创新性实践	综合知识构建	综合能力

在优化课程体系的过程中,加大基础课学时,通识教育课程占总学分的35%左右;学科基础课程占总学分的25%左右;专业课程占总学分的10%左右;增加课程中的实验学时,增加实践教学环节所占学分,实践环节占总学分的30%左右;增加

智能农业装备相关课程如:增加机器人、物联网、大数据、人工智能技术等课程(表 2);注重课程开发,围绕智能农业装备背景下人才需要,推进课堂教学与实验教学重组,通过课程的重组、整合与优化有效实现传统学科知识与智能化有机融合。引进国内外优质教学资源,鼓励学生选修不同专业的前沿课程和问题导向课程,如农业传感器、智能生物生产系统等,拓宽学生视野,提高其跨学科解决问题的能力;为学生提供多种课程体系支撑,在利用好现有 MOOC、SPOC、"好大学在线"、"UOOC联盟"和"尔雅通识课"等基础上,不断开设学术型课程、创新创业课程、实践应用型课程。

2. 重视课堂质量建设,提升学生融合创新能力

学生的融合创新能力可以在科学研究的氛围和环境中培养、锻炼和获得。利用学科优质科研资源,通过科研反哺教学不断提高课程教学质量。在三维设计与虚拟仿真、设施农业工程与规划设计、农业机器人等课程中采用案例教学法,教师授课中将其最新的智能化设计、设施农业智能化环境控制、农业人工智能等研究进展作为案例进行讲授,这样做一方面将研究进展融入到课堂教学,摒弃传统教学的知识灌输、内容陈旧和照本宣科,增强课堂教学的时效性;另一方面,让学生参与到科研中,学科在科学研究过程中经历的提出假设、制订计划、进行试验、收集证据、得到结论、反思评价的过程,锻炼学生的创新能力。

表 2 增设智能农业装备课程

课程类别	基础课程	专业课程	综合实践课程
1	大数据	农业传感器	智能农业装备设计
2	人工智能	农业智能装备与机器人	智能农业装备创新实践

加强问题导向教学法(PBL)、观摩性教学、小班研讨式教学在教学过程中的应用,根据课程特点和教学要求,在教授过程中,针对现有课程体系缺乏理论与实际问题解决等不利于培养学生创新能力和创新精神的问题,大幅增加课程实验及实践环节教学课时数,设计一些紧密联系工程实际的实验或上机环节与课程课堂教学穿插进行。定期邀请协同体高校、研究所、企业的专家到学校为学生讲学,带来最直接的智能农业机械的新知识、新方法、新理念、新技术等,让学生可以直面行业、企业发展的现状与未来。聘请国外学者长期或短期为学生讲授课程或专业讲座,不断提高学生的国际化水平;组织学生参加国内、国际学术会议,把学生带入学科专业的前沿领域。把考试变成学生能力培养的一个重要环节,改变传统的单一化试卷考试方式,采用读书报告、调研课题、实际操作等多样化的考核方式,提高学生学习新知识、锻炼思维与合作的能力。

3. 构建虚拟实体相结合、递进式智能农业装备创新实践体系

智能化农业装备是信息技术与制造技术的深度融合,封闭式的、各专业之间相对独立的实践平台,无法满足智能农业装备对人才培养的要求,结合智能农业装备的特点,在农业机械化工程专业与电气自动化专业之间进行交叉和融合,探索虚拟实体相结合的智能农业装备创新式实践教学体系,建立智能农业装备虚拟仿真教学中心、农业机器人创新实验平台,紧扣智能农业装备对人才的要求,增强人才培养的适用性和针对性。

智能农业装备虚拟仿真实训平台(图 1)将生产车间搬到教学课堂,该系统将农业生产连接到一个平台,还原智能农业装备制造生产系统,开发"三层次、六模块、20 多个实验"的融教学、示范、创新与一体的实验群的实践与实验教学体系。通过平台实训,学生系统全面地掌握主要农作物全程生产中使用的多种典型智能农业机械的认知、拆装、动态仿真、关键零部件测绘、特色农机等的知识,完成核心专业课程设置的专业实验。学生通过自己拟定方案、设计、分析、加工、调试作品,实现其专业知识、实践能力、综合素质协调发展。以大型高地隙智能喷杆喷雾机虚拟实验项目为例,学生可以通过实验学习该种农业装备的跨专业、跨学科的设计思想、设计方法与技术,进而掌握现代化高性能农业装备多学科交叉融合的设计理念。通过对该机器工作参数调控,可锻炼学生的人机协同能力。

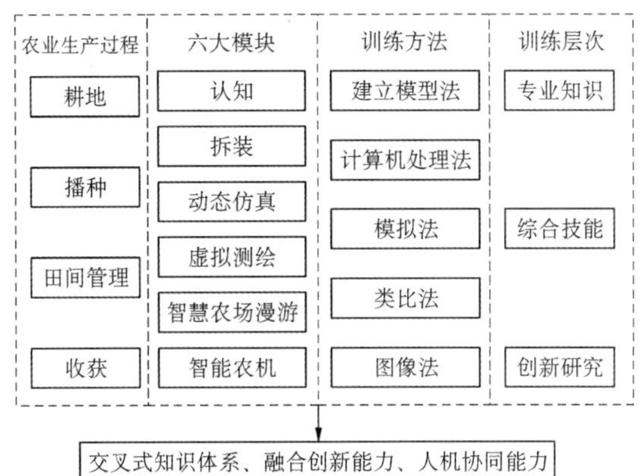

图 1 智能农业装备虚拟仿真实训平台

与镇江大港新区万亩良田、黄海农场、沃得农机等建立实习基地,引导学生到田间地头采集数据,到企业生产一线了解产品生产过程,到企业研发中心了解新技术和新产品创新动向,学生进入实践基地进行智能农业装备生产实习,开展一系列工作,让学生在实践中进行科研训练,真正将理论学习与创新研究有机结合,最大限度地激发学生的创造力和发展潜能,培养分析与解决问题的能力,提高学生的实践动手能力和面向智能农业装备的职业技能。

基于本科生不同学习阶段知识内容、专业知识的掌握程度不同,设置递进式实际动手能力、综合创新能力渐进提高的不同的综合性实践环节(图 2)。大一,带领学生到农业装备龙头企业参观学习,感受智能制造技术,见证理论和实践的结合,了解企业的用人标准等,如组织学生参观智能农业装备创新实验室,向学生展示现有研究成果,让学生更直观地了解科技新动态;大二,设置侧重于"实际动手能力培养为主"的基本技能实践环节如让学生作为成员参与智能农业装备创新大赛;大三,在具备初步智能农业装备专业知识支撑下侧重设置"动手能力、创新能力培养并重"的仿制、部分改型的综合性实践环节,到农场参加智能农业装备生产实习,作为骨干参与智能农业装备创新大赛;在大四阶段,设置以"综合创新能力培养为主"的改型设计、创新设计的智能农业装备综合性实践环节,如智能农业装备创新与制作课程设计、农业机器人创新设计,到企业参加智能农业装备生产实习。科研实验平台、企业、农场平台相结合的实践课程平台,融基础理论、实验教学、工程实践为一体渐进式智能农业装备实践课程体系,使学生的专业知识、动

手能力、创新能力、综合素质得到全面发展，充分实现了人才培养与行业需求的“无缝对接”。

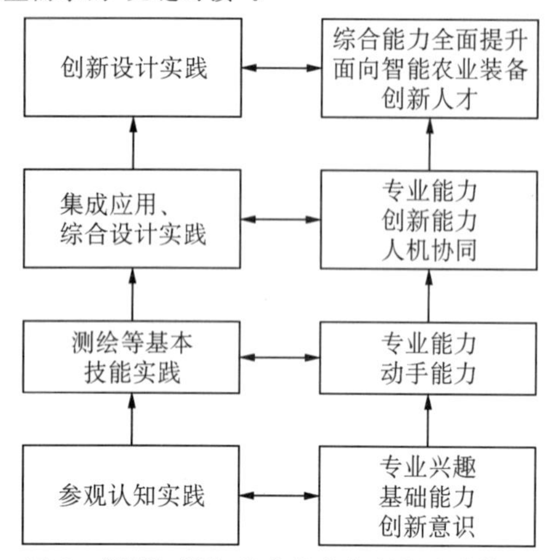

图2 “递进式”智能农业装备创新实践体系

4. 搭建“三命题—双参与”智能农业装备大赛平台

针对缺乏有效平台提高农业装备类学生动手能力的问题，江苏大学发起了“全国大学生智能农业装备创新大赛”，大赛已成功举办四届。大赛秘书处就大赛对提高学生能力的作用调查了283名大赛指导教师，结果显示(表3)智能农业装备创新大赛可以提高学生动手能力、创新能力和职业素养方面的能力。

表3 大赛对提高学生能力的作用 单位：%

内容	不确定	符合	非常符合
提高动手能力	1.18	23.53	75.29
提高创新能力	2.35	25.88	71.76
提高团队合作能力	3.53	23.53	72.94

(1)“三命题”赛制为学生创新探索和广泛参与提供保障。大赛设置三个类别的竞赛项目。A类开放式选题类，着重解决学生创新意识不足的问题，提高学生创新意识和参与度。充分发挥广大学生的主动创造创新意识，结合学生所从事的耕作、播种、田间管理、收获、产地初加工、设施农业等智慧化装备进行实践创新。B类机器人类，着重解决学生专业动手能力不强的问题，提升学生创新实践专业贴近度。以农业装备智能化为牵引，充分推动农业装备学科与电气工程、机械工程等学科的交叉、融合，引导多学科学生自由组队，发挥不同学科专业学生的优势力量，提升团队协同创新和动手实践能力。与一般的机器人大赛和装备大赛不同，该命题的机器人都是源于农业生产实际，提炼出智能化关键技术更加贴近专业，通过机器人竞技比赛，极大提升了学生投身农业装备智能化的主动性和创造性。C类企业出题类，着重解决学生对农业装备生产实际需求了解度不够的问题，提升学生与生产实际的结合度。

(2)企业、行业“双深度参与”模式学生培养更加贴近需求。企业深度参与。大赛以企业和行业需求为切入点，把行业和企业的需求嵌入到大赛题目之中，切实发挥企业和管理专家的智慧，围绕农业装备从种到产后全流程设置题目。邀请中国一拖、雷沃重工、南通富来威等行业骨干企业的技术和管理专家参与大赛复赛网评和决赛评审。搭建学生和企业技术负责人沟通的桥梁，学生的实验可在企业完成，企业技术专家全程参与各高校学生创新设计和研制企业选题之中，亦可邀请企业技术专家多种形式参与学生作品创制的指导，企业创新资源嵌入学生培养。农业机械学会、农业工程学会、中国农机流通协会等全国行业一级学(协)会广泛组织行业骨干企业现场观摩、选才用才、对接技术成果，提升了学生创新实践的荣誉感，激发了学生创新动力，促进成果转化及学生创新创业。

5. 搭建“多方位、立体化”协同育人平台

依托江苏大学江苏省现代农业装备与技术协同创新中心高校、院所和行业骨干企业的人才、平台和技术等资源优势，改变以前简单的“协作式”培养，对学生进行“多方位”的深入协同培养：在校校协同培养中，互派学生到协同体内高校学习，协同体内高校教学实验设备开放共享，鼓励学生之间深度交流与合作，开拓学生的创新思维；在校企协同培养中，创建校企培养人才基地，将学生的工程创新实践能力培养和企业需求融入校企合作攻关项目中，强化实践培养；在校地协同培养中，开展创业教育培训，促使学生了解企业创立与运作过程，强化创业项目实践，助力创业项目入行孵化，让学生全面融入到创新链和产业链条中，提升学生投身行业科技领域创新创业和管理运营水平。

建立广泛的国际交流平台，深化学生国际协同培养，建立短期海外交流项目、交换生项目、非学位短期学分项目、联合培养学位项目等，选派学生赴国外校所进行交流，学习领略智能农业装备国际前沿理论，增强跨文化研究视野，从事国际协同攻关项目，提升融合创新潜质。

三、结语

本文提出了智能农业装备背景下的人才应注重跨界整合能力、融合创新能力以及人机协同能力的培养。基于此，以江苏大学为例，对智能农业装备背景下人才培养路径进行了探索，以期为培养适合时代要求的农机人才提供借鉴。

(1)构建面向智能农机的连续性和系统性课程体系，课程体系注重“理论课程—科研实践—产业服务”间的无缝连接；提高基础课、实践教学环节所占学分，增加智能农业装备相关课程如：机器人等。

(2)通过学生参与到科研中、案例教学法、问题导向教学法、观摩性教学、小班研讨式教学以及采用读书报告、调研课题、实际操作等多样化的考核方式等提升课堂质量。

(3)构建智能农业装备虚拟仿真实训平台、其他科研实验平台、企业平台、农场平台相结合的实践课程平台；构建大一至大四融基础理论、实验教学、工程实践为一体“渐进式”智能农业装备实践课程体系，实现人才培养与行业需求的“无缝对接”。

(4)构建学科竞赛育人平台，设置三个类别的竞赛项目，为学生创新探索和广泛参与提供保障，企业、行业“双深度参与”模式让学生培养更加贴近需求。

(5)依托江苏大学江苏省现代农业装备与技术协同创新中心高校、院所和行业骨干企业的人才、平台和技术等资源优势，搭建校校、校企、校地“多方位”的深入协同培养平台和广泛的国际交流平台。

(第一作者单位：江苏大学农业装备学部；论文来源：《中国农机化学报》2019年第5期)

我国粮食生产技术效率及影响因素研究
——基于省际面板数据的 Translog - SFA 模型的分析

刘春明　陈旭

改革开放以来，中国的粮食产业取得了突出的成绩，产量由 1978 年的 3.05 亿吨增长到了 2017 年的 6.62 亿吨，用近四十年的时间实现了成倍的增长，自 2003—2015 年，粮食产量更是实现了十二连增。粮食的有效产出，不仅密切关系着人民的生活水平，更是为我国的迅猛发展提供了物质基础和根本保障。农业农村部部长韩长赋提到，我国仅用世界上 9%的耕地，却养活了 21%的人民。从粮食产量上来看，我国已是农业大国，但与农业强国的水平还相差甚远。尤其是粮食产业，随着社会化的进程，其在发展中的地位逐渐下降，并不断遭受到资源要素和环境条件等多方面的影响。由于中国几千年的传统思想根深蒂固，粮食生产方式一直较为粗放和低效，既存在国际市场竞争和生态环境保护等外在压力，又有农民文化素质低、思想保守、良种短缺，耕作管理技术水平差以及农技推广服务不到位等内在因素的制约，依然没有过渡到现代农业水平。中国现阶段的粮食产量增长方式是过度的依赖于对生产要素投入的增加，这种"粗放型"的生产方式无疑会导致规模无效率，并产生投入冗余，造成资源的浪费。在如今资源短缺的条件下，通过这种方式粮食生产的提升空间是非常有限的。而从西方农业强国的经验来看，最理想的生产方式是依靠技术效率的提升，这种"集约型"的生产方式是实现可持续发展的不竭动力。因此，要想在生产资料短缺、资源环境有限的条件下缓解中国日益突出的粮食供需矛盾并且实现粮食产业的可持续发展，关键在于合理配置资源、提高生产技术效率。认清中国现阶段的粮食生产技术效率与生产前沿面的差距，并且通过合理调配资源提高效率具有重要的战略意义。

目前，国内外学者常用的技术效率测度方法主要有两种：一种是非参数的数据包络分析（DEA），另一种是参数型的随机前沿分析（SFA）。这两种方法提出后，被国内外学者广泛用于各行各业。周杨等通过建立奶牛 4 种规模养殖要素投入与效率损失的联立方程组，运用 SFA 模型进行了效率测度。鲁强通过建立超越对数随机前沿模型测算了中国大中城市蔬菜生产的技术效率。这两种方法还被广泛应用在医药领域、工业领域、煤炭领域以及教育领域等技术效率的测评中。还有部分学者运用各种方法对中国的粮食生产效率进行了分析，如刘战伟同样是通过 DEA - Malmquist 指数法对中国欠发达地区的粮食生产效率进行了实证研究。章乐和赵丽平等分别利用 VAR 模型和 DEA 模型分析了城镇化对粮食生产效率的影响程度。

通过梳理已有文献对于了解中国粮食生产现状、测度粮食生产效率的方法以及如何提高粮食生产技术效率有着重要意义。综合来看，近几年研究中国粮食生产技术效率的文章还比较少，使用 SFA 方法分析的文章更是鲜有。因此，在现有研究的基础上选取了 2013—2017 年中国 31 个地区的粮食生产投入产出面板数据，采用 SFA 方法测算我国粮食生产技术效率，并分析其制约因素。通过横向和纵向分析影响技术效率的根源，准确找出能够提高粮食生产技术效率的有效途径，以期为决策者理清思路，并对有效提高粮食生产的技术效率提供理论依据。

一、研究方法与变量选取

DEA 方法的优点在于不必事先设定参数权重，不需要预设一个生产函数，避免了较多主观因素的影响，缺点是没有事先对数据的拟合度进行考量，且对决策单元和投入产出指标的数量有着严格的限制。此外，DEA 方法在运算时给出了固定的前沿边界，将观测到的数值与前沿面的差额都定义为技术无效率，忽视了环境变量和随机误差带来的影响，导致所测算效率的准确度大打折扣。而 SFA 却克服了这一缺点，将误差项分为技术无效率项和传统的随机误差项两部分，主要适用于多投入单一产出的效率测算，使用面板数据准确度更高。

G. E. Battese 和 T. J. Coelli 在 1995 年提出了研究技术效率的随机前沿生产函数模型。

$$Y_{it} = \exp(x_{it}\beta + V_{it} - U_{it}) \tag{1}$$

式中：x_{it} ——第 i 个单元第 t 时期的投入向量；

Y_{it} ——第 i 个单元第 t 时期的产出向量；

β ——一个待估参数向量；

V_{it} ——随即误差项；

U_{it} ——非负的技术无效率项，

m_{it} ——技术无效率函数。

一般认为 V_{it} 服从正态分布 $N(0,\sigma_v^2)$，U_{it} 服从半正态分布 $N(m_{it},\sigma_u^2)$。

$$m_{it} = \sigma_0 + \sum \delta_i z_{it} \tag{2}$$

式中：z_{it} ——影响第 i 个单元第 t 时期技术效率的变量；

δ ——待估参数变量，若为负，表明对技术效率水平有着正向影响，若为正，则相反。

1. 随机前沿生产函数模型

在上述研究方法的基础上，本研究将使用灵活性较强的超越对数随机前沿模型（Translog - SFA）对粮食生产技术效率进行测度。在对于已有文献研究后发现，国内外学者在研究粮食生产技术效率指标的选取上并无统一的认识，但大多具有相似之处，在总结、梳理优缺点之后，选取了本研究的投入、产出指标。在投入指标方面，大多数的学者采用的投入变量为农作物播种面积、总水资源投入、总劳动力人员、总化肥施用量等，但是这样指标的选取太多宽泛，得出的结果不够准确。因此，研究指标的选取采用权重系数法来保证与粮食产出口径的一致性，马文杰验证了这种方法的合理性。权重系数 A 为农业产值占农林牧渔总产值的比重与粮食播种面积占农作物总播种面积的比重之间的乘积，权重系数 B 为粮食播种面积占农作物总播种面积的比重。具体指标如表 1 所示。

表1 粮食生产技术效率投入产出指标

指标	变量	变量说明
投入	种粮土地投入 SA/千公顷	粮食作物播种面积
	种粮劳动力投入 LF/万人	第一产业从业人员×系数 A
	种粮机械投入 MP/万千瓦	农用机械总动力×系数 B
	种粮水资源投入 WR/千公顷	农用土地有效灌溉面积×系数 B
	种粮化肥投入 CF/万吨	农用化肥折纯量×系数 B
产出	粮食产量 Y/万吨	粮食总产量

此外，由于技术进步的数据无法观测，因此加入了时间虚拟变量。如式(3)所示。式(3)变量全部采用对数形式。

$$\begin{aligned}\ln Y_{it} = {} & \beta_0 + \beta_1 \ln SA_{it} + \beta_2 \ln LF_{it} + \beta_3 \ln MP_{it} \\ & + \beta_4 \ln WR_{it} + \beta_5 \ln CF_{it} + \beta_6 \ln T + \beta_7 (\ln SA)^2 \\ & + \beta_8 (\ln LF)^2 + \beta_9 (\ln MP)^2 + \beta_{10} (\ln WR)^2 \\ & + \beta_{11} (\ln CF)^2 + \beta_{12} T^2 + \beta_{13} \ln SA \ln LF \\ & + \beta_{14} \ln SA \ln MP + \beta_{15} \ln SA \ln WR \\ & + \beta_{16} \ln SA \ln CF + \beta_{17} T \ln SA + \beta_{18} \ln LF \ln MP \\ & + \beta_{19} \ln LF \ln WR + \beta_{20} \ln LF \ln CF + \beta_{21} T \ln LF \\ & + \beta_{22} \ln MP \ln WR + \beta_{23} \ln MP \ln CF \\ & + \beta_{24} T \ln MP + \beta_{25} \ln WR \ln CF + \beta_{26} T \ln WR \\ & + \beta_{27} T \ln CF + V_{it} - U_{it} \end{aligned} \tag{3}$$

式中：Y_{it} ——第 i 个省市第 t 年的粮食产出量；

T ——时间虚拟变量，设定 2013 年＝1，2014 年＝2 等。

2.技术效率损失函数模型

粮食生产是一个复杂的过程，制约其效率的因素有很多。在实地调研和借鉴已有文献的基础上，选取了以下变量作为考察对象，如表2所示。

表2 粮食生产技术效率影响因素

变量	变量说明
灌溉率 IRR	种粮水资源投入/粮食播种面积 反映粮食生产条件
灾害率 DIS	系数 B×(2×成灾面积＋受灾面积)/农作物播种面积
人均 GDPPGDP	反映当地的经济水平
人力资本水平 EDU	受大学教育比例×16＋受高中教育比例×12＋受初中教育比例×9＋受小学教育比例×6

因此，粮食生产技术效率损失函数模型

$$\begin{aligned} m_{it} = {} & \delta_0 + \delta_1 IRR_{it} + \delta_2 DIS_{it} \\ & + \delta_3 PGDP_{it} + \delta_4 EDU_{it} + \varepsilon_{it} \end{aligned} \tag{4}$$

式中：m_{it} ——粮食生产过程中的损失程度；

ε_{it} ——随机误差项。

二、数据来源与描述性分析

考虑到数据的可获得性和结果的准确性，在研究中主要选取 2013—2017 年中国 31 个地区粮食投入产出的面板数据，运用 FRONTIER 4.1 软件，将已经确定的投入和产出的数据输入模型中，测算粮食生产技术效率情况。数据主要来源于《中国统计年鉴》，各省市《统计年鉴》以及各省市《国民经济和社会发展统计公报》。将上述变量经过运算处理，其结果如表3所示。

表3 粮食生产函数模型和技术效率模型变量的描述性统计

项目	最小值	最大值	均值	标准差	变异系数
总产量 Y/万吨	62.60	6 324.00	1 929.85	1 605.01	0.83
播种面积 X_1/千公顷	104.50	11 765.20	3 611.61	2 844.51	0.79
劳动力数量 X_2/万人	9.10	1 120.53	327.37	251.01	0.77
机械总动力 X_3/万千瓦	49.20	9 072.90	2 298.46	2 225.45	0.97
灌溉面积 X_4/千公顷	82.20	5 292.90	1 389.90	1 192.53	0.86
化肥施用量 X_5/万吨	3.40	509.70	127.15	105.95	0.83
灌溉率 Z_1/%	17	100	42.7	17.98	0.42
灾害率 Z_2/%	2	86	22.91	15.83	0.69
人均 GDP Z_3/元	16 413	107 960	46 809.85	21 359.63	0.46
人力资本水平 X_4/年	7.61	10.20	8.69	0.54	0.06

由表3可知，从粮食生产的投入要素来看，各要素的变异系数均较大，尤其是机械总动力，达到 0.97。这表明各地区使用农业科技成果的比例千差万别，造成这种状况的原因可能是土地的零碎程度或者是地形地貌造成的，如吉林、四川、云南等省份的多数地区不适合大型机械化作业；劳动力数量的变异系数相对最低，大多数的农村劳动力都选择了进城务工，种粮的劳动力人员结构相差不多，这也与实际情况较为相符。从影响粮食生产技术效率的因素来看，灾害率的变异系数最大，表明我国地域广阔，区域位置和地理条件的差异带来了灾害率的差异；变异系数最小的是人力资本水平，在教育较为普及的今天，各地区农民的受教育程度也相差无多，但是受教育年限总体较小，平均值仅为 8.69 年，这也就意味着我国农民的受教育水平总体上还没有按照国家制定的方针履行完九年义务教育。

三、中国粮食生产技术效率模型估计结果及讨论

1.模型估计结果分析

运用 FRONTIER 4.1 软件，将投入、产出要素以及影响变量进行数据运算，采用极大似然估计法进行回归估计，最终得出以下统计结果，如表4所示。

表 4 随机前沿生产函数及技术损失函数的参数估计结果

解释变量	参数	系数值	解释变量	参数	系数值
常数项	β_0	2.749 2*	lnLFlnMP	β_{18}	−0.511 7*
lnSA	β_1	0.890 9***	lnLFlnWR	β_{19}	2.708 5
lnLF	β_2	0.423 7*	lnLFlnCF	β_{20}	−0.760 6
lnMP	β_3	0.993 7***	TlnLF	β_{21}	−0.344 9*
lnWR	β_4	0.873 5**	lnMPlnWR	β_{22}	−0.165 4
lnCF	β_5	0.518 2*	lnMPlnCF	β_{23}	0.386 0**
T	β_6	0.291 4***	TlnMP	β_{24}	0.219 4*
$(\ln SA)^2$	β_7	−1.148 1***	lnWRlnCF	β_{25}	0.803 5
$(\ln LF)^2$	β_8	−0.354 9*	TlnWR	β_{26}	0.197 7
$(\ln MP)^2$	β_9	0.834 5	TlnCF	β_{27}	−0.140 1**
$(\ln WR)^2$	β_{10}	0.173 2*	IRR	δ_1	−0.260 2**
$(\ln CF)^2$	β_{11}	0.120 5**	DIS	δ_2	0.930 7***
T^2	β_{12}	0.178 3**	PGDP	δ_3	−0.002 4**
lnSAlnLF	β_{13}	−0.637 2	EDU	δ_4	−0.319 6**
lnSAlnMP	β_{14}	0.422 8		σ^2	0.003 9***
lnSAlnWR	β_{15}	−3.010 4		γ	0.971 1***
lnSAlnCF	β_{16}	0.840 5***		LR	92.932 4
TlnSA	β_{17}	−0.163 4*			

注：*、**、***分别表示在10%、5%、1%水平下显著。

由表4可知，σ^2 和 γ 都通过了 t 检验，且在1%的水平下显著，说明采用SFA方法分析粮食生产技术效率较为合适。γ 的值为0.971 1，说明粮食产量受技术无效率的因素较大，受天气、病虫害等不可控因素影响只占0.028 9。因此研究技术效率对于提高粮食产量具有重要的现实意义。

从生产函数的参数来看，播种面积和劳动力人数的一次项系数显著为正，而二次项系数显著为负，说明在短期内增加面积和提高劳动力数量可以实现粮食生产技术效率的有效提高，但长期来看这种现象将会逐渐消失；播种面积、劳动力数量以及化肥施用量与时间的交叉项系数显著且为负，表明粮食生产技术进步对其有一定程度的替代作用，土地集约化、优化劳动力资源、合理使用化肥对技术进步有促进作用；劳动力数量与机械总动力的交叉项显著且为负，说明两者之间有一定程度上的互补性，机械总动力的增加可以促进劳动力的转移；化肥施用量和机械总动力的交叉项显著且为正，说明提高粮食生产技术效率可以通过合理施肥和提高机械总动力共同实现；时间虚拟变量的一次项系数和二次项系数均显著为正，说明2013—2017年技术进步对粮食增产有促进作用，但从具体系数值来看，呈现边际产量递减趋势，这也与"十二连增"后的产量增长减缓的实际情况相符。基于以上分析来看，现阶段增加播种面积和劳动力数量依然是我国粮食增产的主要方式，说明我国依然处于"粗放式劳动密集型"的生产状态，技术进步将会对粮食增产影响显著。

从技术损失函数的参数来看，灌溉率、人均GDP和人力资本水平的系数值都显著且为负，说明灌溉率越高、当地经济条件越好以及农民受教育程度较高能够降低技术损失率，提高农业生产率。但人均GDP的系数值较小，说明地区经济越发达越能够对粮食生产起到辐射作用，但也会带来耕地和劳动力减少等负面影响。只有灾害率的系数值显著且为正，说明灾害率的发生会抑制粮食生产。

2. 要素产出弹性分析

超越对数的随机前沿模型虽然能够通过参数系数值分析出各要素之间的互补、替代关系，但是却不能直接刻画出投入与产出之间的强弱关系。因此，采用求偏导数的方法测算各要素的产出弹性。

$$E_{x_i} = \partial \ln Y / \partial \ln X_i \tag{5}$$

将上述投入变量代入式(5)中，分别得到产出弹性。

$$E_{SA} = \beta_1 + \beta_{13}\ln LF + \beta_{14}\ln MP + \beta_{15}\ln WR + \beta_{16}\ln CF + 2\beta_7\ln SA$$

$$E_{LF} = \beta_2 + \beta_{13}\ln SA + \beta_{18}\ln MP + \beta_{19}\ln WR + \beta_{20}\ln CF + 2\beta_8\ln LF$$

$$E_{MP} = \beta_3 + \beta_{14}\ln SA + \beta_{18}\ln LF + \beta_{22}\ln WR + \beta_{23}\ln CF + 2\beta_9\ln MP$$

$$E_{WR} = \beta_4 + \beta_{15}\ln SA + \beta_{19}\ln LF + \beta_{22}\ln MP + \beta_{25}\ln CF + 2\beta_{10}\ln WR$$

$$E_{CF} = \beta_5 + \beta_{16}\ln SA + \beta_{20}\ln LF + \beta_{23}\ln MP + \beta_{25}\ln WR + 2\beta_{11}\ln CF$$

通过各个投入变量的算术平均值计算出粮食生产的投入要素产出弹性，如表5所示。

表 5 粮食生产各投入要素的平均产出弹性

要素	播种面积 SA	劳动力 LF	机械总动力 MP	水资源 WR	化肥 CF
平均产出弹性	−0.141 7	0.158 6	1.668 8	0.336 7	1.559 1

理论上讲，上述投入要素对粮食产出都具有正向效应，但由表5得出的结果可知，粮食播种面积的产出弹性为负，说明现阶段播种面积已经出现冗余现象，增加播种面积已开始阻碍技术进步并抑制粮食增产；其他四项要素均为正，尤其是机械总动力和化肥施用量产出弹性分别为1.668 8和1.559 1，表明现阶段增加机械总动力和合理使用化肥将是提高粮食产量的主要推动力；和很多学者的观点一致，增加灌溉率有利于粮食的增产；劳动力与其他三个正向投入要素相比弹性最小，仅为0.158 6，表明增加劳动力投入虽然对粮食增产有一定的正向影响，但效果已不明显。整体来看，粮食生产的产出弹性为3.581 5，说明我国的粮食生产技术效率还有很大的提升空间。因此，我国应重点提高农业科技成果转化率以及农民的使用率，粮食生产方式应加快由"粗放型"向"集约化"转变。

3. 技术效率水平和区域差异分析

为了更好的分析我国粮食生产效率，通过对2013—2017年各地区的状况进行横向比较和纵向梳理，结果如表6所示。

表6 我国31个地区粮食生产技术效率估计结果

地区	2013年	2014年	2015年	2016年	2017年	效率变动率数值	平均效率值
北京	0.545 4	0.569 8	0.592 9	0.614 7	0.635 4	0.141 6	0.591 6
天津	0.571 6	0.594 6	0.616 3	0.636 9	0.656 4	0.129 2	0.615 2
河北	0.788 6	0.799 9	0.810 6	0.820 8	0.830 4	0.050 3	0.810 1
山西	0.600 1	0.621 5	0.641 8	0.661 1	0.679 2	0.116 5	0.640 7
内蒙古	0.632 5	0.652 2	0.670 9	0.688 5	0.705 3	0.103 2	0.669 9
辽宁	0.899 5	0.904 9	0.910 0	0.914 8	0.919 4	0.021 6	0.909 7
吉林	0.995 6	0.995 8	0.996 0	0.996 3	0.996 5	0.000 9	0.996 0
黑龙江	0.748 4	0.761 9	0.774 7	0.786 8	0.798 2	0.062 4	0.774 0
上海	0.674 9	0.692 4	0.708 9	0.724 5	0.739 3	0.087 1	0.708 0
江苏	0.877 1	0.883 7	0.889 9	0.895 8	0.901 4	0.027 0	0.889 6
浙江	0.870 6	0.877 6	0.884 1	0.890 3	0.896 2	0.028 6	0.883 8
安徽	0.724 5	0.739 3	0.753 3	0.766 5	0.779 0	0.070 0	0.752 5
福建	0.765 9	0.778 5	0.790 3	0.801 6	0.812 2	0.057 0	0.789 7
江西	0.852 4	0.860 4	0.867 9	0.874 9	0.881 7	0.033 2	0.867 5
山东	0.959 5	0.961 6	0.963 7	0.965 6	0.967 5	0.008 3	0.963 6
河南	0.864 5	0.871 7	0.878 6	0.885 1	0.891 3	0.030 1	0.878 2
湖北	0.891 0	0.896 9	0.902 4	0.907 6	0.912 6	0.023 7	0.902 1
湖南	0.986 9	0.987 6	0.988 3	0.988 9	0.989 5	0.002 6	0.988 2
广东	0.832 1	0.841 1	0.849 7	0.857 7	0.865 4	0.038 5	0.849 2
广西	0.765 3	0.777 9	0.789 8	0.801 1	0.811 8	0.057 3	0.789 2
海南	0.560 4	0.584 0	0.606 3	0.627 4	0.647 4	0.134 4	0.605 1
重庆	0.804 0	0.814 5	0.834 5	0.833 9	0.842 8	0.046 0	0.825 9
四川	0.852 2	0.860 1	0.867 6	0.874 8	0.881 5	0.033 2	0.867 2
贵州	0.593 1	0.614 9	0.635 6	0.655 1	0.673 6	0.119 5	0.634 5
云南	0.653 3	0.671 9	0.689 6	0.706 2	0.722 0	0.095 2	0.688 6
西藏	0.663 9	0.682 0	0.699 0	0.715 2	0.730 5	0.091 2	0.698 1
陕西	0.560 3	0.583 9	0.606 2	0.627 3	0.647 3	0.134 4	0.605 0
甘肃	0.712 1	0.727 6	0.742 2	0.756 0	0.769 1	0.074 1	0.741 4
青海	0.448 5	0.478 1	0.506 1	0.532 6	0.557 7	0.195 8	0.504 6
宁夏	0.625 6	0.645 7	0.664 7	0.682 7	0.699 7	0.105 9	0.663 7
新疆	0.785 6	0.797 1	0.808 0	0.818 3	0.828 1	0.051 3	0.807 4
平均	0.745 3	0.759 0	0.771 9	0.784 2	0.795 7	0.063 3	0.771 2

由表6可知，中国近五年的粮食生产技术效率平均为0.771 2，达到了较高的生产水平。从省域来看，吉林省的粮食生产技术效率最高，达到0.996，湖南省次之，达到0.9以上的还有山东省、辽宁省和湖北省。以上5个省份均为我国的粮食主产区，区域位置和地理条件较为优越，优越的资源禀赋使得他们在粮食生产上有着得天独厚的优势。青海省的技术效率相对较低，仅为0.504 6；究其原因，可能是由于以全国排名第4位的行政面积却只拥有倒数第4位的种粮面积，规模较小，加之科技水平不发达，最终导致其产量低、效率低，今后应更加注重对先进技术的引入，重视农业技术的创新与推广。

从技术效率变动率来看，31个地区在2013—2017年都实现了进步，但进步幅度并不显著，仅为0.063 3，因此我们应在保证现有效率的基础上，有针对性的制定政策方针，如改善农技推广体制、改善科技管理体制以及改善农业科技成果转化体制等，加快改变增幅较慢的局面，促进粮食产业的又好又快发展。

四、结论与对策建议

基于上述分析，得出以下结论。

(1)通过对数据的统计分析，机械总动力和灾害率在全国31个地区的差异性较大；种粮劳动力的人员数量差异性相对最小；农民的受教育年限总体较小，平均值仅为8.69年。

(2)通过生产函数分析，增加播种面积和劳动力数量仅能在短时期内促进粮食增产；技术进步对播种面积、劳动力数量和化肥施用量有一定的替代作用；增加机械总动力可以促进劳动力的转移；技术进步对粮食增产有正向作用。

(3)通过损失函数分析，提高灌溉率、人均GDP和人力资本水平对粮食生产技术效率的提升有积极影响，而灾害率升高会抑制粮食生产。

(4)通过产出弹性分析，我国粮食生产方式还较为粗放、低效，总体产出弹性为3.581 5，说明技术进步对我国粮食产业正处于规模报酬递增阶段。

(5)我国2013—2017年的粮食生产技术效率总体较高，但还有较大的上升空间，虽然各省市的技术效率每年都在进步，但进步幅度较小，也许是由于两方面造成的：一是农业科技成果转化率低或农技推广服务不到位，导致农民在粮食生产中无法使用先进技术；二是现有的农业技术已无法满足粮食的生产需要，我国应加快对农业技术的创新与变革。

为实现我国粮食产量的新突破，基于以上研究结论，得出以下政策建议。

(1)加快科技创新，实现科技进步。研究发现，我国的科技水平距随机前沿模型的前沿面还有一定的距离，表明科技水平不高是制约粮食生产的重要因素。在未来耕地面积减少、粮食需求增加的背景下，科技的进步是实现粮食继续增产的强力手段。

(2)完善科技推广体制。我国粮食产量增长受限的另一原因就是，农民缺少获得高质量的农业科技成果的有效途径或是无法掌握农业新科技。因此，要因地制宜，加快农业科技成果的有效推广，提高农技推广人员的服务水平，完善农技推广部门的激励机制。

(3)加快挖掘非粮食主产区的生产潜力。研究发现，我国粮食主产区的生产效率已处在较高的水平，可进步的空间较小，尤其是排名前五位的地区，五年的进步率不足1%，充分表明我国今后依靠粮食主产区促进粮食增产的难度将越来越大，应引起足够的警惕。而非粮食主产区的生产效率较低，拥有较大上升空间。因此，我国应在保持粮食主产区生产效率的基础上，重点挖掘非粮食主产区的生产技术效率。

(4)提高人力资本水平并加快劳动力的转移。超越对数随机前沿模型的分析结果直观的表现出提高人力资本水平并加快劳动力的转移都将会对粮食增产有着正向效应。农民的文化素质不高是无法掌握农业新科技的内在因素，我国应继续增加农民接受文化教育的可能性，并加强对其农业技术的培训力度。劳动力的增长已不能长期为粮食增产提供支持，因此我国应加快农村劳动力向二、三产业转移，这不仅是对劳动力的有效利用而且还能提高当地的经济水平，经济增长也对粮食增产起着积极作用。

(作者单位：吉林工程技术师范学院工商管理学院；论文来源：《中国农机化学报》2019年第8期)

江苏省粮食烘干机保险政策设计的思考

张瑞宏　王步武　赵红彬

2018年12月，国务院印发的《关于加快推进农业机械化和农机装备产业转型升级的指导意见》提出："鼓励发展农机保险，加强业务指导，鼓励有条件的农机大省选择重点农机品种，支持开展农机保险。"这是在国家层面首次对农机政策性保险提出的明确要求。江苏省农机政策性保险起步于2007年，从探索初始一直注重顶层设计，统一采取商业自营(保险机构自主经营)模式，公共财政给予农民保险费补贴。2007年，江苏省人大常委会颁布的《江苏省农业机械管理条例》规定："地方各级人民政府应当逐步将农业机械相关保险纳入农业政策性保险范围。"在法律法规中第一次对农机保险作出规定。2008年，省财政、农机主管部门联合印发《江苏省农机保险试点财政保费补贴资金管理办法(试行)》，明确对兼用型拖拉机交强险和联合收割机第三者责任险开展财政保费补贴试点。2015年，江苏省农业保险工作领导小组办公室印发《江苏省农业机械综合保险条款费率(试行)》，综合设计拖拉机、联合收割机保险责任，扩大保障范围。2018年，江苏省开展粮食烘干机保险的研究设计论证，省农业保险工作领导小组办公室印发《江苏省粮食烘干机保险条款费率(试行)》，在全国首创粮食烘干机保险政策。

一、设计背景

1.粮食烘干机保险能够增强农业综合生产能力

粮食安全是关系国计民生的大事。烘干是粮食生产全程机械化的重要环节，是粮食丰产丰收的重要保障。江苏省粮食烘干机发展速度全国领先，目前约有粮食烘干机2.5万台，粮食烘干能力超过50%，有力促进粮食生产全程机械化。随着粮食烘干机的大量增加，粮食烘干机及作业场所存在安全隐患，安全事故时有发生，给农民带来人身伤害和财产损失。粮食烘干机安全生产问题已经引起社会广泛关注。南通市有人大代表提出议案，建议尽快研究制定粮食烘干机保险支持政策，降低农业生产风险。

2.粮食烘干机保险符合农民需求

粮食烘干机生产企业多，型号、品牌众多，质量参差不齐，烘干使用煤炭、柴油、电力、天然气、生物质等多种热源，安全监管涉及多个行业主管部门。粮食烘干机事故，既有设计制造方面的原因，也有操作使用者的责任，还有自然环境的因素。事故损失既包括烘干机械本身，也有加工生产的粮食，还会带来人身伤害。粮食烘干中心(基地)投入较大,少则几十万元,多则数百万元,投资主要来自贷款。一旦发生事故,损失较重,难以短期内恢复生产,迫切需要进行风险转移。制定粮食烘干机保险政策,发挥保险补偿功能,快速恢复农业生产,是顺应农民期盼、增加农民获得感的一项举措。

3.粮食烘干机保险有利于扩大农村保险市场

江苏省粮食烘干机从2006年开始列入国家农机购置补贴目录,经过10余年发展,粮食烘干中心(基地)约5 000家,分布在全省各个农业县(市、区)。粮食烘干经营者大多为新型农业生产经营主体,财产相对较多,保险意识相对较强。按每台700元保险费测算,粮食烘干机保费近2 000万元。通过粮食烘干机保险政策实施,能够扩大保险公司业务量,带动农村保险市场发展。同时,粮食烘干机保险与农业机械综合保险一并推进,可以大幅度减少保险公司的展业成本,对保险公司有较大的吸引力。

二、设计原则

1.坚持政策性与经济性相统一的原则

设计粮食烘干机保险政策应当统筹兼顾。既要考虑为农业提供风险补偿的必要性,同时又要考虑到保险公司作为企业,其经营目标是通过有效的经济活动取得最大的经济效益。在风险责任的选择上,既要考虑农业生产中的风险保障需求,又要考虑保险公司的经济承受能力,统筹兼顾,量力而行,实现社会效益和企业自身经济效益相统一。需要把握以下两点。一是通过最佳的社会效益体现政策性。在设计开发粮食烘干机保险险种时,应当将为农业生产中的风险提供经济补偿作为出发点,开发出农业急需的保险条款,以利于农业的合理保护,巩固农业的基础地位;二是通过企业自身最佳的经济效益体现经济性。粮食烘干机保险是经济行为,不是救济,必须讲究经济核算。如何以较小的成本获得较好的经济效益是必须考虑的问题,不能设计先天亏损的险种。如果没有一定的经济效益,粮食烘干机保险经营就无法进入良性循环,也不能增加农业保险的有效供给。

2.坚持基本保障的原则

粮食烘干机保险政策应当以保障农民和农业生产经营组织灾后恢复生产为出发点,保险金额原则上为可保财产价值的七成左右,被保险农民和农业生产经营组织也承担部分风险。被保险农民和农业生产经营组织与保险人共担风险,一方面为被保险人节省部分保费,使其有承担保费的能力,提高投保积极性;另一方面减少或防止发生道德风险,有利于农机政策性保险的稳定经营。基本保障原则适应江苏省农业农村的现状,也符合粮食烘干机保险双方当事人的利益。

3.坚持合法合规通俗易懂的原则

粮食烘干机保险政策应当遵循国家的法律、法规,如《中华人民共和国保险法》《中华人民共和国产品质量法》《农业保险条例》,不能违法违规,不能与国家和社会公共利益相违背。保险合同双方当事人在法律上处于平等地位,合同的订立与否要遵循自愿原则。合同文字要通俗易懂,投保人为农民,他们对保险行业的术语不熟悉,因此应当尽量使保险条款通俗化。概念要准确,防止发生歧义。

三、政策的主要内容

1.关于被保险人

粮食烘干机保险的被保险人范围应当宽泛,尽可能惠及更多的农民,也要符合法律法规和政策的规定。依据《中华人民共和国农业法》《农业保险条例》和国家有关农机购置补贴享受对象的政策规定,把直接从事农业生产经营的农民和农业生产经营组织作为被保险人。根据《中华人民共和国农业法》,农业生产经营组织是指农村集体经济组织、农民专业合作经济组织、农业企业和其他从事农业生产经营的组织。

2.关于保险财产

粮食烘干机保险与拖拉机、联合收割机保险的一个显著区别是,保险标的不能局限于机器本身。粮食烘干机需要配套设备、附属设施才能发挥功能作用,农民参加保险的目的是为了得到损失补偿。因此,保险财产应当包括机械设备、附属设施、粮食三个部分。机械设备包括粮食烘干机本体及热风炉、燃烧器、风机、提升输送设备、清选设备等,其中粮食烘干机本体是指列入江苏省农机购置补贴目录的批处理量为4吨以上50吨以下的批式循环粮食烘干机;附属设施是指对粮食烘干起到支持和辅助作用的机房、除尘、消防、配电、储油、储气等设施。由于粮食烘干机品种繁多,配套设备和附属设施不可能在格式文件一一表述,需要在保险合同中详细列明。

发展粮食烘干机是为了国家粮食安全和农民丰产丰收,收获后的粮食发生损失,造成农民丰产不丰收,收获后损失可能比生长期损失更大,粮食应当列为保险财产。至于被保险人是否对收取加工费为他人烘干的粮食具有保险利益的争议,笔者认为被保险人依据合同法的规定对代加工的粮食不能按照质量要求交付,应当承担赔偿损失责任,具有法律认可的利益。

3.关于保险责任

被保险农民和农业生产经营组织在生产经营活动中面临的风险,主要是粮食烘干机相关财产损失和对雇工、第三者的民事赔偿责任。制定保险政策应该包括财产保险保险责任、责任保险保险责任。

(1)财产保险险责任。以涵盖主要的自然灾害和意外事故风险、保障农民和农业生产经营组织灾后恢复生产为目标,保险人承担自然灾害、意外事故、机器损坏事故以及不属于财产保险责任免除范围内原因导致的损失赔偿责任,通过限制保险金额的方式,让被保险人承担部分损失。保险责任应当包括四个方面:①雷击、暴雨、洪水、暴风、龙卷风、台风、飓风、沙尘暴、暴雪、冰雹、冰凌、泥石流、崩塌、突发性滑坡、地面下陷下沉;②火灾、爆炸、倒塌、倾覆、碰撞、飞行物体和其他空中运行物体坠落等意外事故;③粮食烘干机运行过程中的机器损坏事故;④其他不属于财产保险责任免除范围内的损失及费用。对第四个方面,依据法律法规和保险原理,不应当列入保险责任范围的包括:被保险人及其法定代表人的故意或重大过失行为;自然磨损、朽蚀、腐蚀、霉变或其他渐变原因造成自身损失;贬值、丧失市场价值、停产、停业等各种间接损失;对保险标的进行维修保养过程中发现的损坏或损失;被盗窃、抢劫;地震、海啸及其次生灾害。

上述责任免除,需重点分清机器损坏事故与维修保养过程中发现的损失赔不赔的界限:前者赔后者不赔,分界点在于是否发生了事故,发生了必须赔,未发生不需赔,维修保养过程中发现的损坏和损失是渐变的过程。

(2)责任保险保险责任。责任保险是指以被保险人对第三者依法应负的赔偿责任为保险标的的保险。依据民商法的规定,行为人因过错侵害他人民事权益,应当承担侵权责任,根据法律规定推定行为人有过错，行为人不能证明自己没有过错的，应当承担侵权责任；个人之间形成劳务关系，提供劳务一方因劳务造成他人损害的，由接受劳务一方承担侵权责任；公共场所的管理人或者群众性活动的组织者，未尽到安全保障义务，造成他人损害的，应当承担侵权责任；帮工人因帮工活动遭受人身损害的，被帮工人应当承担赔偿责任。因此，责任保险保险责任应当承担工作人员人身伤亡、第三者的人身伤亡及财产损失赔偿责任。

但是，粮食烘干机的所有人有种植大户、家庭农场、农村集体经济组织、农民专业合作经济组织等，存在既是老板又是工作人员、工作人员可能是一家人的现实情况。为了切实保障被保险人利益，应当明确工作人员的范围包括被保险人或其法定代表人，又要把保险责任限定在保险期间内、生产经营场所内、从事粮食烘干相关工作时发生的民事赔偿责任。

根据《最高人民法院关于审理人身损害赔偿案件适用法律若干问题的解释》第九条规定："雇员在从事雇佣活动中致人损害的，雇主应当承担赔偿责任。"所称"从事雇佣活动"，是指从事雇主授权或者指示范围内的生产经营活动或者其他劳务活动。第十一条规定："雇员在从事雇佣活动中遭受人身损害，雇主应当承担赔偿责任。雇佣关系以外的第三人造成雇员人身损害的，赔偿权利人可以请求第三人承担赔偿责任，也可以请求雇主承担赔偿责任。雇主承担赔偿责任后，可以向第三人追偿。"所以，生产、销售、维修企业人员作为企业的雇佣人员，受到人身伤害应当由企业承担赔偿责任，责任保险不包括生产、销售、维修企业人员。同样，责任保险也列举责任免除范围。

(3)施救费分担。《中华人民共和国保险法》第五十七条规定："保险事故发生时，被保险人应当尽力采取必要的措施，防止或者减少损失。保险事故发生后，被保险人为防止或者减少保险标的的损失所支付的必要的、合理的费用，由保险人承担；保险人所承担的费用数额在保险标的的损失赔偿金额以外另行计算，最高不超过保险金额的数额。"为鼓励投保人、被保险人积极主动抢救受灾财产，减少社会财富损失，应该依法对投保人、被保险人及工作人员为减少或防止保险财产损失所支付的必要、合理的施救费用，由保险人在保险限额以外另行承担，最高不超过保险限额的数额。

4.关于保险限额和责任限额

(1)保险限额。在财产保险部分使用保险限额这一概念。为了便于农民理解，减少误解，并且与责任保险部分的责任限额对应，使用保险限额比使用保险金额、保险定额更加通俗易懂。国家对获得部级或省级有效推广鉴定证书的4～50吨粮食烘干机给予购置补贴。粮食烘干机品牌、品种较多，市场价格不同。通过对粮食烘干机近年补贴数据分析，财产保险部分参照烘干机批处理能力、市场价格等因素，采用定额保险的原理确定保险限额。①江苏省新增粮食烘干机批处理量主要为10～20吨。2017年江苏省享受购置补贴的粮食烘干机7 981台，其中，小于10吨的0台；不小于10吨至小于20吨的5 381台，占67%；不小于20吨至小于30吨的2 248台，占28%；不小于30吨至不大于50吨的352台，占5%。不小于10吨至小于20吨单机价格9.76万元，不小于20吨至不大于50吨单机价格13.35万元。多数10～20吨的粮食烘干机每4台套共用一台市场价10万元左右的热风炉、2万元左右的清选设备、2万元左右的提升输送设备，机房等附属设施建设费用平均到单台套粮食烘干机约4万元。按照承保七成的政策设定，20吨以下(含)单台套粮食烘干机的保险金额为12万元，同理类推20吨以上50吨以下(含)单台套粮食烘干机的保险金额为18万元。②多台套同时投保时，保险限额及保险费为单台套的倍数。

(2)责任限额。责任限额适用于责任保险部分。①每次事故每人赔偿限额为20万元，与《江苏省农业机械综合保险条款》规定的每次事故每人20万元责任限额一致，保持政策的连续性。②保险合同有效期内多次保险事故累计赔偿限额分两种情况：单台套粮食烘干机投保时，累计赔偿责任限额40万元；多台套粮食烘干机投保时，累计赔偿责任限额为投保台套数与每次每人赔偿责任限额的乘积。多台套至少为2台套，至少赔偿40万元。单台套投保时，累计赔偿责任限额40万元，即最多为40万元。为什么不是20万元？考虑到防止发生较大以上事故(3人以上死亡)，如果只赔20万元，赔付严重不足，可能会引起负面影响，所以增加一倍；但不能大于40万元，否则与多台套的情况矛盾。

5.关于免赔额(起赔点)

保险免赔额是指由保险人和被保险人事先约定，损失额在规定数额之内，由被保险人自行承担损失，保险人不负责赔偿的额度。保险免赔额的意义在于消除小额索赔，减少损失理赔费用，在降低保险公司经营成本的同时，降低被保险人要缴纳的保费。为了保持政策的一致性，参照国家、省有关农业保险政策和《江苏省农业机械综合保险条款》相关规定设定财产保险每次事故起赔点为200元。当实际损失低于200元的，不予赔偿；达到或高于200元的，全额赔偿。

6.关于保险赔偿

为避免误解和理赔纠纷，对保险赔偿约定尽量明确、操作简单。

(1)财产保险赔偿。①对于全部损失或推定全部损失，按照保险限额赔偿。②对于粮食烘干机、附属设施发生部分损失，应尽量修复，以实际产生的合理费用在保险限额内计算赔偿。在修复或更换零部件过程中，被保险人进行的性能增加或改进所产生的额外费用，保险人不负责赔偿。③对于粮食的损失，考虑到加工、储存成本未发生，按照国家当年粮食最低收购价格的80%或当地粮食市场价格的80%计算损失程度，在保险限额的30%以内计算赔偿金。粮食最低收购价格与当地粮食市场价格不一致时，执行较高价格。"当地"可以为乡镇，可以为县域，粮食市场价格在同一县域内相差不大，没有必要特指。

(2)责任保险赔偿。对保险事故中人身伤亡赔偿，依据最高人民法院《关于审理人身损害赔偿案件适用法律若干问题的解释》的有关规定执行。以被保险人、受害人及保险人协商确定的或经仲裁裁决、法院判决应由被保险人赔偿的金额为准。在实际工作中，常常会涉及精神损害抚慰金问题。最高人民法院《关于审理人身损害赔偿案件适用法律若干问题的解释》第十八条规定："受害人或者死者近亲属遭受精神损害，赔偿权利人向人民法院请求赔偿精神损害抚慰金的，适用《最高人民法院关于确定民事侵权精神损害赔偿责任若干问题的解释》予以确定。"精神损害抚慰金赔偿情况比较复杂，作为承担法律赔偿责任范围，应当按照最高人民法院的解释执行。在《江苏省农业机械综合保险条款》中"精神损害抚慰金"是明确列为保险责任免除范围的。

(3)赔偿处理。对于产品质量问题引起的损失和费用,赋予被保险人选择权。可以根据《中华人民共和国产品质量法》等法律法规的规定向生产者(销售者)索赔,也可以依据保险合同向保险公司索赔。保险公司先行赔偿的,在赔偿金额内取得代位求偿权。①《中华人民共和国产品质量法》第四十条规定:“售出的产品有下列情形之一的,销售者应当负责修理、更换、退货;给购买产品的消费者造成损失的,销售者应当赔偿损失:(一)不具备产品应当具备的使用性能而事先未作说明的;(二)不符合在产品或者其包装上注明采用的产品标准的;(三)不符合以产品说明、实物样品等方式表明的质量状况的。销售者依照前款规定负责修理、更换、退货、赔偿损失后,属于生产者的责任或者属于向销售者提供产品的其他销售者(以下简称供货者)的责任的,销售者有权向生产者、供货者追偿。”售出产品的质量问题,首先应当对购买者、消费者承担责任的主体是销售者(因产品缺陷造成他人损害的侵权责任除外)。这一规定的基础是销售者和消费者存在直接的合同关系。销售者不能以其售出产品存在质量问题的原因是生产者或者供货者造成的,来推卸自己依法应当对消费者承担的责任。第四十三条规定:“因产品存在缺陷造成人身、他人财产损害的,受害人可以向产品的生产者要求赔偿,也可以向产品的销售者要求赔偿。属于产品的生产者的责任,产品的销售者赔偿的,产品的销售者有权向产品的生产者追偿。属于产品的销售者的责任,产品的生产者赔偿的,产品的生产者有权向产品的销售者追偿。”该条从方便消费者维护自己合法权益的角度出发作出了关于受害人要求赔偿的两个途径:一个是可以要求产品的生产者赔偿;另一个是也可要求产品的销售者赔偿。也就是说,只要是缺陷产品引起的损害赔偿,受害人可以向生产者和销售者中的任何一方提出赔偿请求。如果二者不予赔偿,受害人可以生产者和销售者中的任何一方或者双方为被告提起民事诉讼。②《中华人民共和国保险法》第六十条规定:“因第三者对保险标的的损害而造成保险事故的,保险人自向被保险人赔偿保险金之日起,在赔偿金额范围内代位行使被保险人对第三者请求赔偿的权利。”③被保险人选择权。根据上述《中华人民共和国产品质量法》《中华人民共和国保险法》的规定,对于产品质量问题引发的损失和费用,被保险人可以向 3 个主体索赔:销售者、生产者、保险公司。在实际操作中,可能向保险公司索赔相对容易些。所以,发生粮食烘干机生产者产品质量保证规定范围内的损失及费用,被保险人选择向保险人索赔的,保险人在保险合同所载明的责任范围内先予赔偿。保险人自向被保险人支付赔偿金之日起,在赔偿金额范围内代位行使被保险人向生产者(销售者)请求赔偿的权利,被保险人应提供必要的文件和所知道的有关情况。因被保险人故意或因重大过失致使保险人不能行使代位请求赔偿的权利的,保险人可以扣减或要求返还相应的赔偿金。

(4)无赔款优待。为提高被保险人的风险意识和责任意识,进而提高财政资金使用效率,对保险期间内无事故、无赔款的投保农民、农业生产经营组织,在续保时享受保险费减收优待,按照费率表中年保险费单台套减收一定保险费。

7.关于保险费

保险费的确定,主要考虑以下三个因素:一是保险责任与保险费率相对等,保证保险公司收支大体平衡。江苏省 2017 年粮食烘干机事故 19 起,损坏机器 26 台,粮食约 400 吨,厂房等附属设施若干,受伤 2 人,直接经济损失 456 万元。按 2017 年全省粮食烘干机保有量 2 万台、21.58 亿元的价值计算,纯风险损失率 0.21%。粮食烘干机纯保险费为 252～378 元。责任保险参照行业经验费率 0.10%,20 万元责任限额,保险费为 200 元。鉴于粮食烘干机分散建设展业成本高的特点,业务费用及税利占纯保险费的 35%,保险费测算为 610～780 元。二是农民的可接受程度。经过调研,多数粮食烘干机经营者认为在财政给予补贴的基础上,个人自付保险费每台不能高于 300 元,按照 4 台粮食烘干机建成一个烘干中心(基地)测算,每个烘干中心(基地)个人自付保险费不能高于1 200元。三是与农业机械综合保险费率基本匹配,都采用定额保险方式确定保险费率。由于粮食烘干机事故损失统计数据不足,综合考虑以上因素,在政策执行初期,按粮食烘干机批处理量确定年保险费分为 600 元、700 元两档。

8.关于恢复财产保险保险限额

按照财产保险理论,保险金额是指保险人承担赔偿或者给付保险金责任的最高限额。保险赔偿后,保险金额相应减少。为应对多次事故赔偿责任不足,保护投保人、被保险人利益,保险人按保险合同约定支付赔偿金后,保险限额减少。投保人、被保险人与保险人协商同意,补缴恢复保险限额部分的保险费后,原保险限额恢复。

9.关于保险合同效力

投保人通过业务员宣传达成投保意向,填写投保单的同时交付保费,由业务员将投保单提请上级审批、承保、出具保单,是保险业约定俗成的惯例。缴纳保费到保险公司出具正式保单之前的这段时间,成为“保险空白期”。为了保护投保人、被保险人利益,减少理赔纠纷,政策性保险应当合法合理控制“保险空白期”:除非经投保人、被保险人同意,保险责任自投保人、被保险人交清应承担保险费的次日零时起,保险期间为 1 年。保险单载明的保险责任起讫时间不得损害被保险人的保险利益。

10.关于退保

由于粮食烘干机使用季节性强、财政补贴部分保险费,不适宜遵循完全的投保自愿退保自由原则。参照《农业保险条例》的有关规定,保险责任开始前,投保人要求解除保险合同的,应向保险人支付自缴保险费金额 3%的手续费;保险责任开始后,不得解除保险合同。

四、与农业机械综合保险对比

1.承保机型

农业机械综合保险分 5 种机型:大中型拖拉机(额定功率不小于 14.7 千瓦)、小型方向盘式拖拉机(额定功率小于 14.7 千瓦)、手扶式拖拉机、方向盘自走式联合收割机、操纵杆自走式联合收割机。粮食烘干机保险根据市场保有量情况分 2 种机型:单台套批处理量 20 吨以下(含)的循环粮食烘干机、单台套批处理量 20 吨以上 50 吨以下(含)的循环粮食烘干机。

2.承保内容

农业机械综合保险分农业机械损失保险、第三者责任保险、操作人员责任保险 3 种。粮食烘干机保险分财产保险、责任保险 2 种,其中财产保险包括财产损失保险和机器损坏保险的保险责任,责任保险包括对第三者和工作人员的民事赔偿责任。

3.风险责任

农业机械综合保险的保险标的是单台的拖拉机、联合收割机,而粮食烘干机保险的保险标的是烘干机本体及配套设备、附属设施、粮食,保障范围宽,尤其是机房抗风灾能力不强,风险点多。发生保险事故时,农业机械综合保险损坏及损失一般是单台的拖拉机、联合收割机,而粮食烘干机保险,一台烘干机损坏及损失会引起相邻烘干机的次生损坏及损失,或由粮食烘干机本体引起配套设备、附属设施、粮食的次生损坏及损失,风险点增加。粮食烘干机保险包括 4 个险种:财产险、机器损坏险、工作人员人身伤害险、第三者责任险,而农业机械综合险不包括机器损坏险,或者更准确地说农业机械综合险的财产险不包括机器损坏险,比较而言,粮食烘干机保险的保险责任加大。粮食烘干机保险设定无赔款优待政策,而农业机械综合保险没有此规定。

五、结语

粮食烘干机保险是农机政策性保险的拓展,是农业支持保护体系的一项制度安排。粮食烘干机保险没有现成经验可循,没有风险损失数据可供精算,政策设计应当准确把握其作为准公共产品的定位,坚持为农服务的宗旨,真正实现惠农便农,让农民得到实实在在的获得感。

(作者单位:江苏省农业农村厅,恒泰保险经纪有限公司;论文来源:《中国农业化学报》2019 年第 3 期)

科技创新对区域经济发展支撑作用研究

——以江苏省为例

张育齐　袁连升

自熊彼特提出创新理论以来,创新在经济发展中的作用越来越受到学术界和社会各界的关注。2006 年,国务院在《国家中长期科学和技术发展规划纲要(2006—2020 年)》中正式提出到 2020 年建成创新型国家,使科技创新成为国家经济和社会发展的有力支撑。数据显示,包括美国、日本、韩国在内的创新型国家科技创新对 GDP 的贡献率达到 70%以上,而我国目前在 55%左右,离迈入创新型国家和人才强国行列还有一定距离。尽管科技创新与经济发展紧密相关,但从创新生产过程来看,其是从创新资源投入到创新成果产出的相对独立的,且持续进行的系统。作为创新驱动发展过程中的一个子系统,科技创新如何融入经济发展这个大系统中,优化创新资源配置,有效发挥支撑作用,仍然是一个值得深入探究的问题。

目前,国内关于科技创新与经济发展的关系研究大致可以分为以下几类:一是科技创新与经济增长的关系,如王业强、王丽、张积林和张林等研究表明;二是科技创新与经济发展方式的关系,如张岩、柳飞红等研究表明;三是科技创新与经济发展协调性的关系,如张骏等研究表明。此外,还有不少文献研究科技进步与经济发展的关系,如赵小芳和张慈等。与现有研究不同,本文关注的是科技创新对区域经济发展的支撑作用,易中懿和宋承军从科技创新与区域经济发展的理论入手,分析了科技创新与区域经济发展相互作用的机制;庞瑞等则从科技创新和经济发展相互联系的系统观视角出发,实证分析了科技创新对经济发展的支撑效率以及创新资源的优化配置问题。综合而言,上述研究为进一步探讨科技创新能否支撑区域经济发展这一问题奠定了较好的理论与实践基础,沿此思路,本文主要研究以下三个方面内容:一是区域经济发展是否存在不均衡性;二是科技创新能否支撑区域经济发展;三是如果科技创新能够支撑区域经济发展,那么这种支撑作用能否促使区域经济发展的不均衡性逐渐收敛,最终实现协调、同步发展。

一、理论基础

1.区域科技创新理论

随着创新理论相关研究的不断发展,逐渐形成了技术创新理论、国家创新系统理论和区域科技创新理论,其中区域科技创新理论是一个相对新兴的研究理论,主要关注的研究内容包括区域科技创新的概念、区域科技创新的环境、区域科技创新的结构以及区域科技创新的能力等。而在区域科技创新的能力研究中,除了有对区域科技创新实际能力和潜在能力的分析外,还包括区域科技创新对区域社会经济发展影响的分析,重点研究区域科技创新对区域经济增长、区域竞争力提升的贡献。这一理论观点认为,科技创新与进步已成为国家或地区经济可持续发展的重要动力,科技创新效率和科技进步速度的差异成为导致区域经济发展差异的重要因素。

2.区域经济发展理论

区域经济发展理论主要形成于 20 世纪 50—70 年代,并随着区域经济问题的变化得到不断的发展,其主要包括两种理论:均衡发展理论和非均衡发展理论。前者持有观点认为区域经济发展水平最终会达到均衡状态;而后者持有观点认为,若没有其他外在条件或因素的作用,区域经济发展水平难以达到均衡状态,区域经济发展的差异会不断扩大。此外,区域经济发展差异的收敛论认为,区域经济发展主要取决于劳动、资本和技术三个因素,在生产要素自由流动、边际报酬递减规律等条件下,当经济偏好和技术水平相同时,落后区域的经济增长速度要快于发达区域的经济增长,使得区域经济发展的差异趋于收敛;反之,如果出现"贫者越贫、富者越富"的"马太效应",区域经济发展的差异则会不断扩大。

3.理论基础小结

按照区域经济发展理论,区域经济发展的模式可以分为三种:均衡发展模式、非均衡发展模式和非均衡协调发展模式。而从近 30 年我国区域经济发展战略的实践历程来看,大致划分为三个阶段:第一阶段是建国初期到改革开放之前(20 世纪 50—70 年代),全国各区域经济发展基础都较为薄弱,相差不大,处于均衡发展战略时期;第二阶段是改革开放初期(20 世纪 80—90 年代),全国各区域环境条件、开放程度等存在差异,处于非均衡发展战略时期；第三阶段是改革开放后期（20 世纪 90 年代末至今），随着国家各项宏观政策的调控，全国各区域经济发展逐渐有律可循，处于非均衡协调发展战略时期。同时，相关研究显示，科技创新对我国经济发展的支撑效率具有明显的区域差异，东部地区显著高于中部地区和西部地区，在一定程度上表明非均衡协调发展模式或是我国区域经济发展战略的首选模式。

二、研究方法

1. 方差分析模型

现实中，区域经济发展的影响因素复杂多变，为表明区域经济发展不均衡性的存在，采用单因素方差分析模型来验证，具体数学模型如下。

设 D 表示区域，依次是 $D_1, D_2, D_3, \cdots, D_r$ 个区域，以 X 表示区域经济发展指标，所有区域内总体 X_i 服从正态分布 $N(\mu, \sigma^2)$，$i=1,2,\cdots,r$，又设在每个区域 D_r 下取了 n_i 个指标数据，记作 $X_{ij}, j=1,2,3,\cdots,n_i$，$X_{ij}$ 服从正态分布 $N(\mu,\sigma^2)$ 且相互独立。由于 X_{ij} 的取值受不同区域 D_r 和 D_r 固定下随机因素双重影响，所以将它分解。

$$X_{ij} = \mu_i + \varepsilon_{ij}$$

$$(i = 1,2,\cdots,r, j = 1,2,\cdots,n_i) \tag{1}$$

式中：i——第 r 个区域；

j——第 n_i 个指标数据。

其中，$\varepsilon_{ij} \sim N(0,\sigma^2)$，且相互独立。

$$\mu = \frac{1}{n}\sum_{i=1}^{r} n_i\mu_i$$

$$n = \sum_{i=1}^{r} n_i$$

$$(\alpha_i = \mu_i - \mu; i = 1,2,3,\cdots,r) \tag{2}$$

式中：μ——总均值；

α_i——区域 D_r 对指标的效应。

由式(1)和式(2)可得式(3)。

$$X_{ij} = \mu + \alpha_i + \varepsilon_{ij}$$

$$(\varepsilon_{ij} \sim N(0,\sigma^2),\ i = 1,2,3,\cdots,r; j = 1,2,3,\cdots,n_i) \tag{3}$$

原假设

$$H_0: \alpha_1 = \alpha_2 = \cdots = \alpha_r = 0 \tag{4}$$

可见，当 H_0 被拒绝时，就说明区域 D_r 间的不同水平效应 α_i，即区域经济发展存在显著的不均衡性。

2. 两阶段三系统 DEA 模型

借鉴庞瑞等的思路，采用 DEA 方法构建两阶段三系统网络模型，考察科技创新对区域经济发展的支撑作用，具体模型结构见图 1。

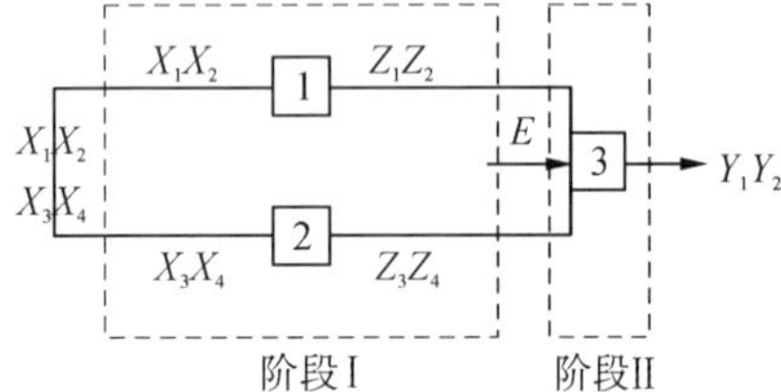

图 1 两阶段三系统的网络 DEA 模型

总模型由一个串联模型和一个并联模型构成，共包括 3 个系统，其中系统 1 和系统 3 为实际生产系统，系统 2 为虚拟生产系统。阶段Ⅰ包括系统 1 和系统 2 构成的并联模型，其中系统 1 是创新生产过程，由科技创新资源投入（X_1, X_2）到科技创新成果产出（Z_1, Z_2）；系统 2 是虚拟生产过程，由非科技创新资源投入（X_3, X_4）到非科技创新成果产出（Z_3, Z_4），并没有真正进行生产，只是为了使模型使用方便并保持模型系统的整体性。阶段Ⅱ包括一个由阶段Ⅰ和系统 3 构成的串联模型，其中系统 3 是经济生产过程，由系统 1 的创新生产效率 E 和非科技创新资源投入（X_3, X_4）作为生产资料投入，共同转化为经济产出（Y_1, Y_2）。

采用的 DEA 模型如下：

$$\min \sigma$$

$$\text{S. T.}\begin{cases}\sum_{j=1}^{k}\lambda_j X_{ij} + S^- = \sigma X_{ik}\\ \sum_{j=1}^{k}\lambda_j Y_{rj} + S^+ = Y_{rk}\\ \sum_{j=1}^{k}\lambda_j = 1\\ \lambda_j \geqslant 0, S^- \geqslant 0, S^+ \geqslant 0\end{cases} \tag{5}$$

若 $\sigma^* = 1$，且 $S^{-*}=0, S^{+*}=0$ 均成立，则 DMUk 达到 DEA 有效；若 $\sigma^* = 1$，且 $S^{-*}=0, S^{+*}=0$ 中至少有一个不成立，则 DMUk 实现弱 DEA 有效；若 $\sigma^* < 1$，则 DMUk 非 DEA 有效。依据 DEA 模型的评价原理可知，当决策单元投入量相同时，产出量越大，DEA 效率越高；当决策单元产出量相同时，投入量越小，DEA 效率越高。

3. 绝对 β—收敛检验模型

综合前人的研究成果，可以发现：不同地域科技创新对经济贡献的支撑效率一般存在一定的差异。然而，长期来看，如果支撑效率较低的地区能够从支撑效率较高的地区汲取发展经验、引进先进技术等优质资源来满足自身的需要，就可能形成"赶超优势"。那么，后进地区对先进地区的模仿、赶超或先进地区的"技术溢出"效应将成为后进地区的"技术后发优势"。由此可想，随着时间的推移，各区域科技创新对经济发展的支撑效率之间的差距是否会逐渐缩小，并最终达到一种稳定状态呢？据此，通过区域科技创新对经济发展的支撑效率的绝对 β—收敛检验，来进行问题研究。

理论上，β—收敛检验方程

$$\gamma_{it,t+T} = \alpha + \beta \ln X_{i,t} + \mu_{i,t} \tag{6}$$

式中：$\gamma_{it,t+T}$——从 t 年到 $t+T$ 年变量 X 的年均增长率。

如果参数 β 小于零，即称 n 个区域支撑效率呈现 β—收敛，且 β 绝对值越大，收敛越强。此外，β—收敛存在绝对 β—收敛和条件 β—收敛之分，当方程计算结果不受是否加入其他相关附加变量的影响，均表现为 $\gamma_{it,t+T}$ 与 $X_{i,t}$ 之间呈负相关，那么就是绝对 β 收敛；如果只有在加入其他相关附加变量之后，方程计算结果才表现为负相关关系，就认为是条件 β 收敛。据此，由于本研究并不考虑其他附加变量的影响，采用绝对 β—收敛是适宜的。

三、实证分析

1. 样本数据来源

本文选取 2013—2015 年江苏省 13 个省辖市的科技创新投入产出数据以及宏观经济数据，样本基础数据来源于《江苏省统计年鉴》(2014—2016)和《江苏省科技进步统计监测结果与科技统计公报》(2013—2015)。文中选取江苏省作为研究对象的主要原因在于其是全国首个创新型省份建设试点，科技创新效率与经济发展水平相对位于全国前列，具有较好的代表性，有助于研究目的的实现。

在变量指标的选取方面，科技创新资源投入指标主要考虑人力投入和财力投入两个方面，分别为研发活动人员占科技活动人员比重（X_1）和全社会研发支出占 GDP 的比例（X_2）；科技创新成果产出指标主要考虑成果产出的数量和质量两个方面，分别为每十万人口专利申请数(Z_1)和每十万人口专利授权数(Z_2)；非科技创新资源投入指标主要考虑劳动要素和资本要素两个方面，分别为从业人员(X_3)和固定资产投资(X_4)；经济产出指标主要考虑科技创新对经济发展的支撑作用，分别为人均 GDP(Y_1)和高新技术产业产值(Y_2)。

2. 实证结果分析

(1)区域经济发展的不均衡性。改革开放以来，我国实行了非均衡发展经济政策，江苏省成为经济增长最快、最具活力的省份之一。但是，随着经济快速的发展，苏北(徐州、连云港、淮安、盐城和宿迁 5 市)与苏南(南京、常州、无锡、苏州和镇江 5 市)的经济发展差距逐渐拉大，引起决策者和学者关注和研究。当前，包括苏中(南通、泰州和扬州 3 市)在内，江苏省经济发展整体上呈现苏南、苏中和苏北三个区域阶梯发展的态势。为了更好地说明这个问题，以 13 个省辖市 2013—2015 年的人均 GDP 作为衡量区域经济发展差异的主要指标。

由表 1 可知，第一自由度为 12(共 13 个省辖市，$df_1=13-1=12$)，F 统计量为 0.523，在当前自由度下对应的 P 值为0.880，可以认为样本总体的方差齐。

表 1 误差方差等同性的 Levene 检验

指标	数值
F	0.523
df_1	12
df_2	26
Sig.	0.880

由表 3 可知，江苏省 13 个省辖市被分为了 5 个不同的亚组中，其中，第一亚组包括宿迁、连云港、淮安和盐城 4 个区域，人均 GDP 水平相对较低；第五亚组包括无锡和苏州 2 个区域，人均 GDP 水平相对较高。从总体来看，江苏省 13 个省辖市区域经济发展水平存在明显的差异，苏南地区明显优于苏北地区，苏南、苏中和苏北三个区域经济发展水平呈现阶梯状分布，这个结果也符合前人的研究结论。

由表 2 可知，方差分析模型的 F 统计量为 59.743，P 值小于 0.001，表明模型具有统计学意义；另外，从省辖市人均 GDP 水平的检验结果来看，F 统计量为 59.743，P 值小于 0.001，表明江苏省 13 个省辖市区域人均 GDP 水平存在差异，经济发展的不均衡性显著存在。为了深入了解哪些省辖市经济发展效率更高，采用 SNK 法进行两两比较分析，结果如表 3 所示。

(2)科技创新对区域经济发展的支撑作用。科技创新对区域经济发展的支撑效率总体较高。研究期间内，江苏省各辖市科技创新对区域经济发展的支撑效率普遍较高，三年间科技创新对经济发展的支撑效率均值为 0.931，如表 4 所示，2013—2015 年间一直处于 0.909～0.964，最低值没有低于 0.9，科技创新对经济发展的促进作用非常显著。2013—2015 年间江苏省全社会研发支出占 GDP 的比例的平均增长率为 3.6%，显著低于人均 GDP 平均 8.6% 的增长率和高新技术产业产值平均 8.7% 的增长率，这说明科技创新资源的投入得到有效的利用，科技创新对区域经济发展起到了支撑和引领作用。同时，也应该看到，科技创新对区域经济发展的支撑效率同样存在波动性，2013—2015 年，江苏省科技创新对经济发展的支出效率呈现先降后升的趋势，这表明在当前建设创新型省份的背景下，如何更加高效的利用科技创新

表 2 区域经济发展水平不均衡性的检验

源	Ⅲ型平方和	df	均方	F	*Sig.*
校正模型	34 791 232 529.025	12	2 899 269 377.419	59.743	0.000
截距	252 576 877 864.464	1	252 576 877 864.464	5 204.681	0.000
省辖市	34 791 232 529.025	12	2 899 269 377.419	59.743	0.000
误差	1 261 748 563.299	26	48 528 790.896		
总计	288 629 858 956.788	39			
校正的总计	36 052 981 092.323	38			

表 3 基于 SNK 法的区域经济发展水平比较结果

地区	样本数	亚组				
		1	2	3	4	5
宿迁	3	39 766.720				
连云港	3	44 369.600	44 369.600			
淮安	3	50 656.813	50 656.813			
盐城	3	53 188.123	53 188.123			
徐州	3		56 960.063			
泰州	3			72 367.490		
南通	3			76 913.973		

续表

地区	样本数	亚组				
		1	2	3	4	5
扬州	3			81 692.083		
镇江	3				101 878.813	
常州	3				103 212.953	
南京	3				107 908.850	
无锡	3					127 322.383
苏州	3					129 945.580
Sig.		0.111	0.146	0.248	0.547	0.648

资源，持续稳定发挥科技创新对经济发展的支撑作用，仍然是一个重要的工作。

表 4 江苏省科技创新支撑经济发展的总体效率

地区	2013 年	2014 年	2015 年	均值
无锡	1.000	1.000	1.000	1.000
苏州	1.000	1.000	1.000	1.000
镇江	1.000	1.000	1.000	1.000
徐州	0.993	1.000	1.000	0.998
南京	1.000	0.945	0.999	0.981
扬州	1.000	0.996	0.946	0.981
常州	0.976	0.952	0.959	0.962
南通	0.963	1.000	0.865	0.943
泰州	0.952	0.887	0.876	0.905
连云港	0.940	0.735	0.996	0.890
盐城	0.978	0.767	0.747	0.831
宿迁	0.848	0.793	0.805	0.815
淮安	0.886	0.746	0.759	0.797
均值	0.964	0.909	0.919	0.931

科技创新对区域经济发展的支撑效率具有区域差异性。从总体上看，虽然江苏省科技创新对经济发展的支撑效率较高，但这种支撑作用同样显示出明显的区域差异性。样本期间，江苏省苏南、苏中和苏北地区科技创新对经济发展的支撑效率均值分别为 0.989、0.943 和 0.866，与苏北地区相比，苏南地区科技创新对经济发展的支撑效率要高出 14.2%。同时，从图 2 可以看出，苏南地区科技创新对经济发展的支撑效率相对较较高，在样本期间一直保持在较高水平；苏北地区科技创新对经济发展的支撑效率相对较低，在样本期间呈现先降后升的态势；苏中地区科技创新对经济发展的支撑效率相对居中，在样本期间呈现持续下降的态势。可见，正是苏南地区的高支撑效率提升了江苏省的整体水平，而苏北和苏中地区支撑效率的稳定性则是影响江苏省科技创新对经济发展支持作用发挥的不确定因素。

各城市间科技创新对区域经济发展的支撑效率差异显著。尽管总体上没有明显的趋势，但从图 3 可以看出，研究期间内，科技创新对区域经济发展的支撑效率均值排名前五的城市中，苏北地区的徐州占据了一席，支撑效率均值到达 0.998，高于苏南地区的南京和常州。同时，在江苏全省范围内，支撑效率高于全省均值的城市有 8 个，其中苏南地区 5 市全部入围，苏中地区入围 2 市，苏北地区入围 1 市。这表明科技创新对区域经济发展的支撑作用发挥具有复杂性，不仅取决于区域经济发展水平和资源投入，更取决于科技创新成果的产出和转化对经济发展的促进作用。

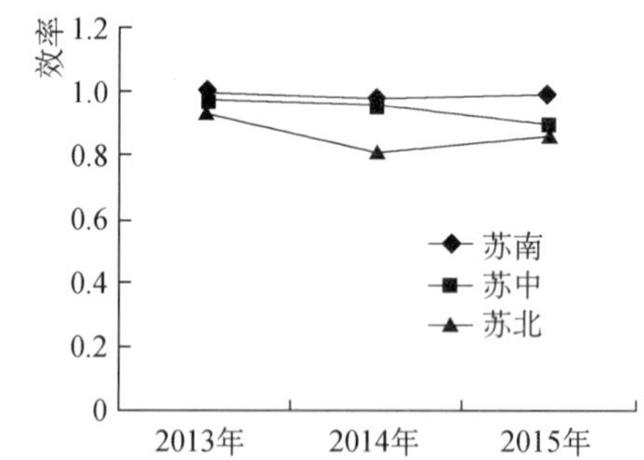

图 2 2013—2015 年苏南、苏中和苏北地区科技创新对经济发展的支撑效率

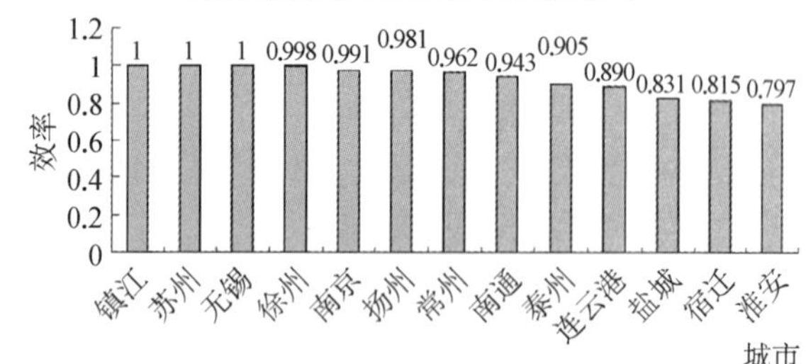

图 3 2013—2015 年江苏省各城市间科技创新对经济发展的支撑效率

(3)科技创新对区域经济发展支撑效率的收敛性。通过前述分析，可以看到江苏省区域经济发展水平、科技创新对区域经济发展的支撑效率存在明显的差异性；同时，从全省视域来看科技创新对经济发展的支撑效率普遍较高，科技创新对区域经济发展的支撑作用显著。那么，这种支撑效率是否具有收敛性，能否促进区域经济发展实现协调、同步发展？通过绝对 β—收敛检验模型来进行验证分析，具体验证模型如下。

$$T_{e_{it}} = \alpha_1 + \beta_1 \ln T_{e_{i0}} + \varepsilon_{it} \tag{7}$$

式中：$T_{e_{it}}$ ——i 省辖市从第 0 期到第 t 期的科技创新对区域经济发展支撑效率的年均增长率；

$\ln T_{e_{i0}}$——i 省辖市在第 0 期(基期)的科技创新对区域经济发展的支撑效率值;

α_1 ——常数项;

β_1 ——收敛系数,其值为负表示收敛,反之表示发散。

具体检验结果如表 5 所示。

由表 5 可知,β_1 的估计值为 0.194,其值为正且未通过显著性检验,这表明江苏省科技创新对区域经济发展的支撑效率不具有收敛性,但发散的趋势也不显著。可以预见,江苏省科技创新对经济发展支撑效率的区域差异性将继续存在,且这种差异程度也将保持相对稳定状态,区域经济发展仍将维持非均衡协调发展的局面。

表 5 2013—2015 年江苏省科技创新对区域经济发展支撑效率收敛性检验结果

指标	Te
α	−0.017(0.219)
β	0.194(0.397)
R^2	0.246

四、结论

本文以科技创新对区域经济发展的支撑作用作为着眼点,通过构建方差分析模型、两阶段三系统 DEA 模型和绝对 β-收敛检验模型,进一步探讨了区域经济发展的不均衡性、科技创对区域经济发展的支撑效率以及这种支撑效率的收敛性问题。研究中以江苏省为例,实证考察了 2013—2015 年科技创新对江苏省区域经济发展的支撑作用,得到的主要结论有以下几点。

(1) 江苏省区域经济发展具有不均衡性,苏南、苏中和苏北地区经济发展水平具有明显差异,总体上呈现阶梯状分布的局面。

(2) 科技创新对区域经济发展的支撑效率总体较高,同时样本期间的支撑效率也存在一定波动性,呈现先降后升的趋势。

(3) 科技创新对区域经济发展的支撑作用具有区域差异性,且各城市间的支撑效率差异显著,科技创新促进区域经济发展的方式具有复杂性。

(4) 科技创新对区域经济发展的支撑效率不具有收敛性,但发散的趋势也不显著,区域经济发展仍将维持非均衡协调发展态势。

此外,以上研究结论也为我国实施创新驱动发展,建成创新型国家提出了一些值得思考的问题。一是区域经济发展水平的差异是明显的,也将是长期存在的,现阶段非均衡协调发展模式或是我国经济发展战略的首选模式。二是科技创新能够有效促进和引领社会经济发展,但是这种促进作用表现为明显的地域差异,主要体现为发达区域的支撑效率要高于落后区域的支撑效率;落后区域需要更加注重科技创新成果的产出和转化对经济发展的促进作用,以提升科技创新对区域经济发展的支撑效率。三是除了劳动和资本两大基本生产要素外,科技创新作为促进经济发展的“第三要素”,是维持区域经济发展水平差异程度的关键因素,需要进一步通过深化科技体制改革,加快科技成果转化,制定科技创新政策等来激发科技创新的活力,实现科技创新与经济发展共赢。

(作者单位:吉林工程技术师范学院;论文来源:《中国农机化学报》2019 年第 4 期)

基于结构方程模型的农业产业链协同推广服务因素研究

——基于水稻产业链调研数据分析

朱亚男 陶佩君

完善的农业社会化服务体系可以优化科技、信息、资金、人才等生产要素在农业产业链上的配置功能,是增强农业竞争力和加快农业高质量发展的关键。作为农业社会化服务体系中的重要内容,农业推广服务具有公共产品属性,正外部性特征制约着市场化运作过程中推广服务供给数量,无法满足现代农业发展中的服务需求,需要政府以一定的产业激励政策,如补贴、谈判、产业链延伸等,达到加快农业推广服务的供给数量和完善农业服务体系建设的目标。参与农业推广服务的主体包括政府推广机构、高校院所、涉农企业、合作组织、专业大户等多种类型,有效协同多个参与主体的推广服务意愿,可以达到“1+1>2”的目的。发达国家经验表明,农业推广服务供给主体间的协同性是农业推广服务体系建设发展的核心与关键。目前,农业推广服务体系逐步向产业链的配套服务领域延伸,对服务供给主体间的协同合作提出了新要求。而中国农业推广服务存在着主体协同意愿较低、服务模式单一等问题,如何加快农业推广服务发展已经成为现阶段关于加快农业社会服务体系研究的重要课题。在此背景下,分析影响各主体协同供给的关键因素特征,对于加快农业推广服务供给的政策设计和加快农业社会化服务体系建设具有重要的现实指导意义。

近年来国内外文献中,关于农业服务体系建设的理论和实证研究成果较多。例如,蔡键和刘文勇(2019)以农业机械社会化服务为例,对农机手机会主义的产生机理、一般策略难以奏效和次优策略选择进行了理论分析与实证检验。钟真(2019)在梳理农业社会化服务的内涵特征及相关政策演变过程,提出现阶段中国农业现代化服务体系建设仍存在巨大的空间。曹光乔等(2019)以秸秆机械化还田技术补贴为例,研究了农业技术补贴对农业服务效率和质量的影响效果。仇童伟(2019)、曹峥林和王钊(2018)以及蒲娟和余国新等(2019)等对农业服务的供给方式进行了深入研究。而基于农业推广服务的供给方式研究成果较少,刘明辉和卢飞等(2019)利用中国家庭追踪调查微观数据(2016CFPS)试验检验了土地流转行为、农业机械化服务与农户增收的作用机制,发现农业机械化服务能够显著推动农业农户增收,但对高收入的影响系数大于对低收入农户的影响,且农业机械化服务是土地流转促进增收的重要渠道。Catherine Ragasa(2019)研究了在农业补贴存在背景下的农业服务产业链延伸问题。徐家鹏(2019)从农业产业链角度分析了不同经营主体在协同模式选择参与以及有效契约关系的形成,提出了农业产业链上纵向合作的治理架构和优化方向。近几年对于农业推广服务供给模式的研究开始展开,但多停留在理论机制研究,基于中国样本的实证检验较少。在此背景下,本文以水稻产业链上服务供给为样本,拟通过深入分析农业推广服务供给机制基础上,实证检验主体间纵向合作意愿的关键影响因素,从而提出加快农业产业链多主体间协同服务供给水平的对策建议。

本文创新点主要包括:①选取农业产业链上技术推广服务中主体间的协同关系作为研究对象,以水稻产业链上的技术推广服务供给主体为研究样本,拓展农业技术服务推广研究中的协同研究成果;②利用结构方程模型中的路径分析和因素分析思路,评估了各主体间协同意愿产生显著影响的各个关键环节和路径,为未来提出加快主体间协同效果政策设计提供了科学思路。

一、研究假设与模型构建

1.研究假设

首先,自身因素与协同供给意愿。供给主体自身因素对于农业推广服务的协同供给意愿选择发挥着重要作用。从供给主体自身来看,影响其参与协同服务意愿选择的主要因素有:供给主体的协同动机和协同能力。其中:协同动机是指供给主体想从其协同伙伴处获取技术、信息、资金等方面资源,进而降低自身服务风险的愿望。这是一种利益驱动因素,只有供给主体具有较强的协同动机时,才会积极参与到农业推广服务的协同供给中来,进而实现好的协同效果。协同能力则主要体现在学习能力方面,即通过与其他供给主体的协同合作,能够认识到协同伙伴知识的价值性,并学习借鉴到自身的运营、管理、服务中来的能力,具体包括识别、获取、吸收、转换、应用等五方面内容,这五方面能力的整合决定了供给主体协同能力的强弱。基于上述考虑,提出如下假设。

H1:供给主体的协同动机对于其参与农业推广服务的协同供给意愿选择有正向影响。

H2:供给主体的协同能力对于其参与农业推广服务的协同供给意愿选择有正向影响。

其次,外部环境与协同供给意愿。农业推广服务的协同供给意愿选择具有高度的特定环境性,与供给主体所处外部环境息息相关。优良的环境条件是促使协同供给意愿选择的外部动力。具体的环境条件涉及政策环境、市场环境、竞争环境和技术环境四个层面。其中:政策环境对于农业推广服务协同供给意愿选择的影响不言而喻,突出体现在,通过项目带动方式,直接或者引导加大对于农业推广服务协同供给的投入力度和补贴力度,亦或是协调搭建适宜农业推广服务协同供给的发展平台;市场环境对于农业推广服务协同供给意愿选择的影响也在逐步显现,特别是随着农业科技的进步与发展,科学、技术、生产、服务之间的界限逐渐弱化,相互之间的依赖性却在逐步凸显,这也迫使供给主体之间围绕产业链开展协同合作;竞争环境特别是竞争压力的大小是决定主体变革的一项重要因素,尤其是在需求经济时代,供给主体间的竞争内容更多地转向了市场合作伙伴与人才的竞争,这一背景下,不同供给主体想要通过产业链运行获得自身利益的最大化,就必须要在市场中寻找到一种优势互补、资源整合和信息共享的途径,即主动参与到与其他推广主体组成的联合或联盟之中,实现协同供给;技术环境的变革离不开科学技术的进步与发展,而由科技进步引发的技术环境变革势必引发技术需求的产生或增长,从而形成对于技术供给需求的推动力,技术环境也因此成为供给主体协同供给意愿选择的重要影响因素之一。基于上述考虑,可以提出如下假设。

H3:供给主体所处政策环境对于其参与农业推广服务的协同供给意愿选择有正向影响。

H4:供给主体所处市场环境对于其参与农业推广服务的协同供给意愿选择有正向影响。

H5:供给主体面临的竞争压力对于参与农业推广服务的协同供给意愿选择有正向影响。

H6:供给主体所处的技术环境对于参与农业推广服务的协同供给意愿选择有正向影响。

第三,主体间服务供给能力的差异性对协同合作意愿产生显著影响。借鉴 Lavie Haunschild 的研究,将主体间差异分为服务功能、资源条件、文化理论三个层面。供给主体间一定水平服务功能差异的存在增强了其各自参与协同合作,相互学习、互为补充的协同供给意愿,也能够在很大程度上改善单一供给主体的服务缺陷。但当供给主体间服务功能差异过大时,其彼此之间行为模式的不一致也会对交流与协作的有效性产生影响。资源条件差异是指供给主体与其协同伙伴间在人力、技术、信息、市场等方面存在的差异程度。无论差异过大还是过小,都不利于协同供给的实现,只有资源差异在一定可控范围内时才能满足供给主体间协同合作的互补性要求,进而形成良好的协同供给效果。文化理念差异是指不同供给主体在文化、管理风格及业务实践上不同的总和。已有研究表明,文化理念差异对于组织行为有影响。由此,也可以认定文化理念差异是影响供给主体协同供给意愿选择的一个重要因素。基于上述考虑,可以提出如下假设:

H7:服务功能差异对于参与农业推广服务的协同供给意愿选择呈倒 U 型关系。即中等程度的资源条件差异能够有效提升协同供给效果,促进协同供给意愿的选择,而服务功能差异程度过小或者过大都不利于协同供给意愿的选择。

H8:资源条件差异对于参与农业推广服务的协同供给意愿选择呈倒"U"形关系。即供给主体间的资源条件差异程度过小或者过大都不利于提升协同供给效果,一定的资源条件差异度有利于提升协同供给效果。

H9:供给主体间文化理念差异对于参与农业推广服务的协同供给意愿选择有负向影响。

2.研究方法的选择

结构方程模型(Structural Equation Model,SEM)是一般线性回归模型的拓展,是基于变量的协方差矩阵来分析变量之间关系的统计数据分析技术。将传统路径分析(Path Analysis)与因素分析(Factor Analysis)完美结合,应用线性方程来表示观测变量与潜变量之间,以及潜变量之间关系。结构方程模型

$$y = \Lambda_y \eta + \varepsilon \tag{1}$$

$$x = \Lambda_x \xi + \delta \tag{2}$$

$$\eta = B\eta + \tau\xi + \zeta \quad (3)$$

其中：式(1)～式(2)是测量方程，反映了潜变量与观测变量之间的关系；式(3)为结构方程，反映了潜变量之间的关系。

式中：x ——外生观测变量；

y ——内生观测变量；

ξ ——外生潜变量；

η ——内生潜变量；

δ ——外生观测变量残差；

ε ——内生观测变量残差；

Λ_x ——外生观测变量与外生潜变量直接的关系，是外生观测变量在外生潜变量上的因子载荷矩阵；

Λ_y ——内生观测变量与内生潜变量直接的关系，是内生观测变量与内生潜变量之间的因子载荷矩阵；

B ——路径系数 1，表示内生潜变量之间的关系；

τ ——路径系数 2，表示外生潜变量对内生潜变量的影响；

ζ ——结构方程残差项，反映了方程中未能被解释的部分。

3. 模型变量说明

根据本文的研究方法，基于结构方程模型对农业推广服务的因素展开研究中，其变量选择如下。

外生潜变量(ξ)和外生观测变量(x)。根据机制分析结论，将农业推广服务协同意愿影响因素分为自身发展因素、外部环境因素和双方差异化程度三个方面，分别用ξ_1、ξ_2和ξ_3表示。自身发展因素通过协同动机x_1(主体参与协同服务的目的)和协同能力x_2(主体是否具备通过协同服务过程改进和提升自身的能力)两个观测变量进行测度。外部环境因素ξ_2包括四个观测变量：政府政策x_3(政府的政策引导作用对于主体参与协同服务的影响)、市场环境x_4(经济因素对主体参与协同服务的影响)、竞争环境x_5(主体竞争意识对其参与协同服务的影响)和技术环境x_6(外部技术条件对于参与协同服务的影响)。供给主体间差异因素ξ_3通过服务功能差异x_7(协同服务能力差别)、资源条件差异x_8(外部条件差异)和文化理念差异x_9(认知理念差异)三个观测变量进行测度。

内生潜变量(η)与内生观测变量(y)。供给主体间的协同供给意愿是本研究的内生潜变量，用η表示，用来刻画不同供给主体参与协同服务的意愿表达，主要通过三个内生观测变量来测度，分别是协同参与度y_1、协同目标y_2和协同合作措施y_3。

本文借鉴前人研究，对所有可观测变量都设置了相应的调查问题，共涉及问题题项 30 项(即 Q1～Q30)，并应用李克特 5 点量表法对各个题项进行赋值，1～5 表示符合程度的由低到高。

4. 农业产业链协同推广服务结构方程模型的构建

根据以上分析和假设，本研究构建形成农业产业链上推广服务供给主体间协同服务影响因素的概念模型，如图 1 所示。从自身因素、外部因素以及主体间差异化三个方面，提出农业推广服务协同供给意愿因素模型，如图 1 所示(图中"e"即为外生观测变量残差δ)，并在此基础上构建影响因素模型。

二、试验设计、模型检验及结果分析

1. 试验设计及调查说明

首先，样本选择及统计调查说明。水稻是中国最主要粮食品种，选取农业产业链上的水稻技术推广服务作为本次统计调查对象，以河北省曹妃甸区水稻产业链上从事推广服务的政府推广机构、高校院所、稻米加工企业、水稻种植专业合作社及农

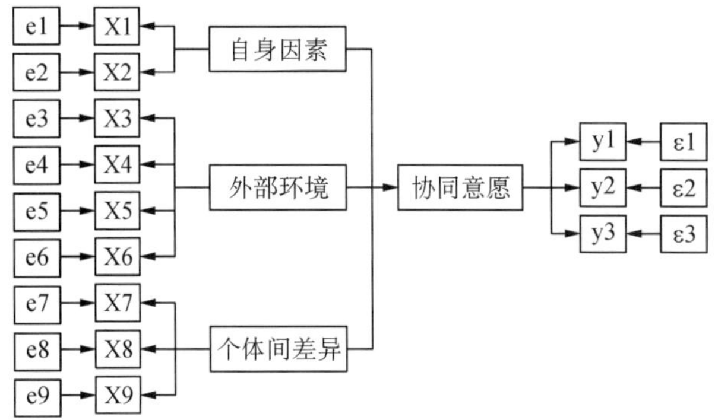

图 1 农业产业链协同推广服务影响因素模型影响路径

机合作社、水稻种植大户等农业推广服务供给主体为调研对象，2016 年 7—10 月展开实地调研，实际发放调查问卷 330 份，回收有效问卷 313 份，有效回收率为 94.85%，主要特征如表 1 所示。其中：在被调查样本中，以男性为主，占比达到 92.7%；年龄主要集中在 36～55 岁区间段，达到 75.8%，呈现正态分布趋势；受教育程度以初中、高中为主，占比达到 65.5%；从所属供给主体类型来看，被调查样本中，传统的政府推广机构一枝独秀局面已被打破，涉农企业、合作组织、专业大户等新型农业经营主体的比例达到 79.3%，为农业推广服务体系发展带来了新的力量。

表 1 被调查样本的主要特征

分类类别	类别表现	频数/人	频率/%
性别	男	290	92.7
	女	23	7.3
年龄	≤35	11	3.5
	36～45	136	43.5
	46～55	101	32.3
	≥56	65	20.8
学历	小学及以下	28	8.9
	初中	96	30.7
	高中	109	34.8
	大学及以上	80	25.6
主体类型	政府推广机构	40	12.8
	高校院所	25	8.0
	涉农企业	40	12.8
	合作组织	80	25.6
	专业大户	128	40.9

2. 被调查样本参与合作服务情况

调查问卷显示，所有被调查者都或多或少经历过与其他供给主体合作服务的情况，如表 2 所示。

政府推广机构的合作对象最为广泛，与包括上下级推广机构在内的各类供给主体都有过合作，合作主要围绕稻种选育、

育插秧、水肥管理和病害防治等生产环节展开，合作方式以技术咨询、项目合作和教育培训为主；高校院所的主要合作对象有政府推广机构、涉农企业、合作组织、专业大户等四种类型，合作主要围绕稻种选育、农资产品的推广、水肥管理和病害防治等生产环节展开，合作方式以技术咨询、教育培训以及共建基地或实体为主；涉农企业的主要合作对象涉及政府推广机构、合作组织、专业大户等三种类型，合作环节几乎涵盖了稻作生产的方方面面，合作方式为技术咨询、订单种植、项目合作和教育培训等为主；合作组织的主要合作对象以政府推广机构、合作组织、专业大户为主，具体合作环节涉及了从产前到产中再到产后的各个方面，合作方式以订单种植、教育培训、农资购买及技术服务以及共建基地或实体等为主；专业大户的主要合作对象为政府推广机构和专业大户，合作主要集中在产中部分，合作方式以技术咨询、订单种植和教育培训为主。

3.信度和效度检验

为进一步确认各个可观测变量的有效性和一致性，本文运用SPSS 23.0软件对供给主体自身因素、外部环境因素以及供给主体间差异因素三个量表分别进行信度分析，每个量表总的克朗巴哈系数(Cronbach's α)分别为0.767、0.901、0.854，且每个量表中各个维度的克朗巴哈系数也均在0.7这个临界值之上，表明各项观测指标的一致性较好。同时，应用平方差抽取量(AVE)来观察各个量表的收敛效度，各个观测变量的平均方差抽取量(AVE)均大于国际通用标准值0.5，表明各个量表中的指标数据能够有效反映出测量维度的具体情况，且彼此之间具有较好的一致性。

表2 调查样本的合作服务情况统计

合作的主要方式	合作的主要环节	合作对象所属的主要类型
技术咨询 项目合作 教育培训	稻种选育 育插秧 水肥管理 病害防治	政府推广机构 高校院所 涉农企业 合作组织 专业大户
技术咨询 教育培训 共建基地或实体	稻种选育 农资产品的推广 水肥管理 病害防治	政府推广机构 涉农企业 合作组织 专业大户
技术咨询 订单种植 项目合作 教育培训	稻种选育 育插秧 收割 水肥管理 病害防治 订单农业	政府推广机构 涉农企业 合作组织 专业大户
订单种植 教育培训 农资购买及技术服务 共建基地或实体	稻种选育 农资产品的推广 育插秧 收割 水肥管理 病害防治 收购加工 订单农业	政府推广机构 合作组织 专业大户
技术咨询 订单种植 教育培训	育插秧 收割 水肥管理 病害防治 订单农业	政府推广机构 专业大户

4.验证性因子分析

本文应用AMOS 23.0软件，对供给主体自身因素、外部环境因素、供给主体间差异因素3个量表分别构建结构方程模型(图2至图4，图中"e"为外生观测变量残差δ，"Q"为针对外生观测变量x设计的问题题项)，进而进行验证性因子分析，以检验前文提出的假设。

文中选取了绝对拟合指数(*CMIN/DF*、*RMSEA*、*GFI*、*AGFI*)和相对拟合指数(*NFI*、*TLI*、*CFI*)来验证各个量表验证性因子分析模型与数据的拟合程度，如表3所示。

可以看出，各指标均达到了拟合标准，表明各个量表的结构方程模型与数据的拟合情况较好。

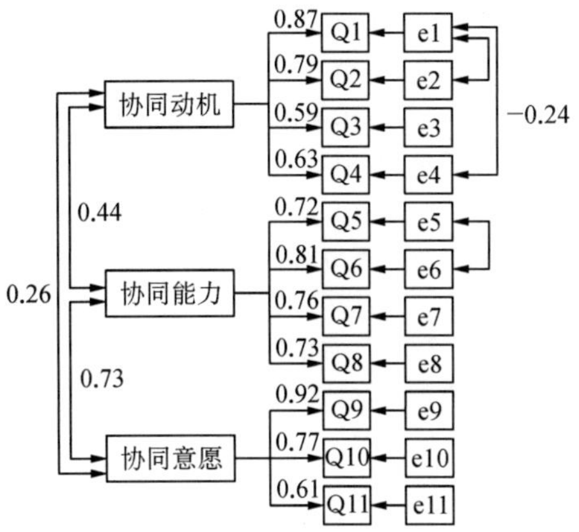

图 2 供给主体自身因素量表的验证性因子分析模型

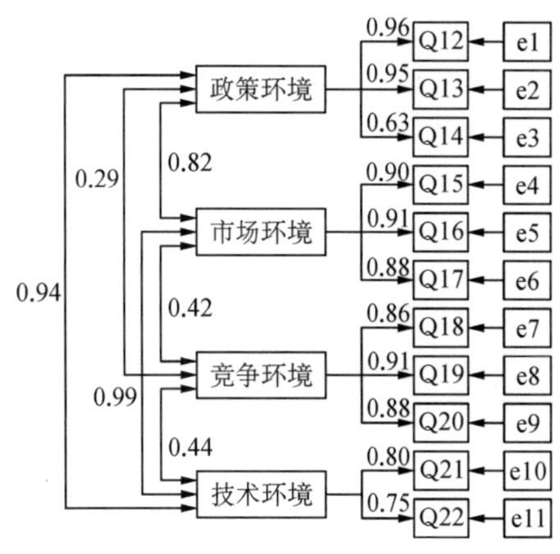

图 3 外部环境因素量表的验证性因子分析模型

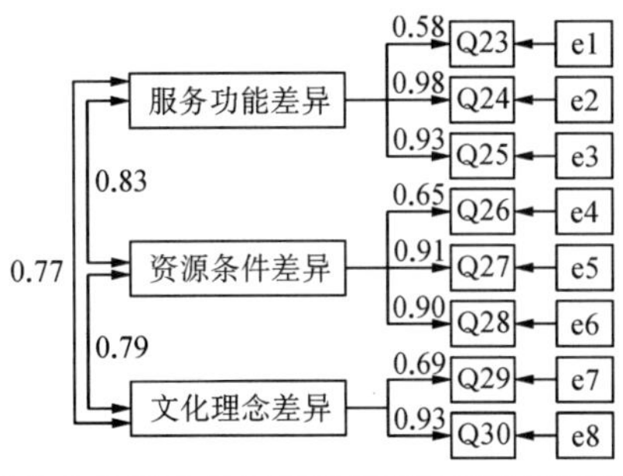

图 4 供给主体间差异因素量表的验证性因子分析模型

5. 假设检验与研究结果

本文应用 SPSS 23.0 软件，选择回归分析方法研究各个可观测变量对于协同供给意愿的影响。回归系数及假设检验结果如表 4 所示。

通过回归分析，对各个假设进行了验证，结果如下。

(1)供给主体的协同动机、协同能力均对供给主体的协同供给意愿选择有正向显著影响，即 H1－H2 成立。其中，协同能力的影响更为显著($\beta=0.468$，$P<0.05$)，也就是说，某一供给主体要想通过与其他供给主体协同合作方式来获取自身所需要的技术、信息、资金等方面资源，首先要练好“内功”，不断提升自身在资源识别、获取、吸收、转换、应用等方面的能力。

(2)供给主体所处的政策环境、市场环境、竞争压力、技术环境均对供给主体的协同供给意愿选择有正向显著影响，即 H3－H6 成立。其中，技术环境的影响更为显著($\beta=0.709$，$P<0.05$)，进一步表明，科学技术的进步发展是农业推广服务协同供给的前提与基础，它不仅能够催生各类新型农业经营主体对于物化技术成果以及农业生产环节外包服务的需求，更为农业推广服务内容向市场、金融等方面拓展提供了可能。

(3)供给主体间在服务功能、资源条件以及文化理念方面的差异因素对供给主体的协同供给意愿选择有负向显著影响，即 H7－H9 成立。其中，就服务功能差异与资源条件差异而言，二次项系数均为负，即差异过大或者过小都不利于供给主体的协同供给意愿选择，因此，供给主体在选择协同伙伴时要评价对方的服务功能与资源条件，尽可能选择与自身有一定差异、但是差异又不太大的供给主体作为协同伙伴；就文化理念差异而言($\beta=-0.325$，$P<0.05$)，供给主体在进行协同伙伴选择时，应尽量选择与自身差异较小者合作。

表 3 各个量表验证性因子分析模型的整体适配度检验

拟合指标	绝对拟合指数				相对拟合指数		
	CMIN/DF	*RMSEA*	*GFI*	*AGFI*	*NFI*	*TLI*	*CFI*
拟合标准	<3	<0.08	>0.90	>0.90	>0.90	>0.90	>0.90
供给主体自身因素量表	1.691	0.069	0.917	0.921	0.939	0.907	0.919
外部环境因素量表	1.602	0.056	0.905	0.901	0.900	0.903	0.922
供给主体间差异量表	1.958	0.074	0.911	0.903	0.912	0.931	0.919

表 4 回归系数

假设变量	回归系数	*P*	检验结果	假设变量		回归系数	*P*	检验结果
H1	0.177	<0.05	显著	H7	X^2	−0.554	<0.05	显著
H2	0.468	<0.05	显著		X	3.578	<0.05	显著
H3	0.542	<0.05	显著	H8	X^2	−0.471	<0.05	显著
H4	0.640	<0.05	显著		X	1.091	<0.05	显著
H5	0.380	<0.05	显著	H9		−0.325	<0.05	显著
H6	0.709	<0.05	显著					

三、讨论与建议

本文植根于农业推广服务供给主体这一特定群体，通过综合考虑供给主体自身因素、外部环境因素、主体间差异因素 3 个变量，构建了影响农业推广服务供给主体参与协同供给意愿的结构方程模型，并进一步验证了上述 3 个变量对于农业推广服务供给主体参与协同供给意愿的影响。前文相关假设的验证也为现今农业推广服务体系的改革发展带来了一定的实践启示。

一方面，出于供给主体自身因素对于其参与农业推广服务意愿的影响考虑，扶持和鼓励不同类型供给主体的壮大发展，构建齐抓共管的农业推广服务发展格局。站在破解“三农”难题、服务农业农村经济社会发展的高度，深入推进政府推广机构改革，将工作重心向公共物品类农业推广服务供给倾斜，发挥好统筹、规范、引导作用，扶持建立符合当地农业产业特色的农业产业链，同时，通过政策引领，提高农业推广服务供给主体的组织化服务程度，最大限度调动高校院所、涉农企业、合作组织、专业大户等不同类型供给主体的参与协同供给的意愿，发挥其供给能力和服务作用，实现“1＋1＞2”的协同供给效果。

另一方面，从制约供给主体参与农业推广服务的外部条件着手，完善配套的政策、市场、竞争、技术等环境建设，为其积极主动参与农业推广服务协同供给提供环境保障。一是完善配套制度建设，重点围绕保障粮食安全、资源安全、实现产业扶贫等国家重大战略需求和任务，加大对农业产业发展的资金投入和科研力度，并通过集中整合各类公益性农业推广服务资源，实施精准投放，有效提升和改善农业产业链上的综合生产能力；二是发挥市场诱导作用，积极培育和发展农业产业相关的市场服务需求，特别是非公共物品类的农业推广服务需求，构建平等协商的利益分配及风险分担相关机制，更好地满足不同类型供给主体的意愿需求与经济收益，进而有效保障协同服务关系的长效、稳定、深入发展；三是规范竞争机制建设，通过合同契约、管理制度、质量标准等对农业推广服务供给主体参与协同服务的投入、风险与收益进行制度安排和规范管理，彼此之间建立信任学习的关系，最大限度降低农业推广服务供给主体参与协同服务的合作风险；四是搭建技术服务平台，完善农业知识产权保护体系建设，为非公共物品类农业推广服务特别是农业科技服务成果的转化与应用创造良好外部环境，着力推进农业与农村的信息化平台建设，发挥现代传播方式作用，改善农业推广服务手段，提升农业推广服务效率。

（作者单位：河北农业大学农学院；论文来源：《中国农机化学报》2019年第9期）

长江经济带农业碳排放的EKC检验及影响因素研究

丁宝根　赵玉　罗志红

农业既是国民经济的基础，也是生态环境的重要屏障。十九大以来，高质量发展成为我国新的历史定位，也是我国农业发展的重要导向。低碳绿色是农业高质量发展的重要内涵特征，而实现农业低碳绿色发展亦成为推动农业高质量发展的重要内容；与此同时，我国高碳排放的粗放型农业发展较为普遍，农业经济发展与生态环境的矛盾较为突出，成为农业高质量发展的主要障碍。因此，围绕着农业低碳绿色发展所开展的农业碳排放问题研究亦成为探索我国农业高质量发展的重要课题。

针对农业碳排放问题，国内外学者已从不同视角开展一系列卓有成效的研究。Amy K. Richmond等分析农业碳排放与农业经济关系，李波等探索中国农业碳排的时空差异，黎孔清等对农业碳排影响因素进行分析。此外，李蓓蓓、高标等也对农业碳排放问题进行有益探索。从总体上看，现有研究成果多涉及国家层面或省级层面，对长江经济带区域农业碳排进行系统研究涉足较少，鲜有基于环境库兹涅茨曲线（EKC）视角的农业碳排放研究；且因模型不同、数据不同和地区不同等，其研究结论存在较大差异。全国9个商品粮基地中有6个地处长江经济带区域内，长江经济带在我国农业发展大格局中具有十分重要的战略地位。与此同时，长江经济带自2015年上升为重大国家战略区域以来，“生态优先、绿色发展”已成为该区域经济高质量发展的重要导向，推动农业低碳绿色发展也成为该区域实现农业高质量发展的重要方面。EKC是探索区域环境与收入增长关系的重要工具，而农业碳排放是区域环境的重要方面。因此，研究长江经济带区域农业碳排放的EKC特征及影响因素，对新时代推动长江经济带农业低碳、绿色、可持续的高质量发展具有十分重要意义，可为长江经济带合理制定农业碳减排政策提供决策参考。

一、研究区域概况

长江经济带依托长江黄金河道，覆盖上海、江苏、浙江、安徽、江西、湖北、湖南、重庆、四川、贵州、云南11省（市），在我国总体发展战略空间格局中占据十分重要的地位。长江经济带区域总土地面积约205.3万平方千米，约占全国21.4％；属于亚热地季风气候，年均气温在16～18℃；区内有成都、江汉、洞庭湖、鄱阳湖、江淮、太湖六大平原，水、耕地等农业资源十分丰富；全国9大商品粮生产基地中，长江经济带独占6席；农业产值约占全国40％，粮食产量约占全国38.5％，承载了全国50％以上的农业从业人口；因此，长江经济带在我国农业发展大格局中具有十分重要的战略地位。

长江经济带作为我国重大战略发展区域，根据长江经济带规划纲要的要求，“生态优先、绿色发展”已成为该区域经济高质量发展的重要导向，而“低耗能、低污染、低排放”的经济发展方式是该区域“生态优先、绿色发展”的重要方面。2017年7月，生态环境部、国家发改委等联合下发的《长江经济带生态环境保护规划》指出，长江经济带污染排放量大、强度高，单位面积碳排强度是全国平均水平的1.8倍左右。2018年10月，国家发改委、生态环境部和农业农村部等联合下发的《关于加快长江经济带农业面源污染治理的指导意见》指出，必须加快推进长江经济带农业绿色发展，推行农业绿色生产方式，实现农业经济与资源环境的协调，以助力长江经济带高质量发展。至此，长江经济带农业正转向低碳、绿色、可持续的高质量发展阶段。

二、研究方法和数据来源

1.农业碳排放测算方法

关于农业碳排放源的测算，现有研究尚未形成统一的方法。本研究主要基于IPCC碳排系数来测算长江经济带农业碳排放。农业碳排放主要源于农业生产过程中对石化能源的需求以及化肥、农药、农膜等的使用。根据相关文献资料和数据的可获得性，主要考察以下6种农业碳源：灌溉、翻耕、化肥、农药、农膜、农用柴油，据此，农业碳排测算公式如式(1)。

$$C = \sum_{i=1}^{6} C_i = T_i \times \varepsilon_i \tag{1}$$

式中：C ——农业碳排总量；

C_i ——第 i 种碳源的碳排量；

T_i ——第 i 种碳源的使用量；

ε_i ——第 i 种碳源的碳排系数。

农业不同碳源及碳排系数如表1所示。

表1 农业碳排放源和碳排系数

碳源	碳排放系数	参考来源
化肥	0.895 6 千克/千克	美国橡树岭国家实验室
农药	4.932 1 千克/千克	美国橡树岭国家实验室
农膜	5.18 千克/千克	南京农业大学农业资源与生态环境研究所
柴油	0.592 7 千克/千克	IPCC2013
灌溉	266.48 千克/公顷	段华平等
翻耕	312.6 千克/平方千米	中国农业大学生物与技术学院

2. EKC曲线模型

EKC被广泛应用于碳排放与经济增长关系的研究，通过该曲线可以较好的判断区域碳排放未来的趋势、是否存在拐点等。本研究借鉴"基于EKC视角的江西省碳排放影响因素研究"的研究成果，运用二次曲线模型对长江经济带农业碳排放的EKC进行回归估计，构建模型：

$$Y_t = \theta + \lambda_1 X_t + \lambda_2 X_t^2 + \varepsilon \tag{2}$$

式中：Y ——农业碳排量；

X ——农民人均收入；

t ——年份；

θ ——常数；

λ_1、λ_2 ——待估参数；

ε ——随机误差项。

待估参数 λ_1、λ_2 正负及大小关系的不同，农业碳排放量 Y 与农民人均收入 X 呈现不同的关系如表2所示。

3. LMDI分解模型

自20世纪80年代分解模型诞生以来，LMDI分解法已被广泛应用于能源消费和能源强度的因果分析，也成为碳排影响因素分析的主要方法之一。关于农业碳排的恒等式较多，鉴于本研究关注在农业生产效率、农业结构、农业经济水平以及农业劳动力规模对碳排放的影响，构建LMDI分解模型：

$$C = \frac{C}{PLA} \times \frac{PLA}{AGRI} \times \frac{AGRI}{P} \times P \tag{3}$$

令：$\beta_1 = \frac{C}{PLA}$

$\beta_2 = \frac{PLA}{AGRI}$

$\beta_3 = \frac{AGRI}{P}$

式中：C ——农业碳排总量；

PLA ——农业产值；

$AGRI$ ——农林渔业产值；

P ——农业劳动力规模；

β_1 ——农业生产效率；

β_2 ——农业生产结构；

β_3 ——农业经济水平。

表2 农业碳排放 Y 与农民人均收入 X 的关系

β_1、β_2 正负及大小关系	Y 与 X 之间的关系	环境与收入的关系
$\beta_1=\beta_2=0$	Y 与 X 之间没有关系	环境与收入不存在相关性
$\beta_1<0$ 且 $\beta_2=0$	Y 与 X 之间呈现递减关系	环境随着收入增长而改善
$\beta_1>0$ 且 $\beta_2=0$	Y 与 X 之间呈现递增关系	环境随着收入增长而恶化
$\beta_1<0$，$\beta_2>0$	Y 与 X 之间呈现"U"形关系	收入处于较低水平时环境随着收入增长而改善，但收入处于较高水平时环境随着收入递增而恶化
$\beta_1>0$，$\beta_2<0$	X 与 Y 之间呈现倒"U"形关系	收入处于较低水平时环境随着收入增长而恶化，但收入处于较高水平时环境随着收入增长而改善，此为典型的EKC曲线

则有：

$$C = \beta_1 \times \beta_2 \times \beta_3 \times P \tag{4}$$

通过对式(4)进行对数分解等，可测算出农业碳排放各影响因素贡献值，其表达式：

$$\begin{aligned}
\Delta\beta_1 &= \frac{C^T - C^0}{\ln C^T - \ln C^0} \times (\ln\beta_1^T - \ln\beta_1^0) \\
\Delta\beta_2 &= \frac{C^T - C^0}{\ln C^T - \ln C^0} \times (\ln\beta_2^T - \ln\beta_2^0) \\
\Delta\beta_3 &= \frac{C^T - C^0}{\ln C^T - \ln C^0} \times (\ln\beta_3^T - \ln\beta_3^0) \\
\Delta P &= \frac{C^T - C^0}{\ln C^T - \ln C^0} \times (\ln P^T - \ln P^0) \\
\Delta C &= \Delta\beta_1 + \Delta\beta_2 + \Delta\beta_3 + \Delta P
\end{aligned} \tag{5}$$

式中：$\Delta\beta_1$ ——T 年与基期相比的农业生产率变化引起的农业碳排放变化量；

$\Delta\beta_2$ ——T 年与基期相比的农业生产结构变化引起的农业碳排放变化量；

$\Delta\beta_3$ ——T 年与基期相比的农业经济水平变化引起的农业碳排放变化量；

ΔP ——T 年与基期相比的农业劳动力规模变化引起的农业碳排放变化量。

4.数据来源

本研究农业碳排放测算、EKC检验及影响因素分析所需的灌溉、翻耕、化肥、农膜、农药、农业柴油、农业产值、农林牧业总产值、农业劳动力数量等数据资料均来源于长江经济带11省(市)2002—2018年《统计年鉴》和2002—2018年《中国农村统计年鉴》,其中,灌溉面积为当年有效灌溉面积;翻耕面积为当年农作物播种面积;农膜为当年实际使用量;化肥为当年化肥折纯量;农药为当年实际使用量;柴油为当年农用柴油使用量;农民人均收入为当年农村居民人均可支配收入;农业劳动力为当年年末乡村第一产业从业人数。

三、实证结果与分析

1.长江经济带农业碳排放EKC检验及拐点分析

通过长江经济带农业碳排放与农民人均收入的散点图(如图1)。

可知长江经济带农业碳排放与农民人均收入存在正相关性,农业碳排随农民人均收入增长而趋于上升。2001—2012年,长江经济带农民人均收入处于10 000元以下,此阶段农业碳排量随农民人均收入增长而上升的速度较快;2013年,长江经济带农民人均收入突破10 000元,此后农业碳排量随农民人均收入增长而上升的速度趋于缓慢,甚至2015年开始转入负增长。

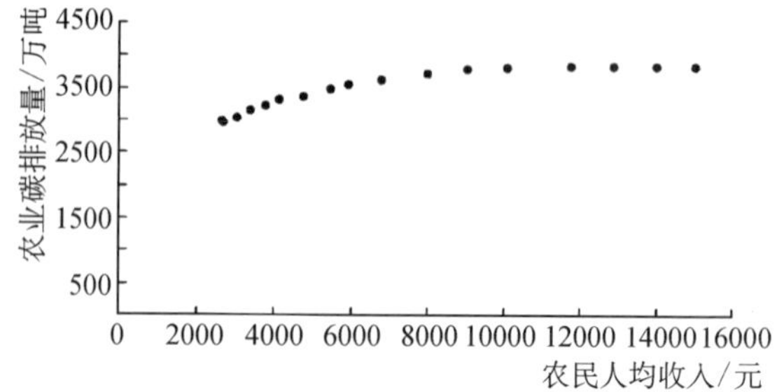

图1 长江经济带农业碳排与农民人均收入之间关系

为进一步观察农业碳排放与农民人均收入之间的关系,利用SPSS软件对长江经济带2001—2017年农业碳排放量与农民人均收入做曲线估计,其相关参数如表3所示。

从表3可知,二次曲线模型判定系数R^2为0.991,相对线性模型而言,其拟合效果更优,能较好描述长江经济带农业碳排放Y与农民人均收入X之间的关系及趋势,列方程如式(6)。

$$Y = 2425.524 + 0.241X - (1.01 \times 10^5)X^2 \quad (6)$$

表3 模型汇总和参数估计值

方程	模型汇总					参数估计值		
	R^2	F	$df1$	$df2$	$Sig.$	常数	$b1$	$b2$
线性	0.817	67.051	1	15	0.000	2968.370	0.070	
二次	0.991	743.483	2	14	0.000	2425.524	0.241	−1.010E−5

通过式(6)可知,二次曲线模型的一次项系数大于0,二次项系数小于0,因此,长江经济带农业碳排量与农民人均收入之间呈现出倒"U"形曲线关系(图2),即为典型EKC曲线。

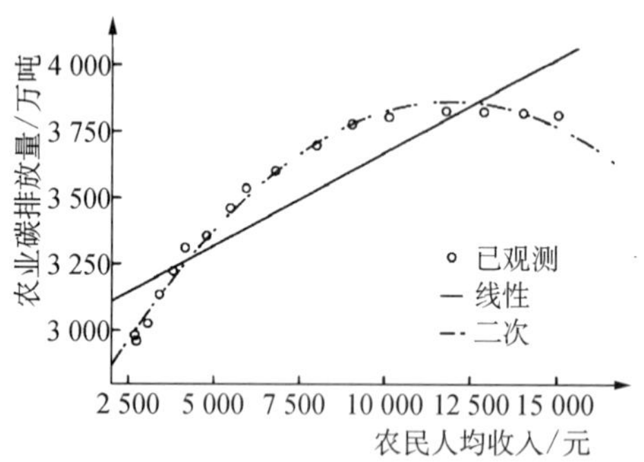

图2 长江经济带农业碳排量与农民人均收入的拟合曲线

上述结果验证了长江经济带农业碳排放与农民人均收入之间呈现出倒"U"形曲线关系,即为典型的EKC曲线关系。其中,倒"U"形曲线的拐点出现在农民人均收入12 000元左右,其对应的时间大致在2014年,即2014年左右长江经济带农业碳排放量达到峰值,且随着农民人均收入增长而趋于下降。

2.长江经济带农业碳排放影响因素分析

基于长江经济带农业碳排放量、农业产值、农林渔业总产值、农业劳动力数量等数据,通过LMDI模型对碳排影响因素进行分析,可得出长江经济带农业碳排影响因素的正负效应水平,如表4和图3所示。

从表4可知,2001—2017年,农业生产效率是长江经济带农业碳减排的主要驱动因素,累计减排贡献值为32 215.11万吨;农业生产结构总体上保持对农业碳排的增排效应,其累计增加排放约1 956.54万吨;农业经济水平是农业碳排放增加的最主要影响因素,其累计增加排放约57 177.67万吨;农业劳动力规模整体上对农业碳排放起到抑制作用,其累计减排贡献值约12 071.53万吨。与此同时,农业生产效率、农业生产结构、农业经济水平、农业劳动力规模等因素的总效应在2014年达到峰值,与EKC曲线的拐点时间保持一致,从而进一步表明了长江经济带自2014年后农业碳排放量转入下降趋势。

从图3可知,2001—2017年,长江经济带农业生产效率年均碳减排贡献率达19.97%,且减排效应正趋于上升,这可能得益于近年来农业技术创新以及农业机械化、规模化的现代化生产方式导致农业生产效率的提高;农业生产结构经历了减排效应到增排效应的变化,波动幅度较大,总体上保持对农业碳排放增加的促进作用,这表明长江经济带农业生产结构还存在很大优化的空间;农业经济水平对农业碳排放增加的年均贡献率达46%,但其对农业碳排增加的促进效应近年来趋于下降,这可能因农业生产效率的提高导致农业产出不变的情况下投入逐渐减少,但出于保障粮食安全的需要,农业生产规模将长期保持较高水平,其对农业碳排放增加的贡献率也将长期处于较高状态;农业劳动力规模因素经历了增排效应到减排效应的变化,且自2007年后农业劳动规模因素对农业碳排的抑制效应年均贡献率达13%左右,这表明随着人口城市化和农业现代化的快速发展,长江经济带农业劳动规模在持续减少,农业劳动力投入的减少一定程度上导致农业碳排放量的减少。

表 4　2001—2017 年长江经济带农业碳排放各影响因素贡献值

年份	农业生产效率效应	农业生产结构效应	农业经济水平效应	劳动力规模效应	总效应
2001	2.24	263.60	2.23	64.11	332.17
2002	327.21	−159.46	50.20	136.01	353.95
2003	127.03	−66.93	106.92	234.25	401.27
2004	−429.74	−42.50	678.20	307.43	513.38
2005	−486.77	−104.87	830.29	366.79	605.44
2006	−635.90	−51.81	1 331.19	54.02	697.50
2007	−1 007.59	−152.96	2 491.63	−585.19	745.89
2008	−1 397.03	−249.98	3 398.22	−896.90	854.31
2009	−1 637.14	−11.70	3 535.73	−953.16	933.72
2010	−2 151.59	91.18	4 086.15	−1 024.30	1 001.45
2011	−2 588.33	35.42	4 825.98	−1 172.58	1 100.49
2012	−2 927.78	91.38	5 286.03	−1 265.92	1 183.71
2013	−3 154.66	107.95	5 572.64	−1 315.01	1 210.93
2014	−3 514.33	288.42	5 845.81	−1 384.74	1 235.17
2015	−3 624.27	169.66	6 127.06	−1 440.48	1 231.97
2016	−3 813.61	108.05	6 451.64	−1 518.66	1 227.43
2017	−5 302.85	1 641.08	6 557.76	−1 677.20	1 218.78
总贡献	−3 2215.11	1 956.54	57 177.67	−12 071.53	14 847.56

注：正值表示增排效应，负值表示减排效应。

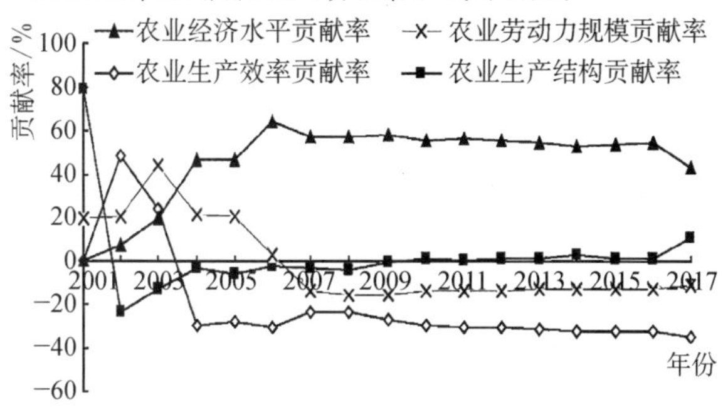

图 3　2001—2017 长江经济带农业碳排放各影响因素贡献率波动趋势

注：正值表示增排效应，负值表示减排效应。

四、研究结论与政策建议

1. 研究结论

长江经济带农业碳排放与农民人均收入存在相关性，其呈现出典型的 EKC 曲线关系，拐点在 2014 年前后，这表明随着农民人均收入的持续增长，长江经济带农业碳排放已从上升阶段转入下降阶段。

农业生产效率是长江经济带区域农业碳排放增加的最主要抑制因素，且减排效应趋于上升；农业生产结构对长江经济带区域农业碳排放的影响较大，其总体上保持增排效应；农业经济发展水平是长江经济带区域农业增排的最主要原因，但其增排效应正趋于弱化；农业劳动力规模对长江经济带区域农业碳排放增加起到一定程度的抑制效应；各影响因素的碳排总效应 2014 年达到峰值。

2. 政策建议

基于长江经济带农业碳排放的 EKC 检验及影响因素分析，所得的研究结论可为推动长江经济带农业低碳绿色等高质量发展提供重要的决策参考。据此，提出以下几点政策建议。

(1)努力提升农业生产效率。科学技术是第一生产力，提升农业科技水平是提升农业生产效率的最重要方面。农业科技水平的提升需要政府、企业和农民等多方面的共同努力；需建立以政府为主导和社会多方力量广泛参与的农业科研投入体系；需政府积极采取财税政策支持、鼓励和引导企业或农民推广应用农业生产节能减排新技术，以实现农业增产增收的同时，也保持农业生产低污染、低排放，从而推进农业低碳绿色等高质量发展。

(2)不断优化农业生产结构。长江经济带区域林业资源丰富，在保持粮食生产安全的同时，也需因地制宜，大力发展果园、茶园等林业，既可实现农民增收，又可增加碳汇源，从而实现农业生产结构优化。

(3)积极推动农民向二、三产业转移。农业机械化和规模化生产是农业现代化的重要条件，积极推动农业过剩劳动力向二、三产业转移，为农业机械化和规模化生产创造了有利条件，最终有利于农业生产效率的提高。政府应采取多种措施鼓励农民工城市落户，大力发展乡镇二、三产业吸收农业过剩劳动力，以实现农业生产机械化、规模化，从而提升农业生产效率。

(4)建立健全农业碳减排的监管机制。农业碳减排的有效落实离不开强有力的监管机制。首先，需强化农业碳排放的统计与测算，并建立长江经济带农业碳排放数据信息管理系统，以实现对该区域农业碳排放的动态监控；其次，区域内各省市应逐步建立农业碳排放核算年度报告制度，以形成长效机制；最后，需建立农业生态补偿制度并运用财税优惠政策引导、扶持农业低碳绿色发展。

（作者单位：东华理工大学经济与管理学院；论文来源：《中国农机化学报》2019 年第 9 期）

农业机械化政策法规及规章

农业农村部部门规章及文件

【拖拉机和联合收割机驾驶证管理规定(农业部令 2018 年第 1 号)】 农业部根据《中华人民共和国农业机械化促进法》《中华人民共和国道路交通安全法》和《农业机械安全监督管理条例》《中华人民共和国道路交通安全法实施条例》等有关法律、行政法规，制定《拖拉机和联合收割机驾驶证管理规定》。《拖拉机和联合收割机驾驶证管理规定》经农业部 2017 年第 11 次常务会议审议通过，于 2018 年 1 月 15 日公布，自 2018 年 6 月 1 日起施行，用来规范拖拉机和联合收割机驾驶证的申领和使用工作。

【拖拉机和联合收割机登记规定(农业部令 2018 年第 2 号)】 农业部根据《中华人民共和国农业机械化促进法》《中华人民共和国道路交通安全法》和《农业机械安全监督管理条例》《中华人民共和国道路交通安全法实施条例》等有关法律、行政法规，制定《拖拉机和联合收割机登记规定》。《拖拉机和联合收割机驾驶证管理规定》经农业部 2017 年第 11 次常务会议审议通过，于 2018 年 1 月 15 日公布，自 2018 年 6 月 1 日起施行，用来规范拖拉机和联合收割机登记工作。

【国家认证认可监督管理委员会 农业农村部关于印发《农机自愿性产品认证实施规则通用要求》的公告(2018 年第 43 号)】 为做好中央财政农机购置补贴机具资质采信农机产品认证结果工作，国家认证认可监督管理委员会同农业农村部组织制定了列入资质采信范围的《农机自愿性产品认证实施规则通用要求》(编号:CNCA-AM-01:2018)，于 2018 年 11 月 21 日发布，自即日起实施。要求承担农机购置补贴机具资质采信农机产品认证工作的认证机构，应根据《农业部办公厅 国家认监委办公室关于做好中央财政农机购置补贴机具资质采信农机产品认证结果工作的通知》(农办机〔2018〕6 号)确定，依据本公告发布的《农机自愿性产品认证实施规则 通用要求》制定相应的农机自愿性产品认证实施特则，报认监委、农业农村部备案后方可开展相关认证活动。

【农业部 国家安全监管总局关于公布 2017 年度全国"平安农机"示范市、县和农机安全监理示范岗位标兵名单的通知(农机发〔2018〕1 号)】 2017 年，经过市县自愿申报、省级择优推荐、部级审查公示等程序，确定内蒙古自治区通辽市等 13 个地级市、河北省邯郸市肥乡区等 97 个县(市、区)和北京市农机监理总站王科程等 230 名同志分别为 2017 年度全国"平安农机"示范市、示范县和农机安全监理示范岗位标兵，于 2018 年 1 月 3 日将名单公布，并对河北、江苏、福建、山东、湖南、宁夏等地农机化主管部门和安全生产监督管理部门的"平安农机"创建工作予以表扬。各地要大力宣传示范典型经验，以创建促工作、促安全、促发展，完善基层农机安全监管网络，落实惠农政策和便民措施，提升监管能力和服务水平，进一步夯实农机安全生产基础，推动新时期农机化高质高效安全发展。

【农业部关于印发《拖拉机和联合收割机驾驶证业务工作规范》和《拖拉机和联合收割机登记业务工作规范》的通知(农机发〔2018〕2 号)】 为贯彻实施《拖拉机和联合收割机驾驶证管理规定》(中华人民共和国农业部令 2018 年第 1 号)和《拖拉机和联合收割机登记规定》(中华人民共和国农业部令 2018 年第 2 号)，规范拖拉机和联合收割机安全监理业务，加强农机安全生产，农业部对《拖拉机驾驶证业务工作规范》《拖拉机登记工作规范》《拖拉机驾驶人各科目考试内容与评定标准》《联合收割机驾驶人考试内容与评定标准》《联合收割机驾驶证业务工作规范》《联合收割机登记工作规范》《拖拉机联合收割机牌证制发监督管理办法》《拖拉机、联合收割机牌证业务档案管理规范》进行了修订，整合为《拖拉机和联合收割机驾驶证业务工作规范》和《拖拉机和联合收割机登记业务工作规范》。于 2018 年 2 月 5 日印发。要求县级农业机械化主管部门农机监理机构应当按照本规范规定的程序办理拖拉机和联合收割机驾驶证业务。市辖区未设农机监理机构的，由设区的市农机监理机构负责管理或农业机械化主管部门协调管理。农机监理机构办理驾驶证业务时，应当设置受理岗、考试岗和档案管理岗。农机监理机构应当建立计算机管理系统，推行通过网络、电话、传真、短信等方式预约、受理、办理驾驶证业务，使用计算机打印有关证表。

【农业部办公厅关于2017年农机事故情况的通报（农办机〔2018〕1号）】 根据《农业机械安全监督管理条例》和《农业机械事故处理办法》规定，农业部办公厅于2018年2月2日对2017年全国农机事故情况进行通报。2017年全国农机事故起数和伤亡人数均同比有所下降，但农机亡人事故时有发生，安全隐患仍然存在，农机安全生产形势依然严峻。2018年，要求各地按照1月25日全国安全生产电视电话会议要求，牢固树立安全红线意识，认真分析农机行业安全生产形势和事故特点，深入查找监管漏洞，以问题为导向，采取有针对性的措施，坚决防范农机安全事故发生。要加强农机事故调查，及时、准确、全面掌握事故发生情况，建立农机事故统计分析定期报告制度。要深入开展农机安全隐患排查和治理，建立农机、公安、安监等部门联合工作机制，严厉查处拖拉机无牌、假牌、逾期未检验、拼装、改装和驾驶人无证驾驶、违法载人等违法行为。要加强农机安全教育培训和应急演练，切实提高农机手安全生产意识和驾驶操作水平。

【农业部办公厅　财政部办公厅关于做好2018—2020年农机新产品购置补贴试点工作的通知（农办机〔2018〕5号）】

为落实《农业部办公厅、财政部办公厅关于印发〈2018—2020年农机购置补贴实施指导意见〉的通知》（农办财〔2018〕13号）要求，切实做好农机新产品购置补贴试点工作，经商中国民用航空局、农业部办公厅、财政部办公厅于2018年3月15日就有关事项发布通知。①试点目的。发挥农机购置补贴政策的引导作用，加速农机新产品试验鉴定和推广应用，支持促进农机产品技术创新和研发生产，更好满足广大农民群众对新型农业机械日益增长的需要。②试点内容。探索对尚无试验鉴定大纲的农机新产品开展补贴的路径和办法，或者探索现行试验鉴定大纲不能涵盖其新增功能和结构特征的新产品分类分档办法，完善价格、比例等补贴额测算因素的选取方式和确定标准，以补贴试点推动新产品的推广应用，制修订试验鉴定大纲、完善补贴额测算办法，为新产品纳入全国农机购置补贴机具种类范围奠定基础。

【农业部办公厅　国家认监委办公室关于做好中央财政农机购置补贴机具资质采信农机产品认证结果工作的通知（农办机〔2018〕6号）】 为贯彻《国务院关于加强质量认证体系建设促进全面质量管理的意见》（国发〔2018〕3号）精神，落实《农业部办公厅、财政部办公厅关于印发〈2018—2020年农机购置补贴实施指导意见〉的通知》（农办财〔2018〕13号）的要求，推进中央财政农机购置补贴机具资质采信农机产品认证结果工作，农业部办公厅，国家认监委办公室于2018年3月14日发布通知。主要包括产品种类范围及认证要求，参与采信工作认证机构的确定，认证信息公开和管理，违规行为查处等内容。

【农业部办公厅关于印发《2018—2020年全国通用类农业机械中央财政资金最高补贴额一览表》的通知（农办机〔2018〕7号）】 根据《农业部办公厅、财政部办公厅关于印发〈2018—2020年农机购置补贴实施指导意见〉的通知》（农办财〔2018〕13号）的要求，农业部组织制定了《2018—2020年全国通用类农业机械中央财政资金最高补贴额一览表》（以下简称《一览表》），于2018年3月9日印发。《一览表》明确了通用类机具各个档次的最高补贴额。各省可在不超过最高补贴额的前提下，结合实际，采用、调整、优化相关档次，重新测算补贴额。对《一览表》现有档次未涵盖的机具，均按非通用类机具管理，由各省结合实际进行分档及测算补贴额。各省要按照《2018—2020年农机购置补贴实施指导意见》规定和本通知要求，严格遵循专家测算、集体审议、公示、发布的程序，加快制定公布本省农机购置补贴机具补贴额一览表。

【农业农村部办公厅关于印发《2018年推进农业机械化全程全面发展重点技术推广行动方案》的通知（农办机〔2018〕9号）】 为深入贯彻落实2018年《政府工作报告》"推进农业机械化全程全面发展"的部署，农业农村部决定组织实施2018年推进农业机械化全程全面发展重点技术推广行动，并研究制订了行动方案，于2018年4月16日印发。要求各项行动重点工作负责单位精心组织，相关地方农机化主管部门和单位支持配合，认真抓好落实，务求取得实效。各地要结合实际，贯彻落实方案精神和要求，积极行动起来，狠抓重点技术的示范推广，加快推进农业机械化全程全面发展，为实施乡村振兴战略提供有力支撑。

【农业农村部办公厅关于开展2018年农机"安全生产月"活动的通知（农办机〔2018〕10号）】 为深入宣传贯彻习近平新时代中国特色社会主义思想和党中央、国务院关于加强安全生产工作的系列决策部署，按照《国务院安委会办公室关于开展2018年全国"安全生产月"和"安全生产万里行"活动的通知》（安委办〔2018〕8号）要求，农业农村部于2018年5月14日发布通知。要求结合农机行业特点，于6月在全国组织开展农机"安全生产月"活动，进一步增强农机手安全素质，有效防范和遏制农机重特大事故发生。

【农业农村部办公厅关于做好2018年农机跨区作业管理和服务工作的通知（农办机〔2018〕11号）】 为有力、有序、有效地组织好2018年"三夏"农机跨区作业大会战，农业农村部于2018年5月16日发文，要求各级农业机械化主管部门精心组织实施，全力完成目标任务；打造信息"三夏"，提升作业效率；打造质量"三夏"，促进提质减损；打造绿色"三夏"，推动循环利用；打造平安"三夏"，保障作业安全；打造暖心"三夏"，做到便民惠农。

【农业农村部办公厅关于做好2018年农机深松整地工作的通知（农办机〔2018〕13号）】 为贯彻落实《农业部关于大力实施乡村振兴战略加快推进农业转型升级的意见》（农发〔2018〕1号）和《农业农村部　财政部关于做好2018年中央财政农业生产发展等项目实施工作的通知》（农财发〔2018〕13号）部署要求，切实完成好2018年深松整地目标任务，农业农村部于2018年5月14日发文，要求各级农业机械化主管部门抓紧分解目标任务，因地制宜开展作业补助，启动深翻作业补助试点，巩固提升作业质量。

【农业农村部办公厅关于2018年上半年农机事故情况的通报（农办机〔2018〕19号）】 按照《农业机械安全监督管理条例》和《农业机械事故处理办法》规定，农业农村部于2018年7月30日发文，通报2018年上半年全国农机道路外事故情况、农机道路交通事故情况。要求各级农业机械化主管部门要按照7月27

日全国安全生产电视电话会议精神，牢固树立安全发展理念，深化改革创新，加强安全基础能力建设，加强农机事故调查，加强农机安全教育培训和应急演练，加强农机安全风险防控和隐患排查治理，持续强化变型拖拉机专项治理，会同应急管理部门开展好2018年度"平安农机"示范创建活动，提高工作站位，切实保障农民群众生命财产安全。

【农业农村部办公厅关于农业机械维修技术合格证核发行政许可取消后加强事中事后监管的通知（农办机〔2018〕21号）】 为贯彻落实《国务院关于取消一批行政许可事项的决定》（国发〔2018〕28号）精神，加强农业机械维修技术合格证核发行政许可事项取消后的事中事后监管，做好相关工作衔接，维护农业机械维修当事人的合法权益，农业农村部于2018年8月21日发文，要求各级农业机械化主管部门认真履行法定职责，加强相关标准宣贯，推动行业自律，依法开展监督检查，畅通投诉渠道。

【农业农村部办公厅关于进一步明确农机报废更新补贴工作有关要求的通知（农办机〔2018〕22号）】 为加快推进农机报废更新补贴实施，农业农村部于2018年9月7日发文，要求各级农业机械化主管部门加快实施进度，细化完善操作办法，强化监督管理，建立季报制度。

【农业农村部办公厅关于开展秋冬季农机安全生产检查整治工作的通知（农办机〔2018〕23号）】 为深入贯彻中央领导重要指示批示和全国安全生产电视电话会议精神，落实国务院安委会有关工作部署，强化安全监管，促进安全生产，农业农村部于2018年9月17日发文，决定在全国范围内组织开展秋冬季农机安全生产检查整治工作。通知包含重点任务、进度安排、工作要求。

地方性法规、规章及文件

【河北省农业厅　河北省财政厅关于印发《河北省农机购置补贴产品违规经营行为处理细则（试行）》的通知（冀农业规〔2018〕5号）】 为进一步加大农机购置补贴产品经营违规行为打击力度，严惩失信违规产销企业，建立健全农机购置补贴产品违规经营行为处理制度，确保补贴资金安全，根据农业部办公厅、财政部办公厅制定的《农业机械购置补贴产品违规经营行为处理办法（试行）》（农办财〔2017〕26号）等法律法规和有关规定，河北省农业厅与河北省财政厅制定了《河北省农机购置补贴产品违规经营行为处理细则（试行）》，并于2018年8月17日印发。此规则包含总则、违规行为类型、违规行为处罚、违规行为查处程序、附则。

【山西省农机局关于加快机械化有机旱作农业发展的实施意见（晋农机办字〔2018〕12号）】 为了进一步全面落实习近平总书记视察山西重要讲话精神和《山西省人民政府关于加快有机旱作农业发展的实施意见》，推动农业机械化有机旱作农业发展，结合全省农业机械化工作实际，山西省农机局于2018年5月11日发文，提出实施意见。此意见包含重要意义、区域布局、重点工程、保障措施。

【吉林省农业委员会　吉林省财政厅关于加快推广秸秆覆盖还田保护性耕作技术推进耕地质量耕作生态耕作效益"绿色增长"的实施意见（吉农机发〔2018〕22号）】 为深入贯彻落实中共中央、国务院和吉林省委、省人民政府关于实施乡村振兴战略的意见及推进农业绿色生态高质高效发展的精神要求，吉林省农业委员会与吉林省财政厅于2018年9月25日发文，要求各级农业机械化主管部门以绿色生态发展为导向，加快推动形成耕地质量耕作生态耕作效益"绿色增长"的种植生态化生产方式；以科技创新推动为引领，加快推广秸秆覆盖还田保护性耕作技术；以统筹规划推进为主线，加快制定落实秸秆覆盖还田保护性耕作发展规划；以强化科技支撑为基础，加快组建秸秆覆盖还田保护性耕作科技团队；以强化组织领导为保障，健全完善秸秆覆盖还田保护性耕作推进机制。

【江苏省农业保险工作领导小组办公室关于印发《江苏省粮食烘干机保险条款费率（试行）》的通知（苏农险办发〔2018〕6号）】 为贯彻落实《中共江苏省委　江苏省人民政府关于贯彻落实乡村振兴战略的实施意见》（苏发〔2018〕1号）精神，进一步保障江苏省粮食生产安全，提高农业风险防范能力，拓展农机保险惠农政策，江苏省农业农村厅会同省农险领导小组相关成员单位制定了《江苏省粮食烘干机保险条款费率（试行）》，并于2018年10月29日印发。此条款包含总则、财产保险保险责任、责任保险保险责任、通用条款保险期间。

【浙江省农业厅关于印发《农业主导产业"机器换人"示范县评价办法》的通知（浙农专发〔2018〕93号）】 为加快推进农业"机器换人"，破解不平衡不充分问题，高水平创建全国农业"机器换人"示范省，助力乡村振兴战略实施，浙江省农业厅制订了《农业主导产业"机器换人"示范县评价办法》，并于2018年8月24日印发。此通知包含评价对象、评价范围、评价指标、评价办法、评价程序。

【浙江省农业厅关于印发《浙江省农业机械事故应急处置预案》的通知（浙农专发〔2018〕83号）】 为规范浙江省农业机械事故应急处置工作，提升应急管理水平，增强应急处置能力，科学实施应急救援，最大限度减少农机事故造成的人员伤亡和财产损失，维护人民群众生命财产安全和社会稳定，浙江省农业厅于2018年8月15日印发修订后的《浙江省农业机械事故应急处置预案》。此预案包含总则、组织机构及职责、预防、预警、报告机制、应急响应、后期处置、保障措施、附则。

【山东省农业机械管理局关于印发"两全两高"农业机械化示范县评价指标体系（试行）和评价办法（试行）的通知（鲁农机管字〔2018〕9号）】 为贯彻落实《山东省人民政府办公厅关于加快新旧动能

转换推进“两全两高”农业机械化发展的意见》(鲁政办字〔2017〕211号)文件精神，科学评价县域“两全两高”农业机械化水平，山东省农业机械管理局研究制定了“两全两高”农业机械化示范县评价指标体系(试行)和评价办法(试行)，于2018年8月30日印发。评价指标体系包含评价对象、评价范围、评价指标体系内容、综合评定、指标解释与计算。评价办法包含评价目标、评价对象、评价组织、评价程序、申报材料要求。

【山东省农业机械管理局　中国农业银行山东省分行　山东省农业发展信贷担保有限责任公司关于政银担合作支持农机购置金融服务的通知(鲁农机计字〔2018〕20号)】　为进一步提升农机购置金融服务水平，加快推进山东省农业机械化、农业现代化进程，更好地为打造乡村振兴“齐鲁样板”贡献力量，山东省农业机械管理局、中国农业银行山东省分行和山东省农业发展信贷担保有限责任公司共同研究，确定面向农机合作社、农机大户等农机经营主体推广“鲁担惠农贷”金融产品，联合开展支持农机购置金融服务，并于2018年8月21日发文通知有关事项。此通知包含充分认识政银担合作支持农机购置金融服务的重要意义、搭建多方合作平台，创新金融服务方式、组织保障。

【山东省《拖拉机驾驶培训管理办法》实施细则】　为实施好农业部《拖拉机驾驶培训管理办法》，结合贯彻实施《农业机械安全监督管理条例》《山东省农业机械管理条例》《山东省农业机械化促进条例》等有关法规规定，制定山东省《拖拉机驾驶培训管理办法》实施细则。本细则自2018年7月1日起施行，有效期至2023年6月30日。

【广西壮族自治区人民政府办公厅关于印发《加快推进糖料蔗生产机械化发展实施方案(2018—2022年)》的通知(桂政办发〔2018〕84号)】　为深入贯彻习近平总书记视察广西时关于糖业发展的重要指示精神，全面落实《农业部办公厅国家发展和改革委员会办公厅财政部办公厅工业和信息化部办公厅关于印发〈推进广西甘蔗生产全程机械化行动方案(2017—2020年)〉的通知》(农办机〔2017〕6号)要求，广西壮族自治区人民政府办公厅制定《加快推进糖料蔗生产机械化发展实施方案(2018—2022年)》。此实施方案包含总体要求、重点工作、保障措施。

【重庆市农业委员会关于土地宜机化整治先建后补的通知(渝农发〔2018〕148号)】　为深入贯彻落实党的十九大精神和习近平“三农”思想，确保重庆市土地宜机化整治更加科学有效实施，根据《重庆市实施乡村振兴战略行动计划》(渝委发〔2018〕1号)和《中共重庆市委农工委重庆市农业委员会关于印发2018年全市农业工作要点的通知》(渝委农发〔2018〕1号)精神，重庆市农业委员会决定在全市推行土地宜机化整治先建后补，于2018年7月3日发文通知有关事项。此通知包含重要意义、基本原则、适用对象及规模、执行标准、奖补流程、工作要求。

【重庆市农业委员会办公室关于印发《实施智汇农机手金蓝领成长计划》的通知(渝农办发〔2018〕27号)】　为贯彻落实党中央国务院“实施乡村振兴战略，畅通智力、技术、管理下乡通道，造就更多乡土人才，聚天下人才而用之”精神，加快农业机械化技能人才培育，促进农业生产社会化服务，强化人才对现代农业发展和乡村振兴的支撑作用，根据《中共中央国务院关于实施乡村振兴战略的意见》《重庆市农业机械化发展“十三五”规划》，重庆市农业委员会办公室于2018年3月1日发文《实施智汇农机手金蓝领成长计划》。此计划包含重要意义、总体要求、重点任务、实施步骤、保障措施。

【云南省农业厅　云南省财政厅关于印发《云南省农机购置补贴产品违规经营行为处理实施办法(试行)》的通知(云农机〔2018〕10号)】　为进一步规范农机购置补贴产品经营行为，加强对农机购置补贴产品违规经营行为的打击力度，确保农机购置补贴政策规范、高效、安全实施，根据农业农村部办公厅、财政部办公厅《农业机械购置补贴产品违规经营行为处理办法(试行)》(农办财〔2017〕26号)的规定，云南省农业厅、财政厅研究制定了《云南省农机购置补贴产品违规经营行为处理规范(试行)》，于2018年9月30日印发。此办法包含总则、责任义务、违规行为、处理职权、处理程序、附则。

【兵团农业局　兵团发展改革委　兵团科技局　兵团工信委　兵团财政局　兵团环保局关于印发《兵团农田残膜污染治理三年行动攻坚计划》的通知(兵农(机)发〔2018〕21号)】　为贯彻中共中央办公厅、国务院办公厅《关于创新体制机制推进农业绿色发展的意见》，坚持质量立兵团、生态立兵团，实施农业绿色发展战略，兵团农业局、兵团发展改革委、兵团科技局、兵团工信委、兵团财政局、兵团环保局联合发文《兵团农田残膜污染治理三年行动攻坚计划》。此计划包含序言、指导思想、现状、攻坚目标、重点任务、保障措施。

农业机械化工作

各地工作要览

北京市

【概况】 2018年，北京市农业机械化工作以年初制定的农业机械化工作要点为指引，对标承担的市政府重点工程和局绩效任务，完成全年工作目标。

【"三大绩效"任务圆满完成】 2018年，北京市农业委员会农业机械化管理处有三项工作被列为全局绩效任务，分别是蓝天保卫战非道路移动农业机械排放监管、美丽乡村建设农作物秸秆综合利用、农业质量年"产地环境净化行动"农机深松整地。

【探索非道路移动农业机械排放监管有效途径】 2018年，北京市蓝天保卫战将高排放车整治和移动源排放监管确定为2018年的重点任务，从而使拖拉机和联合收割机等非道路移动农业机械成为排放监管的重点对象。

【取得成效】 2018年，北京市级农村农业、生态环保部门联合工作机制初步建立，建立了重点农时期间定期会商、联合检查工作机制和数据共享机制。

【非道路移动农业机械台账建立健全】 2018年，北京市农业委员会农业机械化管理处结合全市在册农业机械催检注销工作，对现有拖拉机、联合收割机管理台账进行重新梳理，截至11月底，全市注册拖拉机6 685台，联合收割机1 214台，收集整理机械的基本信息，明确监管底数。

【排放相关基础数据不断完善】 2018年，北京市农机部门结合北京市第二次全国污染源普查工作，对拖拉机、联合收割机等非道路移动农业机械燃油消耗等情况进行了摸底调查和统计分析；在年度农业机械安全技术检验工作中，要求各区将包括尾气烟度值在内的各项数据进行存档备案。

【拖拉机、联合收割机尾气污染物排放控制研究积极推进】 2018年，北京市开展了尾气污染物排放控制装置（颗粒捕捉器）在拖拉机、联合收割机上的应用效果研究，在试验示范的基础上，验证尾气污染物排放控制装置减排效果的有效性。

【农作物秸秆综合利用保持较高水平】 2018年，北京市按照"基本模式全覆盖，典型模式再推广"的思路，持续巩固和提升全市农作物秸秆和设施农业废弃物综合利用水平。其中设施农业废弃物处理"顺义模式"，已在全市大部分涉农区推广应用，2018年又推广到河北省石家庄市正定县。结合"春耕""三夏""三秋"等重点农时，"两会"期间及空气污染预警等重点时段，加强农作物秸秆综合利用和禁烧督导，促进秸秆综合利用水平提升。2018年全市农作物秸秆综合利用水平达98%以上。

【农机深松整地作业任务全面完成】 2018年，农业农村部将农机深松整地工作列为农业质量年"产地环境净化行动"重要内容，下达北京市农机深松整地作业任务10千公顷。按照《北京市农机深松整地作业补贴工作实施方案》要求，组织怀柔、密云、大兴、延庆、平谷、通州、房山等7个区开展农机深松整地作业，全年实施深松作业面积10.52千公顷。

【农机购置补贴实施方式平稳过渡】 2018年，北京市农机购置补贴政策实施方式由"政府采购"改为"自主购机"。

【制定补贴政策】 2018年，北京市农业委员会农业机械化管理处与北京市财政局联合制定《2018—2020年北京市农机购置补贴实施方案》（京农发〔2018〕190号），在与中央补贴政策实施操作方式保持一致的同时，为确保北京市配套农机补贴资金突出地方特色，将市级补贴资金分为累加补贴和单独补贴两种方式，突破中央补贴资金补贴范围和补贴机具资质限制，更好地满足北京市农业重点产业和特色产业的发展需要。

【增强信息化手段】 2018年，北京市开发"北京市农机购置补贴辅助管理系统""农机购置补贴产品自主投档平台"和手机App、机具二维码、物联网监管"三合一”系统，规范工作程序，方便企业申报和购机者申请补贴，推进农机购置补贴向政策执行有效性、工作程序规范性、政策信息公开性、资金使用安全性、用户申请便利性、补贴兑付及时性等方面迈出坚实一步，特别是购机者通过手机就可以完成验机和补贴资金的申请，实现购机者办理农机购置补贴“只跑一次”。

【出台配套文件】 2018年，北京市实行“自主购机”政策。经过广泛征求意见，多次修改，依据中央相关要求，借鉴其他省市做法，制定本市农机购置补贴工作流程，农机购置补贴产品核验工作规程，农机具购买及补贴申请、兑付流程等一系列配套文件，明确补贴工作程序，规范相关工作流程，确保政策实施的公平性和普惠性。

【推进农机购置补贴工作】 2018年，北京市农机购置补贴资金共计1.75亿元，其中中央资金1.05亿元，市级资金0.7亿元。目前，全部补贴资金已经转移支付到13个涉农区和北京首农食品集团有限公司，第一批分档和测算补贴额工作已经完成，正在积极推进企业投档和归档工作。

【农业机械化“全程全面”取得新进展】 2017年，北京市主要农作物耕种收机械化水平已经达到90%，2018年在坚持继续推进主要农作物生产全程机械化、发展畜牧水产养殖及设施农业机械化的基础上，重点发力蔬菜生产全程机械化，通过重点打造露地蔬菜主导品种全程机械化生产模式，推进农业机械化全程全面发展。

【完善露地甘蓝生产全程机械化技术模式】 2018年，北京市农机部门继续完善露地甘蓝生产全程机械化技术模式，推进在京津冀等地区的推广应用。

【打造生菜生产全程机械化模式】 2018年，北京市农机部门通过重点突破结球生菜和散叶生菜机械化收获，逐步形成生菜播种育苗、整地施肥、起垄、移栽、收获、残叶废弃物处理等生产环节可复制、可推广的全程机械化解决方案与关键装备，进而突破叶类菜生产全程机械化模式，为下一步实施露地蔬菜生产全程机械化推进行动打好基础。

【农机安全生产保持稳定】 2018年，北京市农业委员会农业机械化管理处正式颁布实施《北京市农业机械安全监督管理规定》，农机安全法规、制度建设稳步推进。按照农业农村部关于拖拉机和联合收割机的“两个部令”和“两个规范”要求，各区农业机械化主管部门已顺利承接各项农机监理行政许可事项。老旧农机催检注销工作有力推进，全市共注销老旧农机14 864台。截至11月底，全市共发生国家等级公路以外一般农机事故4起，死亡0人，受伤0人。

天津市

【概况】 2018年，天津市农机部门贯彻落实中央农村工作会议、全国农业工作会议和天津市农村工作会议精神，围绕服务和支撑乡村振兴战略实施，瞄准全年重点工作任务，迅速行动、农业机械化各项工作推进，农业机械化发展质量效益提高。

【秸秆综合利用水平稳定】 2018年，天津市各级农机部门密切配合各级责任主体，抓秸秆综合利用工作，累计完成秸秆粉碎还田(肥料化利用)283.31千公顷，打捆离田(饲料化、原料化、燃料化利用)90.48千公顷，全市秸秆综合利用率保持在97%以上。

【落实农机购置补贴政策】 2018年，天津市共使用中央财政农机购置补贴资金7 733.384万元、天津市财政农机购置补贴资金3 039.326万元，补贴各类农业机械10 769台，使3 267名购机者直接受益，带动购机者投入约2.39亿元。同时，投入中央和天津市财政农机报废更新补贴资金407.55万元，完成拖拉机、联合收割机报废更新53台。

【完成深松平地作业】 2018年，天津市农机深松整地及激光平地作业项目顺利实施，9个项目区共组织80余个农机合作社，投入深松机及配套拖拉机共计700余台，投入激光平地机176台，实施完成37.33千公顷深松整地和12千公顷激光平地作业任务。

【主要作物种植实现全程机械化】 2018年，天津市小麦耕种收综合机械化水平保持100%，水稻耕种收综合机械化水平达99.28%，玉米耕种收综合机械化水平达98.8%，经济作物和设施农业机械化水平有所突破，全程机械化得到推进。全市农作物耕种收综合机械化水平达87%以上。

【编制秸秆综合利用规划】 2018年，天津市组织各区清理“小散边”玉米秸秆266.67公顷，并将2017年剩余水稻、棉花秸秆全部离田处置，遏制冬、春秸秆焚烧现象发生。编制秸秆综合利用规划，明确2018—2020年工作目标、重点任务及职责分工。制定印发年度工作方案，逐级签订责任书，明确秸秆综合利用工作时间表、路线图、责任人。

【推进秸秆综合利用工作】 2018年，天津市利用农机购置补贴政策，对秸秆综合利用机械给予倾斜，共使用中央和市财政补贴资金1 634.05万元，补贴新增秸秆综合利用机械549台，保障所需机具应补尽补。印发宣传材料67 950份，张贴悬挂标语10 309条，投放公益广告及媒体报道49次。

【强化督导检查】 2018年，天津市成立10个市级督导检查组、72个区级巡查组，累计出动8 016人次，深入农村街镇、田间地头开展督导检查。开展项目对接，推动秸秆有机肥制造等项目建设。

【实施农机购置补贴政策】 2018年，天津市征求各方面意见，研究制定《天津市2018—2020年农机购置补贴实施方案》。严格内控管理，制定出台《天津市农机购置补贴工作运行内部控制制度(试行)》，规范开展补贴范围确定、补贴额测算、补贴产品信息投档等工作。

【加强信息化建设】 2018年，天津市投入应用农机购置补贴辅助管理系统、投档系统、手机App申请系统，探索“三合一”办补试点工作，提高补贴手续办理便利性。

【加强信息公开】 2018年，天津市重建购机补贴信息公开专栏，并统一为各区开设区级信息公开专栏，实现补贴信息市、区两级同步更新、同步公布，提高补贴政策实施透明度。

【召开培训班】 2018年，天津市先后两次召开全市农机购置补贴业务人员培训班，解读购机补贴实施方案、违规处理流程、信息公开专栏和手机 App 申请系统应用，提高区级工作人员业务能力。开展违规产销企业联动查处工作，维护购机者利益。研究启动新产品补贴试点工作，组织各区做好农机报废更新补贴试点工作。

【实施深松平地作业项目】 2018 年，天津市编制印发《天津市 2018 年农机深松整地及激光平地作业补贴实施方案》。落实项目廉政风险防控管理制度，与各区农机部门签订工作责任书，压实主体责任。

【落实深松平地作业】 2018 年，天津市先后 4 次组织召开全市工作协调会，并印发《2018 年“三秋”农机深松平地作业培训指导意见》，组织各区加强对服务队负责人、机手及村监督员的技术指导与培训。要求参加作业机具全部加装智能监测设备，采取专人定期察看监测设备作业数据状态、随机赴作业现场进行人工核查等方式，加强对现场作业全程可视化督导。

【加强项目实施监管】 2018 年，天津市采取政府购买服务方式，委托第三方评价机构对各区项目实施情况开展日常核查。组织开展廉政风险警示教育，督促各区规范操作，严格把关。

【组织“三夏”农业机械化生产】 2018 年，天津市圆满完成农机春耕春播任务，全市共完成机械耕整地作业 124.41 千公顷，机播各类作物 126.17 千公顷。组织完成“三夏”农业机械化生产，全市累计投入小麦联合收割机 4 600 余台、玉米播种机 8 000 余台，机收小麦 114 千公顷，机播夏玉米 118.67 千公顷，实现小麦机收率、玉米机播率两个 100%。

【组织“三秋”农业机械化生产】 2018 年，天津市累计投入玉米联合收获机 2 400余台、拖拉机和播种机 2 万余台、水稻收割机 620 台，机收玉米 193.33 多千公顷，机收水稻 40 多千公顷，机收大豆 3.33 多千公顷，机播冬小麦 84.67 多千公顷，完成机械耕整地作业 96.67 多千公顷。

【抓跨区作业组织管理】 2018 年，天津市共发放联合收割机（水稻插秧机）跨区作业证 1 252 张，“三夏”和“三秋”期间，各级农机部门在手机微信群发布机具动态信息 215 条，受理跨区作业机手咨询 300 多次，促进跨区作业有序开展。培育全程机械化核心示范户和示范农场，全程机械化示范农场保持在 30 个以上，形成一批全程机械化核心示范基地。

【强化农业机械化科技成果的推广应用】 2018 年，天津市共实施 6 项市农业科技成果转化与推广项目，引进新品种 4 个、新技术 11 项、新设备 57 台（套），建立试验、示范基地 25 处，建立科技示范户 152 户，实现新增经济效益 1 032 万元。开展畜禽养殖园区和设施农业园区机械化水平调研，开拓农业机械化科技发展思路，为推动“四区两平台”建设助力。

【推动农业机械化科普宣传】 2018 年，天津市开展以“推广农机化新技术，助力乡村振兴”为主题的农业机械化科技下乡重点活动 30 项次，通过机具展演、技术培训、科技入户等方式累计参与农民人数 2 万余人次，发放宣传材料 3 万余份，推广机具 360 台（套），宣传推广农业机械化新技术 26 项次。

【推动新型职业农民培训】 2018 年，天津市先后 3 次召开工作座谈会、推动会部署相关工作，共培训新型农业经营主体带头人和青年农场主 390 人、新型职业农民 1 088 人，完成实用技术普及性培训 4 646 人次，完成“万名农机大户和农机合作社带头人示范培育”100 人培训任务，组织 6 名农机选手参加全国农业行业职业技能大赛，取得农机修理工团体第四名和个人第四名的好成绩。

【加强农业机械化人才队伍建设】 2018 年，天津市开展农业机械化管理和科教人员培训，举办农机推广技术人员高级研修培训班、中初级农机推广技术人员培训班和乡镇农机推广技术人员培训班，完成农技推广骨干 5 天培训（农机业）132 人培训任务。

【完成合作社认定和复核工作】 2018 年，天津市完成 2017 年市级和市级示范农机合作社财政扶持创建项目验收工作。完成农机合作社认定和复核工作，全市 15 家市级农机合作社和 17 家市级示范农机合作社通过区农机部门复核，有 1 家市级农机合作社通过专家组认定。完成对同益、旺达、合兴、富水等 4 个全国示范社的动态监测。开展农机合作社发展趋势调研。

【农机合作社扶持培育取得新成效】 2018 年，天津市通过培育建设，农机合作社在促进农机社会化服务组织提档升级，促进农业生产集约化、规模化、产业化经营，促进一、二、三产业融合，带动小农户节本增效等方面发挥作用。据统计，全市农机合作社数量达 280 家，农机资产总值达 5.6 亿元，年作业量达 415.33千公顷，年服务农户 66.8 万户，年经营收入达 2.76 亿元。

【农机安全生产形势稳定】 2018 年，天津市落实农机安全生产责任制，签订安全生产责任书（安全生产协议）6 000 余份。开展农机安全执法检查 925 次，出动检查人员 2 838 人次，排查农机合作社、设施农业园区和管理相对人 683 家次，发现并整改事故隐患 109 起。

【实施农业农村部新规章规范】 2018 年，天津市核发拖拉机、联合收割机牌证 1 744 台，检验拖拉机、联合收割机 17 398台，核发拖拉机、联合收割机驾驶证 473 人，对 21 名农机考试员、54 名教练员进行资格审查并予以确认。发放农机安全生产宣传资料 2 万余册，累计教育持证农机驾驶员近 3 000 人。

【开展“平安农机”创建工作】 2018 年，天津市开展“平安农机”示范乡镇、村、户创建工作，推荐西青区参加全国“平安农机”示范区评选。组织开展农机事故应急处置演练和业务培训，举办新部令宣贯培训班、农机事故统计员培训班、农机安全网格员培训班等，提升监理规范化水平。截至目前，发生 2 起农机事故，造成 1 人死亡，1 人受伤，直接经济损失 3 000元，全市农机安全生产形势稳定。

【开展农机质量监管工作】 2018 年，天津市组织农机“3·15”消费者权益日暨送农业机械化科技服务下乡活动，开展农业机械化新技术、新机具应用指导及农机购置补贴、作业补贴政策咨询等服务。

【开展农机打假专项治理活动】 2018年，天津市各区共出动农机执法人员1 139人次，检查农机销售、维修企业及农机市场466家，印发宣传资料1.47万份。农机产品试验鉴定工作有序开展，共完成农机定型鉴定37项、市级推广鉴定28项，承接部级推广鉴定任务9项。履行法定职责，市场监管随机抽查有效落实，市级共出动执法人员84人次，开展农机行政执法检查42次。开展农机立法工作，《天津市农业机械管理条例》(修改)立法预备审议项目任务如期完成。

【加强京津冀农业机械化科技交流】 2018年，天津市举办京津冀农机推广技术人员培训，承办环京津冀第二届保护性耕作论坛，组织召开京津冀设施农业土壤改善及配套机械化技术发展研讨会，组织农机鉴定、推广科技人员参加2018年北方果园生产机械化发展论坛暨果园机械装备演示展示活动、果园机械化专题调研活动、北京市农机推广田间日活动。

【促进京津冀鉴定资源实现共享互补】 2018年，天津市组织召开京津冀农机鉴定工作协同发展论坛，举办京津冀农业机械检验检测机构检验能力比对试验活动，组织签订《京津冀农机鉴定工作协同发展合作协议》。

【推进京津冀农机安全监管协同发展】 2018年，天津市组织签订《京津冀农业机械及驾驶员信息共享协议书》和《京津冀农机安全监管协同发展合作协议书》，定期通报三地跨区作业农机违法信息、农机事故等情况，召开京津冀农机安全监理执法研讨会，与北京、河北农机安全监理部门在宝坻区共同开展农机安全监理联合执法检查。

【发展帮扶困难村建设】 2018年，天津市形成主要领导负总责、亲自抓，分管领导具体抓，其他领导协助抓，驻村帮扶组具体抓，基层单位和机关各处全力配合的帮扶工作机制。主要领导和分管领导经常深入困难村走访调研，党委会研究涉及帮扶工作的议题十余次。制定出台《天津市农机中心关于新一轮结对帮扶困难村工作的实施意见》，研究制定结对帮扶困难村三年规划和年度计划，在宝坻区率先制定产业帮扶规划。

【推动帮扶工作】 2018年，天津市指导驻村帮扶组和帮扶村"两委"紧密结合区、镇总体发展规划，确立脱贫致富发展方向。共自筹投入帮扶资金45万元，支持帮扶村打井解决饮用水不洁净难题、建设村级组织活动场所；使用农机系统党费3.4万元，为两村党员活动室配置打印机、投影仪、电脑等办公设备。

【开展基础设施建设项目】 2018年，天津市争取全市首批困难村基础设施建设项目，为两个困难村新(改)建村内道路、改造污水管网；协助两村健全、充实能够承担农机作业服务的农民专业合作社；组织村"两委"干部和村民到天津市农业科学院、天津农学院等科研院所及市级示范农机合作社、其他结队帮扶工作先进村参观学习，并邀请农业和规划方面专家到两村实地考察指导，帮助村"两委"理清产业发展思路；组织村民参加市、区、镇三级农业技术培训班，共培训近100人次。

河北省

【概况】 2018年，河北省农业农村厅在农业农村部农业机械化管理司的悉心指导下，贯彻落实中央农业农村工作会议精神，全力推进全程机械化示范县和农机合作社创建，农机购置补贴政策落实，"三夏"农机化生产，农机深松作业补助，"三员"生活补贴发放，农机安全生产等重点工作开展。

【农业机械化水平稳步提升】 2018年，河北省2018年农机总动力达7 706万千瓦，农作物耕种收综合机械化水平达78%，小麦机播水平达99%，小麦机收水平达99.4%，玉米机播水平达95%，玉米机收水平达81%。完成深松作业面积860千公顷，近三年来均超额完成农业农村部农业机械化管理司任务目标；落实农机购置补贴资金13.11亿元，补助各类农机具7.36万台(套)。

【布局开展示范】 2018年，河北省利用省财政2 000万元，在磁县、沧县等8个县依托国家级实验室和省级科研单位技术支撑，开展了全程机械化"智慧农场"创建活动，打造18个农机农艺信息化深度融合的农机合作社"智慧农场"，开展精准施肥(药)等8项现代农业机械化作业技术的试验示范，通过试验选型，一批农机、农艺和信息化深度融合的新技术和新装备落地使用。

【推动项目开展】 2018年，河北省出台项目实施方案，重点推进18个农机合作社打造"智慧农场"2.0版。4月，召开全程机械化技术培训会和现场经验观摩会，通过培训和学习观摩等手段，引导示范县倒排工期，加快推进项目进程。6月5日，在磁县召开全省全程机械化作业现场演示会，发挥先进典型的样板作用，推进8大现代农业机械化作业技术在各示范县落地。

【发挥示范带动作用】 2018年，河北省承办农业农村部"黄淮海地区粮食高效生产全程机械化推进活动"演示会，时任农业农村部农业机械化管理司司长李伟国、农业农村部农业机械化技术开发推广总站站长刘恒新，黄淮海小麦玉米全国全程机械化专家组全体成员观摩"河北省全程机械化精准作业物联网平台"和精准施肥、精准施药、精量播种、高效节水等一批智能化和信息化为引领的重大集成技术和装备作业。全程机械化示范县根据本地实际，举办演示会，磁县、沧县、宁晋等示范县本着项目上什么就演示什么的原则，在"三夏"期间召开县级或承办市级全程机械化夏季作业演示会。

【重要农时农业机械化生产】 2018年"三夏"期间，河北省精心打造"五型三夏"，全省共出动110万台小麦联合收割机、玉米免耕播种机、拖拉机等农机具投入作业，夏收自6月5日由邯郸开始，历时17天，抢晴天，战阴雨，完成小麦机收面积1 526.43千公顷，确保夏粮颗粒归仓、秋粮适时播种。

【机械化生产三特点】 一是大功率、大喂入量高效联合收获机型唱主角，一个县3～5天，一个市7天左右就完成小麦收获；二是机收机播同步推进，作业又快又好，开展小麦联合收获→麦秸抛洒覆盖还田→夏玉米免耕覆盖播种配套技术"一条龙"作业，小麦收获与夏玉米免耕覆盖播种"无缝对接"；三是农机信息化助力农业机械化生产，各级农机部门通过“农机直通车”系统及时发布机具供需、作业价格等农机跨区作业市场信息，引导机具合理流动，确保适时收获。新华社、农民日报社、中国农机化导报社等中央媒体对河北省2018年“三夏”农业机械化生产情况进行广泛报道，“三夏”农业机械化生产有关情况向河北省主管副省长进行专题报告，并得到省领导批示。

【“三秋”时节农业机械化生产亮点纷呈】 2018年，河北省“三秋”期间共出动拖拉机48万余台，玉米联合收割机近8万台，播种机19万余台。引进外省玉米收获机1 500台弥补区域内玉米收获机不足，组织农机大户和合作社出动机具1 900台赴河南、东北等地作业，增加机手收入。全省小麦播种由北到南，适宜播种期为10月1—20日。随着河北省玉米机收基本实现机械化作业，8万台玉米收获机为推广“两晚”技术提供装备支撑，使全省90%的农田实现玉米晚收和小麦晚播，对高效利用有限光热资源，增加粒重，提高单产发挥重要作用，全省秋粮实现增收两成以上。

【农机购置补贴政策落实】 2018年，河北省农机购置补贴资金达13.351亿元，在179个县(市、区)实施，补贴各类机具7.42万台(套)，受益农户55 398户。

【及时出台政策文件】 2018年，河北省农机部门按照农业农村部、财政部要求，省农业农村厅，财政厅结合农业供给侧结构性改革新趋势，联合出台《河北省2018—2020年农业机械购置补贴实施指导意见》，明确未来3年农机补贴的总体思路、标准流程及保障措施等，对新的三年政策实施做出全面部署。

【合理确定补贴额】 2018年，河北省农机部门于5月17日和7月23日分别组织了第一批和第二批农机购置补贴产品企业自助归档工作，共有1 538家企业10 904个产品完成自助归档，审查通过9 756个产品。

【应对新变化、适应新要求】 2018年，河北省农机部门开展农机新产品购置补贴试点工作，按要求申报粪污处理试点品目，并得到农业农村部批准；在60个县试点对实行牌证管理的补贴机具由农机安全监理机构在上牌过程中一并核验，减少核验次数；在5个县开展了非现金方式支付购机款等试点工作；推广应用农机补贴手机App，年底前将农机补贴手机App应用到农机补贴实际工作当中。

【及时查处农机企业违规行为】 2018年，河北省农机部门于8月出台《农业机械购置补贴产品违规经营行为处理实施细则》，依据农业农村部农业机械化管理司有关规定加大违规行为查处力度，发现一起、查处一起、曝光一起。

【开展农机深松作业】 2018年，河北省利用补助资金29 728万元(中央资金19 028万元，省级资金10 700万元)，补助实施农机深松作业补贴面积860千公顷。2018年上半年，河北省财政厅随机抽取深松作业实施县独立开展绩效评价，评价等级为“优秀”。

【严把作业机具、监测设备调试关】 2018年，河北省对项目区内参加深松作业的深松机具提出严格要求，明确“四必须、四严禁”标准。要求所有参加作业的深松机具必须安装智能监测终端，2018年，河北省安装深松智能监测终端10 370台套，智能监测作业面积达621.8千公顷，智能监测率达100%。

【严把决策及质检关】 2018年，河北省实行“县长负责制”，以政府领导为组长的农机深松工作领导小组负责农机深松项目重大事项决策。2018年，河北省在国内首家推行并完善深松第三方质检机制，全省123个项目县中有116个全部采用了第三方质检，第三方质检面积达595.8千公顷，质检率达95.8%。

【严把深松工作督导关】 2018年，河北省实行“县级监督检查”“市级督导检查”“省级交叉督导”的三级检查方式，保障农机深松作业的顺利实施。

【加快“三员”生活补贴发放进度】 2018年，河北省共认定74 021人，基本完成“三员”身份认定工作，补贴发放比例达到60%以上，解决“三员”这一特殊农民群体老有所养问题。

【加强组织调度】 2018年，河北省定期召集相关部门召开协调会议，对重大问题及时研究处理；建立“半月报”机制，及时准确掌握各地“三员”工作动态；通过公文通知、微信群、随机借机调研等途径和方法，强化工作调度，提升县级党委政府的重视程度，形成齐抓共管的工作格局。5月22—25日对邯郸市、唐山市、秦皇岛市进行实地督导调研，摸清进度缓慢县(市、区)底数，并指导当地拿出具体推进措施。

【加强政策解读】 2018年，河北省设立“三员”生活补贴发放推进工作专用办公室和专线电话，专人轮流值班，接受各地政策咨询，及时收集各地情况，全力做好来访群众的政策解读和维稳工作。全年共受理“三员”及相关人员电话咨询和诉求反映100余次，面对面接谈42批、234人次。

【加强沟通协作】 2018年，河北省加强与省联席会议办公室、省农业农村厅驻省群众工作中心接谈小组的沟通联系，共同建立健全预警工作机制，定期沟通，把握工作主动性。

【落实农机安全生产】 2018年，河北省牢固树立安全发展理念，坚持“安全第一，预防为主，综合治理”的方针，农机安全工作取明显成效。截至9月底，累计报告农机事故4起，死亡3人，直接经济损失10.2万元，农机事故起数、死亡人数、受伤人数和直接经济损失等农机事故4项指标均未超出年初制定任务目标，农机安全生产形势持续稳定向好。

【农机安全生产责任制有效落实】 2018年，河北省贯彻落实“党政同责、一岗双责、齐抓共管、失职追责”，进一步明确和落实党委政府领导责任、部门监管责任、生产经营者主体责任，层层签订责任书，切实落实农机安全监管责任，全省农机安全生产责任体系基本建立健全。

【农机安全宣传教育活动有声有色】 2018年，河北省农机部门开展第17个“安全生产月”活动，宣传农机安全生产法规和安全生产知识，推动农机安全知识、安全常识在广大群众中普及应用。组织开展以“生命至上、安全发展”为主题的全国农机安全宣传咨询日活动，农业农村部农业机械化管理司副司长王家忠、河北省农业农村厅副厅长段玲玲参加活动，深入农机合作社和麦收现场进行安全生产宣传、检查。

【“平安农机”创建活动深化】 2018年，河北省农机部门争取各级地方政府重视和支持，加大创建活动投入。2018年上半年，在各地创建的基础上，推出8个省级“平安农机”示范县、27名农机安全监理示范岗位标兵。

【农机安全专项整治成效明显】 2018年，河北省农机部门制定《农机安全生产专项治理方案》，结合农时季节，印发《关于做好“三夏”和汛期农机安全生产工作的通知》《关于切实抓好“三夏”及端午节期间农机安全生产工作的通知》等文件，明确任务，细化措施，深入田间地头进行安全隐患排查，加强农机事故隐患排查治理。

【落实农机安全惠农政策】 2018年，河北省农机部门推进农机监理行政事业性收费免征政策深入实施，目前20个县工作经费已全部或部分列入预算；推动政策性农机保险的实施，拓展安全防护功能，全省已有10个设区市出台实施方案，60个县开始办理业务。

【农机安全监管手段不断加强】 2018年，河北省农机部门依托智慧农机决策管理信息平台建设，创新智慧农机应用领域，使“互联网”“物联网”等技术逐步渗入安全监管各环节，升级农机安全监管系统，提升农机安全监理工作效率和质量，确保新业务规章规范严格落实。

山 西 省

【概况】 2018年，山西省在山西省委、山西省人民政府的领导下，在农业农村部农业机械化管理司的指导下，山西省农机部门以实施乡村振兴战略为总抓手，坚持质量兴农，聚力“三大省级战略”，助推有机旱作农业，补齐全程机械化短板，突破全面机械化瓶颈，超额完成下达的各项目标任务。

【农机水平提升】 2018年，山西省农作物耕种收综合机械化率达69.5%，高出全国平均水平2.5个百分点。被农业农村部评为“落实强农惠农富农政策（农机购置补贴）延伸绩效管理优秀单位”，被山西省人民政府办公厅评为“2017年度信息报送工作先进单位”。在全国率先探索开展农机资产收益扶贫和机械化有机旱作农业。建成省级智慧农机服务平台。

【举办农机展示活动】 2018年，山西省成功举办山西省农机操作手技能大赛、第十三届北方现代农业装备推广展示交易会、山西省丘陵山区农业机械化技术推进现场会等大型会议及农机展示推介活动。

【实施农机购置补贴政策】 2018年，山西省将补贴范围扩大到14个大类31个小类83个品目，同比增加6个大类12个小类39个品目，并全部实行敞开补贴，基本做到有需就补、应补尽补。增加的补贴机具品目，主要是有机旱作农业、丘陵山区、特色农业生产机械化等农业生产急需、农民急用的机具率先制定《深化“放管服效”改革　加快推进农机购置补贴工作便民化步伐的意见》。

【开发农机购置补贴App】 2018年，山西省开发农机购置补贴手机App，购机者可通过手机App随时查询农机购置补贴信息、办理补贴申请、预约现场核机，让申领补贴的购机者最多跑一次。共使用中央农机购置补贴资金4.14亿元，扶持3.6万户购置4.7万台件农机具。

【制订计划】 2018年，山西省贯彻落实习近平总书记视察山西讲话精神，制定《关于加快机械化有机旱作农业发展的实施意见》及2018年行动计划，提出在全省实施农田宜机化改造示范、机械化秸秆还田提质、农机深松整地推进、机械化生态保护农业等工程。

【推动机械化有机旱作农业发展】 2018年，山西省投入1.08亿元，实施农机深松整地376千公顷，安装作业监控系统4 500台（套），作业监控率达97%；完成农作物机械化秸秆还田1 605.67千公顷，机械化加工转化农作物秸秆377.8万吨；特别是针对山西省广大丘陵山区农田地块小、坡度大，大型机具进地难、作业不便的实际，协调省财政拿出补助资金1 200万元，试点开展农田宜机化改造533.33公顷；建设丘陵山区机械化示范点42个，丘陵山区农作物耕种收综合机械化率达60%。

【推进主要农作物全程机械化】 2018年，山西省围绕小麦、玉米、马铃薯、高粱、胡麻、莜麦、谷子等“1+6”主要农作物，聚焦耕整地、种植、植保、收获、烘干、秸秆处理等六个主要环节，建设全程机械化示范点83个，举办农业机械化技术培训班191期、现场演示培训活动161次，培训农机技术人员、农机手及农民2.9万人。2018年，完成主要农作物全程机械化1 669.67千公顷。新绛、怀仁、翼城被农业农村部认定为全国基本实现主要农作物生产全程机械化示范县。

【探索推进农机资产收益性扶贫】 2018年，山西省以农机合作社为载体，将财政涉农、扶贫资金注入农机合作社形成农机固定资产并量化为股，贫困户以股入社，探索“资产变股权、资金变股金、贫困户变股东、收益有分红”发展模式。投入财政资金1 100余万元，农机资产收益扶贫试点达184个，吸纳和带动贫困户6 100余户、贫困人口1.8万人，实现可分配收益400多万元，户均分红800元以上。

【推进智慧农机服务平台建设】 2018年，山西省根据《山西省促进大数据发展应用若干政策的通知》（晋政发〔2017〕6号）要求，启动建设“山西省智慧农机信息服务管理平台建设项目”，建立相关规范，该平台可实现省、市、县、乡、社各级农机管理部门和农机服务组织农业机械化信息共享，集农机作业监控和调度、农机合作社管理、农机安全生产监管、国家补助资金监督、市场信息发布等功能为一体，推进“互联网+农机”发展。

【加强拖拉机专项整治】 2018年，山西省集中开展农机安全生产执法检查、专项整治、打非治违、“农机安全生产月”等活动，举办全省农机事故应急处置演练，联合交管部门开展变型拖拉机专项整治，共发送“一信三书”2万多份，排查拖拉机、联合收割机1.5万台次，整改隐患4 370项。新注册登记拖拉机、联合收割机1.1万台，检验3.7万台，新训新考驾驶员3 614人，期满换发驾驶证2 405人。

【加强农机安全生产】 2018年,山西省共发生1人死亡,1人轻伤两起一般农机事故,农机安全生产形势稳定。组织开展"3·15"农机质量宣传活动和农机打假专项治理行动,查处不合格农机具77台(件)。受理各类农机产品质量投诉案件11起,全部结案,为农民挽回经济损失14.7万元。

内蒙古自治区

【概况】 2018年,内蒙古自治区农业机械化工作立足推进现代农牧业建设发展,服务乡村振兴战略实施,围绕农业农村部农业机械化工作部署和内蒙古自治区农牧业高质量发展十大行动,完善改革、培育发展主体、推广先进技术、强化能力建设。

【农机装备水平提升】 2018年,内蒙古自治区农机总动力3 663.7万千瓦,同比增长5.2%。农机补贴信息显示,全自治区新增88.24千瓦以上拖拉机4 702台、联合收获机3 296台、自走式青贮饲料收获机1 128台。大型高端机械逐年增长、机群机构逐步优化。

【机械化水平提高】 2018年,内蒙古自治区农作物耕种收综合机械化水平达84%,同比增长0.5个百分点。特色经济作物、畜牧业等薄弱环节机械化发展加快,甜菜、向日葵、谷子等机收水平提高;牲畜饲喂饮水、剪毛药浴、粪污处理等机械化水平提高。

【先进适用技术水平提高】 2018年,内蒙古自治区实施保护性耕作1 401.33千公顷、节水灌溉1 932.67千公顷,先进技术保持大面积推广应用。完成深松整地作业1 075.33千公顷,是农业农村部下达任务的109%。玉米籽粒直收、马铃薯联合收获等新技术推广取得进展。粪污处理、地膜回收等绿色机械化技术得到推广。

【农机社会化服务焕发新活力】 2018年,内蒙古自治区新增农机专业合作社218个,总数达2 739个。以农机专业合作社等新型经营主体为主开展的农机社会化服务不断拓展领域,从耕播收作业延伸到全程机械化作业,从单一环节服务向全域托管服务发展。农机专业合作社托管服务面积达351千公顷,其中全程托管服务面积223.27千公顷。有589个农机专业合作社开展全程机械化+综合农事服务。

【质量监督取得新成效】 2018年,内蒙古自治区农机部门完成农业农村部73.53～110.29千瓦大型轮式拖拉机质量调查工作,共调查16家企业生产的16种型号拖拉机94台。集中开展大中型轮式拖拉机、深松机质量调查,对12家企业的600个产品进行抽样调查。全年实施各类鉴定检验项目265项。完成农机职业技能鉴定450人。完成农机作业标准、规范制修订3项。全年受理质量投诉案件45起,结案37起,结案率82.2%。

【农机安全生产水平得到提升】 2018年,内蒙古自治区发生农机事故6起,死亡4人,经济损失60.85万元,事故起数和死亡人数同比下降33.3%和20%,未发生重特大事故。农机安全生产形势总体平稳。

【完善政策】 2018年,内蒙古自治区《2018—2020年农机购置补贴实施方案》坚持大型、高端、绿色机械化政策导向,在敞开补贴基础上优先补贴先进产品,优化机群结构。加大对粪污处理机械、残膜回收、奶业振兴所需机械,以及葵花、药材等特色经济作物收获机械的政策支持。制定农机补贴政策,落实规范管理内控制度。抓旗县级农机补贴信息公开事项,全自治区信息公开全覆盖。内蒙古自治区农牧业厅获得落实强农惠农政策进步单位荣誉。按照统筹整合原则,将自治区专项资金集中投放重点盟市。

【创建机制】 2018年,内蒙古自治区启动全自治区农业机械化工作绩效考核机制,在常规性工作基础上,确定2018年重点考核七项内容,突出主要作物全程机械化、新型农机服务主体培育、农机社会化服务提升,推进畜牧业机械化和机械深松整地等新技术应用;并将全程机械化、标准化建设、服务能力提升、信息化建设、科技体制创新等重要事项纳入农牧业高质量发展十大行动,带动农业机械化高质量发展。

【推进农机社会化服务】 2018年,内蒙古自治区农机购置补贴政策对农牧民专业合作社放开补贴机械台数限制,并将审批权力下放到全自治区各个旗县。农机深松整地补助、农业生产社会化服务项目主要由农机合作社承担;自治区的农业机械化专项资金重点补助农机作业,发展农机社会化服务。专题举办农机专业合作社理事长培训班。全自治区针对合作社理事长、农机大户、农机操作人员等开展了系列培训、田间活动,培训3.4万人次。

【推进全程机械化】 2018年,内蒙古自治区将全程机械化作为统领农业机械化发展纲领性措施,印发方案。玉米、大豆、马铃薯、小麦、水稻等主要作物主攻高端植保、联合收获、粮食烘干关键环节,提升机械化生产质量。解决葵花、甜菜、谷子、药材等特色经济作物、杂粮杂豆机收环节薄弱问题。聚焦畜牧饲养环节,突出发展畜牧业机械化。举办"田间日"活动,召开展示演示会,推广新机具、新技术、新模式,建设全程机械化示范基地114个,有9个旗县被农业农村部评定为全国主要农作物生产全程机械化示范县。

【提高农业机械化质量监管水平】 2018年,内蒙古自治区结合十大行动标准化行动实施,主推保护性耕作等六项农业机械化标准。部署开展2018年拖拉机、深松机质量调查,并针对部分牧草压捆机标准执行出现的问题,修订完善补贴机具分类分档标准,保证政策严格执行。按期公布2018年获得自治区推广鉴定证书的产品检测结果。结合"3·15"消费者权益保障活动,开展农机市场打假查劣,确保农业机械化质量安全。

【保障农机安全生产】 2018年,内蒙古自治区针对全自治区农机监理取消行政收费、工作经费落实困难、机构调整去向不明情况,毫不放松农机安全生产管理。层层落实责任制,组织开展农机安全生产大检查;开展"平安农机"示范旗县创建活动,树立标兵样板,目前全自治区已有全国示范县32个,自治区级示范旗县32个。内蒙古自治区"平安农机"创建工作受到农业农村部和应急管理部的表扬。

辽宁省

【概况】 2018年，辽宁省各级农业机械化系统干部职工凝心聚力、砥砺奋进、开拓创新、苦干实干，推进农业机械化全程、全面、高质、高效发展，取得良好的成效，圆满完成年度工作目标任务。

【组织落实农机购置补贴政策】 2018年，辽宁省按照农业农村部办公厅、财政部办公厅关于印发《2018—2020年农机购置补贴实施指导意见的通知》(农办财〔2018〕13)精神，联合辽宁省财政厅印发《辽宁省农委 辽宁省财政厅关于印发辽宁省2018—2020年农机购置补贴实施方案的通知》(辽农机〔2018〕90号)，开展政策实施培训，组织专家研究确定年度补贴范围，补贴额一览表，完成3次农机补贴产品投档，两次对各地农机购置补贴实施情况进行督查检查，制发4期农机购置补贴情况通报。

【开展农机购置补贴工作】 2018年，辽宁省推进补贴信息全公开，依法依规对2个违规农机生产企业进行处理。组织开展农机补贴绩效管理、配合辽宁省农业农村厅计划财务处组织第三方中介机构开展2017年农机购置补贴政策绩效管理评价。中央财政农机购置补贴资金共实施67 096万元，实施比例为75.1%。补贴机具4.6万台(套)，受益农户3.6万户，带动农民和农业组织投入18.15亿元.

【开展农机购置新产品试点】 2018年，辽宁省按照《农业部办公厅 财政部办公厅关于做好2018—2020年农机新产品购置补贴试点工作的通知》(农办机〔2018〕5号)要求，组织开展调研，召开专家论证会，并会同辽宁省财政厅印发《辽宁省农委 辽宁省财政厅关于给予辽宁省设施农业发展相关支持政策的请示》(辽农机〔2018〕111号)，向农业农村部、财政部争取将节能日光温室标准化钢架体作为辽宁省新产品试点产品。

【完善新产品试点补贴方案】 2018年6月30日，辽宁省向农业农村部提出将节能日光温室标准化钢架体购置补贴新产品进行备案。9月20日，农业农村部农机化司召开设施钢架大棚和连栋温室补贴方案评估会。10月30日至11月2日，农业农村部规划设计研究院副院长崔军就北方片区日光温室国家农机购置补贴政策研究进行调研。目前，辽宁省按照农业农村部农业机械化管理司要求，正在完善试点补贴方案，等待部专家审查审定。

【加强生产指导】 2018年，辽宁省结合农时农情要求，印发《辽宁省农委关于加强农机备耕春耕生产的通知》和《辽宁省农委关于做好秋季农机化生产工作的通知》，组成开展了秋季农机生产督导检查工作。

【加强生产调度】 2018年，辽宁省按照农业农村部有关要求，利用“农机化生产信息网上报送系统”和“农机跨区作业直通车——农机生产信息发布系统”，组织调度并向农业农村部报送农机生产进度信息45期。

【加强生产服务】 2018年，辽宁省农机部门联系交通部门，免费向农机手发放农机跨区作业证5 000个，为农机跨区作业提供道路交通等便利化服务。

【组织实施农机深松作业补助政策】 2018年，辽宁省加大农机深松整地作业补助政策扶持力度，投入中央财政专项作业补助资金17 922万元，以农机合作社、农业合作社、农机大户、种粮大户等农业生产经营组织为依托，规模实施作业补助面积398.27千公顷。

【做好农机合作社发展工作】 2018年，辽宁省按照农业农村部安排部署，组织开展全省农机合作社调查工作，并向农业农村部报送辽宁省农机合作社发展情况的报告。发挥农机作业补助政策，引导农机合作社发展。目前，全省农机作业合作社总数达1 356个，新增115个，入社人数51 217人，服务农户100余万户，资产总额达42.56亿元，作业服务面积达2 245千公顷。

【开展变型拖拉机专项整治工作】 2018年，辽宁省印发《辽宁省农委关于加强全省农机安全生产监督管理工作的通知》，对全省农机安全生产监督管理工作进行安排和部署。根据农业农村部和公安部的统一部署，与辽宁省公安厅联合印发《关于进一步加强变型拖拉机专项整治工作的通知》，在全省范围内组织开展清理违规变型拖拉机牌、证专项行动，清理违规牌证1.5万余台。

【完成农机牌证办理更新工作】 2018年，辽宁省按照农业农村部统一部署，组织开展全省农机安全宣传月活动和农机安全事故应急演练活动，组织开展全省农机牌证管理新部令、新法规的培训工作，顺利完成全省农机牌证办理管理信息系统的更新建设工作。

【做好农机安全生产工作】 2018年，辽宁省与各市农机安全监理机构签订安全生产责任书，层层落实农机安全生产责任制，组织开展农机安全隐患排查和督导检查工作，农机安全生产形势持续稳定向好。

【组织开展主要农作物全程机械化示范县创建】 2018年，辽宁省按照《农业农村部办公厅关于做好2018年度主要农作物生产全程机械化示范县推荐申报工作的通知》(农办机〔2018〕17号)要求，组织开展主要农作物全程机械化示范县创建工作。创建采取申报自评、数据审核、部门评审、实地考核等方式进行，将沈阳市康平县，朝阳市朝阳县、建平县，锦州市黑山县，铁岭市铁岭县5个县作为辽宁省推荐对象上报农业农村部。12月10日，辽宁省黑山县、建平县、铁岭县3个县作为全国主要农作物全程机械化示范县公示对象进行公示。

【组织开展主要农作物全程机械化示范项目】 2018年，辽宁省印发《辽宁省农委办公室关于印发辽宁省2018年农业技术试验示范与服务支持项目(农机)任务实施方案的通知》(辽农办机发〔2018〕135号)强化示范项目管理，明确实施细节。4月17日，举办2018年辽宁省水稻生产全程机械化示范项目现场演示会。组织省内农机推广专家到田间地头进行授课培训，在春播、后期田间管理、收获等关键季节选派专家对项目实施情况进行督导检查。

【组织玉米生产全程机械化推进活动】 2018年10月10日，辽宁省组织承办2018年全国北方春播玉米区玉米生产全程机械化推进活动，河北、山西、内蒙古、吉林、黑龙江、陕西、甘肃和宁夏等 8 个省(区)有关同志 150 多人参加推进活动。活动现场演示机械深松和深翻整地、免耕播种、高地隙喷杆喷雾机和无人机植保、玉米籽粒收获和秸秆打包回收处理等玉米生产全程机械化六大主要环节关键技术与装备。

【召开农业机械化工作会议】 2018 年 5 月 18 日,辽宁省按照年度工作计划,在沈阳举行农业机械化工作会议,各市农委(农机局)主要领导、部分县农机局长、综合科(处)长、省农委机关处室、直属事业单位有关同志 80 余人参加会议。会议由王利副巡视员主持,省农委党组成员、副主任张奎男总结 2017 年工作,安排部署 2018 年工作,6 个市、县的同志就农业机械化工作进行典型交流发言,对获得全国第二批率先实现主要农作物全程机械化县(市、区)7 个县(市、区)和获得全国农机合作社示范社进行颁奖,辽宁省农村经济委员会党组书记、主任陈健发表重要讲话。

【存在问题】 一是农业机械化装备、技术、人才、服务有效供给不足等诸多矛盾凸显,高位起点上推进农业机械化难度更大;二是资源环境双重约束日益趋紧,农机作业成本持续攀升,局部地区农机具相对饱和,单机作业规模和效益递减态势明显;三是农机购置补贴政策实施以来,一些高能耗高排放老旧农机开始超期服役,家家户户购买农业机械的情况仍然存在;四是农机存放、粮食烘干仓储、机具维修保养等设施建设制约因素仍然很多;五是小田块与大机械、分散经营与规模经营的矛盾仍然突出,部分地区机耕道难以满足大中型机械通行要求;六是农机公共服务体系建设依然存在经费投入不足、农机专业人才数量不足、扶持政策力度不够等问题。

吉 林 省

【概况】 2018 年,在农业农村部和农业机械化管理司的正确指导下,吉林省农业机械化管理局以习近平新时代中国特色社会主义思想为指导,深入贯彻实施乡村振兴战略,围绕推进农业机械化的部署要求,以“全程机械化整省推进行动”为工作抓手,推进全省农业机械化水平。

【深化农机购置补贴政策】 2018 年,吉林省农机部门制定吉林省 2018—2020 年农机购置补贴实施意见。全年落实农机购置补贴资金 13.64 亿元,受益农户 4.83 万户,补贴机具 6.58 万台,拉动农机销售总额 43.35 亿元。主要农作物耕作收综合机械化水平达 87.5%,同比提高 1.5 个百分点。

【实施“敞开、普惠”农机购置补贴政策】 2018 年,吉林省农机部门继续在全省范围内实施“敞开、普惠”的农机购置补贴政策,农机购置补贴品目较往年进一步扩大,达到 12 大类 26 个小类 47 个品目。重点加强绿色生态、节能环保农机产品推广应用,推进农业机械化发展由“数量型”向“高质高效”转型升级,促进全省农业机械化装备水平提升。

【推进两项农机购置补贴新工作】 2018 年,吉林省农机部门开展农机报废更新补贴试点和推进植保无人飞机购置补贴试点建设。

【持续深化农机购置补贴产品自主投档工作“放管服”改革】 2018 年,吉林省农机部门首次开展网上办理农业机械购置补贴产品审核归档,对 1 027 个企业 6 987 个产品实施补贴,让信息“多跑路”,让企业“少走路”。

【推进生态效益型机械化生产】 2018 年,吉林省农机部门深入推进秸秆覆盖还田保护性耕作技术。吉林省委、吉林省人民政府领导高度重视秸秆覆盖还田保护性耕作技术,并多次作重要指示和批示。巴音朝鲁省委书记、景俊海省长、高广滨省委副书记、李悦副省长多次考察保护性耕作情况。

【加大秸秆覆盖还田保护性耕作推进力度】 2018 年,吉林省农机部门制定全省加快推广秸秆覆盖还田保护性耕作实施意见,确定 2019—2025 年 7 年行动方案,按照“村建示范点、乡建示范片、县建示范区”“规划引领,补贴驱动,滚动发展”的方式,推进秸秆覆盖还田保护性耕作技术实施。协调省财政安排作业补贴资金 3.18 亿元,工作经费 1 059 万元,落实作业面积 706 千公顷。全年举办省级秸秆覆盖还田保护性耕作培训班(现场会)共 4 期。2018 年,吉林省落实深松整地作业面积 1 000 千公顷,完成高标准深松作业补助面积为 400 千公顷。

【开展全程机械化整省推进行动】 2018 年,吉林省新增农机动力 273 万千瓦,大中型拖拉机、水稻插秧机、水稻收获机、玉米收获机分别增长 1.16%、14.47%、7.41%、11.89%,其数量位居全国第 4 位。水稻机插、机收和玉米机收水平,分别同比增长 2.4 个、0.77 个和 4.99 个百分点。

【推进全程机械化新型主体建设】 2015—2018 年,在吉林省新建全程机械化主体数量达 537 个,其中 30 个粮食主产县乡(镇、街)建设覆盖率达 67%,9 个县市实现全覆盖。

【扎实推进全程机械化示范区建设】 2018 年,吉林省创建省级全程机械化示范区 30 个、县级全程机械化示范区 150 个。推动发展全程机械化生产新模式,通过试验示范,促进小农户和现代农业发展有机衔接。

【创建全国主要农作物生产全程机械化示范县】 2018 年,吉林省乾安县、梨树县、长春市九台区、洮南市、辉南县、伊通县、双辽市、东丰县等 8 个县(市、区)被评为全国主要农作物生产全程机械化示范县。目前,全省共有 16 个县(市、区)率先基本实现全程机械化。

【推进农机鉴定工作】 2018 年,吉林省农机部门围绕主要粮食作物生产全程机械化 6 个主要环节,突出开展深松机、联合整地机、耙浆机、旋耕机、免耕播种机、插秧机、喷杆喷雾机、打捆机、颗粒压制机、玉米收,谷物收等机具鉴定工作。实施完成农业行业标准《根茬粉碎还田机作业质量》的修订,《秸秆膨化机》等 8 项部级农机推广鉴定大纲的制修订。

【开展农机安全监理工作】 2018 年,吉林省农机部门深入“平安农机”创建活动,开展“农机安全生产月”活动和农机事故隐患排查治理行动,加大农机安全宣传教育力度,提高广大农民群众的安全意识,消除事故隐患,确保农机安全生产,全年未发生重特大农机事故。

【推进党风廉政建设】 2018 年,吉林省农机部门深化农机购置补贴反腐倡廉、岗位责任、机具核验、违规处理、内控制管、绩效考核、信息公开7项系列化管理制度，使农机购置补贴制度进一步规范。

黑龙江省

【概况】 2018年，黑龙江省农机部门按照乡村振兴战略要求，深入落实农业高质量发展要求，统筹实施藏粮于地、藏粮于技战略，加速良种良法良技的推广应用，深入开展主要农作物生产全程机械化行动，保持农业农村经济稳中有进、持续向好的发展态势。

【落实农机购置补贴政策】 2018年，黑龙江省制定《黑龙江2018—2020年农业机械购置补贴工作实施方案》，开展两批补贴产品归档工作，有895个企业参与自主投档，归档农机购置补贴产品7 779个。将全省农业生产急需的秸秆还田离田机械、水稻侧深施肥装置等农业“三减”机械、清粪机等畜禽养殖无害化处理、撒肥机和蔬菜小粒种子播种机等适应种植结构调整机械纳入补贴范围，实行补贴范围内所有机具敞开补贴。将农机购置补贴资金17.071亿元全部用于农机购置补贴政策落实，落实补贴资金16.5亿元，补贴农机具9万台(套)。

【调整优化装备结构】 2018年，黑龙江省农村秸秆还田离田机械实现跨越式增长，新增打(压)捆机8 301台，同比增长2.26倍；补贴购置搂草机2 484台，同比增长1.5倍；新增免耕播种机5 117台，同比增长1.15倍，农业综合机械化程度达到97%。

【开展质量监督工作】 2018年，黑龙江省受理部级推广鉴定236项，完成227项；受理省级推广鉴定169项，完成145项。及时发布省级推广鉴定项目结果通报，对随机抽取的2016年获得省级推广鉴定证书的19个企业23个产品，开展获证后的监督检查工作。

【推进农机合作社规范性建设】 2018年，黑龙江省农机部门出台了《黑龙江省现代农机合作社管理暂行规定》《黑龙江省现代农机合作社农机装备报废暂行办法》和《黑龙江省现代农机合作社农机装备置换暂行办法》，成立了10个工作组，对1 000多家农机合作社进行现场指导，并及时总结典型经验在全省宣传推广。

【提升规模经营水平】 截至2018年末，黑龙江省有1 338个农机合作社在当地现代农业建设中发挥良好的示范和带动作用，占农机合作社总数的98.5%。创建21个国家级农机合作社示范社，国家级示范社总数达到36个。2018年，通过自主经营土地、土地租赁、托管、代耕作业、跨区作业等农机社会化服务，作业面积达1 309.53千公顷，社均作业面积超过0.67千公顷。

【推进生产工作】 2018年，黑龙江省积极抢农时、备春耕，春季检修农机具253.2万台套，培训农机各类人员24.5万人次，制定春秋两季全省机械化春耕生产指导意见，全省农村完成机械化春播11 482.67千公顷。

【发展绿色生态农业】 2018年，黑龙江省为促进绿色生态农业发展，先后下发《哈尔滨市、绥化市、肇州县、肇源县秸秆综合利用行动方案》《关于印发黑龙江省玉米秸秆深松翻埋还田作业补助的实施意见的通知》和《2018—2020年黑龙江省深松整地补助实施方案》。全省完成深松整地2 942.67千公顷，完成高标准机械深松232.97千公顷，完成玉米秸秆粉碎还田697.98千公顷，是2017年的3.5倍。

【开展农机作业智能终端的普及应用】 2018年，黑龙江省农机合作社等农机作业服务组织已在大型拖拉机、喷药机、联合收获机上配备应用北斗和GPS定位导航系统的双模智能终端19 881个，对动力机械的位置和深松、秸秆还田作业轨迹、深度、面积和质量进行监测，避免人为干预，提高黑龙江省农业机械发展的信息化、智能化水平，深耕作业补助实现100%远程自动化监测。

【开展农机科技示范工作】 2018年，黑龙江省农机部门积极开展科技示范工作，创建国家级主要农作物全程机械化示范县10个，累计建设达27个。制定发布《黑龙江省主要农作物农机种植标准化重点技术模式》，探索、总结出玉米、大豆、水稻、小麦、马铃薯等主要作物农机标准化作业的技术路径、生产模式和操作规程。

【提升薄弱环节水平】 2018年，黑龙江省农机部门组织部分县级农机管理部门和农机合作社研究秸秆还田作业机具应用种类、实际作业效率、还田效果、作业成本和生产组织方式，推进秸秆还田技术发展。积极推广“一翻两免”耕作模式，开展促进秸秆还田耕种农机标准化技术试点工作，切实提升全程机械化薄弱环节作业水平。

【提升农机安全监理服务水平，保障农机生产安全】 2018年，黑龙江省推进农机安全监理信息化应用工作，组织开发农机安全监理数据平台系统和移动执法终端，形成农机综合执法体系。农机安全监理数据平台于6月1日在全省范围内应用，移动执法终端于10月16日在全省推广使用。黑龙江省农机部门下发春季、秋冬季农机安全生产检查整治工作通知，出动农机监理员7 200人次，消除一般农机安全隐患8 766个，庆安县、青冈县和桦南县被评为2018年国家级“平安农机”示范县。

上海市

【概况】 2018年，上海市农业机械化工作贯彻乡村振兴战略要求，围绕都市现代绿色农业发展，以粮食生产全程机械化和蔬菜生产机械化为重点，加快农业机械化提档升级和“机器换人”，取得新成效。

【规范实施农机购置补贴政策】 2018年，上海市以全程全面、高质高效和绿色生态发展为着力点，重点突出敞开补贴、科学配置和社会化服务等工作，印发《上海市2018—2020年农机购置补贴实施方案》，做好责任落实、警示教育、政策宣传、督查指导、绩效管理等补贴实施各环节工作，提高政策实施的实效性和规范性。全年共下拨购机补贴资金9 165万元，其中中央财政资金3 540万元。

【农机装备结构优化】 2018年，上海市新增或更新大功率拖拉机、联合收割机、水稻插秧机、穴直播机、粮食烘干设备等各类农机约6 000台套，农机装备结构优化升级。

【推进水稻机械化种植】 2018年，上海市坚持“机插秧、机直播”同步发展，配置先进适用机械，优化作业技术路线，加强操作技能培训，推广水稻种植机械化。全市水稻机械化种植率达80%，同比提高11%。

【抓全国主要农作物全程机械化示范区创建】 2018年，上海市在已创建3个示范区的基础上，又组织浦东新区等3个区申报示范创建。全市主要农作物综合机械化率达93%。

【推进粮食烘干能力建设】 2018年，上海市农机部门加强协调沟通，会同财政部门重点督导青浦等区烘干项目建设进度。调查粮食烘干能力规划和实施情况，全市新增粮食烘干能力约2 000吨。

【加强农机作业督查指导】 2018年，上海市围绕“进博会”总体工作要求，加强机具组织调配，合理安排农机作业时段和进度，发挥粮食烘干设备作用，保障重大活动安全有序进行。

【创设扶持政策】 2018年，上海市在反复调研的基础上，研究制定蔬菜机械化生产地方性扶持政策，将生产急需、上海市适用的蔬菜机械种类品目纳入市级财政补贴范围。

【加强督促指导】 2018年，上海市农机部门联合蔬菜办召开“2018年蔬菜机械化生产推进工作座谈会”，明确年度工作思路和目标任务。组织开展全市150家标准化蔬菜园艺场机械化生产专题调研和机械化水平统计评价。加强蔬菜机械作业培训，年培训200余人次，提高操作人员技能水平。

【加强试验示范】 2018年，上海市结合蔬菜保护区布局规划，编制蔬菜机械化推进方案、建设指南和技术意见等。围绕蔬菜生产机械化举办4次蔬菜新技术新机械展示演示活动。组织“上海市第六届农机职业技能竞赛”，开展设施蔬菜机械作畦、播种和移栽比赛。

【加强研发创新】 2018年，上海市发挥农机产学研推合力，开展绿叶菜作业集成技术研究和适用机械研发。作畦机、播种机、低密度移栽机等经试验性试用后全面推广。引进的意大利叶菜收割已完成适用型改造，相关成果及时转化，电动叶菜收割机已经开始批量生产。

【开展经验交流】 2018年，上海市在“全国果菜茶生产机械化现场推进会”上，介绍绿叶菜机械化生产推进的工作经验。在“农机化主推技术现场演示活动”期间，演示绿叶菜耕整地、育苗、移栽、收割等全程机械化作业。在“标准化温室骨架新产品补贴试点工作研讨会”上，专题介绍“设施菜田机械化适应性建设指南”情况。

【提高农业投入力度和资源利用率】 2018年，上海市围绕农业生产“减肥、减药”，加大高效植保机械特别是自走式喷杆式喷雾机的示范推广力度，鼓励专业公司和国有农场探索开展农用无人机飞防植保。开展水稻机插秧同步侧深施肥技术装备的试验示范，提高施肥的精准性和有效性。

【推进粮油作物秸秆综合利用】 2018年，上海市加强监督检查，组织开展秸秆综合利用情况核查工作。“进博会”举办期间，分组分区域开展秸秆禁烧巡查工作，形成禁烧网格化监管体系。未发生农作物秸秆露天焚烧现象，保障重大活动的有序进行。探索秸秆利用新途径，扩大离田利用量。组织协调科研、推广、行业协会等单位对秸秆用于林下种植食用菌、大棚种植葡萄等新技术实地调研，并研究制定利用标准。

【发展农机社会化服务】 2018年，上海市多元化、多形式培育农机服务组织，形成各区特色的“政府购买农机服务”“农机服务集体经营”“机农合一”“一镇一社”“农机4S店”“农机生产经营一体化”等农机社会化服务模式，增强供需对接，拓展服务内容，提高经营效益。加强典型示范，创建2家“全国农机合作社示范社”。

【提高农机基础设施水平】 2018年，上海市结合区级设施农用地规划编制，利用现代农业发展专项资金，针对农机“住房难、维修难”等问题，科学合理布局落点，督导项目选址落地，加快区域性粮食烘干中心、农机库房、维修点等基础设施建设。

【强化农机安全监理】 2018年，上海市落实“放管服”改革要求，贯彻落实2018年农业部1号、2号令要求，以“市里放得下、区里接得住”为标准，完成农机监理操作系统的改造升级，组织落实责任，按时启用农机安全监理信息管理系统（新版），实现市区职能的顺利转换。开展“迎进博”农机安全大检查，组织全市性农机事故应急处置演练活动，指导各区开展“平安农机”示范创建，提高安全生产总体水平。

【加强农机质量监管】 2018年，上海市采取“双随机、一公开”方式，对8家农机企业的18个产品进行农机推广鉴定证后检查，督导农机产销企业提高质量意识。组织开展“3·15放心农机下乡”“农机质量月”、补贴机具质量调查质量督导等活动，提高农机产销企业质量意识和产品质量水平。

【加强农机科研创新】 2018年，上海市以蔬菜关键作业环节机械化研究为重点，开展农机装备技术应用研究。组织开展“蔬菜主要环节机械化生产技术集成与应用”“蔬菜精细耕整与精量播种技术装备研究”“存量单棚适应机械化改进与示范”等科研攻关，提供技术装备支持。

【开展调研活动】 2018年，上海市根据上海市农业委员会办公室大调研工作安排，制定调研方案，围绕“三农”问题难点和短板瓶颈，通过实地走访、专题座谈等形式开展深入调查研究，收集各类问题146个。整理归纳、研判分类调研中收集的农村发展、农业生产和农机服务等方面的难点、痛点和堵点问题，研究制定阶段性调研中有关问题的解决方案。

江 苏 省

【概况】 2018年，在江苏省委、江苏省人民政府的领导和农业农村部农业机械化管理司的支持下，江苏省各级农机部门贯彻落实党的十九大精神，以习近平新时代“三农”思想为指导，以实施乡村振兴战略为统领，以高质量发展为目标，以实施农机“一项行动、两大工程”为重点，统筹推进各项农业机械化工作，全省农业机械化呈现出高质量发展的良好态势。

【优化分档】 2018年，江苏省农机部门推进机具优质优补。坚持绿色发展导向，在确保粮食生产所需机具补贴外，重点增加“机器换人”和绿色机具装备补贴，全省农机购置补贴机具品目经动态调整后为56个，开展农机新产品和植保无人机的补贴试点工作，对自走式作业平台、多旋翼植保无人机等机具进行试点补贴，提高农机装备有效供给。2018年，全省共使用中央和省级补贴资金10.58亿元，补贴购置农机具6.86万台套。

【完善操作流程，实现内控制度县级全覆盖】 2018年，江苏省农机部门加强政策实施全程化监督管理，建立五大重点工作内控制度，明确补贴机具检验流程和监管，强化延伸绩效管理，提高政策实施成效。

【依法依规查处违规行为】 2018年，江苏省农机部门修订《江苏省农机购置补贴产品经营违规行为处理规定》(试行)，依法依规加大对补贴产品违规经营行为的查处力度。2018年，共答复农民机手及企业来电来函咨询220多件，办理农业农村部及相关部门转来的投诉举报事项10件，及时公开违规调查处理结果，形成对违法违规行为的震慑力。

【强化示范创建】 2018年，江苏省农机部门依托省级粮食生产全程机械化示范创建项目，省级财政5年安排4.44亿万元，全省分三批共59个县(市、区)被列为省级粮食生产全程机械化整体推进示范县，占66个计划县(市、区)总数的近九成。

【强化典型引导】 2018年，江苏省农机部门及时总结提炼，形成粮食生产全程机械化生产技术模式29个，为加快粮食生产全程机械化发展提供可学习、可复制的成功经验。

【强化指导服务】 2018年，江苏省农机部门发挥粮食生产全程机械化技术专家组作用，深入农业生产一线开展专题调研，针对短板环节和薄弱区域，帮助制定适合当地的生产模式和机具配备方案。

【强化考核评价】 2018年，江苏省农机部门根据新修订的示范县考核评价办法，组织专家组对首批示范县进行考核评价，经过公开答辩、结果公示、发文公布等环节，首批15个示范县全部通过考核任务。

【争取项目扶持】 2018年，江苏省农机部门与江苏省财政厅反复沟通协调，落实项目资金4 000万元，用于农机“两大工程”(设施农业“机器换人”和绿色环保农机装备与技术示范应用)实施。与江苏省财政厅联合印发项目实施计划，采取县级申报、市级推荐、省级评审程序，在20个县(市、区)共立项省农机“两大工程”示范推广项目26个。

【加强示范推广】 2018年，江苏省农机部门在企业自主申报、相关专家和推广应用单位推荐的基础上，省级层面公布“三个一批”农机装备清单，共计250余种装备品目，为各地试验示范和推广应用提供了参考。举办全省农业机械化高质量发展现场推进会，现场展演示150多台套高效设施、绿色环保农机装备。

【强化农机农艺融合】 2018年，江苏省农机部门在试验示范、专家评审的基础上，研究制定蔬菜、林果生产主要环节机械化作业技术规范12个，开展油菜、花生、大蒜等油料、经济作物关键环节机械化装备和技术验证。

【加强机制创新】 2018年，江苏省农机部门发展以农机作业为主的农业生产性服务业，推广全托管、联耕联种、订单作业、互联网＋农机作业等新型服务模式，引导农机服务主体“上规模、增实力、树品牌”。

【加强农机合作社规范化建设】 2018年，江苏省农机部门开展省级农机合作社示范社创建活动，引导农机合作社规范化发展，全省共创建省级示范社156家。

【加强服务保障】 2018年，江苏省农机部门开展优质服务主题活动，联合江苏省石化部门推行农机作业用油“三优一免”服务，累计优惠金额超过3 000万元；联合江苏省保险部门为“最美农机合作社”和“最美农机人”赠送保险套餐。

【创新推广服务方式】 2018年，江苏省农机部门组建江苏农机科技志愿者服务队，开展农业机械化技术推广、作业质量、机具保养和应急抢修等技术指导和服务。全省共出动志愿者1 000余人次，累计排除各类机械故障4.5万台次。

【强化农机安全源头管理】 2018年，江苏省农机部门开展“农机安全生产月”系列活动，推行“走出窗口搞服务”，开展送检下乡、送教下乡和送安全知识下乡，从源头上防范农机事故发生，实现事故起数、死亡人数、伤亡人数“三下降”，事故起数、伤亡人数为近5年来最低。

【开展“平安农机”创建】 2018年，江苏省农机部门探索镇村农机安全监管模式，夯实农机安全生产基础，加大督促、检查、指导力度，构建起“政府负责、农机主抓、部门协作、群众参与”的农机安全监管长效机制。2018年，全省共创建国家级“平安农机”示范市县4个。

【严格变拖存量管理】 2018年，江苏省农机部门加快实施变型拖拉机报废制度，会同江苏省公安部门、江苏省安全生产监督管理部门，加强路面执法检查，构建联合监管机制。2018年，全省共注销变拖1.53万台，登记在册的变型拖拉机总量从高峰时期20余万台下降到1.75万台。

【首创粮食烘干机保险政策】 2018年，江苏省农机部门制定《江苏省粮食烘干机保险条款费率(试行)》，拓展农机政策性保险范围。全省农机政策性保险投保机械13.41万台，总保费6 427万元，各级财政补贴3 867万元。

【推进农机报废更新】 2018年，江苏省农机报废更新机具1 332台，报废机具数量创历史最高水平，同比增长20%。

【组织开展农机质量活动】 2018年，江苏省农机部门围绕“农机质量提升年”主题，组织开展全省农机“3·15”质量监督现场活动，现场受理农机质量投诉、农业机械化政策咨询和机具展示演示。开展农业机械化标准制定及宣贯示范活动，提高农机作业质量。

【开展农机产品质量调查】 2018年，江苏省农机部门以大型轮式拖拉机、联合收割机、粮食烘干机为重点，及时掌握机具的质量状况和用户意见，督促企业改进产品质量和售后服务。开展农机质量投诉监督机构示范点建设，选择南京等8个市县作为首批示范点。

【加强农机维修服务】 2018年，江苏省农机部门组织农机维修能人与农机专业合作社开展“百名能人结对百社”志愿服务活动，建立全省农机维修能人库，首批138人，创新新时期农业机械化高质量发展服务模式。

浙江省

【推进农业“机器换人”示范省建设】 2018年，浙江省组织实施全国主要农作物全程机械化项目3个，安排项目资金1 200万支持各地整县制推进农业“机器换人”示范创建，出台主导产业示范县评价办法，明确示范县建设标准、评价方法与程序。建成农业“机器换人”示范县10个、示范乡镇65个、示范基地182个，3年累计建成示范县12个、示范乡镇115个、示范基地334个。

【推进购机补贴政策创新落实】 一是出台新一轮农机购置补贴政策。制定2018—2020年农机购置补贴实施意见和中央农机新产品、省级补贴产品、农用植保无人机补贴政策。二是做好政策落实。共计使用各级农机购置补贴资金3.82亿元，新增机具9.5万台套(数据不含宁波)。三是加强政策监管。在开设县级公开专栏，成立5个检查组实行政策实施情况交叉检查；约谈并处理违规企业9家。

【提高关键、薄弱环节机械化水平】 2018年，浙江省推广机插同步侧深施肥、田间轨道运输等绿色、高效的农机装备技术，实现水稻机栽278千公顷，水稻耕种收综合机械化率达78.9%。

【推进智慧农机建设】 2018年，浙江省鼓励引导新型农业主体引进应用自动化、智能化农机装备和应用系统，新增智慧农机装备应用示范基地44个。

【推动农机农艺深度融合】 2018年，浙江省新增农机农艺产业整合示范区(点)161个，3年累计建成示范区(点)422个，完成目标任务105.5%。

【推进服务主体规范化、规模化提升】 2018年，浙江省建成示范性农机合作社111家，新增农机综合服务中心46个，建成二级以上农机维修网点7家。

【推进服务人才素质化提升】 2018年，浙江省举办全省农用无人机、农机修理工和农机驾驶操作员等技能竞赛活动，全年培训各类实用人才1.2万人次。

【推进农业机械化作业服务保障】 2018年，浙江省组织服务小分队269支、技术人员3 100人次，落实农机作业用油22 000吨，发放跨区作业证2 600份，确保重要农时农业机械化生产顺利。

【开展变型拖拉机专项整治】 2018年，浙江省联合公安部门、安监部门执法1 431次，出动人员6 499人次，排查外省籍变拖1.4万台，查处各类违法行为1.5万起，行政拘留82人。

【抓农机安全日常监管】 2018年，浙江省督导农机安全隐患排查整治，抓重要农时、重大活动期间的农机安全生产工作及农机事故应急处置演练等系列活动。

【推进“平安农机”示范建设】 2018年，浙江省创成省级“平安农机”示范市2个、示范县3个、示范乡镇57个和示范合作社84个，全国“平安农机”示范市、县(区、市)5个、示范岗位标兵5人。

【推进免费实地检验和报废更新工作】 2018年，浙江省以拖拉机、联合收割机、插秧机及烘干机为检验重点开展免费实地检验，累计使用各级补贴资金2 193万元，引导农户报废淘汰拖拉机、联合收割机7 950台，其中变型拖拉机4 352台。全省共发生拖拉机道路交通事故122起，死亡36人，同期下降30.3%、34.6%。发生道路外农机事故3起，死亡1人，同比减少5起和4人，未发生较大以上农机事故。

【实施农机质量提升行动】 2018年，浙江省开展质量月活动，培训人员3 748人次，开展农机打假检查215次，检查农机经销、维修网点742家。完成单轨运输机质量调查，满意度综合得分89.3分。受理农机质量投诉17件，结案15件，挽回经济损失87万余元。

【推进农机标准化建设】 2018年，浙江省修订地方标准2个，制定并发布团体标准6个。指导浙江省内生产企业国标制定3项、行标制修订9项、浙江制造标准制定2项。

【开展农机推广鉴定工作】 2018年，浙江省完成部级任务7项、省级任务119项，落实27家浙江省内企业117个农机产品到外省申请推广鉴定，完成4个批次8个产品1871台的省级农机推广鉴定产品及证书使用监督检查任务。

【深化农机改革】 2018年，浙江省改进升级农机监理信息平台，优化农机审批事项和办事服务指南，实现牌证订制、考试发证、报废补贴等管理功能网上办理。

【推进购机补贴工作】 2018年，浙江省升级农机购置补贴辅助管理系统、优化购置补贴归档系统功能，开发使用农机购置补贴手机Ap，移动端办理率已超过90%。

【加强农机“产学研推”机制创新】 2018年，浙江省召开浙江农机协同创新工作座谈会，开展农机科技创新对接活动。

安徽省

【概况】 2018年，安徽省农业机械化保持良好发展态势，农机购置补贴平稳规范运行，全程机械化示范创建推进顺利，农机深松整地工作有序开展，农机社会化服务能力不断提升，农机安全生产形势保持平稳。

【农机装备保有量增长】 2018年，安徽省农机总动力达6 542万千瓦，同比增长3.6%；联合收割机、水稻插秧机保有量分别达21.50万台、3.67万台，同比分别增长4.7%和13.9%。大中型拖拉机(22.1千瓦以上)23.18万台。全省主要农作物耕种收综合机械化率达79%。

【加强政策宣传】 2018年，安徽省农机部门制定《安徽省2018—2020年农机购置补贴实施指导意见》，实行全面敞开补贴，重点支持绿色生态导向和丘陵山区急需的特色作业农机具，在中央补贴范围之外选择三个品目纳入新产品试点补贴。强化政策培训，举办农机购置补贴政策暨廉政风险防控教育培训班，编印补贴政策宣传手册 3 500 册、补贴操作程序挂图 6 000 份，在《安徽日报》等主流媒体上开辟专版，全面进行补贴宣传。对所有企业和产品重新进行投档审核，共 1 403 个企业的 11 316 个产品通过审核。召开全省资金调剂专题会议，共调剂资金 5 170 万元。抽选专家开展两次信息公开专栏专项督导工作。制定《安徽省 2018 年农机购置补贴政策落实延伸绩效管理实施方案》，举办农机购置补贴绩效管理业务培训班，继续委托第三方进行独立绩效考核。修订《农机购置补贴产品违规经营行为处理规范》，调查处理 5 家违规企业。截至 2018 年底，全省实施补贴资金约 11.91 亿元，实施进度 78.83%，共结算资金 7.1 亿元，结算进度 47.18%。共补贴各类机具 9.51 万台(套)，受益农户 6.57 万户，拉动社会投资 32.98 亿元。

【强化技术推广】 2018 年，安徽省农机部门召开全省主要农作物生产全程机械化推进会，举办首届安徽省农机推广田间日活动，现场演示小麦、玉米、大豆、马铃薯等主要农作物生产全程机械化作业。

【举办座谈会，建设示范县】 2018 年，安徽省举办全省水稻栽植机械化技术培训座谈会、大豆种植机械化现场演示会等多项会议与活动，推广先进技术，展示高效机械。各地聚焦主要农作物、重点产区、关键环节，加快补齐短板、集成模式、提升质量，通过政策扶持、项目带动、技术引领，带动一批基础较好、农业机械化水平较高的地区创建主要农作物生产全程机械化示范县。2018 年全省共 9 个县申报主要农作物生产全程机械化示范县。

【建设示范片区】 2018 年，安徽省投入资金 260 万元，在安徽省 7 个县开展水稻、玉米、大豆等主要农作物全程机械化示范片建设。省财政投入农业机械化产业发展资金 800 万元，建设 10 个主要农作物生产机械化示范片、10 个秸秆机械化还田示范片、5 个山区机械化示范片、12 个设施农业装备与技术机械化示范片。

【开展农机深松整地作业】 2018 年，安徽省农机部门印发《关于做好 2018 年农机深松整地工作的通知》，修订农机深松整地作业补助试点工作实施指导意见。全省共有近 6 000 台(套)机具安装信息化监测装置。目前全省完成农机深松整地作业面积 437.4 千公顷，其中作业补助面积 257.4 千公顷。

【推进综合性全程农事服务中心建设】 2018 年，安徽省安排农业机械化产业发展资金 1 280 万元，扶持建设 140 个综合性农事服务中心，给予每个中心 5 万～15 万元补助资金。印发《关于实施好 2018 年“平安农机”创建、综合性全程农事服务中心建设项目的通知》。积极与社会化服务等项目融合，共同推进“全程机械化＋综合农事服务”。组织人员多次深入各地，就综合性全程农事服务中心功能定位、建设标准以及政策扶持措施等内容开展调研，形成《蒙城县农机作业托管工作的调研报告》，以送阅材料上报安徽省委、省人民政府。2018 年，全省支持创建综合性全程农事服务中心 232 家。

【确保农机安全生产】 2018 年，安徽省农业委员会成立农机安全生产领导小组，印发全省《2018 年农机安全生产工作要点》等安全生产工作文件 20 余份，修订完善《安徽省农机事故应急处置预案》。2018 年，全省共发生道路外农机事故 19 起，伤 8 人，直接经济损失 18.5 万元，无死亡事故发生。在 12 个县(区)开展“平安农机”建设项目，每县安排扶持资金 20 万元，共计 240 万元。

【重视“平安农机”创建】 2018 年，安徽省各地农业、农机管理部门在党委人民政府的重视和安监、公安等部门的支持配合下，开展“平安农机”示范乡(镇)、村和农机服务组织创建活动，通过典型示范，推动全省农机安全管理水平提升。推荐国家级和创建省级“平安农机”示范市各 1 个、示范县各 5 个。全省累计创建“平安农机”示范市 2 个、示范县 53 个，其中国家级示范市 1 个、示范县 37 个。

福建省

【概况】 2018 年，福建省农业机械化工作立足服务农业，强优势、补短板，认真按照年初工作部署要求，围绕年度目标，扎实推进农业机械化各项工作开展，取得显著成效。

【抓好重要农时机械化生产】 2018 年，福建省农作物耕种收综合机械化水平达到 63.1%，增长 19%。其中水稻耕种收综合机械化水平达到 70.6%，增长 12%。

【加大水稻生产全程机械化的推进力度】 2018 年，福建省南平市举办水稻生产全程机械化现场会，组织各县农机合作社参加机插秧比赛，提高机插作业积极性；建宁县引进高速乘坐式插秧机用于水稻制种母本插秧，解决制种机插秧难题。全省水稻机械化插秧面积达164.67千公顷，机插水平达到 26.2%，同比增长 6 个百分点。

【加快突破旱地作物机械化作业生产瓶颈】 2018 年，福建省莆田市秀屿区、石狮市、平潭综合实验区积极引进的花生机播、机收等机械设备，注重农机农艺融合，实现花生机械化作业。南安市重点推广马铃薯机械收获技术，并辐射带动周边，提高机收水平。

【积极组织机械化生产活动】 2018 年，福建省以水稻生产为核心，围绕“春耕”“双抢”和“三秋”等重点农时，强化农机跨区作业的组织管理和信息引导。组织各市县农机部门加强生产统计数据收集和台账管理，做好粮食安全省长责任制考核迎检工作。

【全面落实农机购置补贴政策】 2018 年，福建省列补产品 4 901 款，已使用中央补贴资金 17 187.2 万元，使用比例达 103.8%，同比增长 29.3%，2018 年度新下达和历年结余的中央补贴资金已全部完成使用；使用省级补贴资金 3 467.7 万元，使用比例达 66.4%；补贴购置农机具 103 332 台(套)，受益户数 58 629 户。荣获农业部 2017 年度农机购置补贴延伸绩效管理进步明显单位。

【优化完善补贴政策机制】 2018 年，福建省建立较完备的补贴政策，先后研究制定农机购置补贴、农机合作社机库补贴、农机新产品购置补贴试点、农机报废更新补贴试点等政策。优化管理服务方式，在全省全面推广使用农机购置补贴申报 App 软件。实施限时办结制，有效压缩补贴申请的审核、结算的时间。

【开展各项补贴重点工作】 2018 年，福建省农机部门研究制定补贴机具的种类范围，福建省中央资金种类范围从 55 个品目扩大 76 个品目，省级资金种类范围从 24 个品目调整到 10 个品目，新产品购置补贴试点品目 2 个；研究制定补贴机具档次与补贴标准，共确定 88 类机具 431 个档次的参数配置与补贴额；分配并跟踪调剂补贴资金，分配中央资金 11 530万元与省级资金4 648.89万元、收回中央资金 4 348.89 万元与省级资金4 407.03万元、调剂分配中央资金 2 512万元；组织开展补贴产品的投档与材料审核，全年共收到 8 297 款农机产品的投档材料，组织专家组开展 4 次审核，有4 901款农机产品通过审核列入补贴。

【督促各地落实补贴政策】 2018 年，福建省农机部门通报 3 次市、县(区)补贴政策实施情况，约谈长泰县等 6 个补贴工作进度严重滞后的县(市、区)。同时，落实违规行为省际联动联查，联动处理 3 款补贴产品。组织调查处理违规行为，已处理 7 款违规的补贴产品，还有 3 款产品正在调查中。

【培育农机专业服务组织】 2018 年，福建省农机专业合作社总量达 641 家，合作社作业服务面积突破 220 千公顷，正日益成为福建省农业机械化生产的主力军。福建省的合作社发展经验在农业农村部农业机械试验鉴定总站召开的全国农机合作社维修能力提升专家研讨会被推广宣传。

【培育大规模农机合作社】 2018 年，福建省有 61 个县(市、区)培育 85 个大规模的“五有”农机合作社。

【做好社会化服务保障】 2018 年，福建省发放农机跨区作业证 580 本，组织各地抓好作业机具供需平衡，引导联合收割机、插秧机顺畅跨区作业服务。

【推进农业机械化与信息化融合】 2018 年，福建省农机部门在南平市建阳区探索建设基于北斗系统的智慧农机服务管理平台，尝试专业服务组织开展作业服务，实现作业面积可统计、可追溯、可监控、可便捷呼叫。

【扩大合作社服务范围】 2018 年，福建省漳浦县、福鼎市、尤溪县、邵武市等地农机部门引导农机合作社探索生产全程机械化、一站式作业服务方式，并向二、三产业延伸，提高合作社经济效益和服务能力。

江 西 省

【概况】 2018 年，江西省农机部门在农业农村部农业机械化管理司的指导下，在江西省农业农村厅的领导下，学习贯彻习近平新时代中国特色社会主义思想和党的十九大精神，以助力实施乡村振兴战略为重点，以补齐关键环节短板为抓手，推动农业机械化全程、全面、高质、高效发展，为实现农业农村现代化提供技术支撑。

【农业机械化推广服务能力提升】 2018 年，江西省水稻机械化种植率达 33.31%，水稻耕种收综合机械化率达 77.7%，主要农作物综合机械化率达 72.8%。1 家农机专业合作社理事长获“全国 20 佳农机合作社理事长”。

【强主体】 2018 年，江西省农机部门培育农机新型经营主体，引导开展“全程托管”“订单服务”等模式，新增农机合作社 80 多个，全省农机专业合作社达1 100 余个。

【强带动】 2018 年，江西省农机部门通过 110 场水稻机械化种植观摩培训暨“百万农机闹春耕”、50 余次水稻精量穴直播现场演示等活动。加快机械化技术集成配套，加大果菜茶和养殖业、农产品初加工等领域农业机械化推广力度，推动农业生产全面机械化。

【强示范】 2018 年，江西省农机部门在 6 个县实施部级农业机械化试验示范项目，开展水稻机械化精量穴直播、大苗机插等技术攻关；争取省级资金 2 600 万元在 25 个县开展水稻生产绿色机械化试验示范，推广机插、秸秆综合利用等绿色环保机械化技术示范，探索具有区域特色的全程机械化解决方案。

【农机购置补贴创新】 2018 年，江西省实施补贴资金 5.12 亿元，受益农户 43 320户，补贴各类农机具 48 000 台(套)。全省农机总动力达 2 382 万千瓦，比 2017 年增长 3.1%。在全国农机购置补贴座谈会上，江西省作题为“大力推行农机购置补贴机具‘一机一码’”的典型发言。

【启动新政策】 2018 年，江西省在全国率先印发《江西省 2018—2020 年农业机械购置补贴实施方案》和开始农机购置补贴办理。

【拓展新范围】 2018 年，江西省农机部门紧扣农业节本增效、绿色发展需求，新增高效施肥、秸秆还田离田、畜禽粪污资源化利用等 14 个机具品目；在部司关心下，成为全国两个开展设施大棚补贴的省份之一；扩大植保无人飞机购置补贴试点范围和分档。

【探索新方式】 2018 年，江西省农机部门根据“放管服”要求，作为牵头单位，承担全国农机购置补贴“手机 App＋二维码＋物联网确认”的“三合一”试点工作。通过信息化手段做到农机购置补贴办理“最多跑一次”，目前已启用农机购置补贴手机 App 系统，完成二维码生成系统和江西农机管理服务系统的开发。

【强化新举措】 2018 年，江西省农机部门健全农机购置补贴内控制度，建立农机购置补贴违规联动联查机制，形成一处违规、处处受限的高压态势，推进政策廉洁、高效实施。

【农机安全生产形势稳定】 2018 年，江西省发生 2 起农机安全生产事故(事故数减少 50%)，死亡 1 人，受伤 1 人，造成经济损失 10 万元(减少 50%以上)，全省农机安全生产形势持续稳定向好。江西省作为全国 19 个开展农机报废更新补贴试点工作的省市之一，试点工作获得部司通报表扬。

【层层压实责任】 2018年，江西省农机部门树立管行业必须管安全意识，通过逐级签订安全生产责任状，建立“纵向到底零空隙”的安全生产责任制。

【强化监督检查】 2018年，江西省农机部门开展农机“安全生产月”活动，强化隐患排查，深化农机安全生产检查，开展农机安全宣传活动236起、发放宣传材料81 486份、出动执法人员1 525人次、组织农机事故应急演练30场。

【开展“平安农机”创建】 2018年，江西省7个县(市、区)获评全国“平安农机”示范县、8人获农机安全监理示范岗位标兵。

【加快监理信息建设】 2018年，江西省农机部门于6月1日正式启用新的农机安全监督管理信息系统，规范农机监理工作流程、提高效率，实现监理业务全省联网、全国联通。

【举办农机竞赛】 2018年，江西省农机职业技能竞赛是江西省举办的第四届农机职业技能竞赛，竞赛已成为品牌。江西省农业农村厅党委书记江枝英出席竞赛开幕活动并宣布开赛，竞赛与农机新装备演示活动、南方农业(工程)机械展销会和院士专家下基层助力江西乡村振兴活动同期同地举办，促进广泛交流，保持大赛热度。

【加强农机宣传】 2018年，江西省在中国农业机械化信息网发布江西信息1 036条，信息宣传工作被评为“先进单位”，信息员被评为“先进个人”，1篇信息被评为“年度好信息”；在江西农业信息网发布农机信息1 428条，在新华通讯社、《人民日报》、江西卫视等中央和省级媒体发布信息74条。江西省农业农村厅农业机械化管理处在全省农业宣传工作会议上作典型发言。

【党建工作出成效】 2018年，江西省农机部门以“党建+”理念为指导，推动党建工作与中心工作有机融合，江西省农业农村厅农业机械化管理处党支部获“江西省农业农村厅先进基层党组织”称号，1名同志获“江西省农业农村厅优秀共产党员”称号，1名同志获“江西省农业农村厅优秀党务工作者”称号。

山东省

【概况】 2018年，山东省农业机械化系统在农业机械化管理司指导和支持下，坚持以习近平新时代中国特色社会主义思想为指导，贯彻党的十九大和十九届二中、三中全会精神，深入落实习近平总书记视察山东重要讲话、重要指示批示精神，坚持“两个走在前列、一个全面开创”的目标定位，按照“立足大农业，面向现代化，发展新农机”的工作思路，贯彻新发展理念，落实高质量发展要求，以农机供给侧结构性改革为主线，以加快新旧动能转换、推进“两全两高”农业机械化发展为抓手，聚焦聚力打造乡村振兴“齐鲁样板”，统筹谋划，突出重点，创新实干，积极作为，推动全省农业机械化实现新发展、新突破，全程全面、高质高效农业机械化发展格局初步显现。

【农业装备情况】 2018年，山东省农机总动力达1.04亿千瓦，拖拉机249万台，联合收获机31.5万台，主要农作物耕种收综合机械化率达86%。

【实施强机惠农政策】 2018年，山东省农机部门把强机惠农政策实施作为重要的政治任务和推进农业机械化转型升级、打造乡村振兴“齐鲁样板”的关键措施来抓。2018年落实补贴资金17.6亿元，补贴机具13.3万台(套)，受益农户11.5万个。

【突出绿色导向】 2018年，山东省农机部门优先补贴深松整地、高效植保、秸秆还田等绿色高效机具，实行应补尽补。

【拓展补贴范围】 2018年，山东省农机部门经农业农村部备案批准后，对大蒜播种机、畜禽粪污资源化利用装备和植保无人机等未经鉴定但农民急需的机械，开展农机新产品购置补贴试点。

【优化补贴手段】 2018年，山东省农机部门推进“放管服”改革，推广应用购机补贴手机App，为农民办理补贴提供更便捷高效的服务。

【强化违规查处】 2018年，山东省农机部门严格执行部、省农机购置补贴违规处理规定，直接调查暂停和联动暂停部分违规企业产品补贴资格。在33个县开展农机报废更新补贴试点，落实报废更新资金3 100万元，报废老旧机具3 900台。

【加强深松整地作业补助】 2018年，山东省农机深松整地作业补助试点利用1.7亿多元补贴资金，以2.33元/公顷的补助标准，开展332.27千公顷的深松作业补助，带动完成深松作业895.33千公顷，超额完成任务95.33千公顷。

【科学谋划，调度到位】 2018年，山东省农机部门根据农情实际，对农业机械进行统筹配置、科学调度，引导机械合理流动。

【积极配合，服务到位】 2018年，山东省农机部门与交通、公安、经信、气象等部门沟通配合，提前发放跨区作业证和技术服务车通行证，免费提供作业市场和气象信息等服务，确保农机跨区作业“绿色通道”畅通、跨区作业秩序良好。

【加快进度，指导到位】 2018年，山东省农机部门推行“小麦机收－秸秆粉碎还田－玉米贴茬直播”和“玉米适期晚收－秸秆切碎还田－深松整地－小麦免耕播种”两个“一条龙”作业模式，缩短作业时间。“三夏”期间，全省小麦仅用15天就基本收获完毕，实现小麦适时收获、颗粒归仓。“三秋”期间，机收玉米2 796.67千公顷，机播小麦3 980.67千公顷。

【开展“两全两高”机械化示范创建】 2018年，山东省农机部门深入实施全程机械化示范创建活动，再创26个国家级示范县。按照“强优势、补短板，全面发力全面求强”的总要求，以山东省人民政府办公厅名义出台《关于加快新旧动能转换，推进“两全两高”农机化发展的意见》，研究制定“两全两高”农业机械化示范县评价指标体系和评价办法，在全省全面开展示范创建活动。2018年，山东省农机部门利用省财政项目资金1 000万元，对开展“两全两高”农业机械化示范创建的14个县市区进行补助扶持。

【加强农机科技创新】 2018年，山东省农机部门深入实施农机装备研发创新计划，制定项目管理办法和绩效评价方案，健全完善研发机制，建立秸秆综合利用、大蒜等7个研发体系，举办农机研发创新成果展。截至2018年底，已累计投入专项资金3亿元，带动企业研发投入4亿多元，扶持研发项目255个，研发成果转化率高达82%，青岛农业大学承担的研发项目“花生机械化播种和收获关键技术及装备”荣获国家科技进步二等奖。农机科研创新已成为山东省农业机械化发展的突出亮点。

【推进农业机械化培训和职业技能开发】 2018年，山东省农机部门组织农机实用技术培训和农机合作社带头人赴台培训，2018年全国农机职业技能总决赛山东省分获农机驾驶操作员团体第一名、修理工团体第二名。争取近2 400万元资金，组织实施基层农机推广体系改革与建设补助项目，科学确定主推技术，并以经济作物机械化为重点，开展新机具新技术推广工作。

【推进变型拖拉机清理整治】 2018年，山东省农机部门清理完成率已达94%。规范机牌证管理，严格把好人员考试关、发证关和机具检验关、挂牌关。开展隐患排查，组织开展安全生产专项整治行动，排查整治安全隐患、纠正违法行为，加强安全生产研判预警和事故预防、应急处置演练。推进“平安农机”示范创建，建成国家级“平安农机”示范市3个，示范县53个，都位居全国前列。

河南省

【机械化水平情况】 2018年底，河南省主要农作物耕种收综合机械化水平达82.6%，同比提高1.8个百分点；小麦机播、机收水平均稳定在98%以上；玉米机播、机收率分别达92%、86.7%；水稻机收率达91%；花生机收率达65%；机械耕整地做到了应耕尽耕。秸秆粉碎还田及综合利用面积扩大，农作物秸秆还田率达80%以上。

【落实农机购置补贴政策】 2018年，河南省落实国家农机购置补贴资金17.453亿元和省财政累加补贴资金1.1亿元，优先保证粮食等主要农作物生产所需机具和深松整地、高效植保、秸秆还田离田、畜禽粪污资源化利用、花生收获等支持农业绿色发展机具的补贴需要。全年补贴农机具12万台(套)，受益农户10万户。

【支持农机服务组织发展】 2018年，河南省安排新型农业生产经营主体补助项目财政资金500万元，提升农机社会化服务能力，促进土地规模经营；评定省级示范农机合作社近100家，截至2018年底，河南省农机合作社已发展6 856个。

【做好农机深松整地工作】 2018年，河南省共投入深松作业机具近2万台，完成农机深松整地878千公顷，其中安装深松监测设备的超过5 100台，圆满完成农业农村部下达的作业任务。

【科学组织重要农时农业机械化生产】 2018年，河南省及早制定“三夏”农机应急预案，出动各类农业机械400多万台套，完成小麦机收5 695.33千公顷。高峰期6月2—4日连续3天日收割面积超上千公顷，峰值日出动收获机15.5万台、收获小麦758千公顷，创历史纪录。大规模机收作业仅用时12天。“三秋”期间完成玉米机收面积2 679.33千公顷，玉米秸秆还田2 693.33千公顷，水稻机收面积594.67千公顷；小麦机播率保持在98%以上。

【开展主要农作物生产全程机械化示范区建设】 2018年，河南省围绕小麦、玉米、水稻、花生4种主要农作物生产，利用省部级资金600万元，支持25个(其中省级20个)县(市、区)开展全程机械化示范，共建设全程机械化示范区13.6千公顷。

【开展全程机械化示范县创建】 2018年，河南省鹿邑县、扶沟县、巩义市等13个县(市)被认定为全国第三批率先基本实现主要农作物生产全程机械化示范县。

【开展农业机械化新机具、新技术推广】 2018年，河南省农机部门组织专家对“河南省主要农作物全程机械化生产模式”进行初步论证，开展水稻育插秧机械化技术等5个薄弱环节技术提升试验示范，组织开展农用航空器试验示范，遴选机械化深松整地等7项农业机械化技术作为主推技术，推进农业机械化新机具、新技术推广应用。

【做好农机推广体系建设】 2018年，河南省继续实施基层农机推广体系改革与建设补助项目，对78个县(市、区)农机推广体系建设进行补助。

【推进鉴定改革】 2018年，河南省农机部门参与修订部鉴定大纲，提高机试验鉴定能力和检测水平。2018年共接收省部推广鉴定项目363项，最终通过的推广鉴定项目为216项。开展农机产品质量调查，及时处理农机质量投诉，维护企业和消费者的权益。继续抓好农机教育培训工作，继续推进管理规范和便民服务。持续抓好职业技能鉴定管理工作。

【加强农机信息化建设】 2018年，河南省探索和完善“互联网＋”在全程机械化生产中的运用，利用互联网在线监测等先进技术，实现作业质量、完成面积、历史轨迹核查有据。积极推进农机安全监理服务信息化，对拖拉机、联合收割机实行远程监控。全省参与深松整地项目的深松机在线监测率达到100%。许昌市、周口市、南阳市率先在全省开展“互联网＋农机”新型监管模式，建立信息指挥中心。加强农机推广服务信息化建设，全省农机技术推广人员安装使用中国农技推广App比例达85.5%。

【抓好农机安全生产】 2018年，河南省层层落实安全生产责任制，严守源头管理、执法监控、宣传教育“三大防线”。开展新修订规章规范的贯彻落实工作，对全省农机安全监理信息管理系统进行更新升级。开展平安农机创建活动，2018年全省共推选出国家级“平安农机”示范市1个，示范县3个，岗位标兵10个。省级示范县(市)5个，示范乡75个，示范合作社80个，岗位标兵35个。组织开展安全生产检查1 300余次，出动农机执法监管人员1.3万人余次，检查农业机械约5万余台，排查出农机事故隐患3 000余个。

湖北省

【概况】 2018年，湖北省各级农机部门学习贯彻落实党的十九大和习近平总书记视察湖北重要讲话和指示精神，围绕实施乡村振兴战略和推进农业高质量发展，狠抓强机惠农政策规范执行，深化全面全程机械化示范创建，推广绿色生态农业机械化技术，强化农机安全生产监督管理，完成年度目标任务，提升农业机械化发展水平和发展质量，为农业农村经济发展提供重要支撑。

【补贴政策执行步子稳】 2018年，湖北省农机部门通过完善政策设计、优化品目设置、创新执行方式，推进新产品试点，提高基层信心，激发消费潜力。已实施资金6.42亿元，占2018年下达资金的91%，共补贴机具8.33万台，报废1 870台，受益农户5.63万户；完成73.33千公顷深松作业任务。

【全程示范创建力度大】 2018年，湖北省农机部门各地对照创建要求，抓重点、补短板、强弱项，推广适用机具和技术，提升机械化水平，推动全省整体农机作业水平的稳步提升。上报的10个创建全国示范县，现已公示。

【绿色技术推广亮点多】 2018年，湖北省机播(插)水稻1 101.33千公顷、机收2 066.67千公顷，机播油菜40.67千公顷、机收625.33千公顷，机播小麦6 706.67千公顷、机收1 073.33千公顷。安装北斗农机终端10 152台(套)。2018年主要农作物综合机械化水平突破69%。

【安全生产监管成效好】 2018年，湖北省发生农机事故174起，死亡3人，事故发生起数、死亡人数同比分别下降21.62%、50%，没有发生较大以上农机事故。累计注销变型拖拉机3.48万台，“十三五”期间实现“清零”的目标完成69%。

【农机改革创新活力显著】 2018年，湖北省农机部门联合湖北省人力资源和社会保障厅、湖北省总工会成功举办2018年“湖北工匠杯”农机职业技能竞赛，依托农机企业和科研院所筹建湖北省农业机械化科技创新联盟，举办农业机械化高级专业人才研修班，首次举办农机装备制造现场推进活动，安排专项资金支持农机合作社和维修网点规范化建设，带动新型经营主体发展，全省经工商部门注册的农机服务组织达8 000多个、从业人员13.5万人，农机合作社突破2 600家、社员近10万人，拥有各类农业机械14万台(套)，成为种田稳粮“主力军”。

湖 南 省

【推进水稻全程机械化】 2018年，湖南省水稻生产共投入农机具逾500万台，其中各类耕整地机械120万台、插秧机4万台，本地投入收割机逾10万台，发放跨区作业证2 500余份，全年共培训机手、修理工人数10万人次，检修农机具150万台次。印发《湖南省2018年水稻生产全程机械化技术推广工作绩效考核管理办法》，为各市县推广工作制定考核标准。2018年全省水稻机耕、机插、机收水平分别达95.5%、30.5%、89%，耕种收综合机械化水平达73.8%。2018年承担实施农业农村部水稻生产全程机械化示范项目，双峰、新化、株洲、宜章、洞口5个县实施完成。

【油菜机械化生产技术推广成效显著】 2018年，湖南省农机部门完善油菜生产机械化推进行动方案，指导督促各油菜示范县搞好油菜田间管理、机械收割，开展技术指导、宣传报道等工作。评选“机械化·美丽油菜花海”43片。组织三期油菜生产机械化技术培训班，共培训150多人。2018年上半年完成机收面积647千公顷，同比增加了43.67千公顷，机收水平达49.7%；下半年油菜播种面积1 320千公顷，机耕面积1 176.67千公顷、机播面积366.67千公顷，机耕、机播水平分别达89.2%、27.8%。2018年，湖南省油菜耕种收综合机械化水平达57%，同比提高5.6个百分点。2018年承担实施农业农村部油菜生产全程机械化示范项目，醴陵、衡南、东安3个县实施完成。

【农机购置补贴规范实施】 2018年，湖南省获得中央财政农机购置补贴资金63 890万元，2017年结余资金9 873万元，共实施补贴5.05亿元。制定《湖南省2018—2020年农业机械购置补贴实施方案》，先后发布两批2018年度农机购置补贴机具分类分档及补贴额一览表。按照购机补贴“一办二组三结合”工作机制，多次组织召开补贴机具分类分档和补贴额度专家评审会。新增铧式犁、水稻直播机、秧苗栽植机(含甜菜移栽机、水稻钵苗移栽机、水稻抛秧机和油菜栽植机)、打(压)捆机、油菜籽烘干机、农用北斗终端(含渔船用)等6个生产急需、绿色生态、节能环保的补贴机具品目。

【开展农机新产品购置补贴试点】 2018年，湖南省将育苗成套设备和田间运输机纳入农机新产品购置补贴，全省已补贴育苗成套设备55台套，实施补贴313万元；补贴田间运输机93台套，实施补贴276.8万元。

【开展植保无人飞机购置补贴试点】 2018年，湖南省继续开展植保无人飞机购置补贴试点工作，两批次共补贴747台，实施补贴资金1 201.5万元。开展自主选择农机购置补贴品目试点，根据各地农业生产实际和基层农机部门意愿，选择衡阳、永州、怀化3市和湘潭、邵东、石门3县作为试点区域。

【开展拖拉机、收割机报废更新补贴试点】 2018年，湖南省共报废机具1 415台，其中拖拉机104台，联合收割机1 311台，报废补贴884万元；更新机具983台，其中拖拉机201台，联合收割机583台，更新补贴2 439万元。完善新进补贴机具现场演示评价制度，设置防火墙。

【引入第三方审计评估】 2018年，湖南省为准确测算新产品及涉嫌违规产品补贴额度，委托会计师事务所对9类机具的18个产品成本进行审计，为专家研究决策提供参考。印发《湖南省农业机械购置补贴产品违规经营行为处理办法》，查处1个企业违规经营行为，责令3个企业提升产品质量、整改相关问题。

【现代农机合作社发展迅速】 2018年，湖南省各级农机部门将培育现代农机合作社作为发展新型农业经营主体的方向，切实强化措施，狠抓落实，“千社工程”取得显著成效，2018年全省财政扶持建设现代农机合作社403家，5年累计已扶持建设2 592家。全省共评选现代农机合作社示范社120家，3年累计已奖补306家。湖南省经工商注册的农机合作社达5 334家，同比增加789家。

【农业机械化教育培训加强】 2018年，

湖南省创新培训形式，以湘潭九华农机产业园为基地，组织20期“教会农民用农机，我是党员我带头”为主题的“政企社联动”培训班，高垅航空等15家农机企业参与，共培训1 032人。2018年实施科技创新与教育培训项目，有针对性地对14个市州推荐的县级农机培训机构的基础设施建设给予财政扶持。2018年，湖南省共培训11.7万人次，其中培训农机管理人员4 913人次，农机技术人员2.64万人次，农机驾驶操作人员6.75万人次，新型职业农民培训达到1.7万人次。

【农机鉴定工作扎实推进】 2018年，湖南省农机部门组织召开湖南省农机推广鉴定大纲审定会，审定通过DG43/T 152—2018《水稻有序抛秧机》、DG43/T 154—2018《油菜联合播种机》、DG43/T155—2018《生物质热风炉》三个推广鉴定大纲。发布《2018年湖南省农业机械试验鉴定产品种类指南》。承担部级推广鉴定57项，完成省级推广鉴定120项、委托检验145项，生产许可证检验2项。承担制修订部级农机推广鉴定大纲15个，其中《水田耕整机》等5个大纲作为牵头单位，制修订省级农机推广鉴定大纲4个。制订农业机械省级推广鉴定工作程序、农业机械推广鉴定证书发放管理办法和仪器设备管理责任制度等3项管理制度。湖南省农业机械鉴定站通过检测机构分类监管考核，获得98分。

【推进农机质量管理】 2018年，湖南省农机部门完成轻型履带拖拉机质量调查，共调查12家企业生产的180台轻型履带拖拉机，召开调查分析会，并约谈质量调查排名靠后企业。完成国家市场监管总局下达的2018年第3批碾米机产品质量国家监督抽查检验任务，赴山东等7省45家碾米机生产企业，抽查检验20批次碾米机。完成第2批次5家植保机械产品质量国家监督抽查任务。完成轮式拖拉机、潜水电泵、微耕机、旋耕机、柴油机等5种产品的部级农业机械推广鉴定证书有效期内产品监督检查23项和饲料粉碎机、旋耕机、茶叶烘干机等产品的省级农业机械推广鉴定证书有效期内产品监督检查11项。

【推进标准化工作】 2018年，湖南省申报《固液分离机》等4个地方标准立项。完成《起垄机》等4个地方标准制修订。完成720项标准和大纲的查新工作，对其中40项标准和大纲进行变更或作废。

【农机“三减量行动”见效】 2018年，湖南省农机部门起草报湖南省人民政府的农机“三减量行动”方案，并推进“三减量”行动。中天龙舟公司新推出与自走式履带旋耕机配套使用的同步精量施肥机。各地农机主管部门鼓励引导各地农机服务组织做好同步精量施肥机的对比测产试验，开展植保飞防服务。郴州、湘潭、湘西土家族苗族自治州等地对适宜本地的农机“三减量行动”有关机具给予了部分地方财政累计补贴。郴州各县市区共举办“三减量”现场作业演示会13次，观看群众达3 000余人次；邵阳累计下乡宣传1 210人次，发放相关宣传资料2万余份。

【开展常规施肥与同步精量施肥的实地对比试验】 2018年，湖南省通过对试验数据的总结提炼，为科学推进农机“三减量行动”打下坚实基础。全省新推广农机“三减量行动”相关机具1 771台，其中同步减量施肥机新增887台，全省累计达1 533台；多旋翼遥控飞行植保机新增811架，累计达2 421台；畜禽养殖废弃物利用等相关设备73台套，累计达573台套。全省同步精量施肥机作业8.33千公顷，遥控飞行植保机作业80.47千公顷，废弃物处理量34万吨。全省全年减施农药660吨以上，减施化肥4 300吨以上，减少养殖粪污30万吨以上。

【推动丘陵山区农业机械化发展】 2018年，湖南省狠补经济作物、养殖、农产品初加工、设施农业机械化短板，实施“十园”机械化推进行动，推动全省农业机械化全程全面发展。2018年在丘陵山区多点实施油茶、茶叶、柑橘、花生、薯类、中药材等作物生产机械化试验示范和适机田土改造项目，取得了良好的推广效果。在麻阳县举办全省山区果茶机械化技术现场培训，现场展示适宜丘陵山区作业的新机具100多种。

【农机安全生产监管持续强化】 2018年1—11月，湖南省共注册登记拖拉机10 508台、收割机4 787台；新增拖拉机驾驶员7 724人、收割机驾驶员1 063人。全省注册登记的拖拉机总量31.2万台，联合收割机11.2万台，拖拉机驾驶员23.36万人，联合收割机驾驶员4.28万人。1—11月，上报农机事故43起，受伤8人，死亡1人，直接经济损失44.22万元。全省共核查上道路运输拖拉机141 176台，注销35 485台。

【开展农机安全生产大检查】 2018年，湖南省共开展农机执法行动9 754次，查处农机违法违规生产经营6 644起，排查农机安全隐患10 638个，整改10 524个，整改率98.9%。

【开展隐患排查整治】 2018年，湖南省落实重大事故隐患治理“一单四制”制度，2017年发现的56个重大隐患纳入“一单四制”管理，已全部整改销号，2018年以来无新增重大隐患。

【狠抓“两个部令”的贯彻落实】 2018年，湖南省农机部门集中培训380余名业务骨干，并对各地落实情况进行严肃督查。

【加快基层监管体系建设】 2018年，湖南省全部乡镇已配备农机专干，95.9%的行政村由乡镇政府明确村级农机安全员。

【开展“企业主体责任年”活动】 2018年，湖南省对农机合作社安全生产主体责任、建立安全监管制度、加强安全监管和创建“平安农机”示范合作社等方面作出具体规范，并展开专项动员部署，持续督查推进。

【开展“机手安全教育年”活动】 2018年，湖南省农机部门在湖南省农机监理信息网持续推送《农机安全警示教育课件》，在湖南机手之家微信公众号不间断推出农机事故典型案例，免费下发宣传手册、事故警示录；承办全国农机安全生产宣传咨询日湖南分会场活动；各县市区开展农机安全生产宣传咨询日活动，全省共组织农机事故应急救援演练20多场。

【持续推进“平安农机”建设】 2018年，湖南省突出政府在“平安农机”建设中的主导作用，对无财政保障、不严格落实免费农机监理政策的，不予评价通过；对

2016年以前创建的“平安农机”示范县、示范乡镇、村开展“后续评价”；联合省安监局对临湘市、临武县创建全国“平安农机”示范县进行省级评价；湖南省“平安农机”建设工作受到农业部、国家安监总局的通报表扬。

【开展农机安全生产“打非治违”和专项整治行动】 2018年，湖南省农机部门在“8·18”和“8·20”两起拖拉机乡村道路安全事故后，紧急召开全省农业农村安全生产工作电视电话会议，部署开展全省农机安全生产专项检查；结合全省农村交通安全“集中攻坚”专项行动，开展联合执法行动1 716次，收缴假牌、套牌162副，依法查处违法违规行为7 063起。

【水稻全程机械化持续推进】 2018年，湖南省水稻耕种收综合生产机械化水平跨入70%后，进入高位推进阶段，年度机械化水平提升幅度将逐步降低。水稻生产全程机械化将持续推进，重点仍然是机械化栽植、植保和烘干。

【油菜机械化水平持续提高】 2018年，湖南省在双季稻减少的大势之下，油菜种植持续增长，机械化水平将持续提高。提高湖南省油菜机械化水平关键在于发展农机专业合作组织从事油菜机械化生产，要扶持农机专业合作组织规范发展，引导、鼓励农机合作组织率先学习、使用油菜生产全程机械化技术，提升农机作业服务水平，灵活利用农机作业服务方式，促进油菜生产全程机械化技术快速发展。

【农机合作社经济效益走低】 2018年，湖南省在国家增加农产品进口量、粮油价格持续走低的形势下，农机合作社经济效益持续走低，经营遇到困难，发展速度趋缓。

【新型和智慧农机购置量增加】 2018年，湖南省由于产业结构调整，拖拉机、插秧机、收割机等耕种收传统农业机械新购置量将有所下降，新型绿色发展和智慧智能农机购置量将有所增加。在新型绿色发展和智慧智能机具以及自主选择品目试点的推动下，全省农机购置补贴资金量较2018年将增大。提高农民种粮积极性，除农机购置补贴外，还需要作业补贴作为有益的必要补充。

【重点开展水稻机插秧同步深施肥技术示范和推广】 2018年，湖南省人民政府将“农机三减量行动”提升到“农业农村三减量行动”，各级农机部门落实该项行动，重点开展水稻机插秧同步深施肥技术示范和推广，发动农机大户和农机合作组织对该项技术进行生产应用。

【简化工作流程】 农业农村部已就《农业机械试验鉴定办法》征求社会各方意见，将进一步深化改革，农机主管部门与试验鉴定部门的职能分工会更加清晰，权责更加明晰，也将进一步简化农机生产企业鉴定申请工作的程序。农机主管部门要进一步落实“放管服”改革精神，增强政府部门服务意识，将该管的管好管到位。

广东省

【概况】 2018年，广东省农机部门在农业农村部农业机械化管理司的正确指导下，贯彻落实中央决策部署，围绕实施乡村振兴战略和推进农业供给侧结构性改革的要求，推动农业机械化各项工作发展。新增农机具6.67万台(套)，农机总动力2 435万千瓦；农作物耕种收综合机械化率46.8%，水稻耕种收综合机械化率71.1%，同比增长0.6个百分点、1个百分点。

【主要农作物生产机械化向“全程全面”发展趋势加快】 2018年，广东省农机部门组织全省性农业机械新装备、新技术的展示和演示推广活动。开展“补短板促机种、提升水稻生产机械化水平”系列活动，实施水稻育插秧社会化服务补助试点，同步推广水稻机插、机直播技术，探索无人机水稻直播新模式，试点总面积达0.7千公顷。开展水稻秸秆综合利用示范试点，高效植保统防统治作业服务、烘干增长趋明显，植保无人机飞防面积超过66.67千公顷。截至2018年底，甘蔗收获机械保有量突破120台。

【推进农机购置补贴政策】 2018年，广东省农机部门制订《广东省2018—2020年中央财政农机购置补贴实施方案》，实行补贴范围内的敞开补贴，推进农机报废和更新补贴工作，促进农机绿色发展；扩大植保无人机补贴试点范围，公开遴选了果园运输装备等三个品目申报开展农机新产品补贴试点；启动农机补贴手机App申请便民措施。

【加强监管，推进信息公开】 2018年，广东省农机部门制定了《广东省农业厅广东省财政厅关于农业机械购置补贴产品违规经营行为处理细则(试行)的补充规定》等文件。截至2018年12月31日，共受理申请农机购置补贴资金1.09亿元，补贴各类机具6.90万台(套)，受益农户3.01万多户，带动投入约3.8亿元。

【增强农机社会化服务能力】 2018年，广东省农机部门强化农机合作社社会化服务功能，引导小农户接受现代农业社会化服务，实施水稻育插秧机械化作业补助项目，补助面积达21.33千公顷。组织开展农机社会化服务发展调研，编印《全省农机合作社发展情况汇编》，创建国级示范社3个，1名社长获得“全国20佳农机合作社理事长”称号。全省农机合作社总量超过1 000个，农机原值达6.2亿元，拥有大中型农机具2.5万台(套)，作业面积533.33千公顷，年收入超6亿元。推进“院社共建、科技进社”活动、“社企共建”信息点(维修点)工作。

【推进农业机械化质量管理水平提升】 2018年，广东省农机部门组织对省农机试验鉴定站申请的8类17种农机产品鉴定能力认定并公告，组织开展《灌溉首部》《深松机》等2个产品推广鉴定大纲审定工作，并发布实施。开展山地果园运输机等3个新产品适应性实地验证工作。组织开展2018年度广东省农业机械推广鉴定证书有效期内产品监督检查工作，共检查11个企业的25个产品(维持有效证书产品21个，撤销证书产品4个)。制订《广东省补贴农机具质量跟踪调查工作实施方案》，在10市调查5家企业、29个型号的产品、83个用户，并及时通报结果，督促生产企业、经销商落实“三包”责任。

【推进农机安全监理规范高效】 2018年，广东省农机部门落实安全生产责任，按照“管行业必须管安全，管业务必须管安全，管生产经营必须管安全”原则，省、市、县、镇(乡)村及机手落实到位,全省各级签订责任书8万多份。强化安全督促检查,开展对"平安农机"创建、农机牌证管理、农机"三率"等情况进行检查。开展农机安全监理业务规范化建设检查和秋冬季农机安全生产检查整治工作。制定了《广东省2018年农机"安全生产月"活动方案》,举办"2018年全省农机安全生产宣传咨询日活动"。建设全省农机牌证管理信息化平台。开展"平安农机"示范创建,广州市增城区被评为"平安农机"示范县,周建民等3人被评为"国家农机监理岗位标兵"。

广西壮族自治区

【概况】 2018年,广西壮族自治区农机系统在自治区党委、人民政府的正确领导下,以习近平新时代中国特色社会主义思想为指导,深入学习贯彻党的十九大和十九届二中、三中全会精神,贯彻落实党中央、国务院和自治区关于农业机械化的决策部署,坚持稳中求进工作总基调,按照高质量发展要求,围绕实施乡村振兴战略,推动广西农机化事业科学健康快速发展。

【农机装备总量增加】 2018年,广西壮族自治区农机总动力达到3 735万千瓦,各类农机拥有量达到775万台套,分别同比增长3.88%、0.6%,其中大中型拖拉机、联合收割机、水稻插秧机拥有量分别为5.5万台、3.5万台、1.9万台,同比增长6.9%、2.9%、3.69%。

【农机作业水平提升】 2018年,广西壮族自治区主要农作物耕种收综合机械化水平达到59%以上,同比增长2.74%。其中水稻78.50%以上,增长1.27%;甘蔗60%以上,增长0.9%。

【农机化全程全面发展】 2018年,广西壮族自治区甘蔗生产全程机械化取得新突破,糖料蔗机收作业实现了机收量、机具数量、和机收市场覆盖面三大新突破;水稻生产全程机械化取得新进展,水稻工厂化育秧"百千万工程"覆盖全区58个县(市、区);全力推进广西名特优作物生产机械化,新建茶叶科技特派员工作站,投入1 500万元组织实施9个优势特色作物生产机械化创新示范基地建设。

【农机社会化服务能力增强】 2018年,广西壮族自治区农机社会化服务组织达1万多个,从业人员5.31万人,其中农机维修点3 946个,从业人员0.93万人;农机合作社2 001个,其中国家级示范社59个、自治区级示范社115个,入社成员2.36万人、从业人员2.4万人,服务农户95.46余万户,全年农机作业服务总面积达629.33千公顷。

【农机购置补贴规范推进】 2018年,广西壮族自治区累计使用中央补贴资金3.07亿元,使用自治区补贴资金4 860.714万元,拉动农民投资10亿元,补贴机具6.4万台套,受益农户5.6万户。

【农机购置补贴政策改革】 2018年,广西壮族自治区推动第三方力量参与新产品补贴额度确定,简化补贴申报手续,补贴机具种类扩大为15个大类、39个小类、113个品目;设计开发并推广使用农机购置补贴手机App;主动下沉乡村一线办理补贴手续,开展上门核验机服务。

【农机安全生产形势稳定】 2018年,广西壮族自治区完成拖拉机年检15.09万台;发生农机事故2起,受伤2人,实现农机事故零死亡;发生涉及拖拉机道路交通事故280起,造成105人死亡,298人受伤,直接财产损失85.7万元;1市、8县(区)、9人获全国"平安农机"荣誉。

【农机试验鉴定和质量监管进一步开展】 2018年,广西壮族自治区完成检验、检测、鉴定业务67项,6项地方新标准,27个鉴定大纲制定(修订)工作,新增产品检测资质4项,新增1项部级推广鉴定能力资质,6项部级鉴定能力认定复评审通过;受理解决质量投诉案件47起,结案47起,结案率为100%,为农民挽回直接经济损失227.38万元。

【新技术新机具推广应用】 2018年,广西壮族自治区农机部门成功研发2项新机具,制定2个机械化技术指导意见和3个作物机械化解决方案,开展10项相关技术试验研究和农机农艺融合技术示范推广,破解9个优势特色作物生产机械化难题。

【组织开展农机系统干部作风整治年活动】 2018年,广西壮族自治区农机部门"一事通办"和放管服改革深化。编制完成区、市、县、乡四级农机部门"一次性告知""最多跑一次""一次不用跑"3张清单,停止实施"农业机械维修技术合格证核发"行政许可事项。

【农机化教育培训进一步深化】 2018年,广西壮族自治区培训农机管理人员、农机技术人员、农机手5万人次,被评为"2018年度全国农机科普工作先进集体";广西机电工程学校招收全日制新生2 862人,毕业生就业率98.21%,全年参加全区全国职业技能比赛共荣获12个一等奖、16个二等奖、25个三等奖,筹措经费2.44亿元。

【举办2018中国—东盟农业机械展·中国甘蔗机械化博览会】 2018年,广西壮族自治区同步举办中国—东盟农业机械展,加强中国与东盟10国及海上丝绸之路经济带沿线国家农机贸易往来和产品技术交流,展会的办展规模、参展企业、活动内涵、服务品质相较2016、2017前两届都有质的飞跃和提升。

海南省

【概况】 2018年,在海南省农业农村厅党组的正确领导和农业农村部农业机械化管理司的科学指导下,海南省农机部门以促进农业增效农民增收为目标,明确工作思路,强化工作措施,创新工作方法,提高管理服务水平,推进热带特色现代农业发展。全省农机总动力达到565.82万千瓦,同比增长1.6%;主要农作物耕种收综合机械化水平47.2%,同比提高1.6个百分点;农业机械化经营总收入44亿元,同比增长6.8%;农机从业人员人均农机经营服务收入1.76万元,同比增长6.7%;全省农机管理部门没有接到发生在道路外的农机伤亡事故报告,全省农机安全生产形势总体稳定。

【农机购置补贴工作】 2018年,海南省农机部门制定《海南省2018—2020年农机购置补贴实施指导意见》,将环保安全绿色生产加工设备、水产养殖和海洋捕捞设备、深耕深松设备、节水灌溉设备以及秸秆粉碎还田、免耕播种、高效植保、高效施肥、残膜回收、畜禽粪污资源化利用、病死畜禽无害化处理等农机具列入补贴范围,全部实行敞开补贴。全年补贴资金支出 3 230 万元，补贴机具 2 357 台，受益农户 1 440 户。

【农机安全生产工作】 2018 年，海南省农机部门加强农机牌证源头管理，省与市、县全部签订农机安全生产责任书，与农机手签订安全生产责任书 2.41 万份。组织农机安全生产大检查和农机安全隐患百日大排查大整治，累计开展农机安全检查 1 033 天次，发现安全隐患 1 784 项，已整改 1 560 项。开展"平安农机"创建活动，举办农机事故应急救援演练、"6·16"安全生产宣传咨询日等农机安全宣传教育活动。

【机械化生产工作】 2018 年，海南省农机部门印发农机作业主推技术和实施指导意见等技术文件，开展重要农时季节机械化生产服务。抓好瓜果菜生产机耕作业，完成瓜果菜生产机耕面积 166.67 千公顷以上。组织开展水稻跨区机耕、机收作业等农机作业服务，抓好水稻生产机械化薄弱环节的"补短板"工作，安排省级资金扶持水稻机插秧作业补助，三亚市试点补助 6.67 元/公顷开展秸秆机械粉碎全量还田 1.33 千公顷。

【农业机械化技术推广工作】 2018 年，海南省农机部门举办农机现场会、演示会、观摩会 9 次，开展玉米和花生收获、圣女果秸秆粉碎、蔬菜移栽种植、畜禽养殖废弃物处理等新机具的试验和示范；举办冬季交易会现代农业装备展、中国海南(屯昌)农民博览会农机装备展，出口东南亚国家农机产品订单 3 300 万元。安排省级财政资金 152 万元在三亚、文昌、定安、临高、琼中、白沙等 6 个市县建设节水灌溉示范点。

【农机社会化服务工作】 2018 年，海南省农机部门开展农机社会化服务建设试点，安排省级财政资金 160 万元，培育 6 个农机合作社和农机维修示范点。完善海南"智慧农机"微信平台，开展农机补贴惠农政策解读、农机信息查询。落实"放管服"要求，完善农机购置补贴辅助管理系统、农机安全监理执法系统，方便基层群众办事。

【拖拉机道路交通安全专项整治】 2018 年，海南省农机部门组织开展拖拉机道路交通安全专项整治三年攻坚战，"警农"联合执法 965 天次，检查拖拉机、变型拖拉机 8 119 台次，教育机手 0.62 万人次，拖拉机道路交通安全事故次数、死亡人数、受伤人数、财产损失分别比 2017 年下降 20.43%、43.75%、9.65% 和 25.06%。

【党风廉政和队伍建设】 2018 年，海南省农机部门先后举办全省农机购置补贴、农机管理新规章等业务工作培训班 5 期、新型职业农民农机技术培训班 3 期，配合在海南举办全国农机人员业务培训班 3 期，指导开展农业机械化实用人才培训近 3 000 人次。深入学习党的十九大、省委七届四次全会精神以及习近平总书记"4·13"重要讲话和中央 12 号文件精神，拓宽农业机械化工作思路，提升农机系统干事创业本领。加强农机系统警示教育和廉洁从政教育，促进干部职工履职尽责，积极作为，共同推动海南省农业机械化发展。

【存在问题】 一是创新实施补贴政策难度较大，"无机可补""有机难补"现象未能得到彻底改善。二是变型拖拉机管理问题尚未理顺，创建"平安农机"缺少资金扶持，农机作业点多面广线长，安全监管压力仍然较大。三是缺少人才仍然是制约海南省农业机械化管理服务工作的重要因素，提升农业机械化管理服务水平压力较大。

重 庆 市

【概况】 2018 年，重庆市按照全国农业机械化工作会议、全市农业工作会议和全市农业机械化工作会议总体部署，全市各级农机部门推进各项目标任务，取得较好成效。

【综合机械化水平增长】 2018 年，重庆市共完成机耕作业面积 2 190 千公顷，机播作业面积超过 130 千公顷，机收作业面积 400 千公顷，耕种收综合机械化水平达 48.5%以上，增长 1.5 个百分点左右。全市投入插秧机 13 000 余台，推广水稻机插秧 130 千公顷；全市共组织 15 000 多台联合收割机投入水稻机收，其中市内 6 000 多台，水稻机收比率达 59%，同比增长 13.33 千公顷，同比增幅为 3.4%，为农民节本增收超 13 亿元。

【土地宜机化改造亮点纷呈】 2018 年，重庆市研究制订关于推行耕地宜机化改造先建设后奖补的实施方案，出台金融扶持政策，引导社会资本参与土地宜机化整治工作。全年共投入财政补贴资金 2 000 万元，带动社会资本投入 3 000 余万元，立项 87 个，完成宜机化土地整治 1 855.07 公顷，打造出巴南、渝北、潼南、江津、大足、永川、垫江等一批具有重庆丘陵地区代表性的宜机化示范基地。

【召开专题会议】 2018 年，重庆市在潼南区召开"全市实施千万亩高标准农田宜机化配套建设工程推进会"；与重庆市生产力发展中心、重庆社会科学院和重庆市综合经济研究院联合召开"2018 经济圆桌会议"，专题研究探讨重庆丘陵山区农业机械化发展的相关问题，为化解重庆市丘陵山区现代农业发展制约瓶颈，助推重庆乡村振兴建言献策。

【推进特色经济作物宜机化建设工作】 2018 年，重庆市在合川区召开"全市秋冬种工作机械化果园建设与绿色生产现场"；完成巫溪县红池坝扶贫草场项目建设 102.27 公顷；指导渝北完成 355.67 公顷耕地宜机化改造，建设丘陵地区标准化机械化柑橘果园；指导鲁能集团在江津建设 53.33 公顷生产管护全程机械化示范果园，引领万亩级现代化柑橘果园建设；指导荣昌区"猪－沼－竹"种养循环项目 30 公顷宜机化竹园建设；指导南川区迷迭香现代园宜机化规划 33.33 公顷；完成长寿区机械化柑橘果园规划 23.33 公顷；完成潼南区 166.67 公顷中药材机械化生产园建设、永川区 33.33 公顷茶叶机械化生产园建设。

【探索种养循环模式】 2018 年，重庆市在合川区实施"猪－沼－橘"和荣昌区实施"猪－沼－竹"循环模式项目，探索种养循环模式，综合运用绿肥种植和农业废弃物消纳还田等工程和生物措施，提高秸秆、粪污等农业废弃物资源化利用机械化水平，实现资源节约、环境友好、绿色生产。

【农机购置补贴政策规范实施】 截至 2018 年 11 月底，重庆市共受理补贴申请 38 777 份，受益户数 37 949 户，补贴机具数量 39 114 台，申请补贴资金总额 4 257 万元，已结算 2 265 万元。

【研究制定新政策实施方案】 2018年，重庆市研究制定《重庆市2018—2020年全市农机购置补贴政策实施方案》。新的政策实施方案本着更加便民利民的原则，以及农业农村部、财政部关于农机购置补贴去经销商化的要求，对补贴资金申领程序进行调整、优化和简化，并通过重庆市人民政府法制办合法性审查备案。

【确定补贴机具种类范围】 2018年，重庆市按照公开、公平、公正原则，在广泛征求意见的基础上，选取确定补贴机具种类共计13大类27个小类48个品目。

【精准测算补贴机具补贴额】 2018年，重庆市通过科学测算、征求意见、专家评审和公开公示等程序，研究制订并发布《重庆市2018—2020年农机购置补贴机具补贴额一览表》。

【分批次组织补贴产品归档】 2018年，重庆市运用网络系统开展补贴产品归档，组织三个批次补贴产品投档及归档评审，共计4 488个补贴型号产品进入补贴辅助管理系统。

【加强补贴政策实施业务培训】 2018年，重庆市组织各区县农机推广站负责人及农机购置补贴工作人员共计80余人，开展农机购置补贴政策实施专题培训及廉政警示教育，确保政策平稳过渡、规范实施、廉洁高效。编写《重庆市农机购置补贴政策问答》和补贴申报流程图（2018年版），供区县乡镇人员业务培训及实际工作中参考使用。

【推进政策实施规范化管理】 2018年，重庆市建立完善补贴工作运行内部控制、补贴信息公开、补贴产品核验和补贴产品违规经营行为查处等制度，强化农机购置补贴三级监管，加大农机购置补贴产品违规经营行为查处力度。全年发现异常申报或疑似违规信息12条，受理投诉举报2起，结案2起。

【开展新产品补贴试点】 2018年，重庆市开展无人植保飞机和果树修剪机、枝条粉碎机和轨道运输机等农机新产品补贴试点，为重庆市特色产业发展提供装备支撑。

【推进主要农作物生产全程机械化】 2018年，重庆市共投入农业发展资金3 080万元，围绕水稻、油菜、马铃薯主要农作物开展全程机械化试验示范。新建示范基地9个，其中水稻生产全程机械化示范基地4个，油菜生产全程机械化示范基地4个，马铃薯生产全程机械化示范基地1个。

【承担示范项目】 2018年，重庆市垫江、梁平和巫溪三个区县分别承担农业农村部主要农作物水稻、油菜和马铃薯生产全程机械化试验示范项目。通过实施该项目，水稻生产全程机械化示范区综合机械化水平达95%以上，油菜生产全程机械化示范区综合机械化水平达90%以上，马铃薯生产全程机械化示范区综合机械化水平达90%以上。

【开展“粮油作物全程机械化”项目】 2018年，重庆市“粮油作物全程机械化”项目，农机服务主体所购项目机具和建设的机库棚，在享受国家农机购置补贴基础上，再由重庆市级财政给予一定补助。通过扶持农机服务主体购置生产急需的大中型农机具和建设机库棚，并加大培训力度，提升其服务能力和水平，提升示范带动效应。

【推行“互联网＋鉴定”工作】 2018年，重庆市推行“互联网＋鉴定”，实行推广鉴定网上申请、受理及审核等管理工作。全年共计受理农机推广鉴定360项，比2017年增加93.5%，其中部级推广鉴定17项，省级推广鉴定218项，工厂化育秧设备、电动果树修剪机等创新产品测试8项；公示获证产品9批156个；新增证书有效内的781项产品的技术规格信息公开；调整田园管理机、谷物烘干机等19个省推获证产品的品目信息；指导微耕机、收割机等企业提升产品质量172项。

【提升试验鉴定能力】 2018年，重庆市升级改造拖拉机、收获机驻车制动试验坡道，顺利通过农业农村部、重庆市质监局的实验室复查认可，能力建设项目“农机试验鉴定能力建设”和“互联网＋农机质量”分别纳入市政府三年滚动规划和山地智慧农业综合应用建设。

【组织参与推广鉴定大纲的修订】 2018年，重庆市按照农业农村部农业机械试验鉴定总站要求，组织对潜水电泵、离心泵、微型泵、小型喷灌机等部级推广鉴定大纲进行修订，参与田园管理机部级推广鉴定大纲的修订。制定《田园管理机》《内燃机共轴泵》行标2项，立项地标5项。

【开展关键技术研究】 2018年，重庆市开展果园简易水肥一体机、果园开沟施肥机、红薯起垄/施肥/铺膜一体机、红薯藤蔓杀青机、红薯收获机等关键技术研究。

【开展拖拉机质量调查】 2018年，重庆市共调查21家企业57个型号117个产品，向农户发放《拖拉机安全操作规程》等资料100余份。

【依法开展农机质量投诉监督工作】 2018年，重庆市制订实施《重庆市农业机械质量投诉信息报送工作考核评价办法（试行）》；组织开展“农机3·15”“放心农资下乡进村宣传周”活动。成功调解农机质量投诉3件，为农民挽回直接经济损失24万元。

【推行“双随”证后监督工作】 2018年，重庆市共完成19家企业19个产品的证后监督检查，其中省级10家企业10个产品。

【农机安全监管水平稳步发展】 2018年，重庆市通过开展农机安全生产月、农业机械化综合督导、变型拖拉机整治等专项治理行动，农机安全生产形势保持稳定并向好发展。

【变型拖拉机整治有成效】 截至2018年6月底，重庆市核发牌证渝01号牌变型拖拉机在册数17 899台，外省籍变型拖拉机在册数为19 732台；省际协查甄别工作历史性突破，截至10月底，启动两批次省级协查，向重庆市外发函44份省级协查变型拖拉机14 847台，累计回函9 582台，甄别率达48.56%，加上区县自行函询协查1 284台，累计甄别率达55.1%。

【存量消化明显】 2018年，重庆市万州、涪陵等28个区县注销登记6 774台，万州、开州等10个区县强制报废

3 002台，梁平区政府奖励补助报废。

【增量杜绝显著】 2018年，重庆市农机、公安重点打击销售环节中的制假售假行为，如奉节、巫溪等10个区县农机部门移交违法案件线索，公安机关立案侦查。公安机关查处拖拉机违法行为17 851起，农机部门行政处罚471件。增量已杜绝；信息无缝衔接、互通共享，省级协查甄别信息多方式向市县两级安监、公安交管部门抄告，录入重庆市公安交管部门农村道路交通管理系统达100%。

【营造农机安全生产宣传氛围】 2018年6月16日，重庆市按照农业农村部的要求，在南川区承办"全国农机安全生产宣传咨询日"活动(重庆分会场)，开展以盘歌、舞蹈、小品、快板为主要内容的农机安全文化汇演。

【推进"平安农机"创建】 2018年，重庆市30个"平安农机"示范乡镇、90个"平安农机"示范村也将验收，并确定全市农机安全监理示范岗位标兵3人。

【农机工作情况】 截至2018年11月底，拖拉机在册数为17 508台、联合收割机在册数为2 308台，拖拉机驾驶人达52 315人、联合收割机驾驶人达到1 230人。

【农机技能人才开发突破】 2018年，重庆市实施智汇农机手金蓝领成长计划，加快培育新型职业农机手；调整导师工作室结构，完善工作室创新方式和运行模式；对已取得全国农机职业技能鉴定资格的考评员进行专业化训练，并在训练结束后开展竞赛，其中成绩不合格者暂缓安排农机修理工职业技能鉴定考评一年。重庆市农机技能人才开发工作已得到农业农村部主管部门认可，多次受邀在全国有关培训班上介绍重庆经验。共培育农机技能人才超1 500人次。

【推进农机技能人才培养工作】 一是承担中共重庆市委组织部中共重庆市委农工委关于全市农村党员技能的示范培训，完成200人次的培训任务。二是实施智汇农机手金蓝领成长计划，2018年共培育农机高技能人才超1 000人次。三是完成重庆市新型职业农民350人次的培训任务。四是举办三期全市农机社会化服务主体能力提升培训，共培训农机专业合作社负责人120人次。

【组织参加全国技能大赛】 2018年，重庆市组织选手参加全国农业行业职业技能大赛农机驾驶操作员和修理工技能大赛，从7月的初赛、8月的集中训练，再到9月的决赛，历经3个多月，取得3个全国二等奖的优异成绩(其中：驾驶操作2个二等奖、修理1个二等奖)。

【存在问题】 一是全市土地宜机化改造需求量大，任务繁重，资金缺口大。二是中央财政农机购置补贴政策3年一个周期，2018年度是新政策实施周期的第一年，国家和重庆市补贴政策实施方案出台晚。由于重庆市小型农业机械逐步饱和，大中型机具由于土地基础条件的制约难以发挥作业效益，农民购买意愿弱，多因素叠加影响补贴资金的使用进度。三是农机合作社受客观因素的影响普遍存在规模不够大、实力不强，作业范围和影响力不广。另外合作社机手的业务技能水平有待提高。四是适宜重庆市丘陵山区特色产业的农业机械装备供给不足，导致榨菜、调味品等特色产业农机装备水平低。五是果园机械等创新型产品现行标准、大纲不能满足需求，鉴定能力供给不足。

【农机安全监理系统不完善】 2018年，重庆市变型拖拉机分类处置办法不多，报废数量有限，消化存量进度缓慢。部分区县农机安全监理人员有无证上岗现象，业务素质有待提高。农机安全监理业务"数字化"系统不完善，考试装备欠缺，考试不规范，信息化建设滞后。农机作业保险未启动，农民抗风险的能力脆弱。

四 川 省

【概况】 2018年，四川省农业机械化工作围绕实施乡村振兴战略，以筑牢支撑，推动农业生产方式转型升级，实现绿色、可持续、高质量发展为目标，强力推进新技术、新装备在农业各行业、各领域、各环节广泛运用，全省平原、丘陵、山区现代农业装备发展协调共进，主要粮油作物生产全程机械化发展，特色经济作物和种养加全面机械化推进。

【农机作业水平提升】 2018年，四川省主要农作物机械化作业面积8 762.67千公顷，同比增长1.5%。完成水稻机插(播)、机收面积分别为702千公顷、1 498千公顷，同比分别增长14.5%、7.3%；完成玉米机播、机收面积分别为74.67千公顷、68千公顷，同比分别增长32%、34%；完成油菜机播、机收面积分别为302千公顷、388.67千公顷，同比分别增长19.2%、17.8%。机插秧、精量播种，油菜、玉米机收，精准施肥等薄弱环节机械应用难题突破，区域化、规模化、标准化的全程机械化生产模式加快形成。

【农机装备水平提升】 2018年，四川省实施农机购置补贴资金1.94亿元，补贴机具11.42万台(套)，受益农户9.83万户，全省新增农机总动力达128万千瓦，同比增加2.83%，农机装备结构优化，农机装备增量出现"三个聚集"，即向主导特色产业聚集、向新型经营主体聚集、向绿色环保发展聚集。

【农机下田作业通行条件改善】 2018年，四川省农田水利基本建设中各级累计投入农业机械化生产道路财政资金37.7亿元，农民投工折资及筹资投入1 135万个。农田水利基本建设中共建成农业机械化生产道路15 408千米。

【推进全程全面机械化】 一是依托省级财政专项，共安排在15个县(其中贫困县3个)开展全程机械化示范区建设，预计建成水稻(油菜)、薯类、蔬菜、果业、茶叶全程机械化示范区12个以上，示范面积3.33千公顷以上。二是争取部级资金150万元，分别在彭州、中江、开江县开展蔬菜、水稻、油菜全程机械化试验示范，示范面积1.87千公顷。三是创建全国全程机械化示范县。目前，已组织新都、彭州、温江完成全国第三批全国主要农作物生产全程机械化示范县的申报工作。

【农机社会化服务能力提升】 2018年，四川省农机合作社数量达1 531个，同比新增132个，增幅达9.4%；完成机械化作业服务面积940.67千公顷，同比增长17.4%；服务农户达186.6万户，同比增长8.5%。

【农业机械化信息化集成运用初见成效】 2018年,四川省安装使用农业用北斗终端数量达658套,较2018年上半年新增478套,增幅达266%,其中已安装农业用北斗终端的农机合作社58个,较2018年上半年增长48%;完成服务面积15.2千公顷,较2018年上半年增长185%。

【农业机械化课题调研成果丰富】 2018年,全省农机系统围绕四川省委"大学习、大讨论、大调研"活动,调研完成"四川现代农业装备发展对策研究"和"蔬菜机械化发展及对策研究"课题,提出引进国内外先进农机装备建议,并结合课题研究成果完成《安宁河流域现代特色农业发展农业装备现代化5年推进方案》和《四川省现代农业装备5年推进行动方案》的制定。

【农机安全形势平稳】 2018年,四川省共签订各类安全生产责任书或承诺书14余万份,基本建立起政府、行业、生产经营者分工负责的农机安全生产责任体系。全省发生农机事故6起(其中道路事故1起),死亡4人,受伤1人,经济损失7.34万元,同比事故起数减少7起、死亡减少10人,全省未发生较大及以上农机事故,全省农机安全形势保持总体平稳。

【提灌建设工作顺利推进】 2018年,四川省累计投资3.2亿元,其中中央资金2 600万元,省级资金1.1亿元,市州投入1 300万元,县乡投入6 600万元,群众自筹1.05亿元。累计投工120万个。共修复改造提水设备6.5万台/70万千瓦,新增提水设备1.4万台/96万千瓦。其中新建和改造提灌站3 068座。

【扶贫攻坚任务完成】 2018年,四川省160个有扶贫任务县新增农机总动力65万千瓦、新建农业机械化生产道路128千米。其中88个贫困县新增农机总动力20万千瓦、新建农业机械化生产道路50千米,45个深度贫困县新增农机总动力1.5万千瓦、新建农业机械化生产道路12千米。

【开展全程机械化试验示范】 2018年,四川省依托省级财政专项,共安排在15个县(其中贫困县3个)开展全程机械化示范区建设,其中水稻全程机械化示范区2个,水稻及油菜全程机械化示范区4个,薯类全程机械化示范区1个,蔬菜全程机械化示范区5个,果业全程机械化示范区1个,茶叶全程机械化示范区2个,果、蔬、茶机械化示范项目数、资金额均首次超过粮油作物。省级全程机械化示范园区已完成示范面积4千公顷。争取到部级项目资金150万元,用于开展水稻、油菜、蔬菜全程机械化试验示范,已完成示范面积1.87千公顷。各地争取当地财政资金支持,已建成全程机械化示范区210个,完成示范面积133.33千公顷。

【组织开展全程机械化示范县创建】 2018年,四川省为落实2018年省委一号文件提出的"推进农业生产全程机械化试点示范,建设一批农业生产全程机械化示范县"任务要求,四川省农业农村厅及时下发《关于进一步做好全程机械化示范县建设工作的通知》及《关于推荐申报部、省级全程机械化示范县的通知》,对开展创建及申报工作进行安排部署,目前温江区、新都区、郫都区、西充县、开江县已分别完成部、省级基本实现主要农作物生产全程机械化示范县的申报工作。

【开展全程机械化技术培训】 2018年,四川省共举办各种推进活动250次,参加人数3.3万人,印发指导意见63份,形成技术模式90个,邀请专家指导422人,开展宣传459次,印发资料13.8万份。四川省农业农村厅于2018年分别举办全程机械化示范项目座谈(培训)会、全程机械化生产技术培训、水稻全程机械化技术培训、蔬菜生产全程机械化技术培训,共培训近580余人,全省深度贫困县马铃薯生产机械化操作技术培训30余人。

【引导全程机械化与信息化融合】 2018年3月,在四川省农业农村厅召开的全程机械化生产技术培训现场,首次集中演示北斗导航技术应用成果,引导各地推进全程机械化与信息化技术融合,全省安装、使用农业用北斗终端数量、完成监测服务面积增长。新都区、郫都区等地用信息化手段监管农机作业,在10个农机合作社安装北斗导航终端82套,落实农机作业补贴500万元以上,作业面积0.85千公顷。

【抓农机购置补贴政策规范实施】 2018年,四川省以农机购置补贴政策为抓手,推进农机装备更新换代,加快节能环保、高效精准农机机具和技术应用,促进农业绿色发展。根据农业农村部、财政部文件,按程序制定《四川省2018—2020年农机购置补贴实施指导意见》和《四川省2018—2020年农业机械购置补贴额一览表》,确定全省2018—2020年农机购置补贴范围为15大类38小类104个品目,优先保证主要粮食作物和农业绿色发展机具的补贴需要,实行补贴范围内机具敞开补贴。

【开展农机购置补贴政策宣传和培训】 2018年,四川省先后举办3次培训班,开展购补政策、辅助管理系统操作、绩效考核培训,并邀请四川省纪委驻农业厅纪检组副组长唐俊同志进行廉政风险防控教育,培训人数达500余人。

【开展政策实施创新】 2018年,四川省首次实现农机购置补贴辅助管理新旧系统转换的无缝对接,使农户全年报补不断档。全年完成三批农机购置补贴机具投档工作。

【严格农机购置补贴政策实施监管】 2018年8—9月,四川省农机部门与四川省财政厅联合开展覆盖全省21个市州的农机购置补贴督查工作。11—12月按四川省纪委要求,在全省开展农机购置补贴专项清理工作,严肃查处凉山彝族自治州农机购置补贴违法违规案件。简化报补程序,强化信息公开,研究探索实施手机App申报补贴项目,推送农机购置补贴政策和信息。严肃查处产销企业违规行为,实施省际和省内联动联查和首发责任制,对违规行为进行从严查处。

【项目安排统筹兼顾】 2018年,四川省级财政建设专项3 000万元落实在全省42个县(市、区)实施,下达建设农业机械化生产道路任务200千米。各级农业农村部门不断强化项目建设的指导和监督,提升项目实施水平和资金使用效益。特别在国定和省定贫困县范围内安排1 885万元,支持农业扶贫产业发展提质增效。

【加强项目实施管理】 2018年，四川省项目实施县坚持民办公助原则，按照规划方案"民议"、项目内容"民知"、工程实施"民建"、工程质量"民监"、资金使用"民审"、工程建后"民受益"的操作方式实施。统筹协调，建管并重，落实建后移交和道路日常管理养护责任。各地利用农村公共服务运行维护资金等项目，确保建成的每条道路都有明确的专人负责管护，确保工程发挥长期效益。

【多方筹集建设资金】 2018年，四川省各级农业农村部门争取建设资金投入，主动切入各类中央及地方各类涉农建设项目，争取市县级财政和其他涉农项目资金1 886万元投入项目建设，受益群众自筹资金和投工投劳折资投入项目建设1 198万元。初步构建起项目区"连公路、入库棚、下田地"的农业机械化生产道路区域性通行网络。

【促进园区发展】 2018年，四川省项目实施围绕各类农业园区来建设，还可实现民居和田间的道路贯通。不但提高农业机械在农业生产中的全程运用，节约投入成本，减轻劳动强度，还带动农业园区的开放和繁荣，带动起项目区特色农产品销售、休闲观光、农事体验为一体的农业产业融合发展，拓宽农业农村农民发展的经营增收致富渠道。

【组织参与示范社创建】 2018年，四川省通过示范社创建活动，引导农机合作社向"五有"型(有完善的装备设施、有良好的运行机制、有健全的管理制度、有较大的服务规模、有显著的综合效益)发展，共有7个农机合作社被四川省农业农村厅、四川省发展和改革委员会等10个部门评为第十批省级农民合作社示范社。推荐眉山市德心农机专业合作社理事长参加中国农业机械化协会和中国农机安全标示联合举办的"雷沃杯"2018年全国20佳农机合作社理事长评选活动。

【开展"两主体、四中心"建设】 2018年，四川省引导有条件的农机合作社建立育秧中心、加工中心、烘干中心和培训中心，开展适度规模经营，提供全面、全程农业机械化服务，引导农机合作社拓展服务领域、增强发展后劲，促进农机合作社由数量增长向质量效益提升转型升级，全省农机合作社预计完成作业服务面积856.67千公顷，同比增长6.9%。

【强化项目支持】 2018年，四川省各地农业部门通过实施政府购买社会化服务、全程机械化试验示范等项目，支持农机合作社承担机插秧、油菜直播、秸秆粉碎还田、粮食烘干等作业任务，壮大农机合作社。

【组织开展农业机械化生产】 2018年，四川省及时分解下达小麦、水稻、玉米、油菜的机械化生产作业任务，在"春耕""三夏""三秋"等重要农时季节，组织、引导农机合作社、农机大户投入机具全力开展耕、播、收、植保、秸秆处理、烘干等全程机械化作业。

【组织开展跨区作业】 2018年，四川省共发放联合收割机、插秧机跨区作业证3 300份，全省设立跨区作业服务站438个，为提升水稻、油菜、小麦机械化作业水平提供重要保障。

【组织培训】 2018年，四川省按农业农村部农业机械化管理司要求及时完成2017年农业机械化管理统计年报及2018年农业机械化生产报表的统计、报送工作，组织开展全省农业机械化统计工作培训，培训市县统计人员近50人。

【扩大宣传力度】 2018年，四川省围绕农业机械化生产、新技术推广、农业机械化政策等主要内容，开展典型经验、做法的宣传报道，目前，共收集全省各地农业机械化宣传信息652条，其中向中国农业机械化信息网提供信息259条，向四川省农业农村厅提供农业机械化信息近500条。

【行业监管责任落实】 2018年，四川省召开四川省农业农村厅党组会、四川省农业农村厅务会11次研究农机安全生产工作，四川省农业农村厅领导带队开展农机安全生产检查3次以上，四川省农业农村厅党组书记、四川省农业农村厅厅长杨秀彬同志、四川省农业农村厅分管领导均专题调研农机安全，听取专题汇报3次以上。各级农业主管部门通过层层签订安全生产目标责任书。

【农机牌证许可业务规范】 2018年，四川省规范拖拉机和联合收割机牌证许可业务，重新开发农机监理业务办证系统，杜绝违规上牌办证。2018年新增注册的拖拉机联合收割机4 591台(辆)、新增注册拖拉机联合收割机驾驶人1.07万人；全年检验拖拉机6.8万台，实际检验率提升。

【农机监理队伍服务水平提升】 2018年，四川省开展监理人员培训3次，培训监理人员800余人，全省各级累计培训2千余人(次)，基层农机监理人员业务素质和履职尽责水平提升。

【"平安农机"创建活动深入】 2018年，四川省以政府为创建主体，2018年度评选出省级示范县1个、示范乡镇35个、示范岗位标兵4人，推荐全国示范县3个、示范岗位标兵1人。

【推进农业智慧灌溉和标准化站建设】 2018年，四川省首先在广汉、彭山等12个区县开展试点示范。已落实任务、资金和实施方案，各地也进行项目规划设计，完成建设任务。推行"统一外观样式，统一颜色标识"的"标准化站"建设，在仁寿县、雁江区等部分县区示范推行，进展情况良好。

【加强对干旱河谷地区太阳能提灌项目建设业务指导】 2018年，四川省为支持干旱河谷地区加快生态治理和产业脱贫步伐，省级财政新增5 000万元干旱河谷地区机电提灌站建设专项资金，其中2 920万元用于太阳能提灌站建设。为指导各地抓好实施工作，下发《关于2017年省级财政干旱河谷地区机电提灌站建设项目的实施指导意见》；同时，对太阳能提灌建设项目实施方案进行统一评审，从源头上确保建设质量。

【农村机电提灌管理信息化建设和农村改革成效明显】 2018年，四川省组织专家对2013年以来实施的信息化建设项目进行竣工验收。机电灌溉信息化平台已录入超过3.4万座泵站的基本信息和5 000余座泵站的坐标(GPS)数据，35个信息化提灌站接入系统运行。推进农村机电提灌站的确权颁证工作，落实提灌站管护责任主体，探索提灌站的经营管理实行社会化、专业化等多种管理模式。目前，全省已经颁证的机电提灌站达2.1万座,颁证率达56%。

【提灌设施作用凸显】 2018年,四川省提灌设施运行情况良好,各级农业农机部门派出技术人员进村入户开展服务,确保春耕生产顺利开展。全省提灌机械出勤73万台次/787万千瓦,提水3亿米³,其中提灌站提水2亿米³。灌溉面积1 600千公顷,其中提灌站灌溉面积1 066.67千公顷。灌溉水稻面积1 000千公顷。

【全程全面机械化投入不足】 2018年,四川省虽已通过各种渠道争取到了部分资金用于推进全程全面机械化,但现有资金远远不能满足发展需要,由于资金投入不足,机械化示范点、示范面积均较少,示范带动作用不明显,导致四川省农业机械化发展质量不高、短板多,发展不平衡。

【机械化作业基础设施建设滞后】 2018年,四川省地处西南内陆,丘陵、高原、山地所占面积超过80%,由于基础设施建设成本高,难度大,这些地方的农业机械化生产道路等基础设施建设相对滞后,制约四川省农业机械化发展。

【全程机械化关键环节装备不足】 2018年,四川省各类农机价格仍相对较高,特别是一些绿色环保、科技含量高、性能优越的农机价格偏高,虽然国家有农机购置补贴政策,但有相当一部分的农机合作社成员、农户仍然无力购买,存在驻足观望现象,制约全程机械化装备水平提升。

【农机农艺融合不够紧密】 2018年,四川省仍有很多作物的种植习惯、种植模式基本上未充分考虑机械化作业问题,很多机械不能适应四川省丘陵山区种植特点,影响现有农机装备作用的发挥。

【购机补贴工作保障力度不够】 2018年,四川省农机购置补贴政策的制订、产品分类分档和补贴的测算、产品的归档、政策的培训、工作督查和监管、信访处理、价格调查、绩效考核、审计监督等工作任务十分繁重,各级农业部门,特别是县级农业部门作为工作的责任主体和实施主体,工作任务重、监管责任大,出现工作畏难情绪,积极性下降。

【工作保障不足】 2018年,四川省购机农户遍布广大农村、居住分散,农业部门开展机具核实、工作检查、价格调查、信访处理等工作,需要车辆和工作经费保障,但各地财政困难,特别是县级农业部门普遍存在工作经费不足的现象,车辆改革后更是无车可用。

【农机人员不足】 2018年,四川省许多市县负责农机工作的科股平均只有2人,个别市、县农机科股甚至只有1名人员负责应付诸多的农机工作,工作效率低、贯彻落实不力。由于近年来不断机构改革,各地从事农机购置补贴工作的领导、机构及工作人员变动较大,业务不熟悉,经验不足。

【责任心不强】 2018年,四川省各级纪检、检察等部门加大对农机购置补贴政策实施过程中职务犯罪的查办力度,个别市县经办人员思想包袱加重,缩手缩脚,不愿作为,不敢作为,工作积极性、主动性下降。

贵州省

【概况】 2018年,贵州省农机部门紧密围绕产业扶贫和农业结构调整,探索现代山地特色高效农业机械化发展机制和模式,以规范实施农机购置补贴政策、农机农艺融合为抓手,开展各项农机工作,推进全省农业机械化稳步发展。

【组织农机生产作业】 2018年,贵州省各级农机主管部门加强对农机生产的督促指导和信息引导,组织农机跨区作业,切实做好重要农时农业机械化生产服务。截至12月底,组织农机具253.68万余台套投入“春耕”“三夏”“三秋”农机生产服务,检修各类农机具59.96万台,完成培训农机操作手20.25万人次。累计完成机耕2 350千公顷,机播182.69千公顷,机收690.23千公顷和机械灌溉255.71千公顷,主要农作物耕种收综合机械化率达36.32%。

【加快推进主要农作物生产全程机械化】 2018年,贵州省适时组织召开全省规模的农业机械化技术示范演示会,推广运用先进农机技术,推进全省主要农作物全程机械化。

【建立示范县】 2018年,贵州省农机部门在赫章县、七星关区和织金县三个县(市)实施农业部马铃薯生产全程机械化试验示范项目,总面积778公顷,项目点马铃薯全程机械化率达80%。组织在5个市(州)进行早熟马铃薯全程机械化示范推广,示范面积1.11千公顷以上,项目实施区马铃薯耕种收综合机械化率达38%,节本增效800万元以上。

【推进水稻全程机械化示范基地建设】 2018年,贵州省农机部门继续与华南农业大学罗锡文院士团队合作,推进水稻全程机械化示范基地建设,完成水稻全程机械化生产0.67千公顷以上,项目实施区水稻生产全程机械化率超过80%,产量在40千克/公顷以上,节本增效26元/公顷以上。

【辣椒生产全程机械化取得新突破】 2018年,贵州省在绥阳县开展辣椒耕整地、播种、移栽、植保和收获等环节的机械化试验示范,示范面积13.33公顷,平均产量达66.67千克/公顷,相比传统人工作业节约用工量30%以上,节本增效44.67元/公顷以上,栽植合格率≥90%,对黏性土壤的适应性较高。

【开展宜机化土地整治试点】 2018年,贵州聚源裕农生态科技有限公司自愿出资在毕节市织金县珠藏镇开展33.33公顷宜机化土地整治试点。为确保试点工作取得实效,贵州省下文要求有关单位做好土地宜机化整治试点技术指导工作,并组建技术指导小组,帮助企业勘选实施地点和细化技术措施,开展技术培训。

【规范实施农机购置补贴】 2018年,贵州省农机部门按规范性文件要求制定印发《贵州省2018—2020年农机购置补贴实施方案》,并对果蔬烘干机违规行为进行处理,强化信息公开,组织开展全省农机购置补贴信息公开情况普查,并将普查结果公开通报。2018年,贵州省农机部门在全省范围内开展补贴政策落实情况延伸绩效考核,形成全省农机购置补贴延伸绩效考核评估结果。截至12月底,全省共实施中央农机购置补贴资金3 196.64万元,引导农民和农业生产经营组织投13 580.35万元,各类农机具33 061台(套),受益农户25 764户。

【加强农机专业合作社建设】 2018年，贵州省农机部门利用省级农机合作社发展资金1 000万元，依托合作组织开展特色优势产业生产机械化技术试验示范，扶持和巩固农机合作社40个。

【组织做好农业机械化项目工作】 2018年，贵州省农机部门牵头组织完成农业部2017年农业机械化项目的绩效评价和考核验收。此外，认真做好2018年部级项目的申报、组织实施、督导工作，按进度完成了各项阶段性目标任务。从10月初至11月中旬，农机部门组织开展省级农机专业合作组织发展资金项目督查工作，切实对2013年以来省级财政资金补助合作社形成资产进行全面清理核查登记，纠正不良行为。

【推进农机技术科研攻关】 2018年，贵州省安排贵州省山地农机研究所《山地农业机械研究与试验示范》项目经费205万元，涉及果园、茶叶、食用菌、猕猴桃、鱼腥草、辣椒、芭蕉芋等8方面。该所还参与联合申报"十三五"国家重点研发项目子课题"秸秆还田替代技术的农机具选型配套研究"，课题经费60万元；申请省科技厅项目"贵州薏苡全程机械化技术集成示范研究"项目并获得立项，项目经费20万元。该所"贵州水稻高产高效技术集成与应用"获2017年贵州省科技成果转化奖二等奖。

【加强农机安全监管工作】 2018年，贵州省坚持"安全第一、预防为主、综合治理"的方针，全面落实安全生产责任，安全生产形势保持平稳态势。一是采取"横向到边、纵向到底"，层层签订的方式，使基层农机监理机构与农机安全联组、农机安全联组与参加联组学习的拖拉机驾驶人员100%签订安全生产责任书。二是开展全省"平安农机"示范市创建工作，达到创建标准的向省级主管部门进行申报。三是深入基层检验拖拉机，有条件的地方使用拖拉机检测线检测，调动一切力量，提高拖拉机年度检验率。四是开展以"全面落实企业安全生产主体责任"为主题的"安全生产月"活动。面向职工、面向基层、面向企业，普及安全生产法律法规和安全常识，把安全理念、安全文化、安全法律知识和安全常识送到广大农机安全生产参与人的手中。

云南省

【概况】 2018年，云南省在农业农村部支持下，在云南省农业农村厅党组领导下，贯彻落实党的十九大精神，围绕云南高原特色现代农业发展要求，根据目标任务和重点工作，攻坚克难、务实创新，推进各项农机工作。

【农机购置补贴工作情况】 2018年，云南省共争取中央财政农机购置补贴资金33 770万元，全年共使用补贴资金33 773.8万元，结算兑付资金29 959万元，使用和结算兑付比例分别为99.7%和92.3%，共补贴各类农机具112 665台/套，受益农户80 738户，带动购机者投入资金近9亿元。

【农机工作主要情况】 2018年，云南省农机总动力达2 650万千瓦，同比增加40万千瓦，农机作业面积达6 573.33千公顷，同比增加33.33千公顷。主要农作物耕种收综合机械化水平达48.6%，增幅0.5个百分点。全省共接报农业机械事故1起，受伤1人，同比事故起数减少4起，死亡人数减少2人，农机安全生产形势稳定。

【围绕产业、规范推进】 2018年，云南省将农机购置补贴机具种类范围扩大为15大类34个小类79个品目，同比新增20个品目，实行全面敞开补贴，补贴范围更加聚焦主要农产品生产所需机具和农业绿色发展类机具，补贴政策惠及更多农民。

【完善制度、落实责任】 2018年，云南省农机部门与云南省财政厅联合印发《云南省农机购置补贴产品违规经营行为处理实施办法(试行)》，加强对违规行为的监管和打击力度，维护农机购置补贴政策的严肃性。启用农机购置补贴产品自主投档系统，与购机补贴系统统一数据口径，统一集中平台，实现购机补贴工作信息化、规范化。

【加快资金使用，强化信息公开】 2018年，云南省强化区域内资金余缺动态调剂，减少补贴资金结转量。利用现代信息手段，建立"实时公开制度"(补贴产品实时公开，补贴信息实时公开，资金进度实时公开)，做到及时、透明。

【加强日常监督管理】 2018年，云南省重点配合农业农村部对云南省农机购置补贴政策实施进行督导检查；组织开展2017年度农机购置补贴政策落实延伸绩效管理交叉考核；被评为2017年度"落实强农惠农富农政策(农机购置补贴)延伸绩效管理优秀单位"，云南省省长阮成发对此作出重要批示，予以鼓励。

【抓项目建设】 2018年，云南省在主要农作物生产机械化薄弱关键环节上下工夫，整合部省两级项目资源，发挥财政资金叠加效应和规模效应，全省建设水稻生产全程化示范区2个和玉米全程机械化示范区3个和马铃薯示范区1个，在示范区配齐农机装备，开展作业现场演示，推广普及全程机械化技术和机具。

【抓推广培训】 2018年，云南省共开展各种规模场次农机新技术、新机具现场演示会(培训班)522次，同比增长11.06%；参加现场演示会(培训班)的农业机械化技术推广部门人员、农机大户、种粮大户、农机操作手和其他农民达44 377人次，同比增长22.49%。

【抓督导指导】 2018年，云南省围绕资金使用、建设内容和实施进度，于7月组织工作组进行项目督导，将督导工作贯穿于项目实施全过程。通过督导，传递要求，规范资金使用、绩效评价，促进项目建设水平。

【落实农机安全生产主体责任】 2018年，云南省落实安全生产"一岗双责"制度，业务工作与安全生产工作做到同检查、同研究、同部署。每季度召开农机安全生产形势分析会研判、分析全省农机安全生产形势。与各州、市、县、乡签订安全生产责任书339 555份，逐级传导压力，压实责任。

【推进农机安全生产检查督查常态化】 2018年，云南省在关键农时、重要时段对农业系统安全生产工作进行部署，全年开展执法检查9 405次，配合相关部门开展联合执法2 374次，出动检查人员38 454人次，检查农业机械157 825台次，检查驾驶人员157 825人次。

【提升农机监理“软硬件”建设】 2018年，云南省推进“平安农机”创建。按照“先建后补”的管理方式，2018年安排省级财政资金120万元，对获得2017年“省级平安农机示范区”的12个县区进行补助。2018年8个县区成功创建为省级“平安农机”示范县单位。2018年，各地开展事故应急现场演练10余场。

【推进变型拖拉机管理机制转变】 2018年，云南省出台《云南省加强变型拖拉机安全监管工作意见》和《云南省农业厅 云南省质量技术监督局关于变型拖拉机年度安全技术性能检测实行社会化的通知》，自2019年起，将在全省范围内联合推进已纳入牌证管理的变型拖拉机安全技术性能检测社会化工作。

【培育壮大农机服务体系】 2018年，云南省争取省级财政资金270余万元，把一批辐射带动能力较强的国家级和省级农机专业合作示范社作为重点扶持对象，将其建设农机场库棚、购置机具等纳入资金支持范围。2018年，共培育扶持农机合作社15个左右，初步建设机库棚6个，支持引导近50多个新型农业经营主体参与到全程机械化示范区项目建设。鼓励引导农机合作社开展跨区作业服务，共发放农机跨区作业证1 000张。

【规范开展农机质量鉴定】 2018年，云南省印发《云南省2018年果蔬烘干机质量调查实施方案》，对60个型号的果蔬烘干机开展质量调查。组织开展全省农机“3·15”宣传活动，向农民群众宣传农机优劣识别、安全使用、维修保养、投诉维权质量法规等方面知识。2018年受理3件农机质量投诉。

【开展农业机械化教育培训】 2018年，云南省采取“理论授课、基地实践、经验交流”的培训模式。全省共培训各级各类人员10.5万人次。

【存在问题】 2018年，云南省主要农作物机械化水平远低于全国平均水平19.4个百分点。一是云南省高原特色农业发展需要装备和技术供给有效供给不足。二是农机购置补贴、深松作业补贴制度需完善。三是全程机械化示范项目建设整体质量不高。四是农机合作社等新型农机经营组织发展活力不足，经营管理不完善，社会化服务水平较低。创新型人才和管理人才供给不足。五是全省变型拖拉机存量大、安全隐患突出，变型拖拉机集中整治任务需推进。六是农机质量证后监督管理、质量投诉监督等方面手段落后、管理力量薄弱。七是农机安全生产管理责任重大，微耕机等小型农机具非法拼改装安全生产形势严峻。

西藏自治区

【概况】 2018年，西藏自治区各级农业机械化主管部门以实施“神圣国土守护者 幸福家园建设者”为主题，以乡村振兴战略为总抓手，以农牧业供给侧结构性改革为主线，紧盯全年工作目标任务，推进农业机械化各项工作。

【农业机械化发展基本情况】 2018年，西藏自治区农业机械总动力达541.3万千瓦(不含农用运输车动力)，同比增加18.2万千瓦，增长3.5%；各类拖拉机拥有量27.4万台，同比增加0.9万台，增长3.4%；配套的耕、播、收机具24.7万台，同比增加2.3万台，增长10.3%；联合收割机4 453台，基本与2017年持平。2018年全自治区完成机械化耕播收面积共418.6千公顷，农田三项作业综合机械化率达63.1%，同比增长1个百分点；其中主要粮食作物(青稞、小麦)机械化耕播收面积达334.3千公顷，三项作业综合机械化率达65.2%，同比增长1个百分点。

【农业机械化投入增长】 2018年中央财政对西藏自治区农业机械化投入增长，达12 552万元，同比增加6 302万元，增长100.8%；全自治区各级地方财政投资和可统计社会投资也较2017年同期大幅增加，达35 052万元，同比增加17 487万元，增长99.6%。

【农机安全保持稳定】 2018年，西藏自治区未发生道路内外农机安全生产事故，未出现因使用农机引发的人员伤亡事故，全年农机安全生产总体上保持平稳。

【确定农机购置补贴范围】 2018年，西藏自治区贯彻《农业部办公厅 财政部办公厅关于在西藏和新疆南疆地区开展差别化农机购置补贴试点的通知》(农办财〔2017〕19号)等文件精神。2018年4月，西藏自治区农牧厅、西藏自治区财政厅联合出台《西藏自治区2018—2020年农机购置补贴实施办法》(藏农厅发〔2018〕201号)，确定西藏自治区农机购置补贴机具种类范围13大类22个小类56个品目，2018年归档产品4 534个。

【购机补贴执行进度加快】 截至2018年11月底，西藏自治区已累计落实补贴资金18 665万元(含往年结余资金和2018年兑付的2016—2017年度农机深松整地作业补助资金)，补贴购置各类农业机械40 398台，受益农户30 564户，资金执行进度较2017年同期提升。同时，在全自治区推广“自主选择、全价购机、直补到卡”，基本实现政策管理和资金兑付的“去经销商化”。

【实施深松整地作业补助政策】 2018年是西藏自治区农机深松整地作业补助政策列入中央财政农业生产发展资金的第一年，由于无法继续在农机购置补贴资金中列支深松补助资金，各地利用申报跨年任务、争取脱贫攻坚专项想方设法整合筹措资金、拓宽资金渠道，2018年各市在3月前完成全年目标任务报备工作。

【推进深松整地作业】 2018年3月13日，西藏自治区农牧厅印发《区农牧厅关于提前下达2018年财政支农专项转移支付项目资金、任务分配情况的通知》(藏农厅发〔2018〕111号)，将资金分配情况和绩效目标一并下达至市一级，各县区主管部门迅速行动，到11月底已完成深松面积21.93千公顷，在补助政策的拉动下，全自治区新增各类深松机、大功率拖拉机(58.82千瓦以上)305台套。

【加强项目建设】 2018年4月，西藏自治区向社会发布《西藏自治区2018年度主要农作物生产全程机械化联合实施项目委托公告》，经自愿申报，共确定3家承接主体，并签订《主要农作物生产全程机械化联合实施项目委托合同》，项目建设实行绩效管理，申报、审批、委托等环节在西藏农牧信息网全程公开。

【抓全程机械化市场化工作模式改革试点任务】 2018年11月底，西藏自治区已建设全程机械化核心示范区1.53千公顷，重点扶持当地社会化服务主体4个，帮助培训人员达3 000多人，印制发放宣传资料近5 000份，树立宣传标识牌8组，承接培训、展示、推介活动11次，群众参与达上万人次。通过试点，西藏自治区以“政府购买社会化服务”为主要形式的联合实施模式得到验证，以“企业+合作社”为主角的全程机械化推广模式已初步建立。

【加大农机社会化服务体系投资力度】 2018年，西藏自治区各级农业机械化主管部门坚持创新完善、示范推广并举，推动社会化服务体系规模和质量提升，服务主体开展环节托管、订单生产的意识增强。在2018年启动实施的全自治区新一轮农业机械化惠农政策中，均将农机社会化服务体系发展列在重要位置，西藏自治区财政加大投资力度，在农机购置补贴政策中明确扶持措施，各类农机社会化服务主体购机最高可享受50%比例补贴优惠，且单独测算补贴额。

【发展农机社会服务体系】 2018年，西藏自治区在农机深松整地作业补助政策落实过程中，有95%以上的任务委托给社会化服务主体以订单作业形式完成，为落实免税政策，西藏自治区农牧厅专门下发《西藏做好进一步落实农机社会化服务主体免税政策有关工作的通知》（藏农厅发〔2018〕306号）。到2018年底，全自治区农机社会化服务主体超过100家，累计社会化服务面积超过63.33千公顷。

【抓农机安全生产工作】 2018年，西藏自治区按照西藏自治区安全生产委员会相关部署要求，西藏自治区农牧厅下发《西藏关于认真做好下半年全区农机安全生产工作的通知》（藏农厅发〔2018〕399号）等两个文件，配合公安机关交通管理部门做好全自治区农机安全生产工作。

【农机安全生产态势保持平稳】 2018年，西藏自治区落实安全生产管理主体责任，重视农业机械安全隐患排查和治理，针对全自治区农业机械化监管体系不健全、广大农牧民群众农机安全生产意识薄弱等情况，抽调农机技术人员到基层支持、指导各地开展各类专项整治活动，配合公安机关交通管理部门做好农牧区安全执法和拖拉机监管职责确认等工作，组织实施好安全宣传日、安全生产月等专题宣传活动。

陕西省

【概况】 2018年，陕西省学习贯彻党的十九届三中全会精神，领会农业农村、农业机械化工作会议精神，树立质量兴农、绿色发展理念，改革创新，攻坚克难，狠抓落实，农业机械化实现全面全程高质高效发展。

【全程机械化示范县创建取得新进展】 2018年，陕西省按照全省农业产业转型升级示范县建设统一部署，在4县区分别实施小麦、玉米、水稻和马铃薯全程机械化示范建设，成效显著；榆阳区、澄城县被农业农村部认定为全国第三批基本实现主要农作物生产全程机械化示范县。在全省12个地市42个县区实施果、菜、茶、畜、薯、花卉、中药材等特色产业机械化示范项目，引进耕、播（种）、收关键环节农机569台套。

【丘陵山地和优势特色机械化示范实现新突破】 2018年，陕西省引进、试验、示范、推广丘陵山地地膜玉米种植、残膜回收技术及机具、水稻直播机械化技术、稻油全程机械化新机具、丘陵山区小麦（玉米）薄弱环节适用机具等一批新机具新技术。先后在延安市、安康市召开全省丘陵山地特色产业全程机械化现场演示会、全省特色产业及丘陵山地机械化技术培训班，促进丘陵山地及优势特色农产品机械化发展。

【五大农机新机具试验示范基地建设迈出新步伐】 2018年，陕西省下发《关于印发2018年省级农机化专项资金项目实施指导意见的通知》，落实工作责任、推进技术装备研发与集成示范，形成区域示范带动模式，突破同类地区发展瓶颈。全年举办新机具、新技术演示会10余场，引进试验示范推广各类机械300余台套，举办生产技术培训班20余期。

【重要农时机械化生产取得新成效】 2018年，陕西省围绕“春耕”“三夏”“三秋”等重要农时季节，及早安排部署，指导全省重要农时农业机械化生产。免费发放联合收割机插秧机跨区作业证1.8万余张，设立服务电话100余部，跨区机收接待服务站260余个，协调农机维修厂（点）4 000余个，完成小麦机收936.67千公顷、玉米机播面积800多千公顷、机收面积713.33千公顷的年度任务。

【落实农机购置补贴惠农政策】 2018年，陕西省按照“缩范围、控定额、促敞开”思路和绿色生态导向，敞开补贴，简化程序，优化服务，加强监督，规范实施。组织开展农机新产品购置补贴试点和农机购置补贴引导植保无人飞机规范应用试点，制定专门方案确保规范执行。2018年中央财政下达陕西4.318亿元，登记使用中央补贴资金3.485亿元，实施进度80.7%（不计算上年结转资金），结算资金3.255亿，补贴机具6.53万台（套），受益农户5.59万户。部分补贴资金还正待兑付。

【农机深松整地进展顺利】 2018年，陕西省在2018年深松整地补贴标准下调的不利因素下，陕西省局及时制订方案，层级分解任务，扩大宣传，行政推动，加强督查，提高农机深松整地实效。2018年全省完成农机深松整地作业262千公顷，深松整地智能监测率达98%。

【推进保护性耕作技术示范推广】 2018年，陕西省在西安、铜川、宝鸡等7个市开展保护性耕作技术试验示范推广，突出项目宣传培训、技术推广、督导检查。全省保护性耕作技术示范项目实施8千公顷，技术培训5 000余人次。

【秸秆综合利用富有成效】 2018年，陕西省按照全省“铁腕治霾”三年行动要求，以开展秸秆利用能力建设、秸秆还田质量提升为抓手，加快推进秸秆综合利用工作，召开现场演示会2次，投入机具25万多台套，全省主要农作物秸秆机械化综合利用率达83.8%，超额完成83%的任务。

【推动现代农机专业合作社建设】 2018年，陕西省投入省级专项资金715万元，扶持农机合作社47个；组织召开“全省农机合作社建设培训班”，参训合作社理事长70余人；形成《陕西省农机社会化服务发展情况调研报告》等专业报告6份；组织农机合作社申报“2018年全国农机化杰出服务奖”“20佳全国农机合作社理事长”，西安市阎良区武屯农机专业合作社、乾县五谷丰农机专业合作社、富平县富秦星农机专业合作社荣获中国农机工业协会等单位授予的“2018合作社农机化杰出服务奖”。

【新型职业农民素质增强】 2018年，陕西省围绕农业机械化教育培训工作，加强组织领导，各地利用农闲时机，重点围绕保护性耕作、秸秆综合利用、深松整地、全程机械化示范等项目，组织开展不同形式培训，培训新型职业农民5万人次。

【农机社会化服务能力提升】 2018年，陕西省支持新型农机经营主体发展，开展跨区作业、订单服务、全程托管等服务方式，农机社会化服务能力提升，服务效益提高。

【农机信息化建设迈上新台阶】 2018年，陕西省“陕西智慧农机信息服务平台”建设（3期）、陕西省农机购置补贴手机App项目通过验收，上线运行，农机信息化、智能化服务水平迈上新台阶。

【农机安全监理水平提升】 2018年，陕西省下发2018年度监理工作要点，对重要农时农机安全生产进行安排部署。在宝鸡组织开展全省农机事故应急处置演练。开展全省农机安全集中执法行动。渭南市、凤县等8个市县、25个专业合作社、18名同志被陕西省农业农村厅、陕西省安全生产监督管理局分别授予为2018年省级“平安农机”示范市（县）、“平安农机”示范社和农机安全监理示范岗位标兵的荣誉称号。

【农机试验鉴定能力提升】 2018年，陕西省引进专业技术人员、加强业务培训、更新鉴定仪器设备，顺利通过部级认定，试验鉴定能力得到提升，质量监督工作优化。

【机关管理规范】 2018年，陕西省以创建文明单位为抓手，规范机关管理，加强机关后勤管理，亮化、绿化、美化机关大院，营造干净舒心的办公环境。

【加强党的建设】 2018年，陕西省按照新时代党的建设总要求，落实“两学一做”制度常态化；深化“对标定位、晋级争星”活动和党员管理积分制；抓好“三会一课”制度落实，邀请陕西省委党校教授作专题讲座，陕西省农业机械管理局党委成员讲党课，召开冯新柱案“以案促改”“讲政治、敢担当、改作风”等专题教育研讨会，机关党建和党员管理工作迈上新台阶。

【存在问题】 一是农作物耕种收综合机械化水平不高；二是新型农机经营主体发展滞后；三是农机工业底子薄、规模小、能力弱；四是农机公共服务能力有待增强。

甘肃省

【概况】 2018年，甘肃省各级农机部门认真贯彻落实全省农业工作会议、农业机械化工作会议和产业扶贫推进会议精神，凝心聚力抓落实，聚精会神促发展，农业机械化发展态势良好。

【农机装备总量增幅较大】 2018年，甘肃省农机总动力达2 069万千瓦，同比增长2.5个百分点；拖拉机保有量达到83.32万台，增长1.7%；联合收割机达到1.09万台，增长0.7%；配套农机具达到182.75万台（套）。同时，在产业扶贫政策的推动下，饲草收获加工机械、中药材挖掘机械、马铃薯收获机械增幅较大。

【农机化作业水平提高】 2018年，甘肃省农作物机耕、机播、机收面积分别达338.81千公顷、187.06千公顷、141.43千公顷，同比分别增长1.82%、2.51%、3.61%。主要农作物耕种收综合机械化率达到55.9%，增长2个百分点。

【农机社会化服务】 2018年，甘肃省省市县财政扶持资金分别达3 270万元、343万元、452万元，其中省和县财政扶持资金分别增长1.7%、44.7%。扶持农机合作社390个，农机合作社总数达2 445个，农机合作社作业面积达160千公顷，服务农户105万户。

【农机安全生产形势稳定】 2018年，甘肃省各地认真落实安全生产责任制，加强组织领导，深入开展宣传教育、打非治违、隐患排查、变型拖拉机整治、“平安农机”创建、检查督导、应急演练、事故通报约谈等工作。全省报告农机事故6起，死亡4人，受伤2人，直接经济损失1.55万元。

【落实农机购置补贴政策】 2018年，甘肃省分解下达中央资金4.026亿元、省级资金4 500万元，补贴购置各类农机7.1万台，受益农户3.76万户，使用中央资金4.026亿元。

【签订责任书，召开购置补贴会议】 2018年，甘肃省农业机械化工作会议上对农机补贴工作进行安排部署，与市州农机部门负责人签订了责任书。召开全省农机购置补贴工作会议，对新一轮三年农机购置补贴政策实施做了安排部署。发布《2018—2020年甘肃省农机购置补贴实施方案》《农机购置补贴机具补贴额一览表》。

【举办培训班，开展绩效管理工作】 2018年，甘肃省农机部门举办全省农机购置补贴管理暨辅助管理软件系统培训班，邀请驻省农牧厅纪检组负责人对市县农机管理部门人员作警示教育讲座。开展农机购置补贴政策落实延伸绩效管理，对2017年全省政策落实延伸绩效管理进行考核评估，举办2018年全省农机购置补贴政策落实延伸绩效管理培训班，对部分县区延伸绩效考核进行重点督导。

【开展补贴试点工作，加大宣传力度】 2018年，甘肃省农机部门开展电动播种机、中药材秧苗移栽机、中药材挖掘机三个品目和植保无人机新产品的补贴试点工作。并在中国农机化信息网、甘肃农业信息网、甘肃农机补贴信息公开专栏等广泛宣传政策，印制《2018年农机补贴工作手册》，并向社会公开政策咨询投诉电话、农机产品质量投诉电话，开通手机App办理补贴业务。

【开展“一乡一农机专业合作社”建设试点】 2018年，甘肃省安排省级资金1 900万元，落实市级资金343万元、县级资金452万元，在酒泉市等6个市州18个县市区扶持建设农机合作社190个，共购置农机731台，建设库棚13.8万米^2。

【开展农机合作社装备提升行动】 2018

年，甘肃省安排省级累加补贴资金 1 220 万元，在全省 14 个市州 51 个县市区扶持农机合作社 191 个，累加补贴农机 219 台。

【开展农机合作社全程机械化示范创建试点】 2018 年，甘肃省安排省级专项资金 100 万元，在酒泉市等 5 个市州的 5 个农机合作社开展示范创建试点工作。

【开展农机合作社人才培训行动】 2018 年，甘肃省农机部门在武威市凉州区举办全省农机合作社管理人员及理事长培训班，培训 240 人。

【组织开展农机化生产】 2018 年春耕期间，甘肃省农机部门组织投入农业机械 135.12 万台套，完成农作物机播面积 1 184.67 千公顷、机耕面积 1 500.86 千公顷、机械深松面积 103.38 千公顷。“三夏”期间，发放联合收割机跨区作业证 3 910 份，设立跨区机收接待服务站 341 个，投入小麦联合收割机 1.63 万台，完成机收面积 58.67 千公顷，小麦机收率 76.5%。秋冬季期间，发放玉米联合收割机跨区作业证 1 331 份，组织投入 65.19 万台农机具，完成机械耕整地 1 624.37 千公顷、机播冬小麦 380.61 千公顷、机播冬油菜 27.45 千公顷、机收玉米 337.47 千公顷、机收马铃薯 171.81 千公顷、牧草机械化收获 843.43 万吨。核发玉米联合收割机跨区作业证 1 331份。

【开展服务创新】 2018 年 5 月中旬，甘肃省农机部门赴山东潍坊农机生产厂家开展现场服务，为 118 台新购置小麦联合收割机办理牌证和跨区作业证，每台联合收割机节约运费近 8 000 元。

【加强农机化生产信息建设】 2018 年，甘肃省落实生产信息报送制度，农机直通车网上报送实现县级全覆盖。甘肃日报社等主流媒体开展农机作业系列宣传报道，营造了良好的舆论氛围。

【加大农机化技术推广力度】 2018 年，甘肃省完成农业机械化技术推广面积 5 597.06千公顷。其中，机械深施化肥 981.69 千公顷、机械深耕 1 321.5 千公顷、植保 696.98 千公顷、精少量播种 543.52 千公顷、免耕播种 94.78 千公顷、农田机械化灌溉 148.04 千公顷、保护性耕作 151.43 千公顷、机械播种牧草 52.95 千公顷。

【实施农机化科技示范推广及体系建设项目】 2018 年，甘肃省下达省级项目资金 335 万元，实施项目 16 个。召开主要农作物生产全程机械化项目启动暨技术培训班及玉米生产全程机械化播种环节机具现场演示暨技术研讨会。共举办各类现场演示会 655 场次，发放宣传资料 29.5 万份，培训农机化人员 5.9 万人次。2018 年，甘肃省农机部门对 14 个市州的 28 所拖拉机驾驶培训机构开展了驾驶培训资格认证核准后续监督行政执法工作。

【落实农机安全生产责任制】 2018 年，甘肃省召开农机安全监理工作会议，对农机安全生产工作作安排部署，签订农机安全生产目标责任书，督促农机合作社、农机户和农机驾驶操作人等生产经营主体签订农机安全承诺书，印发农机安全生产工作要点。

【开展农机安全宣传教育】 2018 年，甘肃省发放宣传资料 148.91 万份，制作宣传栏（图板）3 783 个，张贴宣传标语 6 535条，媒体宣传 3 093 次，举办农机监理安全讲座 817 场。在瓜州县承办 2018 年全国农机安全宣传咨询日活动启动仪式。

【开展农机年度检审验】 2018 年，甘肃省农机部门检验检验拖拉机、联合收割机 43.43 万台，检验率 93%；审验驾驶人 3.7 万人，审验率 91.72%。

【深化“平安农机”创建和隐患排查治理】 2018 年，甘肃省创建“平安农机”市 1 个、“平安农机”县区 4 个、“平安农机”乡镇 30 个、“平安农机”合作社 65 个。在酒泉市、平凉市的 4 县开展农业机械安全隐患排查治理试点。

【开展全省农机安全生产督查工作】 2018 年，甘肃省农机部门对发生农机死亡事故的市县农机部门进行现场约谈。开展农机安全生产大检查活动。派出执法人员 2.85 万人次，检查农业机械 35.04万台次，查处违法 3 451 人，查处一般隐患 3 139 条，整改 3 131 条。开展“两规定、两规范”宣贯活动，培训农机监理机构人员 240 名。

【开展农业机械推广鉴定】 2018 年，甘肃省印发 2018 年农业机械推广鉴定产品种类指南，涉及 9 个大类 22 个小类 67 个品目，完成 150 个产品的推广鉴定和 9 个部级鉴定任务。

【开展农机产品质量宣传和投诉受理】 2018 年，甘肃省受理拖拉机投诉案件 14 起，调解处理 13 起，为农民挽回经济损失 31.4 万元。

【开展农机职业技能鉴定】 2018 年，甘肃省农机部门举办农机职业技能鉴定培训班 3 期，鉴定发证 83 人次，选派 22 名农机职业技能鉴定人员参加考评员培训班。

【开展农机质量调查】 2018 年，甘肃省印发《玉米收获机质量调查方案》，在玉米收获机保有量较大的白银市、平凉市、庆阳市 3 市开展了玉米收获机质量调查工作。

【召开深松机质量调查结果分析通报会】 2018 年，甘肃省通报 2017 年深松机质量调查结果，分析在用深松机产品质量状况和存在问题，提出改进意见。

【安排部署农机深松整地补贴工作】 2018 年，甘肃省印发《工作实施方案》《绩效考核办法》《信息化监测方案》。在 14 个市州 58 个县市区和山丹马场组织实施深松补贴，落实农机深松整地作业补贴资金 9 000 万元，下达作业任务 300 千公顷，补贴标准 300 元/公顷，共组织投入 1.28 万台深松机具，完成作业面积 389.42 千公顷，占农业部下达任务的 129.8%。

【农机报废更新补贴工作实施范围扩展至所有县市区】 2018 年，甘肃省农机部门共报废机具 696 台，落实报废补贴资金 521.6 万元，更新补贴资金 2 576.68万元，受益农户 531 户。

【开展主要农作物生产全程机械化宣传培训和督导检查】 2018 年，甘肃省农机部门举办主要农作物生产全程机械化项目启动暨技术培训班及玉米生产全程机械化播种环节机具现场演示暨技术研讨会。开展主要农作物生产全程机械化抓点示范和电动农机试验示范等项目督查工作,派出3个工作组对主要农作物全程机械化示范县及6个电动农机试验示范项目进行集中督导检查。

【举办主要农作物生产全程机械化项目启动暨技术培训班】 2018年,甘肃省农机部门围绕产业扶贫,做好配套跟进工作,在定西市安定区召开马铃薯生产全程机械化推进会现场会,演示马铃薯耕种收全程机具。

【组织实施主要农作物生产全程机械化推进工作】 2018年,甘肃省农机部门印发全省主要农作物生产全程机械化抓点示范工作方案,安排部省级专项资金320万元,以玉米、马铃薯、中药材、果业、牧草、蔬菜为主要作物开展全程机械化技术示范,建立省级主要农作物生产全程机械化示范点18个,完成示范面积5.15千公顷。崆峒区、凉州区、甘州区、民乐县4个县区被农业农村部认定为主要农作物生产全程机械化国家级示范县。

【落实精准扶贫工作】 2018年,甘肃省农机部门赴礼县桥头乡莱花村,调查解联系户家庭基本情况、农业生产情况和经济发展状况,制定联系户"一户一策"精准脱贫计划。春耕时节,为全村320户村民免费发放地膜640卷、马铃薯籽种18吨、蚕豆种子1 000千克、化肥300袋。

【开展帮扶工作】 2018年,甘肃省农机部门选派两名处级干部驻莱花村开展帮扶工作。发动职工和社会爱心人士捐赠生活物资1 600多件,捐赠书刊1 300多册。联系爱心企业雷沃重工股份有限公司向258名学生发放助学金12.9万元(每人500元),甘肃省农业农村厅为村民发放了价值8万元的农资和农机具。协调落实养鸡、中药材、养蜂等项目4个,落实项目资金100万元。

【落实产业扶贫督导工作】 2018年,甘肃省4个包县督导工作队认真做好临洮县、张家川县、临潭县和武都区的产业扶持包县督导落实工作。

【开展电动农机试验示范】 2018年,甘肃省安排省级资金36万元,在武威市等6个市州开展电动农机试验示范,探索破解主要农作物生产全程机械化薄弱环节和山区农机化发展缺少适用机具的瓶颈问题。

【开展农机合作社资产收益扶贫试点】 2018年,甘肃省投入省级资金15万元,在临夏县河湟农机农民专业合作社开展试点工作,完成粮改饲面积33.33公顷,带动贫困户5户,每户分红1 250元。

【组织开展产业扶贫农机合作社建设试点】 2018年,甘肃省农机部门投入省级资金25万元,在环县毛井镇马趟村、临洮县连儿湾乡翟家梁村、礼县草坪乡湾里村3个建档立卡贫困村开展试点工作,购置农机14台,建设库棚面积400多米^2,完成机械化作业73.33公顷。

【发挥农机化在助推产业扶贫中的作用】 2018年,甘肃省在通渭县开展全株青贮玉米打捆裹包抓点示范,完成全株玉米作业面积20公顷,打捆包膜5 400包。

【存在问题】 一是农机购置补贴实施进度较慢。农户和农业经营服务组织购买农机具需求下降,补贴资金兑付、补贴机具数量、受益农户及农业经营组织数量下降。二是农机安全监管任务繁重。春耕期间全省先后发生4起死亡事故,农机安全生产形势严峻,农机安全监管任务艰巨。三是产业扶贫机械化配套服务能力不足。在六大产业中,除马铃薯外,牛、羊、菜、果、药适宜机具还比较少,农业机械化对产业扶贫的支撑相对滞后。

青 海 省

【概况】 2018年,青海省在青海省农业农村厅党组的领导下,在农业农村部农业机械化管理司的支持和帮助下,青海省农业机械化工作围绕青海高原特色农业和生态畜牧业发展的需要,树立"一优两高"工作理念,贯彻全国农业工作会议和全省农村牧区工作会议精神,推动农业机械化全面、全程、高质、高效发展。

【主要工作情况】 2018年,青海省实施农机购置补贴政策,提升农牧业机械装备水平,全省耕种收综合机械化率达到58.44%。创建省级"平安农机"示范县1个,示范乡镇28个,示范村90个。全省发生农机安全生产事故3起,死亡3人,在青海省安全生产委员会下达全省非道路农机安全生产事故死亡控制指标7人以内。

【推动农业机械发展】 2018年,青海省争取深松整地资金1 478.1万元(其中中央资金1 020万元,省级458.1万元),完成农机深松整地51.01千公顷,完成目标任务50千公顷的102%。争取农业农村部农作物生产全程机械化示范基地建设资金130万元,创建马铃薯、油菜、牧草生产全程机械化示范基地4个,完成主要农作物生产全程机械化试验示范面积2.33千公顷。

【实施农机购置补贴惠农政策】 2018年,青海省争取农业机械购置补贴资金7 040万元(其中:中央资金6 540万元,省级资金500万元)。截至2019年1月31日,全省已使用中央资金6 264.20万元,购置各类农机具8 812台,受益农户5 101户,拉动农牧民投入资金2.5亿元。

【制订实施方案】 2018年,青海省农机部门结合青海省生态畜牧业和农牧业产业发展的要求,与青海省财政厅联合制订《青海省2018—2020年农业机械购置补贴实施方案》,并在《青海日报》上公告。对复合式深松耕地机、饲料作物收获机械、饲草加工机械设备,以及33.09千瓦以上动力机械、马铃薯覆膜、起垄、收获机械、残膜回收机械等利用省级配套资金在中央补贴额的基础上,按其50%以上给予累加补贴。同时对农机合作社予以优先补贴。

【做好补贴产品选型工作】 2018年,青海省农机部门根据青海省实际,组织专家对适合需求的农机购置补贴产品分类分档和补贴额进行审核,确定列入补贴机具的范围为15大类34个小类108个品目。

【强化业务和风险防控】 2018年,青海省农机部门印发《青海省农机购置补贴政策省级内部控制规程》。在农机购置补贴工作启动前,与青海省财政厅农牧处一起对全省各县(市)农牧局主管局长、农机管理站站长及农机管理部门、财政部门从事农业机械购置补贴管理系统操作人员进行培训，强化各级农牧部门的廉政责任，贯彻落实《农业部办公厅、财政部办公厅关于印发〈农业机械购置补贴产品违规经营行为处理办法（试行）〉的通知》精神，严肃查处农机企业在农机购置补贴中的违规行为。

【严格监管程序】 2018年，青海省农机部门完善补贴机具核验流程，加强对大中型机具的核验和单人多台套、短期内大批量等异常申请补贴情形的监管，实行购机真实性承诺、受益信息实时公开和事后抽查核验相结合的补贴机具监管方式。要求各县（市区）对补贴额1万元以上的机具，必须进行入户调查核实，并填写青海省农机购置补贴机具核实表，由购机者和核实人员签名。

【完善补贴管理系统】 2018年，青海省农机部门为加强农机购置补贴政策的技术监管，应用互联网将农机生产企业、农机管理部门、财政部门和购机者纳入系统的防控范围内，全程操作留痕，降低廉政风险，提高工作效率。在继续使用"农机购置补贴辅助管理系统"的基础上，新增加"生产企业补贴产品自主投档系统"和"农机补贴手机App系统"。实现网上投档，提升效率，减少企业往来奔波，同时为广大农牧民群众购机提供便捷服务。

【农机报废更新】 2018年，青海省农牧厅、青海省财政厅、青海省商务厅联合印发《关于印发青海省2018年农机报废更新补贴工作实施方案的通知》，青海省农机报废更新补贴工作正式启动。

【开展技术培训】 2018年，青海省农机部门各地因地制宜，采取多种形式召开现场演示会、培训会。举办绿色环保机械化技术、深松整地、保护性耕作、机械铺膜、残膜回收、蚕豆点播、马铃薯全程机械化现场等农机技术培训与实训活动，培训农牧民15 600余人。

【举办农业机械化技术实训演示活动】 2018年6月6日，青海省在海西蒙古族藏族自治州德令哈市举办"全省枸杞生产全程机械化技术实训活动"。8月30日，举办全国牧草（燕麦饲草）生产全程机械化推进活动。9月11—14日，在共和县和大通县举办"农机深松整地技术培训（实训）演示活动"。10月9日，在互助县举办"马铃薯全程机械化技术现场实训活动"。

【搞好技术服务】 2018年，青海省各级农牧部门组织技术人员和农机维修人员、农机产销企业代表组成农机维修服务队，分片、分组深入生产第一线，指导和帮助机手保养、调试、维修农机具，保障农业机械处于良好技术状态投入作业，检修各类农机具20余万台。

【强化机具调度】 2018年，青海省各地强化农业机械化生产调度，及时收集、发布农机作业服务市场等信息，组织供需双方签订作业合同，针对春耕农时紧迫、劳动力短缺的情况，发挥各类农机服务组织、专业合作社的主力军作用，组织机具及时实施深松整地、保护性耕作等作业。

【组织实施农机深松整地工作】 2018年，青海省印发《青海省农牧厅关于做好2018年农机深松整地工作的通知》，按时下达深松补贴资金和任务清单，强化目标任务落实，及时深入作业现场开展深松整地质量抽查，保质保量完成深松整地任务。

【创建主要农作物生产全程机械化示范县】 2018年，青海省农机部门根据农业农村部办公厅《关于做好2018年度主要农作物生产全程机械化示范县推荐申报工作的通知》要求，组织贵南、共和、门源、湟中、互助、大通6县创建率先实现主要农作物生产全程机械化示范县，并就申报工作举办了专题培训班，6县已被农业农村部评为"全国第三批率先基本实现主要农作物生产全程机械化示范县"。

【落实农机安全生产责任制】 2018年，青海省农机部门与各市州农机监理部门签订农机安全监理目标责任书，并将农机安全生产纳入对乡镇的考核目标当中。

【开展"平安农机"创建工作】 2018年，青海省农机部门制定印发《青海省2018年"平安农机"创建活动方案》，做到重心下沉、防线前移，强化农机安全源头控管。

【强化规范管理】 2018年，青海省农机部门印发《青海省农牧厅办公室关于贯彻落实拖拉机和联合收割机驾驶证管理规定和拖拉机和联合收割机登记规定的通知》，对贯彻农业农村部"两令""两规范"进行安排部署，引进应用新的农机安全信息管理系统。

【开展农机安全生产大检查工作】 2018年，青海省农机部门强化节假日和春耕秋收重点农时季节的农机安全生产监理工作，省、市州农机监理机构组成安全生产检查组，对15个县（区、市）农机安全生产防控和农机安全生产责任制落实情况进行督促检查。开展农机隐患专项排查治理，对无牌行驶、无证驾驶和拖拉机违法载人等违法违规行为进行整治，消除农机事故隐患。2018年，全省共发生道路外农机事故3起，死亡3人。

宁夏回族自治区

【概况】 2018年，宁夏回族自治区在农业农村部农业机械化管理司的支持下，在宁夏回族自治区党委、宁夏回族自治区人民政府和宁夏回族自治区农业农村厅党组的领导下，全自治区各级农机部门贯彻落实党的十九大、自治区第十二次党代会和自治区农村、农业工作会议精神，围绕"一特三高"现代农业，聚焦"1+4"特色优势产业，改革创新，推进各项农业机械化工作。

【农机装备总量增长】 2018年，宁夏回族自治区农机总动力达610万千瓦，比2017年增加1.6%；大中型拖拉机拥有量达22.4万台，比2017年增长1.7%，深松深翻、秸秆还田离田、高效植保等绿色环保机具快速增长。

【农机作业水平提升】 2018年，宁夏回族自治区主要农作物耕种收综合机械化水平达74.5%，比2017年提高1.5个百分点。小麦、水稻生产实现全程机械化，水稻耕种收综合机械化水平达97%以上，马铃薯耕种收综合机械化水平达67%，玉米耕种收综合机械化水平达87%。

【农机社会化服务能力提升】 2018年，宁夏回族自治区农机作业公司数量达126个，农机专业合作社数量超过300个，各类农机专业服务组织作业面积达400千公顷。农机作业服务组织已成为宁夏回族自治区农业社会化服务中最具活力的市场主体。

【平安农机创建取得成效】 2018年，宁夏回族自治区开展“平安农机”创建活动，创建国家级平安农机示范市1个，平安县1个，全国农机安全监理岗位示范标兵3名，自治区农机安全监理岗位示范标兵岗位标兵5名，农机安全监管长效机制日趋完善。

【落实农机购置补贴政策】 2018年，宁夏回族自治区按照“自主购机、定额补贴、先购后补、县级结算、直补到卡”运行模式和“敞开补贴、应补尽补”补贴方式。制定2018年农机购置补贴实施方案，明确对15大类32个小类90个品目机械进行补贴。优先保证主要农作物全程机械化所需机械和深松整地、免耕播种、高效植保、节水灌溉、高效施肥、秸秆还田离田、残膜回收、畜禽类污资源化利用、病死畜禽无害化处理等支持农业绿色发展机具的补贴需要。对宁夏回族自治区确定的所有品目机械敞开补贴，满足区内申购者的需求。

【召开培训班】 2018年，宁夏回族自治区召开“2018年全区农机购置补贴暨警示教育培训班”，部署2018年农机购置补贴工作，进行廉政警示教育。宁夏回族自治区农牧厅农业机械化管理局与各县(市、区)农机部门签订《农机补贴实施暨廉政风险防控工作责任书》，细化任务，明确责任。

【组织农机补贴产品分类工作】 2018年，宁夏回族自治区组织开展农机补贴产品分类分档和产品归档工作，两批共归档农机产品7 732个。首次开展农机新产品补贴试点和植保无人飞机补贴试点工作。为方便农民办理农机购置补贴申请，开发宁夏农机购置补贴手机App，实现“让信息多跑路，让农机多干活”；开通农机购置补贴辅助管理系统，实现农机购置补贴及时办理和实时监管。

【举办培训班】 2018年，宁夏回族自治区承接并成功举办农业农村部“全国农机购置补贴专项督导培训班”，来自全国38个省市区和计划单列市农机部门的领导和专家参加培训。

【落实农机补贴资金】 2018年，宁夏回族自治区完成农机补贴资金17 647万元，占资金总量的96%，其中中央农机购置补贴资金16 947万元，占中央下达资金100%；宁夏回族自治区补贴资金700万元，占宁夏回族自治区下达资金99.9%。在2017年度全国落实强农惠农富农政策(农机购置补贴)专项工作延伸绩效考核中，宁夏回族自治区农业农村厅农业机械化管理处被评为全国优秀单位。

【推进农机深松(翻)整地工作】 2018年，宁夏回族自治区落实中央农机深松作业补贴资金2 548万元，宁夏回族自治区秸秆粉碎深翻还田补助资金2 800万元，完成农机深松整地作业面积80.67千公顷，完成中央下达任务的100%，其中农机深松整地作业补助面积42.47千公顷；完成秸秆粉碎深翻还田补助面积93.33千公顷。农机深松整地和秸秆粉碎深翻还田作业补贴均实行定额补贴，每公顷补助600元；其中农机深松整地作业补贴采用复式作业，作业深度达30厘米以上，集中连片，整村推进。实施主体为农机作业服务组织，所有参与作业补贴的机具均加装农机深松(翻)作业质量监测装置，确保农机深松(翻)作业质量和作业面积。

【推进主要农作物全程机械化示范县建设】 2018年，宁夏回族自治区在巩固已创建的5个国家级主要农作物生产全程机械化示范县的基础上，创建永宁县、惠农区两个全国主要农作物生产全程机械化示范县。按照“一特三高”现代农业发展的要求，围绕自治区“1+4”特色优势产业发展，打造高标准农机农艺融合示范园区30个。

【建设农机农艺融合示范园区】 2018年，宁夏回族自治区农机农艺融合示范园区建设面积3.76千公顷，覆盖种植、草畜、瓜菜、水产、枸杞、葡萄等10大类，园区内关键环节机械化作业水平100%。引进研发胡萝卜播种机、圆白菜收获机、螺丝菜播种机、硒砂瓜秧苗移栽机等8种农业生产急需的新机械。

【培育农机社会化服务组织】 2018年，宁夏回族自治区按照农业农村部办公厅《关于大力推进农业生产托管的指导意见》(农办经〔2017〕19号)和宁夏回族自治区农牧厅《关于规范农业社会化综合服务站创建管理提升服务水平的指导意见》(宁农(种)发〔2017〕23号)精神，培育农机社会化服务组织。按照县区申报、实地考察，先建后补的方式，已建成农机作业服务公司14个，累计达126个；建设粮食烘干中心8个，累计达18个。2018年全区各类农机专业服务组织作业面积达400千公顷，粮食烘干能力达20万吨。

【深化农机免费管理】 2018年，宁夏回族自治区各级农机部门深化农机免费管理，落实农机安全生产责任制，宁夏回族自治区与各市、县(区)农机安全监理机构签订农机安全生产责任书。

【提升农机监理人员能力】 2018年，宁夏回族自治区举办农机安全监理人员《拖拉机联合收割机登记规定》《管理规定》《业务工作规范》学习培训班，组织开展全区农机事故应急处置培训和救援演练活动；开展农机安全生产大检查和“除隐患、保安全”专项整治活动，保障农机安全生产，全自治区没有发生农机重特大安全事故。

【推进平安农机】 2018年，宁夏回族自治区结合“平安农机”创建活动，组织评选并向农业农村部和国家安全生产监督管理总局申报吴忠市和原州区国家“平安农机”示范市(县)和3名农机安全监理示范岗位标兵。

【开展农业行业职业技能竞赛活动】 2018年，宁夏回族自治区开展宁夏农业行业职业技能竞赛农机驾驶操作员和修理工技能竞赛活动，有6名选手参加山东日照举行的全国农业行业职业技能竞赛农机驾驶操作员和修理工技能竞赛。4名选手进入全国20强，获得“全国农业技术能手”称号，宁夏回族自治区代表队荣获“全国农业行业职业技能大赛农机驾驶操作员竞赛团体第四名”。

【组织关键农时机械化生产】 2018年，

宁夏回族自治区发挥农机在农业生产中的作用,确保"春耕""三夏""三秋"等重要农时机械化生产进行。宁夏回族自治区及各县(区)先后组织召开水稻机械化穴播、马铃薯机械化种植、收获、农作物秸秆综合利用、农机深松深翻等现场演示会20余场次;在全自治区首届"中国农民丰收节"上,组织机械化开镰仪式,展示先进的农作物收获机械。组织农机服务组织的近千台农业机械参加跨区作业,提高机具利用率,增加农机户的收益。

【推进覆膜及残膜回收利用工作】 2018年,宁夏回族自治区落实中央旱作节水农业技术推广项目资金8 500万元,推广覆膜保墒旱作节水农业技术。坚持"覆膜与回收挂钩,回收与利用兼顾"的原则,创新残膜回收利用机制,采取以旧换新、经营主体上交、专业化组织回收等多种方式,加大残膜回收力度。完成春秋覆膜面积170千公顷,完成计划任务170%。完成残膜回收面积149.33千公顷,回收残膜2.1万吨,残膜回收率达93%。

【存在问题】 一是宁夏回族自治区农业机械化科技创新不足,新机具研发能力薄弱,缺乏有实力的农机制造企业。二是山川农业机械化发展不平衡问题依然严重,制约着宁夏回族自治区农业机械化的均衡发展。

新疆维吾尔自治区

【概况】 2018年,新疆维吾尔自治区在新疆维吾尔自治区党委、新疆维吾尔自治区人民政府的领导下,在农业农村部农业机械化管理司的支持下,在农业厅的指导下,全自治区各级农机部门坚持以习近平新时代中国特色社会主义思想为指导,围绕社会稳定和长治久安总目标,以实施乡村振兴战略为抓手,坚持新发展理念,坚持推动高质量发展,促进全自治区区农业机械化向"全面、全程、高质、高效"发展。

【农业机械化发展成效】 2018年,新疆维吾尔自治区农机总动力达2 130万千瓦,拖拉机联合收割机保有量达69.05万台,配套农具136.36万台套,主要农作物综合机械化水平达84.6%,农林牧渔综合机械化水平达68%。全区累计报告农机事故23起、死亡4人,同比减少16起、9人,直接经济损失减少48.39万元,农机安全生产形势持续平稳。

【抓重点,补短板】 2018年,新疆维吾尔自治区坚持"稳粮、优棉、促畜、强果、兴特色"这条主线,中央农机购置补贴资金、深松整地作业资金、自治区财政扶持农业机械化发展专项资金重点向南疆四地州倾斜,补齐南疆农业机械化发展短板。

【抓示范,强弱项】 2018年,新疆维吾尔自治区建立5个棉花生产全程机械化技术示范区,面积达413.33公顷。阿克苏地区、巴州实现机采棉重大突破,新增机采棉面积146.67千公顷。棉花机收面积720千公顷,棉花机采水平突破30%。

【抓推广,重实效】 2018年,新疆维吾尔自治区实施精少量播种面积2 882.33千公顷,农田机械节水灌溉1 828.2千公顷,保护性耕作面积91.53千公顷,机械深松283.33千公顷,机械化植保3 324千公顷,机械化秸秆还田1 389.33千公顷。全自治区主要农作物耕种收综合机械化水平达70%以上的县市达63个,其中达80%以上的县市37个。

【农机装备水平提升】 2018年,新疆维吾尔自治区推进绿色农业机械装备和技术应用,全自治区建立4个节能降耗农业机械化示范区、40个农机技术集成示范区,一批节地、节种、节水、节肥、节药、节劳等技术装备集成配套在示范区开花结果。

【落实农机购置补贴政策】 2018年,新疆维吾尔自治区可使用补贴资金总额7.736亿元,已使用补贴资金6.74亿元,购置机具3.66万台,受益户2.91万户,加快农机装备更新换代。昌吉回族自治州重点发展147.06千瓦以上拖拉机,总量达300台,大型联合整地机2 183架。

【加强人才培训】 2018年,新疆维吾尔自治区紧盯薄弱环节和空白领域,增强科技创新供给,推进人才强机战略实施,完善区、地、县、乡四级管理人才培训服务体系,全年累计培训各类各层次人员50.32万人次。

【推进农机服务组织工作】 2018年,新疆维吾尔自治区支持农机服务组织开展多种形式适度规模经营。农机专业合作社服务领域拓展到订单服务、承包服务、土地托管、土地入股、土地流转、全程机械化作业服务等,服务面积超过966.67千公顷。同时发展农机合作服务联盟,为农机合作社发展提供成功经验。

【安全生产监管取得新成绩】 2018年,新疆维吾尔自治区以拖拉机"非法载人"为重点的农机安全专项整治,查处农机违法行为4 998起,排查整治农机安全生产隐患1 652项,整改率99.6%。

【加强平安农机创建】 2018年,新疆维吾尔自治区创建6个全国平安农机示范县市、2个自治区平安农机示范县市,1个国家级示范岗位标兵和20个自治区级示范岗位标兵。区、地、县三级大型工程机械设备和车辆安全监控中心建设基本完成,全区登记注册大型工程机械设备达到5.72万台。

【加强自身建设】 2018年,新疆维吾尔自治区把党的思想建设、组织建设、作风建设、反腐倡廉建设、制度建设的责任扛在肩上、抓在手上,坚持党建工作与业务工作同部署、同落实,两手抓、两促进。引导农机行业广大党员干部牢固树立"四个意识",坚定"四个自信",做到"两个维护",贯彻落实习近平总书记关于进一步纠正"四风"、加强作风建设重要批示精神,推进党员干部转变作风,塑造农机部门为民务实清廉良好形象。

【存在问题】 一是产业之间、区域之间农业机械化发展不平衡不充分的问题仍然比较突出;二是农机装备的增长与利用不相适应,运用新理念、高质量发展新要求引领农业机械化发展还有不少短板;三是农机装备结构与"稳粮、优棉、促畜、强果、兴特色"的产业布局不相适应,畜牧业、林果业、设施农业、农产品初加工全面机械化亟待提升;四是大型工程机械安全监管机制不畅等。

大连市

【概况】 2018年,大连市各级农机系统干部职工贯彻中央、省、市有关会议精神,围绕省、市人民政府都市型农业现代化建设,落实农机购置和作业补贴政策,推广主要粮食作物生产重点环节机械和技术应用,强化农机安全和质量管理,农业机械化保持良好的发展态势。

【大中型先进适用机械保有量稳步增长】 2018年,大连市使用农机购置补贴资金1 600多万元,受益户达到600多户,其中争取国家农机购置补贴资金840万元。新增大中型农业机械800多台(套),其中大中型拖拉机333台(73.55千瓦以上63台、147.1千瓦以上26台);大型玉米收获机41台、薯类收获机32台、水稻收获机20台;免耕播种机37台、水稻插秧机71台;捡拾打捆机63台。

【农机作业目标任务完成】 完成机械耕整地256千公顷、机耕率96%,机播种226.67千公顷、机播率85%,机械收获142.67千公顷、机收率53%,农作物耕种收综合机械化水平提高2个百分点,达到80%。水田机耕达到96%、机插秧达到88%、机收获达到86%。玉米机耕达到96%,机播达到93%、机收获达到43%。

【农机社会化服务能力显著提高】 2018年,大连市没有发生较大农机安全生产事故,农机生产销售和维修市场健康运行,没有发生群体性农机质量投诉事件。全年培训农机人员1.2万人,年检修农机具5.2万台。

【其他工作】 2018年,大连市迎接农业农村部绩效考核农机购置补贴工作、配合农业农村部农业机械化管理司在大连市举办全国农机合作社培训班、两次迎接辽宁省农村经济委员会对我市农业机械化工作督导检查。

【加强组织领导,落实工作责任】 2018年初,大连市农机部门下达任务指标,通过细化工作指标明确工作责任;开展“春耕”和“三秋”安全生产及项目实施情况督导检查活动,促进农业机械化生产工作安全有序开展。全年处理各类文件(材料)800多件,其中制发各类规范性文件34个,以大连市农村经济委员会名义制发18个,以大连市农业机械化办公室名义制发16个。

【落实购机政策,狠抓规范操作】 2018年,大连市农机部门会同市财政局制订《大连市2018—2020年农业机械购置补贴政策实施方案》,印发《关于规范大连市农机购置补贴产品核验流程的通知》,完成了对农机购置补贴管理系统的升级改造,导入2018年农机购置补贴信息数据。部署2019年度农机购置补贴资金测算工作,现已确定,2019年国家农机购置补贴资金将比2018年增加61%,达到1 360万元。

【推广农机技术,服务绿色农业】 2018年,大连市农机部门会同市财政局制订《2018年大连市保护性耕作补助试点工作实施指导意见》,《意见》将免耕播种、秸秆还田和深松整地作业等绿色农机技术应用纳入重点推广项目和优先补助对象。创新管理方式:一是将项目纳入招投标管理,确保资金使用效能;二是推广数字农机,明确要求应用检测设备进行项目验收;三是下达《2018年农机化工作指导计划》,对农机作业量进行分解,完成深松整地20千公顷、玉米机收秸秆还田13.33千公顷、免耕播种6.7千公顷。

【加强宣传培训,筑牢发展基础】 2018年,大连市利用电视台等新闻媒体,开展农机化政策解读和农机新技术宣传报道活动。举办网络系统操作培训班和“两部令”宣传培训,围绕信息公开公示、专栏建设、投诉咨询、办理流程等环节的规范操作和新法规的宣贯,对全市农机管理人员和安全监理人员进行普遍培训。创新培训方式,以赛代培,先后组织全市农机手参加中华农业杯大连机手见面会、辽宁 吉林 黑龙江农机手大赛和第五届中国农机手大赛总决赛。

【强化安全监管,护航农机发展】 2018年,大连市强化农机安全生产检查监管工作。与大连市农机安全监理所组成督导检查组,深入到各乡镇、农机合作社、农机大户开展农业机械化和农机安全生产督导检查工作,制定《2018大连市农机“安全生产月”活动实施方案》,安全生产咨询日当天发放宣传材料16万份和0.8万个宣传袋。在普兰店区召开“2018年大连市农机事故应急处置演练现场会”,毕泽贺副主任做动员讲话。

【强化质量监管,维护市场秩序】 2018年,大连市配合农机质量管理站建立健全农机质量投诉监督管理制度,制定2018年农机质量监管工作相关实施方案,开展打假治劣市场检查整顿工作。一是抓农机产品的售后服务管理,以及维修、作业服务质量管理;二是妥善受理解决投诉问题,化解用户与企业之间的矛盾,维护市场秩序。

宁波市

【粮食生产全程机械化水平稳中有升】 2018年,宁波市农机部门狠抓水稻机插和粮食烘干机械化推广,并通过积极推广“1+N”叠盘暗育秧、规模化(工厂化)育秧、立体育秧模式和配套农艺技术研究,推广商品化秧苗供给等手段突破水稻机插育秧瓶颈,加大水稻机械化穴直播技术的示范与推广力度,全年水稻机械化栽植率67%,2018年粮食耕种收综合机械化水平89.5%。抓好粮食烘干中心建设,机械化烘干率保持75%以上。实施主要农作物(水稻)生产全程机械化示范项目,2018年实施4个333.33公顷,1个0.67千公顷示范项目。

【特色产业关键环节机械化试验示范成效明显】 2018年,宁波市补贴新型农机220台(套),补贴资金361.59万元。结合优势农作物区域布局,加强农机与农艺融合,将特色产业作为农机科技项目实施重点,实施叶菜类、油菜生产全程机械化项目和梨园种植关键环节机械化示范项目,开展了水产智能化温控养殖、果蔬产业薄弱环节适用机械的引进运用、坛紫菜加工烘干设备改造、鹌鹑养殖自动化等方面科技创新与推广。联合浙江农林大学完成《宁波市农业特色产业装备发展报告》,印制《宁波农业特色产业机械化》宣传册。承办全国首次农机化(蔬菜)技术试验示范工作经验交流会。

【“机器换人”示范工程创建向纵深推进】 2018年,宁波市组织召开全市农机管理工作会议暨农业“机器换人”示范创建工作座谈会，举办全市农业“机器换人”培训班，印发《关于做好2018年全国主要农作物生产全程机械化示范县及农业“机器换人”示范创建工作的通知》，强化各区县(市)对创建工作的组织领导，切实提高创建质量。2018年，成功创建3个全国主要农作物全程机械化示范县，1个浙江省农业“机器换人”示范县、10个示范乡镇、19个示范基地。部署开展浙江省主导产业“机器换人”示范县创建调查摸底。

【农机社会化服务能力提高】 2018年，宁波市成功创建5家农机作业服务公司、2家区域性农机综合服务中心，按照宁波市级示范要求完成9家合作社提质工程建设，对7家农机合作社进行功能培育。创建26家浙江省级农机合作社示范社，总数达63家。协助农业农村部农业机械化管理司在宁波市举办农机社会化服务组织提档升级现场会。

【强化以农机购置补贴政策落实】 2018年，宁波市实施中央购机补贴资金2 937万元，投入市、县二级配套资金1 187.2万元，补贴购置机具2 605台，设施设备1 531套，受益农户2 056户。联合财政部门制订印发《宁波市2018—2020年农业机械购置补贴实施意见》和《宁波市2018—2020年农机购置补贴机具补贴额一览表》，确定中央资金补贴机具种类范围为13大类30小类66品目。积极开展中央农机新产品购置补贴试点，拟开展设施大棚、履带式自走捡拾压捆机、田间运输机3个品目补贴试点工作，继续实施无人植保飞机应用试点工作。

【推进信息公开，加强实施监管】 2018年，宁波市推广使用农机购置补贴手机App，进一步落实“最多跑一次”。实行购机真实性承诺、受益信息实时公开和事后抽查核验相结合的补贴机具监管方式，并加强对大中型机具的核验和单人多台套、短期内大批量等异常申请补贴情形的监管。

【开展农机质量调查工作】 2018年，宁波市协同浙江省农业机械管理局，对主要农机具进行质量跟踪、调查，确保农机质量安全。

【安全生产形势持续稳定好转】 2018年，宁波市辖区内拖拉机责任事故死亡人数、本地拖拉机有责任交通死亡人数均未超过考核控制指标，农机安全生产形势继续保持平稳向好趋势。

【强化宣传教育】 2018年，宁波市以贯彻落实两个新部长令及其配套的工作规范为契机，加强农机监理干部教育培训。举办全市农机安全技术检验员培训班。重点做好拖拉机驾驶员的安全轮训工作，全市轮训各类农机人员15 000多名。扎实开展全国第17个“安全生产月”有关工作。

【推进农机监理惠农服务】 2018年，宁波市做好拖拉机报废补偿工作，共办理拖拉机报废补偿892台。将政策性农机保险全部纳入政策性农业综合保险范围，共办理拖拉机交强险5 486台，联合收割机第三者责任险1 653台，办理烘干机保险155台，农机从业人员险334人。推进“最多跑一次改革”，优化审批流程、创新服务模式、推进线上申报，全面提升审批服务新形象。

【深化平安创建，开展安全隐患排查治理】 2018年，宁波市创建奉化区为全国平安农机示范区、海曙区为省级平安农机示范区以及4个省级示范镇的创建工作，荣获省级农机安全监理示范标兵1个。突出重点，抓好重要农时季节和关键时期的农机安全生产监管工作，排查出安全隐患258个，落实整改措施258条。联合公安驻农机警务室加强对上道路拖拉机的执法检查，认真开展拖拉机专项整治工作。

青岛市

【概况】 2018年，青岛市坚持以习近平新时代中国特色社会主义思想为指导，以实施乡村振兴战略和新旧动能转换为统领，推进农业机械化供给侧结构性改革，加快“两全两高”农业机械化发展，农机安全生产形势持续稳定。全市农机总动力达737万千瓦，主要农作物耕种收机械化率达87.8%。

【坚持全面从严治党】 2018年，青岛市学习习近平新时代中国特色社会主义思想和十九大精神，坚决维护以习近平为核心的党中央权威和集中统一领导。开展“大学习、大调研、大改进”和解放思想大讨论活动，做到“四个服从”“两个维护”。弘扬“务实、创新、卓越、奉献”的青岛农机精神，组织参与6次网络在线问政和行风在线活动。

【加强农业机械化科技创新】 2018年，青岛市组织外资农机企业和农机出口企业参加中国农业机械化协会在青岛召开的进口农业机械展示(演示)活动说明会。举办农机装备企业、科研院校和金融单位洽谈会，从人才、科技、资金、信贷等方面对农机企业进行精准帮扶，加快培育本土特色农机龙头企业和国内品牌农机企业。举办中国青岛农业机械博览会，参展企业140余家，引领农业机械化向高端、精准、智能方向发展。

【落实农机购置补贴政策】 2018年，青岛市顺利完成1.4亿元的购机补贴任务，补贴机具5 682台(套)，受益农户3 824户，在农业农村部延伸绩效考核中获得优秀等次的好成绩。根据青岛市实际调整补贴范围和累加补贴政策，推进农机新产品补贴和无人机补贴两个部级试点。加大农机报废更新补贴力度，把无牌无证的农业机械纳入报废更新范围，允许报废多台更新一台。完善农机购置补贴管理系统和手机App系统。

【加快农业机械化推广创新】 2018年，青岛市实施农机推广服务项目3项，建设全程机械化示范区和基地42个。开展主粮生产、经济作物生产、智慧农机和精准农业等6个领域的对比试验验证10个，合作申请发明专利1项。联合农业农村部农业机械化技术开发推广总站、青岛农业大学、青岛洪珠农业机械有限公司组建马铃薯装备试验示范战略合作联盟。

【推进“两全两高”农业机械化发展】 2018年，青岛市农机部门以青岛市人民政府授权件形式出台《推进“两全两高”农业机械化发展的意见》。实施“藏粮于地、藏粮于技”战略，推广高效植保、粮食烘干和秸秆离田还田等农业机械，小麦机收率、玉米机播率均达99%以上，玉米机收率达96%，小麦机播率近100%。新增两个“全国主要农作物生产全程机械化示范县”，实现涉农区市“全国农机化示范县”的全覆盖。

【加大农机行业招商引资力度】 2018年，青岛市农机部门开展“招商大走访活动”，走访中国机械工业集团有限公司、山东五征集团等8家企业，引进中国农业机械化科学研究院即墨分院、爱能森能源等5个项目，签约内资达37.7亿元，合同利用外资2 000万美元。

【健全新型农机经营体系】 2018年，青岛市完善专业化、综合性、规模化农机经营体系，推广全程托管、“互联网＋农机作业”和“全程机械化＋综合农事”等农机社会化服务新主体。全市农机合作社达700多个，新增国家级示范社6个、省级示范社13个，其中生产、供销、信用“三位一体”农机合作社联合社2处。

【培育发展新型职业农民】 2018年，青岛市按照“先照后证”原则，开展社会化拖拉机驾驶培训机构试点，2家社会化拖拉机驾驶培训机构已通过验收。编撰完成《拖拉机（联合收获机）驾驶培训读本》《实用农机化技术培训读本》。以农机合作社职业经理人和农业机械化实用技术人才为主体，完成农机培训1 330人次。

【推进深松整地机械化】 2018年，青岛市启动第二轮全域深松整地工作，创新农机耕作方式，开展耕翻和垄耕试验示范，加强花生、蔬菜等5个市级示范区建设，确定最佳的作业深度、间距、秸秆还田量。完成深松整地80.47千公顷，其中完成补助面积39.47千公顷。建立“人机结合、以机为主”的监管模式，深松检测仪达2 000多台，信息化监管水平达90%。

【推进保护性耕作机械化】 2018年，青岛市发挥部级保护性耕作示范基地和专家工作站的作用，支持在适宜地区整村整镇、成方连片推进保护性耕作，促进土壤改良、地力培肥和治理修复。超额完成保护性耕作核心示范区面积6.93多千公顷，测产数据表明，保护性耕作小麦比传统增加115.27千克。编写《黄淮海地区保护性耕作机械化作业技术规范》。

【推进秸秆利用机械化】 2018年，青岛市把秸秆利用机械纳入农机购置补贴累加补贴范围。联合国可持续农业机械化中心秸秆利用项目已落户青岛市，推广小麦秸秆粉碎还田和旋耕灭茬技术，促进农业资源高效利用。10月24日“联合国日”当天，联合国驻华系统在北京举办的主题为“在一起（七）伙伴关系助力可持续发展目标”的庆祝活动中，青岛市农机局作为秸秆综合利用典型进行展示。

【参与乡村振兴工作】 2018年，青岛市选派7名同志参加乡村振兴工作队和服务队，凝聚起“乡村振兴农机先行”的强大合力。落实对口帮扶资金104万元，帮扶村庄已申报确定为2019年青岛市美丽乡村示范村，流转3.33千公顷成片土地建立“蔬菜生产机械化试验示范基地”，实施区域性农机服务中心建设项目，促进村集体经济发展。

【保障农机安全生产】 2018年，青岛市深化“平安农机”建设，以农业农村部新颁布的“两个规定”为重点，组织开展农机安全生产专题培训班9期，培训企业负责人900余人，结合年度检审培训农机从业人员2万多人次。突出峰会保障，推进安全风险分级管控和隐患排查治理双重预防体系建设。落实农机安全监理惠民政策，全市拖拉机联合收割机注册登记3 389台，年检合格20 526台，注销67台，核发驾驶证1 652个。

厦门市

【概况】 2018年，厦门市贯彻落实中央、福建省委、厦门市委农村工作会议精神，按照全国、全省农业机械化工作部署和要求，推进农业机械化各项工作。

【落实粮食安全省长责任制指标】 2018年，厦门市根据粮食安全省长考核指标，印发《厦门市农业局关于预下达2018年度农机化工作发展指导性指标的通知》，将任务指标分解下达到各区，并指定专人负责此项工作。2018年全市农作物耕种收综合机械化率47.2%，同比提高5.43个百分点；水稻综合机械化率达63.8 %，同比提高10.9个百分点；农机专业合作社完成作业服务面积1.71千公顷。

【创建主要农作物全程机械化示范点】 2018年，厦门市先后出台《厦门市主要农作物生产全程机械化示范创建实施方案》和《关于开展2018年厦门市主要农作物生产全程机械化项目建设的通知》，围绕创建水稻、马铃薯生产全程机械化示范区（点），加强农机农艺融合，突破制约全程机械化关键薄弱环节，对每个水稻生产全程机械化示范项目补助40万元，每个旱地作物生产全程机械化示范点补助30万元。

【举办现场演示活动】 2018年，厦门市结合龙眼烘干、保鲜和水稻机收、胡萝卜播种等农时，分别举办5场新技术新机具现场演示活动，引进新型马铃薯播种机进行机播作业，打破长期只有人工播种的困境，提高作业效率。同时，通过厦门电视台专题宣传报道，扩大影响力，加强农业机械化宣传普及。

【宣传农机购置补贴政策】 2018年，厦门市研究制定《2018—2020年厦门市农业机械购置补贴资金使用实施方案》，参照福建省农业农村厅通过专家评审等有关程序确定公布的机具分类分档及补贴额，制定《厦门市2018—2020年农机购置补贴机具补贴额一览表》并对外公布执行。补贴机具包括14大类35个小类75个品目，通过政府网站专栏公布、厦门日报专栏报道等形式宣传农机购置补贴政策。

【农业机械购置补贴开展情况】 2018年，厦门市使用农机购置补贴资金577.38万元（中央资金375.66万元，市级资金201.72万元），受益户数898户，补贴机具数量1 361台，带动农民投入830.43万元，同比增长142.54%、56.44%、57.7%、88.31%。发挥农机购置补贴政策效应，保障粮食和主要农作物生产全程机械化需求，引进技术先进农机产品，推进补贴范围内机具敞开补贴，扶持一批农业生产经营组织，全市农机服务专业合作社从1家提升到3家。

【农机安全监理工作】 2018年，厦门市拖拉机联合收割机有效在册数1 758台，持有效驾驶证2 296人，年检拖拉机850台，核发拖拉机驾驶证18本，换发拖拉机驾驶证256本，全市农机在道路以外的田间、场院和村道等作业场所未发生安全生产事故，农机安全生产形势保持平稳。

【强化职责意识】 2018年，厦门市分别制定《厦门市农业局关于印发厦门市农机安全综合整治“三年提升工程”2018年工作措施的通知》《2018年农机安全监理工作要点》《厦门市农业机械监理所2018年度农机安全生产执法检查计划》等文件，对全年农机安全生产工作进行部署和要求。召开4次全市季度农机安全生产工作形势分析会。

【落实监管措施】 2018年，厦门市根据上级有关部门关于开展安全生产工作决策部署，出台农机安全生产大检查、安全生产执法专项行动、秋冬季农机安全生产大整治工作等文件，抓各项工作落实。对拖拉机驾驶培训机构、农机专业合作社进行执法检查，签订《安全生产大排查大整治自查自改承诺书》，督促企业落实安全生产主体责任。

【落实农机安全工作】 2018年，厦门市共组织农机安全执法检查69次，出动执法人员199人次，检查拖拉机培训机构和农机合作社6家次，拖拉机343台，发现、纠治逾期未检拖拉机26台，排查、纠治一般隐患51个，整改率达100%。对313台已达到规定使用期限和未按规定期限参加检验的拖拉机予以公告强制报废，对3台自愿报废回收的拖拉机机主予以补贴资金1.05万元。

【联合开展执法检查】 2018年，厦门市农机部门联合交警等部门在道路上开展执法检查，检查拖拉机20余台，查扣4台，打击拖拉机无牌无证、违法载人等道路违法违规行为，预防和减少拖拉机上道路行驶事故的发生。开展农机安全、拖拉机驾驶培训机构“双随机”抽查工作执法检查2批次，出动执法人员12人次。

【组织宣教】 2018年，厦门市开展、参与“科技三下乡”“2018年全市新型职业农民暨村级农民技术员培训”“送安全知识进校园”“2018年安全生产宣传咨询日”“2018年厦门市农机交通安全宣传月”等集中宣传活动8场次。推荐厦门同安顺仔农机专业服务合作社理事长张志顺参评厦门市“最美安全生产代言人”。全市共发放各类农机安全宣传材料11 810份，悬挂粘贴安全标语横幅15条，向农机手群发安全温馨提醒短信5 702条。

【开展应急演练】 2018年，厦门市举办“2018年厦门市农机事故应急救援演练暨事故处理人员培训”，各级农业(农机)部门、驾校负责人及群众代表约40余人参加。通过演练，熟悉农机事故应急处理预案，提高对突发农机事故的快速反应及指挥协调能力。

【存在问题】 一是厦门市农作物以蔬菜种植为主，适宜蔬菜机械化作业的机具较少，造成全市主要农作物生产综合机械化水平低，尤其是水稻机插仍然低于福建省平均水平。二是拖拉机违法违规现象未能全面杜绝，农村地区和城乡结合部的建筑工地周边道路上违法载人仍时有发现，农机监理队伍因没有上路执法权，无法对道路上的拖拉机和驾驶人员违章行为进行处罚，存在农机道路交通安全隐患。

新疆生产建设兵团

【概况】 2018年，新疆生产建设兵团以习近平新时代中国特色社会主义思想为指导，以乡村振兴战略为主线，围绕新疆生产建设兵团团场综合配套改革工作，培育农机新型经营组织，拓展农机化服务领域，加强农机化管理，推进主要农作物全程机械化，发挥农机在农业生产过程中的主导作用，完成制定绩效考核目标。

【农机装备结构优化】 2018年，新疆生产建设兵团农机总动力达500万千瓦，同比增长2%。全年大中型拖拉机和配套农具保有量同比分别增长2%和3%。73.55千瓦以上的拖拉机达1万余台，占耕作拖拉机总数的三分之一。更新大中型拖拉机2 020台，新增畜牧、园艺机械数量分别为320台、550台，采棉机保有量达2 350台，联合收割机达1 600台，农用飞机达35架，大型装备能力加强，作业效率和作业质量提升。

【机械化作业水平提高】 2018年，新疆生产建设兵团机耕面积1 280千公顷，机播面积1 350千公顷，机收面积1 085千公顷，其中粮食246千公顷、棉花686千公顷、油料54千公顷、甜菜20千公顷、番茄8.2千公顷、辣椒6千公顷、籽用瓜26千公顷。机耕、机播、机收水平分别达100%、100%、80%，种植业综合机械化水平达94.1%，同比增加0.1个百分点。

【农机购置补贴政策实施规范高效】 2018年，新疆生产建设兵团享受国家农机购置补贴资金1亿元，2017年度结转0.9亿元，2018年可实施农机购置补贴资金1.9亿元。截至12月4日，实施补贴资金1.6亿元，购置农业机械0.758 7万台(架)，0.563 9万户职工和农机服务组织直接受益，直接带动购机资金5.8亿元以上。其中，购置拖拉机2 020台，同比下降22%，收获机械529台，同比上升13%；配套农具和其他机械0.54万台(架/套)，同比下降6.6%。

【南疆垦区差别化补贴试点取得成效】 2018年，新疆生产建设兵团在兵团一、二、三、十四师等南疆垦区实施差别化农机购置补贴试点，最高补贴额可按照兵团农机市场均价的30%足额测算。南疆垦区单机补贴额较北疆垦区提高7.11%，其中普通6行及以上穴播机、5行及以上自走势玉米收割机、220.65千瓦以上大型四轮驱动拖拉机等品目分档单机最高补贴额较北疆垦区提高50%以上。

【提升南疆垦区农机装备水平】 2018年，新疆生产建设兵团南疆垦区有1 197户享受差异化补贴政策，购置农机具1 576台，实际补贴资金5 646万元，减少职工购机成本约401万元，提高南疆垦区职工的购机积极性。

【棉花生产全程机械化工作取得新进展】 2018年，新疆生产建设兵团棉花种植面积854.67千公顷，耕整地环节投入2 000台132.39千瓦以上拖拉机全面实现机械化作业；种植环节投入5 000台精量播种机，应用卫星自动导航播种。

【推动各环节棉花全程机械化】 2018年，新疆生产建设兵团在田间植保和脱落叶剂喷施环节，投入机具4 800台，其中按要求改制2 800台，新购置640台；采收环节，投入采棉机2 350台，完成机采面积686.67千公顷，机采面积占植棉的80%以上,同比增加133.33千公顷。

【提升机采棉加工质量】 2018年,新疆生产建设兵团协调组织部分采棉机进行跨区机械采收棉花作业面积达200多千公顷;在加工环节,机采棉清理加工生产线226条,全部实现异性纤维在线清理。

【推进农机新技术推广】 2018年,新疆生产建设兵团推广秸秆还田746.67千公顷、残膜回收833.33千公顷、土壤深松273.33千公顷和机械植保913.33千公顷。机械移栽、高架精量喷雾、土壤深翻、葡萄埋藤和保护性耕作、节能降耗等农业机械化新技术得到示范应用。

【农业机械化生产取得新进展】 2018年,新疆生产建设兵团籽用瓜、辣椒、番茄等作物联合收获机械500余台,实现机械化作业。畜牧园艺业机械化生产进展较快,推广牧草收割机、饲草料打捆机、储奶罐、挤奶器等畜牧机械新增220台(套),推进畜牧业规模化生产。新增葡萄埋藤机、施肥机、弥雾机等园艺机械420台。卫星导航技术发展迅速,安装北斗卫星导航仪达6 800多台。

【推进农田残膜污染综合治理工作】 2018年,新疆生产建设兵团农机部门与新疆生产建设兵团环境保护局、新疆生产建设兵团发展和改革委员会等6部门联合制订《兵团农田残膜污染治理三年行动攻坚计划》,各师也相应地制订农田残膜污染治理实施方案;通过实践探索和现场观摩会交流总结,逐步形成生育期揭膜、春秋季机械搂膜、残膜回收再利用的治理路径;回收再利用企业布局正在形成。

【引进企业】 2018年,新疆生产建设兵团部分师通过招商引资和优惠政策,引进残膜回收再利用企业,如一师、七师、八师,辐射带动周边20千公顷农田残膜污染治理工作;耕层残膜回收机具取得进展,0～20厘米耕层残膜回收机具基本定型,回收率达50%以上。

【存在问题】 一是农机装备结构优化步伐变缓,职工收入下降和单机补贴额下降导致购买乏力;二是农业机械化公共服务体系建设还需加强,农机专业服务组织还没有成为农业生产的主力军,同时现有的农机专业服务公司或合作社管理有待规范和提高。

黑龙江省农垦

【概况】 2018年,黑龙江省垦区按照农业农村部关于加快推进农业机械化和农机装备产业转型升级的总体要求,围绕推进农业供给侧改革,打造"三大一航母",创新工作思路,调整优化机械装备结构、提高农业机械化发展的质量和效益,增强农业综合生产能力,促进黑龙江省垦区现代农业发展。

【保持农业机械化发展势头】 2018年,黑龙江省垦区以提升重点作物、关键环节和薄弱地区生产机械化水平为重点,强化农机制度创新、科技创新、服务创新、政策创新,推动农业机械化"全程、全面、高质、高效"发展,为推进农业供给侧结构性改革,实施乡村振兴战略,加快农业现代化提供支撑,农业机械化事业保持良好发展势头。

【农机装备结构优化】 2018年,黑龙江省垦区累计投入农机更新资金14.5亿元,共更新各类农业机械2.1万台(套),其中大中型拖拉机2 700台,联合收获机2 500台,水稻插秧机6 100台,水稻侧深施肥装置4 800台,自动导航驾驶系统271套。机具配套比合理,农机装备结构优化。农机购置补贴工作实施面积广、机具种类全、受益户数多、补贴标准合理等特点。

【田间作业水平提升】 2018年,黑龙江省垦区推进农机田间标准化作业水平,以农业"三减"、秸秆还田为重点,坚持农机农艺融合,突出抓好农机备耕工作,做到播种和抗旱并重;加大抗灾机具使用,扩大水田割晒面积。全年共计召开现场会、定标会300余次,明确作业质量标准。合理调配机车力量,保障重要农时机械化生产活动高质量、高效率进行,圆满完成农业生产任务。2018年,黑龙江省垦区主要农作物耕种收综合机械化水平保持在99%以上。

【农机先进技术大面积应用】 2018年,黑龙江省垦区围绕推进落实"一控、两减、三基本"行动,以"三减"农业机械化技术及机械为突破点,重点试验示范水稻侧深施肥、机械除草技术、智能喷雾等农机化新技术。推广自动导航、精量播种、大功率深松技术、秸秆深翻、免耕播种、碎混还田等技术。提高机具效率、降低劳动强度。2018年垦区共推广农机新技术16项,新机具2 985台(套),全年节本增效3 100万元。

【社会化服务能力增强】 2018年,黑龙江省垦区针对通过创建验收的82个全国农垦农机标准化农场,确保原有标准不降低。坚持按照农机"全、齐、净、垫、涂、松、卸、封、美、好"的标准加强机具入场入库管理工作。全年累计投入农机基础建设资金5 500万元,扩建、新建机务区28个,新增停放场面积8.4万米^2、库棚0.6万米^2。全年累计出动农机跨区作业机具1 600台(套),完成跨区作业173.33千公顷,实现农机收入7 800万元。

【安全生产形势稳定趋好】 2018年,黑龙江省垦区重视农机安全生产工作,广大农机职工安全意识增强,农机"三率"水平不断提高,全年未发生农机安全生产伤亡事故。全年机车落户4 393台,驾驶员考证3 805人,农机挂牌率、驾驶员持证率保持在90%以上。

【开展农机安全生产活动】 2018年,黑龙江省垦区开展"平安农机创建""安全生产月""农机安全专项整治活动"等农机安全生产活动,开展农机安全生产大检查511次,纠正农机违章1 494起。全年共计签订农机"十不准"保证书14.8万份,开展农机安全宣传活动330次,印发农机宣传单11.5万份,宣传条幅2 043条,电视讲座102次,广播451次,给中小学生上农机安全课110次。

【资金投入不足】 2018年,黑龙江省垦区农机基础建设投入较少,农机新机具、新技术推广较慢,秸秆作业机具、重点作业补贴较少,农机驾驶操作人员培训投入不足的问题客观存在。

【服务体系需健全】 2018年,黑龙江省垦区农机维修体系不健全,修理网点水平较低。农机合作社、社会化服务组织缺乏行之有效的良性运行机制,距农机服务产业化的要求还有差距。

【管理水平需加强】 2018年，黑龙江省垦区农机从业人员年龄偏大，专业人员补充不及时，缺位现象存在。

【人员素质需提高】 2018年，黑龙江省垦区农机干部重管理、轻技术，业务能力不强，专业技能欠缺；从业人员意识淡薄，驾驶操作水平较低，加之人员培训较少，变动较大，综合素质需提高。

广东省农垦

【概况】 2018年，广东省农垦在农业农村部、广东省委省政府的正确领导和大力支持下，深入贯彻落实党的十九大精神，紧紧围绕实施乡村振兴战略，以推进农业供给侧结构性改革、促进农业机械化全程全面高质高效发展为基本要求，围绕垦区深化改革加快发展任务，坚持农机农艺与生态建设相结合，实施农机购置补贴政策，提高技术装备水平，推进现代农业快速发展。

【发展概况】 2018年，广东省农垦贯彻《中华人民共和国农业机械化促进法》，以及农业农村部、财政部《2018—2020年农业机械购置补贴实施指导意见》等一系列法律法规及方针政策，围绕现代农业建设，加快农业机械化发展步伐，重点发展甘蔗全程机械化、畜牧养殖机械化、橡胶生产加工机械化等领域。

【农机装备总量增加结构优化】 2018年，广东省农垦农业机械总动力达44.6万千瓦，其中耕作机械9.08万千瓦，排灌机械10.3万千瓦，收获机械1.05万千瓦，农产品加工机械5万千瓦，农用运输机械8.79万千瓦，植保机械3.1万千瓦，畜牧业机械3.3万千瓦，其他机械3.98万千瓦。大中型拖拉机保有量681多台，大中型甘蔗收获机保有量15台，各种大中型农机具保有量1 270多台。

【农业生产综合机械化水平提高】 2018年，广东省农垦农业生产综合机械化水平达到72.5%，同比提高0.5个百分点，进入农业机械化中级阶段的较高水平。其中机耕面积44.67千公顷，机耕水平达到97.7%；机种面积8.07千公顷，机种水平达47.34%；机管面积24.67千公顷，机管水平达83.8%；机收面积5.21千公顷，机收水平达31%；主产业农产品加工率达100%。

【全程机械化突破】 2018年，广东省农垦甘蔗全程机械化生产取得了较大的进展，机种面积6.07千公顷，机管面积达24.67千公顷，秸秆回田和土壤改良面积3.33千公顷，机收甘蔗2.4千公顷，产量15.36万吨，无人机飞防完成面积9.53千公顷；华丰糖厂、调丰糖厂甘蔗预处理设备已陆续投入生产。

【农机作业服务组织初步实现多样化】 2018年，广东省农垦糖业统一协调管理所辖广东广垦农机服务有限公司和3个糖业公司的农机人才和设备，开展机械化作业服务、农资和农产品运输资源的经营管理业务，促进农机龙头企业带动下农场、专业公司和职工共赢。一些农场结合产业实际发展职工参股或合作经营的农机服务公司，形成专业公司、股份公司、合作经营组织、农机大户等多样化的农机经营服务体制。

【加强对农业机械化工作领导】 2018年，广东省农垦重视农业机械化工作，总局领导多次到生产一线开展调研，掌握情况，对农业机械化各项工作进行具体部署，推进垦区农业机械化工作。目前，垦区在广前糖业公司、丰收糖业公司、华海糖业公司建立了4.67千公顷甘蔗全程机械化应用推广示范基地，创建4个全国农垦农机标准化示范农场。

【实施农机购置补贴政策】 2018年，中央财政安排给广东省垦区全国农机购置补贴资金170万元，争取其他项目资金1 070万元支持农机发展，当年已实施结算完成，购机152台，购机总额1 677万元，受益农户121户（含农场企业）。没享受到农机深松整地作业补贴，完成作业面积8千公顷。

【研究实施方案】 2018年，广东省农垦垦区按照农业农村部、财政部等有关部门的要求，研究制定广东省农垦区2018年农机购置补贴实施方案，加强对农机购置补贴政策实施工作的指导；采用农机购置补贴自动归档系统，开展2次归档，归档分类523家企业、3 738个产品；完善农机购置补贴公开栏建设。根据农业农村部、财政部的指导意见，总局确定并公布垦区补贴产品范围，制订《广东农垦2018年农机购置补贴机具补贴额一览表》。

【促进农机农艺与生态建设相结合】 2018年，广东省农垦针对土地、品种、农机、农艺等生产实际，采取多种措施促进农机农艺与生态建设相结合。对农机农艺及生态建设实行分类指导，重点突破，研制、改装农机新机型，优化农机具结构，以适应农业生产结构调整和农艺措施的要求；根据农机作业特点对土地规划、农田水利设施、良种选育、种植管理技术到产品收获加工等环节全面统筹，改进完善，以提高农机作业效率和质量。

【推行农机标准化管理】 2018年，广东省农垦推进甘蔗机械化生产标准化管理，实现农艺栽培技术标准化，作业质量指标科学化，作业规程程序化，农机管理规范化。加强建设广前糖业公司等4个全国农机标准化示范农场，通过先进典型示范带动，引领农业机械化发展。建立共建基地面积超过4.67千公顷，加大力度开展甘蔗机械化生产试验示范，在技术上实现耕种管收全程机械化，达到国内先进水平。

【问题与不足】 2018年，广东省农垦农业机械化虽然取得较快的发展，但与经济发展的总体要求还存在着一定的差距，如垦区生产经营机制不能很好适应新形势下农业机械化发展的需要；农业机械化发展不平衡，个别垦区普及面还不够广，机械拥有率不高；能较好地适应橡胶、剑麻、水果等主要作物的种植、收获等生产环节要求的作业机具较少；甘蔗全程机械化推进较慢，实施规模与垦区经济发展不适应；农机科研及生产力量较弱；职工农机使用和管理知识不足。特别关键的问题是糖厂适合机收甘蔗的配套设施和工艺改进慢，阻碍甘蔗机械化的发展。

农业机械化统计资料

全国农业机械化统计分析

2018全国农业机械化发展情况综述

2018年是全面贯彻落实党的十九大精神、实施乡村振兴战略的开局之年，是推进机构改革、组建农业农村部的第一年。面对农业机械化发展环境和需求结构的深刻变化，全国农业农村系统认真贯彻党中央、国务院农机化决策部署，履职尽责、担当作为，以提升重点作物、关键环节和薄弱地区生产机械化水平为重点，补短板、强弱项、促协调，扎实推进农业机械化全程全面高质高效发展，为农业生产持续稳中向好，为农村经济社会健康发展，提供了强有力的机械化支撑。

一、农机装备总量保持增长势头，农业各产业装备水平全面提升

在政策和市场的带动下，农机装备保障能力持续提升，全国农机总动力达10.04亿千瓦，较2017年增加1 588.39万千瓦，同比增长1.61%。其中，柴油发动机动力占全国农机总动力的比例达77.60%，同比上升0.24个百分点。2018年，全国实施中央财政农机购置补贴资金174.1亿元，补贴购置机具191.7万台，受益农户163.8万户。支持16个省（区）开展新产品试点，支持16个省（区）开展农机购置补贴引导植保无人飞机规范应用试点，全国农机装备保有量持续增加，总量达到约1.98亿台套。规模以上农机企业主营业务收入2 601.32亿元，同比增加1.67%，我国世界第一农机制造大国地位进一步巩固。主要农作物生产机具继续较快增长，保障粮食生产的机械化力量更加有力。稻麦联合收割机达152.90万台，同比增长2.97%；玉米联合收割机达53.01万台，同比增长5.95%，其中自走式玉米联合收获机达43.08万台，同比增长9.09%。水稻插秧机达85.65万台，同比增长4.16%。大豆收获机达2.15万台，同比增长8.28%。农业各产业机械稳定增长，全面机械化发展潜力逐步释放。农产品初加工作业机械、畜牧机械、水产机械保有量分别达到1 506.18万台、780.95万台、447.32万台，同比分别增长2.12%、2.29%、1.09%。

二、农机装备结构持续优化，高效绿色机具增长迅速

动力机械趋于大型化，机具使用效率提高。拖拉机结构更新，小型拖拉机加快淘汰，大中型拖拉机快速增长。58.85千瓦及以上拖拉机达112.85万台，同比增长14.02%；拖拉机配套农具达3 940.06万部，机具配套比从1∶1.74增长到1∶1.76。2018年，全国共报废更新农机具2.1万台，投入报废更新补贴资金6.5亿元，受益农户1.6万户。农业绿色生产机具稳定增长，有力助推农业生产方式转变。深松机达到28.87万台，同比增长2.85%；免耕播种机、精量播种机分别达到100.28万台、406.24万台，同比分别增长3.90%、0.53%；秸秆粉碎还田机达到92.63万台，同比增长3.94%。畜禽粪污处理机械保有量达6.51万台（套）、打（压）捆机达8.55万台。

三、农机作业水平有新跨越，发展短板正在加快补齐

全国农作物耕种收综合机械化率达69.10%，同比提高1.87个百分点。主要粮食作物生产机械化稳步推进，小麦、水稻、玉米耕种收综合机械化率分别达95.89%、81.91%、88.31%，较2017年分别提高0.79个、1.73个、2.76个百分点。薄弱环节机械化水平加快突破，水稻机械种植率达50.86%，同比提高2.70个百分点；玉米机收率达75.85%，同比提高4.96个百分点；马铃薯、棉花综合机械化率分别为42.61%、76.88%，同比分别提高4.18、6.14个百分点，率先基本实现全程机械化的示范县新增152个，总数达到302个。绿色机械化生产能力大幅提高，精量播种面积、机械深施化肥面积、机械化秸秆还田面积和秸秆捡拾打捆面积分别达42 621.77千公顷、35 269.99千公顷、51 326.87千公顷和

7 874.05千公顷，同比分别增加1.61%、1.99%、2.59%和55.60%。全国果菜茶机械化技术推广面积超过26 000千公顷次，茶叶种植加工全过程机械化模式在浙江等主产区广泛应用。组织完成农机深松整地10 333.33千公顷，在东北地区启动深翻作业补助试点，大力推广深松作业信息化远程监测技术，信息化监测率达到93%，深松作业质量和监管工作效率有效提高，有力促进了秸秆还田和黑土地保护。农机化产业扶贫扎实推进，助力帮扶地区脱贫攻坚。各行业机械化水平总体稳步提高，设施农业、农产品初加工、畜牧养殖、水产养殖机械化率分别达到36.28%、36.31%、33.16%、28.75%。

四、农机社会化服务快速发展，规模化和服务能力持续提升

农机化作业服务组织总量稳定增长，规模化、专业化组织发展迅速。全国农机服务组织达19.15万个，较2017年同比增长2.22%。其中拥有农机原值50万元(含50万元)以上的达5.38万个，同比增长15.18%，占农机服务组织总数的比例由24.94%增长到28.10%；农机专业合作社达7.26万个，同比增长6.81%，占农机服务组织总数的比例由36.30%增长到37.93%；拥有农机原值100万元(含100万元)以上的农机专业合作社达2.63万个。农机户规模保持稳定，户数和年末人数分别达4 080.36万个、5 132.75万人，其中农机作业服务专业户和年末人数分别为440.90万个、610.51万人。农机服务收入达4 717.75亿元，其中农机作业服务收入3 531.38亿元。开展万名农机合作社理事长和农机大户轮训，积极发展"互联网+农机服务""全程托管""机农合一""全程机械化+综合农事服务"等专业性综合化新型服务主体和服务模式加快发展。推出93个全国"平安农机"示范市县，全年累计报告在国家等级公路以外的农机事故563起，死亡74人，受伤131人，直接经济损失717.54万元，与上年相比，分别下降了32.1%、43.1%、42%和48.6%。

当前，农业机械化已经成为转变农业发展方式、提高农村生产力的重要基础，成为实施乡村振兴战略的重要支撑。2018年12月21日，国务院印发《关于加快推进农业机械化和农机装备产业转型升级的指导意见》，明确了新时期推动农业机械化的任务举措。各级农机化主管部门将以深入贯彻落实《国务院关于加快推进农业机械化和农机装备产业转型升级的指导意见》为主线，推动农机农艺融合、机械化信息化融合、农机服务模式与农业适度规模经营相适应、机械化生产与农田建设相适应，加快推进农业机械化向全程、全面、高质、高效转型升级，为推进农业供给侧结构性改革、实施乡村振兴战略、实现农业农村现代化提供有力支撑。

全国农业机械化发展情况综合分析表

项目	计量单位	2018年	2017年	2018年比2017年增减	
				增减量	%
全国农作物耕种收综合机械化率	%	69.10	67.23	1.87	
机耕面积	千公顷	123611.07	123816.66	−205.59	−0.17
机耕率	%	84.03	82.99	1.04	
机播面积	千公顷	94440.58	91813.22	2627.36	2.86
机播率	%	56.93	54.97	1.96	
机收面积	千公顷	100260.53	96373.25	3887.27	4.03
机收率	%	61.39	58.47	2.92	
小麦：耕种收综合机械化率	%	95.89	95.10	0.79	
机耕率	%	99.67	98.95	0.71	
机播率	%	90.88	89.98	0.90	
机收率	%	95.87	95.07	0.80	
水稻：耕种收综合机械化率	%	81.91	80.18	1.73	
机耕率	%	98.00	97.75	0.25	
机械种植率	%	50.86	48.16	2.70	
机收率	%	91.52	88.76	2.76	
玉米：耕种收综合机械化率	%	88.31	85.55	2.76	
机耕率	%	97.33	96.82	0.51	
机播率	%	88.73	85.17	3.56	
机收率	%	75.85	70.89	4.96	
大豆：耕种收综合机械化率	%	84.10	84.72	−0.62	
机耕率	%	86.75	86.47	0.28	
机播率	%	85.12	85.80	−0.68	
机收率	%	79.56	81.31	−1.75	

续表

项　　目	计量单位	2018年	2017年	2018年比2017年增减	
				增减量	%
油菜:耕种收综合机械化率	%	53.94	51.55	2.39	
机耕率	%	82.30	80.77	1.53	
机播率	%	29.82	27.22	2.60	
机收率	%	40.25	36.92	3.33	
马铃薯:耕种收综合机械化率	%	42.61	38.43	4.18	
机耕率	%	68.99	62.50	6.49	
机播率	%	25.07	22.90	2.17	
机收率	%	24.99	21.88	3.11	
花生:耕种收综合机械化率	%	59.38	58.28	1.10	
机耕率	%	76.65	78.43	−1.78	
机播率	%	50.98	49.67	1.31	
机收率	%	44.76	40.04	4.72	
棉花:耕种收综合机械化率	%	76.88	70.74	6.14	
机耕率	%	97.42	95.73	1.68	
机播率	%	85.25	77.23	8.02	
机收率	%	41.12	30.91	10.21	

注:耕种收综合机械化率按照机耕率、机播率、机收率分别为0.4、0.3、0.3的权重计算。

全国农业机械化发展指标

全国农机服务组织人员及投入产出情况表

指标名称	代码	年末机构数(个)		年末人数(人)	
		2018年	2017年	2018年	2017年
一、农机服务组织及农机户	1	*	*	*	*
(一)农机服务组织	2	191526	187358	2139837	2135990
其中:1.拥有农机原值50万元(含50万元)以上的	3	53814	46720	976929	941251
2.农机专业合作社	4	72640	68007	1527066	1524006
其中:拥有农机原值100万元(含100万元)以上的	5	26327	—	547377	—
(二)农机户	6	40803574	41845496	51327520	52677718
其中:拥有农机原值20万元(含20万元)以上的	7	670430	620937	1156408	1126849
其中:农机作业服务专业户	8	4409012	4998446	6105061	7140579
二、农机维修厂及维修点	9	161815	169913	392155	404944
三、乡村农机从业人员	10	*	*	47586002	51281434
其中:持有拖拉机驾驶证人员	11	*	*	11413661	—
持有联合收割机驾驶证人员	12	*	*	1122758	—

续表

指标名称	代码	年末机构数(个)		年末人数(人)	
		2018 年	2017 年	2018 年	2017 年
同时持有拖拉机、联合收割机驾驶证人员	13	*	*	795364	—
农机维修人员	14	*	*	930711	928161
其中:持有职业资格证书人员	15	*	*	289512	—

指标名称	代码	计量单位	数量	
			2018 年	2017 年
四、农机化投入	16	*	*	*
(一)财政资金	17	万元	3358813.52	—
1.科研	18	万元	26767.74	—
2.推广	19	万元	272195.04	—
3.安全监理	20	万元	335816.89	—
4.试验鉴定	21	万元	1118708.30	—
(二)基本建设	22	万元	435260.79	330854.47
(三)农业机械购置	23	万元	6634864.32	7024177.06
五、农机服务收入	24	万元	47177547.33	—
其中:农机作业服务收入	25	万元	35313803.62	—

注:“*”表示相应指标不需填数据;“—”表示因调查制度修订,指标统计范围发生变化。

全国农业机械拥有量表

指标名称	代码	计量单位	2018 年	2017 年	2018 年比 2017 年增减	
					增减量	%
一、农业机械总动力	1	万千瓦	100371.74	98783.35	1588.39	1.61
(一)柴油发动机动力	2	万千瓦	77892.97	76420.37	1472.60	1.93
(二)汽油发动机动力	3	万千瓦	4018.15	3747.80	270.35	7.21
(三)电动机动力	4	万千瓦	18341.92	18527.64	−185.72	−1.00
(四)其他机械动力	5	万千瓦	118.71	87.50	31.21	35.66
二、拖拉机及配套机械	6	万台	*	*	*	*
(一)拖拉机	7	万台	2240.26	2304.34	−64.08	−2.78
	8	万千瓦	39113.51	38318.74	794.77	2.07
1.小型(22.1 千瓦及以下)	9	万台	1818.26	—	—	—
	10	万千瓦	19820.88	—	—	—
2.中型(22.1～73.5 千瓦)	11	万台	370.15	—	—	—
	12	万千瓦	14625.78	—	—	—
其中:58.8 千瓦及以上	13	万台	61.01	—	—	—
	14	万千瓦	3950.19	—	—	—
3.大型及以上(73.5 千瓦及以上)	15	万台	51.84	—	—	—
	16	万千瓦	4666.81	—	—	—

续表

指标名称	代码	计量单位	2018年	2017年	2018年比2017年增减	
					增减量	%
(二)拖拉机配套农具	17	万部	3940.06	4001.46	-61.40	-1.53
其中:与58.8千瓦及以上拖拉机配套	18	万部	422.57	—	—	—
三、种植业机械	19	*	*	*	*	*
(一)耕整地机械	20	*	*	*	*	*
1.耕整机	21	万台(套)	521.11	—	—	—
	22	万千瓦	2435.24	—	—	—
2.微耕机	23	万台(套)	686.97	—	—	—
	24	万千瓦	3480.08	—	—	—
3.机引犁	25	万台	1271.04	1289.25	-18.21	-1.41
4.旋耕机	26	万台	642.03	642.18	-0.15	-0.02
5.深松机	27	万台	28.87	28.07	0.80	2.85
6.机引耙	28	万台	690.71	704.65	-13.94	-1.98
7.铺膜机	29	万台	58.09	60.06	-1.97	-3.28
8.联合整地机	30	万台	26.68	—	—	—
(二)种植施肥机械	31	*	*	*	*	*
1.播种机械	32	*	*	*	*	*
其中:(1)免耕播种机	33	万台	100.28	96.52	3.76	3.90
(2)精量播种机	34	万台	406.24	404.10	2.14	0.53
(3)整地施肥播种机	35	万台	22.61	—	—	—
(4)水稻直播机	36	万台	3.00	2.42	0.58	23.97
2.栽植机械	37	*	*	*	*	*
(1)水稻插秧机	38	万台	85.65	82.23	3.42	4.16
	39	万千瓦	465.75	426.26	39.49	9.26
其中:乘坐式	40	万台	27.44	27.11	0.33	1.20
	41	万千瓦	233.03	210.14	22.89	10.89
(2)秧苗移栽机	42	万台	1.16	—	—	—
(三)排灌机械	43	*	*	*	*	*
1.水泵	44	万台	2289.17	2232.72	56.45	2.53
2.节水灌溉类机械	45	万台(套)	240.19	228.69	11.50	5.03
(四)田间管理机械	46	*	*	*	*	*
1.中耕机械	47	*	*	*	*	*
其中:田园管理机	48	万台	54.24	—	—	—
	49	万千瓦	215.76	—	—	—
2.机动植保机械	50	万台	615.26	618.32	-3.06	-0.49

续表

指标名称	代码	计量单位	2018年	2017年	2018年比2017年增减	
					增减量	%
	51	万千瓦	1177.63	1143.07	34.56	3.02
其中：自走式	52	万台	26.43	—	—	—
	53	万千瓦	147.65	—	—	—
3.修剪机械	54	*	*	*	*	*
(1)茶树修剪机	55	万台	48.82	43.18	5.64	13.06
(2)果树修剪机	56	万台	23.43	22.33	1.10	4.91
	57	万千瓦	45.89	41.93	3.96	9.44
(五)收获机械	58	*	*	*	*	*
1.谷物联合收割机	59	万台	205.92	198.54	7.38	3.72
	60	万千瓦	11332.05	10573.40	758.65	7.18
(1)稻麦联合收割机	61	万台	152.90	148.49	4.41	2.97
	62	万千瓦	7886.05	7440.29	445.76	5.99
(2)玉米联合收割机	63	万台	53.01	50.03	2.98	5.95
	64	万千瓦	3446.02	3133.11	312.91	9.99
其中：自走式	65	万台	43.08	39.49	3.59	9.09
2.大豆收获机	66	万台	2.15	1.99	0.16	8.28
	67	万千瓦	161.20	153.58	7.62	4.96
3.油菜籽收获机	68	万台	2.27	2.15	0.12	5.58
	69	万千瓦	109.18	101.11	8.07	7.98
4.马铃薯收获机	70	万台	7.92	7.22	0.70	9.70
	71	万千瓦	15.82	12.10	3.72	30.74
5.花生收获机	72	万台	17.82	17.01	0.81	4.76
	73	万千瓦	35.09	15.93	19.16	120.26
6.甜菜收获机	74	万台	0.20	0.17	0.03	17.65
	75	万千瓦	2.79	2.43	0.36	14.81
7.甘蔗收获机	76	万台	0.07	—	—	—
	77	万千瓦	8.60	—	—	—
8.棉花收获机	78	万台	0.49	0.41	0.08	19.51
	79	万千瓦	77.35	70.95	6.40	9.02
9.蔬菜收获机械	80	万台	1.35	1.06	0.29	27.36
	81	万千瓦	5.56	3.86	1.70	44.04
10.采茶机	82	万台	15.63	13.40	2.23	16.67
	83	万千瓦	19.94	17.27	2.67	15.47

续表

指标名称	代码	计量单位	2018年	2017年	2018年比2017年增减	
					增减量	%
11. 青饲料收获机	84	万台	4.86	4.55	0.31	6.81
	85	万千瓦	146.66	124.03	22.63	18.25
12. 牧草收获机	86	万台	20.21	18.60	1.61	8.66
	87	万千瓦	39.19	41.81	-2.62	-6.27
13. 秸秆粉碎还田机	88	万台	92.63	89.12	3.51	3.94
14. 打(压)捆机	89	万台	8.55	—	—	—
	90	万千瓦	58.61	—	—	—
(六)收获后处理机械	91	*	*	*	*	*
1. 机动脱粒机	92	万台	1039.52	1041.02	-1.50	-0.14
	93	万千瓦	2194.61	2168.99	25.62	1.18
2. 干燥机械	94	万台	21.62	—	—	—
	95	万千瓦	229.91	—	—	—
(1)谷物烘干机	96	万台	11.97	11.87	0.11	0.88
	97	万千瓦	176.28	151.77	24.51	16.15
其中:30吨以上	98	万台	1.62	—	—	—
	99	万千瓦	47.53	—	—	—
(2)果蔬烘干机	100	万台	8.35	—	—	—
	101	万千瓦	30.83	—	—	—
3. 种子加工机械	102	万台	4.30	4.13	0.16	3.88
	103	万千瓦	17.93	16.17	1.76	10.86
4. 保鲜储藏设备	104	万台(套)	13.95	13.68	0.27	1.95
	105	万千瓦	157.90	139.55	18.35	13.15
(七)设施农业设备	106	*	*	*	*	*
温室	107	万米^2	1963710.51	2099948.50	-136237.99	-6.49
其中:连栋温室	108	万米^2	54338.46	54811.83	-473.37	-0.86
日光温室	109	万米^2	577455.69	638043.00	-60587.31	-9.50
塑料大棚	110	万米^2	1262421.71	1355663.79	-93242.08	-6.88
四、农产品初加工机械	111	*	*	*	*	*
(一)农产品初加工动力机械	112	万台	1610.02	1586.13	23.89	1.51
	113	万千瓦	8906.00	9034.98	-128.98	-1.43
其中:柴油机	114	万台	300.00	302.95	-2.94	-0.97
	115	万千瓦	2566.11	2594.89	-28.78	-1.11
电动机	116	万台	1272.88	1256.70	16.18	1.29
	117	万千瓦	6226.29	6308.70	-82.41	-1.31
(二)农产品初加工作业机械	118	万台(套)	1506.18	1474.95	31.23	2.12

续表

指标名称	代码	计量单位	2018 年	2017 年	2018 年比 2017 年增减	
					增减量	%
1. 粮食初加工机械	119	万台(套)	1193.51	1155.97	37.55	3.25
2. 油料初加工机械	120	万台(套)	79.38	79.70	−0.31	−0.39
3. 棉花初加工机械	121	万台(套)	21.65	22.76	−1.10	−4.86
4. 果蔬初加工机械	122	万台(套)	26.62	21.30	5.32	24.98
5. 茶叶加工机械	123	万台(套)	151.25	149.20	2.05	1.37
五、畜牧机械	124	万台(套)	780.95	763.49	17.46	2.29
	125	万千瓦	2442.85	2432.27	10.58	0.44
(一)饲料(草)加工机械设备	126	万台(套)	652.09	634.61	17.48	2.75
	127	万千瓦	2020.86	2016.24	4.62	0.23
其中:1. 铡草机	128	万台	99.51	—	—	—
2. 饲料(草)粉碎机	129	万台	278.04	—	—	—
(二)饲养机械	130	万台(套)	62.70	61.36	1.34	2.18
	131	万千瓦	218.65	202.90	15.75	7.76
其中:畜禽粪污处理机械	132	万台(套)	6.51	—	—	—
(三)畜产品采集加工机械设备	133	万台(套)	20.90	21.05	−0.15	−0.71
	134	万千瓦	77.14	76.17	0.97	1.28
其中:1. 挤奶机	135	万台	9.72	9.99	−0.27	−2.75
	136	万千瓦	46.57	46.56	0.01	0.03
2. 剪羊毛机	137	万台	6.98	6.65	0.33	4.97
	138	万千瓦	7.29	7.02	0.27	3.87
六、水产机械	139	万台	447.32	442.50	4.82	1.09
	140	万千瓦	1593.00	1830.26	−237.26	−12.96
(一)水产养殖机械	141	万台	431.25	—	—	—
	142	万千瓦	853.97	—	—	—
其中:1. 增氧机	143	万台	315.36	307.64	7.72	2.51
	144	万千瓦	631.64	615.71	15.93	2.59
2. 投饲机	145	万台	102.76	100.78	1.98	1.97
	146	万千瓦	111.21	112.69	−1.48	−1.31
(二)水产捕捞机械	147	万台	12.05	—	—	—
	148	万千瓦	261.95	—	—	—
七、农田基本建设机械	149	万台	55.11	50.21	4.90	9.76
	150	万千瓦	2727.92	2730.50	−2.58	−0.09
八、农用航空器	151	架	23738	—	—	—
(一)有人驾驶农用飞机	152	架	236	—	—	—
(二)植保无人机	153	架	23322	—	—	—
九、其他机械	154	*	*	*	*	*

全国农机化作业情况表

指标名称	代码	计量单位	2018年	2017年	2018年比2017年增减	
					增减量	%
一、农机作业总体情况	1	*	*	*	*	*
(一)机耕面积	2	千公顷	123611.07	123816.66	−205.59	−0.17
(二)机播面积	3	千公顷	94440.58	91813.22	2627.36	2.86
(三)机电灌溉面积	4	千公顷	54509.57	53677.14	832.43	1.55
(四)机械植保面积	5	千公顷	71966.76	69816.53	2150.23	3.08
(五)机收面积	6	千公顷	100260.53	96373.25	3887.28	4.03
二、主要农作物生产机械化作业情况	7	*	*	*	*	*
(一)小麦	8	*	*	*	*	*
1.机耕面积	9	千公顷	22275.41	22464.60	−189.18	−0.84
2.机播面积	10	千公顷	22053.93	21940.61	113.32	0.52
3.机收面积	11	千公顷	23264.01	23266.58	−2.58	−0.01
(二)水稻	12	*	*	*	*	*
1.机耕面积	13	千公顷	29402.19	29648.36	−246.17	−0.83
2.机械种植面积	14	千公顷	15354.65	14558.07	796.58	5.47
其中:机直播面积	15	千公顷	1509.56	1102.56	407.00	36.91
机插面积	16	千公顷	13574.62	12753.69	820.93	6.44
机浅栽面积	17	千公顷	51.33	44.68	6.65	14.87
3.机收面积	18	千公顷	27628.62	26833.03	795.59	2.96
(三)玉米	19	*	*	*	*	*
1.机耕面积	20	千公顷	25993.24	25293.05	700.19	2.77
2.机播面积	21	千公顷	32623.56	31319.71	1303.85	4.16
3.机收面积	22	千公顷	27888.23	26065.86	1822.37	6.99
(四)大豆	23	*	*	*	*	*
1.机耕面积	24	千公顷	6247.99	6455.04	−207.05	−3.21
2.机播面积	25	千公顷	6130.40	6384.48	−254.07	−3.98
3.机收面积	26	千公顷	5730.03	6014.27	−284.24	−4.73
(五)油菜	27	*	*	*	*	*
1.机耕面积	28	千公顷	5391.29	5714.71	−323.42	−5.66
2.机播面积	29	千公顷	1953.15	1995.52	−42.37	−2.12
3.机收面积	30	千公顷	2636.57	2706.80	−70.23	−2.59
(六)马铃薯	31	*	*	*	*	*
1.机耕面积	32	千公顷	3445.15	3659.63	−214.48	−5.86
2.机播面积	33	千公顷	1285.18	1405.70	−120.52	−8.57

续表

指标名称	代码	计量单位	2018年	2017年	2018年比2017年增减	
					增减量	%
3.机收面积	34	千公顷	1296.83	1345.81	-48.98	-3.64
(七)花生	35	*	*	*	*	*
1.机耕面积	36	千公顷	3541.05	3564.26	-23.20	-0.65
2.机播面积	37	千公顷	2354.95	2347.91	7.04	0.30
3.机收面积	38	千公顷	2067.65	1892.68	174.97	9.24
(八)棉花	39	*	*	*	*	*
1.机耕面积	40	千公顷	3454.89	3392.78	62.11	1.83
2.机播面积	41	千公顷	3007.64	2819.06	188.57	6.69
3.机收面积	42	千公顷	1379.31	1033.98	345.33	33.40
(九)水果	43	*	*	*	*	*
1.机械中耕面积	44	千公顷	4087.28	—	—	—
2.机械施肥面积	45	千公顷	2589.94	—	—	—
3.机械植保面积	46	千公顷	6124.24	—	—	—
4.机械修剪面积	47	千公顷	1134.23	—	—	—
5.机械采收产量	48	万吨	329.86	—	—	—
6.机械田间转运产量	49	万吨	8551.59	—	—	—
(十)茶叶	50	*	*	*	*	*
1.机械中耕面积	51	千公顷	561.53	—	—	—
2.机械施肥面积	52	千公顷	297.96	—	—	—
3.机械植保面积	53	千公顷	956.05	—	—	—
4.机械修剪面积	54	千公顷	1020.33	—	—	—
5.机械采收产量	55	万吨	114.85	—	—	—
6.机械田间转运产量	56	万吨	150.53	—	—	—
三、单项农机作业情况	57	*	*	*	*	*
(一)机械深耕面积	58	千公顷	29417.66	27291.22	2126.44	7.79
其中:机械深松面积	59	千公顷	10612.52	11121.70	-509.18	-4.58
(二)机械免耕播种面积	60	千公顷	14718.16	14139.50	578.65	4.09
(三)精量播种面积	61	千公顷	42621.77	41945.54	676.23	1.61
(四)机械深施化肥面积	62	千公顷	35269.99	34582.42	687.57	1.99
(五)机械铺膜面积	63	千公顷	9364.04	9071.37	292.67	3.23
(六)农田机械节水灌溉面积	64	千公顷	16699.49	16203.61	495.89	3.06
(七)机械播种牧草面积	65	千公顷	1217.73	1194.96	22.77	1.91
(八)机械化秸秆还田面积	66	千公顷	51326.87	50032.51	1294.35	2.59

续表

指标名称	代码	计量单位	2018年	2017年	2018年比2017年增减	
					增减量	%
(九)秸秆捡拾打捆面积	67	千公顷	7874.05	5060.60	2813.45	55.60
(十)农用航空器作业面积	68	千公顷	7896.80	—	—	—
其中:植保无人机作业面积	69	千公顷	5824.57	—	—	—
(十一)机械化青贮秸秆数量	70	万吨	9056.68	9045.74	10.94	0.12
四、农机社会化服务作业情况	71	*	*	*	*	*
(一)农机专业合作社作业服务面积	72	千公顷	51765.08	48464.53	3300.55	6.81
(二)农机跨区作业面积	73	千公顷	20711.78	22106.51	−1394.73	−6.31
1.跨区机耕面积	74	千公顷	3898.62	4234.92	−336.30	−7.94
2.跨区机播面积	75	千公顷	1873.38	2020.44	−147.05	−7.28
3.跨区机收面积	76	千公顷	13747.55	14881.14	−1133.59	−7.62
其中:跨区机收小麦	77	千公顷	6204.17	7085.36	−881.19	−12.44
跨区机收水稻	78	千公顷	4310.90	4452.98	−142.09	−3.19
跨区机收玉米	79	千公顷	2582.08	2722.40	−140.31	−5.15
(三)生产托管作业面积	80	公顷	5810814.71	—	—	—
五、农产品初加工机械化作业情况	81	*	*	*	*	*
(一)机械脱出农产品数量	82	万吨	77223.31	76039.41	1183.90	1.56
其中:1.机械脱出粮食数量	83	万吨	52705.70	51071.52	1634.18	3.20
2.机械脱出油料数量	84	万吨	2764.16	—	—	—
(二)机械清选农产品数量	85	万吨	41748.50	41315.54	432.96	1.05
其中:1.机械清选蔬菜数量	86	万吨	8915.16	—	—	—
2.机械清选水果数量	87	万吨	4255.78	—	—	—
3.机械清选棉花数量	88	万吨	411.45	—	—	—
(三)机械保质农产品数量	89	万吨	36714.35	35795.97	918.38	2.57
其中:1.机械保质粮食数量	90	万吨	15798.98	—	—	—
2.机械保质油料数量	91	万吨	986.04	—	—	—
3.机械保质蔬菜数量	92	万吨	3497.43	—	—	—
4.机械保质水果数量	93	万吨	3044.49	—	—	—
5.机械保质棉花数量	94	万吨	254.78	—	—	—
6.机械保质茶叶数量	95	万吨	119.12	—	—	—
六、畜牧养殖机械化作业情况	96	*	*	*	*	*
(一)机械收获饲草秸秆量	97	万吨	26970.83	26271.40	699.43	2.66
其中:机械收获牧草数量	98	万吨	6455.11	5289.98	1165.13	22.03
(二)机械化饲草料加工数量	99	万吨	31105.42	31542.66	−437.24	−1.39

续表

指标名称	代码	计量单位	2018 年	2017 年	2018 年比 2017 年增减	
					增减量	%
(三)机械饲喂的畜禽数量	100	万个	46788.57	45680.75	1107.82	2.43
(四)机械清粪的畜禽数量	101	万个	41497.20	41753.60	-256.40	-0.61
(五)机械环控的畜禽数量	102	万个	37689.35	36969.40	719.95	1.95
(六)机械挤奶的家畜数量	103	万个	4071.09	4220.67	-149.58	-3.54
(七)机械剪毛的畜禽数量	104	万个	2765.92	2662.17	103.75	3.90
(八)机械捡蛋的蛋禽数量	105	万个	3606.06	3620.49	-14.43	-0.40
七、水产养殖机械化作业情况	106	*	*	*	*	*
(一)池塘养殖	107	*	*	*	*	*
1.机械投饲池塘养殖产量	108	万吨	1206.44	1223.40	-16.95	-1.39
2.机械水质调控池塘养殖产量	109	万吨	1062.27	1105.12	-42.85	-3.88
3.机械起捕池塘养殖产量	110	万吨	204.59	194.70	9.88	5.08
4.机械清淤池塘养殖产量	111	万吨	720.30	750.30	-30.00	-4.00
(二)网箱养殖	112	*	*	*	*	*
1.机械投饲网箱养殖产量	113	万吨	45.49	49.89	-4.41	-8.83
2.机械清洗网箱养殖产量	114	万吨	22.50	25.96	-3.46	-13.33
3.机械起捕网箱养殖产量	115	万吨	17.46	20.00	-2.54	-12.68
(三)工厂化养殖	116	*	*	*	*	*
1.机械投饲工厂化养殖产量	117	万吨	24.70	24.05	0.65	2.70
2.机械起捕工厂化养殖产量	118	万吨	11.58	9.94	1.64	16.45
(四)筏式吊笼及底播养殖	119	*	*	*	*	*
1.机械投苗养殖产量	120	万吨	279.92	204.97	74.95	36.57
2.机械采收养殖产量	121	万吨	313.58	374.73	-61.15	-16.32
八、设施农业(种植)机械化作业情况	122	*	*	*	*	*
(一)耕整地机械化面积	123	千公顷	1499.99	1509.32	-9.33	-0.62
(二)种植机械化面积	124	千公顷	398.38	341.00	57.38	16.83
(三)采运机械化面积	125	千公顷	180.09	181.85	-1.76	-0.97
(四)灌溉施肥机械化面积	126	千公顷	1147.14	1156.58	-9.44	-0.82
(五)环境调控机械化面积	127	千公顷	522.83	520.97	1.86	0.36
九、其他	/	*	*	*	*	*
(一)保护性耕作面积	/	千公顷	8242.00	7584.44	657.56	8.67
(二)农田基本建设作业量	/	万立方米	284742.17	319638.31	-34896.14	-10.92

注:代码 100－105 总量指标已折算为羊单位。

各地区农机服务组织及投入产出情况表

地区	一、农机服务组织及农机户 (一)农机服务组织 年末机构数(个)	一、农机服务组织及农机户 (一)农机服务组织 年末人数(人)	其中:1. 拥有农机原值50万元(含50万元)以上的 年末机构数(个)	其中:1. 拥有农机原值50万元(含50万元)以上的 年末人数(人)
合　计	191526	2139837	53814	976929
北　京	315	2047	153	968
天　津	219	6010	140	5001
河　北	6121	68606	1878	31374
山　西	4705	29401	1082	8498
内蒙古	3865	43103	2312	31569
辽　宁	3614	54663	2040	30206
吉　林	8884	89601	4313	50342
黑龙江	25948	102704	4174	32216
上　海	299	2079	207	847
江　苏	12588	562455	7202	323938
浙　江	3489	30515	1127	16665
安　徽	9825	110104	3641	52177
福　建	917	21431	354	10895
江　西	11538	73349	1101	15850
山　东	21727	196360	6002	83839
河　南	13349	136431	5932	77994
湖　北	8058	136587	2137	45348
湖　南	16399	115127	3202	45578
广　东	2246	25744	553	9953
广　西	3008	37169	722	8319
海　南	222	1568	50	1321
重　庆	5316	87360	205	18231
四　川	17446	79527	1009	18917
贵　州	1386	17403	157	3085
云　南	1008	14108	291	6144
西　藏	118	2115	51	1388
陕　西	2071	28342	570	9584
甘　肃	3699	30533	1458	15331
青　海	685	4443	412	2865
宁　夏	481	7165	275	3236
新　疆	1061	19501	567	12227
新疆兵团	919	4286	497	3023

续表

地区	2. 农机专业合作社		其中：拥有农机原值 100 万元(含 100 万元)以上的	
	年末机构数 (个)	年末人数 (人)	年末机构数 (个)	年末人数 (人)
合　　计	72640	1527066	26327	547377
北　　京	129	923	48	435
天　　津	156	5254	116	4369
河　　北	2860	52879	831	19295
山　　西	2647	22966	529	5665
内 蒙 古	2720	34653	1209	15381
辽　　宁	3324	48317	1059	16918
吉　　林	6222	66047	1650	14638
黑 龙 江	2345	27407	1888	23970
上　　海	159	1529	130	1135
江　　苏	9048	480770	3130	145601
浙　　江	1459	21450	654	10270
安　　徽	5105	75586	2001	35645
福　　建	656	18143	214	7660
江　　西	1156	22173	337	9135
山　　东	8565	138280	2502	43343
河　　南	7005	108742	3061	51180
湖　　北	2776	96321	1058	44613
湖　　南	4547	64159	2508	37098
广　　东	962	19641	192	5799
广　　西	1950	22705	339	4020
海　　南	114	1106	8	129
重　　庆	822	58905	77	2037
四　　川	1494	41888	426	14468
贵　　州	602	7895	30	540
云　　南	542	11550	124	2983
西　　藏	94	1985	85	1795
陕　　西	1327	23127	361	6763
甘　　肃	2194	23460	986	10958
青　　海	203	2922	86	936
宁　　夏	306	4096	107	1004
新　　疆	960	18280	390	5687
新疆兵团	191	3907	191	3907

续表

地区	(二)农机户		其中:拥有农机原值20万元(含20万元)以上的	
	年末机构数(个)	年末人数(人)	年末机构数(个)	年末人数(人)
合　计	40803574	51327520	670430	1156408
北　京	13688	14807	351	646
天　津	41866	58515	825	1687
河　北	2918879	4018910	36923	76255
山　西	510966	656143	9338	19252
内蒙古	1273397	1741424	30110	48062
辽　宁	526079	647761	13518	29422
吉　林	1107193	1324712	16621	37956
黑龙江	1139688	1481944	188442	270240
上　海	4213	6262	847	1193
江　苏	1113098	1388445	72043	119734
浙　江	642437	728162	18299	26715
安　徽	3261915	3824600	24432	49515
福　建	603830	671810	1946	4008
江　西	1013622	1431756	8398	15934
山　东	4380041	5160990	59493	112257
河　南	5028713	6181446	31576	61776
湖　北	1729070	2244977	15682	39891
湖　南	2046507	2765416	14917	31642
广　东	1062618	1292090	6897	13765
广　西	2411930	3258108	11761	28680
海　南	248606	286954	2405	3841
重　庆	1062774	1334289	1155	3345
四　川	2183256	2623509	21249	32456
贵　州	1285533	1686391	418	1202
云　南	1714330	1940054	2895	4901
西　藏	194919	834560	39	261
陕　西	1004658	1111526	7134	16141
甘　肃	1168410	1287895	13491	22213
青　海	218422	237909	2033	3222
宁　夏	246224	374334	4747	7893
新　疆	625998	680780	31751	41262
新疆兵团	20694	31041	20694	31041

续表

地区	其中：农机作业服务专业户		（二）农机维修厂及维修点	
	年末机构数（个）	年末人数（人）	年末机构数（个）	年末人数（人）
合　计	4409012	6105061	161815	392155
北　京	543	1010	232	489
天　津	9678	11217	208	431
河　北	217307	337111	14222	34180
山　西	66815	90305	5435	13326
内蒙古	99398	140585	6675	13900
辽　宁	59670	91194	3735	8286
吉　林	12230	34360	7024	16094
黑龙江	133146	187756	6764	19597
上　海	913	1357	25	85
江　苏	208979	297984	3651	11412
浙　江	130223	146249	2562	4502
安　徽	424120	577913	9696	22287
福　建	96884	118279	1539	3178
江　西	347413	528517	9763	29797
山　东	588416	796240	4629	12958
河　南	238167	379441	21231	42328
湖　北	160105	329101	5119	15957
湖　南	181543	274324	5154	13984
广　东	170592	223246	7405	19397
广　西	31620	63634	3767	9080
海　南	43024	51562	923	2541
重　庆	158036	180212	2668	7346
四　川	208480	263370	8887	26265
贵　州	181376	248915	5184	13684
云　南	55655	72513	10623	23375
西　藏	9	81	166	562
陕　西	252750	264812	3804	7674
甘　肃	167424	193306	5287	9164
青　海	5890	7773	1121	1697
宁　夏	49367	62042	1767	3568
新　疆	101233	118530	2212	4146
新疆兵团	8006	12122	337	865

续表

地区	三、乡村农机从业人员	其中:持有拖拉机驾驶证人员	持有联合收割机驾驶证人员	同时持有拖拉机、联合收割机驾驶证人员
	年末人数（人）	年末人数（人）	年末人数（人）	年末人数（人）
合　计	47586002	11413661	1122758	795364
北　京	18138	9390	789	504
天　津	67039	9911	1822	972
河　北	3316416	537774	76144	34549
山　西	468045	73765	10428	4604
内蒙古	1723480	674420	33191	27402
辽　宁	868024	262583	17847	22234
吉　林	1382341	453569	20497	5917
黑龙江	1766702	1075123	84060	126105
上　海	14372	6411	3070	2956
江　苏	1354942	325200	94257	49869
浙　江	649327	154651	10363	5973
安　徽	3758078	573203	124136	83235
福　建	682184	96420	5791	2752
江　西	1268614	115320	31316	11625
山　东	5416816	1024508	95503	83762
河　南	5568341	1935240	203184	157391
湖　北	2300787	608240	100216	34819
湖　南	2621105	292956	90016	47241
广　东	1033911	205386	15394	11460
广　西	3029488	367510	6823	6287
海　南	233925	77064	4767	2009
重　庆	882552	38811	4265	4868
四　川	2736334	208128	19616	20167
贵　州	878231	163308	777	1492
云　南	1755990	520657	4582	2982
西　藏	236448	0	0	0
陕　西	927661	195974	26834	17258
甘　肃	1218848	477291	10980	8042
青　海	297644	156993	2466	1182
宁　夏	351348	127508	6514	3513
新　疆	697948	595555	12301	11144
新疆兵团	60923	50792	4809	3050

续表

地区	农机维修人员	其中:持有职业资格证书人员	四、农机化投入 (一)财政资金	1. 科研
	年末人数(人)	年末人数(人)	万元	万元
合计	930711	289512	3358813.52	26767.74
北京	2789	2223	5185.39	66.80
天津	2946	2167	6970.49	0
河北	80139	17639	68198.64	806.50
山西	24712	9225	1419943.94	1.00
内蒙古	30114	9171	54089.92	20.00
辽宁	17237	6951	52740.26	111.00
吉林	16177	5197	24551.85	150.00
黑龙江	36659	11487	46479.40	165.50
上海	765	501	18412.85	876.00
江苏	86095	63597	901206.69	4323.81
浙江	7991	3680	68233.93	109.20
安徽	33561	16325	58470.05	1.20
福建	7962	3095	8190.73	0.20
江西	55355	11327	14412.16	81.00
山东	94162	18343	53310.51	10236.41
河南	88282	22034	64530.14	111.00
湖北	30505	4827	174347.02	572.00
湖南	44366	5278	41046.62	1218.02
广东	33799	2302	20831.68	5801.00
广西	38733	6571	50214.00	35.10
海南	4519	593	4953.10	160.00
重庆	17506	8093	9315.13	119.00
四川	50885	15855	32900.21	742.50
贵州	20534	949	615.00	5.00
云南	30807	12162	6770.08	26.00
西藏	3603		100.00	0
陕西	21747	9131	32275.55	170.00
甘肃	22256	7875	20489.21	12.50
青海	6084	1197	4990.36	51.00
宁夏	5756	1971	9884.18	203.00
新疆	12393	8407	84204.43	183.00
新疆兵团	2272	1339	950.00	410.00

续表

地区	2. 推广	3. 安全监理	4. 试验鉴定	(二)基本建设
	万元	万元	万元	万元
合　计	272195.04	335816.89	1118708.30	435260.79
北　京	1693.75	1198.06	32.02	73.00
天　津	397.62	539.97	30.90	609.38
河　北	25664.81	2819.97	124.00	4111.95
山　西	15166.74	288446.94	1110060.00	2859.00
内蒙古	13895.00	823.90	166.00	1893.00
辽　宁	6048.75	381.22	13.00	34931.10
吉　林	22564.54	406.01	76.00	5585.00
黑龙江	2062.13	937.11	190.00	19701.57
上　海	2404.00	606.00	49.00	825.00
江　苏	74724.67	5300.16	1831.45	67195.14
浙　江	3023.23	2589.02	0	9183.46
安　徽	4151.59	5620.24	12.00	9588.81
福　建	739.12	335.87	74.00	109.50
江　西	1900.17	826.55	147.00	6011.17
山　东	30450.20	1590.91	148.05	5869.99
河　南	6826.40	3285.11	214.40	7322.26
湖　北	5024.83	3521.99	103.00	18767.58
湖　南	9741.66	3015.72	4161.59	11604.30
广　东	6631.77	1519.11	311.73	5311.36
广　西	2820.90	923.86	4.00	589.10
海　南	218.60	137.85	2.00	143.00
重　庆	1549.25	429.84	87.29	8323.37
四　川	6971.48	2779.10	215.50	188348.15
贵　州	426.00	183.50	0	1103.00
云　南	4244.63	554.48	10.00	2656.57
西　藏	100.00	0	0	0
陕　西	10639.19	1597.39	75.00	3728.98
甘　肃	5962.10	1422.25	114.27	3170.60
青　海	1369.36	676.49	80.00	396.00
宁　夏	2309.10	597.08	21.10	2409.97
新　疆	2133.45	2551.19	355.00	2464.48
新疆兵团	340.00	200.00	0	10375.00

续表

地区	(三)农业机械购置	五、农机服务收入	其中:农机作业服务收入
	万元	万元	万元
合　　计	6634864.32	47177547.33	35313803.62
北　　京	5061.91	22171.68	17760.28
天　　津	30768.52	109060.84	60867.19
河　　北	403361.96	1972504.95	1468394.23
山　　西	124455.14	835499.92	589141.09
内 蒙 古	416092.52	1671491.70	1237502.40
辽　　宁	192657.76	1070094.38	868112.61
吉　　林	454403.11	1528592.79	1141730.16
黑 龙 江	633414.83	2227572.06	1645413.05
上　　海	28650.00	32652.00	25026.00
江　　苏	395843.25	3123730.71	2437181.67
浙　　江	124018.93	677472.00	451257.00
安　　徽	533343.10	5108779.49	4174982.89
福　　建	59710.85	684102.00	408619.17
江　　西	195859.81	1693170.14	1141484.22
山　　东	665604.14	4586264.40	3614242.55
河　　南	534899.57	2657885.63	2095470.76
湖　　北	323099.71	2583058.96	1955025.14
湖　　南	250388.90	3678265.24	2513245.40
广　　东	58553.02	1437842.50	1053656.34
广　　西	97300.10	3215063.82	2748101.19
海　　南	23502.30	373854.67	294028.40
重　　庆	85432.97	628263.84	228263.84
四　　川	114153.45	1936274.28	1118768.03
贵　　州	86847.00	238703.00	161804.00
云　　南	143893.95	1130097.72	654049.66
西　　藏	41683.90	21210.00	21210.00
陕　　西	110813.53	1095552.73	793069.70
甘　　肃	154123.01	867970.79	641316.42
青　　海	18071.19	88606.32	54767.22
宁　　夏	62497.33	239467.03	177246.52
新　　疆	182863.56	1251307.74	1131102.49
新疆兵团	83495.00	390964.00	390964.00

各地区农业机械拥有量表

地区	一、农业机械总动力	（一）柴油发动机动力	（二）汽油发动机动力	（三）电动机动力	（四）其他机械动力
	万千瓦	万千瓦	万千瓦	万千瓦	万千瓦
合　计	100371.74	77892.97	4018.15	18341.92	118.71
北　京	125.65	49.71	7.59	66.78	1.57
天　津	347.98	232.44	25.08	90.46	0
河　北	7706.20	5361.58	136.03	2208.49	0.10
山　西	1441.09	1160.38	28.05	252.63	0.02
内蒙古	3663.66	3265.03	20.48	370.99	7.17
辽　宁	2243.72	1739.09	79.17	425.13	0.32
吉　林	3466.00	3184.49	47.00	234.52	0
黑龙江	6084.65	5739.90	119.07	224.48	1.21
上　海	93.97	76.45	5.93	11.43	0.16
江　苏	5017.71	3709.60	222.35	1085.77	0
浙　江	2009.33	1271.04	124.38	612.31	1.61
安　徽	6543.81	5613.86	162.24	767.67	0.04
福　建	1228.27	778.26	162.47	287.51	0.02
江　西	2381.97	1847.74	107.20	426.22	0.81
山　东	10415.22	8463.19	269.72	1682.31	0
河　南	10204.46	8877.21	86.49	1240.28	0.48
湖　北	4424.61	3070.06	168.15	1173.41	12.99
湖　南	6338.57	4785.65	391.54	1119.56	41.82
广　东	2429.94	1550.36	206.30	663.56	9.71
广　西	3750.82	2835.92	250.73	654.19	9.98
海　南	565.82	452.18	33.59	61.85	18.20
重　庆	1428.12	681.45	283.81	461.95	0.91
四　川	4603.88	2991.01	412.55	1195.86	4.47
贵　州	2376.65	1547.68	281.47	547.50	0
云　南	2693.51	1715.72	132.35	844.95	0.49
西　藏	545.78	491.76	15.29	38.73	0
陕　西	2311.79	1577.89	136.94	595.94	1.01
甘　肃	2102.80	1530.70	42.64	528.47	0.99
青　海	472.09	405.86	23.32	40.57	2.34
宁　夏	621.88	496.34	10.25	114.80	0.49
新　疆	2226.67	1992.40	25.25	208.08	0.94
新疆兵团	505.12	398.03	0.72	105.52	0.85

续表

地区	二、拖拉机及配套机械 (一)拖拉机		1.小型 (22.1千瓦及以下)		2.中型 (22.1～73.5千瓦)	
	万台	万千瓦	万台	万千瓦	万台	万千瓦
合计	2240.26	39113.51	1818.26	19820.88	370.15	14625.78
北京	0.69	26.41	0.22	3.86	0.40	15.89
天津	1.69	80.47	0.31	4.39	1.07	48.37
河北	149.60	2803.13	122.30	1409.78	22.43	974.91
山西	37.94	726.85	28.07	275.40	8.61	340.61
内蒙古	117.39	2575.42	85.74	1291.74	29.17	1051.43
辽宁	57.77	1136.04	40.77	483.19	15.42	521.46
吉林	121.74	2289.67	90.15	1075.51	29.54	1018.54
黑龙江	160.89	3872.12	105.71	1519.10	50.96	1862.01
上海	1.00	40.29	0.26	2.93	0.71	34.05
江苏	83.98	1791.72	67.44	714.29	11.81	679.30
浙江	11.56	162.46	10.25	94.16	1.26	63.65
安徽	230.63	3041.62	207.87	1748.54	17.64	873.48
福建	9.28	116.94	8.75	95.15	0.51	19.72
江西	37.91	561.86	34.07	373.17	3.60	169.23
山东	249.23	4164.14	201.29	1848.50	39.96	1605.99
河南	353.80	5637.52	318.45	3603.11	25.27	1187.81
湖北	132.66	1641.83	116.49	908.38	15.37	669.87
湖南	39.70	697.17	28.43	310.96	11.08	370.68
广东	34.49	396.06	32.05	284.42	2.30	100.44
广西	56.86	796.72	51.78	532.43	4.55	215.75
海南	8.75	131.01	6.71	74.17	2.02	55.63
重庆	0.68	16.70	0.48	7.25	0.19	8.07
四川	22.78	465.69	15.34	220.01	7.34	237.68
贵州	14.22	219.48	12.41	160.59	1.79	57.61
云南	38.46	651.47	30.54	369.35	7.43	242.14
西藏	27.38	448.60	20.64	195.24	6.72	252.11
陕西	31.83	691.03	21.99	264.80	8.96	344.65
甘肃	82.38	1184.70	73.50	829.24	8.14	285.02
青海	26.99	296.73	25.77	255.76	1.15	33.60
宁夏	21.15	379.72	17.28	219.28	3.61	137.67
新疆	69.01	1756.34	39.97	604.32	27.47	989.24
新疆兵团	7.82	313.59	3.23	41.85	3.67	159.17

续表

地区	其中:58.8千瓦及以上		3.大型及以上(73.5千瓦及以上)		(二)拖拉机配套农具
	万台	万千瓦	万台	万千瓦	万部
合　　计	61.01	3950.19	51.84	4666.81	3940.06
北　　京	0.03	2.16	0.07	6.66	1.23
天　　津	0.18	11.15	0.31	27.72	4.67
河　　北	4.03	281.97	4.87	418.44	219.92
山　　西	1.89	122.67	1.26	110.83	54.35
内 蒙 古	2.83	185.88	2.48	232.24	213.34
辽　　宁	1.97	127.85	1.58	131.39	81.86
吉　　林	1.75	103.07	2.05	195.62	269.52
黑 龙 江	5.61	364.55	4.21	491.02	268.30
上　　海	0.09	6.05	0.03	3.31	1.76
江　　苏	5.47	382.74	4.73	398.12	152.66
浙　　江	0.26	16.71	0.06	4.65	14.68
安　　徽	6.73	441.56	5.12	419.60	541.04
福　　建	0.11	6.83	0.02	2.07	14.48
江　　西	0.95	59.07	0.24	19.46	38.92
山　　东	7.30	464.51	7.98	709.65	426.91
河　　南	8.23	511.28	10.08	846.60	724.15
湖　　北	2.51	155.73	0.80	63.58	256.62
湖　　南	1.05	68.28	0.19	15.53	20.05
广　　东	0.38	23.51	0.15	11.21	40.50
广　　西	1.19	83.18	0.53	48.54	57.37
海　　南	0.22	13.29	0.02	1.21	9.26
重　　庆	0.03	2.11	0.01	1.38	0.66
四　　川	0.69	41.37	0.10	8.00	17.42
贵　　州	0.09	5.52	0.02	1.27	2.39
云　　南	0.86	55.81	0.48	39.98	36.98
西　　藏	0.03	1.86	0.02	1.25	22.48
陕　　西	1.52	103.24	0.88	81.58	53.67
甘　　肃	0.95	62.98	0.74	70.43	184.83
青　　海	0.15	9.30	0.07	7.37	31.17
宁　　夏	0.41	26.67	0.26	22.76	33.27
新　　疆	2.69	160.20	1.56	162.78	135.85
新疆兵团	0.78	49.11	0.92	112.57	9.75

续表

地区	其中:与58.8千瓦及以上拖拉机配套	三、种植业机械 (一)耕整地机械 1. 耕整机		2. 微耕机	
	万部	万台(套)	万千瓦	万台(套)	万千瓦
合　计	422.57	521.11	2435.24	686.97	3480.08
北　京	0.16	0	0	1.06	4.71
天　津	1.88	0.32	1.52	0.78	3.01
河　北	40.57	1.74	9.79	3.47	18.70
山　西	8.92	4.92	22.34	9.64	48.00
内蒙古	17.88	2.05	10.04	0.29	1.48
辽　宁	15.97	6.08	28.00	4.44	18.95
吉　林	12.36	0.45	2.50	0.20	1.20
黑龙江	41.61	4.02	25.27	0.06	0.40
上　海	0.38	0.01	0.03	0.04	0.19
江　苏	25.76	3.00	18.11	2.49	13.29
浙　江	0.57	1.27	6.76	6.34	29.15
安　徽	40.20	12.47	61.76	4.57	21.24
福　建	0.29	1.24	6.25	20.89	94.56
江　西	3.31	9.87	43.55	27.72	109.38
山　东	58.40	19.62	87.92	19.23	82.62
河　南	63.19	2.54	11.53	4.14	16.87
湖　北	18.40	22.67	124.80	30.10	159.43
湖　南	4.26	188.20	749.32	38.12	152.57
广　东	2.06	13.56	61.49	24.82	112.81
广　西	3.04	66.14	294.24	75.07	337.96
海　南	1.50	4.57	10.99	1.46	3.20
重　庆	0.18	0	0	68.67	316.60
四　川	2.34	93.51	497.09	94.58	479.45
贵　州	0.17	3.25	20.86	110.12	647.56
云　南	3.46	36.71	217.32	86.17	512.38
西　藏	0.07	0.73	3.28	0.31	1.38
陕　西	11.48	10.53	55.07	21.11	109.96
甘　肃	6.64	6.80	37.73	26.75	158.67
青　海	0.88	2.52	15.24	1.46	8.55
宁　夏	2.47	0.37	2.12	1.38	7.57
新　疆	32.18	1.96	10.29	1.14	6.75
新疆兵团	1.98	0	0	0.35	1.49

续表

地区	3. 机引犁	4. 旋耕机	5. 深松机	6. 机引耙	7. 铺膜机
	万台	万台	万台	万台	万台
合　　计	1271.04	642.03	28.87	690.71	58.09
北　　京	0.13	0.29	0.02	0.06	0.01
天　　津	0.43	1.88	0.10	0.08	0.30
河　　北	43.91	29.71	3.35	5.93	4.11
山　　西	12.96	17.06	0.95	1.64	2.24
内 蒙 古	61.78	10.64	2.02	15.16	5.58
辽　　宁	10.20	10.34	0.90	2.38	0.79
吉　　林	66.04	27.25	4.20	23.62	1.06
黑 龙 江	50.14	26.00	3.33	11.76	1.26
上　　海	0.24	0.72	0.01	0.30	0
江　　苏	18.49	90.11	0.57	2.47	0.20
浙　　江	2.33	9.78	0	1.66	0
安　　徽	173.39	72.00	1.89	141.73	1.03
福　　建	1.21	10.89	0	0.32	0.04
江　　西	4.23	31.01	0.16	4.12	0.01
山　　东	140.63	34.72	3.79	69.69	12.23
河　　南	309.36	32.14	1.94	203.21	1.95
湖　　北	84.06	69.02	0.24	57.83	0.48
湖　　南	104.15	18.53	1.60	69.25	0.18
广　　东	6.49	19.01	0.12	5.34	0.01
广　　西	22.14	19.56	0.31	21.22	0.26
海　　南	1.66	1.62	0.08	1.49	0
重　　庆	0.05	0.58	0.06	0.05	0.01
四　　川	8.00	20.71	0.03	2.54	0.27
贵　　州	0.60	1.17	0	0.08	0.06
云　　南	14.08	21.17	0.67	7.20	0.09
西　　藏	9.12	0.68	0.02	2.14	0.02
陕　　西	14.47	21.60	0.39	0.20	1.53
甘　　肃	53.91	27.16	1.44	26.64	13.89
青　　海	16.24	7.28	0.14	1.15	0.09
宁　　夏	14.65	3.01	0.14	3.75	0.92
新　　疆	25.27	5.84	0.27	6.99	8.97
新疆兵团	0.68	0.55	0.13	0.71	0.50

续表

地区	8.联合整地机	(二)种植施肥机械 1.播种机械 (1)免耕播种机	(2)精量播种机	(3)整地施肥播种机	(4)水稻直播机
	万台	万台	万台	万台	万台
合　计	26.68	100.28	406.24	22.61	3.00
北　京	0	0.19	0.18	0	0
天　津	0	0.88	0.60	0.02	0
河　北	0.35	18.93	21.22	1.86	0.01
山　西	0.13	2.20	5.53	1.12	0
内蒙古	0.64	11.07	45.76	2.11	0
辽　宁	4.19	2.03	15.51	0.24	0.02
吉　林	10.92	2.63	51.23	0	0
黑龙江	3.45	1.28	62.69	1.35	0.02
上　海	0.01	0	0.01	0.01	0.13
江　苏	0.21	11.95	12.33	2.23	0.72
浙　江	0.08	0.01	0.03	0.08	0.10
安　徽	0.06	4.10	36.48	2.67	0.28
福　建	0	0	0.01	0	0
江　西	0.01	0.04	0.06	0.01	0.03
山　东	1.21	16.61	34.72	0.53	0.02
河　南	0.28	18.65	82.87	3.42	0.05
湖　北	0.71	1.06	4.36	0.97	0.68
湖　南	0.56	0.19	0.15	0.11	0.18
广　东	0.02	0	0.01	0	0
广　西	0.12	0.02	0.02	0	0.01
海　南	0	0	0	0	0.02
重　庆	0	0	0.05	0	0
四　川	0.07	0.30	1.55	0.05	0.02
贵　州	0	0	0.02	0	0
云　南	0.03	0.02	0.11	0.02	0
西　藏	0.01	0.01	0.17	0.08	0
陕　西	0.05	5.13	4.59	0.45	0
甘　肃	0.16	1.94	12.88	2.49	0
青　海	0.04	0.32	1.46	1.09	0
宁　夏	0.04	0.20	0.69	0.57	0.64
新　疆	2.75	0.47	9.94	0.90	0.01
新疆兵团	0.58	0.05	1.01	0.23	0.05

续表

地区	2. 栽植机械 (1)水稻插秧机		其中:乘坐式		(2)秧苗移栽机
	万台	万千瓦	万台	万千瓦	万台
合　计	85.65	465.75	27.44	233.03	1.16
北　京	0	0	0	0	0
天　津	0.08	0.94	0.07	0.85	0
河　北	0.23	2.16	0.13	1.31	0.02
山　西	0	0	0	0	0
内蒙古	1.18	7.69	0.24	1.84	0.01
辽　宁	3.80	20.66	1.08	10.30	0.03
吉　林	9.05	45.56	1.18	8.64	0.01
黑龙江	30.41	183.58	16.16	115.41	0.02
上　海	0.17	2.20	0.17	2.20	0
江　苏	14.14	80.58	4.10	49.58	0.16
浙　江	1.37	11.87	1.01	10.26	0.01
安　徽	3.62	16.10	0.76	7.92	0
福　建	1.20	4.99	0.13	1.30	0
江　西	1.71	7.02	0.18	2.18	0.03
山　东	0.22	1.36	0.08	0.66	0.02
河　南	0.86	5.56	0.24	2.29	0.30
湖　北	7.64	24.98	0.39	3.65	0.04
湖　南	3.56	19.55	0.73	6.71	0.03
广　东	1.28	7.13	0.24	2.78	0
广　西	1.96	6.81	0.12	0.88	0.01
海　南	0.04	0.22	0.01	0.09	0
重　庆	1.30	4.62	0.01	0.04	0.01
四　川	0.93	5.57	0.23	2.66	0.41
贵　州	0.19	0.62	0.01	0.12	0
云　南	0.25	1.36	0.04	0.47	0.01
西　藏	0	0	0	0	0
陕　西	0.03	0.32	0.02	0.21	0.01
甘　肃	0	0.01	0	0	0
青　海	0	0	0	0	0
宁　夏	0.14	0.55	0.05	0.22	0
新　疆	0.22	3.35	0.02	0.20	0.01
新疆兵团	0.07	0.39	0.04	0.26	0.02

续表

地区	(三)排灌机械		(四)田间管理机械			
	1. 水泵	2. 节水灌溉类机械	1. 中耕机械		2. 机动植保机械	
			其中:田园管理机			
	万台	万台(套)	万台	万千瓦	万台	万千瓦
合计	2289.17	240.19	54.24	215.76	615.26	1177.63
北京	2.88	1.45	0.50	2.61	1.14	1.36
天津	8.31	0.27	0.54	2.27	0.73	3.06
河北	155.23	5.79	1.73	8.26	50.49	91.04
山西	10.25	1.28	2.96	12.43	4.41	8.64
内蒙古	43.41	7.85	1.21	6.20	9.13	20.19
辽宁	116.33	12.53	4.26	21.79	10.55	22.13
吉林	60.47	4.79	0.04	0.18	2.06	4.18
黑龙江	48.34	5.37	0.30	1.40	10.17	29.19
上海	0	0	0.05	0.24	2.07	5.59
江苏	67.51	7.61	3.89	11.54	60.57	119.75
浙江	76.91	2.98	2.53	11.73	21.34	40.42
安徽	178.85	21.16	0.33	1.02	46.62	72.60
福建	20.86	2.52	1.45	6.72	39.86	83.03
江西	47.54	13.74	0.43	2.08	14.93	34.59
山东	294.58	53.28	9.36	41.56	47.77	117.39
河南	219.45	22.71	0.75	1.91	33.48	59.84
湖北	108.96	11.67	1.98	6.45	66.92	86.47
湖南	235.10	9.27	3.68	8.79	40.06	59.63
广东	77.06	13.88	2.38	4.76	23.92	46.51
广西	96.18	13.61	0.40	1.55	14.51	37.67
海南	17.33	1.26	0.97	1.68	8.73	19.87
重庆	94.22	0.20	0.38	1.06	8.06	10.69
四川	132.22	3.35	2.33	7.45	37.78	67.59
贵州	61.53	2.40	2.66	11.04	5.71	8.89
云南	57.09	5.36	1.46	6.77	16.72	31.17
西藏	0.58	0	0	0	1.32	5.43
陕西	34.05	6.14	4.14	15.64	19.68	50.42
甘肃	12.72	2.40	1.79	9.75	5.75	14.74
青海	0.20	0.20	0.12	0.51	0.73	5.68
宁夏	3.62	0.79	0.52	1.86	0.49	2.38
新疆	5.69	4.94	0.92	5.45	8.57	15.37
新疆兵团	1.70	1.39	0.18	1.08	0.98	2.12

续表

地区	其中：自走式		3. 修剪机械 (1)茶树修剪机	(2)果树修剪机	
	万台	万千瓦	万台	万台	万千瓦
合　　计	26.43	147.65	48.82	23.43	45.89
北　　京	0.03	0.06	0	0.07	0.40
天　　津	0.29	2.07	0	0	0
河　　北	2.78	7.63	0	0.08	0.47
山　　西	0.10	0.38	0	0.11	0.29
内 蒙 古	0.18	3.04	0	0.01	0.03
辽　　宁	0.04	0.94	0	0.14	0.20
吉　　林	0.23	0.45	0	0.02	0.03
黑 龙 江	0.30	7.16	0	0.02	0.22
上　　海	0.03	0.71	0	0.03	0.06
江　　苏	1.94	37.69	0.94	1.49	4.31
浙　　江	0.16	1.62	5.56	0.86	1.22
安　　徽	0.75	13.06	8.95	0.24	0.45
福　　建	0.48	2.64	8.31	1.51	3.58
江　　西	0.30	2.05	0.36	0.46	1.95
山　　东	6.29	29.56	0.46	0.44	0.49
河　　南	1.84	8.79	1.34	0.11	0.54
湖　　北	5.31	10.86	9.47	8.32	15.43
湖　　南	1.54	3.07	0.53	0.32	0.90
广　　东	0.94	2.88	0.63	1.01	3.65
广　　西	0.69	1.97	1.11	0.67	1.16
海　　南	0.15	0.27	0.10	0.08	0.14
重　　庆	0.01	0.08	0.24	0.11	0.15
四　　川	0.63	1.40	3.66	1.00	2.30
贵　　州	0	0.02	1.93	0.53	1.16
云　　南	0.02	0.10	4.19	0.53	1.21
西　　藏	0.01	0.19	0	0	0
陕　　西	0.27	2.04	0.84	2.44	4.06
甘　　肃	0.31	1.02	0.20	0.07	0.18
青　　海	0.11	0.94	0	0	0
宁　　夏	0.12	1.23	0	0.57	0.74
新　　疆	0.39	1.98	0	2.17	0.55
新疆兵团	0.19	1.75	0	0.01	0.01

续表

地区	(五)收获机械 1. 谷物联合收割机		(1)稻麦联合收割机		(2)玉米联合收割机	
	万台	万千瓦	万台	万千瓦	万台	万千瓦
合　计	205.92	11332.05	152.90	7886.05	53.01	3446.02
北　京	0.11	9.24	0.05	4.15	0.06	5.10
天　津	0.54	46.36	0.28	22.09	0.26	24.27
河　北	16.05	1090.10	9.00	573.17	7.05	516.93
山　西	3.06	226.37	0.97	68.69	2.09	157.69
内蒙古	3.86	261.63	0.87	66.86	3.00	194.77
辽　宁	3.08	198.26	0.85	40.73	2.22	157.54
吉　林	9.14	497.43	2.96	130.43	6.17	367.00
黑龙江	15.14	1136.65	10.95	704.53	4.19	432.12
上　海	0.22	12.60	0.22	12.59	0	0.01
江　苏	17.69	977.22	16.41	903.83	1.28	73.39
浙　江	1.79	76.30	1.79	76.30	0	0
安　徽	21.50	1223.21	19.06	1055.00	2.44	168.20
福　建	1.01	41.02	1.01	41.02	0	0
江　西	8.15	354.49	8.15	354.49	0	0
山　东	31.52	1546.56	18.51	896.73	13.01	649.83
河　南	28.77	1698.08	20.52	1215.37	8.24	482.71
湖　北	10.20	514.97	9.96	502.59	0.24	12.38
湖　南	12.96	473.65	12.94	472.82	0.02	0.83
广　东	2.80	86.40	2.80	86.40	0	0
广　西	3.56	129.71	3.56	129.66	0	0.05
海　南	0.53	13.40	0.53	13.39	0	0.01
重　庆	1.09	19.93	1.09	19.88	0	0.05
四　川	3.73	104.75	3.69	103.60	0.04	1.15
贵　州	0.31	8.34	0.30	8.12	0.01	0.22
云　南	0.85	30.28	0.82	28.94	0.03	1.34
西　藏	0.46	21.67	0.45	21.47	0.01	0.20
陕　西	4.16	272.26	2.74	173.24	1.43	99.02
甘　肃	1.07	73.21	0.59	34.31	0.48	38.90
青　海	0.31	17.23	0.31	17.09	0	0.14
宁　夏	0.94	54.28	0.58	29.87	0.36	24.41
新　疆	1.15	102.25	0.82	68.49	0.33	33.76
新疆兵团	0.17	14.20	0.12	10.20	0.05	4.00

续表

地区	其中：自走式	2. 大豆收获机		3. 油菜籽收获机		4. 马铃薯收获机	
	万台	万台	万千瓦	万台	万千瓦	万台	万千瓦
合　计	43.08	2.15	161.20	2.27	109.18	7.92	15.82
北　京	0.06	0	0	0	0	0	0.01
天　津	0.25	0.02	0.76	0	0	0	0
河　北	6.77	0.03	3.27	0.03	3.27	0.32	0.57
山　西	1.97	0	0	0	0	0.61	0.05
内蒙古	2.14	0.32	18.92	0.07	3.45	1.71	0.33
辽　宁	1.90	0.03	0.53	0	0	0.11	0.39
吉　林	5.15	0.10	3.94	0	0	0.08	0.02
黑龙江	3.21	1.58	131.34	0	0	0.17	3.20
上　海	0	0	0	0	0.10	0	0
江　苏	1.16	0	0.23	0.34	17.32	0	0.02
浙　江	0	0	0	0.08	3.68	0	0.05
安　徽	2.30	0.03	1.21	0.27	11.45	0	0.01
福　建	0	0	0	0	0.24	0.03	0.10
江　西	0	0	0.01	0.10	3.48	0	0.02
山　东	8.88	0.01	0.12	0	0.06	2.48	3.90
河　南	6.89	0.01	0.34	0.13	7.50	0.33	0.76
湖　北	0.20	0.01	0.37	0.65	33.01	0.12	0.63
湖　南	0.01	0.01	0.11	0.26	10.15	0.01	0.10
广　东	0	0	0	0	0	0.02	0.29
广　西	0	0	0	0	0	0	0.07
海　南	0	0	0	0	0	0	0
重　庆	0	0	0	0	0.06	0	0.05
四　川	0.02	0	0	0.20	8.52	0.01	0.25
贵　州	0	0	0	0	0.19	0.05	0.55
云　南	0.02	0	0	0.02	0.93	0.20	1.34
西　藏	0	0	0	0	0	0.03	0.70
陕　西	1.16	0	0	0.01	0.59	0.26	0.89
甘　肃	0.39	0	0.01	0.02	1.25	0.71	0.31
青　海	0	0	0	0.07	3.14	0.22	0.82
宁　夏	0.28	0	0	0	0	0.35	0
新　疆	0.29	0	0.02	0.01	0.55	0.08	0.20
新疆兵团	0.03	0	0.02	0.01	0.24	0.02	0.19

续表

地区	5. 花生收获机		6. 甜菜收获机		7. 甘蔗收获机	
	万台	万千瓦	万台	万千瓦	万台	万千瓦
合　计	17.82	35.09	0.20	2.79	0.07	8.60
北　京	0	0.02	0	0	0	0
天　津	0	0.04	0	0	0	0
河　北	0.41	3.51	0.03	0.07	0	0
山　西	0	0	0.03	0	0	0
内蒙古	0.10	0	0.08	0.15	0	0
辽　宁	2.99	0.36	0	0.01	0	0
吉　林	0.37	0.12	0	0	0	0
黑龙江	0.01	0.30	0.01	0.67	0	0
上　海	0	0	0	0	0	0
江　苏	0.10	1.19	0	0	0	0
浙　江	0	0	0	0	0	0
安　徽	0.20	0.28	0	0	0	0
福　建	0.02	0.13	0	0	0	0
江　西	0.25	0.92	0	0	0	0
山　东	5.13	6.40	0	0	0	0
河　南	7.88	19.12	0	0	0	0
湖　北	0.32	2.12	0	0	0	0
湖　南	0	0.02	0	0.04	0	0
广　东	0	0.06	0	0	0.01	1.33
广　西	0.02	0.07	0	0	0.06	6.99
海　南	0	0	0	0	0	0
重　庆	0	0	0	0	0	0
四　川	0.02	0.28	0	0	0	0
贵　州	0	0	0	0	0	0
云　南	0	0	0	0	0	0.28
西　藏	0	0	0	0	0	0
陕　西	0	0.01	0	0	0	0
甘　肃	0	0	0	0	0	0
青　海	0	0	0	0	0	0
宁　夏	0	0	0	0	0	0
新　疆	0	0.13	0.04	1.17	0	0
新疆兵团	0	0.01	0.01	0.68	0	0

续表

地区	8. 棉花收获机		9. 蔬菜收获机械		10. 采茶机	
	万台	万千瓦	万台	万千瓦	万台	万千瓦
合　　计	0.49	77.35	1.35	5.56	15.63	19.94
北　　京	0	0	0	0	0	0
天　　津	0	0	0	0	0	0
河　　北	0.02	0.06	0.01	0	0	0
山　　西	0	0	0	0	0	0
内 蒙 古	0	0.02	0.07	0	0	0.06
辽　　宁	0	0	0.01	0.06	0	0
吉　　林	0	0	0	0	0	0
黑 龙 江	0	0	0	0.03	0	0
上　　海	0	0	0	0	0	0
江　　苏	0	0	0.32	0.51	0.12	0.33
浙　　江	0	0	0	0.05	0.92	1.46
安　　徽	0	0	0	0	0.92	1.00
福　　建	0	0	0	0	4.34	5.58
江　　西	0	0	0	0	0.21	0.44
山　　东	0	0.28	0.89	3.60	0.08	0.21
河　　南	0	0	0	0	0.17	0.33
湖　　北	0	0.02	0	0.04	4.40	4.73
湖　　南	0.06	0.19	0.02	0.28	0.98	1.57
广　　东	0	0	0	0	0.23	0.43
广　　西	0	0	0	0	0.13	0.19
海　　南	0	0	0	0	0	0
重　　庆	0	0	0	0	0.03	0.06
四　　川	0	0	0	0.08	0.61	0.96
贵　　州	0	0	0	0	1.91	1.64
云　　南	0	0	0	0	0.46	0.77
西　　藏	0	0	0	0	0	0
陕　　西	0	0	0	0.03	0.12	0.18
甘　　肃	0	0.14	0.01	0.05	0	0
青　　海	0	0	0	0.02	0	0
宁　　夏	0	0	0	0	0	0
新　　疆	0.17	24.13	0.02	0.72	0	0
新疆兵团	0.24	52.51	0	0.09	0	0

续表

地区	11. 青饲料收获机		12. 牧草收获机		13. 秸秆粉碎还田机
	万台	万千瓦	万台	万千瓦	万台
合　　计	4.86	146.66	20.21	39.19	92.63
北　　京	0.01	3.29	0	0	0.10
天　　津	0.04	4.40	0	0.11	0.46
河　　北	0.50	27.73	0.15	0.94	12.48
山　　西	0.18	6.28	0.14	1.31	2.64
内 蒙 古	0.77	21.45	11.19	3.09	1.80
辽　　宁	0.13	1.68	0.07	0.46	0.55
吉　　林	0.11	4.36	0.21	4.33	0.22
黑 龙 江	0.29	20.81	0.22	0.96	5.57
上　　海	0	0.55	0	0	0.05
江　　苏	0.19	3.69	0.06	1.89	15.70
浙　　江	0.12	0.35	0.12	0.60	0.29
安　　徽	0.01	0.80	0	0.01	6.74
福　　建	0	0.01	0	0.02	0
江　　西	0.01	0.04	0.02	0.11	0.31
山　　东	0.53	11.66	0.03	0.15	12.93
河　　南	0.17	6.39	0.03	0.19	20.49
湖　　北	0.95	2.70	0.13	0.73	2.80
湖　　南	0.06	0.74	0.03	1.13	0.73
广　　东	0.04	0.08	0.01	0.04	0.64
广　　西	0.18	0.93	0.04	0.93	0.45
海　　南	0	0	0	0	0.01
重　　庆	0	0.02	0	0.09	0.04
四　　川	0.03	0.33	0.27	0.64	1.53
贵　　州	0	0.07	1.51	1.68	0.15
云　　南	0.01	0.43	0.01	0.19	0.07
西　　藏	0	0.13	0.42	1.40	0
陕　　西	0.06	4.05	0.41	1.02	2.50
甘　　肃	0.27	8.20	2.21	9.41	0.39
青　　海	0.04	1.39	0.17	0.88	0.02
宁　　夏	0.03	4.12	0.97	1.95	0.07
新　　疆	0.12	8.64	1.72	4.70	2.28
新疆兵团	0.01	1.34	0.07	0.23	0.62

续表

地区	14. 打(压)捆机		(六)收获后处理机械 1. 机动脱粒机		2. 干燥机械	
	万台	万千瓦	万台	万千瓦	万台	万千瓦
合　计	8.55	58.61	1039.52	2194.61	21.62	229.91
北　京	0.01	0	0.38	2.71	0.01	0.12
天　津	0.04	0.03	1.73	3.65	0	0.28
河　北	0.20	2.83	15.96	23.86	0.21	4.69
山　西	0.13	0.29	5.21	9.28	0.11	2.02
内蒙古	1.54	0.85	12.79	5.00	0.08	2.98
辽　宁	0.23	4.09	13.89	61.18	0.17	7.17
吉　林	0.50	6.36	5.99	19.33	0.20	5.89
黑龙江	1.12	13.35	15.95	36.18	0.33	6.90
上　海	0.01	0.29	0.01	0.08	0.12	1.55
江　苏	0.44	9.01	7.71	23.28	2.77	36.36
浙　江	0.06	1.19	17.47	31.90	0.99	9.07
安　徽	1.41	3.79	33.26	41.47	1.41	15.16
福　建	0	0	9.75	25.46	0.57	3.09
江　西	0.03	0.07	27.44	68.64	1.15	15.18
山　东	0.39	1.33	39.69	54.43	0.29	8.14
河　南	0.87	1.76	51.75	60.82	1.17	9.80
湖　北	0.25	4.49	40.60	89.33	0.65	16.98
湖　南	0.03	0.51	118.90	325.87	1.17	16.82
广　东	0	0.03	54.58	115.31	0.33	3.72
广　西	0	0.11	99.33	238.90	1.02	5.28
海　南	0	1.00	4.98	15.70	0.12	0.85
重　庆	0	0.02	72.51	10.78	0.29	5.53
四　川	0.06	0.31	168.82	348.44	0.42	3.22
贵　州	0	0.08	76.73	134.94	0.33	1.34
云　南	0.03	0.27	48.44	144.76	5.40	20.85
西　藏	0	0	5.62	25.29	0	0
陕　西	0.12	1.56	49.30	121.09	0.64	2.94
甘　肃	0.27	2.26	28.64	98.71	0.27	2.24
青　海	0.05	0.20	4.44	34.39	0.11	0.26
宁　夏	0.07	0.90	2.03	7.59	0.19	2.63
新　疆	0.64	1.31	5.50	15.21	1.04	17.97
新疆兵团	0.05	0.32	0.12	1.02	0.06	0.89

续表

地区	1. 谷物烘干机		其中:30吨以上		2. 果蔬烘干机	
	万台	万千瓦	万台	万千瓦	万台	万千瓦
合　　计	11.97	176.28	1.62	47.53	8.35	30.83
北　　京	0.01	0.12	0	0.10	0	0
天　　津	0	0.22	0	0.07	0	0
河　　北	0.10	4.17	0.04	2.54	0.11	0.42
山　　西	0.06	1.45	0.01	0.70	0.02	0.50
内 蒙 古	0.08	2.97	0.04	2.58	0	0
辽　　宁	0.16	7.16	0.08	3.68	0	0
吉　　林	0.20	5.89	0.10	4.52	0	0
黑 龙 江	0.32	6.90	0.14	3.64	0	0
上　　海	0.12	1.52	0.03	0.65	0	0
江　　苏	2.71	35.82	0.26	4.10	0.01	0.25
浙　　江	0.97	8.98	0.03	0.45	0.02	0.09
安　　徽	1.38	14.98	0.14	2.61	0.02	0.08
福　　建	0.17	1.73	0.03	0.31	0.40	1.09
江　　西	1.05	13.79	0.11	1.65	0.01	0.07
山　　东	0.27	7.87	0.08	4.45	0.02	0.15
河　　南	0.30	5.42	0.10	2.18	0.86	3.15
湖　　北	0.58	11.92	0.18	6.74	0.04	0.25
湖　　南	0.97	11.79	0.13	2.07	0.13	0.94
广　　东	0.27	3.27	0.03	0.65	0.06	0.24
广　　西	0.26	3.12	0.02	0.31	0.76	2.16
海　　南	0.03	0.85	0	0	0	0
重　　庆	0.20	5.35	0.01	0.16	0.03	0.15
四　　川	0.32	2.73	0.02	0.27	0.09	0.24
贵　　州	0.13	0.70	0	0.03	0.20	0.64
云　　南	0.29	3.59	0	0.03	4.74	16.41
西　　藏	0	0	0	0	0	0
陕　　西	0.36	1.35	0	0.16	0.36	0.73
甘　　肃	0.16	1.29	0	0.14	0.11	0.95
青　　海	0.01	0.06	0	0	0.10	0.20
宁　　夏	0.15	2.20	0.03	1.24	0.04	0.41
新　　疆	0.33	8.98	0.01	1.44	0.17	0.91
新疆兵团	0.01	0.09	0	0.06	0.05	0.80

续表

地区	3. 种子加工机械		4. 保鲜储藏设备		(七)设施农业设备	其中:连栋温室
					温室	
	万台	万千瓦	万台(套)	万千瓦	万米²	万米²
合　　计	4.30	17.93	13.95	157.90	1963710.51	54338.46
北　　京	0	0	0.31	3.47	14376.98	695.40
天　　津	0	0.01	0.04	0.48	25853.45	1288.03
河　　北	0.12	0.66	0.15	2.18	157392.41	336.05
山　　西	0.03	0.11	0.17	4.13	50869.24	242.70
内 蒙 古	0.74	0.46	0.02	0.73	86673.67	6808.50
辽　　宁	0.03	0.32	0.62	13.52	183810.05	3793.83
吉　　林	0.20	2.56	0.01	0.10	25128.18	249.30
黑 龙 江	0.55	1.74	0.01	0.08	24660.15	995.36
上　　海	0	0.07	0.24	1.28	4939.97	420.55
江　　苏	0.09	1.11	1.29	15.16	354084.17	19686.89
浙　　江	0.01	0.06	0.63	12.33	55667.39	3852.93
安　　徽	0.13	0.35	0.43	3.91	55790.00	1365.00
福　　建	0.02	0.14	1.32	7.17	12735.82	589.25
江　　西	0.05	0.24	0.10	0.53	3851.43	99.65
山　　东	0.26	0.70	0.70	9.23	316955.09	4518.14
河　　南	0.16	0.21	0.44	1.20	78774.58	472.00
湖　　北	0.08	0.52	1.74	16.49	88307.75	1640.40
湖　　南	0.10	0.27	1.09	1.89	7754.22	109.37
广　　东	0	0.01	0.53	4.18	14268.89	2520.68
广　　西	0	0	0.29	2.29	432.32	5.52
海　　南	0.24	0.18	0.24	0.45	3116.31	5.60
重　　庆	0.05	0.08	0.24	1.87	34676.66	10.42
四　　川	0.01	0.03	0.45	7.13	74610.67	3242.15
贵　　州	0	0.01	0.14	1.47	849.68	4.57
云　　南	0.03	0.13	0.49	10.65	30586.91	236.16
西　　藏	0.03	0.17	0	0	3171.43	74.80
陕　　西	0.06	0.44	1.13	13.87	93902.18	184.83
甘　　肃	0.97	4.29	0.34	7.43	88066.20	298.99
青　　海	0.11	0.21	0.01	0.21	7039.75	412.31
宁　　夏	0.03	0.43	0.02	0.38	31054.10	8.61
新　　疆	0.14	2.23	0.76	13.85	28989.69	134.61
新疆兵团	0.06	0.19	0.02	0.24	5321.17	35.86

续表

地区	日光温室	塑料大棚	四、农产品初加工机械 (一)农产品初加工动力机械		其中:柴油机	
	万米²	万米²	万台	万千瓦	万台	万千瓦
合　　计	577455.69	1262421.71	1610.02	8906.00	300.00	2566.11
北　　京	7199.96	6481.62	0.46	3.57	0	0.03
天　　津	13156.51	10995.30	2.28	7.75	1.12	1.16
河　　北	63270.71	89943.78	89.44	824.61	9.98	114.16
山　　西	27855.47	22741.08	10.99	90.40	0.88	10.57
内 蒙 古	49722.26	26670.20	11.02	105.28	3.16	34.96
辽　　宁	120328.25	55941.22	20.51	130.90	1.93	28.28
吉　　林	6416.73	17581.95	16.52	156.28	4.26	44.75
黑 龙 江	1117.53	22547.26	13.33	142.95	5.60	64.03
上　　海	0.00	4519.42	0.21	2.21	0.02	0.21
江　　苏	25175.79	294540.66	26.15	275.02	5.59	59.59
浙　　江	30.03	51784.43	18.51	123.17	3.70	35.37
安　　徽	6741.00	44950.00	55.35	372.14	12.96	129.30
福　　建	3.69	12142.01	70.19	220.21	4.23	34.07
江　　西	24.74	3436.98	33.32	319.06	15.74	158.83
山　　东	116085.84	170053.19	101.08	922.89	36.55	351.54
河　　南	21207.30	55726.79	85.21	608.67	15.91	150.66
湖　　北	1682.09	80056.15	98.14	476.02	12.76	109.55
湖　　南	36.18	6994.21	151.75	780.16	51.44	361.79
广　　东	349.91	11219.24	30.35	246.12	7.98	73.48
广　　西	8.36	418.44	123.59	698.75	38.65	314.61
海　　南	15.01	3065.11	2.70	28.48	1.36	14.34
重　　庆	0.23	34655.66	81.40	246.46	11.45	79.12
四　　川	107.83	67714.43	190.25	729.64	37.92	249.89
贵　　州	0.00	845.11	208.29	455.87	0	0
云　　南	235.75	29458.72	95.15	473.62	9.33	74.49
西　　藏	339.33	2677.44	1.46	6.25	0.16	0.64
陕　　西	25684.47	67958.37	46.46	227.99	5.71	51.25
甘　　肃	49934.55	37180.87	16.82	131.49	1.03	10.35
青　　海	4133.75	2478.75	1.30	10.12	0.01	0.10
宁　　夏	18738.96	12070.01	2.36	24.64	0.02	0.20
新　　疆	14076.40	14065.06	3.69	41.81	0.45	6.17
新疆兵团	3777.06	1508.25	1.74	23.47	0.10	2.62

续表

地区	电动机		(二)农产品初加工作业机械	1. 粮食初加工机械	2. 油料初加工机械
	万台	万千瓦	万台(套)	万台(套)	万台(套)
合　　计	1272.88	6226.29	1506.18	1193.51	79.38
北　　京	0.46	3.54	0.48	0.38	0.01
天　　津	1.16	6.59	0.59	0.50	0.06
河　　北	79.30	707.22	46.59	35.12	7.67
山　　西	10.05	79.04	6.27	5.22	0.74
内 蒙 古	7.86	70.32	6.95	6.16	0.67
辽　　宁	17.10	102.82	15.49	14.91	0.73
吉　　林	11.41	111.53	13.35	12.27	1.06
黑 龙 江	7.41	76.14	6.19	5.26	0.85
上　　海	0.19	2.00	0.21	0.19	0
江　　苏	20.38	211.05	24.00	17.37	2.75
浙　　江	14.49	87.06	51.01	11.32	0.85
安　　徽	39.61	240.35	59.29	24.73	4.97
福　　建	65.20	185.38	60.76	11.41	1.52
江　　西	17.19	157.72	29.37	20.53	3.70
山　　东	63.23	553.25	51.61	37.71	6.64
河　　南	68.98	453.53	56.97	37.20	9.29
湖　　北	84.76	361.50	96.03	72.81	4.72
湖　　南	98.00	407.12	157.61	128.04	6.90
广　　东	22.01	167.98	25.39	18.74	3.12
广　　西	82.14	372.27	107.34	94.19	4.00
海　　南	1.26	12.92	2.17	1.80	0.16
重　　庆	66.48	162.20	131.23	124.62	1.60
四　　川	135.78	465.91	212.54	196.03	7.21
贵　　州	208.19	455.87	209.29	202.21	2.74
云　　南	84.91	389.11	83.86	76.07	1.01
西　　藏	1.30	5.35	1.47	1.24	0.24
陕　　西	40.01	167.73	28.17	22.38	1.68
甘　　肃	15.79	121.14	14.74	11.32	2.85
青　　海	1.10	9.32	1.53	0.63	0.47
宁　　夏	2.34	24.35	2.14	1.54	0.52
新　　疆	3.15	35.13	3.41	1.58	0.63
新疆兵团	1.64	20.85	0.13	0.03	0.02

续表

地区	3. 棉花初加工机械	4. 果蔬初加工机械	5. 茶叶加工机械	五、畜牧机械	
	万台(套)	万台(套)	万台(套)	万台(套)	万千瓦
合　计	21.65	26.62	151.25	780.95	2442.85
北　京	0	0.05	0	1.02	9.48
天　津	0.03	0	0	0.73	6.06
河　北	3.13	0.27	0	15.90	113.99
山　西	0.11	0.18	0	11.94	41.52
内蒙古	0	0.02	0	28.47	163.94
辽　宁	0.01	0.07	0	19.77	78.69
吉　林	0	0.03	0	16.63	93.63
黑龙江	0	0.01	0	10.76	30.14
上　海	0	0.01	0	0.68	1.34
江　苏	0.99	0.79	0.99	16.42	105.88
浙　江	0.39	0.54	37.91	5.00	22.73
安　徽	2.25	0.32	26.08	8.71	53.04
福　建	0	1.37	45.81	5.29	33.42
江　西	1.58	0.65	1.01	5.02	39.71
山　东	2.91	2.26	0.99	24.19	139.11
河　南	4.24	0.47	4.85	23.53	90.77
湖　北	1.38	1.27	10.39	49.22	112.02
湖　南	3.01	0.97	2.91	25.37	113.93
广　东	0	1.21	1.80	16.53	83.27
广　西	0.20	7.96	0.99	36.75	89.77
海　南	0	0.05	0.14	0.94	4.96
重　庆	0.05	0.33	0.40	62.84	78.32
四　川	0.45	0.95	5.61	78.38	169.24
贵　州	0	0.06	4.28	60.05	87.96
云　南	0.01	4.99	4.79	147.00	230.00
西　藏	0	0	0	2.21	5.92
陕　西	0.25	0.85	2.19	38.76	148.53
甘　肃	0.22	0.19	0.11	35.54	164.98
青　海	0	0.05	0	2.01	16.79
宁　夏	0	0.03	0	20.76	76.67
新　疆	0.41	0.66	0	9.89	32.80
新疆兵团	0.03	0.02	0	0.63	4.24

续表

地区	(一)饲料(草)加工机械设备		其中:1.铡草机	2. 饲料(草)粉碎机	(二)饲养机械	
	万台(套)	万千瓦	万台	万台	万台(套)	万千瓦
合　　计	652.09	2020.86	99.51	278.04	62.70	218.65
北　　京	0.53	3.76	0.24	0.25	0.33	2.39
天　　津	0.62	5.34	0.17	0.22	0.04	0.22
河　　北	9.42	70.61	2.67	2.75	3.71	30.09
山　　西	5.79	32.82	2.40	1.53	5.06	5.24
内 蒙 古	24.52	152.71	4.72	13.27	0.89	6.27
辽　　宁	15.98	62.33	5.15	5.63	2.68	10.94
吉　　林	10.69	71.33	2.35	2.83	1.11	8.89
黑 龙 江	5.21	21.45	0.69	1.39	1.42	3.31
上　　海	0.09	0.95	0	0	0.55	0.20
江　　苏	12.15	81.89	1.29	4.60	2.40	14.13
浙　　江	2.49	13.13	0.57	0.86	1.71	3.48
安　　徽	6.81	42.72	0.90	3.18	1.37	7.69
福　　建	3.43	24.40	0.25	1.37	1.66	7.72
江　　西	3.49	28.10	0.65	1.38	0.71	4.96
山　　东	19.23	108.53	2.48	3.64	2.23	11.71
河　　南	18.30	65.74	2.74	4.89	3.48	8.46
湖　　北	35.46	82.10	5.09	15.81	11.14	23.54
湖　　南	20.90	93.23	4.61	7.06	1.04	4.23
广　　东	9.31	62.21	1.30	3.87	6.77	16.53
广　　西	35.32	82.65	1.05	10.32	1.34	6.88
海　　南	0.56	3.80	0.10	0.18	0.32	0.95
重　　庆	54.51	69.99	4.40	12.31	0.60	1.90
四　　川	70.66	148.50	4.88	23.27	3.70	9.26
贵　　州	56.68	82.43	0.19	56.49	2.80	5.25
云　　南	130.15	202.58	9.04	69.65	1.26	4.78
西　　藏	1.00	2.00	0.23	0.14	0.78	3.14
陕　　西	35.36	137.82	12.65	11.77	1.48	4.63
甘　　肃	32.49	153.41	13.62	10.88	1.58	7.70
青　　海	1.65	13.76	0.04	0.42	0.05	0.40
宁　　夏	20.18	73.29	12.82	4.26	0.25	1.75
新　　疆	8.70	26.14	2.15	3.63	0.19	1.44
新疆兵团	0.41	1.14	0.07	0.20	0.05	0.57

续表

地区	其中:畜禽粪污处理机械	(三)畜产品采集加工机械设备		其中:1. 挤奶机	
	万台(套)	万台(套)	万千瓦	万台	万千瓦
合　　计	6.51	20.90	77.14	9.72	46.57
北　　京	0.01	0.16	3.34	0.16	3.00
天　　津	0.01	0.07	0.48	0.03	0.34
河　　北	0.29	2.33	10.72	1.44	6.62
山　　西	0.06	0.77	2.76	0.48	1.62
内 蒙 古	0.03	2.28	4.41	1.35	3.58
辽　　宁	0.51	0.54	2.16	0.28	1.72
吉　　林	0.05	4.82	13.17	0.19	8.53
黑 龙 江	0.01	1.30	4.27	1.20	3.80
上　　海	0.01	0.04	0.19	0.02	0.09
江　　苏	0.95	0.91	4.11	0.45	1.60
浙　　江	0.22	0.07	0.15	0.05	0.12
安　　徽	0.35	0.04	0.12	0.03	0.08
福　　建	0.12	0.08	0.71	0.03	0.45
江　　西	0.06	0.13	1.21	0.01	0.08
山　　东	0.34	1.20	5.78	0.81	2.91
河　　南	0.11	0.67	4.68	0.51	2.11
湖　　北	1.31	0.52	1.11	0.03	0.12
湖　　南	0.16	0.25	1.46	0.05	0.22
广　　东	0.34	0.21	1.89	0.06	0.70
广　　西	0.04	0.09	0.23	0.03	0.07
海　　南	0	0.06	0.19	0.03	0.09
重　　庆	0.43	0.16	0.36	0.09	0.26
四　　川	0.52	0.99	1.71	0.32	0.66
贵　　州	0.05	0.07	0.29	0.06	0.22
云　　南	0.17	0.18	0.89	0.17	0.80
西　　藏	0.12	0.43	0.87	0.09	0.20
陕　　西	0.16	0.63	2.46	0.54	2.00
甘　　肃	0.03	0.76	2.15	0.44	1.43
青　　海	0	0.26	0.58	0.09	0.20
宁　　夏	0.01	0.31	1.46	0.28	0.97
新　　疆	0.01	0.44	1.92	0.30	1.56
新疆兵团	0.03	0.13	1.31	0.09	0.41

续表

地区	2. 剪养毛机		六、水产机械		(一)水产养殖机械	
	万台	万千瓦	万台	万千瓦	万台	万千瓦
合　　计	6.98	7.29	447.32	1593.00	431.25	853.97
北　　京	0	0	1.21	4.02	1.20	3.45
天　　津	0.03	0.01	6.07	12.75	6.07	12.74
河　　北	0.06	0.07	6.45	58.60	5.47	19.16
山　　西	0.06	0.13	0.27	0.99	0.27	0.99
内 蒙 古	0.91	0.80	0.32	1.76	0.32	1.72
辽　　宁	0.24	0.17	7.22	20.92	7.13	18.99
吉　　林	4.63	4.63	1.00	3.89	0.89	2.27
黑 龙 江	0	0.01	0.50	2.07	0.56	1.57
上　　海	0	0	2.93	22.61	2.85	6.40
江　　苏	0	0.02	100.48	213.77	98.78	177.13
浙　　江	0	0	30.84	420.47	28.36	63.76
安　　徽	0	0	8.06	26.39	7.28	15.92
福　　建	0	0	17.89	179.67	14.43	31.80
江　　西	0	0	6.95	22.66	6.20	15.60
山　　东	0.09	0.10	8.36	24.34	11.65	28.18
河　　南	0.01	0.02	4.13	17.62	3.88	15.18
湖　　北	0	0	47.60	91.10	46.26	84.94
湖　　南	0	0	16.40	38.67	15.89	34.89
广　　东	0	0	119.95	301.61	117.25	221.55
广　　西	0	0	11.66	22.51	11.30	18.22
海　　南	0.03	0.10	7.87	28.49	7.09	14.57
重　　庆	0	0	9.28	18.94	7.71	12.65
四　　川	0.30	0.18	25.61	40.16	24.28	34.29
贵　　州	0	0	0.10	0.20	0.10	0.20
云　　南	0	0	2.82	9.65	2.81	9.53
西　　藏	0.02	0.03	0	0	0	0
陕　　西	0.06	0.08	1.58	4.15	1.56	3.87
甘　　肃	0.30	0.47	0.20	0.78	0.20	0.78
青　　海	0.08	0.12	0.04	0.24	0.02	0.08
宁　　夏	0	0.01	0.76	1.59	0.75	1.59
新　　疆	0.13	0.17	0.69	1.81	0.65	1.62
新疆兵团	0.04	0.17	0.08	0.56	0.06	0.33

续表

地区	其中:1.增氧机		2.投饲机		(二)水产捕捞机械	
	万台	万千瓦	万台	万千瓦	万台	万千瓦
合　计	315.36	631.64	102.76	111.21	12.05	261.95
北　京	0.91	3.03	0.29	0.42	0	0.01
天　津	4.59	11.99	1.46	0.58	0.01	0.01
河　北	3.74	13.25	1.71	4.77	0.61	17.93
山　西	0.19	0.72	0.08	0.27	0	0
内蒙古	0.17	0.88	0.15	0.70	0	0.03
辽　宁	5.21	14.39	1.91	2.78	0.08	1.93
吉　林	0.43	1.53	0.46	0.74	0.11	1.62
黑龙江	0.28	1.11	0.19	0.32	0.02	0.13
上　海	2.68	6.29	0.17	0.11	0	0
江　苏	56.21	126.24	40.80	32.58	1.18	21.75
浙　江	24.86	47.20	1.64	1.37	0.49	57.29
安　徽	4.30	10.00	2.61	1.50	0.28	7.52
福　建	12.48	21.22	1.30	1.55	3.01	121.44
江　西	3.20	10.59	2.86	4.07	0.06	0.56
山　东	5.50	14.16	2.24	2.88	4.34	4.37
河　南	2.33	10.77	1.39	2.37	0.14	0.55
湖　北	28.14	62.61	17.79	20.71	0.25	2.56
湖　南	11.17	23.47	4.04	5.25	0.19	1.38
广　东	104.00	176.42	11.17	16.92	0.53	10.94
广　西	10.73	17.17	0.57	1.05	0.36	4.29
海　南	6.22	7.26	0.80	0.33	0.16	5.41
重　庆	6.14	10.96	1.21	1.47	0.06	0.65
四　川	17.81	28.06	5.89	4.12	0.11	0.80
贵　州	0.09	0.14	0.02	0.06	0	0
云　南	2.09	7.25	0.71	1.83	0.01	0.12
西　藏	0	0	0	0	0	0
陕　西	0.99	2.67	0.57	1.18	0.01	0.27
甘　肃	0.10	0.41	0.09	0.30	0	0
青　海	0.01	0.04	0	0.03	0.02	0.16
宁　夏	0.43	1.05	0.32	0.50	0	0
新　疆	0.33	0.69	0.31	0.42	0	0
新疆兵团	0.04	0.07	0.02	0.03	0.02	0.23

续表

地区	七、农田基本建设机械		八、农用航空器	(一)有人驾驶农用飞机	(二)植保无人机
	万台	万千瓦	架	架	架
合　计	55.11	2727.92	23738	236	23322
北　京	0.06	5.50	5	0	5
天　津	0.24	16.11	38	3	35
河　北	3.31	331.81	1008	1	1004
山　西	1.36	97.10	323	1	321
内蒙古	1.15	58.28	189	0	188
辽　宁	1.30	68.25	85	4	81
吉　林	0.38	19.46	415	2	408
黑龙江	0.51	32.81	1605	103	1502
上　海	0.01	0.53	17	0	17
江　苏	8.80	186.71	2791	4	2782
浙　江	2.55	207.74	556	0	556
安　徽	1.54	81.28	2300	1	2299
福　建	1.03	78.86	734	0	734
江　西	1.93	111.93	2486	0	2417
山　东	8.75	288.53	2093	26	2056
河　南	1.93	114.08	2612	3	2585
湖　北	2.90	136.12	1362	9	1310
湖　南	2	124.84	2015	21	1988
广　东	1.91	93.50	379	0	379
广　西	1.94	103.27	281	1	280
海　南	0.14	9.15	208	0	208
重　庆	0.88	35.18	82	0	82
四　川	1.79	114.05	418	2	416
贵　州	1.63	53.80	73	0	73
云　南	0.84	53.63	92	0	92
西　藏	0.02	1.30	0	0	0
陕　西	1.72	106.92	394	4	378
甘　肃	1.61	40.88	213	0	213
青　海	0.09	5.21	21	1	20
宁　夏	0.45	31.87	230	0	230
新　疆	1.41	116.31	529	17	512
新疆兵团	0.93	2.91	184	33	151

各地区农机作业情况表

地区	一、农机作业总体情况 (一)机耕面积	(二)机播面积	(三)机电灌溉面积	(四)机械植保面积	(五)机收面积
	千公顷	千公顷	千公顷	千公顷	千公顷
合　计	123611.07	94440.58	54509.57	71966.76	100260.53
北　京	20.08	51.82	47.75	63.18	42.08
天　津	308.41	397.14	289.34	199.88	354.38
河　北	4984.54	6747.89	5023.31	3826.13	5815.78
山　西	2669.84	2634.34	982.58	888.45	1896.29
内蒙古	6882.02	7824.34	2369.30	3198.41	6150.02
辽　宁	4309.31	3947.62	882.94	1583.81	2915.92
吉　林	4911.30	5449.02	1148.97	3459.36	4563.14
黑龙江	14211.32	14251.64	3894.67	11715.38	13812.80
上　海	280.05	85.64	188.23	273.89	104.93
江　苏	6204.10	4587.03	3872.86	5445.15	5097.01
浙　江	1351.82	349.29	840.23	878.87	768.53
安　徽	7489.51	5750.12	3659.90	5099.96	7248.94
福　建	901.55	174.67	324.66	570.36	509.90
江　西	4347.26	1427.35	1388.29	1245.73	3768.08
山　东	6426.03	9649.24	6038.45	5036.67	9127.93
河　南	9614.59	11561.80	5891.09	5920.22	11189.75
湖　北	6064.95	3035.88	3126.14	5002.67	4569.17
湖　南	6459.09	1863.99	2620.30	2453.10	4725.38
广　东	3614.85	368.28	1697.40	1496.97	1747.70
广　西	5148.89	1276.01	644.36	401.87	2946.34
海　南	403.99	5.89	156.00	131.56	225.49
重　庆	2173.57	211.62	450.01	450.18	588.01
四　川	5142.29	1434.18	1871.61	3033.32	2590.62
贵　州	3398.30	120.62	460.02	289.27	620.27
云　南	2919.13	238.46	1056.41	1724.86	648.96
西　藏	157.13	135.06	12.72	28.02	118.22
陕　西	2848.09	2064.51	918.51	1713.05	1936.19
甘　肃	3014.33	1805.95	671.99	868.86	1388.72
青　海	404.15	302.79	34.23	159.38	243.95
宁　夏	932.32	717.48	143.34	333.21	610.40
新　疆	4700.10	4588.09	1901.98	3346.80	2824.76
新疆兵团	1318.16	1382.83	1901.98	1128.19	1110.87

续表

地区	二、主要农作物生产机械化作业情况 (一)小麦 1. 小麦机耕面积	2. 小麦机播面积	3. 小麦机收面积	(二)水稻 1. 水稻机耕面积	2. 水稻机械种植面积
	千公顷	千公顷	千公顷	千公顷	千公顷
合　计	22275.41	22053.93	23264.01	29402.19	15354.65
北　京	1.94	8.27	8.99	0.15	0.14
天　津	106.72	112.94	114.70	40.45	39.84
河　北	2301.49	2347.80	2350.92	73.10	65.32
山　西	479.40	499.75	486.37	0.36	0.32
内蒙古	430.67	590.64	578.60	147.86	148.88
辽　宁	4.50	3.72	2.72	537.56	501.74
吉　林	6.10	5.49	6.17	847.34	755.07
黑龙江	123.36	123.36	123.36	3785.01	3741.37
上　海	12.47	7.73	12.46	91.63	75.57
江　苏	2318.48	2084.75	2324.90	2135.19	1832.15
浙　江	71.92	39.05	77.55	621.78	281.30
安　徽	2772.65	2568.43	2794.64	2549.08	1414.50
福　建	0.08	0	0	604.62	161.94
江　西	11.09	6.61	9.71	3385.03	1157.88
山　东	3144.46	4031.04	4038.61	112.80	93.45
河　南	5346.19	5616.91	5635.03	600.22	322.02
湖　北	1066.70	739.98	1073.66	2323.64	1277.60
湖　南	20.78	5.22	20.16	3791.82	1340.84
广　东	0.03	0	0	1745.89	336.79
广　西	2.43	0	1.29	1942.26	769.82
海　南	0	0	0	242.93	4.38
重　庆	22.20	0.04	6.82	625.98	131.14
四　川	586.10	322.19	587.64	1800.97	674.77
贵　州	120.78	3.70	32.76	579.97	46.26
云　南	319.46	66.98	158.54	563.62	44.05
西　藏	115.97	114.39	109.80	0.60	0.31
陕　西	952.42	911.80	915.10	108.10	11.07
甘　肃	715.74	606.32	599.31	3.27	0.65
青　海	152.00	123.21	105.70	0	0
宁　夏	124.40	124.40	121.24	77.20	75.41
新　疆	856.43	880.37	858.41	40.10	26.41
新疆兵团	88.46	108.84	108.84	23.66	23.66

续表

地区	其中：水稻机直播面积	水稻机插面积	水稻机浅栽面积	3. 水稻机收面积	(三)玉米 1. 玉米机耕面积
	千公顷	千公顷	千公顷	千公顷	千公倾
合　　计	1509.56	13574.62	51.33	27628.62	25993.24
北　　京	0	0.13	0	0.15	14.74
天　　津	0.70	39.07	0	41.49	125.34
河　　北	2.24	62.83	0	67.62	1026.57
山　　西	0	0.12	0.12	0.30	1438.78
内 蒙 古	0.19	148.52	0.16	146.42	2967.19
辽　　宁	8.95	485.57	0	493.71	2128.84
吉　　林	0	754.26	0.80	782.52	3068.32
黑 龙 江	61.99	3676.42	0.05	3725.02	6030.37
上　　海	39.88	35.67	0	91.60	0.36
江　　苏	239.00	1578.30	0.10	2119.86	412.61
浙　　江	69.75	200.13	1.00	595.57	26.93
安　　徽	422.81	902.50	4.53	2548.29	562.71
福　　建	0	161.65	0	494.27	17.04
江　　西	137.79	973.42	16.58	3283.91	32.39
山　　东	30.33	63.12	0	105.89	399.79
河　　南	23.57	297.84	0	583.77	735.31
湖　　北	221.36	1024.47	2.31	2306.89	655.03
湖　　南	52.81	1258.95	4.86	3697.91	125.09
广　　东	5.25	331.54	0	1609.84	95.64
广　　西	54.79	714.91	0.12	1900.82	459.37
海　　南	1.10	3.20	0	207.00	13.80
重　　庆	0.07	128.94	0.19	398.22	107.93
四　　川	56.78	588.84	20.21	1488.59	1257.02
贵　　州	0.58	45.49	0.20	411.74	438.92
云　　南	0.67	42.92	0	301.42	871.08
西　　藏	0	0.31	0	0.41	3.41
陕　　西	1.76	9.25	0	84.84	750.79
甘　　肃	0.62	0.01	0	2.79	869.39
青　　海	0	0	0	0	29.57
宁　　夏	64.80	7.35	0.10	77.20	291.10
新　　疆	0.97	26.04	0	36.90	939.66
新疆兵团	10.81	12.85	0	23.66	98.16

续表

地区	2. 玉米机播面积	3. 玉米机收面积	(四)大豆 1. 大豆机耕面积	2. 大豆机播面积	3. 大豆机收面积
	千公顷	千公顷	千公顷	千公顷	千公倾
合　计	32623.56	27888.23	6247.99	6130.40	5730.03
北　京	40.57	31.30	1.48	1.65	0.96
天　津	198.83	191.32	6.19	6.20	6.10
河　北	3192.43	2792.34	51.94	54.20	35.75
山　西	1583.82	1116.99	60.10	48.56	16.17
内蒙古	3546.71	2714.06	807.17	1067.68	988.97
辽　宁	2080.79	1325.86	134.44	119.33	79.39
吉　林	3832.03	3120.69	312.04	288.62	227.48
黑龙江	6223.76	5874.19	3367.25	3393.62	3371.02
上　海	0.13	0.15	0	0	0
江　苏	348.61	338.64	136.11	67.36	49.77
浙　江	0.23	0.11	35.18	1.48	1.26
安　徽	1064.89	983.81	335.27	496.06	492.22
福　建	0	0.12	20.45	0	0
江　西	8.07	8.24	93.50	12.15	13.38
山　东	3827.93	3720.32	141.17	119.79	71.42
河　南	3504.40	3135.94	97.99	314.14	270.07
湖　北	305.74	315.78	143.88	56.84	66.22
湖　南	14.42	20.36	37.92	0.81	4.08
广　东	0.34	0.19	24.60	0	0
广　西	13.87	36.86	57.75	2.30	1.79
海　南	0	1.14	0.25	0	0
重　庆	0.06	0.12	49.87	0.13	0.14
四　川	75.96	60.88	35.47	0.59	0.22
贵　州	2.65	20.09	138.35	0.62	0
云　南	56.96	39.58	40.20	0.49	0.06
西　藏	2.72	3.02	2.06	1.02	0
陕　西	860.02	711.44	58.73	23.93	3.85
甘　肃	515.10	370.09	26.26	15.95	4.59
青　海	19.48	6.12	0	0	0
宁　夏	277.68	223.61	6.59	5.90	3.77
新　疆	923.37	622.87	22.38	27.58	17.95
新疆兵团	102.00	102.00	3.40	3.40	3.40

续表

地区	(五)油菜 1.油菜机耕面积	2.油菜机播面积	3.油菜机收面积	(六)马铃薯 1.马铃薯机耕面积	2.马铃薯机播面积
	千公顷	千公顷	千公顷	千公顷	千公顷
合　　计	5391.29	1953.15	2636.57	3445.15	1285.18
北　　京	0.09	0.07	0	0.42	0.09
天　　津	0	0	0	0	0
河　　北	7.63	6.29	2.05	144.15	112.90
山　　西	5.21	3.20	2.22	145.57	106.26
内 蒙 古	97.30	201.11	191.72	342.59	327.00
辽　　宁	0.54	0.54	0.47	50.43	32.35
吉　　林	0.08	0.08	0.08	58.88	45.11
黑 龙 江	0.05	0.02	0.02	148.90	128.75
上　　海	0.71	0.68	0.68	0	0
江　　苏	165.80	51.75	57.15	9.34	0.25
浙　　江	66.14	5.43	22.36	19.02	0.36
安　　徽	318.42	127.68	212.39	2.20	0.10
福　　建	4.18	0	0.49	34.95	0.59
江　　西	418.05	189.81	309.89	21.00	0.96
山　　东	7.18	4.50	4.45	130.15	92.14
河　　南	142.00	57.45	68.08	22.41	0
湖　　北	896.49	388.09	530.85	190.87	13.26
湖　　南	1114.30	359.82	586.31	45.75	0.47
广　　东	7.04	0.03	0	38.08	1.42
广　　西	3.11	0	0	46.96	1.10
海　　南	0	0	0	0.17	0
重　　庆	198.64	2.61	2.60	208.24	0.16
四　　川	965.10	299.43	394.83	178.60	3.86
贵　　州	374.76	10.91	15.08	446.07	12.13
云　　南	158.84	4.95	36.41	241.12	19.75
西　　藏	19.28	10.34	1.79	11.21	6.67
陕　　西	144.43	24.40	32.28	259.76	82.79
甘　　肃	135.99	58.45	37.17	462.20	174.81
青　　海	100.82	84.35	69.37	59.49	19.15
宁　　夏	0.37	0.35	0	109.39	86.67
新　　疆	32.23	38.26	35.28	13.58	12.42
新疆兵团	6.52	22.55	22.55	3.66	3.66

续表

地区	3.马铃薯机收面积	(七)花生	2.花生机播面积	3.花生机收面积	(八)棉花
		1.花生机耕面积			1.棉花机耕面积
	千公顷	千公顷	千公顷	千公顷	千公顷
合　计	1296.83	3541.05	2354.95	2067.65	3454.89
北　京	0.16	1.22	1.01	0.51	0.05
天　津	0	1.07	1.07	0.58	16.64
河　北	112.42	252.52	212.26	128.61	205.34
山　西	85.03	2.75	1.47	0.79	5.35
内蒙古	279.24	10.87	10.87	10.55	0.08
辽　宁	33.93	261.22	238.23	251.43	0
吉　林	42.22	200.94	198.03	174.54	0
黑龙江	128.89	7.76	7.72	7.72	0
上　海	0	0	0	0	0.09
江　苏	0.67	93.31	36.18	25.36	27.66
浙　江	1.10	7.27	0	0	2.57
安　徽	1.16	132.53	62.33	49.26	74.84
福　建	3.72	51.22	9.93	6.15	0
江　西	1.63	152.00	14.51	16.56	13.60
山　东	98.84	677.17	578.99	518.64	193.60
河　南	8.09	888.03	883.59	808.90	22.64
湖　北	24.18	172.59	72.28	48.94	154.96
湖　南	1.43	26.28	0.31	0.56	59.58
广　东	3.64	248.12	0.29	1.65	0
广　西	1.35	186.00	10.35	8.63	0
海　南	0	23.55	0.08	1.13	5.74
重　庆	0.15	23.81	0.18	0.17	0
四　川	9.13	39.56	1.02	0.42	0
贵　州	53.38	36.38	0.85	0	0
云　南	32.85	24.65	0.10	0	0
西　藏	3.19	0	0	0	0
陕　西	94.38	14.31	7.37	4.74	13.60
甘　肃	159.58	0	0	0	16.72
青　海	20.63	0	0	0	0
宁　夏	82.37	0	0	0	0
新　疆	9.81	5.27	5.27	1.15	1797.81
新疆兵团	3.66	0.66	0.66	0.66	844.03

续表

地区	2.棉花机播面积	3.棉花机收面积	(九)水果 1.水果机械中耕面积	2.水果机械施肥面积	3.水果机械植保面积
	千公顷	千公顷	千公顷	千公顷	千公顷
合　计	3007.64	1379.31	4087.28	2589.94	6124.24
北　京	0.02	0	31.44	14.32	45.26
天　津	16.64	0	9.54	5.60	13.18
河　北	209.77	0.01	248.62	148.54	405.44
山　西	5.02	0.58	179.91	140.53	134.79
内蒙古	0.08	0.08	65.51	22.60	33.00
辽　宁	0	0	60.51	40.33	72.73
吉　林	0	0	27.56	18.17	34.56
黑龙江	0	0	6.79	10.24	16.50
上　海	0	0	11.60	8.56	14.36
江　苏	2.06	0.10	154.99	87.94	161.01
浙　江	0.06	0.02	52.24	45.91	135.21
安　徽	0	0	57.56	23.00	91.31
福　建	0	0	112.75	60.56	183.05
江　西	0.69	0	86.60	35.90	157.05
山　东	102.71	2.28	297.70	189.32	328.32
河　南	4.86	0	114.85	81.81	212.68
湖　北	3.34	0.50	183.48	202.84	332.33
湖　南	2.67	2.84	101.23	43.42	215.90
广　东	0	0	186.70	138.09	465.51
广　西	0	0	62.59	53.44	93.22
海　南	0	0	10.21	6.79	65.38
重　庆	0	0	58.91	26.46	127.13
四　川	0	0	120.26	53.08	318.30
贵　州	0	0	146.32	4.55	96.96
云　南	0	0	159.46	27.20	206.57
西　藏	0	0	0	0	0.80
陕　西	6.16	0.11	424.12	223.99	780.92
甘　肃	16.72	1.77	112.95	117.24	140.06
青　海	0	0	0.68	0.68	0.07
宁　夏	0	0	72.34	23.78	65.29
新　疆	1792.81	684.35	725.47	531.85	981.25
新疆兵团	844.03	686.67	204.40	203.20	196.10

续表

地区	4.水果机械修剪面积	5.水果机械采收产量	6.水果机械田间转运产量	(十)茶叶 1.茶叶机械中耕面积	2.茶叶机械施肥面积
	千公顷	万吨	万吨	千公顷	千公顷
合　计	1134.23	329.86	8551.59	561.53	297.96
北　京	4.54	0.01	75.90	0	0
天　津	0	0	28.73	0	0
河　北	18.38	14.69	503.28	0	0
山　西	49.24	2.75	407.38	0	0
内蒙古	1.53	4.41	12.24	0	0
辽　宁	3.29	0.47	217.64	0	0
吉　林	0.84	0.02	31.68	0	0
黑龙江	4.68	0.10	6.02	0	0
上　海	4.13	0	15.94	0	0
江　苏	44.58	28.21	177.57	15.30	8.78
浙　江	72.74	29.17	330.00	27.79	25.36
安　徽	10.66	23.24	227.65	38.80	21.97
福　建	48.33	31.10	221.38	42.93	25.40
江　西	15.80	0.89	43.52	19.34	7.74
山　东	39.45	64.00	885.75	16.38	9.33
河　南	21.50	7.81	392.14	9.42	4.06
湖　北	87.17	7.59	356.70	137.52	80.09
湖　南	28.18	24.21	197.32	44.63	37.80
广　东	60.98	25.60	713.39	12.25	6.79
广　西	113.10	8.57	1114.11	3.05	1.16
海　南	3.58	0.70	27.32	0.06	0
重　庆	25.01	3.52	167.84	5.87	1.84
四　川	28.32	7.07	251.13	40.09	10.90
贵　州	15.50	0	36.65	95.25	8.46
云　南	64.55	9.35	288.80	33.32	2.15
西　藏	0	0	0	0	0
陕　西	108.58	28.30	885.19	16.50	43.64
甘　肃	15.97	4.20	194.14	3.02	2.49
青　海	0.01	0	1.48	0	0
宁　夏	5.80	0.46	94.40	0	0
新　疆	224.89	0.22	511.39	0	0
新疆兵团	12.90	3.20	134.91	0	0

续表

地区	3.茶叶机械植保面积	4.茶叶机械修剪面积	5.茶叶机械采收产量	6.茶叶机械田间转运产量	三、单项农机作业情况 (一)机械深耕面积
	千公顷	千公顷	万吨	万吨	千公顷
合　计	956.05	1020.33	114.85	150.53	29417.66
北　京	0	0	0	0	8.92
天　津	0	0	0	0	48.98
河　北	0	0	0	0	1269.31
山　西	0	0.06	0	0	956.62
内蒙古	0	0	0	0	3297.87
辽　宁	0	0	0	0	686.95
吉　林	0	0	0	0	1672.40
黑龙江	0	0	0	0	3653.77
上　海	0	0	0	0	62.69
江　苏	21.55	13.24	0.42	3.30	574.49
浙　江	77.59	107.20	6.78	8.74	68.92
安　徽	77.81	99.89	3.06	5.00	986.45
福　建	63.50	65.46	11.88	18.99	98.45
江　西	28.62	16.98	1.42	1.48	449.39
山　东	10.12	14.58	3.35	5.70	2047.57
河　南	17.37	23.82	0.14	0.44	3156.59
湖　北	199.12	179.48	19.60	28.23	680.98
湖　南	31.85	32.29	4.19	4.21	815.48
广　东	40.67	15.59	2.99	30.35	462.61
广　西	5.43	28.97	0.04	3.82	320.62
海　南	0	0	0	0	52.85
重　庆	20.81	15.47	0.15	0.73	38.22
四　川	138.88	113.90	27.59	18.36	58.81
贵　州	96.10	182.42	13.81	4.06	0.01
云　南	98.37	59.02	19.08	15.65	813.96
西　藏	0.62	0	0	0	81.72
陕　西	20.64	46.54	0.33	1.41	820.00
甘　肃	6.99	5.43	0	0	1474.55
青　海	0	0	0	0	233.84
宁　夏	0	0	0	0	464.54
新　疆	0	0	0.04	0.05	2741.95
新疆兵团	0	0	0	0	1318.16

续表

地区	其中:机械深松面积	(二)机械免耕播种面积	(三)精量播种面积	(四)机械深施化肥面积	(五)机械铺膜面积
	千公顷	千公顷	千公顷	千公顷	千公顷
合　计	10612.52	14718.16	42621.77	35269.99	9364.04
北　京	8.47	33.09	19.58	10.93	0.36
天　津	37.99	81.95	184.21	231.12	29.00
河　北	699.12	2272.49	2182.18	2067.43	534.05
山　西	369.45	216.14	1264.70	1922.97	570.64
内蒙古	1076.07	1391.02	4703.42	4529.82	1476.19
辽　宁	468.01	280.80	2291.76	2283.74	84.17
吉　林	1195.13	899.66	3677.07	3537.11	226.18
黑龙江	2518.67	239.47	9742.03	7981.41	191.44
上　海	0	2.22	29.88	34.92	0.01
江　苏	109.16	70.50	1145.29	334.56	29.87
浙　江	0	2.94	4.02	61.62	1.63
安　徽	437.50	959.98	2147.20	1480.74	112.81
福　建	0	0	0	33.79	5.71
江　西	61.65	67.56	2.57	251.67	1.43
山　东	996.99	3966.11	3865.92	1630.68	779.83
河　南	863.51	3237.52	5188.49	2558.58	186.30
湖　北	148.00	158.59	556.79	249.18	35.98
湖　南	89.37	35.33	55.21	191.38	4.70
广　东	5.46	0.04	0.06	11.54	2.12
广　西	21.54	45.73	7.56	419.24	68.12
海　南	14.58	0.45	0	4.41	0
重　庆	9.18	0	1.52	17.85	1.78
四　川	13.16	36.56	131.69	65.52	7.73
贵　州	0.01	0.09	0.92	0	10.80
云　南	135.96	6.18	21.29	38.49	20.20
西　藏	21.93	0.13	3.18	0	2.84
陕　西	233.56	464.15	678.78	551.11	139.13
甘　肃	388.05	71.44	585.04	1171.62	1009.92
青　海	46.75	31.46	82.94	134.19	30.72
宁　夏	67.01	34.74	161.69	251.92	175.22
新　疆	302.91	47.15	3004.48	2550.96	2697.07
新疆兵团	273.33	64.67	882.30	661.49	928.10

续表

地区	(六)农田机械节水灌溉面积	(七)机械播种牧草面积	(八)机械化秸秆还田面积	(九)秸秆捡拾打捆面积
	千公顷	千公顷	千公顷	千公顷
合　计	16699.49	1217.73	51326.87	7874.05
北　京	35.40	0	33.43	8.83
天　津	42.74	0.54	281.87	62.94
河　北	866.65	15.60	4249.86	89.01
山　西	248.70	52.56	1606.09	61.74
内蒙古	1900.48	262.42	1873.25	1302.46
辽　宁	247.98	6.08	706.62	350.46
吉　林	1148.97	112.05	2307.98	615.98
黑龙江	1917.52	282.74	5542.39	1767.09
上　海	188.23	0	81.71	13.89
江　苏	536.78	1.07	3794.04	197.67
浙　江	150.49	0.59	506.14	25.19
安　徽	1255.14	11.89	3918.01	871.06
福　建	61.69	0	189.38	1.60
江　西	145.14	9.45	2847.36	14.68
山　东	1816.05	11.51	6530.72	227.54
河　南	1178.50	13.97	6921.77	404.46
湖　北	511.30	17.73	2384.27	372.25
湖　南	349.03	0.15	956.18	91.35
广　东	263.11	0	576.91	0.41
广　西	197.92	1.03	828.32	3.26
海　南	30.77	0	110.15	1.33
重　庆	33.51	0.40	111.31	0.08
四　川	275.03	6.51	922.52	14.86
贵　州	23.92	1.55	78.65	1.30
云　南	198.00	0.18	117.15	0.70
西　藏	1.88	11.85	0	1.13
陕　西	226.52	19.72	1046.37	71.33
甘　肃	219.51	90.29	256.02	231.99
青　海	11.72	35.82	75.93	49.25
宁　夏	54.07	54.48	165.74	116.31
新　疆	1624.14	156.53	1395.85	757.38
新疆兵团	938.60	41.03	910.88	146.52

续表

地区	(十)农用航空器作业面积	其中:植保无人机作业面积	(十一)机械化青贮秸秆数量	四、农机社会化服务作业情况 (一)农机专业合作社作业服务面积
	千公顷	千公顷	万吨	千公顷
合　计	7896.80	5824.57	9056.68	51765.08
北　京	5.06	0.51	0	62.00
天　津	18.95	18.95	83.32	387.02
河　北	260.00	243.10	847.66	1628.12
山　西	69.30	68.38	291.56	1155.24
内蒙古	95.80	95.12	2157.86	2062.47
辽　宁	128.40	99.70	161.25	1557.91
吉　林	129.00	118.51	729.62	1440.37
黑龙江	2115.50	694.31	541.63	3391.96
上　海	4.20	4.15	4.73	335.40
江　苏	388.60	324.02	98.03	12245.78
浙　江	51.00	51.03	29.96	370.70
安　徽	556.10	544.55	216.81	3572.85
福　建	30.40	30.44	9.22	214.16
江　西	291.50	269.06	0.21	537.89
山　东	775.20	647.34	734.02	7044.77
河　南	577.00	557.44	398.53	5124.10
湖　北	513.60	458.27	192.65	1989.48
湖　南	911.89	888.43	6.42	1640.82
广　东	45.90	45.85	2.75	393.55
广　西	27.90	27.94	0.46	629.30
海　南	0.20	0.20	0.01	7.19
重　庆	1.10	1.09	5.23	429.82
四　川	107.40	103.25	57.32	959.94
贵　州	5.40	5.44	33.11	154.48
云　南	15.10	14.69	120.93	376.78
西　藏	0	0	0	61.94
陕　西	176.80	176.10	369.98	1010.69
甘　肃	55.20	54.75	596.66	1515.44
青　海	1.20	1.24	20.51	76.06
宁　夏	51.60	47.64	200.82	332.61
新　疆	209.10	199.61	1046.03	989.18
新疆兵团	278.40	33.46	99.37	67.09

续表

地区	(二)农机跨区作业面积	1.跨区机耕面积	2.跨区机播面积	3.跨区机收面积	其中:跨区机收小麦
	千公顷	千公顷	千公顷	千公顷	千公顷
合　计	20711.78	3898.62	1873.38	13747.55	6204.17
北　京	2.91	0.23	0.30	2.38	0.70
天　津	96.17	13.20	15.77	54.55	24.64
河　北	1561.62	277.58	195.74	898.26	581.89
山　西	76.19	13.90	7.82	48.84	17.77
内蒙古	569.30	88.31	22.45	457.53	72.72
辽　宁	363.24	60.16	24.17	263.41	0.67
吉　林	592.00	136.73	78.10	377.18	0
黑龙江	668.38	146.75	59.66	460.36	1.42
上　海	15.83	0.37	0.01	15.44	0.21
江　苏	2106.62	310.12	134.08	1387.56	669.49
浙　江	250.00	29.94	4.70	182.70	59.49
安　徽	3103.35	612.99	259.22	2027.45	1066.90
福　建	78.95	3.12	3.55	59.95	0
江　西	284.83	24.51	8.99	231.24	1.55
山　东	2158.23	400.63	248.77	1508.83	1030.98
河　南	2987.73	478.01	309.46	2069.69	1469.35
湖　北	1093.18	281.98	55.09	706.90	236.10
湖　南	589.56	124.31	26.98	408.60	12.52
广　东	368.32	49.61	11.25	302.77	0
广　西	378.20	41.46	22.03	314.71	0.18
海　南	31.33	10.72	0.37	17.48	0
重　庆	63.35	6.10	0.32	53.98	1.90
四　川	613.96	123.30	37.18	432.94	84.66
贵　州	82.41	25.42	1.96	55.02	1.07
云　南	131.85	56.52	0.40	61.92	23.37
西　藏	12.92	11.77	0.33	0.77	0.75
陕　西	604.98	114.03	95.12	390.17	253.92
甘　肃	555.29	137.07	52.64	343.91	250.12
青　海	50.28	16.57	10.87	19.25	12.42
宁　夏	104.52	25.44	3.80	73.41	23.22
新　疆	727.76	177.18	113.76	396.20	226.46
新疆兵团	388.52	100.59	68.49	124.15	79.70

续表

地区	跨区机收水稻	跨区机收玉米	(三)生产托管作业面积	五、农产品初加工机械化作业情况 (一)机械脱出农产品数量	其中:1.机械脱出粮食数量
	千公顷	千公顷	公顷	万吨	万吨
合　　计	4310.90	2582.08	5810814.71	77223.31	52705.70
北　　京	0	1.68	746.66	75.30	33.60
天　　津	10.76	18.63	4090.66	189.45	163.89
河　　北	19.61	255.64	168196.00	3615.53	2746.19
山　　西	0	28.80	73930.00	1943.85	1077.23
内 蒙 古	17.73	277.22	176161.19	4957.92	3401.74
辽　　宁	141.23	106.86	72108.54	2130.46	1679.37
吉　　林	170.94	206.24	152926.70	3303.32	2845.86
黑 龙 江	221.71	229.34	188626.00	6402.35	6024.50
上　　海	15.23	0	1949.00	135.01	103.74
江　　苏	645.41	51.89	447600.10	4847.39	3691.84
浙　　江	119.26	0	99865.00	1468.74	556.11
安　　徽	668.81	197.38	1260840.00	3212.17	2340.38
福　　建	59.95	0	1647.00	764.73	424.90
江　　西	208.08	0.32	40497.00	1895.72	1677.40
山　　东	12.34	465.51	1365691.99	7997.80	4847.93
河　　南	152.90	377.92	387573.00	6966.36	5336.25
湖　　北	423.86	16.10	241467.33	3871.49	2378.80
湖　　南	278.38	0.31	95347.00	3622.78	3061.84
广　　东	299.15	0	36564.00	2079.71	1255.07
广　　西	310.87	0.37	0	4522.30	1110.37
海　　南	15.91	0	0	246.63	180.27
重　　庆	50.23	0	12688.35	1211.82	645.95
四　　川	325.68	6.40	109678.97	2775.98	2188.22
贵　　州	53.45	0.50	600.00	673.68	449.14
云　　南	28.19	2.65	3667.00	2004.27	763.34
西　　藏	0	0	0	53.12	51.50
陕　　西	35.90	93.25	755865.60	1374.24	793.91
甘　　肃	0.33	69.47	40992.95	1598.88	883.19
青　　海	0	0	3400.00	147.30	76.05
宁　　夏	14.41	35.75	9865.00	400.69	360.59
新　　疆	4.27	107.71	44886.67	2066.84	1318.07
新疆兵团	6.29	32.16	13343.00	667.50	238.46

续表

地区	2.机械脱出油料数量	(二)机械清选农产品数量	其中:1.机械清选蔬菜数量	2.机械清选水果数量	3.机械清选棉花数量
	万吨	万吨	万吨	万吨	万吨
合　计	2764.16	41748.50	8915.16	4255.78	411.45
北　京	0.15	93.34	7.08	8.35	0
天　津	1.09	76.42	10.00	1.50	0
河　北	128.83	1586.93	131.17	29.40	3.39
山　西	6.81	788.56	103.12	149.82	0.10
内蒙古	234.52	1806.55	191.00	76.29	0
辽　宁	111.31	892.42	124.73	84.86	0
吉　林	15.86	2267.03	506.98	4.21	0
黑龙江	8.21	4086.31	614.50	9.50	0
上　海	0.54	91.85	2.36	0	0
江　苏	120.23	3449.97	1147.17	359.88	0.20
浙　江	13.22	1098.76	186.11	126.82	0
安　徽	126.39	1301.35	111.33	42.61	3.40
福　建	13.55	764.50	189.26	247.53	0
江　西	63.22	1145.53	263.99	259.77	0.17
山　东	176.81	3161.16	351.99	153.03	17.48
河　南	615.10	4995.42	1175.72	252.70	0.25
湖　北	191.57	3228.47	1788.62	488.83	11.05
湖　南	225.37	1445.62	508.99	199.94	10.05
广　东	95.73	1758.10	234.82	1064.85	0
广　西	63.75	1105.30	48.36	120.29	0.01
海　南	2.95	181.21	9.29	0.03	0
重　庆	48.41	669.02	56.44	40.84	0
四　川	263.18	488.59	110.99	112.65	0
贵　州	28.13	230.50	8.75	9.16	0
云　南	42.23	1037.82	499.40	55.18	0
西　藏	1.62	0.21	0.20	0	0
陕　西	34.58	766.00	170.11	163.10	0.08
甘　肃	50.31	655.51	63.95	46.63	3.24
青　海	17.65	42.00	0	0	0
宁　夏	5.83	196.40	69.36	2.00	0
新　疆	34.76	1511.60	106.80	127.61	157.39
新疆兵团	22.23	826.06	122.55	18.41	204.65

续表

地区	(三)机械保质农产品数量	其中:1.机械保质粮食数量	2.机械保质油料数量	3.机械保质蔬菜数量	4.机械保质水果数量
	万吨	万吨	万吨	万吨	万吨
合　计	36714.35	15798.98	986.04	3497.43	3044.49
北　京	85.57	3.36	0	11.48	11.20
天　津	158.45	19.38	0.45	27.40	4.54
河　北	953.17	307.32	14.15	35.36	58.90
山　西	894.84	230.56	3.73	166.33	382.35
内蒙古	1724.22	1091.88	55.65	29.27	7.11
辽　宁	894.26	557.41	7.17	45.71	42.56
吉　林	1527.25	1269.44	12.80	14.01	3.71
黑龙江	3336.04	2380.61	10.89	41.27	0.10
上　海	203.14	34.30	0	0.60	0.03
江　苏	2762.67	1758.09	66.37	328.47	91.28
浙　江	1288.76	415.35	5.01	196.97	177.86
安　徽	1311.41	1072.32	46.22	39.83	17.37
福　建	669.74	96.64	7.94	123.00	144.03
江　西	1310.27	844.04	30.51	64.22	19.46
山　东	3561.79	1799.05	97.44	356.53	334.46
河　南	3371.62	371.83	120.90	258.95	79.79
湖　北	3001.64	1023.80	183.77	407.64	231.34
湖　南	1624.89	675.53	149.91	50.85	112.18
广　东	1213.24	289.38	49.80	116.84	558.63
广　西	1105.30	16.50	7.88	308.67	85.15
海　南	5.96	2.42	0.21	0.02	0.01
重　庆	568.09	7.88	4.64	20.02	18.75
四　川	584.95	226.49	19.69	46.40	118.23
贵　州	158.50	7.02	2.31	14.28	7.84
云　南	939.75	81.76	12.57	115.78	41.44
西　藏	8.58	0.02	0	0	0
陕　西	792.83	149.63	11.66	100.88	179.52
甘　肃	430.38	94.57	21.32	53.71	56.87
青　海	2.52	1.33	0.08	0	0
宁　夏	103.30	65.30	5.69	8.07	2.84
新　疆	1165.16	667.30	15.03	188.46	155.87
新疆兵团	956.05	238.46	22.23	326.42	101.09

续表

地区	5.机械保质棉花数量	6.机械保质茶叶数量	六、畜牧养殖机械化作业情况 (一)机械收获饲草秸秆量	其中:机械收获牧草数量	(二)机械化饲草料加工数量
	万吨	万吨	万吨	万吨	万吨
合计	254.78	119.12	26970.83	6455.11	31105.42
北京	0	0	71.35	31.63	113.80
天津	1.65	0	183.65	9.79	197.91
河北	1.18	0	1179.13	286.55	1573.88
山西	0.53	0	513.27	184.88	937.51
内蒙古	0	0	4289.95	1118.33	4634.13
辽宁	0	0	641.73	218.44	907.35
吉林	0	0	1904.88	1116.96	1858.60
黑龙江	0	0	3607.70	199.39	2586.42
上海	0	0	9.34	9.34	49.58
江苏	0.01	1.05	1026.95	448.45	1878.50
浙江	0	14.23	2.12	2.12	50.98
安徽	1.29	7.26	969.97	22.73	699.48
福建	0	30.27	46.45	4.32	437.84
江西	0.57	2.70	206.21	60.95	3.22
山东	17.07	0.70	2896.69	9.83	2286.73
河南	0.39	1.87	1892.98	88.52	1714.62
湖北	13.31	10.35	1459.82	21.67	1332.97
湖南	6.71	2.76	197.46	0.35	611.67
广东	0	4.92	289.90	62.82	475.30
广西	0.01	5.87	91.03	1.10	107.88
海南	0	0	0.58	0.09	2.54
重庆	0	1.29	208.17	0.08	1133.48
四川	0	9.16	547.76	134.05	1344.36
贵州	0	6.70	95.46	7.54	112.39
云南	0	15.19	328.46	78.95	1179.10
西藏	0	0	80.18	21.30	0.06
陕西	0	4.79	568.41	38.68	768.74
甘肃	0.25	0.01	775.72	305.52	1056.32
青海	0	0	32.33	16.41	104.61
宁夏	0	0	586.24	337.23	600.26
新疆	7.15	0	1872.62	1224.39	1952.17
新疆兵团	204.65	0	394.33	392.70	393.01

续表

地区	(三)机械饲喂的畜禽数量(折算为羊单位)	(四)机械清粪的畜禽数量(折算为羊单位)	(五)机械环控的畜禽数量(折算为羊单位)	(六)机械挤奶的家畜数量(折算为羊单位)
	万个	万个	万个	万个
合　计	46788.57	41497.20	37689.35	4071.09
北　京	126.84	128.61	111.75	53.59
天　津	158.59	208.20	456.45	40.84
河　北	2083.59	1499.43	1124.81	539.36
山　西	635.60	824.44	475.95	82.47
内蒙古	1663.12	925.72	266.56	537.89
辽　宁	2892.07	3269.02	3246.31	157.04
吉　林	1993.86	2038.94	2145.82	134.82
黑龙江	1437.60	872.68	625.29	335.98
上　海	108.30	87.76	84.02	13.50
江　苏	4069.41	4355.93	3586.47	78.86
浙　江	200.80	154.26	455.78	15.90
安　徽	2747.72	1677.79	1438.19	48.43
福　建	1324.14	945.32	1521.35	13.22
江　西	863.79	2424.65	4906.40	16.68
山　东	5232.59	4065.32	3359.30	385.84
河　南	3788.25	2951.46	3416.44	197.76
湖　北	4595.75	3900.93	3678.72	9.80
湖　南	1489.43	1250.87	785.55	2.65
广　东	1807.65	1642.36	906.50	15.74
广　西	275.61	52.17	10.50	0
海　南	6.86	10.54	6.89	0.37
重　庆	609.16	541.53	495.74	7.51
四　川	1928.20	1834.64	1388.67	40.41
贵　州	240.36	145.61	7.72	5.91
云　南	575.00	466.50	156.13	20.60
西　藏	0	0	0	0
陕　西	824.67	505.75	394.09	229.82
甘　肃	398.14	295.49	293.83	59.91
青　海	33.26	42.12	8.63	3.95
宁　夏	390.26	181.25	187.00	155.29
新　疆	3704.54	3600.02	1828.84	772.12
新疆兵团	583.39	597.89	319.65	94.82

续表

地区	(七)机械剪毛的畜禽数量(折算为羊单位)	(八)机械捡蛋的蛋禽数量(折算为羊单位)	七、水产养殖机械化作业情况 (一)池塘养殖 1.机械投饲池塘养殖产量	2.机械水质调控池塘养殖产量
	万个	万个	万吨	万吨
合　计	2765.92	3606.06	1206.44	1062.27
北　京	0	3.85	1.83	1.31
天　津	6.07	5.53	23.93	23.15
河　北	74.84	334.68	19.22	11.51
山　西	369.19	69.77	0.48	0.58
内蒙古	573.10	74.42	2.61	2.47
辽　宁	122.79	157.43	53.94	38.04
吉　林	381.68	72.33	5.68	4.79
黑龙江	196.08	39.86	12.58	12.78
上　海	0	4.70	4.77	8.99
江　苏	7.05	356.12	225.90	186.90
浙　江	9.58	10.68	31.39	41.26
安　徽	1.94	331.83	88.47	64.80
福　建	0	12.02	30.20	35.69
江　西	0	70.85	58.23	29.43
山　东	103.13	594.86	62.36	49.43
河　南	3.09	404.65	25.26	23.48
湖　北	0.21	182.89	161.22	139.13
湖　南	0.50	411.34	87.75	67.22
广　东	0.05	25.56	183.32	226.74
广　西	0	6.27	3.15	4.21
海　南	0	1.57	16.53	4.92
重　庆	0.70	64.56	28.69	19.78
四　川	6.51	134.11	42.67	38.99
贵　州	0.03	2.56	0.13	0.21
云　南	2.56	13.32	15.58	11.55
西　藏	0	0	0	0
陕　西	82.56	75.51	3.87	2.81
甘　肃	79.60	21.57	0.43	0.26
青　海	3.48	2.01	0	0
宁　夏	31.32	3.87	11.71	8.14
新　疆	620.67	95.22	4.56	3.71
新疆兵团	89.20	22.10	0	0

续表

地区	3.机械起捕池塘养殖产量	4.机械清淤池塘养殖产量	(二)网箱养殖 1.机械投饲网箱养殖产量	2.机械清洗网箱养殖产量	3.机械起捕网箱养殖产量
	万吨	万吨	万吨	万吨	万吨
合　计	204.59	720.30	45.49	22.50	17.46
北　京	0.04	0.17	0	0	0
天　津	2.43	13.59	0	0	0
河　北	0.92	5.49	0.18	0.04	0.15
山　西	0.05	0.85	0.08	0	0.01
内蒙古	0.12	0.35	0.01	0.01	0.01
辽　宁	12.49	21.27	2.93	0	0.46
吉　林	0.97	1.15	0.16	0.10	0.08
黑龙江	1.00	1.02	0.13	0	0.03
上　海	0	8.54	0	0	0
江　苏	37.65	231.56	5.31	3.03	1.56
浙　江	14.83	44.82	1.84	1.52	0.57
安　徽	18.69	83.49	1.39	0.77	0.60
福　建	9.02	33.16	6.52	6.34	4.12
江　西	2.01	8.75	2.27	0.08	0.70
山　东	16.32	30.39	1.02	0.59	3.32
河　南	2.54	2.94	0.88	0	0.24
湖　北	35.73	93.10	3.58	0.40	0.54
湖　南	9.43	25.15	5.79	0.78	2.80
广　东	22.02	76.27	2.74	7.31	2.14
广　西	2.20	4.77	4.79	0.72	0
海　南	0.18	19.55	1.15	0.16	0
重　庆	9.22	4.39	0.06	0	0.03
四　川	3.85	3.63	0.11	0	0
贵　州	0.01	0	0.01	0.04	0
云　南	0.64	2.09	3.27	0.57	0.12
西　藏	0	0	0	0	0
陕　西	0.06	0.38	0.15	0	0
甘　肃	0.06	0.04	0	0	0
青　海	0	0	1.13	0.03	0
宁　夏	0.23	1.24	0	0	0
新　疆	1.89	2.16	0	0	0
新疆兵团	0	0	0	0	0

续表

地区	(三)工厂化养殖 1.机械投饲工厂化养殖产量	2.机械起捕工厂化养殖产量	(四)筏式吊笼及底播养殖 1.机械投苗养殖产量	2.机械采收养殖产量	八、设施农业(种植)机械化作业情况 (一)耕整地机械化面积
	万吨	万吨	万吨	万吨	万吨
合　　计	24.70	11.58	279.92	313.58	1499.99
北　　京	0.12	0	0	0	13.51
天　　津	0.55	0.05	0	0	19.91
河　　北	2.10	0.08	0.03	0.04	130.49
山　　西	0	0	0	0	39.49
内 蒙 古	0.01	0.01	0	0	41.52
辽　　宁	1.21	1.50	47.99	79.31	143.99
吉　　林	0.14	0.07	0	0	15.54
黑 龙 江	0	0	0	0	10.19
上　　海	0.01	0.01	0	0	4.94
江　　苏	2.68	1.76	16.86	14.62	322.34
浙　　江	2.97	0.60	10.63	9.22	44.77
安　　徽	1.09	0.30	0	0	29.82
福　　建	7.52	1.38	54.74	55.66	6.58
江　　西	1.14	0.13	0	0.90	3.53
山　　东	3.10	5.21	140.68	143.62	221.70
河　　南	0.03	0	0	0	70.84
湖　　北	0.18	0.12	0.11	0.23	78.25
湖　　南	0.89	0.20	0.36	0.42	4.81
广　　东	0.38	0.02	2.96	8.10	13.01
广　　西	0	0	5.49	0.91	0.23
海　　南	0	0	0	0.44	1.43
重　　庆	0.03	0.01	0	0	24.24
四　　川	0.11	0.12	0.03	0.09	64.61
贵　　州	0	0	0	0	0.53
云　　南	0.35	0	0	0	22.55
西　　藏	0	0	0	0	0
陕　　西	0.05	0	0.04	0.01	74.99
甘　　肃	0	0	0	0	37.72
青　　海	0	0	0	0	4.97
宁　　夏	0.06	0	0	0	28.69
新　　疆	0	0	0	0	22.01
新疆兵团	0	0	0	0	2.78

续表

地区	(二)种植机械化面积	(三)采运机械化面积	(四)灌溉施肥机械化面积	(五)环境调控机械化面积	九、其他	
					(一)保护性耕作面积	(二)农田基本建设作业量
	千公顷	千公顷	千公顷	千公顷	千公顷	万米³
合　计	398.38	180.09	1147.14	522.83	8242.00	284742.17
北　京	0.12	0.55	9.27	4.96	43.45	31.30
天　津	0.10	0.10	13.11	5.28	37.09	2198.41
河　北	37.76	11.83	95.86	52.07	146.19	3325.77
山　西	11.47	0.30	25.01	16.58	567.31	12604.11
内蒙古	22.00	1.22	54.00	32.02	1394.55	23190.06
辽　宁	29.62	9.97	116.54	31.63	286.02	7659.23
吉　林	5.08	0.73	13.41	6.44	924.50	9558.40
黑龙江	5.28	1.41	14.75	12.08	781.42	8212.06
上　海	0.30	0.30	3.90	0.36	0	0
江　苏	136.66	78.81	299.63	146.18	585.16	17402.64
浙　江	3.93	2.56	26.76	4.64	0	42127.77
安　徽	4.46	3.89	19.98	4.62	91.66	43740.00
福　建	1.09	0.58	6.42	1.46	168.52	5031.10
江　西	0.45	0.38	1.84	0.52	17.17	14694.37
山　东	51.52	29.43	161.74	79.52	1213.68	26248.19
河　南	24.88	6.21	50.73	18.73	618.67	7265.76
湖　北	15.48	6.53	45.44	12.67	227.27	14731.03
湖　南	1.17	1.28	4.49	0.80	41.68	6978.64
广　东	2.67	1.45	9.72	2.46	0.17	6458.38
广　西	0.02	0.02	0.27	0.10	0	0
海　南	0.29	0.11	0.90	0.28	0	234.94
重　庆	3.85	1.53	16.87	8.08	0	4469.17
四　川	16.60	10.38	28.20	3.05	194.52	6052.41
贵　州	0.01	0	0.23	0.07	0	2266.89
云　南	3.79	1.79	17.69	5.02	13.68	11574.62
西　藏	0	0	0	0	0.54	398.14
陕　西	9.93	2.96	49.47	32.26	516.87	5628.88
甘　肃	5.00	1.62	25.07	15.95	126.08	482.68
青　海	1.54	0.44	1.34	0.26	41.22	72.16
宁　夏	1.20	0.96	12.80	7.93	25.56	151.31
新　疆	1.93	2.71	16.71	13.60	114.36	386.82
新疆兵团	0.19	0.04	5.00	3.21	64.67	1566.94

农机社团组织

中国农业机械化协会

【分支机构日常工作】 组织召开分会工作会，对分支机构工作提出明确要求，会议确定会领导分工负责制，规范分会活动、发文程序，起草分支机构成立、换届和变更一般流程及注意事项，为分支机构工作提供便利。做好分支机构文件流转工作，及时将分支机构信息上传下达，推动成立大学生从业理事长工作委员会，征求关于成立农机安全分会的意见和建议，协会组建10个分支机构，各项工作有序开展。

【组织召开协会二届理事会第三次会议，远程召开二届常务理事会第四次、第五次、第六次会议】 审议协会年度工作报告和财务工作报告，征求关于成立农机安全分会的意见和建议；审议通过设立从业合作社理事长工作委员会、负责人变更等事宜。

【做好其他展会及相关活动】 每年一度的全国农业机械及零部件展览会、中国国际农业机械展览会和新疆国际农机展以及围绕展会所组织开展的相关活动。协会相关人员走访江苏苏州和丹阳，面对面与企业负责人进行座谈和交流，针对展会相关问题征求企业负责人的意见和建议。展会期间，在认真做好本职工作的同时，抽出时间开展相关行业调研，与参展企业进行交流和沟通，了解农机方面新产品和新技术，收集相关行业信息和数据，及时了解和掌握行业发展动向，为展会服务工作拓展新的思路。

【国际交流工作】 一是派员参加亚太地区农机协会理事会第五届会议。根据第四届会议讨论确定理事会第五届会议于2019年在尼泊尔举办，协会拟派员参加会议，并已于2018年申报该项会议的项目计划，发挥协会在国际间行业组织的作用。二是组织参加国际展会。协会2018年派员参加泰国展，2019年继续作为参展商参与汉诺威农机展亚洲版，作为协会走出国门，参与国际展会的渠道，既要宣传好协会，也要宣传我国农机行业，做好中国农机化发展的“代言人”。三是加强农机社会化服务组织培训。尝试与德国农业协会开展中德农业青年培训项目，组织国内优秀的农机社会化服务组织走出国门，学习先进的现代农业技术及生产方式、管理模式和经验，立足培养新型职业农民和具有国际视野的农业管理人才。四是探索出国团组可行途径和方式，组织参与世界农机行业专业展会。积极探索可行的出国途径与方式，搭建一个国际交流平台，学习了解国外先进的农机技术，促进农机技术引进来。

【项目工作】 一是完成《2018中国农机化发展白皮书》(以下简称《白皮书》)编撰工作。在两次《白皮书》编写组工作会的基础上，已收集了基础材料和部分编写组成员的材料。《白皮书》计划春展上发布，正式文本收录在《农业机械化研究文选(2018)》中，不再印刷纸质单行本。《白皮书》记载2018年行业上的热点、焦点和变化，通过记述农机行业事件，梳理行业发展脉络和规律。二是启动2019年《白皮书》筹备工作。利用零散时间，收集行业动态和信息，为编写2019年《白皮书》奠定基础。9月正式启动《白皮书》的编写工作，提前确定《白皮书》框架、主要内容和分工。三是开展马铃薯调研。为促进中国—卢旺达两国农机行业交流，按照《落实屈冬玉副部长出访成果后续事项及任务分工的函》有关要求，在国内调研马铃薯生产企业、科研院所等，了解马铃薯农业生产的相关情况，为组织农机企业、专家学者、行业管理部门等人员赴卢旺达开展农机化发展情况和市场调研打下夯实基础。

【团体标准】 一是跟进2018年团体标准的进展情况。2018年立项通过29项团体标准，多项团体标准已经完成标准编写和征求意见工作，审定一批较成熟的团体标准发布。二是做好2019年团体标准征集和立项等相关工作。着手启动2019年的标准征集工作，由于团体标准工作的开展需要经费的支持，所以向标准起草牵头单位收取一定的费用，专款专用，用于团体标准的起草、审查、发布、验证、专家咨询费、会议费等项目支出。

【协会门户网站改版】 为促进协会信息化建设,更好的为会员、行业服务,协会官网将进行升级改版,整合栏目,调整板块,增加功能。协会网站于 2018 年改版完成并正式上线运行。微信公众号信息推送及分析。通过公众号发布行业资讯、政策宣贯、协会动态,充分发挥协会微信公众号在传播方便、高效、快捷方面的作用,将做好微信公众号的信息宣传推送和信息分析工作。

【组织杨凌进口农业机械现场展示活动】 经过认真筹备,本次进口农机产品展示活动面积为 1 120 米²,展示的产品来自荷兰、意大利、西班牙、德国、捷克、日本、韩国、中国台湾等 10 个国家和地区的 56 种农业机具,涵盖农业生产的耕作、田间管理、收获、搬运、储存等生产环节。这些产品均是纯进口或采用国外先进技术在国内生产组装的产品,相当比例的产品是首次在国内展会正式展示。绝大多数是目前陕西及周边省区农业生产中急需、而国内缺失或难以满足优质高效作业需求的技术装备。

【牵头做好 2018 年甘蔗博览会】 作为 2018 中国甘蔗机械化博览会的牵头组织单位,牵头制订《2018 中国甘蔗机械化博览会总体方案》,进一步完善总体设计,明确本届甘蔗博览会以机械产品展示、甘蔗国际化论坛和其他配套活动为主的三大板块内容,并制定详细的博览会时间进度安排和展览现场费用预算清单。2018 甘蔗博览会共有 170 家企业参展,展览面积 4 万米²,参观观众 2.5 万人次。

【继往开来,农机维修分会正式成立】 经二届二次理事会审议通过,于 2018 年 12 月 27 日在广西南宁组织召开农机维修分会成立大会。来自农业维修行业的 30 多为专家参加此次会议,会议审议通过《农机维修分会章程》,选举产生第一届农机维修大会主任委员、副主任委员和委员。

【新硎初试,首次参展国外展会】 2018 年 8 月 21 日中国农业机械化协会在泰国曼谷 BITEC 展览中心参展由德国农业协会主办的 2018 汉诺威农机展亚洲版(泰国),在此次展会中作为唯一一个中国的行业协会,受到众多国外客商的青睐。同时,协会代表作为理事单位参加联合国亚太农业可持续发展中心的理事会。

【开展好大学生理事长工作委员会工作】 第一,扩大会员规模,形成各省区域特色农民合作社协作组织。第二,成立专家组,共同探讨农民合作社发展模式,并深度合作。第三,在会员单位建立一批"全程机械化+综合农事服务中心",推进农机社会化服务提档升级。第四,组织会员建立基于合作社成功生产经验和管理经验的农业生产服务模式和主要农作物生产质量标准,带头大力推进农业生产托管标准化服务。第五,号召会员加强安全生产管理,承办全国农机安全监理工作现场会。

【筹备举办海峡两岸农机化发展论坛】 为加强与中国台湾民间组织的交流合作,促进海峡两岸及丘陵山区农机化水平提升,拟与台湾农机工业同业公会、福建省农业机械化协会共同举办海峡两岸农机化发展论坛,促进丘陵山区农业机械化科学、协调发展。

【脱贫攻坚,助力扶贫大业履行社会责任】 开展协会扶贫工作,助力脱贫攻坚是协会办公室主要职责之一,在过去的一年里,办公室深挖扶贫需求,积极响应农业农林部农业机械化管理司提出的"1+2+1+N"即一司两站加协会、企业的扶贫协作模式。

【助力河北曲阳农机扶贫工作】 为响应国家《关于加快环京津贫困地区发展特色农业扶贫共同行动(2017—2019 年)》精准扶贫的号召,务实推进环京津贫困地区农业产业扶贫工作。办公室和农业农村部农业机械试验鉴定总站政策研究处对河北省保定市曲阳县开展农机扶贫工作,先后募集机具近 150 台套,价值近百万元。

【农机扶贫带动"三区三州"贫困地区产业脱贫】 协会领导在随司扶贫调研组赴红原县进行调研中,发现当地每年要对山坡饲草地进行草籽补播,但苦于地形原因,机械无法作业,只能由人工进行撒播。办公室在会领导的协调下随机组织行业专家、企业就该地区的困难进行分析,与农业航空企业联合筹划,尝试摸索着利用无人机播种草种。经过 3 个月的研发改制和测试,样机已基本具备撒播披肩草籽(一种红原县普遍使用的草籽品种)的功能,在红原县进行样机的适应性测试。此次活动进展顺利,有效减少当地人工劳动强度,缓解劳动力紧张,解决山坡饲草地进行草籽补播作业这一大难题。

【扶志扶智,从根源解决脱贫】 根据农业农村部农业机械化管理司《2018—2020 年扶贫工作方案》(农机产〔2018〕27 号)的要求和《中国农业机械化协会 2018—2020 年脱贫攻坚工作规划》,协会办公室牵头联合山东农业大学举办的扶贫工作重点村支部书记培训班(扶贫工作重点地区脱贫带头人培训班),于 2018 年 9 月 11 日在山东省泰安市山东农业大学继续教育学院正式开课。参与本期培训班的 176 名学员是从各省、区、县的贫困乡贫困村,司、站、协会的联系点推荐出来的脱贫带头人。活动取得参会者良好的反馈,有效提升参会者的管理理念,提高服务意识,增强服务能力,促进带头干事创业,带领村民共同致富。

(陈海燕)

中国农业机械学会

【组织召开各项工作会议】 一是召开常务理事会议,提出并获批换届方案。2018 年 3 月组织召开十届七次常务理事会议,审议通过《中国农业机械学会换届方案》,包括大会举办时间和地点、会员代表、理事会、常务理事会、监事会、学会负责人组成原则、人选条件、名额分配、产生办法和选举方式等内容。《中国农业机械学会换届方案》上报中国科学技术协会后获批。二是组织实施换届筹备工作。发出《关于推荐中国农业机械学会第十一届理事会理事候选人等的通知》，并于4月召开分支机构和地方学会秘书长联席工作会议；按照分支机构、各省级农机学会、制造企业、科研院所、高等院校和行业组织与政府部门等类别，广泛协商推荐新一届理事会候选人；在理事会候选人基础上，召开理事长办公会议协商确定新一届常务理事和学会负责人候选人；听取意见，并按照规定形成章程修改草案；完成学会财务审计工作，形成理事会财务报告；起草并最终形成十届理事会工作报告；寻求多家会议支持单位，落实会议举办地等保障工作。三是审定筹备结果并获批。8月学会在台州召开十届八次常务理事会议，对换届各项筹备工作结果进行协商和审议，形成上报中国科学技术协会的最终请示材料并获得批准。其中《中国农业机械学会章程修改草案》，上报民政部通过预审形成修订稿。

2018年11月，中国农业机械学会第十一次全国会员代表大会在杭州顺利举行。来自学会23个分支机构和30个省级农机学会及高等院校、科研院所、企业、质量监管与技术推广、行业组织、新闻媒体等有关单位，共297位正式代表出席，252位代表列席。大会听取、审议并通过第十届理事会工作报告、财务报告和学会章程修订报告；大会通过“缴纳2018—2022年度团体会费的决议”和“授予名誉理事长的决议”。大会经过无记名投票，选举产生第十一届理事会、第一届监事会。同期召开中国农业机械学会第十一届第一次理事会议、第一届第一次监事会会议，选举产生中国农业机械学会第十一届常务理事会和学会负责人。

【组织开展各类奖励表彰活动】 按照规定开展四年一度的各类奖励表彰活动。在中国农业机械学会各分支机构、理事单位、各省级农机学会等推荐的基础上，经过初审、专家评审、十届八次常务理事会审定以及学会网站公示等程序，评选出8位同志获得“中国农业机械发展贡献奖(2014—2018)”、评选出10位同志获得“中联重科杯第六届中国农业机械学会青年科技奖”、评选出20个单位为“学会先进集体(2014—2018年度)”、评选出32名同志为“学会先进工作者(2014—2018年度)”、评选出71篇学术论文为“学会优秀论文(2014—2018年度)”，并在全国会员代表大会期间举办颁奖典礼，对获奖者和单位代表进行表彰和奖励。

【积极筹备并成功举办2018学术年会】 2018年11月，以“科技创新　乡村振兴”为主题的2018中国农业机械学会学术年会暨“现代农业装备技术创新与高质量发展论坛”在杭州成功举办，来自国内农业装备行业近600位科技工作者出席。会议安排特邀报告大会和专题分会场会议。在特邀报告环节，特邀汪懋华院士、罗锡文院士、任露泉院士、陈学庚院士、赵春江院士、闫楚良院士、陈志研究员，针对农机化与装备工程创新驱动发展的思考、精准农业技术研究进展、农机创新与非光滑仿生、突破农业装备薄弱环节助力乡村振兴战略、农业机器人展望、航空航天技术科学及展望、玉米全价值收获技术装备探索与实践等方面，作主题学术报告。在“现代农业装备技术创新与高质量发展论坛”下设的11个专题分会场，耕作、农副产品加工、畜牧、基础、地面机器系统、能源动力、标准化、排灌、收获、农机化、现代物理农业工程、农业航空、拖拉机、材料与制造技术分会及教育、青年和普及工作委员会等17个分支机构联合浙江、山东农机学会等有关单位，围绕高效绿色耕作机械科技创新、农产品及食品绿色节能加工技术装备发展、科技创新振兴畜牧业发展、智能农机技术创新与发展、面向新工科的农机教育及智能仿生研究、农村废弃资源利用助力乡村振兴、农机标准化、智能收获装备服务现代农业、全程全面机械化助力乡村振兴、拖拉机电液控制与精准农业应用、材料与先进制造技术等专题，组织126位学者进行学术演讲。

【完成项目:“中国科学技术协会九大代表调研”】 申报并实施“中国科学技术协会九大代表调研专项——科技工作者开展科普工作状况调研”并获经费支持，调查农机领域科技工作者参与科普工作现状及参与科普工作主要障碍和困难，同时进一步了解农民对于科普工作需求。已顺利完成中期考核及调研报告、代表提案撰写等。

【获得征集并资助:“建设世界科技强国的工程技术难题”】 完成中国科学技术协会关于征集“引领世界科学的前沿科学问题、建设世界科技强国的工程技术难题”，中国农业机械学会通过项目遴选，推荐“基于大数据的施肥决策”项目参加工程技术难题的初审、网评和复选，并获科协资助。

【执行项目:“2018年服务国家社会治理品牌建设”】 申报并获经费支持实施“2018年服务国家社会治理品牌建设——拖拉机和农机自动导航团体标准的研制”项目，制定6项团体标准并研究进一步完善中国农业机械学会团体标准工作的组织机构、优化管理机制、健全管理制度，以期更好地开展满足农业机械市场和创新需要的团体标准研制工作。

【成功申报并获批项目:“中文科技期刊精品建设计划”】 《农业机械学报》积极组织申报中国科学技术协会“中文科技期刊精品建设计划”并获得“产业发展服务项目”资金资助，项目的实施将为行业发展搭建面向新成果技术开发与转化的服务平台。

【申请完成项目:“中国科学技术协会主管科技期刊审读工作”】 2018年中国农业机械学会联合北京卓众，再次申请并获准执行“2017年度中国科学技术协会主管科技期刊审读工作”，顺利完成250种科协主管期刊审读工作并提交了项目报告。

【顺利开展“创新助力工程项目”】 申报并获经费支持执行科协“创新助力项目——浙江台州农机助力工程示范”。项目完成申报、实地调研、创建学会服务站、撰写研究报告、举办专题研修班、召开专题论坛、收集并编辑发送行业科技成果简介等，为台州路桥农机工业提供了助力服务。

【执行完毕科协“青年人才托举工程项目”】 完成2015—2017中国科学技术协会青年人才托举项目结题验收，起草并提交项目总结和录制的视频材料。

【认真筹备举办青科论坛】 成功申请并于8月顺利举办第353次中国科学技术协会青年科学家论坛“农机装备创新支撑乡村振兴”，来自全国80多家科研院所、高校和企业等近 200 位青年专家学者参加。论坛围绕农机装备创新、农村产业融合、智慧农业前沿、农村绿色发展等热点方向，邀请 33 位青年专家学者分享最新研究成果。

【认真完成中国科学技术协会其他相关工作】 及时完成中国科学技术协会关于 2018 年宣传要点、2018 年度重要学术会议指南、学会 2018 年度深化治理改革方案、学会 2018 主题年工作要点、学会 2018—2020 年参与脱贫攻坚工作规划、学会 2018 年报及学会有序承接政府转移职能工作进展等相关工作部署并按要求报送工作情况文件。

【智能制造学会联合体“双十评选”工作】 组织参加“2018 年世界智能制造十大科技进展，中国智能制造十大科技进展”评选，学会推荐的中国农业机械化科学研究院机电所“农业全程机械化云管理服务平台”项目，最终入选“中国智能制造十大科技进展”，并在“2018 世界智能制造大会”期间发布；同时推荐该项目参加中国创新设计产业战略联盟和中国工程院中国工程科技知识中心共同主办的“2018 年中国好设计”评选，并获得金奖。

【参加《中国智能制造重点领域发展报告(2018)》的编写工作】 在 2017 年的基础上再次承担中国科协智能制造学会联合体委托的《中国智能制造重点领域发展报告(2018)》农业装备领域的编写工作。

【参与智能制造人才培养等相关工作】 作为智能制造学会联合体教培委牵头单位之一，中国农业机械学会积极参与联合体教材编写及大学加课试点院校的推广等工作。中国农业机械学会参加《大数据》《云计算》《人工智能》3 本导论课程教材编写的启动会、讨论会、评审会及相关事务，推荐了导论教材指导委员会专家，联系江苏大学、华南农业大学、天津科技大学、天津工商大学等高校进行导论课程的推广并组织相关院校授课教师参加导论课程师资培训等。

【参与工程领域国家重点实验室 2018 年度评估工作】 受科技部基础研究司的委托，中国科协智能制造学会联合体承担工程领域国家重点实验室 2018 年度评估工作，中国农业机械学会积极参与相关工作，推荐的两名专家全程参加实验室评估工作，罗锡文院士作为评估领导小组成员参加相关会议。

【积极参与学会联合体其他相关工作】 参与联合体组织的“国际智能制造联盟筹备会”“2018 智能制造国际会议”“智能制造双十发布会”等活动。

【有效开展学会团体标准制定工作】 面向行业征集并发布中国农业机械学会团体标准 2018 年计划项目 15 项，并按规定程序开展起草和制定工作；2018 年批准发布 34 项中国农业机械学会团体标准；开展 8 项排灌机械团体标准审查、7 项绿色产品评价团体标准征求意见。中国农业机械学会标准化分会联合全国农机标委会、全国拖拉机标委会等召开 4 次标准审查会、2 次标准宣贯会、2 次标准研讨会。

【继续主办全国大学生智能农业装备创新大赛】 中国农业机械学会作为第一主办单位，积极推动第四届全国大学生智能农业装备创新大赛筹备组织工作。本届大赛以“智能农装　创新未来”为主题，设置三个类别竞赛项目，并有 40 余家国内知名农机企业赛前出题。2018 年 12 月第四届全国大学生智能农业装备创新大赛决赛在福建农林大学胜利举行，来自 55 所高校 718 名学生的 359 件智能农业装备创新作品参加决赛，大赛期间企业代表与学生代表现场进行创新成果转移转化签约。

【优化期刊编辑出版工作，持续提升期刊行业影响力】 《农业机械学报》各项评价指标持续提高，“2017 年中国科技论文统计结果”数据显示，《农业机械学报》影响因子年度提高 8.26%，总被引频次年度提高 10.65%。2018 年共收到有效来稿 2 000 余篇，圆满完成正刊 12 期，增刊 1 期出版任务，全年共刊出论文 680 篇，各类基金类论文达 100%，国家级项目资助论文约占 95%。依托中国科学技术协会优秀科技论文遴选平台、指标体系，通过中国科学技术协会组织的组建专家库、论文网上推荐、论文网上评审及评审专家委员会终审等环节，《农业机械学报》发表的 4 篇论文，喜获 2018 年中国科技期刊农林学科年度优秀论文特等、一、二、三等奖。《秸秆-土壤-旋耕刀系统中秸秆位移仿真分析》评为“第三届中国科学技术协会优秀科技论文”(全国 95 篇优秀论文之一)。

【努力加强国际科技合作】 3 月，中国农业机械学会秘书处接待国际农业与生物系统工程学会主席团成员来访，并陪同主席团赴京外出席与中国农机工业协会等 5 个农业工程领域社团组织领导人座谈会、出席 2018 国际精准农业技术装备峰会、参观 2018 全国农业机械及零部件展览会和访问中国一拖和西安理工大学等。组织中国农业机械学会代表团前往土耳其参加 CIGR 第十九届世界大会，在本次 CIGR 世界大会上，学会推荐专家陈志顺利当选 CIGR 主席(2017—2018)；事先请示外交部并接洽协调有关部门，处理因 CIGR 会议举办地点前后变更引起的相关事项。

先后接待亚洲农业工程学会主席 V. M. Salokhe 教授两次来华访问，并协调组织亚洲农业工程学会与中国农业机械化科学研究院签署协议，将亚洲农业工程学会秘书处重新迁回中国农业机械化科学研究院。申请并执行 3 项中国科学技术协会国际事务专项项目，并获项目经费支持。

【推动学会分支机构建设与学术交流】 组织批准并协调完成中国农业机械学会收获机械分会、农副产品加工机械分会和材料与制造技术分会换届工作，审查批准青年委员会增补委员。协调组织并经中国农业机械学会十届八次常务理事会议批准，新组建人工智能分会、检验检测技术分会、设施园艺与果蔬机械分会和丘陵山区农林机械分会，并推进筹建工作。

相关分支机构根据自己的特点，陆续开展各种形式的学术交流活动。标准化分会 4 月中下旬在浙江温岭与全国农机标委会共同主办“排灌机械标准宣贯与研讨会”，业内 100 余名代表参加；普及工作委员会 6 月中旬在北京联合举办“农机新媒体发展论坛暨农业机械公开课启动会议”；畜牧机械分会 7 月上旬在内蒙古赤峰联合主办“2018 年中国现代畜牧业机械发展高峰论坛暨秸秆大会”，近 100 专业人士参加会议；现代物理农业工程分会先后在 7 月上旬、9 月中旬分别参与组织“2018 第六届中国农机高端论坛”和“2018 年安徽省现代物理农业装备创新暨应用论坛”，合计 350 多人参加；农业航空分会 8 月下旬在贵州遵义协办“中国农业航空贵州行—山地高效农业与乡村振兴融合发展论坛”并召开中国农业机械学会农业航空分会 2018 年度工作会议，共 90 多个单位 230 余名人员参会；农业机械化分会 10 月下旬在武汉联合举办“推进丘陵山区农业机械化发展”专题报告会，行业人士共计 200 余人参加；普及工作委员会 11 月上旬在北京承办“彭阳县 2018 年新型职业农民培育工程培训班”，来自宁夏彭阳县的 50 位农机合作社骨干及农机大户参加培训；拖拉机分会 9 月下旬在江苏盐城主办“2018 拖拉机、低速汽车、农用发动机行业发展研讨会”，来自拖拉机行业内近百人到会；教育工作委员会 11 月下旬在南京联合举办“2018 新工科视域下农业工程学科与专业建设研讨会”，来自全国 30 多所高校的 100 余位专家学者以及教师代表参加研讨会；排灌机械分会在 4 月中旬、11 月中旬先后在浙江温岭、云南腾冲联合召开排灌机械标准宣贯会和会排灌设备和系统标准审查会，审查研讨标准，参与研讨的人数达 450 多人；机械化养猪工程分会在 11 月初南宁联合主办“纪念中国改革开放养猪 40 年暨学术研讨会”等系列活动；农业机械化分会 12 月下旬在天津联合主办“2018 年农机推广高峰论坛”，近 300 名代表参加论坛。

青委会建立全新的青委会官网，将活动新闻进行系统性对外宣传；现代物理农业分会也搭建完毕分会网站并上线运行，成为物理分会对外宣传的重要平台和窗口。拖拉机分会通过对农机行业知识产权状况调查，编写完毕《2013—2017 年我国拖拉机行业与企业专利状况分析》等技术报告，为农机行业内各企业在技术发展和技术创新方面提供参考信息。

2018 年中国农业机械学会还协办或承办残膜污染综合治理现场演示暨学术交流研讨会、数字吉林建设推动智慧农业发展研讨会、2018 国际精准农业技术装备峰会等。

【强化学会各项日常工作】 按学会章程要求和理事会工作部署，2018 年组织召开 1 次理事长办公会、2 次学会常务理事会、1 次秘书长工作会等学会常规会议，学会秘书处会前会后组织起草一系列会议文件、会议报道和上报材料。2018 年在中国农业机械学会网上共发布各类通知、报道等 93 篇；院网发布相关新闻 19 篇，中国科学技术协会网站 13 篇。联合中国农机工业协会开展 2018 年度科技奖励评审工作。完成大量中国科学技术协会及中机联常规及临时事务性工作，接待较多来访单位。

（袁爱洁）

中国农业工程学会

【概述】 2018 年，中国农业工程学会围绕新时代学会工作的新使命新任务，深入贯彻落实党的十九大和十九届一中、二中、三中全会精神和习近平新时代中国特色社会主义思想，按照中央“四服务”的职责定位和中国科协九届四次全委会提出的“1－9－6－1 工作格局总要求，通过智库、学术、科普“三轮”驱动，国际化、信息化、协同化“三化”联动和组织外向拓展、纵横融合、网络活跃“三维”聚力，推动学会工作格局重塑、流程再造和组织重构。在学术生态优化、学会管理规范化、学会学术引领力、科普工作创新等方面得到较大提升。

【积极整合优质学术资源，搭建高端、前沿、跨学科的学术交流平台】 2018 年，学会围绕提升学术引领力、提升学术交流质量，建立健全学术活动规范，激发科技工作者的创新活力和创造热情。据不完全统计，2018 年，学会共组织召开国内外学术会议近 25 次，其中国内学术会议 20 次，参会人数达 5 500 余人次，交流论文 900 篇。

【成功举办第十三届全国高等院校农业工程及相关学科建设与教学改革学术研讨会】 8 月 17－18 日，由中国农业工程学会、国务院学位委员会农业工程学科评议组、教育部农业工程类专业教学指导委员会、全国高等院校农业工程相关学科（校长）联谊会主办，云南师范大学承办，昆明理工大学、云南农业大学协办的第十三届全国高等院校农业工程及相关学科建设与教学改革学术研讨会在昆明召开。本次会议以“培养高质量人才、支撑乡村振兴战略”为主题，共有来自全国 44 所高等院校及科研单位的 230 名专家学者参加了会议。

学会常务副理事长朱明主持开幕式，学会理事长隋斌，中国工程院院士、云南省科协主席、云南农业大学朱有勇教授，云南师范大学副校长马力教授分别致辞。中国工程院原副院长、中国工程院院士、中国农业科学院刘旭研究员，中国工程院主席团成员、中国工程院院士、沈阳农业大学陈温福教授；中国工程院院士、中国农业工程学会荣誉理事长、中国农业大学教授汪懋华教授，中国工程院院士、中国工程院农业学部常委会主任、中国农业工程学会副理事长、中国农业大学康绍忠教授，中国工程院院士、中国工程院农业学部副主任、中国农业工程学会名誉理事长、华南农业大学罗锡文教授，中国工程院院士、中国农业工程学会名誉理事长、石河子大学陈学庚研究员，中国工程院院士、中国农业工程学会副理事长、国家农业信息化工程技术研究中心主任赵春江研究员，国际农业与生物系统工程学会秘书长、日本京都大学 Mikio Umeda 教授等出席开幕式。

大会共邀请 8 位院士在内 11 位专家进行主旨报告，设置本科生专业建设讨论交流、学科建设与研究生专业建设讨论与交流两个分会场，举办院士专家校园行、国务院学位委员会农业工程学科评议组扩大会两个平行活动，会议代表还参观了云南师范大学能源与环境科学学院教育部重点实验室、国家太阳能热水器质量监督检验中心等国家和省部级科研教学平台。

闭幕式上，各分会场召集人进行交流讨论情况汇报；然后延续以往的竞选制度，共有仲恺农业工程学院、福建农林大学、黑龙江八一农垦大学 3 家院校参加第十四届承办单位竞选演讲;随后,朱明常务副理事长从四个方面进行大会总结。最后,罗锡文院士宣布福建农林大学成为下一届研讨会的承办单位。

【分支机构学术会议】 2018年,学会持续支持专业学术会议资助制度,对分支机构开展学术交流提供资金和资源支持。经过审核资料、专家评审、公示等环节,共有农业水土工程专委会、特种水产工程分会、农业工程情报信息专委会、青年科技工作委员会、畜牧工程专委会、教育工作委员会、蓖麻经济技术分会等7个分支机构的7个专业学术会议获得资助,涵盖约2 000余人次。除获得资助的7个专业学术会议外,分支机构还成功举办多个学术会议。

【持续打造学会展览会品牌活动,提供企业和科技成果展示和交流的平台】 4月8—10日,2018中国国际现代农业博览会(CIMAE 2018)在北京中国国际展览中心成功举办。开幕式上,中国农业国际合作促进会副会长吕明宜、中国农业工程学会副理事长赵春江院士等致开幕辞,出席开幕式的有原农业部常务副部长尹成杰,中纪委驻国家工商总局纪检组原组长石见元,中国农业工程学会理事长隋斌,农业农村部畜牧业司副司长王峰,农业农村部农业机械化技术开发推广总站副站长徐振兴,农业农村部农机、国家航空植保科技创新联盟常务副理事长兰玉彬等领导及嘉宾。本届博览会展示农业航空、"互联网+"、智慧农业、设施农业等现代农业高新科技,以及20多个省市现代农业发展成就和优质农产品。来自智慧农业、设施农业、精准农业、休闲农业、农业航空植保、优质农产品等方面的现代农业展商500多家企业参展。

展览会同期,第三届现代农业发展高峰论坛、第八届现代都市农业高层论坛、产品/项目对接洽谈会、第五届中国农业精准灌溉创新论坛、第三届中国美丽乡村创新论坛、新产品、新技术发布(推介)会等。

【积极推进落实"大众创业、万众创新"政策,持续举办大学生"双创"大赛集群特色品牌大赛】 2018年举办农业工程领域大学生"双创"大赛3个,涵盖高校127所次,参加师生近1 538人次,巩固学会大学生"双创"大赛集群品牌。8月26—27日,"华裕杯"第六届全国大学生农业建筑环境与能源工程相关专业创新创业竞赛在西北农林科技大学成功举办,本次竞赛以"乡村振兴与现代农业工程"为主题,来自全国24个省市自治区的41所高校150支代表队共500余名师生参加了在杨凌的决赛。该大赛已在全国连续举办六届,成为被全国高校普遍认可的全国性高水平创新创业竞赛,也得到了行业重点骨干企业的大力支持,成为我国"新农工科"复合型创新创业人才培养的重要平台。10月26—27日,2018中国农业机器人大赛在湖北武汉国际博览中心举行,本次大赛主题为"果园果实收获机器人",直面我国果园果实收获机械化、智能化程度低的问题,来自国内外13所高校36支队伍200余人参赛,其中包括来自斯里兰卡佩拉德尼亚大学、尼泊尔普尔版查尔大学工程学院两支国际学生队伍。12月8日,"东方红"杯第四届全国大学生智能农业装备创新大赛决赛在福建农林大学举行,本次大赛以"智能农装,创新未来"为主题,经过初赛和复赛的激烈角逐,来自国内55所高校的718名学生,带着359件智能农业装备同台竞技;该大赛是全国农业装备工程领域颇具影响力的大学生赛事,提高了学生的培养质量,进一步推动了高等院校农业装备工程领域创新创业人才培养模式与机制改革,培育了一批行业亟需的"专业知识雄厚、动手能力较强、创新创业能力过硬"的现代农业装备创新创业人才。12月22日,第六届全国生态修复研究生论坛暨"易修复之星"创新创业大赛将在北京林业大学举行,论坛由学会土地利用工程专业委员会等联合主办,设置5个主题:国土空间优化与山水林田湖草综合治理;生产建设项目生态保护与修复;土壤环境治理与生态修复;水环境治理与生态修复;固废处置与资源化利用。论坛共有18所高等院校、科研院所的53名研究生参与了比赛,共有120多名研究生、嘉宾、评委参加。

【持续实施期刊影响力计划,以国际一流期刊办刊标准严格要求,打造精品期刊】 一是不断夯实《农业工程学报》行业领军地位。2018年,《农业工程学报》出刊24期,增刊1期,入选中国科协"2018年度中文科技期刊精品建设计划项目(学术创新引领项目)""科技期刊精准推送服务试点项目"。入选TOP5%"2018中国最具国际影响力学术期刊";再次被评为"百种中国杰出学术期刊""期刊数字影响力100强(学术类期刊)",荣获"中国科技论文在线优秀期刊一等奖"。2018年7月新增"农业资源循环利用工程"栏目,出版农业农村资源循环利用专刊,评出优秀论文10篇。坚持"西部倾斜"策略,编辑走向科研一线与科研人员面对面交流,择优双语出版,多种措施扩大国际影响力。二是努力提升《国际农业与生物系统工程学报》(IJABE)国际学术影响力。2018年英文刊出刊6期,全年共刊发论文180篇,其中国外及国际合作发表论文60篇,录用论文全部实现SCI、EI双收录。IJABE第三个影响因子及引证报告公布,影响因子为1.267,较2017年的0.835有大幅提升,自引率下降到38.5%,与2017年相近,在全球被SCI收录的14种农业工程类期刊中排名第8位。

【开展精准扶贫工作,提供科技工作者建议报告,提升学会战略支撑力,为服务国家经济社会发展和科学决策打牢基础】

一是科技助力精准扶贫。树立以"政府+龙头企业+金融+科教机构+农民合作组织"五位一体的扶贫模式,自主开展科技助力精准扶贫项目,通过专家咨询、科普讲座、实地试种和技术示范等形式,在内蒙古的国家级贫困县继续推广蓖麻新品种和种植技术,有针对性地开展订单农业提升当地农户收入水平。二是智库建设。在原有智库建设的基础上,开展全产业链智库建设前期工作。依托专业学术会议资助制度,提出科技工作者建议5项。在华中农业大学园艺植物生物学教育部重点实验室组织开展"柑橘采后绿色生产技术及装备创新与应用"成果评价1项。三是科技咨询。与中国振华进出口总公司、中国三农控股有限公司签订战略合作框架协议,为其提供农业工程相关咨询培训服务及专家智库资源,共同推进现代农业工程体系建设,提升农业工程的现代化水平。

【开展科学道德宣讲和科研诚信建设,营造良好学术生态增强学术规范能力】 2018年,学会在云南师范大学召开院士专家校园行活动两场次,活动以科学道德和学风建设宣讲为主题，邀请2位次院士，覆盖青年科技工作者和学生200余人。结合学会学术会议平台和学术期刊平台，继续践行“五不准”，塑造风清气正的学术生态环境。

【以线上线下相融合的科普传播方式开展农业工程科普】 继续运营学会微信公众号“中国农业工程学会”科普专栏，发布3D农业工程系列科普动漫片8部，关注度近900。完成《农业工程技术　农业信息化》科普杂志网站改版工作，农业信息化网站和微信公众号正常运营，微信公众号“农业信息化”全年发布文章82篇，关注度约2 700，实现线上线下融合。继续出版科普杂志《农业工程技术》，全年出刊36期，刊出科普文章6 000余篇。在田间观摩会上，向农民和种粮大户免费发放《农用无人机100问》科普书籍500余册。2018年，科普工作得到中国科协科普部的肯定，荣获“中国科协科普工作先进单位”荣誉称号。

【与国外优秀科技社团和国际组织开展交流合作，提升学会国际影响力】 2018年，开展学会内部国际会议统计、国际组织任职情况年度统计各1次。积极申请中国科协青年科学家参与国际组织及相关活动项目，资助1位国际组织任职人员开展相关活动。2018年3月，中国农业工程学会等5个农业工程领域社团组织领导人与国际农业与生物系统工程学会(CIGR)主席代表团在河南省郑州市举行座谈会。常务副理事长兼秘书长、农业部规划设计研究院朱明研究员介绍学会宗旨任务、组织机构、发展历程、活动成果、国际合作、未来发展方向等情况。学会副理事长、中国农业机械化科学研究院副院长方宪法，学术交流委员会主任委员、中国农业大学工学院院长韩鲁佳，副秘书长、农业部规划设计研究院管小冬、秦京光等同志参加座谈。会议达成共同聚焦、加强交流合作一致意见。2018年10月，管小冬常务副秘书长应世界工程组织联合会(WFEO)的邀请，赴英国参加全球工程大会(GEC2018)，通过参加工作会议、听取报告和与国际同行交流，了解工程国际前沿，建立国际联系，完成国际组织任职履职任务。依托专业学术会议资助体系，持续培育“亚洲精准农业会议”“国际计算机与计算机技术在农业中的应用国际研讨会”“设施水产养殖国际研讨会”“畜禽健康环境和福利化养殖”等4个高端国际交流活动品牌。

（管小冬　李建丽）

机构与负责人

农业农村部农业机械化主管部门

【农业农村部农业机械化管理司】

司长：张兴旺
一级巡视员：李安宁
副司长：王甲云

综合处

处长：宋建武
副处长：刘俊

政策规划处

处长：李伟
一级调研员：李庆东

科技推广处

处长：刘小伟
二级调研员：丁仕华
副处长：刘晶　林立

监督管理处

处长：范学民
一级调研员：王国占
二级调研员：吴迪

农业机械化业务部门

【农业农村部农业机械试验鉴定总站　农业农村部农业机械化技术开发推广总站】

站长、党委副书记：刘恒新
党委书记、副站长：刘旭
副站长：涂志强
总工程师：仪坤秀
副站长：姚春生　王桂显　徐振兴
党委副书记、纪委书记：李斯华

【农业农村部南京农业机械化研究所】

所长、党委副书记：陈巧敏
党委书记、副所长：胡志超
副所长：曹光乔
党委副书记、纪委书记：肖体琼

协　会

【中国农业机械化协会】

会长：刘宪
副会长：杨林　王天辰
秘书长：王天辰（兼）
副秘书长：夏明

地方农业机械化主管部门

【北京市农业农村局农业机械化管理处】

副局级领导：郑渝
二级巡视员：阎晓军
处长：王宇
二级调研员：宫少俊

【天津市农业农村委员会农业机械化管理处】

党委委员、总经济师：杨青松
副处长：鲁付常　沈孝均　徐连考
二级调研员：薛桂来　郑晓庆
四级调研员：何庆生　归洪武

【河北省农业机械化管理局】

局长：戎美瑞
二级调研员：郭恒　张彦军　安欣

【山西省农业农村厅农业机械化管理处】

处长：周进军
副处长：武国媛
三级调研员：孙文清

【内蒙古自治区农牧厅农牧业机械化管理局】

局长：包洁
副局长：郭跃
调研员：孙根松
副调研员：董林香

【辽宁省农业农村厅】

厅长：陈健
副厅长：张奎男

农机产发展处

处长：王玉丰
副处长：马伟
二级调研员：李修德
三级调研员：陈峭
四级调研员：史祝男

农机生产管理处

副处长：朱宝玉
一级调研员：吴汉勇
三级调研员：吴昊

【吉林省农业农村厅农业机械化管理处（吉林省农业机械化管理局）】

副厅长：张永林
处（局）长：翟延华
副处（局）长：肖允功
二级调研员：曹殿广

【黑龙江省农业农村厅农业机械化管理处】

二级巡视员：谢庆华
副处长：张鹤生　杨建华　邹林
　　于志刚
三级调研员：李宪义　王平　曹少辉
　　陈学礼

【上海市农业农村委员会农业机械化管理处】

处长：郑雷
副处长：刘利光
三级调研员：陆建华

【江苏省农业农村厅】

副厅长：沈毅

农机行发处
处长:孙俊华
副处长:朱玉奎 吕瀚 茅迎春
一级调研员:朱碧波
农机装备处
处长:张耀春
副处长:陆桂良 谢建水
二级调研员:陈建清
农机监督管理处
处长:张瑞宏
副处长:王恒社 姜亚友
一级调研员:秦海东
二级调研员:张晓云
四级调研员:薛刚

【浙江省农业农村厅农业机械化管理处】
分管厅领导:唐冬寿
处长:王建伟
调研员:王天工
副处长:布明华　竺锡雅
四级调研员:朱松涛

【安徽省农业农村厅】
副厅长:胡刚
农机管理处
处长:陈发明
副处长:胡道林　彭松涛
调研员:刘东林
副调研员:李勇
农机装备处
处长:张道华
副处长:徐敬东
调研员:刘振宇 盛海
副调研员:高霞

【福建省农业农村厅农业机械化管理处】
处长:杨斌
副处长:兰亨庭
二级调研员:林雪兰

【江西省农业农村厅农业机械化管理处】
处长:周欢胜
副处长:付志勇
二级调研员:周波

【山东省农业农村厅农机化管理处】
厅党组副书记、副厅长:卜祥联
处长:蒋景春
二级调研员:王丰勇
三级调研员:辛章法
副处长:李清明　冯中华

【河南省农业农村厅农业机械化管理处】
处长:黄全意
二级调研员:李文学
副处长:魏涛
四级调研员:曹玉豪

【湖北省农业农村厅农机化处】
处长:陈汉秋
二级调研员:秦少兰
副处长:陈鹏宇
三级调研员:胡炜
四级调研员:汪秀梅

【湖南省农业农村厅农业机械化管理处】
省农机事务中心党委书记、主任(协管农机工作):龚昕
处长:张才道
副处长:谭华坤 赵峰 唐鹏

【广东省农业农村厅农业机械化管理处】
一级巡视员:牛宝俊
处长:陈楚楷
一级调研员:郑为国
副处长:陈奕娟 邓玲玲
四级调研员:梁晓明 徐祥飞

【广西壮族自治区农业农村厅农业机械化管理处】
处长:陈锡诗
副处长:黄剑秋

【海南省农业农村厅农业机械化管理处】
处长:任良勇
一级调研员:李万有
副处长:梁昌雄
二级调研员:刘明彬　张海龙
四级调研员:何敏

【重庆市农业农村委员会农机化管理处】
副主任:秦大春
处长:邱宁
副处长:黄自力　吕海泉
一级调研员:胡腊全　陈晓
二级调研员:杨培成
三级调研员:杨绍刚

【四川省农业农村厅农业机械化处】
厅党组成员、总农艺师:陈孟坤
处长:杨建国
副处长:谭平　邓林霞

【贵州省农业农村厅农业机械化管理处】
厅党组成员、副厅长:徐成高
处长:杨义军
一级调研员:张荣
四级调研员:吴清萍 罗丽莎

【云南省农业农村厅农业机械化管理处】
处长:可斌
副处长:徐鸣

【西藏自治区农业农村厅农机化管理处】
厅党组成员、总农艺师:林木
处长:陈以生
副处长:钟成义　格桑达娃

【陕西省农业农村厅农业机械化管理处】
副处长:马爱军

【甘肃省农业农村厅】
厅党组成员、副厅长:周邦贵
二级巡视员:贾怀德
农业机械化管理处
处长:刘文武
副处长:曹新惠
调研员:宗序华
农业机械监理处
处长:王学军
副处长:王金丹
四级调研员:石瑛

【青海省农业农村厅农业机械化管理处】
副处长:白延芳
调研员:蒲占俊

【宁夏回族自治区农业农村厅农业机械化管理处】
副厅长:赖伟利
处长:康进喜
副处长:陈峰江
二级调研员:杨静
四级调研员:苏延庆

【新疆维吾尔自治区农业农村厅农业机械化管理处】
处长:买合提·达吾提
副处长:孙桂荣

【大连市农业农村局农机管理处】
局长:栾玉暄
副局长:孙乾
处长:李妍
副处长:杨立新
调研员:唐瑞超 王恒春

【宁波市农业机械化服务总站】

站长:葛建平

副站长:严政　陆勇军　李季炜

【青岛市农业农村局农业机械化管理处】

处长:陈言智

调研员:黄振兴　华正远

【厦门市农业农村局】

局长:吕参军

副局长:许心凌

【新疆生产建设兵团农业农村局农田建设管理处(农业机械化管理处)】

副处长:闫向辉

一级调研员:唐军

【黑龙江北大荒农垦集团总公司农业发展部农机处】

处长:武志

【广东省农垦总局科技生产处】

副局长:吕林汉

处长:彭远明

副调研员:曾志强

大 事 记

中 央 篇

农业农村部农业机械化管理司

2018 年 1 月 3 日

农业部和国家安全监管总局联合公布 2017 年度全国“平安农机”市县和农机安全监理示范岗位标兵名单。经过市县自愿申报、省级择优推荐、部级审查公示等程序，2017 年度共创建全国“平安农机”示范市县 110 个、农机安全监理示范岗位标兵 230 名。

1 月 4 日

农业部副部长张桃林在《关于 2017 年农机深松整地工作的报告》中批示：“2017 年全国农机深松整地工作超额圆满完成目标任务，一些好做法、好经验值得总结推广。2018 年在东北四省开展深耕作业试点似有必要，可积极争取与深松一并纳入农机作业补贴范围。”1 月 15 日，部长韩长赋批示：“同意桃林同志批示。农机深松整地这件事是农业绿色发展的好事实事，这几年抓出了成效，也摸索出了路子，下一步要在政策、技术、装备、监管几个方面形成机制、制度。突出重点平原主产区，尤其是东北平原黑土地保护，建立起几年深松、深耕一轮的制度，并有一套监管考核和政策保护措施，使这项工作真正做到有序有效、持久广泛进行下去。”

1 月 5 日

农业部副部长张桃林在《关于 2017 年主要作物全程机械化推进工作的报告》中批示：“2017 年全国农机化系统围绕实施‘五个一’行动，深入开展农机化全面全程高质高效推进行动，在聚重点、补短板、强主体、提质量上取得了新的明显成效。拟同意 2018 年工作思路，希望抓紧细化实化方案并抓好部署落实。”1 月 15 日，部长韩长赋批示：“同意桃林同志批示和报告。”

1 月 12 日

农业部、工业和信息化部在北京联合召开国务院文件起草工作小组成员会议，会议由农业部副部长张桃林主持，国家发展改革委、教育部、科技部、财政部、商务部、中国人民银行、国资委、质检总局等部门相关司局负责同志参加。与会代表同意《关于加快推进农业机械化和农机装备产业转型升级的指导意见（初稿）》的基本框架，并对文稿内容进行了研讨修改。

1 月 15 日

农业部公布《拖拉机和联合收割机驾驶证管理规定》（中华人民共和国农业部令 2018 年第 1 号）和《拖拉机和联合收割机登记规定》（中华人民共和国农业部令 2018 年第 2 号），在明确责任、简政放权、分类管理、新机免检、“两证合一”、便民服务、保障安全等方面对原有的制度进行重大调整和改革，自 2018 年 6 月 1 日起施行。

农业部农业机械化管理司召开全司党员干部大会，司党支部书记李伟国同志进行党建工作述职，司领导班子成员、各处处长分别在大会上进行年度述职，并进行了民主测评。

1 月 19 日

农业部农业机械化管理司以“习近平新时代中国特色社会主义思想”为主题召开 2018 年第 1 次理论中心组学习会。李伟国司长主持学习会，司领导班子成员和各处处长参加会议并作交流发言。

1 月 20 日

受农业部农业机械化管理司、工业和信息化部装备工业司委托，中国农业大学在北京组织专家对《关于加快推进农业机械化和农机装备产业转型升级的指导意见（代拟稿）》进行论证。罗锡文院士等 7 位专家组成论证委员会，一致认为代拟稿站位高、思路清、目标任务明确，措施切实可行，同意按程序报批。

2 月 1 日

农业部农业机械化管理司召开离退休老干部 2018 年新春座谈会，司长李伟国通报了 2017 年农业机械化工作进展情况以及 2018 年工作打算，并希望各位老干部发挥余热，为农业机械化工作献计献策。徐文兰等 8 名老干部对近年来农业机械化发展成绩予以高度肯定并提出意见建议。

2 月 2 日

农业部办公厅印发《关于 2017 年农机事故情况的通报》（农办机〔2018〕1 号）。2017 年全国累计报告在国家等级公路以外的农机事故 829 起，死亡 130 人，受伤 226 人，直接经济损失 1 396.04 万元。与上年相比，事故起数、死亡人数和受伤人数分别下降 17.4%、2.3% 和

28.9%，直接经济损失上升15.2%。全国农机事故持续下降，农机安全生产形势平稳向好。

2月5日

农业部印发《拖拉机和联合收割机驾驶证业务工作规范》和《拖拉机和联合收割机登记业务工作规范》，以深化改革、细化责任、强化安全、简化流程、优化服务“五化”为着力点，落实农机安全监管“放管服”改革措施。

2月8日

农业部农业机械化管理司举办公文质量培训活动，邀请农业部办公厅文电处负责同志讲解公文运转规范和常见错误。司长李伟国要求全司每个人都要树立“最后一道关”意识，进一步提高全司公文质量建设水平。

2月22日

农业部办公厅、财政部办公厅联合印发《2018—2020年农机购置补贴实施指导意见》（农办财〔2018〕13号），明确2018—2020年全国农机购置补贴机具种类范围为15大类42个小类137个品目，要求各省结合实际，从全国范围中选取机具品目确定本省补贴范围，优先保证粮食等主要农产品生产所需机具和支持农业绿色发展机具的补贴需要，全面推行补贴范围内机具敞开补贴。

2月24日

农业部农业机械化管理司发布2018年工作要点，明确2018年工作的总体思路和主要目标：以更好满足广大农民群众对机械化生产的新需要为目标，以提升重点作物、关键环节和薄弱地区生产机械化水平为重点，强化农机科技创新、服务创新、制度创新、政策创新，大力推进质量变革、效率变革、动力变革，加快“机器换人”步伐，推动农业机械化“全程、全面、高质、高效”发展，力争全国农作物耕种收综合机械化率再提高1个百分点以上。

2月27日

农业部办公厅印发《关于规范农业机械试验鉴定结果公开工作的通知》（农办机〔2018〕3号），要求各地进一步做好农业机械产品品目归属工作，更好地支撑、服务农机购置补贴等政策实施和农业机械化技术推广。

2月28日

农业部农业机械化管理司召开全司大会，传达农业部2018年全面从严治党工作会议精神，组织签署《2018年农业机械化管理司党风廉政建设责任书》。

3月1日

农业部农业机械化管理司发布2018年农机安全生产工作要点，确定9项重点工作并明确责任分工。

3月3—31日

农业部农业机械化管理司副巡视员王家忠带队，赴四川省崇州市隆兴镇黎坝村、井研县集益乡繁荣村开展“百乡万户调查”活动。

3月9日

农业部办公厅印发《关于印发〈2018—2020年全国通用类农业机械中央财政资金最高补贴额一览表〉的通知》（农办机〔2018〕7号），要求各省级农业机械化主管部门加快制定公布本省农机购置补贴机具补贴额一览表，全面启动实施新一轮农机购置补贴政策。

3月14日

农业部办公厅、国家认监委办公室联合印发《关于做好中央财政农机购置补贴机具资质采信农机产品认证结果工作的通知》（农办机〔2018〕6号），首次将农机产品质量认证制度纳入农机购置补贴机具资质采信范围，与农机鉴定制度共同构成补贴机具资质采信主体制度框架，为扩大补贴机具供给能力提供制度保障。

3月15日

农业部办公厅、财政部办公厅联合印发《关于做好2018—2020年农机新产品购置补贴试点工作的通知》（农办机〔2018〕5号），将农机新产品补贴试点省份扩大到全国，并对植保无人飞机补贴试点工作进行部署。

中华人民共和国农业部公告第2656号，发布了《植保无人飞机　质量评价技术规范》等19项农业机械化农业行业标准，自2018年6月1日起实施。

3月16日

农业部在北京召开全国农机购置补贴工作座谈会，总结十八大以来农机购置补贴实施情况，研究部署未来三年农机购置补贴实施工作。副部长张桃林出席会议并讲话，各省（自治区、直辖市）农业机械化主管部门和财政部农业司、中国民航局飞行标准司、国家认监委认证监管部以及农业部有关司局负责同志参加会议。

3月19日

农业部农业机械化管理司在北京召开《中国农业百科全书·农业机械化卷》修订编撰工作启动会，近40名编委会成员参加会议。中国农业出版社负责同志介绍《中国农业百科全书》的框架设计、设条原则以及编辑要点分卷主编罗锡文院士提出了编制工作方案和进度安排，司长李伟国对做好分卷编撰工作提出要求。

3月22日

受农业部农业机械化管理司委托，农业部农业机械化技术开发推广总站在北京举办全国农机安全规章宣贯培训班，司长李伟国出席并讲话，充分肯定了农机安全工作取得的成绩，对做好2018年农机安全监理工作进行动员部署。

3月26日

农业部农业机械化管理司获评为2017年度农业部绩效管理优秀单位、2015—2017年农业部绩效管理先进单位。

4月4日

农业农村部农业机械化管理司印发《农机化司2018—2020年扶贫及援疆援藏工作方案》，明确农业机械化助力农业产业扶贫的思路、目标任务及帮扶举措。同时，制定并印发了《农机化司“三区三州”等深度贫困地区特色农业扶贫行动个帮扶方案》和《农机化司党支部与包谷村党支部结对帮扶方案》。

4月10日

农业农村部农业机械化管理司、农业农村部农业机械化技术开发推广总站在浙江省诸暨市举办全国春耕生产农业机械化技术培训班暨“机器换人”推进活动。副司长李安宁出席活动并讲话，强调要加快农业“机器换人”，助力乡村振兴，着力抓好技术推广、农机大户及农机合作社带头人培训和管理服务工作，提升春季农业机械化生产水平。

4月16日

农业农村部办公厅印发《关于2018年推进农业机械化全程全面发展重点技术推广行动方案的通知》（农办机〔2018〕9号），要求各有关单位狠抓重点技术的示范推广，加快推进农业机械化全程全面发展。

4月17日

农业农村部农业机械化管理司组成调研组，深入四川省凉山州昭觉县解放乡火普村、三岔河乡三河村、新城镇跳坝村、洒拉地坡乡尔打火村、姐把娜打村和城北乡等地，调研农业产业扶贫工作。

4月24日

农业农村部农业机械化管理司、农业机械试验鉴定总站在贵阳市举办全国农业机械化统计直报系统操作员培训班。副司长李安宁出席培训班并讲话，肯定近年来农业机械化统计工作的成效，明确农业机械化统计工作责任制建设任务，对推进新时期农业机械化统计改革创新工作做安排部署。

5月3日

农业农村部、工业和信息化部牵头起草的《关于加快推进农业机械化和农机装备产业转型升级的指导意见(代拟稿)》，经会签发展改革委等12个部门同意后，正式行文上报国务院。

农业农村部副部长张桃林出席全国农机鉴定和农业机械化质量工作改革推进座谈会并讲话，总结农机鉴定工作的发展成效，深入分析新形势、新要求，研究下一步的改革发展举措。

5月4日

农业农村部、财政部联合下发《关于做好2018年农业生产发展等项目实施工作的通知》(农财发〔2018〕13号)，首次明确东北四省区可根据需要在适宜地区开展农机深翻(深耕)作业补助，促进秸秆还田和黑土地保护。

农业农村部办公厅发布70项2018年农业主推技术，水稻钵苗机插优质增产技术、机收再生稻丰产高效技术、玉米免耕种植技术、马铃薯机械化收获技术等十余项农业机械化技术列入其中。

5月7日

农业农村部农业机械化管理司组成调研组，深入四川省甘孜州理塘县濯桑乡、中木拉乡乃沙村、上木拉乡格中村等地，调研农业产业扶贫工作。

5月14日

农业农村部办公厅印发《关于做好2018年农机跨区作业管理和服务工作的通知》(农办机〔2018〕11号)，部署2018年"三夏"农机跨区作业管理和服务工作，明确"三夏"机械化生产的主要目标任务。

农业农村部办公厅印发《关于做好2018年农机深松整地工作的通知》(农办机〔2018〕13号)，部署2018年农机深松整地工作，分解各省份作业任务，明确信息化远程监测比例、试点深翻补助等工作要求，要求高质量完成全年10 000千公顷深松深耕整地目标任务。

农业农村部农业机械化管理司组成调研组，深入四川省阿坝州红原县邛溪镇、色地镇、瓦切镇、安曲镇等地，调研农业产业扶贫工作。

5月15日

农业农村部办公厅印发《关于开展2018年农机"安全生产月"活动的通知》(农办机〔2018〕10号)，部署2018年农机"安全生产月"活动。活动期间，农业农村部在河北、湖南、重庆、甘肃4省(市)组织开展全国农机安全宣传咨询日活动。据统计，全国共开展现场农机安全宣传活动1.4万次，受益农民机手近286万人次。

5月21日

农业农村部农业机械化管理司以"加快机器换人，促进乡村振兴"为主题召开2018年第2次理论中心组学习会。司长李伟国主持学习会，司领导班子成员和各处处长参加会议作交流发言。

5月25日

农业农村部办公厅印发《关于谷物干燥机质量调查情况的通报》(农办机〔2018〕14号)，对2015—2016年销售、使用的谷物干燥机产品质量调查情况进行通报。此次调查范围为辽宁、黑龙江、江苏、浙江、安徽5省，涉及33家企业生产的49个型号产品。调查结果显示，用户对谷物干燥机评价总体满意，其中对产品的适用性满意度最高，可靠性满意度最低。

5月28日

农业农村部农业机械化管理司举办"三夏"跨区作业新闻通气会，分析"三夏"跨区作业总体形势。当日机收面积超过266.67千公顷，标志着全国"三夏"跨区机收大会战全面启动。

6月19日

全国已收获小麦20 666.67千公顷，小麦主产区"三夏"大规模机收基本结束，机收比例达95.5%，累计投入联合收割机达63万台。全国夏玉米机播面积9 666.67千公顷，机播比例达82%。农业农村部副部长张桃林在《关于2018年"三夏"机械化生产工作的报告》中批示："今年'三夏'农机化作业组织调度和保障服务更加优化高效，更好突出了高质、绿色和智能的要求，又好又快完成了农机化生产服务，为全年粮食丰收赢得了更多主动，值得肯定。"

6月20日

农业农村部办公厅印发《关于向四川省凉山彝族自治州派遣科技服务团的函》(农办机函〔2018〕7号)，向四川省凉山彝族自治州派遣农业科技服务团，切实加强对凉山州等深度贫困市县的农业科技服务工作力度。服务团团长由农业农村部农业机械化管理司副司长李安宁担任，服务团成员来自中国农业科学院、中国农业机械化科学研究院、四川省农业科学院、四川省畜牧科学研究院、四川省农业机械研究设计院、四川省农机化技术推广总站、四川省西昌农业科学研究所、四川农业大学、西南民族大学等单位。

6月25日

农业农村部农业机械化管理司与财政部农业司组成联合调研组，赴浙江省重点调研现代设施农业发展、农机购置补贴以及报废更新补贴等工作，并就标准化设施大棚骨架纳入农机新产品补贴试点基本达成一致意见。

6月29日

农业农村部农业机械化管理司宋建武同志、李斯华同志分别被评为农业农村部直属机关2016—2017年度优秀党员和优秀党务工作者。

7月11日

农业农村部办公厅印发《关于做好2018年度主要农作物生产全程机械化示范县推荐申报工作的通知》(农办机〔2018〕17号)，要求各地认真做好自评申报、初评推荐工作，按时报送有关材料，加大典型做法和先进经验的宣传力度。

7月12日

农业农村部农业机械化管理司组织开展2018—2020年农机新产品购置补贴试点品目(第一批)备案工作，对16个省份报送的35个次品目进行备案，主要包括有机物好氧发酵翻堆机等绿色机具。

7月23日

农业农村部办公厅印发《关于开展农机购置补贴政策实施督导检查工作的通知》(农办机〔2018〕18号)，部署开展农机购置补贴政策实施督导检查工作，重点检查政策启动实施、敞开补贴落实、资金管理使用、管理服务创新优化等方面的工作进展情况，推动政策实施更加便民利民惠民。

7月30日

农业农村部办公厅印发《关于2018年上半年农机事故情况的通报》(农办机〔2018〕19号)。2018年1—6月，累计报告在国家等级公路以外的农机事故232起，死亡33人，受伤56人，直接经济损失342.91万元。与2017年同期相比，事故起数、死亡人数、受伤人数和直接经济损失分别下降35.2%、31.3%、47.7%和27.3%。

8月3日

农业农村部办公厅印发《2018年中国技能大赛——全国农业行业职业技能大赛农机驾驶操作员和维修工技能竞赛实施方案的通知》(农办机〔2018〕20号)，要求做好农机驾驶操作员和修理工竞赛项目的组织实施工作。

8月23日

农业农村部农业机械化管理司召开干部大会，人事司司长潘显政宣布农业农村部农业机械化管理司领导班子成员名单：张兴旺任司长、李安宁任副司长、王家忠任副巡视员。李伟国同志不再担任农业农村部农业机械化管理司司长(转任农村社会事业促进司司长)。李伟国同志、张兴旺同志分别在会上作表态发言。副部长张桃林出席会议并讲话，对司领导班子提出殷切希望。

8月29日

农业农村部农业机械化管理司成立工作组赴安徽省颍上县调研督导农机以旧翻新事件查处工作，指导安徽省农机部门切实履职尽责，尽快查清事件原委，配合有关部门，依法依规对非法制售拼装农业机械、制造假农机牌照和跨区作业证等违法违规行为从严查处，保障农民及诚信守法企业的合法权益。

9月7日

农业农村部办公厅印发《关于进一步明确农机报废更新补贴工作有关要求的通知》(农办机〔2018〕22号)，要求各地积极主动抓好农机报废更新补贴工作，加快推进农机报废更新补贴工作实施进度。

9月10日

农业农村部农业机械化管理司联合财政部农业农村司对吉林、黑龙江、江苏、山东、湖北、广西、陕西、甘肃、宁夏、青岛等10个省(自治区)、计划单列市提出的植保无人机规范应用试点申请进行备案。

9月14日

农业农村部农业机械化管理司在北京组织开展2018年大田种植数字农业建设试点项目座谈交流活动，两批大田种植数字农业建设试点项目承担单位就项目建设进展进行汇报交流，相关专家进行专题讲座。

9月17日

农业农村部办公厅印发《农业机械化管理司职能配置、内设机构和人员编制规定》，明确农业农村部农业机械化管理司职能，决定内设综合处、政策规划处、科技推广处、监督管理处等4个处，行政编制18名。

农业农村部办公厅印发《关于开展秋冬季农机安全生产检查整治工作的通知》(农办机〔2018〕23号)，决定从2018年9月至2019年2月，在全国范围内开展秋冬季农机安全生产检查工作，深入开展农机安全隐患排查、持续推进变型拖拉机整治、严厉打击农机假牌假证及翻新造假、严格落实农机安全监管新规定、推进实施拖拉机和联合收割机出厂合格证标准、扎实抓好“平安农机”创建活动。

9月20日

由农业农村部、人力资源和社会保障部、中华全国总工会共同主办的“2018年中国技能大赛——首届全国农业行业职业技能大赛农机驾驶操作员和修理工技能竞赛”在山东省日照市举行。此次大赛是国家级一类大赛，来自27个代表队的162名选手进入决赛，胜出的10名选手被授予“全国技术能手”称号。

9月25日

农业农村部农业机械化管理司印发《2018年对口帮扶四川省昭觉、理塘、红原三个深度贫困县工作任务清单》，明确全年帮扶工作任务，确保各项扶贫工作有序务实推进。

9月26日

农业农村部农业机械化管理司、农业农村部农业机械化技术开发推广总站在北京举办农业机械化技术推广工作创新座谈会。农业农村部副部长张桃林出席并讲话，肯定农业机械化技术推广工作的成效，要求紧紧围绕实施乡村振兴的要求和农业机械化发展的需要，以创新引领工作能力和服务水平提高，加快农业机械化新技术推广应用，推进农业机械化发展转型升级。

10月9日

农业农村部农业机械化管理司以“履行职责任务、推进乡村振兴”为主题召开2018年第3次理论中心组(扩大)学习会。司长张兴旺主持学习会，司领导班子成员和各处处长参加会议并作交流发言。

10月上旬至11月上旬

农业农村部农业机械化管理司抽调人员组成8个调研指导组，分赴重点省份实地查看深松任务落实情况，抽查全程机械化示范申报县工作情况，并听取意见建议。

10月11日

农业农村部农业机械化管理司在湖北省宜昌市召开全国果菜茶生产机械化现场推进会，副司长李安宁出席会议并讲话，对下一步推进果菜茶生产机械化工作进行部署。6个省份作典型经验交流，水果、蔬菜、茶叶机械化专家分别作果菜茶机械化技术专题报告。

10月15日

农业农村部农业机械化管理司司长张兴旺主持“农机化与乡村振兴”大学习第一讲。副司长李安宁以“当前农业机械化的形势与任务”为题讲党课，宋建武、李伟、丁仕华同志分别就农机购置补贴政策、农机新产品购置补贴和农机报废更新补贴有关内容进行交流。

10月18日

农业农村部农业机械化管理司组织召开农业机械化发展重大目标论证会，对农业机械总动力等多项指标的近长期发展目标进行详细论证。司长张兴旺主持会议，来自农业机械化和农机工业领域10余位专家参与论证。

10月22日

农业农村部农业机械化管理司和规划设计研究院联合召开北方片区日光温室国家农机购置补贴研讨会。经过集中研讨，与会专家全面总结了北方日光温室发展的总体情况，进一步梳理具有地域代表性的主要设施类型，研究提出相关扶持政策建议，为将日光温室纳入农机新产品购置补贴试点提供有效技术支持。

农业农村部农业机械化管理司会同科教司向科技部报送国家重点研发计划“薄弱环节农机化技术创新”重点专项建议，针对当前农业机械化技术难点和热点问题，设置应用基础研究、薄弱环节关键技术研发、技术集成创新与示范、农村环境治理与生活废弃物综合利用等4个方面38项重点任务。

10月30日

农业农村部在安徽省宿州市埇桥区举办2018年全国农机事故应急处置演练活动，司长张兴旺出席活动并讲话，对做好农机安全监督管理和农机事故处置等工作提出要求。

11月2—3日

农业农村部农业机械化管理司党支部组织全体党员赴浙江嘉兴和上海开展主题党日活动，瞻仰南湖红船和中共一大、二大会址，追忆建党历程，缅怀革命先烈，重温入党誓词，坚定理想信念。

11月6日

农业农村部农业机械化管理司副司长李安宁同志参加国际农机装备和新技术高峰论坛暨进口农业机械展示活动，并发表主旨演讲。

11月21日

农业农村部办公厅印发《关于开展2017年玉米等作物机械作业面积数据复核工作的通知》（农办机〔2018〕27号），对开展作物机械作业面积工作作出安排。

农业农村部农业机械化管理司司长张兴旺带领工作组，前往湖南省湘西土家族苗族自治州龙山县茨岩塘镇包谷村开展帮扶调研，走访贫困农户，并对专项党费使用情况进行验收。

11月22日

农业农村部农业机械化管理司在宁波市组织召开全国农机社会化服务提档升级现场会，副巡视员王家忠出席会议并讲话。会议观摩交流农机服务新主体新业态新模式典型案例，总结近年来农机社会化服务工作成效经验，分析当前农机社会化服务发展新形势新要求，明确推进农机社会化服务发展的指导思想和目标任务。3个省、4个市区农机部门作典型发言，3个合作社及相关农业企业介绍发展经验。

12月5日

受农业农村部农业机械化管理司委托，中国农业大学工学院组织召开2018年农业机械化形势分析会，来自省级主管部门、行业协会、科研单位、农机制造企业以及部属农机事业单位的26位代表分别梳理盘点2018年以来农业机械化和农机市场的发展特点、趋势和问题，围绕促进乡村振兴战略开好局起好步等提出加快农业机械化和农机工业转型升级的意见建议。司长张兴旺等司领导班子成员、各处处长出席会议。

中国国家认证认可监督管理委员会、农业农村部联合印发关于《农机自愿性产品认证实施规则通用要求》（中国国家认证认可监督管理委员会公告2018年第43号），要求承担农机购置补贴机具资质采信农机产品认证工作的认证机构，应制定相应的农机自愿性产品认证实施特则，报中国国家认证认可监督管理委员会、农业农村部备案后方可开展相关认证活动。

12月10日

农业农村部办公厅印发《关于提前报送2018年农业机械总动力数据的通知》（农办机〔2018〕28号），全国农业机械总动力指标首次被列入统计公报，作为反映乡村振兴战略实施情况的重要指标之一。

12月11日

农业农村部农业机械化管理司司长张兴旺同志主持召开2018年第4次理论中心组（扩大）学习会，司领导班子成员及全司副处以上干部围绕新修订的《中华人民共和国宪法》《中国共产党纪律处分条例》和新颁布的《中国共产党支部工作条例（试行）》交流学习体会及工作思考，农业农村部农业机械化管理司纪检监察工作小组的同志作重点发言。

12月12日

国务院总理李克强主持召开第34次国务院常务会议，研究部署加快农业机械化和农机装备转型升级的主要任务和政策措施。

12月13日

农业农村部农业机械化管理司贯彻落实副总理胡春华、部长韩长赋和副部长张桃林在《关于特色农业机械化应用遭遇现实瓶颈》等信息上的批示精神，由副巡视员王家忠带队，组织浙江省余姚市农机局相关同志赴重庆市实地开展榨菜生产机械化调研，深入了解丘陵山区推进“宜机化”改造情况，开展座谈交流与技术对接。

12月14日

农业农村部农业机械化管理司妇女小组派代表赴广东省湛江市开展专题活动，调研甘蔗生产全程机械化、精准扶贫等工作情况，并与当地农业机械化系统女干部进行座谈交流。

12月19日

国务院新闻办举行国务院政策例行吹风会，邀请农业农村部副部长张桃林出席，介绍12月12日国务院常务会关于推进农业机械化和农机装备产业升级的政策措施情况，农业农村部农业机械化管理司司长张兴旺、工业和信息化部装备工业司罗俊杰副司长一同参加，并回答中外记者提问。

农业农村部发布《棉花收获机 安全操作规程》等3项农业行业标准，自2019年6月1日起实施。

12月20日

国家发展和改革委员会副主任林念修、农业农村部副部长张桃林共同主持召开甘蔗生产机械化推进工作第四次专题会议，农业农村部农业机械化管理司司长张兴旺、副巡视员王家忠参加会议。会议肯定相关工作成绩，部署下一步推进措施。

12月21日

国务院印发《关于加快推进农业机械化和农机装备产业转型升级的指导意见》（国发〔2018〕42号），明确发展农业机械化和农机装备产业的指导思想、发展目标和主要任务，并对相关重点工作任务进行部署，出台有针对性的扶持政策。

12月25日

农业农村部农业机械化管理司司长张兴旺主持“农机化与乡村振兴”大学习第二讲，李斯华、刘晶同志分别就起草《关于加快推进农业机械化和农机装备产业转型升级的指导意见》以及修订《农业机械化试验鉴定办法》的背景和内容进行交流发言。

12月26日

农业农村部农业机械化管理司在广西南宁举办全国农机购置补贴违规行为查处工作培训班，农业农村部农业机械化管理司副司长李安宁出席并讲话。培训班通报2018年农机购置补贴违规行为查处专项督导情况和典型案例，各省围绕省际联查联动、全流程梳理工作指导规范等工作进行研讨。

12月27日

农业农村部办公厅印发《关于加快推进畜禽粪污资源化利用机具试验鉴定有关工作的通知》（农办机〔2018〕29号），加快推进畜禽粪污资源化利用机具试验鉴定，促进先进适用畜禽粪污资源化利用机具推广应用。

12月30日

农业农村部农业机械化管理司副司长李安宁同志参加在广西南宁市召开的“一带一路”农业现代化国际合作发展论坛，并发表主旨演讲。

农业农村部发布新修订的《农业机械试验鉴定办法》（中华人民共和国农业农村部令2018年第3号），对农业机械试验鉴定制度进行改革，明确“推广鉴定”和“专项鉴定”的适用范围，简化鉴定流程，取消农机鉴定部省两级划分，强化事中事后监管力度。办法自 2019 年 4 月 1 日起实施。

2018 年

农业农村部农业机械化管理司人事变动情况如下：2 月 13 日，刘云泽任中国水产科学研究院东海水产研究所党委书记，不再担任科技教育处处长；9 月 18 日，李斯华任综合处处长，张汉夫任综合处副调研员，宋建武任政策规划处处长，李庆东任政策规划处调研员，李伟任政策规划处副处长，刘小伟任科技推广处处长，王国占任科技推广处调研员，吴迪任科技推广处副调研员，段冬冬任科技推广处副主任科员，范学民任监督管理处处长，丁仕华任监督管理处副处长，刘晶任监督管理处副调研员，刘俊任监督管理处主任科员；10 月 17 日，段冬冬任科技推广处主任科员；10 月 23 日，滕雪飞任政策规划处副主任科员；12 月 25 日，吴迪任监督管理处副处长，丁仕华任科技推广处副处长。

农业农村部农业机械试验鉴定总站

2018 年 1 月 19 日

农业部农业机械试验鉴定总站联合中国农业机械化协会在河北省曲阳县开展“情系曲阳贫困乡村农机助力产业扶贫”系列公益活动，捐赠各类农业机械价值近 80 万元，期间召开农机助力农业产业扶贫座谈会，并赴对口帮扶贫困村走访慰问贫困户，副站长刘旭，党委副书记、纪委书记郭京华参加活动。

3 月、7 月和 8 月

农业农村部农业机械试验鉴定总站先后在山西平遥市、四川成都市、新疆乌鲁木齐市举办 3 期农机职业技能鉴定考评员培训班，累计培训基层农机技能鉴定考评员 700 余人，副站长姚春生出席培训班并讲话。

3 月 9 日

农业部农业机械试验鉴定总站召开农业产业扶贫工作领导小组 2018 年第一次会议，传达学习近期有关扶贫工作文件会议精神，研究部署 2018 年农业产业扶贫工作。全体领导小组成员参加会议，副站长刘旭主持会议并讲话。

3 月 15 日

农业部农业机械试验鉴定总站联合天津、黑龙江、陕西、广西等 4 省市区农机管理部门，开展主题为“加强农业机械化质量监管保障农机用户合法权益”3 · 15 消费者权益日活动，向农民、合作社、基层农机管理人员发放资料 3 500 余份，宣传和指导农机用户依法购机、正确用机、及时维权。

4 月 4 日

农业农村部农业机械试验鉴定总站发文通报 2017 年部级推广鉴定项目完成情况，对江苏省农业机械试验鉴定站、山东省农业机械试验鉴定站、农业农村部农业机械试验鉴定总站植保机械专业站、黑龙江省农业机械试验鉴定站、河南省农业机械试验鉴定站、内蒙古自治区农牧业机械试验鉴定站、吉林省农业机械试验鉴定站、湖南省农业机械鉴定站等 8 个承担部级推广鉴定任务较多的单位提出表扬。

4 月 16 日

农业农村部农业机械试验鉴定总站邀请中国农业科学院郑州果树所核桃树、枣树专家赴曲阳县重点帮扶贫困村开展技术指导，向果农们现场培训如何进行枝条修剪，并详细讲解果树病虫害防治、土肥管理等技术。

4 月 18 日

农业农村部农业机械试验鉴定总站在合肥市举办农机安全师资培训班，来自全国 24 个省（区、市）农业机械化系统的近百名师资参加培训，党委副书记、纪委书记郭京华出席开班式并讲话。

4 月 19 日

全国农业机械标准化技术委员会农业机械化分会四届五次会议暨标准审定会在重庆召开，审议通过《全国农机标委会农机化分会 2017 年工作总结和 2018 年工作要点》，宣读部分委员调整批复文件并颁发聘书，审定《棉花收获机安全操作规程》等 5 项农业行业标准。全国农业机械标准化技术委员会主任委员、农业农村部农业机械试验鉴定总站副站长刘旭出席会议并讲话。

4 月 24 日

农业农村部农业机械试验鉴定总站在贵阳市举办 2018 年全国农机统计直报系统操作员培训班（第一期），对各省提交的 2017 年农机统计年报数据进行复审和校核，并围绕农业机械化统计执法监督检查新要求、统计指标修改等深入交流，农业农村部农业机械化管理司副司长李安宁、贵州省农委党组成员徐成高，农业农村部农业机械试验鉴定总站副站长刘旭等出席开班式并讲话。

5 月 3 日

农业农村部农业机械试验鉴定总站在北京市召开全国农业机械试验鉴定和农业机械化质量工作改革推进座谈会，农业农村部副部长张桃林、农业农村部农业机械化管理司司长李伟国出席会议并分别作重要讲话，农业农村部农业机械试验鉴定总站副站长刘旭作工作报告。会议分析当前农机试验鉴定和农业机械化质量工作面临的新形势、新任务，对做好当前及今后一个时期农机试验鉴定和农业机械化质量工作提出新要求。

5 月 17 日

农业农村部农业机械试验鉴定总站对内蒙古、吉林、黑龙江、江苏、安徽、山东、河南等七省区享受农机购置补贴的部分在用功率为 73.5～110.25 千瓦拖拉机开展质量调查。

全国农业机械标准化技术委员会农业机械化分会印发《关于贯彻实施新发布的农业机械化农业行业标准的通知》（农机标分〔2018〕7 号），面向社会公布 28 项新发布标准的解读材料，明确贯彻实施要求，扩大农业机械化标准的社会影响力。

5 月 23 日

农业农村部农业机械试验鉴定总站在丽江市举办全国农机维修服务能力建设培训班，培训各级农机维修管理和技术人员 152 人。农业农村部农业机械试验鉴定总站副站长姚春生出席培训班并讲话。

5 月 28 日

《植保无人飞机质量评价技术规范》农业行业标准宣贯培训班在广州市举办，全国 20 多家植保无人飞机生产企业、部分省（区、市）农机鉴定机构、科研院所和大专院校相关人员 100 余人参加培训，标委会主任委员、农业农村部农业机械试验鉴定总站副站长刘旭出席开班式并讲话。

5 月 30 日

农业农村部农业机械试验鉴定总站在镇江市举办农机维修技能师资培训暨课件评选活动，将课件评选和师资培训有机结合，切实提升师资授课水平和培训质量。党委副书记、纪委书记郭京华出席活动并讲话。

6月6日

农业农村部农业机械试验鉴定总站在南京市举办田间作业机械推广鉴定技术培训班，对耕整地、种植和收获机械的技术要求、鉴定程序和检测方法要点等进行解读，各省（区、市）农机试验鉴定机构、103家田间作业机械生产企业的130余名学员参加培训，总工程师仪坤秀、江苏省农机试验鉴定站站长马立新出席开班式并讲话。

6月13日

农业农村部农业机械试验鉴定总站在济宁市举办畜禽养殖废弃物资源化利用技术与装备应用培训班，来自农机管理部门、生产企业、鉴定机构和应用单位等部门的200余位代表参加培训，农业农村部农业机械试验鉴定总站副站长刘旭、总工程师仪坤秀出席开班式并讲话。

6月20日

农业农村部农业机械试验鉴定总站在潍坊市召开2018年大型轮式拖拉机质量调查工作布置会，对大型轮式拖拉机质量调查工作进行部署。来自内蒙古、吉林、黑龙江、江苏、安徽、山东、河南等参与调查工作的七省区农业机械化主管部门和农机鉴定机构的有关人员参加会议。

6月27日

农业农村部农业机械试验鉴定总站在大连市举办全国农机合作社辅导员培训班，副站长姚春生出席开班式并讲话。

6月29日

农业农村部农业机械试验鉴定总站在第九届中国奶业大会上同8家企业签订挤奶设备安装质量框架协议，发布《奶业装备质量提升倡议书》。

7—9月

农业农村部农业机械试验鉴定总站组织15家部级推广鉴定机构开展2018年度农业机械部级推广鉴定证书有效期内监督检查活动，对125家企业的253个产品进行证后监督检查。

7月10日

农业农村部农业机械试验鉴定总站在北京市召开谷物干燥机质量分析会，对谷物干燥机质量调查结果进行通报。

7月12日

农业机械化标准编写培训班在西宁市举办。标准项目主要起草人、部分标委会委员、部分省（区、市）标准化管理人员共80余名学员参加培训，标委会主任委员、农业农村部农业机械试验鉴定总站副站长刘旭出席开班式并讲话。

7月26日

农业农村部农业机械试验鉴定总站在重庆市召开田间作业机械鉴定检测技术研讨会，来自26个省（区、市）农业机械试验鉴定机构的近50名代表参加会议，党委委员朱良出席会议并讲话。

农业农村部农业机械试验鉴定总站在北京市召开2018年第一次农业机械推广鉴定大纲审定会议，对86项农机试验鉴定通则和推广鉴定大纲进行审查。农业农村部农业机械试验鉴定总站副站长刘旭、总工程师仪坤秀出席会议并讲话。

7月31日

农业农村部农业机械试验鉴定总站在呼伦贝尔市举办农机鉴定授权签字人培训班，围绕检验检测机构资质认定最新要求、品牌建设、部级推广鉴定程序及报告编写要求、如何做好授权签字人工作等内容进行培训，省级授权签字人50余人参加培训，农业农村部农业机械试验鉴定总站副站长刘旭出席开班式并讲话。

农业农村部农业机械试验鉴定总站在西安市举办农业机械化政策解读及调研写作培训班，对当前农业机械化政策法规、农机购置补贴政策、调研报告写作方法、调研语言沟通交流技巧等内容进行培训。来自全国各级农机管理部门、农业机械化系统事业单位的130余人参加培训，党委副书记、纪委书记郭京华出席开班式并讲话。

8月3日

农业农村部农业机械试验鉴定总站副站长刘旭带队赴国家农业信息化工程技术研究中心开展农机智能化、信息化技术开发应用等工作调研，与中国工程院赵春江院士团队就北斗导航、无人驾驶等智能化、信息化技术在农机上的配备以满足农机农艺融合需要以及农机作业监管需求等内容深入交流。

8月13日

全国农业机械标准化技术委员会农业机械化分会印发《关于征集2019年农业机械化标准制修订项目建议的通知》，面向社会公开征集2019年农业机械化标准制修订项目建议。

8月13日至11月5日

农业农村部农业机械试验鉴定总站张传胜同志作为高级农业专家顾问，赴柬埔寨开展农业机械化管理和技术方面的援助工作。

8月20日

农业农村部农业机械试验鉴定总站在潍坊市举办农机产品强制性认证企业购机补贴机具资质采信农机认证结果政策宣贯培训班，来自全国60多家农机生产企业的80名代表参加培训。

9月5日

农业农村部农业机械试验鉴定总站印发《部级（国家支持的）农业机械推广鉴定项目定额标准和经费管理办法（试行）》，完成57个品目的2018年部级农业机械推广鉴定项目定额标准编制工作，有力促进农业行业管理专项经费的规范使用和部级农机推广鉴定工作的有序开展。

9月14日

农业农村部农业机械试验鉴定总站在海口市举办2018年农机质量投诉工作培训班，来自全国27个省（区、市）农机质量投诉监督机构和部分省（区、市）农业机械化主管部门的近80名学员参加培训，农业农村部农业机械试验鉴定总站副站长姚春生出席开班式并讲话。

9月19日

农业农村部农业机械试验鉴定总站在山东省日照市首次承办“2018年中国技能大赛——中国农业行业职业技能大赛、农机驾驶操作员和农机修理工职业技能竞赛”，组织全国27个省市开展省级选拔赛并参加全国总决赛，决出10名“全国技术能手”和30名“全国农业技术能手”，副部长余欣荣出席并做重要讲话，人事劳动司司长潘显政、农业机械化管理司司长张兴旺、总站副站长刘旭观摩竞赛现场，总站副站长姚春生担任总裁判长。中央各大媒体对比赛进行集中报道，引起广泛的社会关注。

9月27日

农业农村部农业机械试验鉴定总站在北京市召开2018年第二次农业机械推广鉴定大纲审定会议，对93项农机试验鉴定通则和推广鉴定大纲进行审查，副站长刘旭出席会议。

农业农村部农业机械试验鉴定总站在景德镇市举办全国农业机械化质量信息人员操作实务培训班，来自全国各地60多名信息员代表参加培训，副站长姚春生出席开班式并讲话。

农业农村部农业机械试验鉴定总站在北京市召开农机维修服务体系建设专

家研讨会，来自全国农机维修主管单位的30名专家和代表参加研讨会，副站长刘旭出席会议并讲话。

10—11月

农业农村部农业机械试验鉴定总站开展2018年部级鉴定能力认定复评审工作，组织6个专家组对13家鉴定机构126项次的产品部级鉴定能力认定进行现场考评和监督检查，及时发现存在问题，并指导其立即整改，切实提升行业工作的规范性。

10月10日

农业农村部农业机械试验鉴定总站在新疆维吾尔自治区巴音郭楞蒙古自治州召开农机鉴定工作改革贯彻研讨会，就如何做好农机试验鉴定品牌建设、依法依规完成鉴定工作任务、农机质量投诉监督体系规范化建设、农业机械化标准制修订工作深入交流，并对《农业机械试验鉴定实施办法(初稿)》《国家农机试验鉴定品牌提升行动方案(讨论稿)》等展开研讨。副站长姚春生、总工程师仪坤秀及全国农机试验鉴定机构负责人参加会议，副站长刘旭出席会议并讲话。

10月11日

农业农村部农业机械试验鉴定总站实验室顺利通过CHAS专项监督评审。

10月17—19日

农业农村部质检中心和资质认定双认证评审组对农业农村部农业机械试验鉴定总站实验室、中心能力扩项进行现场评审，农业农村部农业机械试验鉴定总站申请的甘蔗收获机、圆草捆包膜机、畜禽尸体处理机、畜禽粪便发酵处理机、翻堆机、撒肥机等6个产品的能力扩项全部推荐通过。

10月18日

农业农村部农业机械试验鉴定总站在宝鸡市召开全国农机合作社维修能力提升专家研讨会，30多位农机合作社主管单位负责人、技术专家和合作社理事长参加会议，农业农村部农业机械试验鉴定总站副站长姚春生出席会议并讲话。

10月22日

农业农村部农业机械试验鉴定总站与联合国可持续农业机械化中心(CSAM)联合举办亚太农机检测网(ANTAM)培训班，来自孟加拉国、柬埔寨、印度、菲律宾、日本、韩国、俄罗斯、土耳其、塔吉克斯坦等18个国家的近30名农机检测技术人员参加培训，共同推动区域各国农机试验检测能力建设。

10月27日

农业农村部农业机械试验鉴定总站在四川省眉山市举办2018年中国农业机械化信息网信息员培训班，通报2018年信息报送、优秀信息提交单位和个人的情况，来自全国各地从事农业机械化信息宣传工作的90多名信息员代表参加培训，农业农村部农业机械试验鉴定总站副站长姚春生出席开班式并讲话。

10—11月

农业农村部农业机械试验鉴定总站分别在丹东市和广州市举办两期2018年部级农机推广鉴定大纲宣贯培训班，对新制修订的《农业轮式和履带拖拉机》等29项重点产品和《粪污固液分离机》等8项畜禽养殖废弃物资源化利用相关产品推广鉴定大纲进行解读，并就大纲执行过程中的有关问题进行现场答疑和交流研讨，累计培训农机鉴定员200余人次。

11月4日

农业农村部农业机械试验鉴定总站副站长姚春生带队赴河北省曲阳县对口帮扶贫困村开展调研，深入了解总站帮扶举措推进落实情况以及相关捐赠机具使用情况，并与当地政府领导和相关委办局召开座谈交流会，进一步对接2019年帮扶工作需求。

11月7日

农业农村部农业机械试验鉴定总站在广州市召开2018年农业机械化质量工作研讨会，研究推进新形势下农业机械化质量工作。部分省(区、市)农业机械化主管部门和农机试验鉴定站(农机质量监督管理站)负责人参加会议，会议由农业农村部农业机械试验鉴定总站副站长姚春生主持，副站长刘旭出席会议并讲话。

11月20日

农业农村部农业机械试验鉴定总站在北京市召开水稻插秧机维修公共教学系统专家研讨会，与会代表对拍摄制作的30个视频进行评审，对视频课件开发和学习平台推广应用开展研讨，并提出修改意见。

11月21日

由农业农村部农业机械试验鉴定总站负责起草的《农机自愿性产品认证实施规则通用要求》由中国国家认证认可监督管理委员会、农业农村部联合发布实施(国家认监委 农业农村部公告2018年第43号)。

11月27日

农业农村部农业机械试验鉴定总站在贵阳市举办农机鉴定系统财务管理能力建设培训班，部分省站领导及财务人员参加培训。

农业农村部农业机械试验鉴定总站在厦门市举办畜牧机械推广鉴定技术培训班，对新修订的挤奶机、贮奶(冷藏罐)、全混合日粮制备机等7个推广鉴定大纲(投批稿)中的程序、要求等进行解读。各省(区、市)农机试验鉴定机构、44家畜牧机械生产企业的80余名学员参加培训，总工程师仪坤秀、福建省农机鉴定推广站站长林远崇出席开班式并讲话。

11月28日

全国农业机械标准化技术委员会农业机械化分会在贵阳市召开农业机械化标准审定会，对《轮式拖拉机能效等级评价》等21项农业机械化农业行业标准进行审定，农业农村部农业机械化管理司相关领导、标准审定专家和标准主要起草人共50名代表参加会议。

11月29日

农业农村部农业机械试验鉴定总站副站长姚春生一行赴四川省甘孜州理塘县开展农业产业扶贫调研，实地了解帮扶项目——三个对口帮扶贫困村免费捡石作业项目实施情况，举办马铃薯全程机械化专题报告，并与当地政府交流谋划2019年帮扶工作举措。

农业农村部农业机械试验鉴定总站在德州市召开农机报废更新补贴政策优化专家研讨会，邀请财政部农业司、农业农村部农业机械化管理司、计划财务司有关负责同志及部分农机报废更新试点省份有关负责人参与研讨。

农业农村部农业机械试验鉴定总站在海南省文昌市举办农用拖拉机和柴油机推广鉴定技术培训班，对新修订的农用轮式和履带式拖拉机、手扶拖拉机、农用柴油机推广鉴定大纲(报批稿)进行详细解读。各省(区、市)农机试验鉴定机构、79家拖拉机和柴油机生产企业的130余名学员参加培训，总工程师仪坤秀、海南省农机鉴定推广站站长张培出席开班式并讲话。

12月

农业农村部农业机械试验鉴定总站实验室完成2018年管理体系文件换版工作。

12 月 4 日

农业农村部农业机械试验鉴定总站举办农机鉴定员(检验员)业务培训班，深入学习研讨《农业机械试验鉴定办法(草案)》，宣讲农业农村部农业机械试验鉴定总站实验室新版质量管理体系文件，介绍部级推广鉴定报告出具的常见问题及注意事项等。培训班以闭卷的考核方式，对成绩合格者颁发农机鉴定员(检验员)工作证。

12 月 10 日

农业农村部农业机械试验鉴定总站在遵义市举办 2018 年农业机械部级推广鉴定管理制度培训班，培训内容涉及农机鉴定制度改革、部级(国家支持的)推广鉴定管理制度、网上信息确认与操作要点等。来自全国 21 个农业机械试验鉴定机构、70 家农机生产企业的 120 余名代表参加培训。

12 月 17 日

农业农村部农业机械试验鉴定总站在北京市举办 2018 年度农机产品质量认证人员年度培训班，副站长刘旭出席开班式并讲话。

12 月 17—19 日

农业农村部农业机械试验鉴定总站在南宁市举办 2018 年全国农机统计直报系统信息员培训班(第二期)，对即将颁布实施的《农机统计调查制度》进行宣贯，全国 31 个省、自治区、直辖市及新疆建设兵团农机部门统计信息员 70 余人参加培训，农业农村部农业机械试验鉴定总站副站长姚春生、农业农村部农业机械化管理司统计工作负责同志、自治区农机服务中心副主任杨义出席开班式并讲话。

12 月 18 日

农业农村部农业机械试验鉴定总站在南宁市召开甘蔗生产全程机械化评价指标专家组会议，围绕甘蔗机械化水平调查方案和评价标准开展研讨，明确下一步工作方向和思路。此前，农业农村部农业机械试验鉴定总站已组织调研组分赴广西、广东及云南三省区开展甘蔗生产全程机械化调研，深入了解不同地区甘蔗生产机械化模式，并就甘蔗生产机械化水平评价指标的设置情况广泛征求地方意见。

12 月 19 日

农业农村部农业机械试验鉴定总站在潍坊市举办农机鉴定制度培训研讨班，就部常务会审议通过的《农机试验鉴定办法》开展研讨学习，并对《农业机械试验鉴定实施细则(征求意见稿)》《国家支持的农业机械推广鉴定证书监督抽查工作规范(征求意见稿)》《全国农业机械试验鉴定管理服务信息化平台管理办法(征求意见稿)》广泛征求与会人员意见。

2018 年

农业农村部农业机械试验鉴定总站共接收部级推广鉴定申请 2 009 项，经审查受理 1 509 项，不受理 434 项，不受理率 21.6%；共接收证书有效期内信息变更申请 408 项，经审查受理 348 项，不受理 60 项，不受理率 14.7%；共发布 5 批推广鉴定结果通报，对通过鉴定的 1 388个产品发放部级推广鉴定证书，对通过换证审批的 323 个产品换发新证书，对 16 个产品补发推广鉴定证书，对 17 个产品变更所属品目。

农业农村部农业机械试验鉴定总站下达农业机械化领域农业行业标准制修订项目 20 项，审定通过农业行业标准 24 项，发布农业行业标准 19 项。

中国农业机械化信息网平均点击量达到 125 万次，日点击量峰值达 305 万次，连续 14 年稳居农业农村部 18 个行业网站首位，保持着远远领先同行的点击率和影响力。中国农业机械化信息网网站微信公众号"中国农机化"发布信息 240 余篇，不断提高信息宣传的广泛性、及时性和有效性。

农业农村部农业机械试验鉴定总站认证中心完成 237 个企业的申请受理，其中 3C 初次申请 66 家，3C 其他申请 145 家，体系申请 24 家，合格认证申请 1 家；完成 627 个项目，完成工厂监督审核任务 376 家。制作证书 438 张，共对 407 个企业的 594 张证书完成暂停、注销、撤销、到期换证、名称、地址变更等处理。

农机行业完成职业技能鉴定人数累计达 3.9 万余人。

农业农村部农业机械试验鉴定总站共组织和参加出国(境)团组 13 个(含 2 个赴台团组)，包括执行植保机械 3C 认证工厂审查团 6 个，参加国际会议团组 4 个，技术交流团组 2 个，出国(境)培训团组 1 个。

农业农村部农业机械试验鉴定总站人事变动情况如下：7 月，副站长郭建辉退休；11 月，党委委员、二级研究员朱良退休；12 月，选拔聘用正处级干部 3 人，于瑞莲任计划财务处处长，李宏任政策研究处处长，侯方安任信息处处长。

农业农村部农业机械试验鉴定总站受到表彰奖励情况如下：被评为 2017 年度中央国家机关社会治安综合治理基层先进单位、2016—2018 年度农业农村部文明单位、2015—2017 年农业部绩效管理先进单位、2015—2017 年度农业部平安建设先进单位、2017 年度农业部绩效管理优秀单位、2017 年度农业农村部部门预决算和资产管理工作先进单位、2017 年度农业部绩效管理创新项目事业单位组三等奖、2017 年度农业部直属机关党建宣传信息工作先进单位、2017 年度农业部直属机关"支部工作"App 信息报送工作先进单位、2017 年度农业部离退休干部宣传信息工作先进单位、2018 年农业农村部直属机关党建课题研究组织奖、农业农村部"放歌新时代"职工文艺汇演优秀奖。农业农村部农业机械试验鉴定总站第四党支部荣获农业农村部直属机关"先进基层党组织"称号。

农业农村部农业机械化技术开发推广总站

2017 年 12 月 22—23 日

农业部农业机械化技术开发推广总站在长沙市举办主要农作物生产全程机械化项目管理培训班，就 2016 年示范项目实施情况做专题交流并讲解 2018 年示范项目申报要求与实施管理要求，为 2018 年示范项目的顺利实施奠定基础。

12 月 24—25 日

农业部农业机械化技术开发推广总站在长沙市召开"一主多元"机制创新研讨会，分析全程机械化发展现状与趋势，研讨主要农作物生产薄弱环节技术选择，探讨发挥多元推广合力促进农机农艺融合的方法与途径。农业部农业机械化管理司相关同志、农业部南京农业机械化研究所书记胡志超、中国农机流通协会会长毛洪、中国工程院院士罗锡文等领导出席会议，副站长涂志强做大会主题报告。

12 月 25 日

农业部农业机械化技术开发推广总站在长沙市开展农业部主要农作物生产全程机械化推进行动专家指导组集体调研活动，交流各作物专业组 2017 年的工作情况，探讨全程机械化发展现状与趋势，研究部署 2018 年工作重点。站长刘恒新出席会议并讲话。

2018 年 3—6 月

农业农村部农业机械化技术开发推广总站组织人员分赴安徽、天津、宁夏、湖北、新疆等十余省(区、市)指导各地开展新规章、新规范的宣传普及,为牌证管理规定于 6 月 1 日如期实施奠定基础。

3 月 21—24 日

农业部农业机械化技术开发推广总站在北京市举办农机安全规章宣贯培训班,深入宣贯拖拉机和联合收割机《登记规定》《驾驶证管理规定》及其配套业务工作规范。来自全国农机(农业、农牧)局主管农机安全工作的负责人参加培训,农业部农业机械化管理司司长李伟国出席开班式并讲话,站长刘恒新主持开班式。

3 月 24—25 日

农业部农业机械化技术开发推广总站在北京市召开农机安全监理业务数据交换技术专家论证会,讨论修改《农机安全监理业务数据交换技术要求(试行)》,并于 4 月 16 日正式印发,对各省级农机安全监理机构农机安全监理业务信息(数据库)资源的整合共享、互联互通具有积极推动作用。

3 月 30 日

中国农业机械学会农机监理分会印发《关于举办 2018"科大杯"农机安全监理学术论文征集活动的通知》,在全国范围内组织开展农机安全监理学术论文征集活动。活动共征集到 91 篇论文,经过专家评审,评选出一等奖 5 篇,二等奖 8 篇,三等奖 12 篇,优秀奖 13 篇;江苏省农业机械安全监理所等 6 个会员单位获优秀组织奖,山东科大微机应用研究所有限公司获特别贡献奖。

4 月

农业农村部农业机械化技术开发推广总站副站长王桂显一行先后赴陕西、湖北两省开展调研,了解农机互助协会的运行情况,开展"农机典型事故分析"课题研究。

4 月 10 日

农业农村部农业机械化技术开发推广总站在诸暨市举办全国春耕生产农业机械化技术培训班暨"机器换人"推进活动,现场观摩轻型履带拖拉机、穴盘精量播种设备、水平自动控制系统、侧深施肥一体机等春耕生产先进适用机具作业演示,专题讲解节水灌溉、农作物病虫害绿色防控和水稻机插秧同步侧深施肥等技术。农业农村部农业机械化管理司副司长李安宁出席开班式并讲话,站长刘恒新主持开班式。

4 月 25 日

农业农村部农业机械化技术开发推广总站在宁波市召开以蔬菜生产机械化为主要内容的农业机械化技术试验示范工作经验交流会,交流典型经验做法,探索形成适合当地实际的蔬菜生产机械化技术模式和推广工作机制,副站长涂志强出席会议并讲话。同期举办蔬菜生产全程机械化现场演示活动。

4 月 25—26 日

农业农村部农业机械化技术开发推广总站在林芝市举办全国农机监理业务统计人员培训班暨第二期农机安全规章宣贯培训班,深入贯彻学习新规章规范,探讨新时期监理业务统计工作的思路,来自全国农机安全监理机构的统计人员及部分领导参加培训,副站长王桂显出席开班式并讲话。

4 月 25—27 日

农业农村部农业机械化技术开发推广总站在丹阳市举办全国农机推广信息宣传工作培训班,第一次对全国农机推广、农机监理系统负责信息化工作的同志进行集中培训,切实提高农机推广监理系统信息化与宣传工作水平。中国工程院院士、国家农业信息化工程技术研究中心主任赵春江受邀授课,副站长徐振兴出席开班式并讲话。

4 月 26 日

农业农村部农业机械化技术开发推广总站印发《关于开展 2018 年农业机械化技术试验验证工作的通知》(农机推(技)发〔2018〕3 号),决定在适宜省份开展水稻机插秧同步侧深施肥、玉米籽粒低破碎机械化收获、油菜毯状苗机械化高效移栽等技术试验验证工作,考核评价农业机械化技术及配套机具的先进性、适用性和安全性,引领推动农业机械化转型升级。

5 月

农业农村部农业机械化技术开发推广总站印制《农机安全宣传挂图》20 余万份,赠送给全国农机合作社和农机手,宣传农机安全知识,提高农机手安全意识。

5 月 6—9 日

农业农村部农业机械化技术开发推广总站在淄博市举办拖拉机联合收割机牌证制发监督管理培训班暨第三期农机安全规章宣贯培训班,解读《拖拉机和联合收割机驾驶证管理规定》《拖拉机和联合收割机登记规定》及其配套的规范标准,副站长王桂显出席培训班并讲话。

5 月 8 日

农业农村部农业机械化技术开发推广总站在黑龙江农垦建三江管理局组织开展水稻机插秧同步侧深施肥技术集成示范活动,现场观摩水稻机插秧同步侧深施肥技术及配套机具作业演示,开展专题培训和咨询指导,座谈交流技术应用情况,站长刘恒新出席活动并讲话。

5 月 14 日

农业农村部农业机械化技术开发推广总站组织主要农作物生产全程机械化推进行动专家指导组油菜专业组在湖北枝江市开展油菜收获机械化技术推进活动,现场观摩油菜籽收获、油菜秸秆处理等机械化技术及配套机具作业演示,研讨交流油菜收获机械化技术发展瓶颈及解决思路、措施。中国工程院院士罗锡文、农业农村部农业机械化技术开发推广总站副站长涂志强出席活动并讲话。

5 月 15—16 日

农业农村部农业机械化技术开发推广总站在南昌市举办 2018 年中国农机推广田间日活动暨农业机械化新技术培训班,不断丰富和完善参与式、体验式、互动式推广方式,活动得到农业农村部副部长张桃林的肯定批示。农业农村部农业机械化管理司司长李伟国、农业农村部农业机械试验鉴定总站副站长刘旭等出席开班式,站长刘恒新主持开班式。

5 月 22 日

农业农村部农业机械化技术开发推广总站在宿州市开展《中国农业百科全书·农机化卷·推广、监理分卷》编撰工作启动活动,正式启动《农机技术推广分卷》和《农机运用与安全管理分卷》编撰工作。副站长涂志强、王桂显出席活动并讲话。

6 月

农业农村部农业机械化技术开发推广总站免费为农民发放近 20 万条农业机械机身反光标识,提高拖拉机和联合收割机夜间行驶的安全性能,预防和减少农机事故的发生。

6 月 5 日

农业农村部农业机械化技术开发推广总站在邯郸市组织开展黄淮海地区粮食高效生产全程机械化推进活动,现场观摩小麦收获以及玉米精准播种、施肥、施药、灌溉等“互联网+”智慧农机装备作业演示，研讨推进黄淮海地区粮食高效生产全程机械化思路措施。农业农村部农业机械化管理司司长李伟国、站长刘恒新出席活动。

6月12日

农业农村部农业机械化技术开发推广总站党总支印发《中共农业农村部农业机械化技术开发推广总站党总支委员会与大利村党支部结对帮扶工作方案》，与湖南省永顺县石堤镇大利村党支部开展结对帮扶工作。

6月14—16日

以“生命至上安全发展”为主题的“2018年全国农机安全生产宣传咨询日活动”在甘肃、河北、重庆、湖南4省(市)同步开展，农业农村部农业机械化管理司副巡视员王家忠、农业农村部农业机械化技术开发推广总站站长刘恒新、副站长王桂显分赴各地活动现场为农民发放安全生产宣传资料、粘贴农业机械安全反光标识、解答农民群众提出的问题，积极营造农机安全生产氛围。

6月15日

农业农村部副部长张桃林对农业农村部农业机械化技术开发推广总站《打造田间日活动品牌创新农机化技术推广方式》作出批示：“田间日活动开展三年来，始终以满足生产需求和农民需要为目标，不断探索创新，突出参与性、体验性和互动性，推广一批新机具新技术新模式，促进农业机械化全程全面发展，也培育一批新型职业农民。希望不断丰富完善活动的内容和方式，在加快农业机械化技术推广服务和推进农业绿色发展中做出更多贡献。”

6月27—28日

农业农村部农业机械化技术开发推广总站在青岛市召开主要农作物生产全程机械化薄弱环节技术研讨会，现场观摩马铃薯、花生等根茎类作物生产全程机械化技术展示演示，研讨交流主要农作物生产全程机械化技术薄弱环节和解决方案。农业农村部农业机械化管理司相关同志、农业农村部南京农业机械化研究所书记胡志超、中国农业机械化协会会长刘宪出席会议，副站长涂志强主持会议并讲话。

7月13日

农业农村部农业机械化技术开发推广总站在益阳市组织开展水稻机插秧同步侧深施肥技术示范观摩交流活动，现场观摩水稻机插秧同步侧深施肥技术作业演示，交流水稻机插秧同步侧深施肥技术试验示范情况，加快推进水稻机插秧同步侧深施肥技术示范推广工作。

7月17日

农业农村部公布2018年十项重大引领性农业技术，其中包括农业农村部农业机械化技术开发推广总站报送并牵头实施的玉米籽粒低破碎机械化收获、水稻机插秧同步侧深施肥、油菜毯状苗机械化高效移栽三项技术。

7月24日

农业农村部农业机械化技术开发推广总站在瑞昌市组织开展晚稻中大苗机械化移栽技术现场观摩活动，现场观摩晚稻中大苗机械化移栽作业演示，交流研讨解决南方多熟制地区生产季节茬口矛盾、降低晚稻机插秧风险的思路措施。站长刘恒新出席活动并讲话。

7月25—26日

农业农村部农业机械化技术开发推广总站在海南陵水县举办全国农机事故统计及事故处理人员培训班，解读《农业机械事故处理办法》《农业机械事故处理文书规范》《农业机械机身反光标识》等规章、规范及标准，来自全国各省级监理机构的事故处理员及部分领导参加培训，副站长王桂显出席开班仪式并讲话。

7月26—27日

农业农村部农业机械化技术开发推广总站在重庆市举办2018年农业机械化技术推广技术岗位人员培训班，讲解果蔬茶有机肥替代化肥技术，观摩果园机械化和宜机化整村推进情况，副站长涂志强出席培训班并讲话。

8—9月

农业农村部农业机械化技术开发推广总站组织6个检查组分赴12个省开展全国农机安全监理业务规范化建设检查交流活动。

8月30日

农业农村部农业机械化技术开发推广总站在西宁市组织开展牧草(燕麦饲草)生产全程机械化推进活动，现场观摩牧草(燕麦饲草)机械化生产作业演示，研讨牧草机械现状、发展趋势和经营模式，总结交流推进牧草生产全程机械化成效经验，进一步加快推进牧草生产全程机械化进程，副站长涂志强出席活动并讲话。

9月5日

农业农村部农业机械化技术开发推广总站在镇江市开展油菜毯状苗育苗技术学习演练活动，集中学习油菜毯状苗育苗技术，为顺利开展油菜毯状苗机械化高效移栽技术试验示范工作奠定基础。

9月6—7日

农业农村部农业机械化技术开发推广总站在张掖市举办2018年“三秋”农业机械化技术培训班，现场进行燕麦饲草生产全程机械化作业、青贮玉米机械化收获、苜蓿机械化收获和捡拾打捆等3个作业演示和培训，来自全国各省级农机管理部门和推广站负责人，有关协会、企业、新型经营主体及相关媒体代表参加培训，副站长涂志强出席开班式并讲话。

9月10—13日

农业农村部农业机械化技术开发推广总站在北京市召开全国农机作业安全监控信息系统建设论证会，对《全国农机作业安全监控信息系统建设项目》可行性研究报告进行研究论证，副站长王桂显出席论证会。

9月18日

农业农村部农业机械化技术开发推广总站在漯河市开展玉米籽粒低破碎机械化收获技术集成示范活动，现场观摩玉米籽粒收获以及与其配套的整地、播种等机具作业展示演示，实地考察玉米收获损失率、籽粒破碎率检测效果，研讨交流加快推进玉米籽粒机械化收获技术应用的思路和举措，进一步促进玉米籽粒机械化收获技术示范推广。

9月19—20日

农业农村部农业机械化技术开发推广总站在宁波市召开全国农机安全监理规范化建设总结交流会，进一步强化全国农机安全监理机构依法监管意识，规范业务办理流程，提升安全监理能力。

9月22—23日

农业农村部农业机械化技术开发推广总站在河北南宫市和山东无棣县组织开展黄河流域棉花生产全程机械化示范点田间测产活动，经测试，示范点籽棉产量分别提高15%和30%左右，标志着黄河流域棉花生产全程机械化薄弱环节取得重大突破。中国工程院院士罗锡文、陈学庚以及中国农业大学副校长李召虎、河北农业大学副校长马峙英、总站副站长涂志强等出席活动。

9月26—27日

农业农村部农业机械化技术开发推广

广总站在北京市召开农业机械化技术推广工作创新座谈会，聚焦农业机械化技术推广工作创新，对加强创新引领做好今后一个时期的工作提出新要求。农业农村部农业机械试验鉴定总站副站长刘旭、各省级农机推广机构负责人、部分农业机械化社会团体、农机企业、新闻媒体代表和农业农村部农机推广总站全体干部职工参加会议，农业农村部副部长张桃林、农业农村部农业机械化管理司司长张兴旺出席会议并讲话。

9月27日

农业农村部农业机械化技术开发推广总站在北京市召开2018年《农机科技推广》杂志编委会议，围绕新形势下如何进一步办好《农机科技推广》杂志、中国农机推广网和中国农机推广网公众号信息宣传平台进行座谈和交流。编委会主任、总站站长刘恒新出席会议并讲话，编委会副主任、总站副站长徐振兴主持会议。

9月29日

农业农村部农业机械化技术开发推广总站组织主要农作物生产全程机械化推进行动专家指导组大豆专业组在黑龙江五大连池市开展大豆生产全程机械化推进活动，现场观摩大豆生产机械化关键技术作业演示，交流大豆生产全程机械化促进产业发展的成效经验，研讨进一步推动大豆生产效益提升的思路与措施，加快推进大豆生产全程机械化技术进步和质量提升。

10月

由农业农村部农业机械化技术开发推广总站与江苏省盐城市农机安全稽查支队共同承担全国首个农机安全监管服务创新试验示范基地历经5年时间后通过专家组验收，为创新开展农机安全监理工作积累宝贵经验。

10月10—12日

农业农村部农业机械化技术开发推广总站在盐城市举办全国农机事故统计工作推进活动，交流研讨加强农机事故统计工作的措施和方法，进一步规范农机事故统计工作。江苏、河北、天津等11个省（自治区、直辖市）受邀参加活动。副站长王桂显出席活动并讲话。

10月11日

农业农村部农业机械化技术开发推广总站在辽宁昌图县开展北方春播玉米区玉米生产全程机械化推进活动，现场观摩玉米生产全程机械化主要环节作业演示，交流研讨玉米生产全程机械化关键技术和北方春播玉米区玉米全程机械化生产模式，进一步提高北方春播玉米区全程机械化技术水平。

10月16日

农业农村部农业机械化技术开发推广总站在安徽当涂县开展油菜毯状苗机械化高效移栽技术集成示范活动，现场观摩油菜毯状苗育苗、土地耕整、高效栽植等媒介机械化作业演示，研讨交流油菜毯状苗机械化高效移栽技术和示范推广情况，副站长涂志强出席活动并讲话。

10月26日

农业农村部农业机械化技术开发推广总站在武汉市举办农业机械化主推技术现场演示活动暨培训班，5个省市农机推广站围绕蔬菜生产全程机械化组成作业队开展演示教学，15家国内外农机生产企业的27台套机具参加作业演示。来自全国各省级农机管理部门和推广站代表，有关协会、企业、新型经营主体的代表参加活动，中国工程院院士罗锡文现场观摩并指导。

10月26—28日

2018中国国际农业机械展览会期间，农业农村部农业机械化技术开发推广总站联合中国农业机械流通协会在武汉市举办"农业农村部重大引领性农机化技术专题展"，集中展示由农业农村部农业机械化技术开发推广总站牵头集成示范的玉米籽粒低破碎机械化收获、水稻机插秧同步侧深施肥、油菜毯状苗机械化高效移栽等三项重大引领性农业技术，促进先进技术大范围推广应用。中国工程院院士罗锡文、农业农村部农业机械化管理司副巡视员王家忠、中国机械工业集团有限公司总工程师陈志等参观展览。

10月29—30日

农业农村部农业机械化技术开发推广总站协助农业农村部农业机械化管理司在宿州市举办农机事故应急处置演练，切实提升农机事故应急救援能力，检验农机事故应急处置预案的实用性和操作性。农业农村部农业机械化管理司司长张兴旺宣布演练开始，农业农村部农业机械化管理司副巡视员王家忠、农业农村部农业机械化技术开发推广总站站长刘恒新、副站长王桂显出席活动。

11月5—7日

农业农村部农业机械化技术开发推广总站在成都市举办全国蔬菜生产全程机械化推进活动和现场演示作业活动，研讨适应本地区蔬菜生产全程机械化技术路线和推广模式，来自部分省（市）的农机推广部门以及四川省部分县级农机管理部门和推广站、蔬菜专业合作社代表参加活动。

11月6—7日

农业农村部农业机械化技术开发推广总站在绵阳市举办农机安全监理装备建设培训班，解读《农业机械安全监理机构装备建设标准》及相关规章规范，交流农机安全监理装备建设经验，表彰2018"科大杯"农机安全监理学术论文征集活动中取得优秀等次的人员及优秀组织单位，副站长王桂显出席开班式并讲话。

11月13日

农业农村部农业机械化技术开发推广总站在湘潭市开展2017年主要农作物生产全程机械化示范项目验收工作，对示范项目进行专家评审及量化打分，提出项目实施中存在问题，评选出优秀省份，并起草完成验收工作报告，进一步促进示范项目的规范高效实施。

11月22—23日

农业农村部农业机械化技术开发推广总站在北京市开展2018年基本实现主要农作物生产全程机械化示范县评价工作，组织专家按照《县域主要农作物生产全程机械化水平评价体系》对申报的示范县进行量化打分。

11月26日

农业农村部农业机械化技术开发推广总站在广州市召开创新农业机械化技术推广运行机制与服务模式研讨会，观摩集装箱水产养殖和农用无人植保机情况，深入探讨深化基层农机推广体系改革、强化农科教协同推广、创新农机推广运行机制和服务模式，副站长涂志强出席会议并讲话。

11月30日

农业农村部农业机械化技术开发推广总站印发《关于征集先导性农机化技术的通知》（农机推（技）发〔2018〕9号），决定在全国范围内征集先导性农业机械化技术，加快农业机械化新技术、新成果的推广应用。

12月14日

农业农村部农业机械化技术开发推广总站在西宁市举办主要农作物生产全程机械化项目管理培训班，就农业机械化技术对比试验方法、报告编写等内容进行专题培训，副站长涂志强出席开班式并讲话。

12 月 19—20 日

农业农村部农业机械化技术开发推广总站在天津市召开农业机械化新技术新机具试验示范项目总结会，专题交流水稻机插秧同步侧深施肥、玉米籽粒低破碎机械化收获、油菜毯状苗机械化高效移栽等技术试验验证工作成效和经验，为大面积推广应用提供参考。

12 月 21 日

农业农村部农业机械化技术开发推广总站在天津市开展农业农村部主要农作物生产全程机械化推进行动专家指导组集体调研活动，交流各作物专业组 2018 年的工作情况，探讨全程机械化发展现状与趋势，研究部署 2019 年工作重点。专家组组长、中国工程院院士罗锡文，农业农村部农业机械化管理司副巡视员王家忠，专家组副组长、总站站长刘恒新出席活动并讲话，副站长涂志强主持活动。

2018 年

农业农村部农业机械化技术开发推广总站在北京、上海、江西、湖北、四川 5 个省市进行蔬菜移栽机对比试验和效果评价，探索完善蔬菜移栽机试验方法和作业技术规范，形成适应当地的技术路线和推广模式，加快推进蔬菜生产机械化技术的推广应用；继续在河北、山东、吉林、辽宁、黑龙江、新疆 6 省区开展玉米免耕播种机试验验证工作，形成适应当地条件的主推技术模式、作业标准和技术规范，扩大试验示范及推广应用面积，推动我国北方玉米主产区全程机械化生产提质增效；在甘肃武威市凉州区开展玉米青贮收获机械化技术试验示范工作，形成适应当地的技术路线和推广模式，为大面积推广应用打基础。

农业农村部农业机械化技术开发推广总站编辑出版《农机科技推广》杂志 12 期计 170 万字。并继续向全国 2 000 多个农机合作社和农机手赠送《农机科技推广》杂志 2 033 份。

农业农村部农业机械化技术开发推广总站积极扩大对外交流，组织参加出国(境)团组 6 个。

农业农村部农业机械化技术开发推广总站人事变动情况如下：10 月，岗位调整正处级干部 1 人，张树阁任推广二处处长；提拔正处级干部 2 人，毛振强任宣传信息处处长，白艳任执法监管处正处级干部(主持工作)。

农业农村部农业机械化技术开发推广总站受到的表彰奖励情况如下：被评为 2017 年度农业农村部直属机关党建宣传信息工作先进单位；1 人获 2017 年度农业农村部直属机关党建宣传优秀信息员，1 人获 2018 年部系统青年干部春节回乡调研报告优秀奖，1 人获 2016—2017 年度农业农村部直属机关优秀党务工作者。

中国农业机械化协会

2018 年 3 月 4 日至 10 月 21 日

中国农业机械化协会农用航空分会组织召开 4 次植保无人飞机团体标准讨论会，在充分考虑生产运营各阶段要求的前提下，申报获批植保无人机团体标准 10 项，团体标准的制定对促进行业健康有序发展有重要意义。

3 月 29 日

中国农业机械化协会农机专业服务组织分会在郑州市召开农机维修保障能力提升建设论坛，邀请农业机械化管理部门、科研院所、生产企业等 9 位专家作主题报告。

5 月 15 日

由中国农业机械化协会牵头宁夏农机安全监理总站、宁夏大学新能源研究中心共同申报“西北地区农业机械职业技能培训中心建设前期研究”课题，针对在西北地区农机技能培训存在的突出问题，开展前瞻性研究。

中国农业机械化协会与农业农村部农业机械化管理司联合组成调研组赴四川省红原县开展扶贫工作调研，调研过程中，发现当地存在山坡饲草地草籽补播作业的难题。为解决这一难题，中国农业机械化协会与农业航空企业联合筹划，探索利用无人机播种草籽。经过 3 个月的研发测试，样机已基本具备撒播披肩草籽(当地普遍使用的草籽品种)的功能，目前正在红原县进行样机的适应性测试，为 2019 年四五月份播种期进行大面积作业做准备。

6—9 月

中国农业机械化协会农机专业服务组织分会参与开展合作社农业机械化杰出服务奖评选活动，共评选出 30 家示范带动作用强、持续发展能力好的农机合作社。

6 月 13 日

中国农业机械化协会在兖州市召开二届第三次理事会，推动成立先农智库，提出将集中优势人力资源，开展有针对性的政策研究，争取实现社会效益和经济效益的双丰收。

8 月 21 日

中国农业机械化协会在泰国曼谷 BITEC 展览中心参展由德国农业协会主办的 2018 汉诺威农机展亚洲版(泰国)。期间，中国农业机械化协会作为理事单位参加联合国亚太农业可持续发展中心召开的理事会。

9 月 11 日至 10 月 14 日

中国农业机械化协会联合山东农业大学在泰安市举办 3 期扶贫工作重点村支部书记培训班(扶贫工作重点地区脱贫带头人培训班)，共培训来自相关省(市)贫困村以及司、站、协会定点帮扶贫困村的脱贫带头人 176 人，推动进一步提升管理理念，增强干事创业、带领村民共同致富的能力。

10 月 25—27 日

中国农业机械化协会农机专业服务组织分会在武汉市举办全国农机合作社创新发展培训研讨班，来自全国的农机合作社理事长、基层农机合作社辅导员共 154 人参加培训，农业农村部农业机械试验鉴定总站副站长姚春生、中国农业机械化协会副会长杨林出席开班式并讲话，分会主任委员国彩同主持培训班开班式。

10 月 28 日

中国农业机械化协会农用航空分会联合华南农业大学、农业农村部南京农业机械化研究所、国际精准农业航空学会、国家精准农业航空施药技术国际联合研究中心、国家航空植保科技创新联盟、中国农业工程学会农业航空分会在武汉市举办农用无人飞机环境安全技术创新与规范应用论坛，围绕植保无人飞机安全应用、施药技术、遥感技术、飞防药剂研发、飞防社会化服务模式以及应用经验等各方面进行研讨交流，推动我国农用航空技术深入发展。

11 月 5 日

中国农业机械化协会在西安市召开协会信息化分会工作会议暨团体标准研讨会，进一步推进我国农机信息化技术的推广和应用，增强信息化分会各会员单位与农机行业之间的合作交流，加快农机信息化方面团体标准的制订、新技术应用和科技成果转化，促进农机、农艺、农信融合。

11 月 5—7 日

中国农业机械化协会联合中国(陕

西)自由贸易试验区杨凌片区管委会办公室、陕西省农业机械鉴定推广总站在杨凌区共同举办国际农机装备和新技术高峰论坛暨进口农业机械展示(演示)活动,这是我国第一个以进口农机为主题的论坛及展示活动,旨在缩短国外先进农业装备技术引进中国的进程,便于农业生产企业、种植大户等采用先进适用的农业装备和技术,助力农业供给侧结构性改革及农业装备产业转型升级。农业农村部农业机械化管理司副司长李安宁、农业农村部农业贸易促进中心副主任张晓婉、联合国可持续农业机械化中心项目官员马克·库尔瓦斯蒂(Marco Silvestri)等出席活动。

12 月 27 日

中国农业机械化协会在南宁市召开农机维修分会成立大会,审议通过《农机维修分会章程》,选举产生第一届分会主任委员、副主任委员和委员,来自农机维修行业的 30 多位专家参加成立大会。

农业农村部南京农业机械化研究所

2018 年 1 月 7 日

农业部南京农业机械化研究所国家重点研发计划“研发与完善农业航空植保智能化装备关键部件”课题 2017 年度总结会召开。

1 月 11—12 日

由农业部南京农业机械化研究所茎秆类收获机械团队组织的中国农业科学院创新工程“国际交流棉花机械化生产技术研讨会”在南京顺利召开。

1 月 13—15 日

农业部南京农业机械化研究所应邀参加国家食用豆产业技术体系考评及任务落实会议。

1 月 17 日

农业部南京农业机械化研究所植保机械创新团队应邀参加国家重点研发计划“地面与航空高工效施药技术及智能装备”年度总结会。

1 月 19 日

农业部南京农业机械化研究所召开 2018 年度党委中心组第二次扩大学习会,专题传达学习中央农村工作会议精神及全国农业工作会议精神。

1 月 26 日

农业部南京农业机械化研究所召开干部大会,传达学习党的十九届二中全会会议公报,会议由党委书记胡志超主持。

1 月 31 日

第十届江苏省专利项目奖颁奖仪式于在南京举行,农业部南京农业机械化研究所胡志超研究员带领创新团队完成的发明专利“一种两垄花生联合收获机”荣获金奖。

2 月 1 日

农业部南京农业机械化研究所获中国农业科学院 2017 年度人事劳动统计工作先进单位。

2 月 8 日

农业部南京农业机械化研究所召开 2017 年度工作总结表彰暨情况通报会。会议传达 2018 年中国农业科学院工作会议精神,总结回顾全所 2017 年行政工作和党委工作。

2 月 12 日

农业部南京农业机械化研究所安全生产委员会全体成员由安全生产委员会主任陈巧敏所长带队,对农业部南京农业机械化研究所的安全生产工作进行大检查。

3 月 14 日

农业部南京农业机械化研究所召开全所职工大会,所长陈巧敏全面部署 2018 年全所行政工作要点,并就唐华俊院长《深入贯彻落实党的十九大精神努力开创新时代中国农科院工作新局面》的工作报告进行再次重点宣贯。党委书记胡志超主持召开 2018 年度第一次党委会,专题谋划 2018 年党的工作。全体党委委员参加会议。

3 月 16 日

中国农业科学院科技创新工程协同创新任务——毁灭性土传病虫害绿色防控关键技术项目 2017 年工作总结会在山东安丘召开。

3 月 23 日

由农业部南京农业机械化研究所主持的“十二五”国家科技支撑计划项目“大田作物机械化生产关键技术研究与示范”验收会在南京召开。

3 月 23—25 日

国家油菜产业技术体系植保技术研讨会暨菌核病飞防现场观摩会在河南固始县沙河铺镇夹河村举行。农业部南京农业机械化研究所第四党支部深入农村基层开展农业机械化科普工作。

3 月 26—27 日

农业部南京农业机械化研究所举办了履职能力提升专题培训班。所领导班子成员、中层干部、创新团队首席及产业技术体系岗位专家近 40 人参加培训。

3 月 29 日

农业部南京农业机械化研究所后勤服务中心在实验室南楼 203 会议室召开所义务消防队员(安全员)工作会议。2018 全国农作物秸秆综合利用技术与装备研讨会在郑州会展中心召开。

4 月

农业农村部南京农业机械化研究所扶贫和援藏干部获驻地表彰。

4 月 13 日

农业农村部南京农业机械化研究所机械团队首席薛新宇研究员带领团队成员赴山东烟台山东众和农业装备技术有限公司开展调研。

4 月 17 日

农业农村部南京农业机械化研究所首批“杰出人才工程”入选名单出炉,共有 37 名优秀人才入选。农业农村部南京农业机械化研究所首个“茶叶科技特派员工作站”落户广西昭平。

4 月 18—21 日

农业农村部南京农业机械化研究所派员参加“亚太地区保护性耕作与小农经营国际研讨会”。

4 月 19 日

农业农村部南京农业机械化研究所召开第十届学术委员会成立会议,会议由副所长曹光乔主持。

4 月 22－25 日

农业农村部南京农业机械化研究所科研人员参加 CIGR 第十九次世界大会并作学术报告。

4 月 25 日

农业农村部南京农业机械化研究所于江苏省建湖县国家现代农业示范区成立“农业航空与高效植保装备技术示范基地”。

4 月 25—26 日

由中国蔬菜协会、江西省农业厅、赣州市人民政府主办的 2018 中国蔬菜产业大会在赣州市召开。

4 月 28 日

农业农村部南京农业机械化研究所参与申报的农业工程博士学位授权一级学科获批。中国农业科学院第七届职工运动会在北京理工大学隆重举行,在党委副书记、纪委书记肖体琼的带领下,农业农村部南京农业机械化研究所共派出 24 名运动健儿参加本次运动会。

5月3日

农业农村部南京农业机械化研究所科技管理处邀请所内外专家，对2016年立项的20项所级基本科研业务费项目进行专家会议验收。

5月4日

农业农村部南京农业机械化研究所“五四”青年职工大会暨第二届青年工作委员会换届选举大会在报告厅隆重举行。

5月10日

农业农村部南京农业机械化研究所工会荣获江苏省教科工会“三星级职工之家”称号。农业农村部南京农业机械化研究所参加“2018中国插秧机技术发展研讨会”。

5月14日

中国工程院院士、石河子大学教授陈学庚，石河子大学机械电气工程学院院长坎杂、张若宇教授和蒙贺伟教授一行来农业农村部南京农业机械化研究所考察调研。

5月15—16日

农业农村部南京农业机械化研究所果蔬茶收获机械创新团队受邀参加2018年中国农机推广田间日活动暨农业机械化新技术培训班。

5月15—22日

农业农村部南京农业机械化研究所西藏青稞机械化生产试验示范基地挂牌成立。

5月21—25日

农业农村部南京农业机械化研究所薛新宇团队科研人员随中国航空学会科普工作委员会赴汶川灾后重建的绵阳市北川县擂鼓八一中学、金堂县福兴镇小学、金堂县赵家镇小学等7所学校开展2018年“航空筑梦，国防育人”留守儿童科普活动。

5月21—27日

农业农村部南京农业机械化研究所与联合国可持续农业机械化中心、联合国世界粮食计划署合作，成功主办以支持亚洲和非洲国家粮食安全为主题的粮食收获和烘干机械化技术国际培训班。

5月28—29日

农业农村部南京农业机械化研究所果蔬茶收获机械创新团队应邀赴太仓参加全省农业机械化高质量发展现场会。

5月

农业农村部南京农业机械化研究所科研工作站博士后获中国博士后科学基金一等资助。

6月4日

生物质转化利用装备创新团队参与的“丹江口水源涵养区绿色高效农业技术集成与示范”协同创新项目现场观摩会在十堰召开。

6月9日

2018年6月9日是第11个国际档案日，农业农村部南京农业机械化研究所综合档案室组织全所兼职档案员开展系列宣传活动，所长陈巧敏出席活动并讲话。农业农村部南京农业机械化研究所参与筹建的江苏大学南京研究生院揭牌仪式正式举行，所长陈巧敏、江苏大学书记袁寿其、江苏农业科学院副院长孙洪武共同为研究生院揭牌。

6月10—23日

农业农村部南京农业机械化研究所开展水稻插秧同步侧深施肥机试验示范。

6月19日

农业农村部南京农业机械化研究所工会获“江苏省模范职工之家”称号，江苏省教育科技工会副主席陈望进对农业农村部南京农业机械化研究所进行授牌，农业农村部南京农业机械化研究所党委书记、工会主席胡志超、工会副主席王顺元和工会委员参加授牌仪式。

6月20日

全国茶园机械化生产装备技术培训及现场演示观摩会在陕西汉中成功举办。国家茶产业技术体系20余位岗位专家与试验站站长、全国茶叶系统、茶企负责人、农机部门专家领导共计220余人参加了此次会议。

6月21日

由农业农村部南京农业机械化研究所主持的“十二五”国家科技支撑计划项目“大田作物机械化生产关键技术研究与示范”项目验收会在北京召开。

6月22—24日

植保机械创新团队受邀参加2018世界无人机大会·第六届国际精准农业航空会议。

6月24日

植保无人飞机团体标准2018年第三次讨论会成功召开。

6月27日

日本洋马农机公司海外事业部副部长丸山高史、课长有田雅之、洋马农机(中国)有限公司副总经理史志中、技术部副部长张中杰等一行来农业农村部南京农业机械化研究所调研交流蔬菜生产机械化情况。

6月28日

农业农村部南京农业机械化研究所相关集体和个人获中国农业科学院“两优一先”表彰。植保机械创新团队成员应邀赴涟水为新型农民培训班授课。

6月

农业农村部南京农业机械化研究所连续5年获“江苏省机械行业人力资源工作先进单位”称号。

7月6日

中国农业科学院科技人才分类评价研讨会在农业农村部南京农业机械化研究所召开。科技部人才中心人才计划与评价部副主任严利、院人事局副局长李巨光一行9人，所领导陈巧敏、肖体琼及相关部门负责同志出席会议。

7月2—7日

农业农村部南京农业机械化研究所在广州成功举办百色市农机管理干部能力提升研修班。农业农村部南京农业机械化研究所科技管理处副处长张萌，百色市农机局局长崔勇生、副局长马涛等出席培训班。

7月9—13日

农业农村部南京农业机械化研究所举办广西农业机械化技术推广骨干人才培训班 。

7月10—11日

农业农村部南京农业机械化研究所陈巧敏研究员参加国家食用豆体系中期工作总结暨产业化示范观摩会。

7月12日

农业农村部南京农业机械化研究所公益性行业(农业)科研专项“茶园综合机械化作业技术与装备研究”顺利通过项目验收。

7月17日

农业农村部南京农业机械化研究所“油菜毯状苗机械化高效移栽技术”被列为2018年十项重大引领性农业技术。中国工程院院士、中国农业科学院副院长吴孔明，国际合作局副局长张蕙杰、交流服务处处长杨修一行来所调研指导。

7月28—30日

国家重点研发计划——“智能化油料作物收获技术与装备研发”项目中期

总结会在哈尔滨召开。

8月1日—5日

农业农村部南京农业机械化研究所举办井冈山党务干部培训班。

8月8日

农业农村部南京农业机械化研究所专利获“南京市优秀专利奖”。

8月9—17日

西甜瓜铺管铺膜坐水移栽复式作业机样机试验成功。

8月16日

国家重点研发计划项目——“农特产品低损清洁技术装备研发”启动会在镇江顺利召开。

8月21日

“机器换人”助力江苏丰县，农业农村部南京农业机械化研究所赴响水西兰花产业扶贫。

8月28日

农业农村部南京农业机械化研究所承担的种子种苗土壤配套装备课题召开年中技术总结交流会。

9月3日

农业农村部南京农业机械化研究所肖宏儒研究员带领创新团队科技成果——“茶叶机械化采摘技术装备创制与应用”获2018年度中国农业科学院杰出科技创新奖。

9月16日至22日

“全国五一劳动奖章获得者”胡志超研究员应邀参加全国总工会组织的全国百名劳模京津冀改革开放40周年成就考察学习。

9月18—21日

国家重点研发计划项目“蔬菜智能化精细生产技术与装备研发”召开课题交流会。

9月28—30日

“茶叶绿色发展技术集成模式研究与示范”项目秦巴山区现场会及技术报告会在平昌召开。

9月

《中国农机化学报》入编《中文核心期刊要目总览》2017版。

10月9—12日

农业农村部南京农业机械化研究所党委书记、土下果实收获机械创新团队首席胡志超，果蔬茶类收获机械创新团队首席肖宏儒、团队成员宋志禹一行3人，赴革命老区、大别山穷山沟、国家级首批重点贫困县安徽省金寨县参加“人社部专家服务基层安徽金寨行”活动。

10月11—12日

由农业农村部农业机械化管理司主办的全国果菜茶生产机械化现场推进会在湖北省宜昌市召开。农业农村部南京农业机械化研究所果蔬茶创新团队首席科学家肖宏儒研究员应邀参会，并做报告。

10月17日

由农业农村部南京农业机械化研究所党委主办的“喜庆改革开放四十年”第二届职工趣味运动会在足球场隆重举行。

10月26日

农业农村部南京农业机械化研究所举办2018年特色经济作物生产机械化论坛。

10月27日

农业农村部南京农业机械化研究所承办第二届江苏蔬博会机械化技术展演活动。农用无人飞机环境安全技术创新与规范应用论坛在武汉顺利召开。

11月1日

由农业农村部对外经济合作中心处长陈洪锦带队，古巴、埃塞俄比亚、苏里南、南非、文莱、坦桑尼亚、印尼等12个国家26名农业官员和技术人员组成的发展中国家畜牧业生产与管理技术培训班代表团来农业农村部南京农业机械化研究所培训参观。

胡志超劳模创新工作室获江苏省首批示范性劳模和工匠人才创新工作室称号。

10月20日至11月3日

农业农村部南京农业机械化研究所获在宁部属科研院所足球赛冠军。

11月16日

农业农村部南京农业机械化研究所参加纪念江苏农机工业改革开放四十周年暨行业表彰会议。所长陈巧敏研究员参加会议，并获“江苏农机行业改革开放四十年功勋人物”称号。

农业农村部科教司司长廖西元、技术推广处副处长崔江浩、政策体制处副处长靳红一行来农业农村部南京农业机械化研究所调研指导科技管理与创新工作，江苏省农业农村厅科教处处长姜雪忠等陪同调研，所领导、相关部门负责人和专家参加座谈交流。

11月15—18日

农业农村部南京农业机械化研究所科技成果亮相全国双创双新博览会。

11月17日

农业农村部南京农业机械化研究所牵头的中国农业科学院创新工程协同创新任务——“粮食作物高效智能装备与技术集成研究”中期自评估会在南京召开。

11月17—18日

农业农村部南京农业机械化研究所完成2017年度专业技术职务任职资格评审工作。

11月21日

农业农村部南京农业机械化研究所果蔬茶类收获机械创新团队科研成果——“6种茎叶类蔬菜机械化生产关键技术与装备的研究开发”在江苏南京通过成果评价。

11月22日

农业农村部南京农业机械化研究所副所长曹光乔、农业农村部南京设计院院长杨晓文和科技管理处副处长常春一行赴南京江北新区南京国家现代农业产业科技创新示范园区（以下称农创园）调研。

11月22—24日

农业农村部南京农业机械化研究所参加的国家重点研发计划项目——“化学农药对靶高效传递与沉积机制及调控”阶段性研究成果研讨暨2018年度进展交流会在南京召开。

12月1日

农业农村部南京农业机械化研究所参加2018在宁部属科研院所职工健步行活动。

12月7日

由农业农村部南京农业机械化研究所主办的“叶类蔬菜生产机械化技术与装备”现场演示会在江苏省常熟市召开。

12月15日

中国农业机械化协会农机科技分会（以下简称“科技分会”）换届暨二届一次会议在南京召开。中国农业机械化协会副秘书长夏明，农业农村部南京农业机械化研究所所长陈巧敏出席会议。

12月23日

江苏省重点研发计划——“稻麦周年机械化优质丰产绿色增效技术集成创新与示范”项目启动会在南京召开。由农业农村部南京农业机械化研究所耕整地创新团队、国家西甜瓜产业技术体系和盐城市蔬菜所共同主办的西甜瓜耕整地机械化作业现场观摩会在东台市五烈镇甘港村顺利召开。

12 月 26 日

农业农村部现代农业装备学科群2018年度总结交流会在南京召开。

12 月 26—27 日

国家大麦青稞产业技术体系2018年度工作总结暨人员考评会议在南京召开。

12 月 27 日

205农业农村部南京农业机械化研究所组织专家对现代农业装备重点实验室开放课题进行会议验收。

12 月 29 日

由农业农村部南京农业机械化研究所植保机械团队主持的国家重点研发计划——“农用航空作业关键技术研究与装备研发”2018年度总结会在南京顺利召开。

地 方 篇

北 京 市

2017 年 12 月 20 日

北京市鑫利农机服务专业合作社荣获全国农机合作社示范社称号。

2018 年 1 月 3 日

北京市农机监理总站王科程、密云区农机监理站郑春军、怀柔区农机监理所冯振洲、顺义区农机监理所刘洋等4位同志荣获2017年度全国农机安全监理示范岗位标兵。

1 月 23 日

《北京市农业机械安全监督管理规定》经北京市人民政府第177次常务会议审议通过，自2018年4月1日起施行。

3 月 21 日

北京市农机试验鉴定推广站在全国首次开展蔬菜移栽机械选型鉴定工作，邀请京津冀三地蔬菜种植、农机农艺推广的专家对7个产品进行现场打分、综合评价。

5 月 4 日

北京市农机试验鉴定推广站集成的露地甘蓝全程机械化生产技术被农业农村部评为2018年农业主推技术，进一步加速露地甘蓝全程机械化技术辐射推广。

5 月 24 日

北京市农业局印发《关于翟金津等同志职务任免的通知》，免去翟金津同志北京市农业局农机管理处处长职务，按有关规定办理退休手续。

5 月 25 日

北京、天津、河北三地农机监理机构签订《京津冀农业机械及驾驶员信息共享协议书》，实现三地农业机械及其驾驶人信息查询的及时性和有效性，为下一步跨区作业农业机械执法检查奠定基础。

8 月 28 日

北京市农业局、市财政局联合印发《2018—2020年北京市农机购置补贴实施方案》，将北京市农机购置补贴政策实施方式由“政府采购”转为“自主购机”。

9 月 28 日

北京市质量技术监督局发布《微耕机安全检验技术规范》，并于2019年1月1日实施。

10 月 25 日

中共北京市委、北京市人民政府印发《关于印发〈北京市机构改革实施方案〉的通知》，组建市农业农村局，作为市人民政府组成部门。

12 月 21 日

北京市农机补贴App正式上线启用，该系统实现了手机App、补贴机具二维码、物联网监管功能“三合一”，北京市成为全国第一个使用“三合一”系统的地区。

天 津 市

2017 年 12 月 14—15 日

由中国农业机械学会主办，天津市农机推广总站、中国农机学会现代物理农业工程分会、天津市农机与农业工程学会等联合承办的第八届全国现代物理农业工程技术发展研讨会在天津市召开。天津市农业机械管理办公室副主任胡伟出席会议并讲话。

2018 年 1 月 11 日

天津市农业机械管理办公室主任韦恩学赴宝坻区调研农作物秸秆综合利用情况。

1 月 12 日

天津市农业机械管理办公室在蓟州区召开秸秆综合利用工作座谈会，蓟州、宝坻、武清、宁河、静海5个区农机中心主任、主管业务副主任和科室负责人参加座谈，副主任胡伟主持会议，主任韦恩学出席会议并讲话。

天津市农业机械管理办公室在宝坻区农业机械化学校召开市农机职业技能培训工作座谈会，市农机鉴定站、部分区农机中心主管教育培训的副主任及农业机械化学校校长20余人参加会议，副主任蒲小平出席会议。

1 月 16 日

中共天津市委印发《关于于茂东等通知免职的通知》（津党任〔2018〕8号），免去韦恩学同志天津市农业机械发展服务中心（天津市农村工作委员会农业机械管理办公室）党委书记、委员职务。

1 月 19 日

天津市农业机械管理办公室在宝坻区农业机械化技术学校召开农业机械化教育培训与困难村帮扶工作对接会，天津市农业机械管理办公室技术帮扶组成员、宝坻区农机中心及区农业机械化学校，大钟庄镇及困难村的领导参加会议，副主任李广来出席会议。

1 月 26 日

天津市农业机械管理办公室召开2018年农业机械化科技创新座谈会，天津市农业机械管理办公室直属各有关科技单位、机关各业务处负责人共20人参加会议，副主任胡伟、蒲小平出席会议。

天津市农业机械管理办公室召开2017年度农机购置补贴政策落实延伸绩效管理考核会，各区农机中心分管业务主任、购机补贴政策实施科室负责人和工作人员等40余人参加会议，副主任蒲小平出席会议。

1 月 31 日

天津市农业机械管理办公室召开全市深松整地及激光平地作业项目座谈会，各区农机部门负责人、主管科长及工作人员、润泰监理公司（第三方）、评审中心及天津市农业机械管理办公室相关人员参加会议。

2月8日

由天津市农机研究所承担的天津市农业科技示范推广项目——“水稻秸秆田间收集转运机械化技术示范推广”通过天津市农业农村委员会组织的结题验收。

2月27日

天津市农业机械管理办公室召开全市农业机械化工作会议，总结2017年农业机械化工作，部署2018年工作目标任务。各区农机中心和滨海新区农委领导，天津市农业机械管理办公室机关领导班子成员和各处处长、直属各单位主要和分管领导共50余人参加会议，天津市农业农村委员会总经济师杨青松出席会议。会上各区农机中心、滨海新区农委向天津市农业机械管理办公室递交《2018年天津市农机安全生产责任书》。

3月7日

天津市农机推广总站在静海区召开块茎类经济作物规模化生产农机农艺融合新技术引进示范项目工作会。

3月12日

天津市农业机械管理办公室副主任蒲小平带队赴市畜牧兽医局调研了解畜牧产业对农业机械化发展的需求。

3月13日

天津市农业机械管理办公室副主任胡伟带队赴市种植业办开展乡村振兴战略产业对接工作调研。

3月15日

天津市农业机械管理办公室召开市农机安全生产工作会议，天津市农业机械管理办公室副书记李广来主持并讲话，副主任胡伟出席会议。

3月23日

天津市农业机械管理办公室副主任胡伟带队赴市水产办开展乡村振兴战略产业对接工作调研。

3月26日

天津市农业农村委员会总经济师杨青松带队赴静海区民强、富水农机合作社检查指导工作，天津市农业机械管理办公室副主任胡伟陪同调研。

4月12日

天津市农业机械管理办公室召开第二季度农机安全生产分析会，副主任李广来出席会议并讲话。

天津市农业机械管理办公室在静海区民强农机合作社召开全市农机检审现场推动会，各区农机安全监理站(科)长、检验员50余人现场观摩。

4月12—13日

天津市农机试验鉴定站主办京津冀农机鉴定工作协同发展论坛，同期举办农机检验能力比对试验活动。京津冀三地农机鉴定站的领导参加活动。

4月17日

天津市农业机械管理办公室举办专题宣贯培训班，解读农业农村部新发布的农机安全规章，副主任李广来出席开班式并讲话。

4月18日

天津市农业机械管理办公室召开全市深松整地及激光平地作业项目推动会。

4月19日

天津市农业机械管理办公室召开2018年全程机械化推进工作会，各区农机中心、机关相关处室、直属各相关单位领导和工作人员约50人参加会议，副主任胡伟出席会议并讲话。

4月19日

天津市农业机械管理办公室召开全市2018年农机质量暨维修管理工作推动会，各区农机中心负责农机维修网点管理的工作人员约40人参加会议，副主任胡伟出席会议并讲话。

4月27日

天津市农业机械管理办公室召开农机购置补贴政策启动及工作会议，会上与各区农机中心签订“天津市农机购置补贴工作责任书”，并组织开展行政约谈和警示教育活动。各区农机中心主任、副主任、主管科室负责人等100余人参会。

5月7日

天津市农业机械管理办公室召开农机系统京津冀协同发展工作会，天津市农业机械管理办公室相关处室和直属单位负责人等有关人员参加会议。

5月7—26日

天津市农业机械管理办公室在全市范围内开展为期20天的农机安全生产专项治理活动。

5月8日

天津市农业机械管理办公室副主任胡伟、天津市农业农村委员会政策研究室主任李存霞带队赴静海区富水、谷诚洼农机合作社调研。

5月9日

天津市农机推广总站承担的“蔬菜生产关键环节机械化技术集成示范项目”通过由天津市农业农村委员会组织的专家验收。

5月10日

天津市农业机械管理办公室召开2018年农业机械化科技调研培训会，直属有关科技单位、各区农机中心推广科(站)负责人及调研工作组成员近30人参加会议。

5月17—18日

天津市农业机械管理办公室举办农机监理新规章规范及系统操作培训班，各区农机安全监理站(科)长、行政许可业务办理人员60余人参加培训。

5月23日

新版天津农机信息网页(天津市农业农村委员会农业机械管理办公室)上线。

5月24—25日

京津冀三地农机安全监理部门在宝坻区共同组织开展农机安全监理联合执法检查，签订《京津冀农业机械及驾驶员信息共享协议书》。天津市农业机械管理办公室副主任李广来参加活动。

5月29日

天津市农业机械管理办公室召开全市农业机械化信息宣传工作会议，副主任胡伟出席会议并讲话。

5月30日

天津市农业机械管理办公室召开2018年农业机械化科技调研报告讨论会，副主任蒲小平出席会议。

6月1日

天津市农业机械管理办公室召开2018年保密工作会议，副主任胡伟出席会议并讲话。

天津市农业机械管理办公室召开全市“三夏”农业机械化生产暨秸秆综合利用工作会，安排部署三夏抢收、抢播、跨区作业和秸秆综合利用工作，副主任胡伟出席会议并讲话。

新版“天津市农机安全监理行政许可管理信息系统”上线运行，“拖拉机和联合收割机驾驶证核发”“拖拉机和联合收割机牌证核发”两项行政许可调整至10个涉农区实施，审批主体和监管部门均为各区农委。

6月11日

天津市农业机械管理办公室在宝坻区召开全市三夏农业机械化生产暨秸秆综合利用现场会，天津市农业机械管理办公室领导及相关处室、各区农机中心主要领导、农机合作社负责人约160人现场观摩，天津市农业农村委员会副主任杨青松出席现场会并讲话。

6月14日

天津市农业机械管理办公室召开2018年市级和市级示范农机合作社认定专家验收评审会，评审各区农机中心推荐的合作社，认定市级农机合作社1个。共32个农机合作社通过区级复核，其中市级农机合作社16个、市级示范农机合作社16个。

6月16日

天津市农业机械管理办公室组织各区开展以“生命至上、安全发展”为主题的农机“安全生产月”宣传咨询日活动。

6月19日

天津市农业机械管理办公室召开全市深松整地及激光平地作业项目会议，整改完善各区2017年结算材料审核存在问题。

6月21日

天津市农业农村委员会党委书记沈欣带队赴市农机中心检查调研全面从严治党工作。

6月25日

天津市农业机械管理办公室召开2018年农业机械化科技项目执行情况中期汇报会，副主任蒲小平出席会议并讲话。

6月28—29日

天津市农业机械管理办公室在西青区举办农机事故应急推演及应急业务知识培训班，各区农机中心主要领导、监理站站长及事故处理人员60余人参加推演和培训，副主任李广来出席开班式。

6月29—30日

由天津市农业机械管理办公室主办，市农机推广总站承办的京津冀农机推广技术人员培训班在津举办。来自京津冀三地农机推广部门的技术人员70余人参加培训，天津市农业机械管理办公室副主任蒲小平出席开班式。

6月30日

天津市农机推广总站联合农业农村部保护性耕作研究中心、中国农业机械化协会、北京市农机试验鉴定推广总站、河北省农业机械化技术推广服务总站在天津市举办环京津冀第二届保护性耕作论坛，论坛以“推广保护性耕作技术、提升新农村生态效益”为主题展开研讨交流，业内专家、农机推广人员、农机企业、农机合作社、种植大户等160余人参加。

7月3日

由天津市农机推广总站承担的中央财政农业技术推广与服务补助资金项目——“等离子体种子处理技术示范推广”通过天津市农业农村委员会组织的专家验收。

7月6日

天津市农业机械管理办公室召开全市农机购置补贴政策培训会，天津市农业机械管理办公室有关处室，各区农机中心工作负责人、具体工作人员40余人参加会议。

7月18日

天津市农业机械管理办公室召开2018年上半年农机安全生产分析会，各区农机中心分管安全监理工作的副主任、安全监理站(科)长和业务人员50多人参加会议，副主任李广来出席会议并讲话。

7月31日

天津市农业机械管理办公室召开市农业机械化工作座谈会，总结2018年上半年工作，部署下半年工作任务，各区农机中心、滨海新区农委主要领导和分管领导，天津市农业机械管理办公室机关领导班子成员和各处负责人、直属各单位党政领导40余人参加会议。

8月3日

天津市农业机械管理办公室召开全市2018年深松整地及激光平地作业半年工作会议，副主任胡伟出席会议并讲话。

8月10日

天津市农机中心召开2018年农机系统结对帮扶困难村工作中期推动会，党委副书记、副主任李广来主持会议。

8月15日

天津市农业机械管理办公室在西青区辛口镇召开秸秆综合利用技术观摩会，各市级秸秆综合利用督导组负责人、各区农机中心分管领导和科室负责人及部分秸秆专业合作社理事长、秸秆经纪人共70余人参加会议。

8月28日

由天津市农机推广总站承担的天津市农业科技成果转化与推广项目——“块茎类经济作物规模化生产农机农艺融合新技术引进示范”通过天津市农业农村委员会组织的专家验收。

9月2日

天津市农村工作委员会农业机械管理办公室被农业农村部评为2017年度落实强农惠农富农政策(农机购置补贴)延伸绩效管理优秀单位。

9月6日

天津市农机研究所举办2018京津冀设施农业土壤改善及配套机械化技术发展研讨会，京津冀三地的农机科技人员及天津市蔬菜产业技术创新体系的有关专家和各试验站成员等60余人参加会议。

9月12日

天津市农业机械管理办公室举办全市农机安全网格员培训班，各区农委分管安全生产工作的副主任、农机中心分管安全监理工作的副主任、农机安全监理站(科)长、各镇(乡、街)农机安全网格员200人参加培训，副主任李广来出席培训班并讲话。

天津市农机研究所与市农机示范中心联合举办池塘养殖新技术培训及现场演示会。

9月14日

天津市农业机械管理办公室召开全市2018年“三秋”深松整地及激光平地作业动员部署工作会，副主任胡伟出席会议。

9月20日

天津市农业机械管理办公室召开全市“三秋”农业机械化生产暨秋冬季秸秆综合利用工作推动会，副主任胡伟出席会议并讲话。

天津市农业机械管理办公室副主任胡伟带队赴西青区辛口镇水高庄村调研深松作业开展情况。

10月10日

天津市农业机械管理办公室召开2018年全市新型职业农民培训工作推动会，安排部署“万名农机大户和农机合作社带头人示范培育”任务落实工作。

天津市农业机械管理办公室举办农机监理行政许可业务培训班，各区农机安全监理站(科)长、行政许可业务人员50余人参加培训。

10月11日

天津市农业机械管理办公室举办全市农机事故统计员培训班。

10月18日

天津市农机推广总站在滨海新区召开精准农业技术演示培训会，各区农机推广站站长、技术骨干人员及农机合作社代表、相关企业技术人员等60余人参加培训。

10 月 23 日

由天津市农机推广总站承担的“蔬菜生产关键环节机械化技术集成示范”通过天津市农业农村委员会组织的专家验收。

10 月 29 日

天津市农业机械管理办公室举办2018 年乡镇农机推广技术人员培训班，乡镇(含中心站)从事农机推广工作的技术人员 45 人参加培训。

10 月 30 日

由天津市农机研究所承担的天津市农业科技成果转化与推广项目——“农田残膜资源化再利用技术与装备的引进示范”通过结题验收。

10 月 31 日至 11 月 1 日

天津市农机试验鉴定站在北辰区召开全市农机质量工作培训研讨会，蓟州区、宝坻区等 8 个区农机中心的农机质量工作分管领导及具体负责人员 30 余人参加会议。

11 月 5 日

天津市农业机械管理办公室对各区农机安全生产工作落实情况进行督导检查。

11 月 7 日

中共天津市委、市人民政府印发《关于印发〈天津市机构改革实施方案〉的通知》(津党发〔2018〕32 号)，不再保留农业机械管理办公室(市农业机械发展服务中心)。

11 月 8 日

天津市农业机械管理办公室举办农机购置补贴政策培训班，天津市农业机械管理办公室有关处室、各区农机中心工作人员 40 余人参加培训。

天津市农机推广总站在宁河区召开市智能光电精细清选技术演示培训会，天津市农业机械管理办公室及各区农机推广站站长、技术骨干人员、农机合作社代表、相关企业技术人员等 60 余人参加培训。

11 月 9 日

天津市农业农村委员会总经济师杨青松带队赴西青区为农农机专业服务合作社，视察指导“三秋”农机安全生产工作，天津市农业机械管理办公室副主任胡伟、李广来陪同调研。

11 月 12—14 日

天津市农机试验鉴定站对宝坻区、武清区、静海区、蓟州区、滨海新区各沼气站及用户的设施进行安全大检查。

11 月 19 日

天津市农机推广总站在滨海新区举办 2018 年全市农机推广技术人员培训班，天津市农业机械管理办公室各直属单位技术骨干人员、各区农机中心主管领导、农机推广站(科)长、副高级技术人员及骨干技术人员 50 余人参加培训。

11 月 26 日

天津市农业机械管理办公室举办2018 年全市农业机械化管理和科教人员培训班，副主任胡伟出席开班式并讲话。

11 月 27 日

《天津市农业机械管理条例(修改)》通过天津市人大常委会 2018 年度立法计划项目论证。

12 月 7—11 日

天津市农机推广总站举办 2018 年度第二期农机推广技术人员培训班，各区农机中心的技术骨干及直属各单位的农机技术人员 40 余人参加培训。

12 月 18 日

天津市农机推广总站召开 2018 年农机推广工作座谈会，天津市农业机械管理办公室副主任胡伟出席会议并讲话。

12 月 20 日

天津市农业机械管理办公室开展为期 20 天的农机行业领域隐患排查集中行动。

12 月 27 日

天津市农业机械管理办公室召开2018 年度农业机械化统计管理培训工作会，各涉农区分管领导及统计员 30 人参加会议。

天津市农业机械管理办公室副主任胡伟带队赴市农业机械化示范推广中心督导检查事故隐患排查治理贯彻落实情况。

河 北 省

2018 年 1 月 26—27 日

“黄淮海北部小麦-玉米全程简化高效与智能机械化配套关键技术”课题推进会暨 2017 年工作总结会议在河北农业大学机电工程学院召开，此课题是国家粮食丰产增效科技创新专项课题，河北农业大学副校长马峙英、中国农业大学教授高焕文、河北省农机主管部门领导、粮丰工程项目相关专家、农机企业代表 70 余人参加会议。

3 月 8—9 日

农业部农业机械化技术开发推广总站副站长涂志强带队赴邢台市南宫市开展黄河流域棉花生产全程机械化示范基地建设调研活动，深入示范基地和农机合作社，就基地选址、技术路线、机具配备、农资准备以及人员分工等情况进行现场调研指导和对接座谈，并研究交流棉花生产全程机械化的思路、计划与措施。

3 月 19 日

河北省农业农村厅、省财政厅联合印发《河北省 2018 年农机深松工作指导意见》，安排部署全年农机深松工作，确定全年深松作业补助资金 29 728 万元，补助实施农机深松作业 621.8 千公顷。

4 月 8 日

河北省农业机械化管理局在石家庄市举办全省全程机械化技术培训班，解读主要农作物全程机械化 8 大试验示范技术内容和示范创建政策，部署 2018 年全程机械化示范县和“智慧农场”创建工作。局长戎美瑞出席培训班并讲话。

5 月 14 日

河北省农业农村厅、河北省财政厅印发《河北省 2018—2020 年农业机械购置补贴实施指导意见》(冀农业财发〔2018〕34 号)，在中央财政资金补贴机具种类范围内选择 14 大类 35 个小类99 个品目列入河北省中央财政资金农机购置补贴范围，较 2017 年增加 47 个品目。

5 月 17 日

河北省农业机械化管理局组织第一批共 1 190 个农机生产企业 9 368 个产品通过网络申报的方式开展农机购置补贴产品企业自助归档工作，8 183 个产品纳入河北省补贴范围。

5 月 20—22 日

河北省农机安全监理站在邯郸市馆陶县举办全省农机安全监理人员培训班暨事故应急处置演练，学习安全监理相关政策、监理信息系统操作、新型农机构造特点，观摩农机事故应急处置演练。

5 月 31 日

河北省农机修造服务总站在赵县召开农机深松新机具现场演示会，省内外40 余家生产企业的 80 多台套深松机具参加现场展示和演示，河北省农业机械化管理局局长戎美瑞出席会议并讲话。

6 月 1 日—8 月 31 日

河北省财政厅对省农机修造服务总

站实施的2017年农机深松项目开展绩效评价，综合得分为95分，评价等级为“优”，在河北省农业农村厅所有绩效评价项目中名列前茅。

6月5日

黄淮海地区粮食高效生产全程机械化推进活动暨现场演示会在磁县举办，观摩农机合作社使用“互联网＋”农机装备，察看精准高速播种、精准变量施肥（药）、高效节水灌溉等环节进行智能化物联网监测管理的现场作业情况，农业农村部农业机械化管理司司长李伟国、农业农村部农业机械化技术开发推广总站站长刘恒新以及农业农村部全程机械化推进行动指导组有关专家参加活动并对“互联网＋智慧农机装备”和精准作业给予高度评价。

6月16日

全国农机安全宣传咨询日活动在廊坊市永清县举办，活动以“生命至上，安全发展”为主题，现场回答农民群众关心农机惠农政策、法律法规、安全操作等方面的问题，深入农机合作社和麦收现场进行宣传、检查。农业农村部农业机械化管理司副司长王家忠、河北省农业农村厅副厅长段玲玲参加活动。

6月21日

河北省“三夏”农业机械化生产基本结束，共历时17天，投入10万台小麦联合收割机和100多万台拖拉机、夏玉米播种机等农业机械，在中南部地区大喂入量的联合收获机已占保有量的80%；小麦机收率达到99.4%，继续保持高位运行；玉米机播率达到93%，比2017年提高1个百分点。

7月6日

2018年北方果园生产机械化发展论坛暨果园机械装备演示展示活动在保定市举办，河北省农业机械化管理局局长戎美瑞出席会议并讲话。

7月23日

河北省农业机械化管理局组织第二批共503个农机生产企业1 616个产品通过网络申报的方式开展农机购置补贴产品企业自助归档工作，1 569个产品通过，纳入河北省补贴范围。

7月26日

河北省农业机械化管理局在石家庄市召开全省农业机械化工作会议，总结2018年上半年全省农业机械化工作，分析当前形势，安排部署下半年工作。省“一局四站”有关同志，各市、省直管县主管局长、农机部门负责同志参加会议，省农业农村厅副厅长段玲玲出席会议并讲话。

7月27日

2018年河北农机新机具新技术推广演示会暨第一届饲草料收获质量评定大赛在正定县举办，活动吸引全国40余家企业及部分销售商，产品涉及60多品种（类），涵盖耕、种、管、收农业全程机械化各关键环节的机械设备。

7月30日

河北省农业机械化技术推广服务总站在南宫市召开黄河流域棉花全程机械化共建基地推进会，农业农村部棉花专业组专家团队、农业农村部农业机械化技术开发推广总站和相关农机企业等50余人参加会议，中国工程院院士陈学庚就南宫共建基地土地平整、土地深松、播前整地、自动驾驶、地膜标准等八个方面提出工作建议。

7月31日

河北省农业机械化管理局印发《关于开展非现金方式支付购机款试点和对牌证管理机具一站式核验试点工作的通知》，在全省范围开展非现金方式支付购机款试点和对牌证管理机具一站式核验试点工作，共有61个县（市、区）参与试点。

8月1日

河北省农业机械化管理局印发《河北省拖拉机联合收割机牌证业务补充规范》《河北省拖拉机联合收割机牌证制发管理制度》，进一步规范牌证业务、变更登记、行驶证换发等业务流程，加强拖拉机、联合收割机牌证订制、验收、入库、分发、销毁等环节的管理和监督，确保牌证质量。

8月17日

河北省农业农村厅、省财政厅印发《河北省农机购置补贴产品违规经营行为处理细则（试行）》，进一步加大农机购置补贴产品经营违规行为打击力度，严惩失信违规产销企业，建立健全农机购置补贴产品违规经营行为处理制度，确保补贴资金安全。

9月7日

河北省农业机械化管理局组织第三批共69个农机生产企业274个产品通过网络申报的方式开展农机购置补贴产品企业自助归档工作，221个产品通过，纳入河北省补贴范围。

9月18日

河北省农业机械化管理局在定州市举办全省“三秋”全程机械化示范县现场演示会，各全程机械化示范县主管农机工作的局长和项目负责人、承担“智慧农场”建设任务的农机合作社社长和骨干观摩本次现场演示会，局长戎美瑞出席会议并讲话。

9月20日

在山东日照市举办的“2018年中国技能大赛——全国农业行业职业技能大赛”中，河北省选送的刘铁钧成绩优异，获“全国农业技术能手”称号。

9月22日

农业农村部农业机械化技术开发推广总站副站长涂志强一行赴南宫市开展黄河流域棉花生产全程机械化示范基地田间测产活动。经测算，示范点产籽棉量5 472千克/公顷，这为以后引进吸收新疆先进种植技术，形成一套适合于河北省的、可示范、可推广、可复制的棉花全程机械化技术打下了坚实基础。河北省农业农村厅副厅长段玲玲全程陪同。

10月15—17日

农业农村部农业机械化管理司第五深松督导检查组一行赴正定县、馆陶县督导农机深松工作。督导组通过座谈汇报、资料调阅、实地查看等对河北省深松项目实施情况进行全面检查，给予肯定。

10月18日

河北省农业机械化技术推广服务总站在石家庄市召开全省机采棉田间日活动座谈会，河北省农业机械化管理局局长戎美瑞出席会议并讲话。

10月22—24日

农业农村部农业机械试验鉴定总站部级鉴定能力认定考评组对河北省农业机械鉴定总站开展部级鉴定能力认定现场考评及推广鉴定工作监督检查。

10月30日

河北省“三秋”农业机械化生产工作圆满结束，共收获玉米3 128千公顷，机收率达81.6%；播种小麦2 162千公顷，机播率100%；累计完成农机深松整地作业440千公顷。“三秋”期间，河北省投入各类农机具84万台，其中玉米联合收割机7.6万台，播种机械21.6万台，拖拉机49.6万台，检修各类农业机械52万台（套）。

11月15日

河北省农业机械化管理局、省农机生产与流通企业协会在阳原县曲长城村联合举办的“农机助力农业产业扶贫捐赠仪式”，向贫困群众捐赠播种机、中耕机、旋耕机、电动喷雾器等农机具92台(套)。河北省农业农村厅副厅长段玲玲参加捐赠仪式并讲话。

11月30日

由河北省农机安全监理总站承担的智慧农机决策管理信息平台三期建设顺利通过专家组验收,平台利用手机App和终端数据采集设备完善预警、监管体系,进一步推动执法监督移动终端便捷化、驾驶员培训考试网上直考规范化,使“互联网”“物联网”等技术逐步渗入安全监管各环节。

12月1日

河北省农机安全监理总站积极参加中国农业机械学会农机监理分会举办的2018“科大杯”农机安全监理学术论文征集活动,共征集论文30余篇,获优秀组织奖,《开启“互联网+”模式力促农机安全监管提档升级》一文获优秀征文一等奖。

12月7日

由河北省农机修造服务总站承担的河北省科技计划项目——“小麦联合收获机性能提升研究与应用”顺利通过省农业农村厅科技处组织的专家验收。

2018年

河北省积极推进农机深松作业,累计投入深松作业机具10 370台套,完成深松作业865.67千公顷,完成率100.66%,超额完成农业农村部下达的深松任务,其中农机深松作业远程智能监测覆盖率达到100%,农机深松作业独立第三方质检率达到95.8%,属国内首创。

由河北省农业机械化管理局牵头开展的原乡镇(公社)农机员、农技员、基层兽医(简称“三员”)身份认定工作已基本完成,发放生活补贴比例达到70%以上,惠及7万多基层农业从业人员,妥善解决了“三员”这一特殊农民群体老有所养问题。

河北省深入开展专项整治检查和“平安农机”创建活动,农机事故持续下降,农机安全生产形势平稳向好,累计报告农机事故8起,农机安全生产状况总体基本保持平稳。

山西省

2018年3月14—15日

山西省农机局在太原市召开全省农业机械化工作暨党风廉政建设会议,总结2017年及过去5年的农业机械化工作,分析研判农业机械化发展面临的形势,安排部署2018年及今后一段时期农业机械化重点工作,局长王进仁出席会议并讲话。

3月15日

山西省农机局举办以“加强农机质量监督维护农民合法权益”为主题的农机质量宣传活动,出动宣传人员1 300余人次,制作宣传版面221块,发放宣传资料17万份,曝光假劣机具77台(件),接受群众咨询2万余人次。

山西省农机局在现代农机推广展示服务中心举办“第十三届北方现代农业装备推广展示交易会”,来自省内外70多家农机企业11大类600余种型号的农机产品参展,1万余人到会参观,局长王进仁出席会议并讲话。

3月20日

山西省农机局在吕梁市临县举办全省丘陵山区农业机械化技术推进现场会。现场演示109个品种130余台(套)农业机械化新技术、新装备,近千人参加活动,局长王进仁、吕梁市副市长尉文龙、临县县长李双会出席会议并讲话。

3月25日

山西省农机局承担的“玉米生产机械化技术集成与农机农艺融合示范研究”等14个科技攻关项目顺利通过省科技厅组织的专家验收。

3月28日

山西省农机局在太原市召开局直系统党建工作会议,总结2017年局直系统党建工作,安排部署2018年党建工作,局党组书记、局长王进仁出席会议并讲话。

3月30日

山西省农机局在晋中市寿阳县举办机械化有机旱作农业作业模式及机具适应性能演示会,开展机械化有机旱作农业作业过程及农机智能化装备展示活动,总工程师张本源出席会议并讲话。

4月3日

山西省农机局、省财政厅联合印发《关于印发〈山西省2018—2020年农业机械购置补贴实施方案〉的通知》(晋农机财字〔2018〕12号),明确农机购置补贴实施范围、补贴资金分配、补贴机具、补贴标准、补贴对象、补贴数量及补贴申领操作程序。

山西省农机局、省财政厅联合印发《关于印发〈2018年山西省农机深松整地作业补助项目实施方案〉的通知》(晋农机财字〔2018〕11号),明确任务的实施区域、补助原则、补助对象、补助标准和补助程序。

4月17日

山西省政府新闻办举行新闻发布会,山西省农机局局长王进仁、副局长王五明等解读《2018—2020年山西省农业机械购置补贴实施方案》并回答记者提问。新华社、人民网、山西电视台等多家新闻媒体记者参加发布会。

5月11日

山西省农机局印发《关于加快机械化有机旱作农业发展的实施意见》(晋农机办字〔2018〕12号),明确在全省实施农田宜机化改造、机械化秸秆还田提质、农机深松整地、机械化生态保护、农机配套融合、机械化秸秆综合利用及智慧农机建设等七大工程。

山西省农机局印发《关于做好农机资产收益扶贫试点工作的指导意见》(晋农机管字〔2018〕4号),明确农机资产收益扶贫试点建设的重要意义、总体要求、试点范围、实施主体、实施路径、完善机制及保障措施。

5月25日

山西省农业机械化春耕生产工作基本结束,共投入各种农业机械50万余台,完成秸秆还田253.33千公顷,机械耕整地1 816.67千公顷,机械浇灌地444.67千公顷,机械深松整地130千公顷。完成机械播种1 573.33千公顷,其中机播春玉米1 246千公顷,机播马铃薯、豆类等杂粮面积329.33千公顷。

5月31日

山西省农机局联合雷沃重工股份有限公司在岚县举行“关爱留守儿童计划”活动,为当地106名留守儿童送去助学金和慰问品。

6月7日

山西省副省长陈永奇赴临汾市曲沃县调研指导“三夏”农业机械化生产工作,省农机局局长王进仁陪同调研。

6月16日

山西省农机局开展农机安全生产宣传咨询活动,发放各类宣传资料2万余份,接待咨询9 000多人次。

6月28日

山西省“三夏”农业机械化生产基本结束,全省投入各类农业机械43万台件,其中联合收割机1.3万台,完成小麦机收515.33千公顷,秋粮机复播359.33

千公顷；小麦机收率达到 97.5%、机械复播率达到 98%；机械深松作业 20 千公顷。

7 月 23 日

山西省农机局、省财政厅联合印发《关于进一步做好农机报废更新补贴试点工作的通知》（晋农机财字〔2018〕21 号），进一步明确农机报废更新补贴的条件，优化工作流程，简化办事程序。

8 月 1 日

山西省农机局被农业农村部评为 2017 年度落实强农惠农富农政策（农机购置补贴）延伸绩效管理优秀单位。

8 月 10 日

山西省农业机械标准化技术委员会成立。

8 月 17 日

山西省农机局与中国农业机械化科学研究院围绕乡村振兴战略、完善合作框架协议、拓宽合作领域、推进山西农业机械化发展等内容进行座谈。省农机局局长王进仁、中国农业机械化科学研究院院长王博出席座谈会。

8 月 29—30 日

山西省农机局在忻州市繁峙县召开全省农机社会化服务体系建设暨农机资产收益扶贫现场培训会，总结交流农机社会化服务体系及农机资产收益扶贫取得的成效和经验，安排部署下一阶段农机社会化服务工作任务。局长王进仁出席会议并讲话。

9 月 8 日

山西省农机局举办第三届山西省农机操作手培训技能大赛暨“五征杯”全国农业行业职业技能大赛山西省选拔赛，来自全省 11 个市的 68 名选手参加比赛。

9 月 20 日

山西省农机局、省财政厅联合印发《关于印发〈2018 年机械化免少耕播种作业补助试点项目实施方案〉的通知》（晋农机财字〔2018〕30 号），明确实施机械化免少耕播种作业补助的目标任务、实施区域、补助原则、补助对象、补助标准和补助程序等。

9 月 21 日

山西省农机局在晋中市祁县开展 2018 年农机事故应急处置演练活动。

10 月 17 日

中共山西省委组织部印发《关于侯振全等 3 名同志任职的通知》（晋组干字〔2018〕219 号），侯振全、王五明、张建中 3 名同志任省农业机械发展中心党委委员，省农业机械发展中心（省农机局）党组成员职务随机构改革自然免除。

10 月 18 日

中共山西省委印发《关于王进仁同志任职的通知》（晋干字〔2018〕413 号），任命王进仁同志为省农业机械发展中心党委书记，省农业机械发展中心（省农机局）党组书记职务随机构改革自然免除。

10 月 20 日

中共山西省委办公厅、省人民政府办公厅印发《关于印发〈山西省机构改革实施方案〉的通知》（晋办发〔2018〕61 号），将省农业机械发展中心（省农机局）承担的行政职能整合到新成立的省农业农村厅，不再保留省农机局的牌子，将省农业机械发展中心改为省农业农村厅所属副厅级事业单位。

10 月 23 日

山西省人民政府印发《关于梁敬华等 98 人任免职务的通知》（晋政任〔2018〕32 号），任命王进仁同志为省农业机械发展中心主任，省农业机械发展中心（省农机局）主任（局长）职务随机构改革自然免除。

山西省人民政府印发《关于宋林根等 15 人任免职务的通知》（晋政任〔2018〕38 号），任命侯振全、王五明、张建中同志为省农业机械发展中心副主任，省农业机械发展中心（省农机局）领导班子成员职务随机构改革自然免除。

10 月 29 日

山西省农机局、省财政厅联合印发《关于印发〈2018 年丘陵山区农田宜机化改造试点项目实施方案〉的通知》（晋农机财字〔2018〕32 号），明确项目的总体要求、实施区域、补助标准、补助对象、补助方式和技术规范。

山西省农机局、省财政厅联合印发《关于印发〈山西省 2018—2020 年农机新产品购置补贴试点实施方案〉的通知》（晋农机财字〔2018〕33 号），明确第一批试点机具为“自走式秸秆收获方捆压捆机”，品目归属“打（压）捆机”。

11 月 2 日

山西省“三秋”农业机械化作业基本结束，全省共投入各类农业机械 45 万台，完成玉米机收面积 1 127.33 千公顷、马铃薯机收面积 76 千公顷、小麦机播面积 484.67 千公顷，机械耕整地面积 966.67 千公顷。

11 月 14 日

山西省农业机械化科学研究院举行建院 60 周年科研成果展。

11 月 14—15 日

山西省农机发展中心在太原市召开机械化有机旱作农业暨免少耕播种作业技术培训会，总结有机旱作农业技术及装备发展情况、免少耕播种作业补助试点项目工作进展情况，并对下一步工作作安排部署。主任王进仁出席会议并讲话。

11 月 21 日

中共山西省委组织部印发《关于张本源同志任职的通知》（晋组干字〔2018〕249 号），任命张本源为山西省农业机械发展中心党委委员。

12 月 6 日

山西省人民政府印发《关于史国兵等 6 人任免职务的通知》（晋政任〔2018〕47 号），任命张本源为山西省农业机械发展中心副主任。

2018 年

山西省主要农作物全程机械化作业面积达到 1 669.67 千公顷，小麦、玉米、马铃薯耕种收综合机械化率分别达到 94.3%、81.5%、68.1%，高粱、胡麻、莜麦、谷子等特色作物耕种收综合机械化率分别达到 83.1%、68.8%、71.4%、60.7%。

山西省投入财政资金近 1 100 万元，农机资产收益扶贫试点达到 187 个，吸纳和带动贫困户 6 100 余户、贫困人口 1.8 万人，实现可分配收益 400 多万元，户均分红达 800 元以上；投入财政资金 2 000 万元，利用中央现代农业发展项目资金 6 842 万元，共实施农机深松整地作业面积 363.33 千公顷；投入财政资金 2 000 万元，继续开展率先实现农业机械化示范县乡村创建活动，共扶持 2 个农业机械化综合示范市、21 个农业机械化综合示范县、40 个示范乡和 80 个示范村开展创建活动。

中央下达山西省的 3.94 亿元农机购置补贴资金全部用完，共扶持 3.6 万户购置 4.7 万台件农机具。

山西省新注册登记拖拉机、联合收割机 1.1 万台，检验 3.7 万台，新训新考驾驶员 3 614 人，期满换发驾驶证 2 405人。

2018 年全省继续开展农业机械化示范社、场、户（农机专业合作社、机械化家庭农场、农机大户）创建活动，截至 12

月5日，共在全省培育农机示范合作社40个、示范家庭农场20个、示范农机大户40个。

山西省共发生2起农机事故，造成1人死亡、1人轻伤，农机安全生产形势保持稳定。联合工商、质监等部门开展农机市场打假专项治理行动，曝光伪劣农机具77台件，受理农机质量投诉案件11件，为农民挽回经济损失14.7万元，有效净化农机产品市场。

内蒙古自治区

2018年4月25日

内蒙古自治区农牧业厅联合财政厅印发《关于印发内蒙古2018—2020年农机购置补贴实施方案的通知》，对2018—2020年农机购置补贴政策的总体要求、补贴机具范围、补贴对象标准、资金分配使用、工作程序和措施做出明确规定。

7月26日

内蒙古自治区第十三届人民代表大会常务委员会第六次会议通过《内蒙古自治区人民代表大会常务委员会关于修改〈内蒙古自治区农牧业机械化促进条例〉等7件地方性法规的决定》，删除原条例中第二十七条"享受补贴购买的农牧业机械，两年内转让或者出售的，由旗县级以上人民政府农牧业机械化主管部门收回其补贴，上缴财政"的内容。

11月30日

内蒙古自治区农牧厅农牧业机械化管理局被农业农村部评为"2017年落实强农惠农富农政策（农机购置补贴）延伸绩效管理进步明显单位"。

辽 宁 省

2018年2月13日

辽宁省农村经济委员会印发《关于2018年农业机械化工作的指导意见》（辽农机〔2018〕32号），明确2018年农业机械化总体要求、主要目标和具体工作措施。

4月13日

辽宁省农村经济委员会印发《关于印发辽宁省2018年农业技术试验示范与服务支持项目（农机）任务实施方案的通知》（辽农办机发〔2018〕135号），确定建平县等7个县（市、区）为农业农村部主要农作物生产全程机械化示范县，项目面积3.67千公顷，项目资金200万元。

4月17日

辽宁省农村经济委员会在盘锦市召开2018年全省水稻生产全程机械化示范项目现场演示会，项目县有关负责人、承担项目任务的农机合作社负责人和辽宁省农村经济委员会、省农业机械化技术推广站有关同志参加会议。

4月20日

辽宁省农村经济委员会、省财政厅联合印发《关于印发辽宁省2018—2020年农机购置补贴实施方案的通知》（辽农机〔2018〕90号），明确全省2018—2020年农机购置补贴实施的总体要求、补贴范围和补贴机具、补贴对象和补贴标准、资金分配使用、操作流程和工作措施。

4月27日

辽宁省农村经济委员会在沈阳市举办2018年全省农机购置补贴工作培训班，各市农机主管部门负责农机购置补贴工作的同志等50多人参加培训，辽宁省农村经济委员会农机产业发展处处长杨奕、省农业机械化技术推广总站站长杨宏出席会议并讲话。

5月18日

辽宁省农村经济委员会在沈阳市召开2018年全省农业机械化工作会议，总结2017年全省农业机械化工作，并对2018年工作进行部署，全省各市农委（农机局）主要领导、部分县农机局长、综合科（处）长、省农村经济委员会机关处室、直属事业单位有关同志80余人参加会议，省农村经济委员会主任陈健、副主任张奎男出席会议并讲话。

6月30日

辽宁省农村经济委员会将设施农业设备温室大棚设备棚体钢结构骨架作为辽宁省农机购置补贴试点机具品目上报农业农村部备案。

7月3日

辽宁省农村经济委员会印发《关于对安徽省同昌机械有限公司等产销企业农机购置补贴违规处理情况的通报》（辽农办机发〔2018〕283号），对安徽省同昌机械有限公司及经销企业、天津沃能达实业有限公司及经销企业在参与农机购置补贴过程中的违规行为进行处理。

8月23日

辽宁省人民政府印发《关于张奎男同志任免的通知》（辽政人字〔2018〕61号），免去张奎男同志（代管全省农业机械化工作）的辽宁省农村经济委员会副主任职务。辽宁省农村经济委员会党组书记、主任陈健代管全省农业机械化工作。

8月24日

中共辽宁省委办公厅印发《关于印发辽宁省农业发展服务中心主要职责、内设机构和人员编制规定的通知》（厅秘发〔2018〕97号），组建辽宁省农业发展服务中心，省农业机械化发展中心（加挂省农业机械鉴定站、省农业机械化技术推广总站、省农机安全监理总站牌子）作为辽宁省农业发展服务中心分支机构，将原省农机质量监督管理站、省农业机械化技术推广总站、省农机安全监理总站工作职能整合，履行相关职能。

9月12日

辽宁省农村经济委员会组印发《关于杨奕　王玉丰同志职务任免的通知》（辽农党组发〔2018〕79号），任命王玉丰同志为辽宁省农村经济委员会农机产业发展处处长。

10月11日

辽宁省农村经济委员会组织承办2018年全国北方春播玉米区玉米生产全程机械化推进活动，农业农村部农业机械化技术开发推广总站、主要农作物生产全程机械化推进行动专家指导组玉米专家组和河北、山西、内蒙古、吉林、黑龙江、陕西、甘肃、宁夏等8省区150多人参加活动。

10月30日至11月2日

农业农村部规划设计研究院副院长崔军一行赴葫芦岛市、盘锦市、辽阳市开展北方片区日光温室实施农机购置补贴政策可行性调研。辽宁省农村经济委员会农机产业发展处处长王玉丰、调研员李修德陪同调研。

11月7—19日

农业农村部农业机械化管理司副巡视员王家忠一行赴辽阳市开展农机社会化服务组织建设调研，并赴灯塔市星光农机合作社指导工作。

11月12日

根据《辽宁省机构改革方案》，辽宁省农业农村厅正式挂牌，不再保留辽宁省农村经济委员会。

辽宁省农业农村厅党组印发《关于厅领导分工的通知》（辽农党组发〔2018〕90号），党组成员、副厅长王长宏代管农业机械化工作，代管农机生产管理处、农机产业发展处。

辽宁省农业农村厅党组印发《关于姜丽等同志任职的通知》(辽农党组发〔2018〕88号),王玉丰同志任农机产业发展处处长,马伟同志任农机产业发展处副处长,都业弘同志任农机生产管理处处长,朱宝玉同志任农机生产管理处副处长。

吉林省

2018年1月

吉林省安排中央财政农业生产发展项目资金18 138万元,对秋季深松30厘米以上的作业给予补助,每公顷补助上限375元。安排中央财政农业生产发展项目资金4 800万元,对玉米、水稻、大豆、马铃薯等主要农作物使用高效植保机械进行病虫害防治给予作业补助,补助标准为150元/公顷。

1月8—25日

吉林省农业委员会组织各市(州)开展2017年度农机购置补贴政策落实延伸绩效管理考核,检验农机购置补贴惠民政策落实效果。

2月11日

吉林省农业委员会印发《吉林省农机安全生产专项治理实施方案》(吉农机发〔2018〕1号),明确2018年全省农机安全生产工作的总体要求、工作任务、重点内容、时间安排和工作措施。

3月6日

吉林省农业委员会党组任命肖允功同志为吉林省农业委员会农业机械化管理处(局)副处长(副局长)。

3月10日

吉林省农业委员会、省安全生产监督管理局联合印发《关于印发〈吉林省"十三五"时期创建平安农机活动工作方案〉的通知》(吉农机发〔2018〕4号),要求全省各级农业机械化管理部门和安全生产监督管理部门及其农机监理机构积极推进平安农机创建活动,促进全省农机安全生产形势持续向好发展。

4月8日

吉林省农业机械试验鉴定站通过省级鉴定能力认定,鉴定种类51种,有效期至2023年4月2日。

4月11日

吉林省农业委员会设立全省农机购置补贴工作专家库,研究确定吉林大学张强教授等44名同志为吉林省农机购置补贴工作专家库成员。

4月17—18日

吉林省农机安全监理总站举办农机安全管理平台软件培训班,对新修订的《拖拉机和联合收割机驾驶证管理规定》《拖拉机和联合收割机登记规定》和《驾驶证业务工作规范》《登记业务工作规范》等制度进行宣贯,确保农机监理机构严格依法依规开展监理业务。

4月30日

吉林省农机安全监理总站筹措资金20多万元,购买农机监理管理信息软件和相关设备,积极推动全省农机监理管理系统联网、信息共享。

5月

吉林省农机安全监理总站印制《拖拉机和联合收割机管理规定汇编》3 500册,并发放到各级农机监理员,为学习"新规定""新规范"提供有利条件。

5月2日

吉林省农业委员会、省财政厅确定长春市双阳区德田农民专业合作社等85个单位为2018年吉林省全程机械化新型农业经营主体农机装备建设项目实施单位。

5月10—12日

吉林省农机安全监理总站举办农机安全规章宣贯培训班,对《拖拉机和联合收割机驾驶证管理规定》《拖拉机和联合收割机登记规定》及其工作规范条文进行解读。

5月17日

吉林省农业委员会办公室印发《关于2017年度"吉林省农机合作社示范社"评选工作的通知》(吉农办机〔2018〕5号),进一步明确农机合作社示范社的评选条件和申报程序。经各县(市、区)申报和组织评选,96家申报合作社中78家合作社通过专家评审,被授予"吉林省农机合作社示范社"称号。

5月18日

吉林省农业机械化管理中心召开全省水稻机插秧同步侧深施肥演示观摩会,现场演示久富、洋马、亚美克、春苗4种原厂原装自带侧深施肥插秧机和加装在洋马、久保田插秧机上的2套湖南龙舟侧深施肥装置的插秧同步侧深施肥作业。全省各市(州)农委的农机科(处)长、推广站长和27个水稻种植大县的农机局主管局长、推广站长参加演示观摩活动。

5月24日

吉林省农机安全监理总站开展全省农机安全生产宣传月活动。

5月28日

吉林省农业委员会、省财政厅联合印发《关于印发〈吉林省2018—2020年农业机械购置补贴的实施意见〉的通知》,明确补贴机具种类范围为12个大类26个小类47个品目。

吉林省农业委员会、省财政厅、省民航管理局联合印发《关于开展植保无人飞机购置补贴试点工作的实施意见》。

吉林省农机安全监理总站印制《拖拉机和联合收割机管理规定汇编》3 500册发放至各级农机监理员,为学习"新规定""新规范"提供有利条件。

6月1日

吉林省在14个县(市、区)创建全程机械化示范区30个,开展玉米、水稻生产全程机械化技术试验示范,探索形成适宜当地的全程机械化生产模式。

6月5日至8月29日

吉林省农业委员会分两批次开展吉林省农机购置补贴产品自主投档工作,收到7 668个农机投档产品,其中6 923个产品通过专家归档评审。

6月5日

中共吉林省委任命卢景斌同志为省农业机械化管理中心(省农业机械化技术推广总站、省农业机械试验鉴定站)党委书记。

6月28日

吉林省人民政府任命卢景斌为吉林省农业机械化管理中心(吉林省农业机械化技术推广总站、吉林省农业机械试验鉴定站)主任。

7月4日

吉林省人民政府副省长李悦一行赴省农业机械化管理中心考察工作,参观农用动力实验室、省农业机械化信息管理与远程调度指挥服务平台,观看农业机械化云平台监测功能的现场演示,并听取省农业机械化管理中心党委书记、主任卢景斌工作汇报。

7月10日

吉林省农业委员会、省财政厅在双辽市共同举办全省秸秆覆盖还田保护性耕作培训班,总结秸秆覆盖还田保护性耕作的工作成效,交流典型经验,示范推广耕作装备和模式,安排部署下一步工作。吉林省农业委员会主任于强、副巡视员成洪、省财政厅总会计师王学志参加培训班。

7月30日

吉林省农业委员会在延边朝鲜族自

治州和龙市举办全省秸秆覆盖还田保护性耕作技术培训班，讲解秸秆覆盖还田保护性耕作技术，并对秸秆覆盖还田保护性耕作工作情况进行座谈交流。

7月31日

吉林省农机安全监理总站通过政府采购确定牌证订制生产企业，共采购拖拉机、联合收割机号牌5.6万面、行驶证5.3万个、驾驶证6.3万个、登记证书6万个、检验合格标志31.2万个，为农民节约开支近167万元。

8—9月

吉林省农业委员会先后印发《关于对秸秆打(压)捆机购置补贴监管警示的通知》(吉农机发〔2018〕19号)和《关于开展秸秆打(压)捆机购置补贴调查工作的通知》(吉农机发〔2018〕28号)，加强各农机购置补贴实施单位对秸秆打(压)捆机的核验，调查部分企业产品出现补贴额度超高、补贴比例异常情况，引导农机经销商和购机者依法依规销售和购置补贴机具。

8月1日

吉林省农业机械化管理中心委员会召开第一次党员大会，选举产生第一届党委和第一届纪委，卢景斌为党委书记、杨林为党委副书记、纪委书记。

8月15日

吉林省农业委员会在长春市举办2018年农机购置补贴政策培训班，通报2017年吉林省农机购置补贴政策落实情况，解读2018—2020年农机购置补贴政策，并对农机购置补贴辅助管理系统操作进行释疑。各市(州)农委分管主任、各县(市、区)农机(农业)局局长或分管局长参加培训。

8月24日

吉林省农业委员会在延边朝鲜族自治州敦化市举办全省全程机械化新型农业经营主体农机装备建设及全程机械化示范区建设培训班，总结交流全程机械化新型农业经营主体农机装备建设、全程机械化示范区建设、全程机械化示范县建设经验成果，推进全省全程机械化项目高质高效发展。

9月10—12日

吉林省农机安全监理总站在延边朝鲜族自治州敦化市举办新部令颁布后首次全省拖拉机和联合收割机考试员考核认证培训，重点解读《拖拉机和联合收割机驾驶证管理规定》《拖拉机和联合收割机驾驶证业务工作规范》以及相关法律法规和考试工作常识，并对学员进行理论和场地驾驶考核。

9月25日

吉林省农业委员会、省财政厅联合印发《关于加快推广秸秆覆盖还田保护性耕作技术推进耕地质量耕作生态耕作效益"绿色增长"的实施意见》(吉农机发〔2018〕22号)，按照"村建示范点、乡建示范片、县建示范区""规划引领，补贴驱动，滚动发展"的方式，推进秸秆覆盖还田保护性耕作技术实施。

9月26日

吉林省农业委员会印发《关于开展秋冬季农机安全生产检查整治工作的通知》(吉农机发〔2018〕13号)，加强推进秋冬季农机安全生产工作。

9月28日

吉林省农业委员会印发《关于开展大豆机械化收获的指导意见》，指导种植户科学确定大豆最佳机械化收割时间、科学使用收割机械、及时发布作业机械供求信息。

9月29日

吉林省农业委员会下达《2019—2020年全省秸秆覆盖还田保护性耕作补贴作业面积和资金安排指导性计划》，全省下达示范区任务面积22千公顷，滚动区面积355.13千公顷，带动区面积242.6千公顷。省财政安排3.2亿资金支持秸秆覆盖还田保护性耕作技术大面积推广应用，2019年吉林省秸秆覆盖还田保护性耕作技术作业面积有望达到666.67千公顷。

10月10日

吉林省农业委员会在长春市农安县举办全省秸秆覆盖还田保护性耕作工作落实推进培训班，通过现场会和集中培训等形式，部署2019年全省秸秆覆盖还田保护性耕作推进工作。有关市(州)农委分管主任、有关县(市、区)农机(农业)局局长、省保护性耕作专家组成员参加培训。

10月18日

根据《吉林省机构改革方案》，吉林省农业农村厅正式挂牌，不再保留吉林省农业委员会。

11月19—20日

吉林省农机安全监理总站在长春市举行省市、州站长座谈讨论会暨农机事故应急专家培训班，总结通报2018年农机监理工作开展情况，安排部署对2019年全省农机监理重点工作，并对全省农机监理规范化建设提出具体要求。

11月26日

吉林省农机购置补贴政策落实延伸绩效管理培训班在吉林市举办，集中通报2017年度全省农机购置补贴政策落实延伸绩效管理考核情况，解读2018年农机购置补贴政策延伸绩效考核评分依据，组织讨论2018年农机购置补贴实施过程中存在的问题及建议意见。各市(州)农委负责农机购置补贴工作的领导及同志参加。

2018年

吉林省农业委员会全力推广秸秆覆盖还田保护性耕作技术，在全省抗旱保苗夺丰收中发挥重要作用，保障国家粮食安全。省委省人民政府领导多次作出重要批示，省委书记巴音朝鲁批示："要总结推广先进技术和成功经验，强化科技创新引领，提高农业现代化水平"，强调"要积极推广秸秆覆盖还田保护性耕作技术等有效措施"。省长景俊海批示："很好，请持续加大力度推广"，强调"要将秸秆覆盖还田保护性耕作技术作为全省重点推广的新技术新模式之一，加以推广应用"，要求"建立长效机制，以新技术引领新农业，用新模式促进新发展"。省委副书记高广滨专题听取推广秸秆覆盖还田保护性耕作情况的汇报，并要求认真推广。副省长李悦对秸秆覆盖还田保护性耕作提出加强宣传引导，加大推广力度，加快推广应用，确保2019年666.67千公顷目标的实现的明确要求，并提出"在今年农业新技术新模式推广会，保护性耕作是重点推广的种植方式，并在多地召开现场会，下一步还要继续加大推广力度"。

黑龙江省

2018年1月22日

黑龙江省农业委员会印发《关于印发〈关于加快"一翻两免"耕作模式推广促进秸秆还田耕种农机标准化技术提升的示范方案(2018—2020年)〉的通知》(黑农委函〔2018〕41号文件)，要求各市(地)、县(市、区)农委(农业局)、农机局(总站)，结合当地实际参照执行。

2月27日

黑龙江省农业委员会印发《关于印发2018年全省农机化技术推广工作要点的通知》(黑农委函〔2018〕84号)，要求各市(地)、县(市、区)农机行政主管部门、农机推广机构，结合当地实际认真抓好农业机械化技术推广工作。

3月15日

由农业部农业机械试验鉴定总站、黑龙江省农业委员会农业机械化管理局、哈尔滨市农业委员会主办，省农业机械试验鉴定站承办的农机“3·15”消费者权益日活动在黑龙江省汽车农机大市场正式启动。活动现场设置咨询服务台，向现场农民发放材料，指导农民合理购机、传授识假辨假知识。省农业机械鉴定站站长郭雪峰主持活动，农业部农业机械试验鉴定总站党委副书记郭京华、省农机局局长谢庆华出席开幕式并讲话。

5月8日

农业农村部全程机械化推进行动专家指导组在建三江举办水稻机插秧同步侧深施肥技术集成示范活动。农业农村部农业机械化技术开发推广总站站长刘恒新、黑龙江省农业委员会副主任李连瑞出席活动。

6月30日

黑龙江省农业委员会、省财政厅联合印发《黑龙江省2018—2020年农业机械购置补贴实施方案》(黑农委联发〔2018〕58号)，正式启动2018—2020年度农机购置补贴工作，继续实行“自主购机、定额补贴、先购后补、县级结算、直补到卡”的补贴方式，并对补贴范围内所有机具敞开补贴。

8月27—31日

农业农村部农业机械化技术开发推广总站站长刘恒新一行赴黑龙江省开展农机购置补贴政策实施情况督导检查。

9月17—18日

农业农村部农业机械试验鉴定总站一行赴黑龙江省督导拖拉机质量调查工作，听取拖拉机质量调查工作进展情况汇报，并赴富裕县对拖拉机用户进行实地调查。

9月18—20日

在山东日照市举办的“2018年中国技能大赛——首届全国农业行业职业技能大赛”上，黑龙江省驾驶操作员代表队荣获团体奖第三名，农机修理工代表队获得团体奖第五名，刘经涛、刘立夫和李景山获“全国农业技术能手”称号。

9月23日

在绥化市庆安县举办的首届“中国农民丰收节”黑龙江省分会场庆祝活动中，“稻农好把式”水稻机械化收获比赛备受瞩目，来自哈尔滨市、齐齐哈尔市、牡丹江市、佳木斯市等地市的13名水稻收获机驾驶操作机手和13台履带式半喂入水稻收获机参加比赛。

9月29—30日

由农业农村部农业机械化技术开发推广总站、黑龙江省农业委员会联合主办，东北大豆生产全程机械化推进活动在五大连池市举办。农业农村部农业机械化技术开发推广总站、大豆全程机械化技术推进专业组成员及黑龙江、吉林、辽宁、内蒙古等省(区)的农业机械化管理、科研、技术推广部门人员等200余人参加活动。

10月23日

黑龙江省农业农村厅印发《黑龙江省主要农作物农机种植标准化重点技术模式》，对玉米、大豆、水稻、小麦、马铃薯等主要农作物机械化生产模式及作业标准作出规范。

11月8日

黑龙江省农业农村厅、省财政厅联合印发《2018—2020年黑龙江省玉米秸秆机械化还田补助实施方案》，进一步贯彻落实省人民政府秸秆综合利用三年行动计划。

11月9日

黑龙江省农业农村厅印发《黑龙江省现代农机合作社管理暂行规定》和《黑龙江省现代农机合作社农机装备报废暂行办法》，进一步规范指导黑龙江省现代农机合作社管理工作。

11月16日

黑龙江省农业农村厅、省财政厅联合印发《2018—2020年黑龙江省深松整地补助实施方案》，积极构建促进农机深松整地技术应用的长效机制。

上海市

2018年1月18日

上海市农业农村委员会总经济师王国忠一行赴嘉定区农委、外冈镇开展调研，围绕农业产业结构调整、美丽乡村建设、“一、二、三产业”融合、农机购置补贴实施、农村基础设施投入、农业合作社及家庭农场发展、农作物秸秆综合利用、蔬菜机械化推进等方面进行座谈交流，市农业机械化办公室、市农机安监所负责人陪同调研。

2月28日

上海市农业农村委员会印发《关于彭友同志任职的通知》(沪农委〔2018〕57号)，任命彭友为上海市农机安全监理所所长。

3月6日

上海市农机安全监理所在闵行区召开2018年市农机安全监理工作会议，总结2017年度全市农机安全监理工作，研究部署2018年工作任务。上海市农业农村委员会副主任王国忠、总经济师施忠出席会议并讲话。

3月15日

“上海市‘3·15’农民维权暨放心农资农机下乡现场会”在松江区叶榭镇举行，推动优质农资农机产品进村入户，普及农产品质量法律法规，传授识假辨假知识，集中宣传强农惠农政策，指导农民群众科学购买和使用农机农资，提高农民群众质量意识和维权能力。上海市农业农村委员会副主任刘金萍、总经济师施忠现场观摩指导。

3月29日

上海市农业机械化管理办公室主任郑雷一行赴嘉定区开展调研，听取基层关于农机购置补贴实施、农机仓库基础设施建设、农机合作社及家庭农场发展、农作物秸秆综合利用、农机保险等方面的意见建议。

4月18日

上海市农业机械化管理办公室在松江区召开全市贯彻落实农机安全规章工作推进会，切实推动农业农村部“两个规定”和“两个规范”的贯彻落实，进一步规范农机安全监理工作行为，强化农机安全生产工作。上海市农业农村委员会总经济师施忠出席会议并讲话。

4月23日

上海市农业农村委员会印发《关于郑雷等同志任职的通知》，任命郑雷为上海市农业委员会农业机械化管理办公室(市农业机械化管理办公室)主任。

6月5日

上海市农业机械化管理办公室召开水稻机插秧同步侧深施肥现场演示研讨会，现场演示7种带侧深施肥装置的插秧机作业，实现施缓释肥在秧苗侧边深施。

6月8日

上海市农业机械化管理办公室、市农机鉴定推广站一行赴浦东新区调研“三夏”农机生产和秸秆禁烧工作，听取浦东新区关于“三夏”生产进度、水稻机械化种植水平、安全生产、秸秆禁烧和综合利用工作等情况汇报，并深入田间地头实地查看“三夏”农机生产作业情况。

6月16日

上海市农业机械化管理办公室、市农机安全监理所在金山区举行农机事故应急处置演练暨“6·16”农机安全生产宣传咨询日活动。活动以“生命至上、安全发展”为主题，模拟拖拉机侧翻事故，演示现场勘查与处理、责任认定等工作环节，提高监理人员应急处置能力。

6月26—28日

上海市农业机械鉴定推广站举办新农机维修（蔬菜机械）培训班，围绕蔬菜深耕、灭茬、做畦、播种和移栽等环节开展理论和实际操作培训。

7月6日

上海市农业机械化管理办公室召开全市2018年农机购置补贴工作会议，开展农机购置补贴廉政风险警示教育，展示各区和市有关单位的农机购置补贴档案材料。

7月18日

上海市农业机械化管理办公室举办2018年农机购置补贴政策实施培训会，讲解新一轮农机购置补贴政策，提高购机补贴工作人员政策水平和操作能力，并发放《上海市农机购置补贴政策宣传手册（2018—2020版）》。

7月27日

上海市农业机械化管理办公室与蔬菜办领导一行赴嘉定区开展蔬菜生产全程机械化推进情况调研，研究讨论合作社的发展状况、蔬菜机械补贴实施、蔬菜机械引进使用、维护和作业服务综合效能等情况。

8月16日

上海市农机安全监理所、浦东新区农业委员会执法大队和浦东新区农机技术推广站共同举办农机法律法规咨询日活动，宣传贯彻农机法律法规，增强农机手遵法依规意识。

9月5日

上海市农业农村委员会在松江区举办“2018年上海市新型职业农民技能大赛暨上海市第六届农机职业技能竞赛”，这是上海市首次举办专门蔬菜机械化生产的技能比赛，10个参赛队参加“蔬菜机械作畦和播种”“蔬菜机械作畦和移栽”两个竞赛项目，为进一步推动建设知识型、技能型、创新型农机人才队伍奠定基础。上海市农业农村委员会总经济师施忠出席活动并讲话。

9月15—20日

上海市按照“双随机、一公开”程序要求，开展2018年省级农业机械推广鉴定证书有效期内产品监督检查。

9月18日

在山东日照市举办的“2018年中国技能大赛——全国农业行业职业技能大赛”中，上海市选送的两名选手获“全国农业技术能手”称号。

10月11日

上海市农业机械化管理办公室在“全国果菜茶生产机械化现场推进会”上以“蔬菜机械化生产”为主题做经验交流。

10月16日

上海市农业机械化管理办公室在崇明区举办农机事故应急处置演练暨农机安全生产工作会议，现场演练事故报案、现场救护、勘察取证、责任认定等处理程序及保险核查、违法行为处罚等环节。上海市农业机械化管理办公室主任郑雷出席会议并讲话。

10月26日

上海市农业机械化管理办公室在2018年农业机械化主推技术现场演示活动中演示绿叶菜全程机械化作业，引起社会热烈反响。

11月13日

农业农村部农业机械化管理司副巡视员王家忠一行赴上海市进行工作调研和农机装备供需对接，对上海市在农业机械化创新发展尤其是在大力推进蔬菜机械化发展方面的工作成效给予充分肯定。上海市农业农村委员会副主任王国忠、市农业科学院纪委书记吴乃山陪同调研。

12月4日

上海市农业机械化管理办公室、市农业机械鉴定推广站在松江区举办农业机械化新技术培训班，围绕蔬菜机械化生产、设施农业精准作业与卫星定位、农机无人驾驶应用等开展教学与演示。

江苏省

2017年12月28日

江苏省农业机械管理局在南通市召开全省农业机械化工作形势分析会，总结2017年全省农业机械化工作在购机补贴政策调控、“一项行动、两大工程”开展、农机服务主体培育、农机技术推广服务工作等方面取得的成效，分析江苏省农业机械化发展面临的新形势新任务和存在的问题与困难。江苏省农业委员会副主任、江苏省农业机械管理局局长沈建辉出席会议并讲话。

2018年1月9日

江苏省农业机械管理局在南京市召开省级“两大工程”示范项目推进工作座谈会，总结交流2017年“两大工程”示范项目实施情况，局党组成员、计财处处长卓炜出席会议并讲话。

1月17日

苏州市相城区金香溢农机服务专业合作社理事长朱伟琪、东海县丰惠农机服务专业合作社社长王建国、淮安市淮安区根本农机专业合作社理事长赵国锋被评为“全国农业劳动模范”。

3月12日

江苏省农业机械管理局在扬州市召开全省农机质量发展年会，通报2017年全省农机投诉处理情况以及农机质量调查情况。各市农机主管部门、农机质量工作机构、部分县（市、区）农机部门负责人和承担2018年农机质量调查工作的单位负责人以及省农业机械管理局各处室和直属单位负责人，部分农机生产经销企业代表140余人参加会议，省农业委员会副主任、省农业机械管理局局长沈建辉出席会议并讲话。

3月13日

江苏省农业机械管理局、扬州市农业机械管理局和扬州市江都区人民政府在扬州市江都区举办2018年全省农机“3·15”系列活动启动仪式，活动以“四送下乡，保障春耕备耕；品质农机，助推乡村振兴”为主题，江苏省委农村工作领导小组副组长胥爱贵、省农业委员会副主任、省农业机械管理局局长沈建辉，扬州市副市长丁一等领导出席活动。

4月20日

江苏省农业机械管理局在南京市召开全省农机行业职业技能获证奖补工作会议，总结交流2017年全省农机行业职业技能获证奖补工作情况，签订2018年度获证奖补工作责任状。各设区市农机主管部门分管领导、主管处长、鉴定（工作）站站长、农机校校长，有关重点县（市、区）农机主管部门分管领导，省局有关处室及直属单位负责人等70余人参加会议，省农业委员会副主任、省农业机械管理局局长沈建辉出席会议并讲话。

4月23—25日

江苏省农业机械管理局在南京市举

办全省第一期农机安全规章宣贯培训班，宣传培训农业农村部近期发布的《拖拉机和联合收割机驾驶证管理规定》《拖拉机和联合收割机登记规定》，部署当前农机安全生产工作。省农业委员会副主任、省农业机械管理局局长沈建辉出席开班式并讲话。

5月22日

江苏省农业机械管理局在南通市如东县召开全省农机安全生产工作会议，总结2017年农机安全生产工作所取得的成效，并对2018年全省农机安全生产工作作出部署。各设区市农机主管部门分管负责人、农机安全监理所所长，部分县(市、区)农机安全监理所所长，省局各处室和省农机安全监理所负责人参加会议，省农业委员会副主任、省农业机械管理局局长沈建辉出席会议并讲话。

5月23日

江苏省农业机械管理局、南通市农业委员会和如东县人民政府在南通市如东县共同举办2018年江苏省农机“安全生产月”活动启动仪式，江苏省农业委员会副主任、省农业机械管理局局长沈建辉出席活动并讲话。

5月28—29日

江苏省农业机械管理局在太仓市召开全省农业机械化高质量发展现场推进会，部署实施设施农业“机器换人”和绿色环保农机装备与技术示范应用工程。江苏省农业委员会副主任、省农业机械管理局局长沈建辉出席会议并讲话。

5月30—31日

江苏省农业机械管理局在南京市召开全省农机购置补贴暨廉政风险防控工作会议，总结2015—2017年全省农机购机补贴工作成效，并对2018—2020年新一轮政策实施工作进行动员部署。江苏省农业委员会副主任、省农业机械管理局局长沈建辉，江苏省纪律检查委员会驻省农业委员会纪检监察组组长谢国华出席会议并讲话。

6月1日

江苏省农业机械管理局、中国石化江苏石油分公司在常州溧阳市联合举办石油惠“三夏”农机优质服务活动，省农业委员会副主任、省农业机械管理局局长沈建辉，中石化江苏石油分公司总经理杨文化出席活动并讲话。

7月31日

江苏省人力资源和社会保障厅发布2018年江苏省百万技能人才技能竞赛岗位练兵活动公告，全省启动“百万技能人才技能竞赛岗位练兵”活动。

8月3日

江苏省农业机械管理局在南京市召开全省农机深松整地工作会议，总结2017年农机深松整地工作情况，部署2018年农机深松整地工作。江苏省农业委员会副主任、省农业机械管理局局长沈建辉出席会议并讲话。

8月28日

江苏省农业机械管理局、省贸促会在南京市召开第10届中国(江苏)国际农业机械展览会新闻发布会。江苏省农业委员会副主任、省农业机械管理局局长沈建辉，省贸促会副会长王存出席会议并宣布第10届中国(江苏)国际农业机械展览会将于2019年4月10日—12日在南京国际博览中心举办。本次新闻发布会共有新华网、新华日报、农民日报、中国农机化导报等近20家新闻媒体参加。

9月27日

江苏省农业机械管理局在镇江句容市举办第二届“最美农机合作社”“最美农机手”“最美加油员”颁奖仪式，对评选出的15家“最美农机合作社”、15位“最美农机手”和50位“最美加油员”进行表彰。省农业委员会副主任、省农业机械管理局局长沈建辉，中石化江苏分公司党委副书记王运才，太平财险江苏分公司副总经理张琳出席颁奖仪式，并为获奖单位和个人颁奖。

浙江省

2018年1月3日

宁波市、乐清市、象山县、金华市金东区被评为2017年度全国“平安农机”示范市、示范县(区)。蔡柏定等8人被评为2017年度全国农机安全监理示范岗位标兵。

1月22日

浙江省农业厅公布2017年农业“机器换人”示范单位名单，认定余姚市、慈溪市为省农业“机器换人”示范县，萧山区浦阳镇等50个乡镇为省农业“机器换人”示范乡镇(园区)，杭州萧山丁家庄农机专业合作社等152个基地为省农业“机器换人”示范基地。

3月13日

2018年浙江省农业机械标准化技术委员会委员大会在杭州召开，会议总结交流浙江省农业机械标准化技术委员会换届以来的工作情况，研究讨论2018年工作计划，并就主任委员、副主任委员等部分人员进行调整。

4月2日

浙江省农业机械管理局开展农业“机器换人”年度大调研活动，进一步贯彻落实省委“大学习、大调研、大抓落实”和厅“三访三创”活动决策部署，打造“一懂两爱”的农机干部队伍。

4月10日

农业农村部农业机械化管理司副司长李安宁一行赴诸暨市苍湖农机服务合作社和纯禾生态园调研浙江农业“机器换人”推进情况。

4月11—12日

农业农村部农业机械化技术开发推广总站站长刘恒新一行赴浙江省调研指导农业机械化技术推广工作。

5月9日

浙江省农业厅、省公安厅、省安全生产监督管理局联合印发《浙江省农业厅等3部门关于深化变型拖拉机专项整治工作的通知》，在全省范围内开展变型拖拉机专项整治工作。

5月17—18日

浙江省农业机械管理局在金华市举办全省农机安全监理员培训班，宣贯农业农村部新修订的《拖拉机和联合收割机驾驶证管理规定》《拖拉机和联合收割机登记规定》以及配套的两个工作规范，培训新开发的农机安全监理系统操作。

5月21—23日

第十届中国浙江·瓜菜种业博览会现代农机装备展在杭州市举办，共邀请国内外企业19家，参展机具35台(套)，集中展示遥控履带植保设备、全自动蔬菜钵苗移栽机、牵引式多功能蔬菜移栽等最新成果，首次开设设施大棚作业演示区，自走式有机肥撒肥机、菠菜收获机、轻型履带拖拉机等适宜棚内作业的机具悉数亮相。

5月28—29日

浙江省农业机械管理局在平湖市举行全省水稻机械化种植现场会暨农业机械化新技术培训班。现场观摩先进适用机具及耕作、播种、移栽、施肥等作业环节演示，交流典型经验。省农业机械管理局局长王建伟、调研员蔡潮永、省农业机械试验鉴定推广总站站长余文胜出席培训班并讲话。

6月6日

浙江省农机安全监理平台系统正式启用。

6月7日

浙江省农业机械工业行业协会、省农业机械标准化技术委员会联合召开茶叶机械标准制修订工作启动会，落实《茶鲜叶摊青萎凋机》等9项茶叶机械行业标准起草单位，明确标准制修订进度要求。

6月11日

浙江省农业机械管理局印发《浙江省拖拉机和联合收割机牌证制发管理办法》，进一步加强拖拉机和联合收割机牌证制发管理工作。

6月14日

2018年浙江省农业机械事故应急处置演练在台州市黄岩区举行，模拟拖拉机拖挂深松施肥播种机作业过失，致一死一伤事故的应急救援处置，交流2018年上半年农机安全监理工作，分析农机安全生产形势，各市及部分县(市、区)农机管理部门负责人等120余人参加演练。省农业机械管理局局长王建伟担任演练总指挥，省农业厅党组成员、总农艺师蔡元杰观摩演练并讲话。

6月28日

首届农用无人机操作技能大赛在金华市举行，来自浙江省11个地市的22支代表队参加比赛。

7月6日

农业农村部农业机械化管理司副巡视员王家忠一行赴浙江省调研拖拉机驾驶培训学校(班)资格认定工作。

8月15日

浙江省农业厅印发《浙江省农业机械事故应急处置预案》，进一步规范浙江省农业机械事故应急处置工作，提升应急管理水平，增强应急处置能力。

8月24日

浙江省农业厅印发《农业主导产业“机器换人”示范县评价办法》，围绕县域种养规模或产值排名前5位产业的机械化水平提升，加快推进新技术新机具新装备应用，提升主导产业主要环节机械化率，补齐发展短板。

8月27—28日

浙江省农业机械管理局在杭州市召开农业“机器换人”示范创建工作座谈会，解读《农业主导产业“机器换人”示范县评价办法》，交流农业“机器换人”示范创建进展情况，部署安排下阶段示范创建工作重点。11个地市及20个县农机管理部门主要负责人参加会议，浙江省农业机械管理局局长王建伟出席会议并讲话。

9月6—7日

浙江省农业厅、省农办、省总工会等在湖州市联合举办2018年全省农机修理工和农机驾驶操作员技能决赛，共有11支代表队的63位选手参赛，共评选出一等奖3名、二等奖5名和三等奖7名。

9月18—19日

浙江省农业机械管理局在龙泉市召开全省食用菌产业“机器换人”推进现场会，就食用菌机械化生产技术及适用装备进行讲解交流和作业观摩。

9月18—20日

在山东日照市举办的“2018年中国技能大赛——全国农业行业职业技能大赛”上，金华市黄成钢等4名选手荣获“全国农业技术能手”称号，浙江省农机修理工赛项获团体第三名。

10月18—19日

浙江省农业机械管理局、浙江省农业机械试验鉴定推广总站在安吉市联合举办全省茶产业“机器换人”和轨道运输机械化推进现场会，各市、县(市、区)农机部门负责同志130余人参加会议。省农业机械管理局局长王建伟出席会议并讲话。

10月25日

浙江省农业机械管理局在德清县召开全省智慧农机现场会，各市、有关县(市、区)农机管理部门负责人及智慧农机管理平台开发企业代表等50余人参加会议。省农业机械管理局局调研员蔡潮永出席会议并讲话。

10月26日

在中国农业机械工业协会、中国农业机械化协会、中国农业机械流通协会联合举办的“2018中国农机行业年度大奖”评选活动中，浙江省江山市巾英农机服务专业合作社和余姚市上塘农机服务专业合作社荣获“合作社农机化杰出服务奖”。

11月19日

浙江省农业农村厅、省应急管理厅联合发文公布2018年度“平安农机”示范单位和农机安全监理示范岗位标兵，确定湖州市、金华市为全省2018年度“平安农机”示范市，宁波市海曙区、绍兴市上虞区、天台县为全省2018年度“平安农机”示范县(市、区)，杭州市余杭区黄湖镇等57个镇(乡、街道)为“平安农机”示范镇(乡、街道)，朱益芬等11位同志为安徽省2018年度农机安全监理示范岗位标兵。

11月23—27日

2018年浙江农业博览会现代农业装备展在杭州市举办，集中展示改革开放以来浙江农业“机器换人”取得的成就，呈现农业生产从人畜力作业向机械化、自动化作业发展的演变历程。浙江省省长袁家军等省领导先后视察农业装备展。

11月26—27日

第三届现代农业装备高峰论坛暨农业“机器换人”研修班在台州市举办，多名国内知名专家学者受邀就农机装备产业发展、智能农机装备技术等内容作专题报告，全省各地农机管理站(处)长和省内有关农机生产企业负责人100余人参加活动。

11月28日

在第七届雷沃杯2018“全国20佳农机合作社理事长”评选活动中，浙江省嵊州市三界永明农机专业合作社理事长郑永明荣获“全国20佳农机专业合作社理事长”称号。

12月3日

浙江省农业机械管理局牵头起草的《玻璃温室技术规范》《农用单体钢架大棚设施技术规范》《农用连栋钢架大棚设施技术规范》和《果树钢架网罩设施技术规范》4个团体标准正式公布。

浙江省农业机械管理局发布浙江省2018年农机质量调查结果，通告浙江省2016、2017年度享受财政补贴的单轨运输机质量调查情况。从调查情况看，单轨运输机用户总体认可度较高，满意度综合得分为89.3分。

12月4—5日

农业农村部农业机械化技术开发推广总站副站长涂志强一行赴浙江省调研轨道运输机推广使用情况与发展前景，实地考察台州格罗威农机有限公司与轨道运输机示范基地，并同企业负责人、种植大户和农机推广人员进行交流探讨。

12月28—30日

浙江省农业农村厅、台州市人民政府在台州市路桥区联合举办2018浙江(台州)农业机械博览会，此次展会面积达3万米^2，展位1 200个，参展企业400余家，展出各类机具1 500余台(套)，共吸引全国各地采购商12 843人次，外商22家。来自全国各地的农机经销企业、农业生产经营主体，省内部分相关农机管理部门负责人参加博览会，省农业农村厅总农艺师蔡元杰出席开幕式并致辞。

12月29日

浙江省农业农村厅公布2018年农业“机器换人”示范单位名单，认定杭州市余杭区等10个县(市、区)为省农业“机器换人”示范县，杭州市萧山区益农镇等65个乡镇为省农业“机器换人”示范乡镇(园区)，杭州丰收农机服务专业合作社等182个基地为省农业“机器换人”示范基地。

安徽省

2018年3月30日

安徽省农机推广总站在舒城县召开全省2018年部级农业技术试验示范与服务支持项目启动培训会。

5月16日

安徽省农业机械管理局、省财政厅联合印发《安徽省2018—2020年农机购置补贴实施指导意见》，明确从2018年起，对全省补贴范围内的所有机具实行敞开补贴。

5—6月

安徽省大面积麦收开始，至夏收基本结束，仅用10天时间，共投入联合收割机16.5万台，机收率达98.6%，6月24日基本完成夏种工作。全省水稻机械化种植率达到54%，比2017年增加6个百分点，玉米机播水平稳定在94%以上。

6月

安徽省各地陆续开展农机“安全生产月”和“安全生产农机行”活动。

6月12—14日

农业农村部主要农作物生产全程机械化推进行动专家指导组玉米专业组赴泗县、固镇县开展黄淮海夏玉米生产全程机械化薄弱环节专题调研和技术指导。

6月14日

安徽省副省长张曙光在介绍蒙城县实施农机作业托管成效的材料上批示：“蒙城县实施农机作业托管是实践中的有益探索，实现了‘三个满意’，值得肯定。请亳州市和蒙城县要进一步总结完善巩固提升，请省农业委员会关注支持积极推广。”

6月26日

安徽省农业委员会召开承担行政职能事业单位改革会议，宣读委所属承担行政职能事业单位改革实施方案和人员过渡安置工作方案，将省农业机械管理局承担的行政职能、省农业机械管理局及所属事业单位行使的行政权力划转省农业委员会机关承担。撤销安徽省农业机械管理局，省农业委员会增设农机管理处、农机装备处、农机公共服务指导处。

6月28日

安徽省农业机械技术推广总站召开全体干部职工大会，宣布省农业委员会党组人事任命决定，任命江洪银同志为安徽省农业机械技术推广总站站长，郭颖林同志为安徽省农业机械技术推广总站副站长。

7—9月

安徽省农业委员会在全省组织开展2018年“平安农机”示范单位和岗位标兵申报、核查和命名工作。2018年度创建全省“平安农机”示范市1个、示范县(区)5个、农机安全监理示范岗位标兵13人。推荐全国“平安农机”示范市1个、示范县(区)5个、农机安全监理示范岗位标兵6人。

8月1日

安徽省农业机械管理局连续6年被农业农村部评为落实强农惠农富农政策(农机购置补贴)延伸绩效管理优秀单位。

9月5—6日

安徽省农业委员会在芜湖市举办“2018年中国技能大赛——全国农业行业农机驾驶操作员和修理工技能竞赛·安徽省选拔赛”。

9月19—20日

在山东日照市举办的“2018年中国技能大赛——首届全国农业行业职业技能大赛”上，安徽省农机维修选手石磊、王纯军获驾驶操作员和修理工技能竞赛“全国农业技术能手”称号。

9月29—30日

安徽省农业委员会在蒙城县召开全省主要农作物生产全程机械化推进会暨安徽省首届农机推广田间日活动，回顾总结近年来全省在推进主要农作物生产全程机械化工作中所做的探索，肯定各级农业、农机部门取得的成绩，并对下一步高质高效推进主要农作物生产全程机械化作出工作部署。安徽省农业委员会党组成员胡刚出席会议并讲话。

11月

全省各级农业部门多措并举全力推进秋种。截至11月20日，全省秋种基本结束，播种面积3 690.67千公顷。依托农机大户、农机社会化服务组织成立1 368个服务队，积极参与抗旱抢种。“三秋”期间，全省投入作业的农业机械达300万台(套)，完成农机深松整地面积253.33千公顷，小麦机播率达91.5%。

福建省

2017年12月14日

福建省农业厅印发《关于公布福建省省级和新产品试点农机购置补贴机具补贴额一览表的通告》，公布省级和新产品试点农机购置补贴机具补贴额。

12月15日

福建省农业厅农业机械化管理处在福州市召开全省农业机械化统计年报汇编布置会，传达全国农机系统统计培训班的精神，详细讲解农业机械化管理统计报表制度，围绕如何准确把握统计工作的新要求，开展深入的交流讨论，调研员倪锋出席会议并讲话。

2018年4月18日

福建省农业厅在福州市召开2018年第一期全省农业机械化工作业务培训班，总结2017年全省农业机械化工作情况，研究分析当前农业机械化发展存在的困难和问题，部署安排2018年农业机械化重点工作，副厅长姜绍丰出席会议并讲话。

4月28日

福建省农业厅、省财政厅联合印发《关于印发〈福建省2018年农机报废更新补贴试点工作实施方案〉的通知》，制定全省2018年农机报废更新补贴试点工作实施方案。

8月1日

福建省农业厅农业机械化管理处被农业农村部评为2017年度落实强农惠农政策农机购置补贴延伸绩效管理进步明显单位。

9月12日

福建省农业厅在福州市举办2018年第二期全省农业机械化工作业务培训班，总结半年多来工作情况，安排部署下阶段工作，副厅长姜绍丰出席会议并讲话。

9 月 21 日

福建省农业农村厅、省财政厅联合印发《关于印发〈福建省农机合作社机库补贴实施方案〉的通知》，研究制定全省农机合作社机库补贴实施方案。

11 月 5 日

福建省农业农村厅、省财政厅联合印发关于印发〈2018—2020 年福建省农机新产品购置补贴试点实施方案〉的通知》，总结 2017 年全省农机新产品购置补贴试点工作开展情况，研究制定 2018—2020 年全省农机新产品购置补贴试点实施方案。

11 月 19 日

首届"乡村振兴与农业机械化"农业机械展销会在漳州市开幕。福建省农机鉴定推广总站、漳州市农业局、漳州市芗城区人民政府积极参与展销会筹办工作，探索"政府引导、市场运作"的办会机制，提升当地农业机械化和农机产业水平。

12 月 13 日

福建省农业农村厅、省财政厅联合印发《关于印发〈2018—2020 年福建省农业机械购置补贴实施意见〉的通知》。

江 西 省

2018 年 1 月 2 日

江西省省长刘奇在关于江西农机装备产业发展情况的汇报中批示："农机装备产业是工业更是制造业，我省市场潜力大，请农业厅商工信委、商务厅研究提出意见。"江西省副省长吴晓军批示："请日武、汉平同志按刘奇同志批示，商有关部门研究，提出具体措施意见。"

3 月 5 日

江西省农业机械化管理局联合江西农业大学等 9 家单位，组成 2 个服务小分队，在贵溪市和余江县开展农机送科技下乡集中示范服务活动。

3 月 26 日

江西省农业机械化管理局印发《关于贯彻落实〈江西省道路交通安全综合整治工作方案〉的通知》（赣农机综〔2018〕13 号），要求各市、县（区）农机主管部门、农机监理机构深入开展变型拖拉机清理整治工作，严厉整治拖拉机违法改装乱象，强化源头管理，确保农村道路安全。

3 月 27 日

江西省农业机械化管理局在宜春市召开全省农业机械化工作会议，全面总结党的十八大以来全省农业机械化工作成效，认真分析新时代农业机械化工作面临的新形势、新矛盾、新机遇，全面部署今后一段时期的农业机械化工作。江西省农业厅副巡视员官少飞出席会议并讲话。

3 月 28 日

江西省农业厅、省财政厅联合印发《关于印发〈江西省 2018—2020 年农业机械购置补贴实施方案〉的通知》（赣农字〔2018〕18 号），确定农机购置补贴实施范围，进一步明确补贴机具种类、资质要求、补贴标准及补贴对象。

4 月 3 日

江西省农业厅在余干县召开水稻机械化种植培训班暨"百万农机闹春耕"动员会，要求各地要把推进水稻机械化种植作为水稻生产全程机械化的着力点，打通水稻全程机械化生产瓶颈。江西省农业厅副厅长刘光华出席会议并讲话。

4 月 4 日

经专家测算、研讨论证、集体审议，江西省农业厅办公室印发《江西省 2018—2020 年农机购置补贴机具补贴额一览表（第一批）》（赣农办字〔2018〕39 号）。

5 月 10 日

江西省农业厅印发《关于下达 2018 年省级农业专项资金工作任务的通知》（赣农计字〔2018〕23 号），确定拨付省级农业专项资金 1 000 万元，对市、县（区）农机购置补贴监管工作给予经费补助。

5 月 14 日

江西省农业机械化管理局在南昌市召开 2018 年"平安农机"创建工作座谈会，探讨交流全省"平安农机"创建工作，分析梳理创建工作中的重点和难点问题。

5 月 18 日

经专家测算、研讨论证、集体审议，江西省农业厅办公室印发《江西省 2018—2020 年农机购置补贴机具补贴额一览表（第二批）》（赣农办字〔2018〕56 号）。

江西省农业机械化管理局印发《关于印发〈2018 年江西省农机"安全生产月"活动方案〉的通知》（赣农机综〔2018〕25 号），明确活动开展时间和内容，要求各地弘扬安全发展理念，凝聚安全生产共识。

5 月 25 日

江西省农业机械化管理局在南昌市召开全省农机安全新规章宣贯培训会，详细解读 2018 年农业部令 1 号、2 号及其工作规范的具体内容及变化，讲解演示"江西省农机安全监督管理信息系统"的功能和具体操作。

5 月 30 日

江西省农业机械化管理局印发《关于启用农机安全监督管理信息系统的通知》（赣农机综〔2018〕27 号），决定自 2018 年 6 月 1 日起，在全省范围内启用新的农机安全监督管理信息系统。

6 月 14—15 日

江西省农业机械化管理局在南昌市召开全省 2018 年农机购置补贴培训暨廉政警示教育会，对 2018—2020 年江西省农机购置补贴政策、当前农机发展现状及趋势进行详细解读，并演示农机购置补贴手机 App 系统。

6 月 22 日

江西省农业厅、省财政厅联合印发《关于做好 2018—2020 年植保无人飞机购置补贴试点工作的通知》（赣农计字〔2018〕29 号），公布《江西省 2018—2020 年植保无人飞机购置补贴试点实施方案》。

江西省农业厅、省财政厅报送《关于报送〈江西省 2018—2020 农机新产品购置补贴试点实施方案〉的请示》（赣农文〔2018〕52 号），拟选择温室大棚、水果分级机 2 类产品开展农机新产品购置补贴试点。

8 月 7 日

江西省农业机械化管理局印发《关于启用江西省农机购置补贴 App 系统的通知》（赣农机综〔2018〕44 号），决定在全省范围内启用江西省农机购置补贴 App 系统，与江西省农机购置补贴辅助管理系统并行运行使用。

8 月 21 日

江西省农业机械化管理局印发《关于开展农机购置补贴政策实施督导检查工作的通知》（赣农机综〔2018〕48 号），决定在全省开展 2018 年农机购置补贴政策实施督导检查工作。

9 月 3 日

江西省农业机械化管理局印发《关于实施农机购置补贴违规行为联动处理工作的函》（赣农机综〔2018〕52 号），决定根据农业农村部农机购置补贴违规通报发布的信息，对在其他省（市）经查实存在违规问题并被处理或被质量监督部门抽查不合格通报的农机产销企业产品实行与发布单位相应的联动处理措施。

9月6日

江西省农业厅在新余市青园南方农机城举行2018年江西省“振兴杯·东方红”农机职业技能竞赛，13支代表队近200名农机手参赛，通过4个单项的技能比拼，角逐出“江西机王”。江西省农业厅党委书记江枝英出席开幕式并宣布竞赛开幕，新余市市委副书记曾萍、江西省农业厅副巡视员官少飞出席开幕式并致辞，中国农业机械化协会会长刘宪、中国农业机械流通协会会长毛洪出席竞赛相关活动。

9月18日

江西省农业厅、省财政厅印发《关于做好2018年中央农业生产发展有关项目实施工作的通知(赣农计字〔2018〕39号)》，下达资金2 600万元，用于部分县试点开展水稻生产绿色机械化示范基地建设。

9月29日

江西省农业机械化管理局印发《关于印发〈江西省秋冬季农机安全生产检查整治工作方案〉的通知》(赣农机综〔2018〕55号)，决定在2018年9月至2019年2月，分制订方案、排查整治和总结提高三个阶段进行检查整治工作。

10月18日

江西省农业机械化管理局在南昌市召开全省2018年农机购置补贴调度暨农业机械化统计工作座谈会，充分肯定前一阶段工作成效，深入分析当前工作面临的形势和困难，并要求以问题为导向，对标年初各项要求，努力完成工作目标。

11月6日

江西省委书记刘奇一行赴泰和县参观国兴城农机一站式服务中心，了解农民购机办理补贴流程，参观现代高科技农机展厅，了解无人机喷药的功能。刘奇指出：“农机化的普及，将大大提高农业生产效率，解放农民生产力，是真真切切的惠民工程。”江西省委常务委员、省委秘书长赵力平陪同调研。

11月9日

江西省农业机械化管理局在南昌市召开全省农机安全监理业务座谈会，传达学习全国农机事故统计分析会议精神，通报2018年上半年全国农机事故情况，交流座谈该省农机事故统计上报工作的相关情况及存在的问题，讲解演示“江西省农机安全监督管理信息系统”的功能和具体操作。

11月15日

江西省财政厅、省农业厅联合印发《关于调整2018年中央财政农业生产发展资金的通知》(赣财农指〔2018〕3号)，调剂农机购置补贴资金960万。

11月19日

江西省农业机械化管理局印发《关于推进农机专业合作社助力产业扶贫的通知》(赣农机综〔2018〕72号)，要求各地通过强化农机专业合作社扶贫引领作用、探索农机专业合作社扶贫新模式、加强对合作社骨干人员的培训三项举措，发展和壮大农机专业合作社，推行合作社带动贫困户的扶贫模式。

11月27日

江西省农业机械化管理局获2018年中国农业机械化网信息宣传先进单位，江西省农业机械化管理局信息员荣获年度信息报送先进个人，《农机改变了我的人生——记江西机王杨建华》一文被评为年度好信息三等奖。

山东省

2017年12月20日

山东省人民政府印发《关于加快新旧动能转换推进“两全两高”农业机械化发展的意见》，对农业机械化在经济社会发展特别是实施乡村振兴战略中地位和重要作用进行充分肯定，体现山东省人民政府对农业机械化发展的高度重视。

2018年1月9日

山东省农业机械管理局被评为2017年度省直农口部门预算管理考核和农业财政工作绩效考评优秀单位。

1月15日

山东省农业机械管理局在济南市召开全省农业机械化工作会议，总结2017年工作开展情况，研究部署2018年重点工作。山东省农业机械管理局局长卜祥联出席会议并讲话。

1月22日

山东省农业机械管理局召开2017年度党建工作和述职述廉会议，机关各处及直属事业单位党支部书记、山东省农机集团总公司党委书记分别作工作汇报，山东省农业机械管理局分党组书记、局长卜祥联主持会议并讲话。

2月7日

山东省农业机械管理局副局长刘娜带队赴“第一书记”帮包的曹县庄寨镇蔡口村和纸坊村走访慰问老党员和困难群众，送去米、面等慰问品。

3月6日

山东省农业机械管理局在济南市召开全省农业机械化科技创新发展学术研讨会，会议以“科技创新促进农机化发展”为主题，邀请中国工程院院士罗锡文、陈学庚，以及中国农业大学教授杨敏丽、中国农业机械化科学研究院研究员张俊宁做交流报告。山东省农业机械管理局局长卜祥联出席研讨会并致辞，山东省农业机械管理局副局长韩永平、各市农机局及科教、推广部门负责人，部分县农机局及合作社负责人、山东农业工程学会理事和分支机构代表等200余人参加研讨会。

3月6—8日

山东省农业机械管理局与省财政厅在济南市联合举办省农机研发创新成果展，197个省农机装备研发创新计划项目、70多个研发创新产品集中亮相，山东省委农村工作领导小组副组长王军民、省人民政府副秘书长张积军、省财政厅副厅长姜凝、省农业厅厅长王金宝、省农业机械管理局局长卜祥联等领导观看农机装备研发创新成果展示。

3月9日

山东省农业机械管理局与济宁市农机局在汶上县共同开展2018年山东省暨济宁市“3·15”农机质量投诉监管宣传咨询活动启动仪式，山东省农业机械管理局副局长韩永平出席活动并讲话。

3月12日

山东省农业机械管理局批复同意山东省农业机械试验鉴定站新组建检验五室，主要从事部级鉴定任务和新产品试验鉴定技术研究。

山东省农业机械管理局召开党风廉政建设工作会议，总结2017年党风廉政建设工作，部署2018年任务。山东省农业机械管理局分党组书记、局长卜祥联出席会议并讲话。

3月12—13日

在潍坊市举办的全国主要农作物生产全程机械化示范县授牌仪式上，诸城、汶上、郯城、兖州、齐河、嘉祥、临清、曹县、新泰、章丘、滕州、邹平、肥城等13个2017年全国主要农作物生产全程机械化示范县光荣授牌，山东省农业机械管理局局长卜祥联、副局长韩永平等出席授牌仪式。

3 月 19 日

山东省农业机械管理局计划财务处被评为全省第三次农业普查先进集体。

3 月 21 日

山东省农业机械管理局、省财政厅联合印发《2018—2020 年山东省农业机械购置补贴实施指导意见》(鲁农机计字〔2018〕7 号)。

泰国农民议会主席一行赴山东省农业机械管理局座谈交流，了解山东省农业机械化发展及对外合作情况。

山东省农业机械管理局印发《关于做好 2018 年〈联合收割机插秧机跨区作业证〉发放工作的通知》，全省发放跨区作业证 3.4 万张。

3 月 26 日

山东省农业机械管理局、省财政厅联合印发《关于做好 2018 年现代农机化转型升级推进工程实施工作的通知》，下达项目资金 2 000 万元，其中 1 000 万元用于补助扶持章丘等 14 个县市区开展“两全两高”农业机械化示范创建，1 000 万元用于开展关键环节农业机械化技术示范推广。

山东省委农村工作领导小组副组长王军民在山东省农业机械管理局、省财政厅联合呈报的《研发创新给农机化发展注入新动能》呈阅件做批示：“省农机局和省财政厅认真落实习近平总书记关于‘给农业插上科技的翅膀’重要指示，联合实施农机装备研发创新计划，取得可喜成果。希望你们再接再厉，紧紧围绕‘三农’需求，抓住新旧动能转换工程的机遇，为率先建成‘两全两高’农业机械化示范省，为打造乡村振兴齐鲁样板做出新的贡献。”

3 月 28 日

山东省农业机械管理局在潍坊市召开全省农机质量投诉监管工作会议，山东省农业机械管理局副局长韩永平出席会议并讲话。

3 月 29—30 日

山东省农业机械管理局在青岛莱西市召开全省农机维修工作会议，山东省农业机械管理局副局长刘娜出席会议并讲话。

山东省农业机械管理局在枣庄市召开农业机械化科教工作会议，围绕“大学习大调研大改进”，就如何做好新形势下农业机械化科教工作进行座谈交流，山东省农业机械管理局副局长韩永平出席会议并讲话。

3 月 30 日

山东省农业机械管理局在济南市召开全省农机购置补贴工作会议，山东省农业机械管理局局长卜祥联、省财政厅农业处调研员韩如月出席会议并讲话。山东省农业机械管理局副局长王乃生代表省农业机械管理局与各市签订《农机购置补贴工作责任书》。山东省农业机械管理局纪检组组长王瑞华主持会议。

4 月 11 日

山东省农业机械管理局在济宁市召开全省农机深松整地及智能检测推进现场会，观摩农机深松整地作业演示和农机具及智能检测仪展示，解读农机深松作业补助有关政策，山东省农业机械管理局副局长韩永平出席会议并讲话。

4 月 12—14 日

农业农村部农业机械化司副巡视员王家忠一行赴临朐、潍坊坊子区、平度、即墨等地调研，就农机报废更新和建立执法改革工作进行座谈和实地考察。山东省农业机械管理局纪检组组长王瑞华陪同调研。

4 月 13 日

山东省农业机械管理局在济南市召开全省农业机械化脱贫攻坚工作会议，传达学习全省扶贫开发工作会议和全省农业脱贫攻坚工作会议精神，总结交流 2016 年以来全省农业机械化脱贫攻坚工作情况，研究部署 2018 年工作任务。山东省农业机械管理局副局长韩永平出席会议并讲话。

4 月 17 日

山东省农业机械管理局在德州禹城市举办全省农机购置补贴政策实施培训班，围绕 2018—2020 年农机购置补贴政策的新变化、新要求和操作程序进行培训，邀请有关专家对农机购置补贴辅助管理系统手机 App 进行操作演示。山东省农业机械管理局副局长王乃生出席培训班并讲话。

5 月 11 日

山东省农业机械管理局在济宁市金乡县召开全省大蒜机械化收获现场观摩会，大蒜主要种植市农机局负责同志和科教科(站)长，项目县农机局长、部分农机合作社理事长、生产企业及当地农民群众 200 余人现场观摩。山东省农业机械管理局局长卜祥联、济宁市人民政府副市长任庆虎等领导出席会议，山东省农业机械管理局副局长韩永平主持会议。

5 月 18 日

《山东省〈拖拉机驾驶培训管理办法〉实施细则》作为山东省人民政府规范性文件在山东省人民政府公报 2018 年第 15 期刊发，自 2018 年 7 月 1 日起执行。

5 月 24 日

山东省农业机械管理局、雷沃重工股份有限公司在曹县“第一书记”帮扶村举行庆“六一”爱心捐赠活动。活动结束后，山东省农业机械管理局副局长刘娜带队赴“第一书记”帮包的纸坊村和蔡口村调研指导抓党建促脱贫工作。

5 月 29 日

山东省农业机械管理局、临沂市农机局和兰山区人民政府在兰山区共同举办山东省暨临沂市 2018 年农机“安全生产月”活动启动仪式。

5 月 30 日

山东省农业机械管理局在日照市举办全省茶叶生产全程机械化现场观摩培训班，山东省农业机械管理局副局长刘娜出席观摩会并讲话。

6 月 4 日

新版全省农机安全监督管理软件正式启用。

6 月 5 日

全省暨临沂市“三夏”机械化生产开机仪式在郯城县举行，山东省农业机械管理局局长卜祥联、副局长韩永平、临沂市人民政府副市长张玉兰出席开机仪式。

6 月 13 日

山东省农业机械管理局组织推广、管理、财务等方面专家人员，在淄博市对承担 2017 年基层农机推广体系建设项目的 40 个县(市、区)进行集中总结考评。

6 月 14—16 日

农业农村部主要农作物生产全程机械化推进行动专家指导组玉米专业组赴齐河县、济宁兖州区调研，山东省农业机械管理局副局长韩永平陪同调研。

6 月 16 日

山东省农业机械管理局纪检组长王瑞华、省农业机械安全监理站副站长刘兆清带队分赴泰安东平县和潍坊昌邑市，与市县农机主管部门联合开展以“生命至上、安全发展”为主题的农机安全宣传咨询日活动。

6 月 19 日

山东省小麦机收基本结束，玉米机

播接近尾声。全省组织180万台(套)农业机械机收机播,实现小麦适时收获、颗粒归仓,玉米适期播种、精准高效。完成小麦机收3 811.3千公顷、机收率99.49%;在已完成的玉米播种中,机播率97.2%,小麦机收、玉米机播水平均创历史新高。

7月3—4日

山东省农业机械管理局在潍坊市举办全省农机维修业务能力提升培训班,山东省农业机械管理局副局长刘娜出席开班式并讲话。

7月13日

山东省农业机械管理局召开2018年上半年工作总结交流会,总结交流上半年工作情况和下半年重点工作打算,听取有关单位分别对农机安全生产工作、预算执行情况和信访工作情况的专题汇报。山东省农业机械管理局局长卜祥联出席会议并讲话,山东省农业机械管理局副局长韩永平主持会议。

7月18—20日

山东省农业机械管理局在高密市举行全省农机合作社理事长培训班,对《中华人民共和国农民专业合作社法》进行解读,听取农机合作社理事长的经验介绍,组织观摩农机合作社。山东省农业机械管理局副局长韩永平出席培训班并讲话。

8月1日

山东省农业机械管理局被农业农村部评为2017年度落实强农惠农富农政策(农机购置补贴)延伸绩效管理优秀单位,名列第二,山东省省长龚正对山东省农机购置补贴工作给予充分肯定,山东省副省长于国安协调省人力资源和社会保障厅给予表扬。

8月8—9日

山东省农业机械管理局在高密市举办2018年大型轮式拖拉机和谷物干燥机质量调查员暨谷物干燥机推广鉴定技术现场培训班,山东省农业机械管理局副局长韩永平出席开班式并讲话。

8月8—10日

山东省农业机械管理局在潍坊市举办全省粮食烘干及高效植保推进培训班,邀请有关专家对主要农作物生产全程机械化示范县创建进行政策解读,并现场演示粮食干燥机械和高效植保机械操作方法。山东省农业机械管理局副局长韩永平出席培训班并讲话。

8月14日

山东省农业机械管理局在枣庄市举办全省农业机械化统计工作规范化评价暨"农机化统计工作规范化考核研究"项目研讨会,山东省农业机械管理局副局长王乃生出席会议。

8月21日

山东省农业机械管理局联合中国农业银行山东省分行、山东省农业发展信贷担保有限责任公司印发《关于政银担合作支持农机购置金融服务的通知》(鲁农机计字〔2018〕20号),三家联合开展支持农机购置金融服务,面向农机合作社、农机大户等农机经营主体推广"鲁担惠农贷"金融产品。

8月22日

山东省农业机械管理局在济南市召开全省农业机械化工作座谈会,总结交流上半年工作,分析农业机械化发展形势,研究加快新旧动能转换、推动农业机械化高质量发展的措施,山东省农业机械管理局局长卜祥联出席会议并讲话,山东省农业机械管理局副局长韩永平主持会议。

8月29—30日

第四周"技能兴鲁"职业技能大赛2018年山东省农机职业技能竞赛在日照市举办,山东省农业机械管理局副局长刘娜出席开幕式并讲话,农业农村部人力资源开发中心、农业农村部农业机械试验鉴定总站、日照市人民政府等有关单位领导出席开幕式。

8月30日

山东省人民政府办公厅发文明确山东省农业机械管理局负责实施的"农业机械驾驶培训机构资格认定"许可事项自2018年8月30日起统一由省政务服务中心受理。

9月4日

山东省农业机械安全监理站在潍坊市举办全省农机安全生产形势分析暨农机事故统计人员培训班。

9月9日

山东省农业机械管理局在泰安市召开全省"三秋"农业机械化生产现场演示会,山东省农业机械管理局局长卜祥联、副局长韩永平、泰安市人民政府副市长赵德健出席现场会。

9月10日

山东省农业机械管理局与泰安市人民政府联合举办泰山国际农业机械化发展论坛,山东省农业机械管理局局长卜祥联出席论坛并致词,论坛详细介绍全省农机装备研发创新成就及展望。

9月10—12日

农业农村部农业机械化司司长张兴旺一行赴德州、泰安、济宁等市开展工作调研,山东省农业机械管理局局长卜祥联、副局长韩永平陪同调研。

9月18日

山东省农业机械管理局在淄博市举办全省农机驾驶培训行政许可业务培训班,山东省农业机械管理局副局长韩永平参加开班式并讲话。

山东省农业机械管理局与省安全生产监督管理局联合发文表彰2018年度全省"平安农机"示范单位和农机安全监理岗位标兵,共有1个市(设区)、5个县(区、市)及71个乡(镇、街道)、85个农业经营服务组织荣获省级"平安农机"示范单位,27人荣获省级农机安全监理示范岗位标兵。

9月19日

山东省农业机械管理局在淄博市举办全省农业机械化教学观摩竞赛决赛,全省15名参赛选手、17市农机局(办)培训科长及省局有关专家参加活动,山东省农业机械管理局副局长韩永平出席开幕式并讲话。

9月19—20日

在山东日照市举办的"2018年中国技能大赛——全国农业行业职业技能大赛"中,山东省选派的6名选手在农机驾驶操作员和修理工竞赛决赛中分获农机驾驶操作员项目第1、2、4名和农机修理工项目的第6、8、12名的优异成绩。

9月20日

山东省农业机械管理局、省财政厅、民航山东安全监督管理局联合印发《山东省2018—2020年农机新产品购置补贴试点工作实施方案》,确定全省农机新产品补贴试点范围、补贴对象、补贴标准及操作流程。

9月23日

由中国工程院院士罗锡文、中国农业大学教授李召虎、中国农业科学院棉花研究所研究员李亚兵等专家组成的测产组对无棣县13.33公顷棉花生产全程机械化示范基地进行测产。两个示范点分别取得5 017.5千克/公顷和5 311.5千克/公顷的高产,比常规种植增产30%~40%。该试验为黄河流域棉花生产全程机械化发展探索成功经验,将有效助推该区域棉花产业发展。

9月25—29日

山东省农业机械安全监理站在淄博

市举办全省新增农机安全监理检验员资格培训班，山东省农业机械管理局纪检组组长王瑞华出席开班式并讲话。

10月8日

山东省委第十一届第六次全会审议通过《关于山东省省级机构改革的实施意见》，整合省委农村工作领导小组办公室、省农业厅（省扶贫开发办公室）、省农业机械管理局的职责，以及省海洋与渔业厅的渔业管理和监督管理渔业安全生产职责，省发展改革委员会项目管理职责，省财政厅的农业综合开发项目管理、农村综合改革职责，组建省农业农村厅。不再保留省委农村工作领导小组办公室、省农业厅、省农业机械管理局、省农业综合开发办公室。

10月15—17日

山东省农业机械管理局在青岛市举办全省"两全两高"农业机械化评价培训班，对《"两全两高"农业机械化示范县评价指标体系和评价办法》进行解读，并组织观摩马铃薯等全程机械化生产装备制造企业。山东省农业机械管理局副局长韩永平出席培训班并讲话。

10月17日

山东省农业机械管理局印发《关于印发农机购置补贴产品核验参考流程的通知》（鲁农机计字〔2018〕24号），为山东省农机购置补贴机具规范化核验提供基本遵循和参考依据。

10月19日

山东省农业机械管理局在沂水县召开全省林果生产全程机械化现场观摩会，现场演示并详细讲解林果生产全程机械化各环节作业情况，山东省农业机械管理局副局长韩永平出席观摩会。

10月23日

山东省秋季农业机械化生产基本结束。全省组织各类机械203万台（套）上阵，其中，拖拉机116万多台、收获机械14.3万多台、播种机械23.7万多台，充分保障"三秋"农机作业的装备需求。初步统计，全省累计机收玉米3 056.7千公顷、机收率90.8%，机播小麦3 980.67千公顷、机播率98.7%，均高于2017年同期水平。实施农机深松896.67千公顷，超额完成农业农村部下达的任务。

10月23—24日

山东省农机试验鉴定站通过农业农村部农业机械化司农业机械试验鉴定机构部级鉴定能力认定现场考评及推广鉴定工作监督检查。部级推广鉴定产品能力范围由9种扩展到16种，拖拉机鉴定能力最大功率由110千瓦提升到320千瓦。

11月5日

山东省农业机械管理局自主设计开发的农业机械化统计信息管理系统（二期）顺利通过专家验收。

11月13—14日

在2017年主要农作物生产全程机械化试验示范项目验收活动中，山东省项目顺利通过专家考评验收，并被推荐为项目建设优秀单位。

11月27日

在2018年度中国农业机械化信息网信息员培训班上，山东省农业机械化信息工作再次荣获2017—2018年度中国农业机械化信息网信息宣传工作先进单位及信息工作先进个人（王南方一等奖）两项殊荣，并在会上作典型发言。

11月29日

山东省农业机械安全监理站在曲阜市举办全省新增农机安全监理考试员资格培训班，山东省农业机械管理局纪检组长王瑞华出席开班式并讲话。

河南省

2018年3月28日

河南省农业机械管理局在郑州市召开全省农机管理工作会议，深入学习贯彻党的十九大精神，落实中央农村工作会议、全国农业工作会议、全省农村工作会议和农业工作会议部署要求，总结2017年工作，分析农业机械化工作面临的形势和任务，研究落实中央和省委省人民政府部署的思路措施，安排2018年重点工作。各省辖市、省直管县农机局长，河南省农业机械管理局全体人员参加会议，河南省农业机械管理局党委书记、局长凌中南出席并讲话。

3月29日

农业部农业机械化司副司长李安宁一行赴许昌市调研农机信息化工作，听取农机部门信息化建设情况汇报，并就进一步拓展信息平台功能、增加服务内容提出建议。河南省农业机械管理局局长凌中南陪同调研。

4月17日

河南省农业机械管理局在郑州市召开农机购置补贴政策落实延伸绩效管理考核会议，总结2017年度农机购置补贴实施情况，对2017年度农机购置补贴政策落实延伸绩效管理考核打分，并部署2018年补贴工作。各省辖市和直管县相关人员出席会议并讲话。

5月3日

河南省农业机械管理局在郑州市召开2018年河南省农机购置补贴辅助管理系统培训班，总结农机购置补贴辅助管理系统（2017版）使用情况，讲解演示农机购置补贴辅助管理系统（2018版）操作全流程，介绍信息公开专栏系统操作使用方法，并讨论交流2018年农机购置补贴相关政策。各省辖市和直管县相关人员参加培训。

6月15日

河南省农业机械管理局在周口市扶沟县举行以"生命至上、安全发展"为主题的2018年农机安全生产月咨询日活动，对"平安农机"示范户进行表彰，并举办安全知识竞赛、安全承诺签名、安全宣传品发放等活动。河南省农业机械管理局局长凌中南出席活动并讲话。

8月13日

河南省农业机械管理局在郑州市召开全省农机购置补贴座谈会，交流农机购置补贴"放管服""一次办妥"等工作经验，研讨农机购置补贴政策实施简化程序，7个省辖市及直管县农机局、财政局负责农机购置补贴工作人员参加会议。

8月21日

河南省农业机械管理局在驻马店市召开全省2018年"三秋"农机工作会议，现场观摩秋季机械化生产，安排部署河南省"三秋"农业机械化生产，河南省农业机械管理局局长凌中南出席会议并讲话。

9月23日

由河南省委、省人民政府主办，河南省农业厅、郑州市市委市人民政府承办的河南省首个"中国农民丰收节"庆祝活动在新郑市举行，东方红无人驾驶拖拉机等多款机型亮相丰收节，河南省委书记王国生，省长陈润儿，省委常委、郑州市市委书记马懿，省委常务委员、秘书长穆为民，副省长武国定等领导出席活动并讲话，省农村工作办公室主任申延平、省农业厅厅长宋虎振、省农业机械管理局局长凌中南及省直相关单位主要负责人参加活动。

11月22日

河南省农业机械管理局在郑州市召开全省农机深松整地与农机报废更新工作座谈会，交流2018年农机深松整地及农机报废更新的工作成效、特点和问题，提出下一步工作建议和思路，各省辖市和直管县相关人员参加会议。

11 月 29—30 日

河南省农业机械管理局在郑州市召开 2017 年玉米等作物机械作业面积数据复核工作培训会，复核本地区玉米机耕、机播、机收面积、免耕播种面积，和其他主要作物机械作业面积，汇总审核 2017 年全省农业机械化统计年报数据，各省辖市和直管县农业机械化统计员参加会议。

12 月 6 日

河南省农业机械管理局在郑州市召开全省示范农机合作社理事长培训班，传达学习全国农机社会化服务提档升级现场会会议精神，分析当前农机社会化服务热点和趋势，讲授玉米籽粒机械化收获及配套技术和机械化深松整地技术，2016 年以来部省级示范农机专业合作社理事长参加培训。

湖 北 省

2018 年 1 月 4 日

湖北省农业厅党组成员、副厅长张桂华一行赴省农机安全监理(推广)总站调研农机信息化工作，湖北省农机局副局长姜卫东、省农业厅计划财务处、市场信息处有关负责同志陪同调研。

1 月 23 日

湖北省农机局在武汉市召开全省秸秆机械化综合利用专题研讨会，汉川市等 16 个项目县农机部门负责同志参加会议，湖北省农机局副局长皮少成主持会议，农业厅党组成员、省农机局局长刘长华出席会议并讲话。

2 月 6 日

湖北省政协副主席、省农业厅副厅长王红玲和厅党组成员、省农机局局长刘长华等领导率队走访慰问省农机局离退休干部。

3 月 5 日

湖北省农机局召开 2018 年党风廉政建设暨设暨“红旗党支部”创建动员工作会议，传达学习驻厅纪检组 2018 年工作部署会议精神，局领导与各处(单位)负责同志签订 2018 年党风廉政建设目标管理责任书，湖北省农机局党委书记、局长刘长华出席会议并作动员讲话。

3 月 8—9 日

湖北省农机局局长刘长华带队赴随州市、襄阳市宣讲党的十九大精神、习近平“三农”思想、中央和省委关于实施乡村振兴的有关政策。

3 月 20—21 日

湖北省农机局在洪湖市举办全省春季农业机械化生产暨农机“三个百万”活动启动仪式。湖北省农机局局长刘长华、纪委书记王再虎、副局长皮少成参加活动。

3 月 27—28 日

湖北省农机局局长刘长华带队赴孝感市安陆市、孝昌县检查指导农机安全生产和春耕备耕工作。

4 月 16 日

湖北省农业厅、省财政厅联合印发《关于印发〈湖北省 2018—2020 年农机购置补贴实施方案〉的通知》。

4 月 17 日

农业农村部农业机械化技术开发推广总站副站长王桂显一行赴湖北省调研，参观农机互助保险协会，了解农机互助保险情况。

4 月 18—20 日

湖北省农机安全监理站在荆州市举办农机安全监理新规宣贯培训班。

4 月 25—26 日

湖北省农机局局长刘长华带队赴黄冈市检查指导农机安全生产和春耕农业机械化工作。

5 月 21—22 日

湖南省农业机械管理局赴湖北省调研北斗农机信息化推进工作，湖北省农机局副局长姜卫东陪同调研。

5 月 21—23 日

湖北省农机局在钟祥市举办全省“三夏”农业机械化生产现场推进活动，湖北省农机局局长刘长华、副局长皮少成参加活动。

5 月 31 日至 6 月 1 日

湖北省农机局副局长皮少成带队赴洪湖市、天门市督导“三夏”和调研再生稻生产机械化工作。

6 月 4—5 日

湖北省农机局在大冶市举办全省农机“安全生产月”活动启动仪式暨农机事故应急救援演练活动，湖北省农机局局长刘长华出席并讲话。

6 月 7—8 日

湖北省农机局纪委书记王再虎带队赴安陆市调研水稻插秧侧深施肥技术应用情况。

6 月 14—15 日

湖北省农机局在武汉市举办全省蔬菜生产全程机械化技术培训班，局机关相关处、湖北省农业机械化技术推广站负责人和蔬菜种植重点市县农机部门负责同志参加培训，湖北省农机局副局长皮少成出席培训班并作总结讲话。

6 月 21—22 日

农业农村部农业机械化技术开发推广总站副站长涂志强一行赴湖北省调研指导工作，湖北省农机局副局长皮少成陪同调研。

6 月 22 日

湖北省农机局在武汉市举行《湖北省农业机械化“十三五”规划》中期评估研讨活动，湖北省农机局副局长皮少成出席活动并讲话。

6 月 24 日

湖北省农机局局长刘长华出席 2018 武汉种业博览会鲜食玉米现场观摩交流会启动仪式并致辞。

6 月 27 日

湖北省测绘地理信息局、国防科学技术工业办公室有关负责同志赴农展中心调研了解北斗农机信息化推广应用情况，湖北省农机局副局长姜卫东陪同调研。

7 月 4—5 日

湖北省农机局局长刘长华带队赴潜江市、天门市调研“三夏”农业机械化生产、购机补贴政策执行、秸秆综合利用项目实施和北斗农机信息化推广工作。

7 月 13 日

湖北省农机局召开上半年农业机械化发展形势分析会议，局领导、局机关各处和局直属单位主要负责同志分别总结介绍上半年各项工作进展情况，分析存在的突出问题，提出下半年工作思路。湖北省农机局局长刘长华出席会议并对下半年工作作部署安排。

7 月 17 日

湖北省农机局召开“深入基层、深入调研、促能力提升、促全面全程”上半年工作小结会，各课题组代表汇报上半年课题调研进展情况、采取的措施、取得的收获，以及调研中发现的问题、下半年工作计划等。湖北省农机局纪委书记王再虎、副局长姜卫东出席会议并对下半年调研工作作部署安排。

7 月 19—20 日

湖北省农机局在荆州市举办全省绿色农业机械化生产技术培训班，湖北省农机局副局长皮少成出席培训班并讲话。

8月14日

湖北省农机局召开湖北农业机械化科技创新联盟筹建研讨会，局领导、局机关各处和省农机安全监理（推广）总站负责同志参加会议。

8月21—23日

“中化农业杯·第五届中国农机手大赛湘鄂省际联赛暨MPA区域赛”举办，湖北省农机局纪委书记王再虎参加活动。

8月24—25日

2018年“湖北工匠杯”全省农机职业技能竞赛在荆州市江陵县举办，近300名选手代表全省260万农机手参加总决赛，湖北省农机局局长刘长华、副局长皮少成出席开幕式。

8月25日

湖北省农机局副局长姜卫东赴荆州市督导农机深松整地、安全生产、北斗农机终端推广和“变拖”专项整治等重点工作。

9月5日

湖北省委农村工作办公室副主任陈宽宏就推进全省农业机械化供给侧结构性改革有关问题赴省农机局调研，湖北省农机局副局长姜卫东、各处室、直属单位相关负责人参加座谈会。

9月12—13日

湖北省农机局在阳新县举办2018年全省秋季农业机械化生产现场推进活动，湖北省农机局局长刘长华、副局长姜卫东出席活动。

9月20—21日

湖北省安全生产监督管理局工作组赴松滋、石首调研“平安农机”创建、“变拖”专项整治、农机安全生产宣教、农机行政执法等工作，湖北省农机局副局长姜卫东陪同调研。

11月14日

湖北省农机局在武汉市举办全省农业机械化统计业务培训班，全省各市、州、县（区）农机局（办）统计员共计120余人参加培训。湖北省农机局副局长皮少成及农业农村部农业机械试验鉴定总站、省统计局相关专家领导出席开班式。

11月17日

湖北省农机局在武汉市举办智慧农业助力乡村振兴高峰论坛，湖北省农机局副局长姜卫东出席并讲话。

11月20—23日

湖北省农机局副局长姜卫东带队赴荆门市、荆州市调研北斗农机终端推广情况和农机安全生产工作，听取各地关于《湖北省农机行业专业技术职务任职资格申报评审条件》的意见。

11月27日

在2018年中国农业机械化信息员培训班上，湖北省农机局作典型经验交流。

11月28日

湖北省农机局在武汉市举办2018年全省农机质量投诉工作培训班，全省各市、州、县（区）负责农机质量投诉监督工作的90多人参加培训。

12月4日

湖北省委书记蒋超良赴京山农机产业园三雷重工公司开展调研，参观三雷重工大拖、中拖生产线、全自动智能检测线，并乘坐三雷重工研发的无级变速大功率拖拉机。

12月5—6日

湖北省农机局在随州市曾都区举办全省农机社会化服务体系建设推进活动，局机关相关处和省农业机械化技术推广总站负责同志参加活动。

12月10—11日

湖北省农机局在潜江市举办全省主要农作物生产全程机械化技术培训班，湖北省农机局纪委书记王再虎出席培训班并讲话。

12月13日

湖北省农机安全监理总站在武汉市召开全省农机安全监理工作会议，部分市（州）、县（区）农机局（办）分管安全监理业务的负责同志，各市（州）农机安全监理所和部分县（区）农机安全监理站主要负责同志参加会议。湖北省农机安全监理总站站长任耀武主持会议，湖北省农机局副局长姜卫东出席会议并讲话。

12月26日

湖北省农业机械学会第八届第五次常务理事会议召开。湖北省农业机械学会理事长刘长华出席会议并讲话，湖北省农业机械学会常务副理事长兼秘书长皮少成主持会议。

湖南省

2018年1月15日

湖南省农业机械管理局主办的“政企社联动”农机合作社技术培训在湘潭九华农机产业园举行首期开班仪式，湘潭市50名农机合作社理事长参加培训，湖南省农业机械管理局局长王罗方出席培训班并讲话。全年同主题培训班共举办20期，共培训农机合作社理事长、技术人员和基层农机技术推广人员共1100人。

2月6日

中国工程院院士罗锡文一行赴农友集团研讨再生稻收割技术，并就企业发展方向、重大项目投资、关键技术攻关、人才队伍培养等方面提出意见建议。

2月11日

湖南省农业机械管理局在长沙市召开全省油茶产业机械化技术示范项目总结验收会，省农业机械化高科技示范园及祁阳、邵东两个项目实施单位对项目完成情况、取得的成效及存在的主要问题作汇报和交流，验收组对项目进行综合评估验收。湖南省农业机械管理局副局长杨国成参加验收会。

2月25日

湖南省农业机械管理局在长沙市召开全省农机安全生产工作会议，各市州、县市区农机局局长参加会议。副局长黄育忠就全面启动“机手安全教育年”、加强农机合作社安全监管、规范变型拖拉机有关业务工作、“打非治违百日行动”等工作进行动员部署，湖南省农业机械管理局局长王罗方主持会议并讲话。

湖南省农业机械管理局在长沙市召开全省农机工作会议，湖南省农业机械管理局局长王罗方作工作报告，全面总结过去五年全省农机工作取得的骄人成绩，要求全省农机系统从八个方面深刻领会习近平“三农”思想，在乡村振兴战略实施中承担起重要任务，扎实做好十个方面重点工作。各市县农机局长、省农业机械管理局党组中心组成员、省农机鉴定站班子成员以及农林科研院校有关负责同志参加会议。

3月13日

湖南省农业机械管理局在省农机鉴定站召开以“学习贯彻十九大精神，创新创业成长成才”为主题的局系统青年干部成长座谈会，局党组中心组成员、鉴定站班子成员和局系统37名40周岁以下青年干部参加座谈。湖南省农业机械管理局局长王罗方主持会议并讲话，湖南省农业委员会人事处负责同志到会指导。

3月19日

湖南省农业机械管理局召开2018年农机购置补贴机具品目专家论证会，专家组按照“大稳定、小调整”的原则，以

2017年纳入湖南省补贴的43个品目为基础,逐一进行论证,形成专家论证意见。湖南省农业机械管理局副局长肖林出席会议并讲话。

4月24日

湖南省农业机械管理局在岳阳市召开全省水稻机械化栽种现场演示暨农机"三减量行动"再推进会,各市州农机局长、52个千亿斤粮食产能建设县农机局长参加会议。湖南省农业机械管理局局长王罗方主持会议并讲话,省人大农业委员会副主任委员刘慧雄,省政协经济和科技委员会副主任委员陈永芳,省发展和改革委员会、省财政厅、省农业委员会相关处室负责人到会指导。

4月27日

湖南省农业委员会,省财政厅联合印发《湖南省农业机械购置补贴产品违规经营行为处理办法(试行)》。

5月3日

湖南省农业机械管理局、省财政厅联合召开全省农机购置补贴视频会议,安排部署2018年度农机购置补贴工作,有关负责同志及工作人员参加主会场会议,各市州、县市区农机局、财政局相关人员和部分农机产销企业在当地分会场参会。湖南省农业机械管理局局长王罗方主持会议并讲话,副局长肖林作工作报告,省财政厅副厅长李丙力出席会议并讲话。

5月7—9日

全省农机系统购置补贴暨纪检监察工作培训班在长沙召开,湖南省农业机械管理局局长王罗方出席开班式并讲话。

5月9日

湖南省委副书记乌兰赴双峰县调研农机产业发展情况,实地考察农友集团生产车间及产品,详细了解公司生产经营情况,鼓励企业加大科技创新力度,加大农业机械研发力度,通过研发生产更多适宜丘陵山区使用的农业机械,解决丘陵山区农业发展中劳动力缺乏、人力成本高等问题,助推农业发展、帮助农民增收、助力乡村振兴。

5月20—29日

湖南省农机安全监理总站在汨罗市举办农机安全监理规章宣贯暨新任农机监理人员上岗资格培训班,详细解读农业部2018年一二号令,现场演示全省农机安全监督管理信息系统功能,各市州、县市区农机安全监理机构负责人、业务骨干和新任农机监理人员380余人分两批次参加培训。湖南省农业机械管理局副局长黄育忠出席开班式并讲话。

5月30日

农业农村部农业机械试验鉴定总站副站长刘旭一行赴湖南省农业机械鉴定站调研农机试验鉴定制度建设工作,湖南省农业机械管理局总工程师汤绍武陪同调研。

6月7日

农业农村部农业机械试验鉴定总站党委委员朱良一行赴省农机鉴定站开展履带拖拉机发展情况调研,湖南省农业机械管理局总工程师汤绍武陪同调研。

6月14日

以"生命至上、安全发展"为主题的2018年全国农机安全生产宣传咨询日湖南分会场活动在宁乡市举行,活动由湖南省农业机械管理局副局长黄育忠主持,湖南省农业机械管理局局长王罗方、省安全监督管理局副巡视员龚伟兵出席活动并讲话,农业农村部农业机械化技术开发推广总站副站长王桂显宣布活动启动。

7月4日

湖南省农业机械管理局在长沙市召开2018年现代农机合作社建设工作布置会,湖南省农业机械管理局局长王罗方出席会议并讲话。

7月6日

湖南省副省长隋忠诚一行赴汨罗市视察调研新生力农机合作社和湖南中天龙舟农机有限公司,实地察看收割机、精量施肥机、旋耕机,现场观摩无人驾驶旋耕机演示。湖南省农业机械管理局局长王罗方,岳阳市副市长李激扬,汨罗市市长朱平波等陪同调研。

7月17—19日

湖南省农业机械管理局督查组赴安乡县陈家嘴镇开展扶贫督查,通过查阅资料、座谈访谈、听取情况介绍等形式,实地督查陈家嘴镇脱贫攻坚和问题整改情况。湖南省农业机械管理局局长王罗方参与督查。

8月14日

湖南省农业机械管理局在长沙市召开自主选择农机购置补贴品目试点工作部署会,湖南省农业机械管理局副局长肖林就如何做好试点工作作总结讲话。

8月22日

湖南省农业委员会召开全省农业农村安全生产工作电视电话会议,通报"8·18"和"8·20"拖拉机违规载人致多人死伤事故,布置全省农机安全生产专项检查工作。湖南省农业委员会副巡视员罗振新主持会议,省农业委员会党组成员、湖南省农业机械管理局局长王罗方出席会议并讲话。

"中化农业杯·中国农机手大赛"省际联赛在汉寿县举办,湖南省110多名参赛机手中36人获得进京参加全国总决赛资格。

8月29—30日

由湖南省农业委员会、省人力资源和社会保障厅、省总工会联合主办的全省农机行业职业技能选拔赛在湘潭开赛,25名农机技师现场比武,角逐"2018年中国技能大赛——全国农业行业职业技能大赛"参赛资格。湖南省农业委员会党组成员、省农业机械管理局局长王罗方出席启动仪式并讲话。

8月31日

湖南省农业机械与工程学会第四次会员代表大会暨第四届理事会一次会议在长沙市召开,会议选举产生第四届理事会,汤绍武为理事长,王洪明、孙松林、李立君、刘若桥、梁勇、周志、宋思明、邓学清为副理事长,王洪明兼任秘书长。

9月14日

湖南省农业机械管理局在屈原管理区召开2017年农业农村部主要农作物生产全程机械化示范项目省级验收专家评审会,邀请水稻、油菜方面的10位农机、农艺专家,对8个项目县进行验收评审。湖南省农业机械管理局副局长龚昕出席会议并讲话。

9月17—21日

第七届中南农机机电产品展示交易会在湘潭市举办。展会期间举办"乡村振兴与丘陵山区农业机械化之路"专题论坛等多项活动。湖南省副省长隋忠诚带队巡展,中国工程院院士罗锡文、邹学校,农业农村部农业机械化司、中国农业机械化协会等单位的领导和专家到会指导。

9月19日

农业农村部农业机械化司副巡视员王家忠一行赴益阳市赫山区调研农机安全生产工作和现代农机合作社建设发展情况,详细了解赫山区农机监理所农机上牌上户管理情况和变型拖拉机整治措施,听取赫山区惠民农机专业合作社生产发展、农业机械化社会化作业服务及安全生产等情况汇报。湖南省农业机械管理局局长王罗方、益阳市副市长刘国龙等陪同调研。

9月26日

第九届湘博会农机产业链招商推介会暨农机产业发展高峰论坛在娄底市举行，湖南省农业机械管理局局长王罗方出席会议并讲话，中国工程院院士罗锡文、中国财政学会副会长贾康、泰国工信部督察长波尔特普·卡恩苏先后发言。全省各市县农机部门负责人及200多家农机产销企业、合作社代表参加会议。

9月29日

湖南省农机推广站在浏阳市举办农业机械化秸秆综合利用现场演示活动，展示秸秆捡拾打捆机、秸秆制肥机、收割机配秸秆粉碎装置等机具，演示收割、粉碎、还田、打捆、制肥等机械化作业。湖南省农业机械管理局局长王罗方出席活动。

10月24日

湖南省副省长陈飞一行赴双峰县开展农机产业园发展情况调研，充分肯定双峰农机产业近几年的发展成果，强调要坚持定位于丘陵山区，加大力度扶持企业发展，把双峰农机打造成富民强县的支柱产业、特色产业。

10月25日

农业农村部农业机械化技术开发推广总站站长刘恒新一行赴永顺县调研农机推广工作，湖南省农机鉴定站站长王洪明陪同调研。

11月15日

湖南省农业机械管理局在麻阳县举办全省首次山地(果园)机械化技术推广展演培训活动，500多农机人员参加培训。活动由湖南省农业机械管理局副局长杨国成主持，局长王罗方出席活动并讲话。

广 东 省

2018年1月3日

广东省农业厅办公室印发《农业机械购置补贴工作运行内部控制制度(试行)》，进一步规范农业机械购置补贴政策实施。

1月17日

广东省农业厅发文对2017年度农机推广鉴定产品及证书使用情况监督检查结果进行通报。

2月4日

广东省农业厅印发《广东省农机化创新专家组名单及工作制度》，成立由中国工程院院士罗锡文任组长的广东省农业机械化创新专家组，下设1个综合组和10个专业组。

2月12日

广东省农业厅印发《关于开展“补短板促机种提升水稻生产机械化水平”活动的通知》，针对水稻生产机械化水平提升，开展全省性活动。

3月1日

广东省农业厅印发《关于做好春耕生产机械化工作的通知》，要求各地做好农机防灾抗灾和安全生产工作，加强春耕生产机械化服务。

3月9日

广东省农业厅在江门市台山市召开2018年全省春耕备耕暨农业“三下乡”现场会议，组织20家单位的200多台(套)农机具下乡并演示60多台(套)机具进行机械化作业过程，广东省副省长叶贞琴、农业厅厅长郑伟仪出席会议并讲话。

3月14—16日

广东省人民政府办公厅副主任甘正猛一行赴江门市、茂名市开展农业机械化专题调研。

3月18日

全省首次无人机水稻撒播试点在汕头潮阳区和湛江雷州市两地进行，撒播面积近百亩。2018年晚稻试点工作扩大到江门市等6市，飞播试点面积近万亩，取得良好效果。

3月27日

广东省农业厅、省交通厅联合向各地级市农业局颁发《联合收割机(插秧机)跨区作业证》1 300多张，要求各地严格规范发放程序，坚决执行免费发放，认真做好发放管理工作。

3月

广东省现代农业装备研究所承担的项目——“广式肉制品加工关键技术与装备创制及产业化应用”获广东省机械工程学会科学技术奖(广东省机械工业科学技术奖)二等奖。

广东省农业厅党组成员、副厅长黄斌民与各地级以上市农业局分管局长签订2017年农机安全生产责任书。全省层层签订各类农机安全生产责任书、责任状8万多份。

4月11日

广东省农业厅、省财政厅联合印发《关于贯彻执行〈农业机械购置补贴产品违规经营行为处理办法(试行)〉的补充规定(试行)》，进一步规范农机购置补贴产品经营行为，严惩失信违规产销企业，建立健全农机购置补贴产品违规经营行为处理制度，确保补贴资金安全。

4月12日

广东省农业厅印发《2018年广东省补贴农机具(拖拉机)质量跟踪调查工作实施方案》，组织对2016年广东省用户购买并享受农机补贴的拖拉机进行质量跟踪调查。

4月14日

广东省农业厅发布实施《浅松机》等2个农业机械产品推广鉴定大纲。

4月22—28日

广东省农业厅在广州市举办两期全省农机安全规章宣贯培训班，贯彻落实《拖拉机和联合收割机登记规定》《拖拉机和联合收割机驾驶证管理规定》及其配套工作规范。全省各级农机监理业务人员180多人参加培训，广东省农业厅农业机械化管理办公室主任陈楚楷出席开班式。

5月3—5日

广东省农业厅在广州市举办2018年全省农机质量投诉处理暨质量跟踪调查工作培训班，各地级市农业局农业机械化管理办公室(处、科)相关业务骨干和有关县(区)农业(农机)管理部门农机质量调查工作人员等近100人参加培训。

5月9日

广东省农业厅印发《2018年广东省农业机械化培训工作实施方案》，推动在全省范围内开展农业机械化培训工作，全年计划培训农业机械化管理、技术推广、实用人才近5万人。

5月21日

广东省农业厅认定省农机试验鉴定站8类17种农业机械产品的省级鉴定能力。

5月29日

农业农村部农业机械试验鉴定总站副站长刘旭一行赴广东省农机试验鉴定站调研指导工作。

5月31日

广东省农业厅召开农业机械购置补贴管理工作专题座谈会，就《广东省2018—2020年农机购置补贴方案》的合法合规性、实施管理的规范性、监管和违规处理的有效性进行讨论研究，并安排部署农业机械化相关工作。广东省农业厅党组成员、副厅长黄斌民主持会议。

5月

广东省农业厅农业机械化管理办公室组织编印《广东省农机合作社发展情况汇编》，总结、交流全省各地农机合作社发展成效和经验，进一步推动和引导农机合作社规范发展。

广东省农业厅派出4个农机质量跟踪调查组，分赴韶关、惠州、汕尾、江门、阳江、湛江、茂名、清远、肇庆和云浮等10市开展拖拉机质量跟踪调查工作。

6月1日

广东省农业厅印发《关于印发〈广东省2018年农机购置补贴机具补贴额一览表〉(第一批)的通知》。

6月6—7日

农业农村部农业机械化技术开发推广总站副站长徐振兴一行赴惠州市开展中央财政农机购置补贴政策等相关工作调研。

6月15日

由广东省现代农业装备研究所负责的"水产品自动剥制及分级技术装备研发与示范"项目获国家重点研发计划"智能农机装备"重点专项2018年度项目立项。

6月22日

广东省农业厅、省财政厅联合印发《2018—2020年中央财政农机购置补贴实施方案》，正式启动新一轮农机购置补贴工作。

广东省农业厅在廉江市举办2018年全省农机安全生产、农机购置补贴政策和农机技术推广宣传咨询日活动。现场展示20多家企业的200多台先进适用农机具，表彰获得2017年全国"平安农机"示范县、主要农作物全程机械化示范县、农机合作社示范社、全国农机安全监理"示范岗位标兵"的单位和个人，现场派发宣传资料2.5万余份。

广东省农业厅在廉江市召开全省农机安全监理所长座谈会，部署安排农机"安全生产月"活动，交流各地经验做法。广东省农业厅党组成员、副厅长黄斌民出席会议并讲话。

6月27日

广东省农业厅印发《关于下达2018年度各地级以上市水稻耕种收综合机械化发展指标的通知》，要求各级农业(农机)部门，整合农艺农机力量，抓住水稻生产农时，精心组织辖区内水稻生产农机作业服务，切实提高水稻耕种收综合机械化水平。

6月28—29日

广东省农业机械化技术推广总站举办果园生产机械化技术推广活动，全省农机、种植系统技术人员、水果种植大户、农机合作社成员等近1 000人参加活动。农业农村部总农艺师马爱国，广东省农业厅党组成员、副厅长黄斌民等出席活动。

7月29—31日

广东省农业厅在广州市举办2018年全省农机购置补贴政策、廉政风险防控暨辅助管理系统操作人员培训班。全省有关地级以上市农业局及农机购置补贴补贴实施县(市、区)负责软件系统操作人员150多人参加培训。

8月8—10日

广东省农业厅在英德市举办区域性农机维修技能人才培训班，韶关、清远、河源、肇庆、东莞等市的农机技术人员70多人参加培训，近60名学员参加考核。

8月15—28日

广东省农机试验鉴定站分别在韶关曲江区和阳江阳春市举办全省拖拉机驾驶培训机构教员知识更新培训班，20个地市主管拖拉机驾驶培训机构工作负责人、44家拖拉机驾驶培训机构的教学负责人及在岗在聘骨干教员137人参加培训。

8月20—22日

农业农村部农机安全监理业务规范化建设检查组一行赴广东省开展农机安全监理业务规范化建设检查指导。广东省农业厅农业机械化管理办公室主任陈楚楷、省农机试验鉴定站副站长熊元芳等陪同。

8月底

在前期委托广东省农机试验鉴定站、省农业机械化技术推广总站和番禺区农业技术推广服务站对山地果园运输机、集装箱循环水养殖设备、智能灌溉开展适用性田(场)间实地试的基础上，广东省农业厅组织专家对三个产品进行评审，并按要求进一步完善材料。

8月

广东省农业厅印发《关于下达2018年省级乡村振兴战略专项任务清单(第一批)的通知》，以"大专项＋任务清单"的模式，将省级扶持农业机械化发展的资金下拨到各有关地级市，重点扶持水稻生产机械化和甘蔗生产机械化的发展。

9月7日

广东省农业厅、省财政厅联合印发《关于2018年继续开展植保无人机购置补贴试点工作的通知》，将植保无人机购置补贴试点范围扩大到全省所有农机购置补贴实施县(市、区)。

9月10日

广东省农业厅印发《关于印发〈广东省2018年农机购置补贴机具补贴额一览表〉(第二批)的通知》。

9月21日

广东省农业厅印发《进一步做好全省农业救灾复产工作方案》，把农机抢险救灾应急响应工作列入全省农业救灾复产工作大局进行部署，探索建立省、市、县、主体四级联动、分级负责的工作机制，为农业抢险救灾提供装备、人员支撑。

9月23日

广东省农业机械化技术推广总站组织13个企业的110台(套)农机具参展我国庆祝首个"中国农民丰收节"梅州分会场。

9月28日

广东省农业厅在广州市召开全省农业机械化工作会议，总结2017—2018年全省农业机械化工作的成效，交流各地农业机械化发展经验，分析研判农业机械化发展面临的形势，谋划新时期农业机械化工作发展新思路、新任务。广东省农业厅党组成员、副厅长黄斌民出席会议并讲话。

9月30日

经严格审核和实地复评，广东省农业厅确定广州市增城区和周建民等3人为广东省2018年省级"平安农机"示范县(区)和省级农机安全监理示范岗位标兵，并推荐参评2018年全国"平安农机"示范县(区)、全国农机安全监理示范岗位标兵。

9月

由广东省农业机械试验鉴定站组织负责的科研项目——"气动滚筒式穴盘播种技术与装备推广""高效节能增氧机比对试验研究及推广应"分获"广东省农业技术推广奖"一等奖和三等奖。

9—10月

广东省农业厅组织开展2018年度全省农业机械推广鉴定证书有效期内产品监督检查工作，对2016年获得广东省农业机械推广鉴定证书的11家农机生产企业共27个产品进行监督检查。

10月9日

广东省农业厅通报2018年拖拉机质量跟踪调查结果,要求各地农业机械化主管部门强化督导和质量调查,问题产品企业认真组织整改。

10月23日

广东省农业农村厅印发《关于2018年我省继续开展农机报废更新补贴工作有关工作的要求》,组织开展农机报废更新工作。

10月

由广东省农业机械试验鉴定站负责的科研项目——“肉制品节能干燥关键技术与智能化装备的创制及产业化应用”获得“中国机械工业科学技术奖”三等奖。

11月20日

广东省农业农村厅在广州市召开全省农业机械化统计暨农机质量投诉工作会议,通报全省2018年农业机械化统计和农机质量投诉工作情况,部署2019年农业机械化统计和农机质量投诉工作。广东省农业农村厅农业机械化管理处副处长陈奕娟、省农机试验鉴定站站长陈永志出席会议并讲话。

11月30日

广东省农业农村厅举办推动全省农业机械化高质量发展论坛,中国工程院院士汪懋华、罗锡文,中国农业机械工业协会会长陈志等专家就如何推动农业机械化高质量发展做专题报告。

广东省农业农村厅召开全省农业机械化高质量发展推进大会,纪念广东省农业机械化改革开放40周年、广东省现代农业装备研究所建所60周年,弘扬改革精神,加快农业机械化发展步伐,谋划广东农业机械化高质量发展。广东省副省长叶贞琴、农业农村部农业机械化司副巡视员王家忠,以及中国工程院院士汪懋华、罗锡文等出席会议,农业农村厅党组书记、厅长顾幸伟主持会议。

11月

由广东省农机试验鉴定站主持的科研项目——“农机试验鉴定推广能力提升项目”获“广东省科技成果”登记证书。

12月14日

广东省农业农村厅、湛江市人民政府在湛江市联合举办2018年广东省甘蔗生产全程机械化现场推广活动,并召开全省甘蔗生产机械化发展交流座谈会。现场演示甘蔗机械化耕整地、种植、中耕、植保、收获等各环节作业,交流探讨推动甘蔗生产机械化发展的思路、措施。农业农村部农业机械化司、主要农作物生产全程机械化推进行动专家组、广西、海南等省区农业机械化部门以及广东省有关地市部门领导、糖企代表、农机作业服务组织等200多人现场观摩,广东省农业农村厅副厅长冯彤、农业农村部农业机械化技术开发推广总站副站长徐振兴出席活动并讲话。

12月27日

广东省农业农村厅党组研究决定,顾幸伟同志主持厅全面工作,牛宝俊巡视员受幸伟同志委托,负责农业机械化管理处、广东省现代农业装备研究所、省农业机械试验鉴定站、省农业机械化技术推广总站等处室单位。

12月底

广东省农业农村厅党组研究决定,任命陈楚楷为农业机械化管理处处长,郑为国为农业机械化管理处调研员,陈奕娟、邓玲玲为农业机械化管理处副处长,梁晓明为农业机械化管理处副调研员。

广西壮族自治区

2018年2月24日

广西壮族自治区人大常务委员会副主任张秀隆带队赴自治区农业机械化管理局开展调研并召开座谈会。自治区人大常务委员会副秘书长毛振林、自治区人大农业委员会主任委员吴玉斌、副主任委员莫富等陪同调研,局领导班子、局机关各处室及直属单位负责人参加座谈。

4月17日

农业农村部南京农业机械化研究所、广西壮族自治区农业机械化管理局、昭平县人民政府联合在昭平县举行“茶叶科技特派员工作站”签约仪式,三方就茶叶生产全程机械化研发、试验、推广等事宜达成协议。农业农村部南京农业机械化研究所副所长曹光乔、广西壮族自治区农业机械化管理局副局长黄汉全等出席签约仪式。

4月26—27日

农业农村部农业机械化司副巡视员王家忠一行赴扶绥县、武鸣区开展全国甘蔗生产全程机械化示范县创建工作调研。广西壮族自治区农业机械化管理局局长韦周凡、自治区糖业发展办公室副主任何基敏等陪同调研。

4月28日

农业农村部农业机械化技术开发推广总站派出专家赴广西壮族自治区农业机械化技术推广总站、南宁市隆安县指导农业机械化技术示范推广工作。

5月3日

广西壮族自治区农业机械化管理局、自治区科学技术协会等6个单位联合主办科学大讲堂院士报告会,邀请中国工程院院士罗锡文作学术报告。

5月3—5日

农业农村部主要农作物生产全程机械化推进行动专家组甘蔗专家组一行赴武鸣区、扶绥县调研指导全国甘蔗生产全程机械化示范项目县创建工作。

5月6日

广西壮族自治区人民政府副主席黄俊华带队赴南宁教育园区开展调研,实地考察了解广西机电工程学校新校区建设项目推进情况。广西壮族自治区人民政府副秘书长唐宁、教育厅厅长唐咸仪等陪同调研。

5月22日

南宁市市委副书记、市长周红波带队赴南宁教育园区开展调研,实地考察了解广西机电工程学校新校区建设项目推进情况。广西壮族自治区农业机械化管理局局长韦周凡、自治区教育厅副厅长孙国友、南宁市副市长李建文、南宁市政治协商会议副主席魏凤君、市人民政府秘书长黄宗成等陪同调研。

6月7日

德国手工业行会教授路德格·施托洛、博士邓珂一行赴广西机电工程学校参观考察。

6月12—13日

农业农村部农业机械试验鉴定总站派出专家赴崇左市开展甘蔗生产机械化和农机合作社发展情况调研,广西壮族自治区农业机械化管理局副局长江垣德陪同调研。

7月24日

广西壮族自治区人民政府印发《关于同意筹设广西制造工程职业技术学院的批复》,同意广西壮族自治区农业机械化管理局筹设广西制造工程职业技术学院,筹设期为3年。

8月6—7日

农业农村部农业机械试验鉴定总站派出专家赴贺州市、玉林市开展水稻生产全程机械化、农机购置补贴、农机专业合作社等工作调研。

8 月 20—22 日

农业农村部农业机械化技术开发推广总站副总站长徐振兴一行赴自治区检查指导农机购置补贴政策实施工作，广西壮族自治区农业机械化管理局副局长黄汉全等陪同调研。

8 月 27—31 日

广西壮族自治区农业机械化管理局举办全区农村道路交通安全管理研修班，各市农机局(农业委员会)及农机安全监理所、部分县级农业机械化主管部门及农机安全监理站负责人等 120 人参加培训。

9 月 11 日

广西壮族自治区农业机械化技术推广总站研发的“水稻暗室催芽用装置”获国家知识产权局实用新型专利。

9 月 26 日

广西机电工程学校与德国手工业行会培训考试认证基地举行签约仪式，德国手工业行会副会长亨犹·克雷耶、德国手工业行会中国首席代表邓珂、广西壮族自治区农业机械化管理局副局长江垣德、自治区农机协会会长李一洪等参加签约仪式。

10 月 25 日

广西壮族自治区农业机械化管理局及其下属的自治区农机安全监理总站、自治区农机鉴定站、自治区农业机械化技术推广总站整合，不再保留以上单位的事业单位建制，新组建广西壮族自治区农业机械化服务中心，自治区农业机械化服务中心作为自治区农业农村厅管理的副厅级公益一类事业单位。

10 月 27 日

广西壮族自治区农业机械化管理局召开 2018 中国甘蔗机械化博览会新闻发布会，广西壮族自治区农业机械化管理局副局长江垣德出席发布会并回答记者提问。

11 月 7 日

中共广西壮族自治区委员会任命韦周凡同志为自治区农业机械化服务中心党组书记，杨义同志保留副厅级。

11 月 13 日

广西壮族自治区农业机械化服务中心举行挂牌仪式，广西壮族自治区农业农村厅副厅长谢俊出席仪式并讲话。

11 月 15 日

广西壮族自治区人民政府任命韦周凡同志为自治区农业机械化服务中心主任。

11 月 15 日

广西壮族自治区人力资源和社会保障厅任命杨义、黄汉全、江垣德三位同志为自治区农业机械化服务中心副主任。

12 月 28—29 日

2018 中国—东盟农业机械展·中国甘蔗机械化博览会在南宁市举办，集中展示用于甘蔗生产的农业机械，开展农机“一站式”服务和政策法规宣传，期间还举办中国—东盟现代农业装备合作与发展论坛，进行技术交流及产品推介活动。各界参与人数达 2.5 万余人。广西壮族自治区人大常委会副主任张秀隆、农业农村部农业机械化司副司长李安宁、农业农村部农业机械试验鉴定总站副书记郭京华、农业农村部农业机械化技术开发推广总站副站长徐振兴、中国农业机械化协会会长刘宪等出席开幕式。

12 月 28 日

农业农村部农业机械化司副司长李安宁一行赴广西壮族自治区农业机械化服务中心开展调研，了解中心农机试验鉴定、质量监督情况，探讨推动农业机械化提档升级意见与建议，广西壮族自治区农业机械化服务中心副主任江垣德陪同调研。

海 南 省

2018 年 1 月 4 日

海南省农机鉴定推广站组织人员赴文昌、万宁、保亭、五指山、琼中、东方、定安、澄迈、白沙等 9 个市县开展农业机械化工作质量调研，完成 2017 年海南省农业机械化质量工作总结和 2017 年海南省农业机械化质量投诉监督工作总结。

1 月 22 日

海南省农业厅印发《关于加快水稻生产机械化“补短板”工作的通知》和《海南省水稻生产全程机械化技术指导意见(试行)》，对 2018 年全省水稻生产全程机械化工作目标、主要任务作出部署，指导基层农机部门开展水稻生产机械化工作。

3 月 12 日

海南省农业厅党组任命陈大穗同志为省农机鉴定推广站副站长，分管鉴定科和办公室工作。

3 月 20 日

海南省农机鉴定推广站在东方市召开全省水稻生产全程机械化示范现场会，现场演示育插秧机械、粉垄机械、激光平地机、水稻深侧施肥机、无人植保、谷物烘干机等十多种机具，涵盖水稻的耕、种、收、植保打药、烘干、施肥等水稻生产各环节。全省 18 个市县农机主管部门、农机专业合作社、农机经销商及 5 家企业约 100 余人参加会议。海南省农业机械化管理局副局长梁昌雄、省农机鉴定推广站站长张培出席会议并讲话。

3 月 29 日

海南省农机鉴定推广站在海口市召开蔬菜生产机械化现场会，现场开展蔬菜地旋耕作业、开沟、起垄、覆膜作业、节水灌溉作业、蔬菜移栽作业和机械植保等环节示范。

4 月 8 日

海南省农业厅、省财政厅联合印发《关于印发〈海南省 2018—2020 年农机购置补贴实施指导意见〉的通知》(琼农字〔2018〕43 号)，对补贴范围、机具资质、补贴标准、补贴对象、操作流程及补贴资金使用等作全面规定，并对各市县贯彻落实农机购置补贴政策提出具体要求。

4 月 13 日

海南省农业厅在海口市召开 2018 年全省农业机械化工作会议，传达全国农机购置补贴座谈会、全省农机安全生产工作会议精神，通报 2017 年度全省农机购置补贴延伸绩效管理情况、农机安全生产工作情况，部署 2018 年全省农机安全生产、农机购置补贴、农机社会化服务等农业机械化重点工作。万宁、海口、文昌、昌江等 4 个市县有关负责人作典型经验交流发言。海南省农业厅党组成员、总农艺师黄正恩出席会议并讲话。

5 月 13 日

海南省农机鉴定推广站召开 2018—2020 年农机购置补贴机具补贴额测算评审会，会议讨论通过《海南省农机购置补贴机具分类分档及中央资金最高补贴额测算原则》，并对部分品目的档次进行调整，测算确定 16 个通用类品目和 29 个非通用类品目的中央财政最高补贴额。

5 月 29 日

海南省农业厅、省财政厅联合印发《关于印发〈海南省 2018—2020 年农机购置补贴机具补贴额一览表(第一批)〉的通告》(琼农字〔2018〕81 号)，公布 46

个品目 267 个分档的补贴标准。

6 月 14 日

海南省农机鉴定推广站召开农机专业合作社带头人、农机维修工、农机操作驾驶员交流座谈会，听取与会人员关于农机维修、职业农民培训方面的意见建议，站长张培主持会议。

海南省农业厅在海口市举办全省农机购置补贴工作培训班，解读 2018—2020 年农机购置补贴政策，讲解农机购置补贴信息公开内容和方法，并对海南省 2018 年农机购置补贴辅助管理系统进行介绍、演示和培训。省、市（县）农机管理部门补贴工作人员 70 多人参加培训。

6 月 19—23 日

海南省农机鉴定推广站组织调研组赴山东青岛市开展农机合作社培训工作调研。

7 月 10—14 日

海南省农机鉴定推广站在儋州市举办全省农机维修工培训班，经过理论知识培训和实践操作训练，对考核通过的学员发放农机维修工职业资格证书。

7 月 24—27 日

海南省农机鉴定推广站在定安县召开节水灌溉机械化技术示范推广现场会，对分节水灌溉技术进行培训，并演示光电控水灌溉系统和宝秀智能节水灌溉系统的现场作业效果。各市县农机管理部门的主要领导及农机推广人员、农机专业合作社代表 80 余人参加会议。海南省农业机械化管理局副局长梁昌雄、省农机鉴定推广站站长张培出席现场会。

8 月 22 日

海南省农业厅召开草畜产业机械推广工作座谈会，海南省农业厅总畜牧师李万有出席会议。

8 月 31 日

海南省农机鉴定推广站在临高县举办香蕉生产机械化技术推广现场会，讲解演示香蕉采收运输机械化技术、太阳能光电控水灌溉技术，开展香蕉生产机械化技术交流。

9 月 29 日

海南省农业农村厅宣布成立，增加渔业管理职责以及农业投资、农业综合开发、农田整治和农田水利建设等项目管理职责。

9 月 30 日

海南省农机鉴定推广站顺利完成《天然橡胶初加工专用机械撕粒机》《天然橡胶初加工专用机械锤磨机》《天然橡胶初加工专用机械打包机》等 8 个天然橡胶初加工专用机械，以及《刮麻机》剑麻加工机械部级推广鉴定大纲的编写制定。

10 月 11—12 日

海南省农机鉴定推广站在琼海市、定安县举办农业机械化技术培训班和 2018 年农机推广田间日活动，开展热带作物秸秆还田技术装备和推广应用、国Ⅲ、国Ⅳ柴油机和动力换挡、动力换向新机具新技术培训，全面演示机械化开沟、起垄、水稻秸秆粉碎还田、水稻联合收获、花生机械化收获、机械植保等多个环节农机作业情况。

11 月 2 日

海南省农机鉴定推广站召开 2018—2020 年农机购置补贴机具（第二批）分类分档及补贴额测算专家评审会，测算确定 46 个非通用类品目的中央财政最高补贴额，形成《海南省 2018—2020 年农机购置补贴机具补贴额一览表（第二批）》。

11 月 16 日

海南省农机鉴定推广站在琼海市举办水稻秸秆粉碎还田及综合利用现场演示观摩会，现场作业展示多功能秸秆粉碎还田机、水稻收割切碎一体机、打捆机等先进的农机具，并介绍秸秆机械的机型、性能、作业情况和综合利用情况。

11 月 30 日

海南省农机鉴定推广站顺利完成 2018 年海南省补贴农机具（拖拉机）质量跟踪调查，共调查雷沃重工股份有限公司、山东潍坊鲁中拖拉机有限公司等 5 个生产企业的经销商及琼中、东方、文昌、海口等 12 个市县共 78 户农户。

12 月 3 日

海南省农机鉴定推广站在琼中县举办全省新型职业农民培育农机专业合作社带头人培训班，各市县的农机专业合作社带头人 50 余人参加培训，站长张培出席培训班并讲话。

海南省农机鉴定推广站举办农机推广人员能力提升培训班，对职业道德、中华人民共和国法律法规与农村土地“三权分置”政策、农机购置补贴政策进行解读，并分析农业机械化新技术及发展趋势。

12 月 12—16 日

中国（海南）国际热带农产品冬季交易会在海口市举办，海南省农业农村厅组织省内外 35 家农机企业和科研单位 100 多个农机产品参加其中的现代农业装备展，展览期间共签订东南亚国家农机产品订单 3 300 万元，海南省农业农村厅总工程师黄正恩、李万有等出席展览。

重庆市

2018 年 3 月 2 日

重庆市农业委员会办公室印发《关于实施智汇农机手金蓝领成长计划的通知》（渝农办发〔2018〕27 号），进一步加大对农业机械化技能人才培育力度，强化人才对现代农业发展和乡村振兴的支撑作用。

4 月 17—18 日

重庆市农业委员会在铜梁区召开全市实施千万亩高标准农田宜机化配套建设工程推进会，全面总结 2016 年以来全市土地宜机化改造取得的成效，强调土地宜机化改造对实施乡村振兴战略行动计划的重要意义，并对统筹推进千万亩高标准农田宜机化配套建设提出具体要求。重庆市农业委员会主任路伟出席会议并讲话。

4 月 19 日

农业农村部农业机械试验鉴定总站副站长刘旭一行赴重庆市农机鉴定站开展调研。

5 月 12 日

重庆市农业委员会办公室印发《关于印发〈开展农机化安全生产大排查大整治大执法行动实施方案〉的通知》（渝农办发〔2018〕86 号），进一步落实农机安全生产主体责任和监管责任，构筑起农机安全生产源头管理、宣传教育和监管执法三大防线，有效防范农业机械事故发生，遏制重特大事故，确保全市农机安全生产形势持续稳定向好。

5 月 15 日

中共重庆市委组织部、市委农业综合开发办公室印发《关于举办全市农村党员技能（农机操作）示范培训班的通知》（渝委组〔2018〕60 号）。根据通知安排，重庆市农业委员会于 5 月 21 日—7 月 13 日举办 8 期培训，共培训农村党员或青年职业农民 200 人，对培育农机技能人才起到很好的示范作用。培训活动得到重庆市市委常务委员、组织部部长胡文容的充分肯定。

7月4日

重庆市农业委员会印发《关于土地宜机化整治先建后补的通知》(渝农发〔2018〕148号),针对推广过程中各级各方面积极性高、项目供不应求的状况,实行先建后补,更好地发挥财政资金的撬动和引导作用,激发干部群众以及社会各界投入和参与积极性,提高财政资金使用效益和项目建设效率,增强项目建设的有效性和实效性。

7月27日

重庆市生产力发展中心、市农业委员会、市社会科学院和市综合经济研究院联合召开“2018经济圆桌会议”,专题研究探讨重庆丘陵山区农业机械化发展的相关问题,为化解重庆丘陵山区现代农业发展制约瓶颈、稳步提高重庆市农业机械化水平提供路径支持。

9月17日

重庆市农业委员会、市财政局联合印发《关于重庆市继续开展农机新产品购置补贴试点的通知》(渝农发〔2018〕239号),试点品目包含枝条切碎机、果树修剪机(电动)、田间运输机,以及植保无人飞机,补贴资金总量不超过全市年度中央财政农机购置补贴资金总规模的10%。

9月18—20日

在山东日照市举办的“2018年中国技能大赛——全国农业行业技能大赛”上,重庆市2名同志荣获农机驾驶操作员二等奖,1名同志荣获农机修理工二等奖。

10月20日

农业农村部农业机械化司司长张兴旺一行赴重庆市调研指导土地宜机化整治工作,对重庆市土地宜机化整治工作给予充分肯定,指出“重庆经验在全国南方丘陵山区可借鉴、可推广,要大力宣传”。重庆市农业委员会副主任秦大春陪同调研。

11月7日

重庆市农业委员会印发《关于做好引导社会资本参与土地宜机化整治工作的通知》(渝农发〔2018〕274号),计划通过引导社会资本3年融资2亿元,用于6.67千公顷以上土地宜机化整治建设,助推解决丘陵山区中大型农业机械作业条件“最后一公里”难题。

11月27—28日

2018年南方丘陵山区果茶桑麻生产机械化论坛暨农机装备展示演示会在重庆市举办,来自全国28个省市区行业主管、高等学校、科研院所、农机生产流通、新型经营主体等500余人参加论坛,1 000余人参加展示演示。

四川省

2018年1月3日

四川省绵阳市安州区、剑阁县、射洪县等三县(区)被评为2017年度全国“平安农机”示范县,盐边县张健、安居区陈文斌等7人被评为2017年度全国农机安全监理示范岗位标兵。

2月1—2日

四川省农业机械研究设计院在成都市召开四川省农业工程学会年会和省农业机械学会第六次会员大会,总工程师欧之福当选四川省农业机械学会新一届理事会理事长。四川省农业农村厅总农艺师潘海平、省科学技术协会学会部部长刘先让等领导出席会议并讲话。

2月11日

四川省政治协商会议副主席、农业厅党组书记祝春秀带队赴雅安市检查农业行业安全生产和农产品质量安全工作。

2月28日

四川省农业厅被省人民政府安全生产委员会评为2017年度全省安全生产统计工作先进单位,四川省农机监理总站张蜀川被评为2017年度全省安全生产统计工作先进个人。

3月14—16日

四川省农机监理总站在成都市举办全省农机全监理业务系统需求分析培训班,各市(州)县(区)负责农机安全监理业务系统代表和企业方20余人参加培训。

3月21日

四川省农业厅被省人民政府评为2017年度全省安全生产工作优秀单位,在被评为优秀单位的省安全生产委员会成员单位中排名第二,连续五年被评为优秀单位。

3月22—23日

四川省农业厅在德阳市举办全省农业机械化发展工作及全程机械化生产技术培训班,21个市州及部分县农业局分管农业机械化工作的局领导、科(处、股)长及部分农机合作社负责同志110余人参加培训。四川省农业厅党组成员、总农艺师潘海平出席培训班并讲话。

4月4日

四川省农机监理总站在成都市举办全省农机监理新规定宣贯培训班(第一期),四川省农业厅党组成员、总农艺师潘海平出席培训班并讲话。

4月24日

四川省农业厅在成都市举办全省2018年度农机购置补贴政策培训班,各市州、区县农业局相关人员参加培训。

5月14—18日

四川省农机监理总站在成都市举办全省农机监理新规定、新规范培训班,全省21个市(州)农机监理所和183个县(区)农机监理站的业务骨干430余人参加培训。

5月31日

四川省农业厅印发《关于实施拖拉机和联合收割机驾驶证管理规定、登记规定及其工作规范的通知》,对存量变型拖拉机的车和驾驶人保持原来管理类别,实行车和人只出不进、只消化不增加的政策。

6月1日

四川省农业厅召开全省农业行业安全生产工作视频会议,贯彻落实总书记习近平、总理李克强和四川省委、省人民政府主要领导关于安全生产的重要指示批示,针对当前农忙和汛期节点,特别是农村农机生产意外事故频发的严峻形势,对行业安全生产工作进行再安排再部署。

新版“四川省农机安全监管信息管理系统”正式启用。

7月8日

四川省农业厅农机安全监管处(农机监理总站)被省人民政府评为2014—2016年四川省道路交通安全综合治理工作先进集体,万世云同志被评为先进个人。

7月11日

四川省农业厅印发《四川省拖拉机运输机组驾驶人违法记分教育考试实施方案(试行)》,不断加强拖拉机运输机组驾驶人违法记分教育工作。

7月17—18日

由四川省农业厅、省人力资源社会保障厅、省总工会联合主办,省农机鉴定站承办的全省2018年农业行业农机维修技能竞赛决赛在成都市新都区举办,来自全省21个市州代表队的84名选手参加竞赛,遂宁农机修理工彭巧选手获得第一名,成都市代表队获得团体一等奖。

7月18日

四川省农业机械研究设计院、省农业机械学会、省农机服务协会、川联农业机械制造与流通商会共同举办丘陵山区高新特色农业机械发展创新论坛暨机具展示会。

8—9月

四川省农业厅、省财政厅印发《关于开展农机购置补贴政策实施工作督导检查的通知》，组织全省开展农机购置补贴政策实施工作督导检查工作。

9月28日

四川省农业厅印发《关于公布2018年四川省"平安农机"示范县（区）乡（镇）及示范岗位名单的通知》，推进"平安农机"创建活动，共评选出2018年度省级示范县1个、示范乡镇35个、示范岗位标兵4人，推荐全国示范县3个、示范岗位标兵1人。

10月20—23日

农业农村部副部长张桃林、农业机械化司司长张兴旺、科技教育司副司长汪学军一行赴达州市、巴中市、广元市、绵阳市开展农业机械化工作调研。四川省委农村工作委员会常务副主任、农业厅厅长杨秀彬等陪同调研。

11月1日

四川省农业农村厅在成都市召开全省农机购置补贴专项清理工作部署视频会议，对即将开展的全省农机购置补贴专项清理工作进行专题部署。四川省农业厅厅长杨秀彬出席会议讲话。

11月6—7日

在绵阳市举办的全国农机安全监理装备建设培训班上，四川省作工作交流发言。在《农业机械化情况》2018年第20期专题刊发《绵阳市大力推进农机安全监管"放管服"改革》。

11月7—8日

农业农村部农业机械化技术开发推广总站副站长王桂显一行赴广元市苍溪县鑫利民农机专合社和苍溪县农机监理站调研农机监理工作情况。

11月23日

四川省农业农村厅在成都市举办全省农机购置补贴工作培训班，21个市（州）农机购置补贴工作主办科室负责同志和经办人员、部分区县农机购置补贴经办人员参加培训。

11月28—29日

四川省农业农村厅在成都市举办全省农业机械化统计工作培训班，四川省农业农村厅农业机械化发展处、省农机鉴定站有关负责同志、各市（州）及部分县农业机械化统计工作人员50余人参加培训。

12月2—7日

四川省农业农村厅总农艺师陈孟坤一行赴福建、江苏、陕西考察现代农业产业园区及农业装备发展情况，实地参观现代农机科技示范园、智能化菌类生产工厂、苹果和猕猴桃产业园、农机合作社和农业装备制造企业，详细了解三省推进现代农业装备、农业机械化与智能化信息化融合、发展现代特色农业园区等方面的具体举措和特色做法。

贵州省

2018年2月1日

贵州省农机安全监理总站在贵阳市召开全省2018年第一季度农机安全生产工作会议。

4月4日

贵州省人民政府在黔东南州麻江县、丹寨县召开全省春季农业生产暨产业结构调整工作现场推进会，实地观摩水稻机械化精量穴直播、水稻机械化插秧、激光平地机平地、机械化耕整地等环节作业现场，贵州省农业委员会主任袁家榆及省市县相关单位负责人400余人参加活动，贵州省副省长吴强出席会议并对农机现场演示效果给予充分肯定。

4月16—17日

贵州省农业委员会在贵阳市召开2018年全省农机工作会议，对2017年农机工作进行全面总结，并分析当前农业机械化工作面临的新形势新任务。委属有关单位和部门负责人、各市州及省直管县农机主管部门分管领导和业务科长等50余人参加会议。贵州省农业委员会党组成员、总农艺师黄俊明出席会议并讲话。

4月27日

贵州省农业委员会在黔东南州黄平县召开全省早熟马铃薯机收现场会，现场展示马铃薯种植及新品种情况，进行马铃薯机械化杀秧及大、中、小三种类型收获机作业演示，省农业农村厅相关部门、各市（州）农委农技或农机工作分管领导、相关农机合作社及媒体工作人员200余人参加会议。贵州省农业委员会党组成员、总农艺师黄俊明出席会议并讲话。

5月21日

全省首次"土地宜机化整治"试点项目在织金县启动，贵州省农业委员会农机部门牵头组成技术指导专家组，为该项目的实施提供方案制定和全程技术指导。该项目完成土地整治53.33公顷，为今后全省土地宜机化整治工作积累宝贵经验。贵州省农业委员会党组成员、总农艺师黄俊明出席启动仪式并讲话。

5月24日

贵州省农业委员会党组成员、总农艺师黄俊明一行赴台江县老屯现代农业园区观摩新型山地小型马铃薯生产机械现场作业，要求各级农业部门要加强对适合山地特色小型农机具的研发和推广示范，走出一条可推广、可复制的山地马铃薯机械机械化发展模式。

6月5—9日

贵州省农业委员会在贵阳市举办两期农机生产信息服务系统操作员培训班，共培训省市县三级农机生产信息报送人员160多人，为全省农机生产信息报送工作顺利开展奠定坚实基础。贵州省农业委员会党组成员、总农艺师黄俊明出席培训班并讲话。

6月28日

贵州省农机安全监理总站在贵阳市召开全省2018年第二季度农机安全生产工作会议。

8月10日

广西壮族自治区农业机械化协会会长李一洪一行赴贵州省考察农机企业发展、农机合作社建设情况，并介绍"中国—东盟农业机械展暨2018中国甘蔗机械化博览会"筹备情况。

8月13—17日

贵州省农机安全监理总站在贵阳市举办全省农机监理人员培训班，培训各级农机监理人员215人，贵州省农业委员会党组成员、总农艺师黄俊明出席培训班并讲话。

8月21—23日

农业农村部农业机械化技术开发推广总站站长刘恒新一行赴遵义市播州区、贵阳市清镇市开展调研，先后参观遵义市播州区金农机专业合作社、清镇市长津农业公司、贵州城智湖畔公司设施农业有机蔬菜、有机葡萄生产基地和生物制肥机生产现场，实地了解农机推广工作及合作社建设情况。

8月27日

贵州省农机监理信息管理系统完成

升级建设并正式上线运行。

8月29—31日

贵州省农业委员会党组成员、总农艺师黄俊明一行赴黔西南州和安顺市开展农业机械化工作调研，对农机部门在贵州省脱贫攻坚工作中的支撑保障作用和取得的成效表示肯定，并要求在当前脱贫攻坚工作的关键时期，各级农机部门要积极开展工作，推动当地主导产业的健康发展，让当地及周边的农民群众受益。

9月5—7日

重庆市农业委员会农机管理处一行赴安顺市考察农业机械化示范县创建工作，并与贵州省农业委员会、安顺市农机中心有关人员进行座谈交流，探索黔渝两地农机部门互相取长补短，共同推进丘陵山区农业机械化工作的有效机制。

9月19—20日

在山东日照市举办的“2018年中国技能大赛——全国农业行业职业技能大赛”上，贵州省选派的王辉获“全国农业技术能手”称号。

9月20日

雷山县被评为2017年全国“平安农机”示范县，龙孝安、戴强、尤家兵、姚明刚等4人被评为2017年全国农机监理示范岗位标兵。

9月27日

贵州省农机安全监理总站在安顺市召开全省2018年第三季度农机安全生产工作会议，贵州省农业委员会党组成员、总农艺师黄俊明出席会议并讲话。

9月28日

贵州省农业委员会印发《贵州省2018—2020年农机购置补贴实施方案》，首次以规范性文件形式推动农机购置补贴工作落实。

10月29—30日

贵州省农业委员会在遵义市召开全省蔬菜生产机械化现场演示培训会，实地观摩大葱、辣椒、西兰花机械化移栽、机械化翻犁、旋耕、覆膜及田园管理等环节的现场演示，贵州大学及农业农村部南京农业机械化研究所的专家分别做专题培训，贵州省农业委员会党组成员、总农艺师黄俊明和农业农村部农业机械化技术开发推广总站相关工作负责同志参加会议并讲话。

11月2日

贵州省农业委员会在贵阳市举办全省农机购置补贴辅助管理软件系统操作培训班，全省各市县农机购置补贴辅助管理软件系统操作的人员80人参加培训。贵州省农业委员会党组成员、总农艺师黄俊明出席培训班并讲话。

11月15—17日

农业农村部农业机械化司副司长李安宁一行赴黔南州惠水县开展农机安全生产调研和对口帮扶工作，听取贵州省农机安全生产工作情况的汇报。贵州省农业委员会党组成员、总农艺师黄俊明陪同调研。

11月23日

2018年贵州省农机购置补贴辅助管理系统正式启用。

11月29—30日

贵州省农业农村厅在贵阳召开全省农机专业合作社示范社工作经验交流暨水稻全程机械化示范基地建设总结会，总结项目五年来的实施情况取得的成效及存在的问题，研究讨论下一步工作思路，中国工程院院士罗锡文做专题报告，贵州省农业农村厅党组成员黄俊明出席会议并讲话。

11月

由贵州省山地农机研究所承担的贵州科研院所服务企业行动计划项目——“贵州省现代高效农业示范园区辣椒生产机械化技术研究及应用”取得良好社会效应，该研究以辣椒生产机械化耕整地、移栽和收获为重点，开展辣椒精量直播试验，探索辣椒机械化生产新技术。

贵州省山地农机研究所开展的水稻机械化不同种植方式机插秧、直播对比试验取得圆满成功。项目实施区完成水稻全程机械化率超过80%，每公顷产量在9 000千克以上，每公顷节本增效5 850元以上，形成可复制、推广、可持续、实用性强的水稻全程机械化生产技术路线、模式和机具组装配套方案，辐射带动周边同类地区加快基本实现水稻生产全程机械化。

12月3日

安顺市普定县兴达农机专业合作社理事长袁仕荣荣获“雷沃杯”2008年全国20佳农机合作社理事长荣誉称号。

云南省

2018年1月4日

农业部、国家安全生产监督管理总局公布2017年度全国“平安农机”示范市、县和农机安全生产监理示范岗位标兵名单，云南省易门县、澄江县、广南县被评为2017年全国“平安农机”示范县，彭玲莉等15人被评为2017年全国农机安全监理示范岗位标兵。

2月7日

云南省委农业安全生产办公室、省农业厅赴挂钩扶贫点西盟县开展以“贯彻十九大精神，开展科技‘三下乡’活动”为主题的2018年春季文化卫生科技“三下乡”活动，云南省农机推广站作为成员单位积极开展农机科技下乡现场宣传。

2月26—28日

由云南省农业厅农业机械化管理处、省农机推广站、省农业技术推广总站组成的工作小组赴德宏州就现代农业示范区项目布局、优势特色、区域选址和农机农艺融合全程机械化可持续发展问题开展实地调研。

3月2日

云南省农业厅、省财政厅联合印发《关于云南省2018年农业机械购置补贴实施方案的通知》（云农机〔2018〕3号），将农机购置补贴机具种类范围扩大调整为15大类34个小类79个品目，并提出2018年全省农机购置补贴政策规范、有序、高效、安全实施的相关要求。

3月15日

云南省农业厅开展“3·15”农机质量宣传咨询活动，并印发《关于进一步加强农业机械质量投诉监督管理工作的通知》，严格落实责任，强化措施于段，进一步加大农机质量投诉监督管理力度，确保农业机械化高效、高质量发展。

3月15—17日

农业部农业机械化技术开发推广总站副站长涂志强一行赴德宏州、保山市开展调研，云南省农机推广站、德宏州、保山市相关人员陪同调研。

3月27日

云南省农业厅办公室印发《2018年农业机械化工作要点》，全年计划重点做好五个方面16项工作，着力推动云南农业机械化全程、全面、高质、高效发展，为推进高原特色农业现代化提供有力支撑。

4月11日

云南省首次启用“农机购置补贴产品自主投档系统”，并组织开展2018年第一批农机购置补贴产品自主投档工作。

4月13日

云南省农业厅在易门县召开全省农

业机械化暨农机购置补贴工作会议，回顾总结2017年全省农业机械化工作取得的成效，分析当前农业机械化发展面临的新形势，并就2018年各项重点工作作出安排部署。各州市农业局主管领导、农机推广、农机监理站、农机校主要负责人及农业机械化管理处全体人员和部分新闻媒体记者近140人参加会议。

5月31日

云南省农业厅农业机械化管理处赴曲靖市植保站就植保无人机纳入农机购置补贴试点的提案与建言代表进行面商，从植保无人机纳入购机补贴实施的可行性情况和下一步工作部署两方面对提案作出初步答复意见，高质量完成人大代表提案办理工作。

6月1日

云南省2018年农业"安全生产月"系列活动启动仪式在昆明市阳宗海管委会举行，现场开展安全生产主题宣讲、基层农机代表作安全生产承诺、安全宣传咨询等6项具体活动。云南省农业厅农业机械化管理处（农业安全生产办公室）、省农业机械安全监理总站、昆明市农业局等十余家单位的300余人参加活动。

6月25日

云南省财政厅、省农业厅联合印发《关于下达2018年农业生产发展专项资金（非贫困县）和绩效目标的通知》和《云南省农业厅关于下达2018年农业生产发展专项（农机技术推广与购置补贴）计划任务的通知》，除贫困县资金整合外，省级农机生产发展专项资金1 175万元，用于在全省非贫困县范围内建设全省机械化示范区、培育扶持农机合作社示范社规范化发展，支持新型经营主体带动贫困村、贫困户致富增收。

7月20—30日

由云南省农业厅农业机械化管理处、省农机推广站组成3个检查组，对2017年省级主要农作物生产全程机械化示范区开展为期半个月的项目验收和绩效结果评价。

8月1日

云南省农业厅、省质量技术监督局联合印发《关于变型拖拉机年度安全技术性能检测实行社会化的通知》，进一步严格已纳入牌证管理的变型拖拉机安全运行技术条件，有效预防和遏制重特大事故发生，切实保障人民生命财产安全。

8月7日

云南省农业机械安全监理总站在昆明市举行全省农机事故应急处置演练活动，检验农机事故应急处置预案的实用性和操作性，省、市、县农机主管部门、农机监理部门300余人参加活动。

8月17日

云南省农业厅赴会泽县开展畜禽粪便机械化处理和生产经营情况调研，实地了解畜禽养殖废弃物资源化利用机械装备购置补贴情况，掌握畜禽养殖机械设备使用需求现状。

8月23—25日

农业农村部农业机械化技术开发推广总站副站长徐振兴带队赴云南省开展农机购置补贴政策实施督导检查，通过座谈交流、资料审查和实地检查的方式了解云南省农机购置补贴政策实施情况，云南省农业厅、省农机推广站相关负责同志陪同调研。

8月31日

云南省农业厅印发《云南省2018年果蔬烘干机质量调查实施方案》，对2017年本省用户购买并享受农机购置补贴的果蔬烘干机进行质量调查，并对2017年参与实施购机补贴政策的34家果蔬烘干机生产企业进行随机抽查。

9月17—21日

云南省农业厅联合省农业机械安全监理总站对2018年申报"平安农机"示范市、示范县的"一市八县区"进行复核验收。

9月17日至10月7日

中缅现代农业机械实用技术培训班在德宏州举办，培训班邀请院士罗锡文及多位云南省内外专家学者，对水稻机械化技术、农产品加工和制糖工艺技术、现代特色农业技术等内容进行培训，不断加强对外科技合作与交流，主动服务和融入国家"一带一路"和孟中印缅经济走廊建设。

9月20日

云南省农业厅启动为期一个月的农业购置补贴政策落实延伸绩效管理工作交叉检查，进一步落实延伸绩效考核制度，切实规范农机购置补贴及档案管理工作。

9月25—30日

农业农村部农业机械试验鉴定总站一行赴云南省开展甘蔗生产全程机械化和农机助力产业扶贫工作调研，云南省农业厅、省农机鉴定站相关负责同志陪同调研。

9月30日

云南省农业厅、省财政厅联合印发《云南省农机购置补贴产品违规经营行为处理实施办法（试行）》，明确农业、财政部门应对不同性质的违规行为所采取的处理措施，并对联动响应机制、处理程序及工作人员发生违规违纪行为的处理予以规范。

10月10日

云南省农业厅农业机械化管理处被农业农村部评为2017年度落实强农惠农富农政策（农机购置补贴）延伸绩效管理优秀单位。云南省省长阮成发对此专门批示："成绩来之不易，要总结经验，查找不足，进一步加大工作力度，争取再上新台阶。"

10月18日

云南省农机推广站在大理市举办全省青贮玉米生产机械化技术培训现场会，推广"粮改饲"高效种养技术，推动丘陵山区种植结构调整。

10月25日

云南省2018年"平安农机"创建工作结果公布，成功创建省级"平安农机"示范市1个，"平安农机"示范县6个，20名监理人员被评选为省级农机安全监理示范岗位标兵。

11月11—13日

云南省农业厅农业机械化管理处赴西盟县与"挂包帮"联系村班母村一组党支部开展"双联系一共建双推进"的党支部结对共建助力脱贫攻坚活动，现场签署共建协议，通过技术指导、市场联系等形式，帮助结对贫困户掌握技能技术，尽早脱贫致富。

11月22日

云南省农业机械安全监理总站在曲靖市召开全省农机安全生产形势分析会，总结分析2018年农机安全生产形势，并对岁末年初农机安全工作进行部署安排，部分省级"平安农机"示范县区做交流发言。

西藏自治区

2018年3月13日

西藏自治区农牧厅印发《关于提前下达2018年财政支农专项转移支付项目资金、任务分配情况的通知》，分解下达2018年全区农机购置补贴、农机深松整地作业补助资金任务，2018年中央和自治区财政共安排农机购置补贴资金15 970万元、农机深松整地作业补助资金1 482万元。

3月27日

西藏自治区党委书记吴英杰赴拉萨市曲水县视察春耕备播和农业机械化生产情况。

4月2—5日

西藏自治区农牧厅在拉萨市召开全区2018年农业机械化工作会议，分析全区农业机械化发展形势，安排部署全年重点工作，并开展农业机械化统计工作培训，西藏自治区农牧厅党组成员、副厅长布琼次仁出席会议并讲话。

4月13日

西藏自治区农牧厅发布《西藏自治区2018年度主要农作物生产全程机械化联合实施项目委托公告》，首次将全程机械化示范创建工作推向市场。

4月18日

西藏自治区人大常委会主任洛桑江村一行赴日喀则市桑珠孜区考察当地春季农牧业生产状况，走访当地农机社会化服务主体，视察农业机械化春耕现场。

4月27日

西藏自治区农牧厅、自治区财政厅联合印发《关于印发〈西藏自治区2018—2020年农机购置补贴实施办法〉的通知》（藏农厅发〔2018〕201号），明确新一轮农机购置补贴政策将在市场化、信息化上发力，着力推进“敞开补贴、直补到卡、去经销商”。

5月7日

西藏自治区农牧厅发布《2018年度主要农作物生产全程机械化联合实施项目承接单位公示》并签订委托合同，西藏兴民农业科技服务有限公司等3家公司成为首批项目承接单位，全年共完成示范核心区建设面积1 530公顷。

6月29日

西藏自治区2018年度农机购置补贴辅助管理系统上线，项目县区全面开展本年度补贴申请受理工作。

7月27日

西藏自治区首张农机加油卡在拉萨市曲水县发放，农机加油实现信息化管理，有利于进一步降低农业生产成本，解决农机加油难问题。

8月21日

西藏自治区副主席坚参在《西藏农牧信息》第77期《我区首张农机加油卡在拉萨市曲水县发放》上批示：“拉萨市‘农机加油卡’极大地方便了群众，值得全区推广。请农牧厅加快实施”。

11月18日

西藏自治区农业农村厅揭牌，西藏自治区人民政府副主席江白出席揭牌仪式并讲话，西藏自治区农业农村厅的组建，标志着全区以“神圣国土守护者、幸福家园建设者”为主题的乡村振兴战略步入新阶段。

11月30日

截至11月30日，西藏自治区共落实投资农机购置补贴18 665万元，补贴购置各类农业机械40 398台，有30 564户农牧民受益，圆满落实完成绩效目标任务。西藏自治区共完成农机深松整地作业面积21.93千公顷，占计划面积的82.3%，其中，春播前完成作业面积14.73千公顷。

陕 西 省

2018年1月11—12日

陕西省农业机械化管理局在西安市召开2017年全省农机系统年度目标责任考评会，听取各市（区）农机主管部门、省局机关各处室和局属各单位负责人就本单位（部门）2017年度农业机械化工作目标任务完成情况的汇报，并对各单位（部门）年度目标任务完成情况进行测评。

1月16日

陕西省农业机械化管理局组织农机科技推广、安全监理人员参加2018年全国文化科技卫生“三下乡”集中示范活动·陕西省启动仪式，现场开展农机技术咨询，发放农机购置补贴政策宣传单、农机深松整地技术问答、农机安全宣传画等农机科普宣传资料2 500余份。

2月22日

陕西省农业机械化管理局召开全体干部大会，安排部署以“崇尚实干狠抓落实”为主题的机关纪律作风整顿活动。

3月5日

由陕西省农机安全监理总站和省农业机械学会联合主办的全省农机安全生产知识竞赛正式开赛。此次竞赛借助“陕西省农机安全监理”激活公众号微平台，参赛者使用手机扫描比赛二维码即可参加。

3月13日

农业部农业机械化技术开发推广总站组成调研组赴陕西省榆林市榆阳区、定边和靖边三大薯类种植区开展薯类全程机械化生产情况调研。

3月14日

农业部农业机械试验鉴定总站副站长姚春生一行赴陕西省开展农机质量调查和投诉监督工作调研。

3月15日

农业部农业机械试验鉴定总站联合陕西省农业机械化管理局在杨凌市农机市场共同举办以“加强农机质量监督，维护农民合法权益”为主题的农机“3·15”消费者权益日活动。

3月23日

陕西省农业机械化管理局在西安市召开全省农机购置补贴政策实施管理培训会，各地市农机系统农机购置补贴工作负责人和工作人员参加会议。

陕西省农业机械化管理局在西安市召开全省农业机械化工作会议，总结回顾过去5年陕西省农业机械化工作，安排部署2018年工作任务。陕西省农业厅党组书记、厅长文引学对会议召开专题批示，陕西省农业机械化管理局党委副书记、副局长马驰作工作报告。

3月27—30日

陕西省农业机械化管理局副局长马驰一行赴杨凌、咸阳、铜川等市（区）开展全省设施农业发展情况调研。

4月1日

千阳县16家农机专业合作社联合成立千阳县鑫民农机专业合作社联合社，成为陕西省首家由农机专业合作社共同组建、正式注册设立的农机专业合作社联合社。

4月12日

农业农村部农业机械化技术开发推广总站副站长王桂显一行赴陕西省开展农机事故专项调研。

5月14日

陕西省农业机械化管理局、陕西省公安厅交警总队、中国石油陕西销售分公司、中国石油化工陕西石油分公司和延长壳牌石油有限公司联合印发《关于做好2018年“三夏”农机化生产管理服务工作的通知》，对“三夏”农机安全管理和作业用油供应服务工作作出安排部署。

5月24—25日

陕西省农机安全监理总站在西安市举办全省农机安全规章培训班，各地198名农机监理业务人员参加培训。农业农村部农业机械化技术开发推广总站相关负责同志、省农业机械化管理局副局长段保群、省农机安全监理总站站长王勇毅出席培训班。

5月25日

陕西省农业机械化管理局召开2018年主要农作物生产全程机械化部级示范项目培训暨座谈会。

5月30—31日

在江苏句容市举办的全国农机职业技能培训课件评选及教学比赛活动中，陕西省选派的宝鸡市陈仓区农业机械化学校翟改琴同志荣获比赛二等奖。

6月2日

陕西省农业机械化管理局召开全省农机安全生产形势分析会暨“平安农机”创建座谈会，各市农机监理所负责人及拟创建“平安农机”示范县区农机安全监理站负责人参加会议。

6月10日

陕西省农业厅在宝鸡市岐山县举行全省“秸秆利用·保卫蓝天”攻坚行动启动仪式，贯彻落实全省铁腕治霾打赢蓝天保卫战三年行动，安排部署全省秸秆综合利用工作。陕西省副省长魏增军出席启动仪式并宣布攻坚行动全面启动，陕西省人民政府副秘书长薛建兴、农业厅厅长文引学等参加活动。

6月15日

陕西省农业机械化管理局在韩城市举办以“生命至上安全发展”为主题的全省农机安全宣传咨询日活动。

6月29日

陕西省农业机械化管理局党委召开“七一”表彰大会，表彰先进党支部、优秀共产党员和优秀党务工作者。

7月10—11日

农民日报陕西站站长肖力伟、内参部副主任冯建伟一行赴安康市开展“一社一区”工作情况调研。

7月24日

陕西省农业机械化管理局在宝鸡市举办全省农机合作社建设培训班。

7月27日

陕西省农业机械化管理局在西安市召开全省农业机械化半年工作座谈会，总结2018年上半年工作开展情况，安排部署下半年工作陕西省农业机械化管理局党委副书记、副局长马驰主持会议并讲话，各市区农机部门做交流发言。

8月1日

农业农村部农业机械试验鉴定总站党委副书记、纪委书记郭京华一行赴陕西省农机鉴定站调研指导工作，陕西省农业机械化管理局副局长马驰陪同调研。

8月10日

陕西省农业厅党组任命翟高友为省农业机械化管理局副局长(列第一副局长)，任命马驰为省农业厅种植业处处长。

9月14日

陕西省农业机械化管理局召开全省农业机械污染源普查培训会，各设区市农机主管部门，杨凌示范区、韩城市农业局农机污染源普查负责人、普查数据填报人，及陕西省农业机械化管理局有关处、站负责同志参加会议。

9月18—20日

在山东日照市举办的“2018年中国技能大赛——全国农业行业职业技能大赛”上，陕西省选派6名选手参加农机维修技能和驾驶操作技能比赛，武功县东方农机合作社农机修理工尚战军荣获“全国农业技术能手”称号。

9月19日

“中化农业杯·第五届全国农机手大赛”MAP区域陕西选拔赛在泾阳县中化农业MAP技术服务中心成功举办。

9月25日

陕西省农业机械化管理局在咸阳市举办全省“三秋”农机农艺融合暨秸秆机械化综合利用现场演示会，现场演示无驾驶播种机、青贮机、玉米茎穗兼收机等十余种新型农业机械高效化、智能化作业。陕西省农业厅副厅长王韬出席会议并讲话。

9月29日

陕西省农业机械化管理局在延安市举办全省丘陵山地特色产业全程机械化现场演示会，现场演示马铃薯、谷子、大豆、荞麦、糜子等丘陵山地特色作物和玉米收获秸秆综合利用生产关键环节机械作业。延安市人民政府副市长张宏致辞，陕西省农业机械化管理局副局长翟高友出席会议并讲话。

10月15日

西安市阎良区武屯农机专业合作社、乾县五谷丰农机专业合作社、富平县富秦星农机专业合作社荣获2018年中国农机行业年度“合作社农机化杰出服务奖”，西安亚澳农机股份有限公司的种植施肥机械“亚澳”品牌获“最具影响力品牌奖”，渭南市福康农机汽贸有限公司获“流通企业年度标杆奖”。

10月15—17日

农业农村部农业机械化管理司督导调研组赴澄城、蒲城两县开展2018年深松整地工作督导及全程机械化示范县创建调研。

10月17—18日

陕西省农业机械化管理局在安康市举办全省特色产业及丘陵山地机械化技术培训班，邀请西北农林科技大学教授及地市行业专家做专题讲座，并现场观摩“一社一区”、宜机地改造、丘陵山地小麦条播机械化作业演示，陕西省农业机械化管理局副局长翟高友出席开班式并讲话。

10月17—18日

陕西省农业机械化管理局副局长翟高友一行赴安康市岚皋县开展“两联一包”扶贫工作情况调研。

10月23日

财政部驻陕专员办业务三处处长任付民带队对陕西省农机购置补贴政策执行情况进行专项督查。

11月6日

农业农村部农业机械化司副司长李安宁一行赴武功县开展农业机械化工作情况调研。

11月15—16日

全省农机系统领导干部能力素质提升培训班在陕西行政学院举办，陕西省农业机械化管理局副局长翟高友出席开班式并讲话，陕西省农业机械化管理局副局长上官永主持开班式。

11月15日

在“中化农业杯·第五届中国农机手大赛”全国总决赛中，陕西省渭南市机手赵彭飞荣获男子组全国亚军，陕西省农业机械化管理局荣获“最佳组织奖”。

甘肃省

2018年1月17—18日

甘肃省农机监理总站在兰州召开2018年全省农机安全监理工作会议，总结2017年全省农机安全监理工作，表彰2017年度全省农机安全监理工作先进单位，分析当前面临的形势，安排部署2018年重点工作，甘肃省农牧厅党组成员、副厅长周邦贵出席会议并讲话。

1月23—24日

甘肃省农业机械管理局组织全体干部赴精准扶贫帮扶村菜花村，与帮扶户对接，面对面交流探讨脱贫致富措施，填写“一户一策”帮扶计划清单，发放帮扶“连心卡”，宣传十九大报告及惠农政策。

2月26日

甘肃省农业机械管理局印发《关于印发〈甘肃省农机合作社资产收益扶贫试点工作方案〉的通知》(甘农机发〔2018〕12号),在临夏县河湟农机农民专业合作社开展农机合作社资产收益扶贫试点,安排省级财政资金15万元,累加补贴资金8万元。

甘肃省农业机械管理局印发《关于印发〈甘肃省2018年"一乡一农机合作社"建设试点工作方案〉的通知》(甘农牧发〔2018〕67号),在酒泉、张掖、金昌、武威、临夏、庆阳等6个市(州)18个县(市、区)开展"一乡一农机合作社"建设试点190个,安排省级财政资金1 900万元,市县财政每个试点社各配套2万元。

甘肃省农业机械管理局印发《关于做好2018年主要农作物生产全程机械化抓点示范工作的通知》(甘农机函〔2018〕11号),在全省建立农业部主要农作物生产全程机械化示范点4个,省级主要农作物生产全程机械化示范点14个,安排中央资金120万元,省级资金200万元,共计320万元。

甘肃省农业机械管理局印发《关于下达2018年省级财政专项扶持农机合作社指标任务的通知》(甘农机发〔2018〕10号),安排省级财政资金1 220万元,计划在14个市州51个县区扶持农机合作社170个,对其购置73.53千瓦以上农业机械给予省级财政资金累加补贴。

3月13日

甘肃省农业机械管理局印发《关于印发〈甘肃省2018年农机合作社全程机械化示范创建试点工作方案〉的通知》(甘农机发〔2018〕11号),安排省级资金100万元,在5个农机合作社开展全程机械化示范创建试点,每个试点合作社20万元。

3月15日

甘肃省农业机械管理局印发《关于印发〈甘肃省电动农机试验示范项目工作方案〉的通知》(甘农机发〔2018〕18号),在酒泉市、武威市、定西市、天水市、平凉市、临夏州6个市州的8个县(市、区)开展电动农机试验示范项目,安排资金36万元,每个市、州6万元。

甘肃省农业机械管理局印发《关于印发2018年甘肃省农机深松整地作业补贴试点工作方案和绩效考核办法的通知》(甘农机管发〔2018〕20号),安排中央农业生产发展资金9 000万元,实施农机深松整地作业补贴试点面积300千公顷,在14个市州58个县市区开展补贴试点工作,远程信息化监测作业面积达到实际补贴面积的85%以上。

甘肃省农牧厅、省财政厅联合印发《关于印发〈甘肃省2018—2020年农业机械购置补贴实施方案〉的通知》(甘农牧发〔2018〕90号),确定2018—2020年甘肃省农机购置补贴机具种类范围为15大类39个小类117个品目,并对补贴额一览表发布公告,中央安排资金4.026亿元,省财政安排资金4 500万元。

3月22日

甘肃省农业机械管理局在兰州市召开2018年"一乡一农机合作社"建设试点工作会议,交流2017年试点工作经验做法,安排部署2018年试点工作任务,甘肃省农业机械管理局与试点市州及县(市、区)签订工作责任书。

甘肃省农业机械管理局在兰州市召开全省农业机械化工作会议,总结交流2017年全省农业机械化工作,分析当前农业机械化发展面临的新形势、新任务,安排部署2018年工作,并签订2018年农机安全生产目标责任书。甘肃省农牧厅党组成员、副厅长周邦贵出席会议并讲话,甘肃省农业机械管理局局长贾怀德作全省农业机械化工作报告。

3月23日

甘肃省农业机械管理局在兰州市召开全省农机购置补贴工作会议,回顾总结党的十八大以来甘肃省农机购置补贴政策落实工作取得的成效和经验,明确农机购置补贴政策实施的新形势新变化新要求,安排部署今后三年全省的农机购置补贴工作。

3月27日

甘肃省农业机械化技术推广总站在兰州市举办2018年主要农作物生产全程机械化项目启动暨技术培训班,总结2017年抓点示范项目成效,安排部署2018年工作,讨论审定2018年各示范点项目实施方案。

3月30日

甘肃省农业机械化技术推广总站在临夏市召开全省玉米生产全程机械化播种环节机具现场演示暨技术研讨会,演示和展示玉米生产各环节的最新机具。

4月12日

甘肃省农业机械管理局在兰州市举办全省农机购置补贴政策与操作系统培训班,全省14个市(州)、86个县(市、区)及农垦农业机械化管理部门的农机购置补贴工作人员、生产企业系统操作员等300余人参加培训。

4月19日

甘肃省农机质量管理总站召开2017年深松机质量调查结果分析通报会,省内外8家企业的质量负责人参加会议。

4月27日

甘肃省农机监理总站在兰州市召开农机安全生产季度分析会,听取6个督查组第一季度农机安全生产督查情况汇报,形成《2018年第一季度全省农机安全生产督查情况通报》,并研究部署农机安全月活动。

4月27—28日

农业农村部主要农作物生产全程机械化推进行动专家组马铃薯专业组赴定西市安定区开展专题调研。

5月9—11日

甘肃省农机监理总站在平凉市举办农机安全规章培训班,宣传贯彻新颁布的农业农村部"两规定两规范"等农机安全监理规章,全省14个市州86个县市区农机监理所(站)主要负责人及监理业务骨干240人参加培训。

5月14—16日

甘肃省农业机械管理局举行2018年雷沃谷神甘肃用户批量交机暨小麦跨区机收出征仪式,为118台新购置小麦联合收割机现场办理牌证和跨区作业证,为每台联合收割机节约运费近8 000元。

5月24日

甘肃省农业机械管理局印发《关于做好2018年甘肃省拖拉机驾驶培训机构"双随机"抽查工作的通知》(甘农机科发〔2018〕33号),对甘肃省拖拉机驾驶培训机构进行"双随机"抽查检查,考核拖拉机驾驶培训机构教学场地、教学设备、教学力量、管理制度等。

6月14日

农业农村部农业机械化技术开发推广总站与甘肃省农业机械管理局联合举办2018年全国农机安全宣传咨询日活动,农业农村部农业机械化技术开发推广站站长刘恒新、应急管理部监管二司副司长赵瑞华出席活动并讲话,甘肃省农牧厅巡视员阎奋民主持启动仪式。

6月20日

甘肃省农机质量管理总站在兰州市

举办2018年玉米收获机质量调查培训会，白银、平凉、庆阳等中东部3市12个县的20多名代表参加培训，甘肃省2018年在用玉米收获机质量调查全面启动。

7月5—7日

甘肃省农业机械管理局在武威市举办全省农机合作社管理人员及理事长培训班，全省14个市州82个县(市、区)农机局(站)的领导及业务骨干，以及90家农机合作社理事长约240多人参加培训，甘肃省农业机械管理局局长贾怀德参加开班式并讲话。

7月9日

甘肃省农业机械管理局印发《关于做好2018年农机报废更新补贴工作的通知》(甘农机管发〔2018〕51号)，报废更新补贴实施范围扩展到全省所有市州及县市区。

7月10—14日

农业农村部农业机械化技术开发推广总站一行赴武威、张掖两市检查指导甘肃省牧草生产全程机械化工作。

7月30日

甘肃省农牧厅印发《关于开展2018年农机购置补贴政策实施等四项重点工作督查的通知》(甘农牧办发〔2018〕88号)，全省分6组对农机购置补贴政策落实、农机安全生产监管、农机合作社装备提升及"一乡一社"建设试点、深松整地作业补贴试点等四项工作进行督查。

9月6—7日

农业农村部农业机械化技术开发推广总站副站长涂志强一行赴武威市凉州区就设施蔬菜、大田蔬菜、玉米籽粒机收和农机合作社运营情况开展调研。

9月20日

在山东日照市举办的"2018年中国技能大赛——首届全国农业行业职业技能大赛总决赛"中，甘肃代表队获团体第五名，金塔县聚赢农机农民专业合作社的段鑫获农机驾驶操作员个人第五名。

9月22日

甘肃省农牧厅印发《关于印发〈甘肃省2018至2020年农机新产品及植保无人飞机购置补贴试点实施方案〉的通知》(甘农牧发〔2018〕330号)，在全国范围内征集补贴产品，在全省开展补贴试点。

10月12日

甘肃省农牧厅、省农业机械管理局在平凉市举办全省农机事故应急演练，省市县有关部门和农民机手200多人参加演练活动。

10月16日

甘肃省农业机械管理局在定西市召开全省马铃薯全程机械化现场演示暨研讨交流会，总结近年来甘肃省马铃薯生产全程机械化取得的成效和经验，安排部署今后工作，甘肃省农牧厅党组成员、副厅长周邦贵出席会议并讲话。

10月29日

甘肃省农业机械管理局荣获全省"安全生产月"活动先进组织单位。

10月29日

甘肃省农牧厅印发《关于下达2018年中央财政专项转移支付扶持农民合作社示范项目资金计划任务的通知》(甘农牧财发〔2018〕93号)，全省32个农机合作社被评为2018年全省农民合作社示范社，获得资金320万元，每个合作社10万元。

10月30至11月1日

农业农村部农业机械化司调研督导组赴甘肃省开展农机深松整地工作和全程机械化示范创建情况督导调研。

10月30日

甘肃省农牧厅、省安全生产监督管理局对1个省级平安农机市、4个省级平安农机县、30个平安农机乡镇、65个平安农机合作社和31名农机安全监理示范岗位标兵进行授牌表彰，并推荐4个县(区)申报全国平安农机示范县，6名农机监理人员申报全国农机监理示范岗位标兵。

11月10日

甘肃省农业机械管理局、省慈善总会和雷沃重工股份有限公司在礼县桥头镇菜花村举办"雷沃公益·关爱留守儿童计划"甘肃站(礼县)助学金发放活动，雷沃重工股份有限公司向礼县桥头镇菜花村的258名学生每人发放助学金500元，共12.9万元，甘肃省农业农村厅、省农业机械管理局为菜花村每家每户发放价值8万元的农资和农机具。

11月15日

甘肃省农业机械管理局印发《关于认定2018年全省农机合作社示范社的通知》(甘农机装发〔2018〕74号)，共认定全省农机合作社示范社96个，1名合作社理事长荣获雷沃杯2018"全国20佳农机合作社理事长"。

青海省

2018年1月3日

青海省共和县、尖扎县被农业部、国家安全生产监督管理总局评为2017年全国"平安农机"示范县。

1月16—18日

青海省农业厅组织开展2017年度各县(区)农机购置补贴政策实施情况绩效考评工作。

3月2日

青海省省农牧厅印发《青海省农机购置补贴政策省级内部控制规程》。

3月7日

青海省农牧厅党组成员、首席兽医师孙应祥带队赴民和县督导调研农业机械化春耕生产工作。

4月17—19日

青海省农牧厅党组成员、首席兽医师孙应祥带队赴海西蒙古族藏族自治州开展春季农牧业生产督导调研。

5月4日

青海省农牧厅、省财政厅联合印发《青海省2018—2020年农业机械购置补贴实施方案》。

6月1日

青海省农牧厅印发《关于贯彻落实拖拉机和联合收割机驾驶证管理规定和拖拉机和联合收割机登记规定的通知》。

6月5—7日

青海省农牧机械管理局在海西蒙古族藏族自治州德令哈市举办全省枸杞生产全程机械化技术实训演示活动。

6月16日

青海省农牧机械管理局举办全省"农机安全生产月"宣传咨询日活动。

6月19日

青海省农牧机械管理局举办全省农机购置补贴廉政风险防控培训班，厅党组成员、首席兽医师孙应祥参加开班式并讲话。

6月28—29日

青海省工会、省人才工作办公室、省农牧厅等单位联合举办全省第三届农机技能竞赛，青海省总工会副主席吴建军，省农牧厅党组成员、首席兽医师孙应祥参加开幕式并讲话。

8月29日

农业农村部农业机械化技术开发推广总站副站长涂志强一行赴青海省开展马铃薯生产全程机械化工作调研。

9月3日

青海省农牧厅、省财政厅、省商务厅联合印发《青海省2018年农机报废更新补贴工作实施方案》。

10月11—12日

青海省农牧厅党组成员、首席兽医师孙应祥赴湖北参加全国果菜茶生产机械化现场推进会。

宁夏回族自治区

2018年3月31日—4月2日

农业部农业机械化技术开发推广站副站长王桂显一行赴宁夏回族自治区开展农机购置补贴政策落实延伸绩效管理实地考核，通过召开座谈会、查阅相关档案资料、查看农机购置补贴辅助管理系统使用情况等形式了解自治区农机购置补贴政策落实情况，并赴盐池县实地查看农机购置补贴绩效管理工作完成情况。

4月16—17日

宁夏回族自治区农牧厅农业机械化管理局召开全区农机购置补贴实施暨警示教育培训班，总结2017年全区农业机械化工作成效和经验，安排布置2018年全区农机购置补贴及农业机械化各项重点工作。宁夏回族自治区农牧厅党组成员、驻厅纪检监察组组长刘文斌出席培训班并讲话。

4月17—18日

2018年宁夏回族自治区农机安全监理规章宣贯培训会在银川市举办，邀请农业农村部农业机械化司、农业农村部农业机械化技术开发推广总站的相关负责同志讲解部里最新修订颁布的《拖拉机和联合收割机登记规定》《拖拉机和联合收割机驾驶证管理规定》及其配套的工作规范。全区各级农机安全监理机构100余人参加培训。会上，宁夏回族自治区农牧厅和中国人民财产保险股份有限公司宁夏分公司还对2017年度开展农业机械综合保险的8家先进单位进行表彰。

4月28日

宁夏回族自治区农牧厅农业机械化管理局在灵武市召开全区水稻旱穴播技术推进会，促进水稻机械化旱穴播技术在全区的推广应用，推进水稻生产全程机械化。来自引黄灌区的各县(市、区)农牧局领导和农机推广中心主任70余人参加会议。

6月28—29日

宁夏回族自治区农机安全监理总站在吴忠市举办全区农机重大事故应急演练培训班，来自全区各市、县(市、区)农牧局、农机安全监理所(站)负责人80余人参加室内理论培训和现场演练活动。

7月22—26日

来自亚洲、非洲等不同发展中国家的33名2008年发展中国家小型农机具使用与维修技术培训班学员来宁夏回族自治区访问考察，通过实地考察和座谈会交流，进一步增进相互了解，为践行"一带一路"倡议牵线搭桥。

7月23—24日

农业农村部农业机械化技术开发推广总站副站长涂志强一行赴自治区调研农业机械化技术推广情况，并向全区农机推广服务中心(站)负责人讲授新形势下农业机械化发展政策和发展趋势，宁夏回族自治区农业机械化管理局局长虞景龙、自治区农机推广站站长田建民陪同调研。

8月1日

宁夏回族自治区农牧厅农业机械化管理局被农业农村部评为2017年度落实强农惠农富农政策(农机购置补贴)延伸绩效管理优秀单位。

8月30—31日

宁夏回族自治区农牧厅农业机械化管理局在宁夏职业技术学院举办2018年自治区农业行业职业技能大赛农机驾驶操作员和农机修理工职业技能大赛，来自全区各县(区)的28名农机驾驶操作员和农机修理工参加比赛，评选出一等奖1名、二等奖2名、三等奖3名。

9月18—20日

在山东省日照市举办的"2018年中国技能大赛——全国农业行业职业技能大赛"中，宁夏回族自治区选派的3名农机驾驶操作员进入全国前20强，1名农机修理工进入全国前20强并荣获"全国农业技术能手"称号，宁夏回族自治区代表队获得全国农机驾驶操作员竞赛"团体第四名"的好成绩。

9月21日

经过宁夏回族自治区农牧厅农业机械化管理局的精心组织和层层选拔，2018年全区"十佳农机能手"揭晓。

9月23日

宁夏回族自治区首届"中国农民丰收节"在贺兰县常信乡"稻渔空间"启动，启动仪式由自治区农牧厅厅长王文宇主持，自治区人民政府副主席马汉成到场致辞。启动仪式结束后，宁夏回族自治区农牧厅农业机械化管理局举行开镰节，组织十几台大中型联合收割机、秸秆粉碎机、打捆机现场进行作业展示。

10月30日

在安徽省宿州市举办的2018年全国农机事故应急处置演练活动中，宁夏回族自治区农牧厅农业机械化管理局副局长陈峰江做典型交流发言。

11月1—3日

农业农村部农业机械化司派出农机深松整地和全程机械化示范县创建督导调研组赴宁夏回族自治区平罗县和永宁县，对农机深松整地和机械化示范县创建工作进行督导调研。

新疆维吾尔自治区

2018年1月5日

新疆维吾尔自治区农牧业机械管理局召开整顿干部作风大会，印发《自治区农机局进一步纠正"四风"加强机关作风建设若干措施》，新疆维吾尔自治区农牧业机械管理局党组书记、副局长贾立新出席会议并讲话。

1月9—12日

新疆维吾尔自治区农牧业机械管理局在乌鲁木齐市召开数据汇总培训会议，审核确认《2017年农机化管理统计年报》中的数据，对2018年生产信息报送、农业机械化管理统计年报和相关统计工作做出安排。新疆维吾尔自治区农牧业机械管理局党组成员、副局长欧兴江出席会议并讲话。

1月11日

新疆维吾尔自治区农牧业机械管理局召开大型工程机械设备驾驶培训教材及培训教学计划、教学大纲审定会，新疆维吾尔自治区农牧业机械管理局党组副书记、局长木合塔尔·艾沙出席会议并讲话。

1月18日

在新疆维吾尔自治区第十二届人民代表大会常务委员会第三十四次会议中，贾立新被任命为自治区人大常委会财政经济工作委员会主任。

2月11日

新疆维吾尔自治区农牧业机械管理局召开全区农机工作会视频会，自治区农业厅党组成员、副厅长方侠出席会议并讲话，自治区农牧业机械管理局党组副书记、局长木合塔尔·艾沙在喀什分会场作工作报告，局党组成员、副局长欧兴江主持会议。局党组成员以及各处室站负责同志和乌鲁木齐市农机局负责人在主会场参加会议，各地(州)市农机局领导班子成员、科室负责人在分会场参加会议。

3月7—9日

新疆维吾尔自治区农牧业机械管理局党组成员、副局长欧兴江带队赴阿克苏地区开展农机春耕备耕督导和技术服务指导工作。

3月9日

新疆维吾尔自治区农牧业机械管理局、自治区财政厅联合印发《关于印发〈新疆维吾尔自治区2018—2020年农业机械购置补贴实施方案〉的通知》(新农机发〔2018〕11号)，明确补贴范围、机具资质、补贴对象、补贴标准、操作程序、开展新产品试点等内容和要求。

3月26日

新疆维吾尔自治区农牧业机械管理局召开2018年度局机关党建暨党风廉政建设工作会议。新疆维吾尔自治区农牧业机械管理局党组成员、副局长欧兴江出席会议并讲话，局党组成员、纪检组长原晋南主持会议。

4月1日

新疆维吾尔自治区农牧业机械管理局发布2018年全区重点领域和关键环节农业机械化主推技术4大类24项。

4月8日

新疆维吾尔自治区农牧业机械管理局印发《新疆维吾尔自治区2018—2020年农机购置补贴机具补贴额一览表》，补贴机具涵盖15大类35小类95个机具品目429个档次。

4月25日

新疆维吾尔自治区农牧业机械管理局启动2018年农机购置补贴产品自主投档工作，实行常态化管理、全年开放、分期分批进行审核的管理方式。

5月4日

新疆维吾尔自治区农牧业机械管理局组织干部职工与前来乌鲁木齐市的巴楚县、伽师县村民代表70多人开展民族团结联谊活动。新疆维吾尔自治区农牧业机械管理局党组成员、副局长欧兴江同志出席活动并致欢迎辞。

5月5日

2018年新疆农业机械博览会在新疆国际会展中心开幕。

5月14日

新疆维吾尔自治区党委常务委员、自治区人民政府副主席艾尔肯·吐尼亚孜赴自治区农牧业机械管理局检查指导工作，看望慰问农牧业机械管理局干部职工，实地了解自治区农机产品质量监督管理站实验室、自治区大型工程机械设备和车辆安全监管平台工作情况，并与局领导及部门负责人进行座谈。新疆维吾尔自治区人民政府副秘书长高志敏、自治区农业厅党组书记朱岗陪同调研。

5月16—18日

新疆维吾尔自治区农牧业机械管理局举办学习贯彻党的十九大精神集中培训暨基层党组织书记培训班，新疆维吾尔自治区农牧业机械管理局党组成员、副局长欧兴江出席开班式并讲话，局领导及全局干部职工近80人参加培训。

6月19—26日

新疆维吾尔自治区农牧业机械管理局在新疆交通职业技术学院组织举办以大型工程机械驾驶操作培训为主题的县校师资培训班，培训全疆各地县校师资100余名。

7月10日

新疆维吾尔自治区农牧业机械管理局召开第二十个党风廉政教育月动员暨培训会议，局党组副书记、局长木合塔尔·艾沙同志出席会议并讲话，新疆维吾尔自治区农牧业机械管理局党组成员、纪检组组长原晋南主持会议，相关局领导及全体党员干部职工参加会议。

7月24日

新疆维吾尔自治区农牧业机械管理局在吐鲁番市开展大型工程机械设备和车辆安全监管平台运用测试工作。新疆维吾尔自治区农牧业机械管理局局长木合塔尔·艾沙、吐鲁番市副市长艾尼瓦尔·吐尔逊等领导参加现场观摩。

7月24日

新疆维吾尔自治区农牧业机械管理局举办新疆"四史"学习专题报告会，自治区党委党校(行政学院)原副校长(副院长)束迪生受邀作题为"新疆各民族是中华民族血脉相连的家庭成员"的专题报告。新疆维吾尔自治区农牧业机械管理局党组副书记、局长木合塔尔·艾沙主持会议，相关局领导和全局干部职工参加专题报告会。

8月5日

农业农村部新疆棉区棉花生产全程机械化交流考察组一行赴喀什地区巴楚县和新疆兵团农三师49团开展调研考察交流活动。自治区农牧业机械管理局党组成员、总工程师裴新民陪同考察。

8月14—31日

新疆维吾尔自治区大型工程机械设备和车辆安全监管工作领导小组办公室组织对各地州市大型工程机械设备和车辆安全监管平台操作人员进行实地培训。

9月2日

新疆维吾尔自治区农牧业机械管理局选派的第二批7名南疆支教干部分两组赴喀什地区巴楚县琼库尔恰克乡(16)村、色力布亚镇(13)村开始支教工作。

9月27日

新疆维吾尔自治区农牧业机械管理局召开全区农机安全生产问题隐患整改工作视频会议，局党组副书记、局长木合塔尔·艾沙出席会议并讲话，局党组成员、纪检组长原晋南主持会议。

10月2—3日

新疆维吾尔自治区农牧业机械管理局党组成员、总工程师裴新民带领自治区农机安全生产检查组赴博尔塔拉蒙古自治州精河县、博乐市检查指导农机安全生产工作。

10月18日

新疆维吾尔自治区农牧业机械管理局在阿克苏地区阿瓦提县举办2018年棉花全程机械化暨残膜回收机械化技术田间日活动，14家农机生产企业的20余台套机具参与演示。新疆维吾尔自治区农牧业机械管理局党组副书记、局长木合塔尔·艾沙出席会议并讲话。

10月28日至11月4日

新疆维吾尔自治区农牧业机械管理局在新疆交通职业技术学院组织举办以大型工程机械为主题的县校师资培训班，培训全疆各地县校师资90余名。

11月1—2日

农业农村部农业机械化司组成调研组对新疆维吾尔自治区2018年秋季农机深松整地工作和全程机械化示范县创建情况进行调研，新疆维吾尔自治区农牧业机械管理局党组成员、总工程师裴新民陪同调研。

大连市

2018年2月2日

大连市农村经济委员会召开全市农机安全生产工作会议，回顾总结2017年全市农机安全生产工作，部署2018年度各项农机安全监理工作任务，签订2018年农机安全生产责任状。

3 月 22—25 日

大连市农村经济委员会在旅顺口区和瓦房店市举办春耕大集、瓦房店市送科技下乡活动，共发放适合本地区农业机械化发展的新技术、新机具及国家、省、市惠农政策等相关资料 2 200 余份，接受农民咨询 300 余人次。

11 月 29 日

大连市农村经济委员会在普兰店区举办全市 2018 年度农机事故应急处置演练现场会，大连市安全生产监督管理局应急办、市交通管理委员会、部分农机合作社及全市农机监理工作人 100 余人参加现场演练。大连市农村经济委员会副主任毕泽贺、普兰店区副区长汪家林出席活动并讲话。

宁 波 市

2017 年 12 月 26 日

全国第二批率先基本实现主要农作物生产全程机械化示范县(市、区)名单公布，奉化区、鄞州区成功创建为 2017 年度全国第二批率先基本实现主要农作物生产全程机械化示范县(市、区)。

2018 年 1 月 2 日

浙江省农业机械管理局公布 2017 年省级农机合作社示范社名单，宁波市共有余姚市田螺山农机服务专业合作社等 37 家农机专业合作社成功上榜，在全省 124 家上榜名单中遥遥领先，占全省 30%左右。

1 月 3 日

农业部、国家安全生产监督管理总局公布 2017 年度全国“平安农机”示范市、县和农机安全监理示范岗位标兵名单，宁波市成功创建为全国首批、浙江省首个全国平安农机示范市，宁波市农业机械化服务总站高艳同志获全国农机安全监理示范岗位标兵。

1 月 22 日

浙江省农业厅公布 2017 年全省农业“机器换人”示范县名单，宁波市余姚市、慈溪市成为第一批全省“机器换人”示范县，市 9 个示范乡镇(园区)、25 个示范基地入选公示名单。

1 月 25 日

浙江省农业机械管理局副局长竺锡雅带队对宁波市 2017 年度农机安全生产工作进行考核，听取宁波市 2017 年度农机安全生产目标责任制落实情况汇报。宁波市农业机械化服务总站站长葛建平，市农业局巡视员、副站长陆勇军，副站长李季炜参加考核会议。

宁波市农业机械化服务总站召开全市农业机械化宣传会议，宁波市农业机械化服务总站副站长严政出席会议并讲话。

3 月 20 日

宁波市农业机械化服务总站召开全市农机管理工作会议暨农业“机器换人”示范创建工作座谈会，总结 2017 年农机管理工作及农业“机器换人”示范创建工作，部署 2018 年重点工作。宁波市农业机械化服务总站副站长李季炜主持会议，站长葛建平出席会议并讲话。

3 月 22 日

宁波市农业机械化服务总站在奉化区举办全市水稻烘干机械化现场会暨农机新技术培训班，各区县(市)农机推广负责人和农机专业合作社、粮食烘干中心人员等近 90 余人参加培训。宁波市农业局党委委员、巡视员张凤谦出席现场会。

3 月 23 日

宁波市农业机械化服务总站召开全市农机购置补贴政策落实绩效考核评审会，听取各区县(市)2017 年农机购置补贴政策实施和绩效自评情况汇报，宁波市农业机械化服务总站副站长严政出席会议并讲话。

4 月 8—9 日

在浙江省农业机械化工作座谈上，余姚市农业“机器换人”示范创建情况作为典型进行交流发言。

4 月 12 日

宁波市农业机械化服务总站召开全市农业机械化工作会议，各区县(市)农机(农林)局(站)长参加会议，宁波市农业机械化服务总站副站长严政主持会议，宁波市农业机械化服务总站站长葛建平作工作报告，市农业局党委委员、巡视员张凤谦出席会议并讲话。

4 月 19 日

宁波市农业机械化服务总站在余姚市举办全市水稻机插侧深施肥技术现场会暨农机新技术培训班，首次在全市范围大力推广水稻机插侧深施肥技术，市农业局党委委员、巡视员张凤谦现场观摩。

5 月 3 日

宁波市农业机械化服务总站印发《关于做好 2018 年全国主要农作物生产全程机械化示范县及农业“机器换人”示范创建工作的通知》，明确 2018 年将创建全国主要农作物生产全程机械化示范县 3 个，农业“机器换人”示范县 1 个、示范乡镇 8 个、示范基地 19 个。

5 月 30—31 日

宁波市农业机械化服务总站在慈溪市举办全市农业“机器换人”培训班，邀请农业农村部农业机械化司生产管理处处长刘小伟、浙江省农业机械化管理局调研员蔡潮永培训授课，奉化区、慈溪市和镇海区分别作典型经验交流。宁波市农业机械化服务总站站长葛建平出席培训班并作开班动员讲话。

6 月 21 日

宁波市农业机械化服务总站在宁海县举行全市新型农机推广现场会暨机器换人技能比武观摩会，宁波市农业机械化服务总站站长葛建平、宁海县副县长沈纾丹出席观摩会并讲话。

7 月 5 日

中国农机安全报社社长刘卓一行赴海曙区调研农业机械化执法工作，宁波市农业机械化服务总站站长葛建平、副站长陆勇军等陪同调研。

7 月 12 日

宁波市农业机械化服务总站召开全市半年度农机安全监管工作会议，宁波市农业局巡视员、市农业机械化服务总站副站长陆勇军主持会议，宁波市农业机械化服务总站站长葛建平出席会议并讲话。

7 月 18 日

浙江省农业机械管理局局长王建伟、副局长竺锡雅一行赴奉化区调研指导特色产业农业机械化工作，宁波市农业机械化服务总站站长葛建平、奉化区农机总站站长王银富陪同调研。

8 月 2—3 日

宁波市农业机械化服务总站举办全市果菜茶生产机械化技术培训班，各区县(市)、乡镇(街道)农机推广工作人员和果菜茶特色产业种植大户 50 余人参加培训。

8 月 28—29 日

宁波市农业机械化服务总站在北仑区委党校举办全市农机新技术新装备培训班，各区县(市)农机局(站)分管领导(站长)、农机推广科长、部分乡镇农机干部、农机专业合作社、大户代表等 50 余人参加培训，副站长严政出席培训班并讲话。

9 月 7 日

在浙江省农业职业技能大赛中，宁

波市参赛选手鲁彭泽获农机维修工竞赛一等奖，被授予"浙江省技术能手"称号，余祝益、戚军航获农机维修工竞赛三等奖，张玉平、朱涛获得农机驾驶操作竞赛三等奖，宁波市代表队荣获"优秀组织奖"。

9 月 27—29 日

宁波市农业机械化服务总站在象山县举办全市农机专业合作社骨干人员暨植保无人机技能培训班，讲解植保无人机概述及保养维护知识，开展植保无人机飞行准备、飞行操控实际练习。

9 月 29—30 日

宁波市农业局党委委员、巡视员张玉申率安全检查组一行赴江北区、余姚市检查国庆节前农机安全生产工作。

10 月 11 日

浙江省农业机械管理局副局长布明华带队，浙江省安全生产监督管理局、省交通管理局和省农业机械管理局组成核查组对奉化区全国平安农机示范区创建工作开展核查指导。

10 月 16 日

宁波市农业机械化服务总站组织召开《宁波市 2018—2020 年中央农机新产品购置补贴试点实施方案》征求意见会，宁波市农业机械化服务总站副站长严政出席会议。

10 月 22—23 日

宁波市农业机械化服务总站在杭州湾新区杭州湾中等职业学校举办全市农机维修技术培训班，各区县(市)农机专业合作社、农机维修网点的农机维修技术人员 40 余人参加培训。

10 月 25—26 日

宁波市农业机械化服务总站在象山县举办全市拖拉机教练员安全驾驶培训班，各区县(市)拖拉机教练员近 20 人参加培训。

11 月 6 日

宁波市农业机械化服务总站站长葛建平一行赴慈溪市考察正大桑田农机服务专业合作社、爱国农业机械服务有限公司，慈溪农机站站长程尚毅陪同考察。

11 月 8—10 日

宁波市农业机械化服务总站召开全国标准化设施大棚补贴试点工作研讨会，农业农村部农业机械化管理司、农业机械推广总站相关领导及有关省(市)农机专家代表等 40 余人参加研讨。宁波市农业机械化服务总站站长葛建平出席会议。

11 月 23 日

农业农村部农业机械化技术开发推广总站站长刘恒新一行赴宁海县调研农机安全监理工作，参观新田园农机合作社、宁海县农机监理站服务大厅，并听取宁海县农机监理站的工作情况汇报。宁波市农业局巡视员、农业机械化服务总站副站长陆勇军等陪同调研。

农业农村部农业机械化司副巡视员王家忠一行赴鄞州区创宁粮机合作社、农机监理服务大厅调研农业机械化工作，并听取当地农业机械化工作的情况汇报。宁波市农业机械化服务总站站长葛建平、副站长李季炜等陪同调研。

青岛市

2018 年 4 月 11 日

青岛市人民政府印发《关于加快新旧动能转换推进"两全两高"农业机械化发展的实施意见》。

5 月 15 日

青岛市农业机械管理局在蓼兰镇举办全市玉米机械化种植技术培训班，围绕全国玉米生产形势与问题讲解夏玉米高产高效种植关键技术、夏玉米全程机械化高效生产技术集成与示范等内容，各镇(街道)农机工作负责人、农机合作社、种植户等 70 余人参加培训。

9 月 29 日

青岛市农业机械管理局在莱西市召开全市保护性耕作暨深松整地技术及机具现场演示会，现场演示单一深松、复合深松、免耕播种机、青贮玉米收获机、北斗导航精准农业装备的作业过程，培训村民代表 200 余人，机手及合作社社长 150 余人，发放宣传资料、技术手册 1 500余份，青岛市农业机械管理局副局长徐振峰出席会议并讲话。

厦门市

2018 年 1 月 3 日

厦门市海沧区被农业部、国家安全生产监督管理总局评为 2017 年度全国"平安农机"示范县。

1 月 10 日

厦门市农业局召开 2017 年第四季度全市防范农机安全生产事故分析会，市、区农机部门负责人及农机安全主要业务经办人员 20 余人参加会议。

1 月 29 日

厦门市农业局印发《关于印发〈厦门市农机购置补贴产品核验办法(试行)〉的通知》(厦农〔2018〕19 号)，进一步规范农机购置补贴产品核验方式、程序等工作机制。

2 月 1—2 日

福建省农业厅考评组赴厦门市开展 2017 年度农机安全生产目标责任考评，听取厦门市 2017 年农机安全生产目标责任落实情况的汇报，查阅内业台账资料，还分别前往海沧区、同安区，对区、镇和拖拉机驾驶培训机构等单位落实农机安全生产责任与企业主体责任情况进行考评。

2 月 12 日

厦门市农业局印发《关于印发〈农机购置补贴工作内部控制制度(试行)〉的通知》(厦农〔2018〕30 号)，进一步健全完善廉政风险防控机制建设，强化农机购置补贴实施工作内部权力的管理和监督。

3 月 12 日

厦门市农业局印发《2018 年农机化工作要点》，从提升农业机械化水平、推进主要农作物综合机械化、实施农机购置补贴、培育新型农机经营主体、"平安农机"创建、农业机械化信息宣传、绩效考核、强化作风建设等 8 个方面 20 项工作提出具体要求和部署。

3 月 29 日

厦门市农业局召开全市农业机械化和农机安全生产工作会议暨第一季度防范农机安全生产事故会议，通报 2017 年农机安全生产目标责任考评情况，部署 2018 年全市农业机械化、农机购置补贴和农机安全工作，并组织签订农机购置补贴和农机安全监理责任书。市、区农业、农机部门等相关单位人员 30 余人参加会议，副局长许心凌出席会议并讲话。

4 月 17 日

厦门市副市长张毅恭带队赴同安区莲花镇检查春耕机械化育插秧和机耕情况。

4 月 19 日

厦门市农业局在同安区莲花镇举行春耕机械化作业现场演示，参加全市新型职业农民暨村级农民技术员培训的 90 多名学员现场观摩演示。

5 月 2 日

厦门市农业局印发《关于印发〈2018 年厦门市主要农作物生产全程机械化示

范创建实施方案〉的通知》(厦农〔2018〕87号),围绕创建主要农作物(水稻、马铃薯)生产全程机械化示范区(点),示范引领高端先进农业机械装备的推广应用,进一步提升厦门市主要农作物生产全程机械化水平。

5月7日

厦门市农业局发布《全市农机安全综合整治"三年提升工程"2018年工作措施》,部署全市农机道路交通安全综合整治"三年提升工程"工作,努力推进农机安全生产形势持续稳定向好。

5月14日

《厦门晚报》专版刊登厦门市春耕生产水稻机插秧作业的详细信息,从记者视角感受传统与现代结合的插秧场景。

5月25日

福建省农机鉴定推广站站长林远崇带领省农业厅检查组一行赴厦门市调研检查农业机械化重点工作开展情况。

5月30日

厦门市农业局印发《关于开展农机安全生产执法专项行动的通知》(厦农〔2018〕118号),决定在全市范围内开展农机生产执法专项行动,严厉查处农机违法违规行为。

6月15日

同安顺仔农机专业合作社理事长张志顺被市安委办评为"最美安全生产代言人"。

6月20日

厦门市农业局在海沧区东孚街道开展主题为"生命至上,安全发展"的农机(农药)安全生产月宣传咨询日活动,副局长许心凌出席活动。

7月12日

厦门市农业局召开2018年第二季度全市农机安全生产形势分析会,市农业机械监理所、各区农机部门负责人、业务骨干以及部分农机经销企业代表30余人参加会议。

7月12—13日

厦门市农业局在思明区党校举办农机购置补贴辅助管理系统培训班和风险警示教育会。厦门市农机监理所副所长王洪铭就农机购置补贴廉政风险防控作专题报告。

7月23日

《厦门晚报》专版刊登厦门市水稻收割机械化作业的详细信息,农业机械高效作业受到广大农民欢迎。

7月30日

厦门市农业局印发《关于开展2018年上半年农机安全生产目标责任落实情况考评的通知》(厦农明电〔2018〕12号),组织开展2018年度上半年农机安全生产目标责任落实情况考评工作。

8月30日

厦门市农业局、市财政局联合印发《关于开展2018年厦门市主要农作物生产全程机械化项目建设的通知》(厦农〔2018〕170号),计划在同安区建设1个水稻生产全程机械化示范点,在翔安区建设2个旱地作物生产全程机械化示范点。每个水稻生产全程机械化示范点补助40万元,每个旱地作物生产全程机械化示范点补助30万元。

8月31日

厦门市农业局、市财政局联合印发《关于印发〈2018—2020年厦门市农业机械购置补贴资金使用实施方案〉的通知》(厦农〔2018〕173号),明确新一轮农机购置补贴工作的补贴范围、补贴对象、补贴机具、补贴标准及操作程序等内容。

9月27日

厦门市农业局在翔安区举办旱地作物机械化耕地及播种演示现场会,厦门市电视台对演示会进行现场采访报道。

10月17日

厦门市农业局召开2018年第三季度防范农机安全生产事故分析会,厦门市农业机械监理所、区农业局分管领导、农机管理站(机构)负责人、主要业务骨干等20余人参加会议。

10月18日

《厦门日报》专版刊登农业机械化政策信息,详细解读农机购置补贴申领政策,宣传拖拉机和联合收割机管理新规定。

11月15—20日

厦门市大交通办联合市农机监理所等部门在岛外各区开展多功能拖拉机道路交通安全集中整治行动。

11月19日

厦门市农业局印发《关于开展农机"交通安全宣传月"活动的通知》(厦农明电〔2018〕45号),决定在全市范围内开展以"细节关乎生命 安全文明出行"为主题的农机"交通安全宣传月"活动。

新疆生产建设兵团

2018年1月13日

新疆生产建设兵团农业局、兵团发改委、兵团科技局、兵团工信委、兵团财政局、兵团环保局联合印发《关于印发〈兵团农田残膜污染治理三年行动攻坚计划〉的通知》(兵农(机)发〔2018〕21号),进一步明确兵团农田残膜污染综合治理的总体思路、治理方向、途径以及重点任务。

2月13日

新疆生产建设兵团党委办公厅、兵团办公厅联合印发《关于印发〈兵团农业局(林业局、畜牧兽医局)主要职责内设机构和人员编制暂行规定〉的通知》(新兵党办发〔2018〕53号),撤销所属全额拨款事业单位兵团农机安全监理站,原核定的事业编制由兵团收回,兵团农机安全监理站承担的行政职能划归兵团农业局(林业局、畜牧兽医局)承担。

6月20日

新疆生产建设兵团农业局在第七师举办兵团2018年夏季适时揭膜暨棉花提质增效现场培训班,副局长沈自云出席培训班并讲话。

7月17日

中共新疆生产建设兵团委员会印发《关于谢强、丁卫东同志任职的通知》,任命丁卫东同志为兵团农业局(兵团林业局、兵团畜牧兽医局)副巡视员。

7月17日

新疆生产建设兵团农业局、兵团财政局联合印发《关于印发〈2018—2020年兵团农机购置补贴实施方案〉的通知》(兵农(机)发〔2018〕98号),明确2018—2020年兵团实施国家农机购置补贴政策的总体要求、补贴机具范围、补贴对象和补贴标准、资金分配使用、操作流程等内容。

8月1日至12月14日

新疆生产建设兵团农业局分赴一师、三师、四师、六师、七师、八师、十四师开展农业机械化工作督导调研,对农机购置补贴、农业机械化生产、农机安全等工作进行督导,详细了解工作推进情况。

9月17日

新疆生产建设兵团农业局副巡视员丁卫东带队赴南疆垦区开展农机安全生产大检查。

9月30日

新疆生产建设兵团农业局在八师石河子市召开兵团2018年秋季棉花采收交售加工现场会,进一步贯彻落实2018年兵团棉花生产销售工作座谈会会议精神,组织好秋季棉花采收交售加工等工作，引导轧花企业公开公平公正开展籽棉收购，维护好植棉职工权益，确保棉花目标价格政策顺利实施。局党组书记、局长谢强出席会议并讲话。

10月22日

新疆生产建设兵团农业局在第七师召开兵团2018年秋季农田残膜污染治理现场推进会，学习兵团政委孙金龙关于农田残膜污染综合治理的讲话精神，观摩130团当季地膜和耕层机械残膜回收作业现场、回收残膜再利用现场，交流农田残膜污染综合治理的经验，安排部署下阶段农田残膜污染综合治理的重点工作。副局长沈自云、副巡视员丁卫东出席会议并讲话。

黑龙江省农垦总局

2018年4月11—12日

黑龙江省农垦总局农业机械化管理局召开垦区2018年农业机械化工作座谈会，安排部署2018年农业机械化重点工作，布置农机备春耕生产工作，会议还讨论商定垦区农机购置补贴、新型农机具补贴实施方案、补贴额一览表，并开展农机购置补贴警示教育，签订农机安全生产责任状。黑龙江省农垦总局农业机械化管理局局长周建龙出席会议讲话。

5月30日至6月1日

黑龙江省农垦总局农业机械化管理局召开安全生产月会议，研究部署"安全生产月"活动，进一步落实垦区"安全生产咨询日"、主题宣讲、新闻宣传、应急演练、安全生产培训、网上安全活动等工作安排。

6月7日

黑龙江省农垦总局农业机械化管理局印发《关于印发〈黑龙江省农垦总局2018—2020年农业机械购置补贴实施方案〉的通知》。

9月10—11日

黑龙江省农垦总局农业机械化管理局在建三江管理局召开垦区现代化大农业创新发展现场会，垦区农业系统相关单位百余人参加会议。会议组织观摩三江管理局相关农场现代化大农业展示现场，并同期召开秋收农业机械化准备工作座谈会。

10月6—9日

黑龙江省农垦总局农业机械化管理局局长周建龙一行赴农垦红兴隆管理局、建三江管理局、牡丹江管理局相关农场开展检查调研，详细了解垦区农机秋收作业实际情况及面临的困难，并指导垦区秋收农机调度和秸秆还田工作。

10月25日—11月2日

黑龙江省农垦总局农业机械化管理局组织垦区农机管理干部深入湖北、湖南、江苏等地区考察学习，深入农机先进企业内部调研，通过座谈交流，参观考察等方式，了解掌握农业机械化发展的新技术新理念。

11月12—14日

江西省南昌市农业局一行赴黑龙江省农垦垦区开展调研，实地走访七星农场北大荒精准农机中心、友谊农场北大荒农机博览园等地，深入了解垦区农业生产和农机信息化建设情况。

11月20—29日

黑龙江省农垦总局农业机械化管理局派出2个检查组对8个管理局的14个农场开展农机购置补贴、农机安全生产及重点工作检查，深入调研了解垦区农机具配备及农机作业、农机新技术推广应用、农机标准化管理及配套设施建设等工作情况。

广东省农垦总局

2018年1月10—11日

农业部财务司副司长唐强一行赴湛江垦区开展现代农业产业园财政资金使用情况调研，实地参观了解垦区机械收割甘蔗作业、金丰公司制糖生产线和膜法制糖生产线安装现场、红江农场红江橙分选加工中心等情况。广东省农垦集团公司（农垦总局）副总经理（副局长）蔡亦农等陪同调研。

1月24日

农业部农垦局副局长、广东省农垦总局副局长叶长江，辽宁省农垦局副局长李玉晨一行赴广东垦区考察农垦改革工作，深入国家现代农业示范区广前核心区、甘蔗全程机械化示范基地等基层单位开展实地调研，详细了解茶叶种植、机械化收割甘蔗、沃尔多原种猪繁育等方面情况。

4月11日

2017—2018年榨季，湛江垦区甘蔗机械化收获作业圆满完成，共实现机收甘蔗15.4万吨、机收面积超过2.33千公顷以上。开榨以来，每天的机收产量、糖厂处理能力均得到大幅提升，其中3月27日调丰糖厂单日机械化甘蔗进厂量高达1 580吨，创下历史性纪录。

5月23—24日

农业农村部信息中心主任王小兵、广东省农业厅副厅长江毅一行赴雷州半岛现代农业示范核心区开展调研，实地了解先进机械化种植技术使用情况。湛江农垦集团公司（农垦局）常务副总经理（副局长）黄香武、湛江市农业局局长陈刘等陪同调研。

11月19—21日

财政部预算司副巡视员许京花一行赴湛江垦区开展农垦改革调研，深入广垦糖业集团华海公司机械化种收作业现场、现代农业公司台农系列优质菠萝示范基地、雄鸥茶厂、收获罐头厂、广垦红江橙公司红江橙主题公园以及红江橙分选加工中心等地了解情况。广东省农垦集团公司（总局）党组书记、董事长（局长）陈少平，党组副书记、总经理（副局长）支光南等陪同调研。

附　录

农业农村部部门规章及文件

中华人民共和国农业部令

2018 年第 1 号

《拖拉机和联合收割机驾驶证管理规定》已经农业部 2017 年第 11 次常务会议审议通过，现予公布，自 2018 年 6 月 1 日起施行。

部长　韩长赋

二〇一八年一月十五日

拖拉机和联合收割机驾驶证管理规定

第一章　总　则

第一条　为了规范拖拉机和联合收割机驾驶证（以下简称驾驶证）的申领和使用，根据《中华人民共和国农业机械化促进法》《中华人民共和国道路交通安全法》和《农业机械安全监督管理条例》《中华人民共和国道路交通安全法实施条例》等有关法律、行政法规，制定本规定。

第二条　本规定所称驾驶证是指驾驶拖拉机、联合收割机所需持有的证件。

第三条　县级人民政府农业机械化主管部门负责本行政区域内拖拉机和联合收割机驾驶证的管理，其所属的农机安全监理机构（以下简称农机监理机构）承担驾驶证申请受理、考试、发证等具体工作。

县级以上人民政府农业机械化主管部门及其所属的农机监理机构负责驾驶证业务工作的指导、检查和监督。

第四条　农机监理机构办理驾驶证业务，应当遵循公开、公正、便民、高效原则。

农机监理机构在办理驾驶证业务时，对材料齐全并符合规定的，应当按期办结。对材料不全或者不符合规定的，应当一次告知申请人需要补正的全部内容。对不予受理的，应当书面告知不予受理的理由。

第五条　农机监理机构应当在办理业务的场所公示驾驶证申领的条件、依据、程序、期限、收费标准、需要提交的全部资料的目录和申请表示范文本等内容，并在相关网站发布信息，便于群众查阅有关规定，下载、使用有关表格。

第六条　农机监理机构应当使用计算机管理系统办理业务，完整、准确记录和存储申请受理、科目考试、驾驶证核发等全过程以及经办人员等信息。计算机管理系统的数据库标准由农业部制定。

第二章　申　请

第七条　驾驶拖拉机、联合收割机，应当申请考取驾驶证。

第八条 拖拉机、联合收割机驾驶人员准予驾驶的机型分为：

（一）轮式拖拉机，代号为G1；

（二）手扶拖拉机，代号为K1；

（三）履带拖拉机，代号为L；

（四）轮式拖拉机运输机组，代号为G2（准予驾驶轮式拖拉机）；

（五）手扶拖拉机运输机组，代号为K2（准予驾驶手扶拖拉机）；

（六）轮式联合收割机，代号为R；

（七）履带式联合收割机，代号为S。

第九条 申请驾驶证，应当符合下列条件：

（一）年龄：18周岁以上，70周岁以下；

（二）身高：不低于150厘米；

（三）视力：两眼裸视力或者矫正视力达到对数视力表4.9以上；

（四）辨色力：无红绿色盲；

（五）听力：两耳分别距音叉50厘米能辨别声源方向；

（六）上肢：双手拇指健全，每只手其他手指必须有3指健全，肢体和手指运动功能正常；

（七）下肢：运动功能正常，下肢不等长度不得大于5厘米；

（八）躯干、颈部：无运动功能障碍。

第十条 有下列情形之一的，不得申领驾驶证：

（一）有器质性心脏病、癫痫、美尼尔氏症、眩晕症、癔病、震颤麻痹、精神病、痴呆以及影响肢体活动的神经系统疾病等妨碍安全驾驶疾病的；

（二）3年内有吸食、注射毒品行为或者解除强制隔离戒毒措施未满3年，或者长期服用依赖性精神药品成瘾尚未戒除的；

（三）吊销驾驶证未满2年的；

（四）驾驶许可依法被撤销未满3年的；

（五）醉酒驾驶依法被吊销驾驶证未满5年的；

（六）饮酒后或醉酒驾驶造成重大事故被吊销驾驶证的；

（七）造成事故后逃逸被吊销驾驶证的；

（八）法律、行政法规规定的其他情形。

第十一条 申领驾驶证，按照下列规定向农机监理机构提出申请：

（一）在户籍所在地居住的，应当在户籍所在地提出申请；

（二）在户籍所在地以外居住的，可以在居住地提出申请；

（三）境外人员，应当在居住地提出申请。

第十二条 初次申领驾驶证的，应当填写申请表，提交以下材料：

（一）申请人身份证明；

（二）身体条件证明。

第十三条 申请增加准驾机型的，应当向驾驶证核发地或居住地农机监理机构提出申请，填写申请表，提交驾驶证和本规定第十二条规定的材料。

第十四条 农机监理机构办理驾驶证业务，应当依法审核申请人提交的资料，对符合条件的，按照规定程序和期限办理驾驶证。

申领驾驶证的，应当向农机监理机构提交规定的有关资料，如实申告规定事项。

第三章 考 试

第十五条 符合驾驶证申请条件的，农机监理机构应当受理并在20日内安排考试。

农机监理机构应当提供网络或电话等预约考试的方式。

第十六条 驾驶考试科目分为：

（一）科目一：理论知识考试；

（二）科目二：场地驾驶技能考试；

（三）科目三：田间作业技能考试；

（四）科目四：道路驾驶技能考试。

考试内容与合格标准由农业部制定。

第十七条 申请人应当在科目一考试合格后2年内完成科目二、科目三、科目四考试。未在2年内完成考试的，已考试合格的科目成绩作废。

第十八条 每个科目考试1次，考试不合格的，可以当场补考1次。补考仍不合格的，申请人可以预约后再次补考，每次预约考试次数不超过2次。

第十九条 各科目考试结果应当场公布，并出示成绩单。成绩单由考试员和申请人共同签名。考试不合格的，应当说明不合格原因。

第二十条 申请人在考试过程中有舞弊行为的，取消本次考试资格，已经通过考试的其他科目成绩无效。

第二十一条 申请人全部科目考试合格后，应当在2个工作日内核发驾驶证。准予增加准驾机型的，应当收回原驾驶证。

第二十二条 从事考试工作的人员，应当持有省级农机监理机构核发的考试员证件，认真履行考试职责，严格遵守考试工作纪律。

第四章 使 用

第二十三条 驾驶证记载和签注以下内容：

（一）驾驶人信息：姓名、性别、出生日期、国籍、住址、身份证明号码（驾驶证号码）、照片；

（二）农机监理机构签注内容：初次领证日期、准驾机型代号、有效期限、核发机关印章、档案编号、副页签注期满换证时间。

第二十四条 驾驶证有效期为6年。驾驶人驾驶拖拉机、联合收割机时，应当随身携带。

驾驶人应当于驾驶证有效期满前3个月内，向驾驶证核发地或居住地农机监理机构申请换证。申请换证时应当填写申请表，提交以下材料：

（一）驾驶人身份证明；

（二）驾驶证；

（三）身体条件证明。

第二十五条 驾驶人户籍迁出原农机监理机构管辖区的，应当向迁入地农机监理机构申请换证；驾驶人在驾驶证核发地农机监理机构管辖区以外居住的，可以向居住地农机监理机构申请换证。申请换证时应当填写申请表，提交驾驶人身份证明和驾驶证。

第二十六条 驾驶证记载的驾驶人信息发生变化的或驾驶证损毁无法辨认的，驾驶人应当及时到驾驶证核发地或居住地农机监理机构申请换证。申请换证时应当填写申请表，提交驾驶人身份证明和驾驶证。

第二十七条 符合本规定第二十四条、第二十五条、第二十六条换证条件的，农机监理机构应当在2个工作日内换发驾驶证，并收回原驾驶证。

第二十八条 驾驶证遗失的，驾驶人应当向驾驶证核发地或居住地农机监理机构申请补发。申请时应当填写申请表，提交驾驶人身份证明。

符合规定的，农机监理机构应当在2个工作日内补发驾驶证，原驾驶证作废。

驾驶证被依法扣押、扣留或者暂扣期间，驾驶人不得申请补证。

第二十九条 拖拉机运输机组驾驶人在一个记分周期内累计达到12分的，农机监理机构在接到公安部门通报后，应当通知驾驶人在15日内接受道路交通安全法律法规和相关知识的教育。驾驶人接受教育后，农机监理机构应当在20日内对其进行科目一考试。

驾驶人在一个记分周期内两次以上达到12分的，农机监理机构还应当在科目一考试合格后的10日内对其进行科目四考试。

第三十条 驾驶人具有下列情形之一的，其驾驶证失效，应当注销：

(一)申请注销的；

(二)身体条件或其他原因不适合继续驾驶的；

(三)丧失民事行为能力，监护人提出注销申请的；

(四)死亡的；

(五)超过驾驶证有效期1年以上未换证的；

(六)年龄在70周岁以上的；

(七)驾驶证依法被吊销或者驾驶许可依法被撤销的。

有前款情形之一，未收回驾驶证的，应当公告驾驶证作废。

有第一款第(五)项情形，被注销驾驶证未超过2年的，驾驶人参加科目一考试合格后，可以申请恢复驾驶资格，办理期满换证。

第五章 其他规定

第三十一条 驾驶人可以委托代理人办理换证、补证、注销业务。代理人办理相关业务时，除规定材料外，还应当提交代理人身份证明、经申请人签字的委托书。

第三十二条 驾驶证的式样、规格与中华人民共和国公共安全行业标准《中华人民共和国机动车驾驶证件》一致，按照农业行业标准《中华人民共和国拖拉机和联合收割机驾驶证》执行。相关表格式样由农业部制定。

第三十三条 申请人以隐瞒、欺骗等不正当手段取得驾驶证的，应当撤销驾驶许可，并收回驾驶证。

农机安全监理人员违反规定办理驾驶证申领和使用业务的，按照国家有关规定给予处分；构成犯罪的，依法追究刑事责任。

第六章 附 则

第三十四条 本规定下列用语的含义：

(一)身份证明是指：居民身份证或者临时居民身份证。在户籍地以外居住的，身份证明还包括公安部门核发的居住证明。

住址是指：申请人提交的身份证明上记载的住址。

现役军人、港澳台居民、华侨、外国人等的身份证明和住址，参照公安部门有关规定执行。

(二)身体条件证明是指：乡镇或社区以上医疗机构出具的包含本规定第九条指定项目的有关身体条件证明。身体条件证明自出具之日起6个月内有效。

第三十五条 本规定自2018年6月1日起施行。2004年9月21日公布、2010年11月26日修订的《拖拉机驾驶证申领和使用规定》和2006年11月2日公布、2010年11月26日修订的《联合收割机及驾驶人安全监理规定》同时废止。

中华人民共和国农业部令

2018年第2号

《拖拉机和联合收割机登记规定》已经农业部2017年第11次常务会议审议通过，现予公布，自2018年6月1日起施行。

部长 韩长赋

二〇一八年一月十五日

拖拉机和联合收割机登记规定

第一章 总 则

第一条 为了规范拖拉机和联合收割机登记，根据《中华人民共和国农业机械化促进法》《中华人民共和国道路交通安全法》和《农业机械安全监督管理条例》《中华人民共和国道路交通安全法实施条例》等有关法律、行政法规，制定本规定。

第二条 本规定所称登记，是指依法对拖拉机和联合收割机进行的登记。包括注册登记、变更登记、转移登记、抵押登记和注销登记。

拖拉机包括轮式拖拉机、手扶拖拉机、履带拖拉机、轮式拖拉机运输机组、手扶拖拉机运输机组。

联合收割机包括轮式联合收割机、履带式联合收割机。

第三条 县级人民政府农业机械化主管部门负责本行政区域内拖拉机和联合收割机的登记管理,其所属的农机安全监理机构(以下简称农机监理机构)承担具体工作。

县级以上人民政府农业机械化主管部门及其所属的农机监理机构负责拖拉机和联合收割机登记业务工作的指导、检查和监督。

第四条 农机监理机构办理拖拉机、联合收割机登记业务,应当遵循公开、公正、便民、高效原则。

农机监理机构在办理业务时,对材料齐全并符合规定的,应当按期办结。对材料不全或者不符合规定的,应当一次告知申请人需要补正的全部内容。对不予受理的,应当书面告知不予受理的理由。

第五条 农机监理机构应当在业务办理场所公示业务办理条件、依据、程序、期限、收费标准、需要提交的材料和申请表示范文本等内容,并在相关网站发布信息,便于群众查阅、下载和使用。

第六条 农机监理机构应当使用计算机管理系统办理登记业务,完整、准确记录和存储登记内容、办理过程以及经办人员等信息,打印行驶证和登记证书。计算机管理系统的数据库标准由农业部制定。

第二章 注册登记

第七条 初次申领拖拉机、联合收割机号牌、行驶证的,应当在申请注册登记前,对拖拉机、联合收割机进行安全技术检验,取得安全技术检验合格证明。

依法通过农机推广鉴定的机型,其新机在出厂时经检验获得出厂合格证明的,出厂一年内免予安全技术检验,拖拉机运输机组除外。

第八条 拖拉机、联合收割机所有人应当向居住地的农机监理机构申请注册登记,填写申请表,交验拖拉机、联合收割机,提交以下材料:

(一)所有人身份证明;

(二)拖拉机、联合收割机来历证明;

(三)出厂合格证明或进口凭证;

(四)拖拉机运输机组交通事故责任强制保险凭证;

(五)安全技术检验合格证明(免检产品除外)。

农机监理机构应当自受理之日起2个工作日内,确认拖拉机、联合收割机的类型、品牌、型号名称、机身颜色、发动机号码、底盘号/机架号、挂车架号码,核对发动机号码和拖拉机、联合收割机底盘号/机架号、挂车架号码的拓印膜,审查提交的证明、凭证;对符合条件的,核发登记证书、号牌、行驶证和检验合格标志。登记证书由所有人自愿申领。

第九条 办理注册登记,应当登记下列内容:

(一)拖拉机、联合收割机号牌号码、登记证书编号;

(二)所有人的姓名或者单位名称、身份证明名称与号码、住址、联系电话和邮政编码;

(三)拖拉机、联合收割机的类型、生产企业名称、品牌、型号名称、发动机号码、底盘号/机架号、挂车架号码、生产日期、机身颜色;

(四)拖拉机、联合收割机的有关技术数据;

(五)拖拉机、联合收割机的获得方式;

(六)拖拉机、联合收割机来历证明的名称、编号;

(七)拖拉机运输机组交通事故责任强制保险的日期和保险公司的名称;

(八)注册登记的日期;

(九)法律、行政法规规定登记的其他事项。

拖拉机、联合收割机登记后,对其来历证明、出厂合格证明应当签注已登记标志,收存来历证明、出厂合格证明原件和身份证明复印件。

第十条 有下列情形之一的,不予办理注册登记:

(一)所有人提交的证明、凭证无效;

(二)来历证明被涂改,或者来历证明记载的所有人与身份证明不符;

(三)所有人提交的证明、凭证与拖拉机、联合收割机不符;

(四)拖拉机、联合收割机不符合国家安全技术强制标准;

(五)拖拉机、联合收割机达到国家规定的强制报废标准;

(六)属于被盗抢、扣押、查封的拖拉机和联合收割机;

(七)其他不符合法律、行政法规规定的情形。

第三章 变更登记

第十一条 有下列情形之一的,所有人应当向登记地农机监理机构申请变更登记:

(一)改变机身颜色、更换机身(底盘)或者挂车的;

(二)更换发动机的;

(三)因质量有问题,更换整机的;

(四)所有人居住地在本行政区域内迁移、所有人姓名(单位名称)变更的。

第十二条 申请变更登记的,应当填写申请表,提交下列材料:

(一)所有人身份证明;

(二)行驶证;

(三)更换整机、发动机、机身(底盘)或挂车需要提供法定证明、凭证;

(四)安全技术检验合格证明。

农机监理机构应当自受理之日起2个工作日内查验相关证明,准予变更的,收回原行驶证,重新核发行驶证。

第十三条 拖拉机、联合收割机所有人居住地迁出农机监理机构管辖区域的,应当向登记地农机监理机构申请变更登记,提交行驶证和身份证明。

农机监理机构应当自受理之日起2个工作日内核发临时行驶号牌,收回原号牌、行驶证,将档案密封交所有人。

所有人应当携带档案,于3个月内到迁入地农机监理机构申请转入,提交身份证明、登记证书和档案,交验拖拉机、联合收割机。

迁入地农机监理机构应当自受理之日起2个工作日内,查验拖拉机、联合收割机,收存档案,核发号牌、行驶证。

第十四条 办理变更登记,应当分别登记下列内容:

(一)变更后的机身颜色;

(二)变更后的发动机号码;

(三)变更后的底盘号/机架号、挂车架号码;

(四)发动机、机身(底盘)或者挂车来历证明的名称、编号;

(五)发动机、机身(底盘)或者挂车出厂合格证明或者进口凭证编号、生产日期、注册登记日期;

(六)变更后的所有人姓名或者单位名称;

(七)需要办理档案转出的,登记转入地农机监理机构的名称；

（八）变更登记的日期。

第四章　转移登记

第十五条　拖拉机、联合收割机所有权发生转移的，应当向登记地的农机监理机构申请转移登记，填写申请表，交验拖拉机、联合收割机，提交以下材料：

（一）所有人身份证明；

（二）所有权转移的证明、凭证；

（三）行驶证、登记证书。

农机监理机构应当自受理之日起2个工作日内办理转移手续。转移后的拖拉机、联合收割机所有人居住地在原登记地农机监理机构管辖区内的，收回原行驶证，核发新行驶证；转移后的拖拉机、联合收割机所有人居住地不在原登记地农机监理机构管辖区内的，按照本规定第十三条办理。

第十六条　办理转移登记，应当登记下列内容：

（一）转移后的拖拉机、联合收割机所有人的姓名或者单位名称、身份证明名称与号码、住址、联系电话和邮政编码；

（二）拖拉机、联合收割机获得方式；

（三）拖拉机、联合收割机来历证明的名称、编号；

（四）转移登记的日期；

（五）改变拖拉机、联合收割机号牌号码的，登记拖拉机、联合收割机号牌号码；

（六）转移后的拖拉机、联合收割机所有人居住地不在原登记地农机监理机构管辖区内的，登记转入地农机监理机构的名称。

第十七条　有下列情形之一的，不予办理转移登记：

（一）有本规定第十条规定情形；

（二）拖拉机、联合收割机与该机的档案记载的内容不一致；

（三）在抵押期间；

（四）拖拉机、联合收割机或者拖拉机、联合收割机档案被人民法院、人民检察院、行政执法部门依法查封、扣押；

（五）拖拉机、联合收割机涉及未处理完毕的道路交通违法行为、农机安全违法行为或者道路交通事故、农机事故。

第十八条　被司法机关和行政执法部门依法没收并拍卖，或者被仲裁机构依法仲裁裁决，或者被人民法院调解、裁定、判决拖拉机、联合收割机所有权转移时，原所有人未向转移后的所有人提供行驶证的，转移后的所有人在办理转移登记时，应当提交司法机关出具的《协助执行通知书》或者行政执法部门出具的未取得行驶证的证明。农机监理机构应当公告原行驶证作废，并在办理所有权转移登记的同时，发放拖拉机、联合收割机行驶证。

第五章　抵押登记

第十九条　申请抵押登记的，由拖拉机、联合收割机所有人（抵押人）和抵押权人共同申请，填写申请表，提交下列证明、凭证：

（一）抵押人和抵押权人身份证明；

（二）拖拉机、联合收割机登记证书；

（三）抵押人和抵押权人依法订立的主合同和抵押合同。

农机监理机构应当自受理之日起1日内，在拖拉机、联合收割机登记证书上记载抵押登记内容。

第二十条　农机监理机构办理抵押登记，应当登记下列内容：

（一）抵押权人的姓名或者单位名称、身份证明名称与号码、住址、联系电话和邮政编码；

（二）抵押担保债权的数额；

（三）主合同和抵押合同号码；

（四）抵押登记的日期。

第二十一条　申请注销抵押的，应当由抵押人与抵押权人共同申请，填写申请表，提交以下证明、凭证：

（一）抵押人和抵押权人身份证明；

（二）拖拉机、联合收割机登记证书。

农机监理机构应当自受理之日起1日内，在农机监理信息系统注销抵押内容和注销抵押的日期。

第二十二条　抵押登记内容和注销抵押日期应当允许公众查询。

第六章　注销登记

第二十三条　有下列情形之一的，应当向登记地的农机监理机构申请注销登记，填写申请表，提交身份证明，并交回号牌、行驶证、登记证书。

（一）报废的；

（二）灭失的；

（三）所有人因其他原因申请注销的。

农机监理机构应当自受理之日起1日内办理注销登记，收回号牌、行驶证和登记证书。无法收回的，由农机监理机构公告作废。

第七章　其他规定

第二十四条　拖拉机、联合收割机号牌、行驶证、登记证书灭失、丢失或者损毁申请补换领的，所有人应当向登记地农机监理机构提出申请，提交身份证明和相关证明材料。

经审查，属于补发、换发号牌的，农机监理机构应当自受理之日起15日内办理；属于补发、换发行驶证、登记证书的，自受理之日起1日内办理。

办理补发、换发号牌期间，应当给所有人核发临时行驶号牌。

补发、换发号牌、行驶证、登记证书后，应当收回未灭失、丢失或者损坏的号牌、行驶登记证书。

第二十五条　未注册登记的拖拉机、联合收割机需要驶出本行政区域的，所有人应当申请临时行驶号牌，提交以下证明、凭证：

（一）所有人身份证明；

（二）拖拉机、联合收割机来历证明；

（三）出厂合格证明或进口凭证；

（四）拖拉机运输机组须提交交通事故责任强制保险凭证。

农机监理机构应当自受理之日起1日内，核发临时行驶号牌。临时行驶号牌有效期最长为3个月。

第二十六条　拖拉机、联合收割机所有人发现登记内容有错误的，应当及时到农机监理机构申请更正。农机监理机构应当自受理之日起2个工作日内予以确认并更正。

第二十七条　已注册登记的拖拉机、联合收割机被盗抢，所有人应当在向公安机关报案的同时，向登记地农机监理机构申请封存档案。农机监理机构应当受理申请，在计算机管理系统内记录被盗抢信息，封存档案，停止办理该拖拉机、联合收割机的各项登记。被盗抢拖拉机、联合收割机发还后，所有人应当向登记地农机监理机构申请解除封存，农机监理机构应当受理申请，恢复办理各项登记。

在被盗抢期间，发动机号码、底盘号/机架号、挂车架号码或者机身颜色被改变的，农机监理机构应当凭有关技术鉴定证明办理变更。

第二十八条 登记的拖拉机、联合收割机应当每年进行1次安全检验。

第二十九条 拖拉机、联合收割机所有人可以委托代理人代理申请各项登记和相关业务，但申请补发登记证书的除外。代理人办理相关业务时，应当提交代理人身份证明、经申请人签字的委托书。

第三十条 申请人以隐瞒、欺骗等不正当手段办理登记的，应当撤销登记，并收回相关证件和号牌。

农机安全监理人员违反规定为拖拉机、联合收割机办理登记的，按照国家有关规定给予处分；构成犯罪的，依法追究刑事责任。

第八章 附 则

第三十一条 行驶证的式样、规格按照农业行业标准《中华人民共和国拖拉机和联合收割机行驶证》执行。拖拉机、联合收割机号牌、临时行驶号牌、登记证书、检验合格标志和相关登记表格的式样、规格，由农业部制定。

第三十二条 本规定下列用语的含义：

（一）拖拉机、联合收割机所有人是指拥有拖拉机、联合收割机所有权的个人或者单位。

（二）身份证明是指：

1.机关、事业单位、企业和社会团体的身份证明，是指标注有“统一社会信用代码”的注册登记证（照）。上述单位已注销、撤销或者破产的，已注销的企业单位的身份证明，是工商行政管理部门出具的注销证明；已撤销的机关、事业单位的身份证明，是上级主管机关出具的有关证明；已破产的企业单位的身份证明，是依法成立的财产清算机构出具的有关证明；

2.居民的身份证明，是指居民身份证或者居民户口簿。在户籍所在地以外居住的，其身份证明还包括公安机关核发的居住证明。

（三）住址是指：

1.单位的住址为其主要办事机构所在地的地址；

2.个人的住址为其身份证明记载的地址。在户籍所在地以外居住的是公安机关核发的居住证明记载的地址。

（四）获得方式是指：购买、继承、赠予、中奖、协议抵偿债务、资产重组、资产整体买卖、调拨，人民法院调解、裁定、判决，仲裁机构仲裁裁决等。

（五）来历证明是指：

1.在国内购买的拖拉机、联合收割机，其来历证明是销售发票；销售发票遗失的由销售商或所有人所在组织出具证明；在国外购买的拖拉机、联合收割机，其来历证明是该机销售单位开具的销售发票和其翻译文本；

2.人民法院调解、裁定或者判决所有权转移的拖拉机、联合收割机，其来历证明是人民法院出具的已经生效的调解书、裁定书或者判决书以及相应的《协助执行通知书》；

3.仲裁机构仲裁裁决所有权转移的拖拉机、联合收割机，其来历证明是仲裁裁决书和人民法院出具的《协助执行通知书》；

4.继承、赠予、中奖和协议抵偿债务的拖拉机、联合收割机，其来历证明是继承、赠予、中奖和协议抵偿债务的相关文书；

5.经公安机关破案发还的被盗抢且已向原所有人理赔完毕的拖拉机、联合收割机，其来历证明是保险公司出具的《权益转让证明书》；

6.更换发动机、机身（底盘）、挂车的来历证明，是生产、销售单位开具的发票或者修理单位开具的发票；

7.其他能够证明合法来历的书面证明。

第三十三条 本规定自2018年6月1日起施行。2004年9月21日公布、2010年11月26日修订的《拖拉机登记规定》和2006年11月2日公布、2010年11月26日修订的《联合收割机及驾驶人安全监理规定》同时废止。

国家认证认可监督管理委员会　农业农村部关于印发《农机自愿性产品认证实施规则通用要求》的公告

2018年第43号

为做好中央财政农机购置补贴机具资质采信农机产品认证结果工作，认监委会同农业农村部组织制定了列入资质采信范围的《农机自愿性产品认证实施规则通用要求》（编号：CNCA－AM－01：2018），现予发布，自即日起实施。

承担农机购置补贴机具资质采信农机产品认证工作的认证机构，应根据《农业部办公厅　国家认监委办公室关于做好中央财政农机购置补贴机具资质采信农机产品认证结果工作的通知》（农办机〔2018〕6号）确定，依据本公告发布的《农机自愿性产品认证实施规则通用要求》制定相应的农机自愿性产品认证实施特则，报认监委、农业农村部备案后方可开展相关认证活动。

附件：《农机自愿性产品认证实施规则通用要求》

国家认证认可监督管理委员会

农业农村部

二〇一八年十一月二十一日

附件

农机自愿性产品认证实施规则通用要求

1. 范围

本规则适用于100马力以下轮式拖拉机、甘蔗收获机、旋耕机、微耕机等农机产品的自愿性产品认证（以下简称农机产品认证）。

本规则应与农机自愿性产品认证实施特则共同配套使用。

2. 认证模式

认证模式为型式试验＋初始工厂检查＋获证后跟踪检查。基本过程包括：认证委托、认证受理、型式试验、初始工厂检查、认证决定与批准、获证后的跟踪检查等。

3. 认证依据标准及要求

3.1100马力* 以下轮式拖拉机

GB 18447.1《拖拉机　安全要求　第1部分：轮式拖拉机》；

GB/T 15370.1《农业拖拉机　通用技术条件第1部分：50kW以下轮式拖拉机》；

GB/T 15370.2《农业拖拉机　通用技术条件第2部分：50kW～130kW轮式拖拉机》。

3.2 甘蔗收获机

NY/T 2903《甘蔗收获机　质量评价技术规范》。

3.3 旋耕机

GB 10395.1《农林机械　安全　第1部分：总则》；

GB 10395.5《农林机械　安全　第5部分：驱动式耕作机械》；

GB/T 5668《旋耕机》（适用于单轴、双轴旋耕机）；

JB/T 13081《自走履带式旋耕机》（适用于自走履带式旋耕机）。

3.4 微耕机

GB 10395.10《农林拖拉机和机械　安全技术要求　第10部分：手扶微型耕耘机》；

JB/T 10266《微型耕耘机》。

上述标准原则上应执行国家标准化行政主管部门发布的最新版本，考虑认证有效性、风险和成本等因素，可删减不适宜产品认证的部分标准条款，具体产品的认证依据标准条款要求在产品认证特则中规定。

4. 获证前的认证实施

4.1 认证委托

（1）获得认证的基本条件

获得农机产品认证证书应满足以下基本条件：

——农机产品的生产者应具备国家法律法规规定的相应资质（如有规定），经营范围覆盖申请认证产品；

——产品符合相关法律法规要求，且近三年未发生重大质量问题或投诉；

——产品满足本规则及产品认证特则要求。

（2）认证单元划分

一个认证单元可由同类产品中的一个或多个不同型号规格的产品组成，认证单元依据产品结构、功能、特性参数基本相近原则划分，具体产品的认证单元划分在产品认证特则中规定。

（3）认证委托的提出

提出认证委托时，认证委托人应提交以下资料：

——认证申请书；

——证明具备独立法律实体的文件（如营业执照复印件）（生产企业名称、地址与委托人不一致时应提交相应委托或资质文件）；

——证明具备相应的产品资质文件（当国家或行业有要求时提供）；

——质量手册或组织结构及岗位职责；

——产品认证特则规定的产品及关键件明细表等其他资料。

4.2 认证受理

在收到认证委托人资料后，认证机构应及时进行资料评审，资料完整且符合规定的，受理认证委托，与认证委托人签订认证合同，确定认证方案；不符合的，应书面通知认证委托人并说明不受理理由。在合同签订后，认证机构应向认证委托人提供进一步的认证信息，协商安排型式试验等有关事宜，认证委托人应按合同约定向认证机构交纳认证费用。

4.3 型式试验

（1）型式试验要求

认证机构一般在每个认证单元中指定一种具有代表性的产品进行型式试验，型式试验由认证机构评价具有认证产品检验资质的检验机构负责，检验机构对检验结果负责。

型式试验样机（品）一般应是在6个月内按正常工艺生产、经自检合格的产品，型式试验样本数一般为1。认证委托人负责按要求提供并运送型式试验样机（品），认证委托人对样机（品）的真实性、完整性和安全性负责。

认证委托人有多个生产企业生产相同产品的，可抽取一个生产企业的产品进行型式试验，其他生产企业的产品采信型式试验结果。

委托认证的产品已通过产品检验且提供检验报告的，认证机构对检验机构资质、检验报告评审满足要求后，可采信检验结果，免于型式试验或部分检验项目。

具体产品的型式试验标准、检验项目及技术规格核查、检验报告采信等要求在产品认证特则中规定。

（2）不合格项整改与验证

当型式试验有不合格项时，允许整改，型式试验的不合格验证由检验机构完成。产品不合格整改验证方式和要求在产品认证特则中规定。

（3）型式试验评价准则

当所有检验项目均检验合格或验证合格的，型式试验结果为通过，否则不通过。

4.4 初始工厂检查

（1）初始工厂检查要求

初始工厂检查一般在产品型式试验合格后实施，检查内容

---

*　1公制马力＝75千克力·米/秒≈735瓦特≈0.735瓦

包括产品一致性检查＋工厂质量保证能力检查(工厂质量保证能力要求见附件)。应在生产现场抽取与型式试验样机相同型号规格的产品进行产品一致性检查,并通过核查样机、技术文件,与认证委托人共同确认所有委托认证产品的产品及关键件明细表。产品一致性检查内容为产品的铭牌及标记、结构型式、主要技术参数、关键件与型式试验样机的一致性,具体产品的一致性检查内容和要求在产品认证特则中规定。

工厂质量保证能力检查由认证机构委派检查员按附件《工厂质量保证能力要求》对工厂进行质量保证能力检查。

初始工厂检查人日数根据认证委托人所申请产品种类、单元数量、企业规模、场地布局等确定,具体在产品认证特则中规定。

(2)初始工厂检查评价准则

工厂检查无不符合项,工厂检查通过;

有少量不符合项的,当不符合项验证有效后,工厂检查通过;否则不通过;

当一致性检查发现重大差异或工厂质量保证能力检查发现存在不具备基本的产品质量保证能力或市场反馈有重大质量事故时,工厂检查不通过。

工厂检查不符合验证方式和要求在产品认证特则中规定。

4.5 认证决定与批准

认证机构应安排认证决定人员对型式试验、工厂检查等与评价相关的所有信息和结果进行复核,提出决定建议。符合认证要求的,批准颁发认证证书;对于不符合认证要求的,认证机构应将认证结果通知认证委托人。

4.6 认证时限

认证时限是指自受理认证之日起至颁发认证证书时止所实际发生的工作日,主要包括型式试验时间、工厂检查时间、评定时间、批准时间、证书制作时间等。

型式试验时间一般为30个工作日,指从收到样品之日起到提交检验报告(由于农时及可靠性试验等因素,型式试验时间可合理延长)。

工厂检查后提交报告时间一般为10个工作日(不包括工厂整改的时间)。

认证评定、批准以及证书制作时间总和一般不超过15个工作日(不包括工厂整改的时间)。

认证委托人、生产者、生产企业对认证实施工作应予以配合和协助。由于认证委托人、生产者、生产企业其自身原因逾期未完成认证活动导致认证超时,不计入认证时间内。

5. 获证后的跟踪检查

5.1 监督频次

获证后,一般在一个证书有效周期内进行两次监督检查,若发生下述情况之一可增加监督频次:

(1)获证产品出现严重质量问题或用户提出投诉并经查实为生产企业责任时;

(2)认证机构有足够理由对获证产品与标准要求的符合性提出质疑时;

(3)有足够信息表明工厂因所有权、管理者、组织机构、产品设计更改、生产条件或质量体系等发生重大变化,从而可能影响产品符合性或一致性结论时。

具体监督频次安排在产品认证特则中规定。

5.2 监督内容

原则上,获证后跟踪检查内容为工厂质量保证能力检查＋产品一致性检查或产品抽样检验(必要时),检查重点为保持及变化情况。

每次监督检查至少包括《工厂质量保证能力要求》中1、3、4.1、4.3、4.5、5、6.1、7、8、10条款及以下内容:

——资质保持和变更;

——上次工厂检查不符合项纠正措施的实施;

——获证产品的变更(如结构、工艺、材料等);

——获证产品质量问题调查(如国家监督抽查,用户投诉);

——认证证书和认证标志的使用;

获证后工厂检查应涉及各获证的认证单元、主要生产场所及关键生产过程。

产品一致性检查至少从每个认证单元抽取一个型号规格的产品检查其与产品及关键件明细表的一致性。

5.3 产品抽样检验

若发生5.1(2)情况时,认证机构可从市场或生产现场抽取产品进行产品抽样检验,具体产品抽样检验要求在产品认证特则中规定。

5.4 监督工厂检查评价准则

工厂检查无不符合项,工厂检查通过;

有一般不符合项,当所有不符合项验证有效后,工厂检查通过;否则不通过;

当一致性检查发现重大差异或有严重不符合项,或市场反馈有重大质量事故时,按本规则6.3条款规定予以暂停或撤销等处理。

5.5 监督认证决定与批准

认证机构应安排认证决定人员对监督工厂检查、产品抽样检验等与评价相关的所有信息和结果进行复核,做出决定。

在认证证书有效期内,获证后跟踪检查结果合格的,认证机构应做出保持认证证书的决定;符合暂停或撤销或注销认证证书条件的,认证机构应做出暂停或撤销或注销认证证书的决定并对外公告。

6. 认证证书

农机产品认证证书有效期为5年,在认证证书有效期内,认证机构按以下规定对认证证书进行管理。

6.1 认证证书内容

认证机构向认证委托人颁发认证证书,并准许其使用认证标志。认证证书内容应符合法律法规要求,至少应包括以下基本内容:

——认证委托人名称、地址;

——生产者、生产企业名称、地址;

——认证模式;

——认证规则;

——认证依据的产品标准(如有删减,明确删减条款号);

——获证产品名称、型号、规格或系列产品名称;

——发证日期及有效期;

——发证机构名称、地址。

认证委托人应按本规则及有关规定使用认证证书。

6.2 认证证书的保持

符合以下条件的保持认证注册资格:

——认证委托人或相关方(包括生产者、生产企业,下同)保持有效的法律地位,其资质持续符合国家的最新要求;

——工厂检查合格,产品符合认证标准要求,未发生重大质量事故;

——认证委托人或相关方持续遵守本规则及认证机构的有关规定。

认证证书有效期届满,需要延续使用的,认证委托人应在认证证书有效期届满 30 天前向认证机构提出换发认证证书,认证机构在确认相关信息符合要求后,直接换发认证证书。

6.3 认证证书的暂停、注销、撤销和恢复

(1)认证证书的暂停

出现下列情况之一者,暂停使用认证证书和标志:

认证委托人或相关方违规使用认证证书或认证标志的,如超范围使用认证证书和标志;

获证后跟踪检查产品一致性检查发现重大差异或有 1 项(含 1 项)以上的严重不符合项;

产品抽样检验结果有 1 项关键项不合格的;

对获证后跟踪检查发现的不符合/不合格项未按期提出验证或验证结论为“不通过”的;

国家监督抽查时出现不合格的;

认证委托人提出暂停认证证书的;

获证工厂未在规定的期限内接受年度监督检查的,包括因联系不上、产品停产等原因,不能按期接受年度监督的;

有重大质量投诉,或有关单位、部门反映并经查实获证产品存在质量问题,认证机构认为应暂停的;

不按规定交纳认证费用的;

其他应暂停的情况。

在上述条款中的认证证书暂停期限最长为 12 个月,其他原因暂停的,认证证书暂停期不超过 6 个月。

(2)认证证书的撤销

出现下列情况之一者,认证机构应撤销并收回认证证书:

在暂停认证证书期间,认证委托人未采取有效纠正措施或未提出恢复申请的;

获证后监督检查发现 2 项以上(含 2 项)严重不符合的;

产品抽样检验有 2 项以上(含 2 项)关键项不合格的;

同单元产品连续两年国家监督抽查存在关键项不合格的;

因产品缺陷导致重大安全事故的;

认证委托人或相关方未保持有效的法律地位,其资质不满足国家最新要求的;

其他应撤销的情况。

被撤销认证证书的,认证机构一年内不得受理该企业该产品的认证委托。

(3)认证证书的注销

出现下列情况之一者,注销并收回认证证书:

认证委托人提出注销的;

由于认证采用的标准变更,认证委托人不符合换证条件或未提出换证的;

认证证书超过有效期,认证委托人未提出换证的;

认证委托人不再生产获证产品的;

其他应注销的情况。

(4)认证证书的恢复

在暂停认证证书后,认证委托人应在暂停到期前向认证机构提交恢复认证证书申请,认证机构对暂停问题进行必要的检查或核实,确认有效后,恢复使用认证证书,否则撤销认证证书。

证书注销、撤销后不能恢复。

7. 认证范围的扩大与缩小

7.1 扩大获证产品范围

认证委托人希望扩大其证书覆盖的产品范围时,应向认证机构提出认证委托,提交有关资料。扩证方式根据产品特性、认证风险和已获证产品等信息确定,扩证方式可采用文件审查、型式试验、型式试验+工厂检查等方式,具体在产品认证特则中规定。

7.2 缩小获证产品范围

认证委托人自愿提出缩小获证产品范围,可以缩小认证证书获证范围。

缩小获证产品范围时,认证机构应收回原认证证书,换发新认证证书。

8. 认证变更

当认证委托人/生产者/生产企业名称、地址、产品名称/规格型号等认证证书信息变更时,认证委托人应向认证机构提交变更委托。认证机构应及时处理,评价符合要求的准予变更换发认证证书,具体要求在产品特则中规定。

产品发生变更的,认证机构应按产品认证特则对变更内容进行评审确认,评价符合要求的准予变更。

认证依据标准变更,认证委托人应在认证机构公布的期限内完成产品标准换版。

9. 认证标志

9.1 认证标志样式

获得农机产品认证证书的企业,准许使用农机产品认证标志。认证标志由基本图案和认证机构标志识别信息组成,认证标志样式见图 1。

图 1　农机自愿性产品认证标志样式

9.2 认证标志使用

认证标志应直接标注在每一件产品上,除非产品的尺寸或性质不允许,可以标注在销售产品的最小包装上。标志应加施产品明显位置。

标志只能用于获准认证的产品上,未在认证证书覆盖范围内的产品不得使用,不允许加施任何形式的变形认证标志。

在认证证书暂停期间、撤销或注销后,认证证书持有者不得使用认证证书和标志。

认证标志不能代替产品合格证使用。

9.3 加施方式

证书持有者可以采用统一印制的标准规格标志(标签)、模制式、丝印式或铭牌印刷四种方式中的任何一种。

10. 收费规定

认证收费应符合国家有关规定,具体按认证机构收费办法

执行。

11. 产品认证实施特则内容要求

产品认证实施特则至少应包括以下内容：

(1)适用产品范围及认证单元划分；

(2)认证委托资料及相关要求；

(3)工厂检查相关要求；

(4)认证依据的产品标准、型式试验要求；

(5)产品技术规格一致性核查项目及方法；

(6)获证后跟踪检查要求(含监督频次、产品抽样检验等)；

(7)认证证书及验证要求；

(8)认证产品变更要求；

(9)工厂质量保证能力补充要求(如必备的生产、检测设备、产品关键件生产工序等)。

(略)

农业部 国家安全监管总局 关于公布2017年度全国“平安农机”示范市、县和农机安全监理示范岗位标兵名单的通知

农机发〔2018〕1号

各省、自治区、直辖市及计划单列市农机(农业、农牧)局(厅、委、办)、安全生产监督管理局，新疆生产建设兵团农业局、安全生产监督管理局：

2017年，各地农机化主管部门和安全生产监督管理部门认真贯彻落实党中央国务院关于安全生产的决策部署，积极开展“平安农机”创建活动，促进农机安全生产工作取得新成效。经过市县自愿申报、省级择优推荐、部级审查公示等程序，确定内蒙古自治区通辽市等13个地级市、河北省邯郸市肥乡区等97个县(市、区)和北京市农机监理总站王科程等230名同志分别为2017年度全国“平安农机”示范市、示范县和农机安全监理示范岗位标兵，现将名单予以公布，并对河北、江苏、福建、山东、湖南、宁夏等地农机化主管部门和安全生产监督管理部门的“平安农机”创建工作予以表扬。

希望各示范市、县和岗位标兵积极发挥好示范引领作用，发扬成绩，再接再厉，为促进农机化安全发展做出更大的贡献。各地要大力宣传示范典型经验，以创建促工作、促安全、促发展，完善基层农机安全监管网络，落实惠农政策和便民措施，提升监管能力和服务水平，进一步夯实农机安全生产基础，推动新时期农机化高质高效安全发展！

附件：1.2017年度全国“平安农机”示范市名单(略)

2.2017年度全国“平安农机”示范县名单(略)

3.2017年度全国农机安全监理示范岗位标兵名单(略)

农业部

国家安全监管总局

二〇一八年一月三日

农业部关于印发《拖拉机和联合收割机驾驶证业务工作规范》和《拖拉机和联合收割机登记业务工作规范》的通知

农机发〔2018〕2号

各省、自治区、直辖市及计划单列市农机(农业、农牧)局(厅、委、办)，新疆生产建设兵团农业局：

为贯彻实施《拖拉机和联合收割机驾驶证管理规定》(中华人民共和国农业部令2018年第1号)和《拖拉机和联合收割机登记规定》(中华人民共和国农业部令2018年第2号)，规范拖拉机和联合收割机安全监理业务，加强农机安全生产，我部对《拖拉机驾驶证业务工作规范》《拖拉机登记工作规范》《拖拉机驾驶人各科目考试内容与评定标准》《联合收割机驾驶人考试内容与评定标准》《联合收割机驾驶证业务工作规范》《联合收割机登记工作规范》《拖拉机联合收割机牌证制发监督管理办法》《拖拉机、联合收割机牌证业务档案管理规范》进行了修订，整合为《拖拉机和联合收割机驾驶证业务工作规范》和《拖拉机和联合收割机登记业务工作规范》。现印发给你们，请遵照执行。

附件：1.拖拉机和联合收割机驾驶证业务工作规范

2.拖拉机和联合收割机登记业务工作规范

农业部

二〇一八年二月五日

附件 1

拖拉机和联合收割机驾驶证业务工作规范

第一章　总　则

第一条　为了规范拖拉机和联合收割机驾驶证业务工作，根据《拖拉机和联合收割机驾驶证管理规定》(以下简称《驾驶证规定》)，制定本规范。

第二条　县级农业机械化主管部门农机监理机构应当按照本规范规定的程序办理拖拉机和联合收割机驾驶证业务。

市辖区未设农机监理机构的，由设区的市农机监理机构负责管理或农业机械化主管部门协调管理。

农机监理机构办理驾驶证业务时，应当设置受理岗、考试岗和档案管理岗。

第三条　农机监理机构应当建立计算机管理系统，推行通过网络、电话、传真、短信等方式预约、受理、办理驾驶证业务，使用计算机打印有关证表。

第二章　驾驶证申领办理

第一节　初次申领

第四条　办理初次申领驾驶证业务的流程和具体事项为：

(一)受理岗审核驾驶证申请人提交的《拖拉机和联合收割机驾驶证业务申请表》(以下简称《申请表》，见附件 1—1)，《拖拉机和联合收割机驾驶人身体条件证明》(以下简称《身体条件证明》，见附件 1—2)、身份证明和 1 寸证件照。符合规定的，受理申请，收存资料，录入信息，在《申请表》“受理岗签章”栏内签章；办理考试预约，告知申请人考试时间、地点、科目。

(二)考试岗按规定进行考试。

(三)受理岗复核考试资料，录入考试结果；核对计算机管理系统信息。符合规定的，确定驾驶证档案编号，制作并核发驾驶证。

(四)档案管理岗核对计算机管理系统信息，复核资料，将下列资料按顺序装订成册，存入档案：

1.《申请表》；

2.申请人身份证明复印件，属于在户籍地以外居住的，还需收存居住证明复印件；

3.《身体条件证明》；

4.科目一考试卷或机考成绩单；

5.考试成绩表。

第二节　增加准驾机型申领

第五条　办理增加准驾机型申领业务的流程和具体事项为：

(一)受理岗按照本规范第四条第一项办理，同时审核申请人所持驾驶证。

(二)符合规定的，考试岗、受理岗、档案管理岗按照本规范第四条第二项至第四项的流程和具体事项办理驾驶证增加准驾机型业务。在核发驾驶证时，受理岗还应当收回原驾驶证。档案管理岗将原驾驶证存入档案。

第六条　农机监理机构在受理增加准驾机型申请至核发驾驶证期间，发现申请人在一个记分周期内记满 12 分，驾驶证转出及被注销、吊销或撤销的，终止考试预约、考试或核发驾驶证，出具不予许可决定书。

农机监理机构在核发驾驶证时，距原驾驶证有效期满不足 3 个月的，或已超过驾驶证有效期但不足 1 年的，应当合并办理增加准驾机型和有效期满换证业务。

农机监理机构在核发驾驶证时，原驾驶证被扣押、扣留或暂扣的，应当在驾驶证被发还后核发新驾驶证。

第三章　换证和补证等业务办理

第一节　换证、补证和更正

第七条　办理驾驶证有效期满换证、驾驶人信息发生变化换证、驾驶证损毁换证业务的流程和具体事项为：

(一)受理岗审核《申请表》、身份证明、驾驶证和 1 寸证件照。属于驾驶证有效期满换证的，还应当审核《身体条件证明》。符合规定的，受理申请，收存资料，录入相关信息，在《申请表》“受理岗签章”栏内签章，制作并核发驾驶证，同时收回原驾驶证。

(二)档案管理岗核对计算机管理系统信息，复核资料，将下列资料按顺序装订成册，存入档案：

1.《申请表》；

2.身份证明复印件；

3.原驾驶证(有效期满换证除外)；

4.属于有效期满换证的，还需收存《身体条件证明》。

农机监理机构办理驾驶证有效期满换证、驾驶人信息发生变化换证、驾驶证损毁换证业务时，对同时申请办理两项或两项以上换证业务且符合申请条件的，应当合并办理。

第八条　办理补领驾驶证业务的流程和具体事项为：

(一)受理岗审核《申请表》、身份证明和 1 寸证件照。同时申请办理有效期满换证的，还应当审核《身体条件证明》。符合规定的，受理申请，收存资料，录入相关信息，在《申请表》“受理岗签章”栏内签章，制作并核发驾驶证。

(二)档案管理岗核对计算机管理系统信息，复核资料，将下列资料按顺序装订成册，存入档案：

1.《申请表》；

2.身份证明复印件；

3.属于同时申请有效期满换证的，还需收存《身体条件证明》。

农机监理机构办理补证业务时，距驾驶证有效期满不足 3 个月的，或已超过驾驶证有效期但不足 1 年的，应当合并办理补证和有效期满换证业务。

第九条　驾驶证被依法扣押、扣留或暂扣期间，驾驶人采用隐瞒、欺骗等不正当手段补领的驾驶证，由农机监理机构收回处理；驾驶证属于本行政区域以外的农机监理机构核发的，转递至核发地农机监理机构处理。

农机监理机构应将收回的驾驶证存入驾驶证档案，并在计算机管理系统中恢复原驾驶证信息。

第十条　办理驾驶证档案记载事项更正业务的流程和具体事项为：

(一)受理岗核实需要更正的事项，确属错误的，在计算机管理系统中更正，需要重新制作驾驶证的，制作并核发驾驶证，收回原驾驶证。

（二）档案管理岗核对计算机管理系统信息，复核资料，将资料装订成册，存入档案。

第二节　转出和转入

第十一条　办理驾驶证转出业务的流程和具体事项为：

（一）受理岗审核《申请表》、身份证明、驾驶证，确认申请人信息。符合规定的，受理申请，收存资料，在计算机管理系统内录入相关信息，在《申请表》"受理岗签章"栏内签章。

（二）档案管理岗复核资料，将《申请表》、身份证明复印件存入驾驶证档案，密封并在档案袋上注明"请妥善保管并于30日内到转入地农机监理机构申请办理驾驶证转入，不得拆封。"字样，封盖业务专用章后交申请人。

第十二条　办理驾驶证转入业务的流程和具体事项为：

（一）受理岗审核《申请表》、身份证明、驾驶证和1寸证件照，属于纸质档案转入的，还应核对档案资料。属于同时申请有效期满换证的，还需审核《身体条件证明》。属于同时申请补领驾驶证的，审核相关信息后合并办理。符合规定的，受理申请，收存资料，录入相关信息，在《申请表》"受理岗签章"栏内签章，制作并核发驾驶证，同时收回原驾驶证。

（二）档案管理岗核对计算机管理系统信息，复核资料，将下列资料按顺序装订成册，存入档案：

1.《申请表》；

2.身份证明复印件；

3.属于同时申请有效期满换证的，还需收存《身体条件证明》；

4.原驾驶证（同时申请补领驾驶证的除外）；

5.属于纸质档案转入的，还需收存原档案。

办理驾驶证转入换证业务时，对申请同时办理换证、补证的，符合规定的，应当合并办理换证、补证业务；发现驾驶人身份信息发生变化的，应当核对驾驶人信息，确认申请人与驾驶证登记的驾驶人信息相符的，应当予以办理，同时变更相关信息。

第三节　注销和恢复驾驶资格

第十三条　办理申请注销驾驶证业务的流程和具体事项为：

（一）受理岗审核《申请表》、身份证明和驾驶证；属于监护人提出注销申请的，还应当审核监护人身份证明。符合规定的，受理申请，收存资料，录入相关信息，在《申请表》"受理岗签章"栏内签章并出具注销证明，收回驾驶证。

（二）档案管理岗核对计算机管理系统信息，复核资料，将下列资料按顺序装订成册，存入档案：

1.《申请表》；

2.身份证明复印件（属于监护人提出注销申请的，还应当收存监护人身份证明复印件）；

3.驾驶证。

第十四条　办理其他注销驾驶证业务的流程和具体事项为：

（一）驾驶证被撤销、吊销的，受理岗审核驾驶证撤销或吊销证明。符合规定的，录入注销信息。

档案管理岗收存驾驶证、撤销或吊销证明。

（二）驾驶人具有《驾驶证规定》第三十条第一款第五项至第六项情形之一的，由计算机管理系统自动注销驾驶证。

第十五条　农机监理机构办理注销驾驶证业务或计算机管理系统依法自动注销驾驶证时，未收回驾驶证的，档案管理岗定期从计算机管理系统下载并打印驾驶证注销信息，由农机监理机构公告驾驶证作废。

第十六条　驾驶证作废公告应当采用在当地报纸刊登、电视媒体播放、农机监理机构办事大厅张贴或互联网网站公布等形式，公告内容应当包括驾驶人的姓名、档案编号。在农机监理机构办事大厅张贴的公告，信息保留时间不得少于60日，在互联网网站公布的公告，信息保留时间不得少于6个月。

第十七条　办理恢复驾驶资格业务的流程和具体事项为：

（一）受理岗审核驾驶证申请人提交的《申请表》、身份证明、《身体条件证明》和1寸证件照，确认申请人符合《驾驶证规定》第三十条第三款的情形，且符合允许驾驶的年龄条件、身体条件。符合规定的，受理申请，收存资料，录入相关信息，在《申请表》"受理岗签章"栏内签章。办理科目一考试预约，告知申请人考试时间、地点、科目和恢复驾驶资格的截止时间。

（二）考试岗按规定进行科目一考试。

（三）受理岗复核考试资料，录入考试结果，核对计算机管理系统信息，制作并核发驾驶证。

（四）档案管理岗核对计算机管理系统信息，复核资料，将下列资料按顺序装订成册，存入档案：

1.《申请表》；

2.身份证明复印件；

3.《身体条件证明》；

4.科目一试卷或机考成绩单。

申请人应当在驾驶证注销后2年内完成考试，逾期未完成考试的，终止恢复驾驶资格。

第四节　违法记分管理

第十八条　农机监理机构应当按照《驾驶证规定》第二十九条，对累计记分达到规定分值的驾驶人进行教育和重新考试，教育和考试业务流程具体事项由地方农业机械化主管部门制定。

第四章　档案管理

第十九条　农机监理机构应当建立拖拉机和联合收割机驾驶证档案。

档案应当保存申请资料和业务资料。保存的资料应当按照本规范规定的存档资料顺序，按照国际标准A4纸尺寸整理装订，装入档案袋（档案袋式样见附件1－3），做到"一人一档"，按照档案编号顺序存放。

农机监理机构及其工作人员不得泄露驾驶证档案中的个人信息。任何单位和个人不得擅自涂改、故意损毁或伪造拖拉机和联合收割机驾驶证档案。

第二十条　农机监理机构应当设置专用档案室（库），并在档案室（库）内设立档案查阅室。档案室（库）应当远离易燃、易爆和有腐蚀性气体等场所。配置防火、防盗、防高温、防潮湿、防尘、防虫鼠等必要的设施、设备。

农机监理机构应当配备专门的档案管理人员，并建立相应的管理制度。

第二十一条　农机监理机构对人民法院、人民检察院、公安机关或其他行政执法部门、纪检监察部门以及公证机构、仲裁机构、律师事务机构等因办案需要查阅驾驶证档案的，审查其提交的档案查询公函和经办人工作证明；对驾驶人查询本人档案的，审查其身份证明。

查阅档案应当在档案查阅室进行，档案管理人员应当在场。需要出具证明或复印档案资料的，需经业务领导批准。

除驾驶人档案迁出农机监理机构辖区以外的，已入库的驾驶证档案原则上不得再出库。

第二十二条 农机监理机构因意外事件致使驾驶证档案损毁、丢失的，应当书面报告上一级农机监理机构，经书面批准后，按照计算机管理系统的信息补建档案，打印驾驶证在计算机管理系统内的所有记录信息，并补充拖拉机和联合收割机驾驶人照片和身份证明复印件。

拖拉机和联合收割机驾驶证档案补建完毕后，应当报上一级农机监理机构审核。上一级农机监理机构与计算机管理系统核对，并出具核对公函。补建的驾驶证档案与原驾驶证档案有同等效力，但档案资料内无上一级农机监理机构批准补建档案的文件和核对公函的除外。

第二十三条 拖拉机和联合收割机驾驶人在已办理档案转出、但尚未办理转入时将档案损毁或丢失的，应当向转出地农机监理机构申请补建驾驶证档案。转出地农机监理机构按照本规范第二十二条办理。

第二十四条 拖拉机和联合收割机驾驶证档案根据以下情形确定保管期限：

(一)注销驾驶证的档案，保管期限为 2 年。

(二)撤销驾驶许可的档案，保管期限为 3 年。

(三)被吊销驾驶证的档案，保管期限为申领驾驶证限制期满，但饮酒、醉酒驾驶造成重大事故，或造成事故后逃逸被吊销驾驶证的，档案资料长期保留。

无上述情形的驾驶证档案，应长期保管。

驾驶证档案超出保管期限的可以销毁，销毁档案时，农机监理机构应当对需要销毁的档案登记造册，并书面报告上一级农机监理机构，经批准后方可销毁。销毁档案应当制作销毁登记簿和销毁记录，销毁登记簿记载档案类别、档案编号、注销原因、保管到期日期等信息；销毁记录记载档案类别、份数、批准机关及批准文号、销毁地点、销毁日期等信息。监销人、销毁人要在档案销毁记录上签字。销毁登记簿连同销毁记录装订成册，存档备查。

第五章 附 则

第二十五条 受理岗按照下列规定录入信息。

1.申请业务种类：按照申请的业务事项分别录入，如“初次申领”“增驾”“期满换证”“驾驶证转出”“驾驶证转入”“信息变化换证”“损毁换证”“补证”“注销”“恢复驾驶资格”“记分考试”“记载事项更正”等；属于同时受理多项业务的，应同时录入所有申请事项。

2.申请人姓名、性别、出生日期、国籍、身份证明名称及号码、住址：按照申请人身份证明记录的内容录入。

3.联系电话：按照《申请表》录入。

4.体检日期、医疗机构名称：按照《身体条件证明》记载的内容录入。

5.各科目考试日期：按照各科目考试合格的对应日期分别录入。

6.驾驶证证号：按照申请人身份证明号码录入。

7.档案编号：按照农机监理机构确定的档案编号录入。档案编号由 12 位数字组成，前 6 位为核发机关的行政区划代码，后 6 位为顺序编号。

8.初次领证日期：按照初次制作驾驶证的日期录入。

9.准驾机型代号：按照申请人提交的申请机型录入；属于增驾的，按原驾驶证准驾机型和增驾机型合并录入。

10.增加的准驾机型代号：按照申请人提交的《申请表》录入。

11.驾驶证有效起始日期：属于初次申领的，按照初次领证日期录入；属于增加准驾机型的，按照制作新驾驶证日期录入；属于有效期满换证、有效期满换证与其他业务合并办理的，按照原驾驶证的有效起始日期顺延 6 年录入；属于恢复驾驶资格的，按制作新驾驶证日期录入；属于补证、其他情形换证的，按原驾驶证日期录入。

12.驾驶证有效截止日期：按有效起始日期顺延 6 年录入，但不得超过 70 周岁对应日。

13.换证日期：按制证日期录入。

14.属于驾驶人身份信息发生变化换证的，按照《申请表》和身份证明，录入变化内容。

15.注销原因：录入注销原因。

16.注销日期：按照农机监理机构审核确定的注销日期录入。

17.转出日期：按照驾驶证档案实际转出日期录入。

18.转入地农机监理机构名称：按照转入地农机监理机构全称录入。

19.转出地农机监理机构名称：按照原驾驶证核发地农机监理机构全称录入。

20.原档案编号：按照原驾驶证档案编号录入。

21.照片：按照证件照片标准录入。

第二十六条 已经实现驾驶证数据互联互通的地区，持有驾驶证的人员可以在异地申请办理相关驾驶证业务，具体操作参照本规范的有关条款办理。业务办理中，农机监理机构应收存申请资料，录入电子信息、建立新业务档案。鼓励实现纸质档案电子化。

第二十七条 代理人代理申请拖拉机和联合收割机驾驶证相关业务的，农机监理机构应当审查代理人身份证明和经申请人签字的委托书，代理人为单位的还应当审查经办人身份证明；将代理人和经办人身份证明复印件、经申请人签字的委托书存入拖拉机和联合收割机驾驶证档案。

第二十八条 农机监理机构在办理驾驶证业务过程中，对申请人的申请条件、提交的材料和申告的事项有疑义的或申请人提出异议的，按照相关规定调查核实。

经调查，确认申请人提供虚假申请材料、未如实申告或不符合驾驶证申请条件的，属于在受理时发现的，不予受理申请；属于在驾驶证核发时发现的，不予核发驾驶证；属于驾驶证核发后发现的，依法撤销或注销驾驶证。对申请时使用欺骗、贿赂等不正当手段的，在计算机管理系统录入相关信息，申请人 1 年内不得申请驾驶证；对使用欺骗、贿赂等不正当手段取得驾驶证的，在计算机管理系统录入相关信息，依法撤销驾驶证后申请人 3 年内不得申请驾驶证。

嫌疑情况调查处理完毕，应当将核查、调查报告、询问笔录、法律文书等材料整理、装订后建立档案。

第二十九条 农机监理机构应当在驾驶证上粘贴或打印符合要求的申请人照片，准驾机型按照G1、G2、K1、K2、L、R、S的顺序，在驾驶证准驾机型栏内自左向右排列签注（准驾手扶变型运输机的按K2签注）。签注G2的，不再签注G1；签注K2的，不再签注K1。有效期限签注格式为："有效期至××××年××月××日"。副页签注期满换证时间格式为："请于××××年××月××日前3个月内申请换证"。

新旧准驾机型代号按以下规定转换：原准驾机型为H或G的，转换为G2；原准驾机型为K的，转换为K2；原准驾机型为T或R的，转换为R；原准驾机型为S的，转换为S。

第三十条 本规范规定的"证件专用章"由农业机械化主管部门制作；本规范规定的各类表格、业务专用章、个人专用名章由农机监理机构制作（印章式样见附件1－4）。

驾驶证制发的相关事宜按照《拖拉机和联合收割机登记业务工作规范》有关规定执行。

第三十一条 驾驶证考试内容与合格标准见附件1－5。

第三十二条 本规范未尽事项，由省（自治区、直辖市）农业机械化主管部门负责制定。

第三十三条 本规范自2018年6月1日起施行。2004年10月26日公布的《拖拉机驾驶证业务工作规范》、2007年3月16日公布的《联合收割机驾驶证业务工作规范》、2008年10月8日公布的《拖拉机联合收割机牌证制发监督管理办法》和2013年1月29日公布的《拖拉机、联合收割机牌证业务档案管理规范》同时废止。

附件：1－1.拖拉机和联合收割机驾驶证业务申请表（略）

1－2.拖拉机和联合收割机驾驶人身体条件证明（略）

1－3.拖拉机和联合收割机驾驶证档案袋式样（略）

1－4.拖拉机和联合收割机驾驶证业务印章式样（略）

1－5.拖拉机和联合收割机驾驶证考试内容与合格标准（略）

附件2

拖拉机和联合收割机登记业务工作规范

第一章 总 则

第一条 为了规范拖拉机和联合收割机登记业务工作，根据《拖拉机和联合收割机登记规定》，制定本规范。

第二条 县级农业机械化主管部门农机监理机构应当按照本规范规定的程序办理拖拉机和联合收割机登记业务。

市辖区未设农机监理机构的，由设区的市农机监理机构负责管理或农业机械化主管部门协调管理。

农机监理机构办理登记业务时，应当设置查验岗、登记审核岗和档案管理岗。

第三条 农机监理机构应当建立计算机管理系统，推行通过网络、电话、传真、短信等方式预约、受理、办理登记业务，使用计算机打印有关证表。

第二章 登记办理

第一节 注册登记

第四条 办理注册登记业务的流程和具体事项为：

（一）查验岗审查拖拉机和联合收割机、挂车出厂合格证明（以下简称合格证）或进口凭证；查验拖拉机和联合收割机，核对发动机号码、底盘号/机架号、挂车架号码的拓印膜。不属于免检的，应当进行安全技术检验。符合规定的，在安全技术检验合格证明上签注。

（二）登记审核岗审查《拖拉机和联合收割机登记业务申请表》（以下简称《申请表》，见附件2－1）、所有人身份证明、来历证明、合格证或进口凭证、安全技术检验合格证明、整机照片，拖拉机运输机组还应当审查交通事故责任强制保险凭证。符合规定的，受理申请，收存资料，确定号牌号码和登记证书编号。录入号牌号码、登记证书编号、所有人的姓名或单位名称、身份证明名称与号码、住址、联系电话、邮政编码、类型、生产企业名称、品牌、型号名称、发动机号码、底盘号/机架号、挂车架号码、生产日期、机身颜色、获得方式、来历证明的名称和编号、注册登记日期、技术数据（发动机型号、功率、外廓尺寸、转向操纵方式、轮轴数、轴距、轮距、轮胎数、轮胎规格、履带数、履带规格、轨距、割台宽度、拖拉机最小使用质量、联合收割机质量、准乘人数、喂入量/行数）；拖拉机运输机组还应当录入拖拉机最大允许载质量，交通事故责任强制保险的生效、终止日期和保险公司的名称。在《申请表》"登记审核岗签章"栏内签章。核发号牌、行驶证和检验合格标志，根据所有人申请核发登记证书。

（三）档案管理岗核对计算机管理系统的信息，复核资料，将下列资料按顺序装订成册，存入档案：

1.《申请表》；

2.所有人身份证明复印件；

3.来历证明原件或复印件（销售发票、《协助执行通知书》应为原件）；

4.属于国产的，收存合格证；

5.属于进口的，收存进口凭证原件或复印件；

6.安全技术检验合格证明；

7.拖拉机运输机组交通事故责任强制保险凭证；

8.发动机号码、底盘号/机架号、挂车架号码的拓印膜；

9.整机照片；

10.法律、行政法规规定应当在登记时提交的其他证明、凭证的原件或复印件。

第五条 未注册登记的拖拉机和联合收割机所有权转移的，办理注册登记时，除审查所有权转移证明外，还应当审查原始来历证明。属于经人民法院调解、裁定、判决所有权转移的，不审查原始来历证明。

第二节 变更登记

第六条 办理机身颜色、发动机、机身（底盘）、挂车变更业务的流程和具体事项为：

（一）查验岗审查行驶证；查验拖拉机和联合收割机，核对发动机号码、底盘号/机架号、挂车架号码的拓印膜；进行安全技术检验，但只改变机身颜色的除外。符合规定的，在安全技术检验合格证明上签注。

（二）登记审核岗审查《申请表》、所有人身份证明、登记证书、行驶证、安全技术检验合格证明、整机照片；变更发动机、机身(底盘)、挂车的还需审查相应的来历证明和合格证。符合规定的，受理申请，收存资料，录入变更登记的日期；变更机身颜色的，录入变更后的机身颜色；变更发动机、机身(底盘)、挂车的，录入相应的号码和检验日期；增加挂车的，调整登记类型为运输机组。在《申请表》“登记审核岗签章”栏内签章。签注登记证书，

将登记证书交所有人；收回原行驶证并销毁，核发新行驶证。

（三）档案管理岗核对计算机管理系统的信息，复核资料，将下列资料按顺序装订成册，存入档案：

1.《申请表》；

2.所有人身份证明复印件；

3.安全技术检验合格证明；

4.变更发动机、机身(底盘)、挂车的，收存相应的来历证明、合格证和号码拓印膜；

5.整机照片。

第七条 办理因质量问题更换整机业务的流程和具体事项为：

（一）查验岗按照本规范第四条第(一)项办理。

（二）登记审核岗审查《申请表》、所有人身份证明、登记证书、行驶证、合格证或进口凭证、安全技术检验合格证明、整机照片。符合规定的，受理申请，收存资料，录入发动机号码、底盘号/机架号、挂车架号码、机身颜色、生产日期、品牌、型号名称、技术数据、检验日期和变更登记日期，按照变更登记的日期调整注册登记日期。在《申请表》“登记审核岗签章”栏内签章。签注登记证书，将登记证书交所有人；收回原行驶证并销毁，核发新行驶证；复印原合格证或进口凭证，将原合格证或进口凭证、原来历证明交所有人。

（三）档案管理岗核对计算机管理系统的信息，复核资料，将下列资料按顺序装订成册，存入档案：

1.《申请表》；

2.所有人身份证明复印件；

3.更换后的来历证明；

4.更换后的合格证(或进口凭证原件或复印件)；

5.更换后的发动机号码、底盘号/机架号、挂车架号码的拓印膜；

6.安全技术检验合格证明；

7.原合格证或进口凭证复印件；

8.整机照片。

第八条 办理所有人居住地迁出农机监理机构管辖区域业务的流程和具体事项为：

（一）查验岗审查行驶证；查验拖拉机和联合收割机，核对发动机号码、底盘号/机架号、挂车架号码的拓印膜。符合规定的，在安全技术检验合格证明上签注。

（二）登记审核岗审查《申请表》、所有人身份证明、登记证书、行驶证和安全技术检验合格证明。符合规定的，受理申请，收存资料，录入转入地农机监理机构名称、临时行驶号牌的号码和有效期、变更登记日期。在《申请表》“登记审核岗签章”栏内签章。签注登记证书，将登记证书交所有人。

（三）档案管理岗核对计算机管理系统的信息，比对发动机号码、底盘号/机架号、挂车架号码的拓印膜，复核资料，将下列资料按顺序装订成册，存入档案：

1.《申请表》；

2.所有人身份证明复印件；

3.行驶证；

4.安全技术检验合格证明。

在档案袋上注明联系电话、传真电话和联系人姓名，加盖农机监理机构业务专用章；密封档案，并在密封袋上注明“请妥善保管，并于即日起3个月内到转入地农机监理机构申请办理转入，不得拆封。”；对档案资料齐全但登记事项有误、档案资料填写、打印有误或不规范、技术参数不全等情况，应当更正后办理迁出。

（四）登记审核岗收回号牌并销毁，将档案和登记证书交所有人，核发有效期不超过3个月的临时行驶号牌。

第九条 办理转入业务的流程和具体事项为：

（一）查验岗查验拖拉机和联合收割机，核对发动机号码、底盘号/机架号、挂车架号码的拓印膜。符合规定的，在安全技术检验合格证明上签注。

（二）登记审核岗审查《申请表》、所有人身份证明、整机照片、档案资料和安全技术检验合格证明，比对发动机号码、底盘号/机架号、挂车架号码的拓印膜；拖拉机运输机组在转入时已超过检验有效期的，还应当审查交通事故责任强制保险凭证。符合规定的，受理申请，收存资料，确定号牌号码。录入号牌号码、所有人的姓名或单位名称、身份证明名称与号码、住址、邮政编码、联系电话、迁出地农机监理机构名称和转入日期。在《申请表》“登记审核岗签章”栏内签章。签注登记证书，将登记证书交所有人；核发号牌、行驶证和检验合格标志。

（三）档案管理岗核对计算机管理系统的信息，复核资料，将下列资料按顺序装订成册，存入档案：

1.《申请表》；

2.所有人身份证明复印件；

3.安全技术检验合格证明；

4.原档案内的资料。

第十条 有下列情形之一的，转入地农机监理机构应当办理转入，不得退档：

（一）迁出后登记证书丢失、灭失的；

（二）迁出后因交通事故等原因更换发动机、机身(底盘)、挂车，改变机身颜色的；

（三）签注的转入地农机监理机构名称不准确，但属同省(自治区、直辖市)管辖范围内的。

对属前款第(一)项的，办理转入时同时补发登记证书；对属前款第(二)项的，办理转入时一并办理变更登记。

第十一条 转入地农机监理机构认为需要核实档案资料的，应当与迁出地农机监理机构协调。迁出地农机监理机构应当自接到转入地农机监理机构协查申请1日内以传真方式出具书面材料，转入地农机监理机构凭书面材料办理转入。

转入地农机监理机构确认无法转入的，可办理退档业务。退档须经主要负责人批准，录入退档信息、退档原因、联系电话、传真电话、经办人，出具退办凭证交所有人。迁出地农机监理机构应当接收退档。

迁出地和转入地农机监理机构对迁出的拖拉机和联合收割机有不同意见的，应当报请上级农机监理机构协调。

第十二条 办理共同所有人姓名变更业务的流程和具体事项为：

（一）登记审核岗审查《申请表》、登记证书、行驶证、变更前和变更后所有人的身份证明、拖拉机和联合收割机为共同所有的公证证明或证明夫妻关系的居民户口簿或结婚证。符合规定的，受理申请，收存资料，录入变更后所有人的姓名或单位名称、身份证明名称与号码、住址、邮政编码、联系电话、变更登记日期；变更后迁出管辖区的，还需录入临时行驶号牌的号码和有效期限、转入地农机监理机构名称。在《申请表》"登记审核岗签章"栏内签章。签注登记证书，将登记证书交所有人；变更后在管辖区内的，收回行驶证并销毁，核发新行驶证；变更后迁出管辖区的，收回号牌、行驶证，销毁号牌，核发临时行驶号牌，办理迁出。

（二）档案管理岗核对计算机管理系统的信息，复核资料，将下列资料按顺序装订成册，存入档案：

1.《申请表》；

2.所有人身份证明复印件；

3.变更前所有人身份证明复印件；

4.两人以上共同所有的公证证明复印件（属于夫妻双方共同所有的应收存证明夫妻关系的《居民户口簿》或《结婚证》的复印件）；

5.变更后迁出的，收存行驶证。

第十三条 办理所有人居住地在管辖区域内迁移、所有人的姓名或单位名称、所有人身份证明名称或号码变更业务的流程和具体事项为：

（一）登记审核岗审查《申请表》、所有人身份证明、登记证书、行驶证和相关事项变更的证明。符合规定的，受理申请，收存资料，录入相应的变更内容和变更登记日期。在《申请表》"登记审核岗签章"栏内签章。签注登记证书，将登记证书交所有人；属于所有人的姓名或单位名称、居住地变更的，收回原行驶证并销毁，核发新行驶证。

（二）档案管理岗核对计算机管理系统的信息，复核资料，将下列资料按顺序装订成册，存入档案：

1.《申请表》；

2.所有人身份证明复印件；

3.相关事项变更证明的复印件。

第十四条 所有人联系方式变更的，登记审核岗核实所有人身份信息，录入变更后的联系方式。

第三节 转移登记

第十五条 办理转移登记业务的流程和具体事项为：

（一）查验岗审查行驶证；查验拖拉机和联合收割机，核对发动机号码、底盘号/机架号、挂车架号码的拓印膜。符合规定的，在安全技术检验合格证明上签注。

（二）登记审核岗审查《申请表》、现所有人身份证明、所有权转移的证明或凭证、登记证书、行驶证和安全技术检验合格证明；拖拉机运输机组超过检验有效期的，还应当审查交通事故责任强制保险凭证。符合规定的，受理申请，收存资料，录入转移后所有人的姓名或单位名称、身份证明名称与号码、住址、邮政编码、联系电话、获得方式、来历证明的名称和编号、转移登记日期；转移后不在管辖区域内的，录入转入地农机监理机构名称、临时行驶号牌的号码和有效期限。在《申请表》"登记审核岗签章"栏内签章。

现所有人居住地在农机监理机构管辖区域内的，签注登记证书，将登记证书交所有人；收回行驶证并销毁，核发新行驶证；现所有人居住地不在农机监理机构管辖区域内的，签注登记证书，将登记证书交所有人。按照本规范第八条第（三）项和第（四）项的规定办理迁出。

（三）档案管理岗核对计算机管理系统的信息，复核资料，将下列资料按顺序装订成册，存入档案：

1.《申请表》；

2.现所有人身份证明复印件；

3.所有权转移的证明、凭证原件或复印件（销售发票、《协助执行通知书》应为原件）；

4.属于现所有人居住地不在农机监理机构管辖区域内的，收存行驶证；

5.安全技术检验合格证明。

第十六条 现所有人居住地不在农机监理机构管辖区域内的，转入地农机监理机构按照本规范第九条至第十一条办理。

第四节 抵押登记

第十七条 办理抵押登记业务的流程和具体事项为：

（一）登记审核岗审查《申请表》、所有人和抵押权人身份证明、登记证书、依法订立的主合同和抵押合同。符合规定的，受理申请，收存资料，录入抵押权人姓名（单位名称）、身份证明名称与号码、住址、主合同号码、抵押合同号码、抵押登记日期。在《申请表》"登记审核岗签章"栏内签章。签注登记证书，将登记证书交所有人。

（二）档案管理岗核对计算机管理系统的信息，复核资料，将下列资料按顺序装订成册，存入档案：

1.《申请表》；

2.所有人和抵押权人身份证明复印件；

3.抵押合同原件或复印件。

在抵押期间，所有人再次抵押的，按照本条第一款办理。

第十八条 办理注销抵押登记业务的流程和具体事项为：

（一）登记审核岗审查《申请表》、所有人和抵押权人的身份证明、登记证书；属于被人民法院调解、裁定、判决注销抵押的，审查《申请表》、登记证书、人民法院出具的已经生效的《调解书》、《裁定书》或《判决书》以及相应的《协助执行通知书》。符合规定的，受理申请，收存资料，录入注销抵押登记日期。在《申请表》"登记审核岗签章"栏内签章。签注登记证书，将登记证书交所有人。

（二）档案管理岗核对计算机管理系统的信息，复核资料，将下列资料按顺序装订成册，存入档案：

1.《申请表》；

2.所有人和抵押权人身份证明复印件；

3.属于被人民法院调解、裁定、判决注销抵押的，收存人民法院出具的《调解书》、《裁定书》或《判决书》的复印件以及相应的《协助执行通知书》。

第五节 注销登记

第十九条 办理注销登记业务的流程和具体事项为：

（一）登记审核岗审查《申请表》、登记证书、号牌、行驶证；属于撤销登记的，审查撤销决定书。符合规定的，受理申请，收存资料，录入注销原因、注销登记日期；属于撤销登记的，录入处罚机关、处罚时间、决定书编号；属于报废的，录入回收企业名称。在《申请表》"登记审核岗签章"栏内签章。收回登记证书、号牌、行驶证，对未收回的在计算机管理系统中注明情况；销毁号牌；属于因质量问题退机的，退还来历证明、合格证或进口凭证、拖拉机运输机组交通事故责任强制保险凭证；出具注销证明交所有人。

（二）档案管理岗核对计算机管理系统的信息，复核资料，将下列资料按顺序装订成册，存入档案：

1.《申请表》；

2.登记证书；

3.行驶证；

4.属于登记被撤销的，收存撤销决定书。

第二十条　号牌、行驶证、登记证书未收回的，农机监理机构应当公告作废。作废公告应当采用在当地报纸刊登、电视媒体播放、农机监理机构办事大厅张贴或互联网网站公布等形式，公告内容应包括号牌号码、号牌种类、登记证书编号。在农机监理机构办事大厅张贴的公告，信息保留时间不得少于60日，在互联网网站公布的公告，信息保留时间不得少于6个月。

第三章　临时行驶号牌和检验合格标志核发

第一节　临时行驶号牌

第二十一条　办理核发临时行驶号牌业务的流程和具体事项为：

（一）登记审核岗审查所有人身份证明、拖拉机运输机组交通事故责任强制保险凭证。属于未销售的，还应当审查合格证或进口凭证；属于购买、调拨、赠予等方式获得后尚未注册登记的，还应当审查来历证明、合格证或进口凭证；属于科研、定型试验的，还应当审查科研、定型试验单位的书面申请和安全技术检验合格证明。符合规定的，受理申请，收存资料，确定临时行驶号牌号码。录入所有人的姓名或单位名称、身份证明名称与号码、拖拉机和联合收割机的类型、品牌、型号名称、发动机号码、底盘号/机架号、挂车架号码、临时行驶号牌号码和有效期限、通行区间、登记日期。签注并核发临时行驶号牌。

（二）档案管理岗收存下列资料归档：

1.所有人身份证明复印件；

2.拖拉机运输机组交通事故责任强制保险凭证复印件；

3.属于科研、定型试验的，收存科研、定型试验单位的书面申请和安全技术检验合格证明。

第二节　检验合格标志

第二十二条　所有人应在检验有效期满前3个月内申领检验合格标志。办理核发检验合格标志业务的流程和具体事项为：

（一）查验岗审查行驶证，拖拉机运输机组还应当审查交通事故责任强制保险凭证；进行安全技术检验。符合规定的，在安全技术检验合格证明上签注。

（二）登记审核岗收存资料，录入检验日期和检验有效期截止日期；拖拉机运输机组还应录入交通事故责任强制保险的生效和终止日期。核发检验合格标志；在行驶证副页上签注检验记录。对行驶证副页签注信息已满的，收回原行驶证，核发新行驶证。

（三）档案管理岗收存下列资料：

1.安全技术检验合格证明；

2.拖拉机运输机组交通事故责任强制保险凭证；

3.属于行驶证副页签注满后换发的，收存原行驶证。

第四章　补领、换领牌证和更正办理

第二十三条　办理补领登记证书业务的流程和具体事项为：

（一）登记审核岗审查《申请表》、所有人身份证明。核对计算机管理系统的信息，调阅档案，比对所有人身份证明。符合规定的，受理申请，收存资料，录入补领原因和补领日期。在《申请表》"登记审核岗签章"栏内签章。核发登记证书。

（二）档案管理岗核对计算机管理系统的信息，复核资料，将下列资料按顺序装订成册，存入档案：

1.《申请表》；

2.所有人身份证明复印件。

第二十四条　办理换领登记证书业务的流程和具体事项为：

（一）登记审核岗审查《申请表》、所有人身份证明。符合规定的，受理申请，收存资料，录入换领原因和换领日期。在《申请表》"登记审核岗签章"栏内签章。收回原登记证书并销毁，核发新登记证书。

（二）档案管理岗核对计算机管理系统的信息，复核资料，将下列资料按顺序装订成册，存入档案：

1.《申请表》；

2.所有人身份证明复印件。

第二十五条　被司法机关和行政执法部门依法没收并拍卖，或被仲裁机构依法仲裁裁决，或被人民法院调解、裁定、判决拖拉机和联合收割机所有权转移时，原所有人未向转移后的所有人提供登记证书的，按照本规范第二十三条办理补领登记证书业务，但登记审核岗还应当审查人民检察院、行政执法部门出具的未得到登记证书的证明或人民法院出具的《协助执行通知书》，并存入档案。属于所有人变更的，办理变更登记、转移登记的同时补发登记证书。

第二十六条　办理补领、换领号牌和行驶证业务的流程和具体事项为：

（一）登记审核岗审查《申请表》、所有人身份证明。符合规定的，受理申请，收存资料，录入补领、换领原因和补领、换领日期。在《申请表》"登记审核岗签章"栏内签章。收回未灭失、丢失或损坏的部分并销毁。属于补领、换领行驶证的，核发行驶证；属于补领、换领号牌的，核发号牌。不能及时核发号牌的，核发临时行驶号牌。

（二）档案管理岗核对计算机管理系统的信息，复核资料，将下列资料按顺序装订成册，存入档案：

1.《申请表》；

2.所有人身份证明复印件。

第二十七条　补领、换领检验合格标志的，农机监理机构审查《申请表》和行驶证，核对登记信息，在安全技术检验合格和拖拉机运输机组交通事故责任强制保险有效期内的，补发检验合格标志。

第二十八条　办理登记事项更正业务的流程和具体事项为：

（一）登记审核岗核实登记事项，确属登记错误的，在《申请表》"登记审核岗签章"栏内签章。在计算机管理系统录入登记事项更正信息；签注登记证书，将登记证书交所有人。需要重新核发行驶证的，收回原行驶证并销毁，核发新行驶证；需要改变号牌号码的，收回原号牌、行驶证并销毁，确定新的号牌号码,核发新号牌、行驶证和检验合格标志。

(二)档案管理岗核对计算机管理系统的信息,复核资料,将《申请表》存入档案。

第五章 档案管理

第二十九条 农机监理机构应当建立拖拉机和联合收割机档案。

档案应当保存拖拉机和联合收割机牌证业务有关的资料。保存的资料应当按照本规范规定的存档资料顺序,按照国际标准A4纸尺寸,装订成册,装入档案袋(档案袋式样见附件2—2),做到"一机一档",按照号牌种类、号牌号码顺序存放。核发年度检验合格标志业务留存的相应资料可以不存入档案袋,按顺序排列,单独集中保管。

农机监理机构及其工作人员不得泄露拖拉机和联合收割机档案中的个人信息。任何单位和个人不得擅自涂改、故意损毁或伪造拖拉机和联合收割机档案。

第三十条 农机监理机构应当设置专用档案室(库),并在档案室(库)内设立档案查阅室。档案室(库)应当远离易燃、易爆和有腐蚀性气体等场所。配置防火、防盗、防高温、防潮湿、防尘、防虫鼠及档案柜等必要的设施、设备。

农机监理机构应当确定档案管理的专门人员和岗位职责,并建立相应的管理制度。

第三十一条 农机监理机构对人民法院、人民检察院、公安机关或其他行政执法部门、纪检监察部门以及公证机构、仲裁机构、律师事务机构等因办案需要查阅拖拉机和联合收割机档案的,审查其提交的档案查询公函和经办人工作证明;对拖拉机和联合收割机所有人查询本人的拖拉机和联合收割机档案的,审查其身份证明。

查阅档案应当在档案查阅室进行,档案管理人员应当在场。需要出具证明或复印档案资料的,经业务领导批准。

除拖拉机和联合收割机档案迁出农机监理机构辖区以外的,已入库的档案原则上不得再出库。

第三十二条 农机监理机构办理人民法院、人民检察院、公安机关或其他行政执法部门依法要求查封、扣押拖拉机和联合收割机的,应当审查提交的公函和经办人的工作证明。

农机监理机构自受理之日起,暂停办理该拖拉机和联合收割机的登记业务,将查封信息录入计算机管理系统,查封单位的公函已注明查封期限的,按照注明的查封期限录入计算机管理系统;未注明查封期限的,录入查封日期。将公函存入拖拉机和联合收割机档案。农机监理机构接到原查封单位的公函,通知解封拖拉机和联合收割机档案的,应当立即予以解封,恢复办理该拖拉机和联合收割机的各项登记,将解封信息录入计算机管理系统,公函存入拖拉机和联合收割机档案。

拖拉机和联合收割机在人民法院民事执行查封、扣押期间,其他人民法院依法要求轮候查封、扣押的,可以办理轮候查封、扣押。拖拉机和联合收割机解除查封、扣押后,登记在先的轮候查封、扣押自动生效,查封期限从自动生效之日起计算。

第三十三条 已注册登记的拖拉机和联合收割机被盗抢,所有人申请封存档案的,登记审核岗审查《申请表》和所有人的身份证明,在计算机管理系统中录入盗抢时间、地点和封存时间,封存档案;所有人申请解除封存档案的,登记审核岗审查《申请表》和所有人的身份证明,在计算机管理系统中录入解除封存时间,解封档案。档案管理岗收存《申请表》和所有人的身份证明复印件。

第三十四条 农机监理机构因意外事件致使拖拉机和联合收割机档案损毁、丢失的,应当书面报告上一级农机监理机构,经书面批准后,按照计算机管理系统的信息补建拖拉机和联合收割机档案,打印该拖拉机和联合收割机在计算机系统内的所有记录信息,并补充拖拉机和联合收割机所有人身份证明复印件。

拖拉机和联合收割机档案补建完毕后,报上一级农机监理机构审核。上一级农机监理机构与计算机管理系统核对,并出具核对公函。补建的拖拉机和联合收割机档案与原拖拉机和联合收割机档案有同等效力,但档案资料内无上一级农机监理机构批准补建档案的文件和核对公函的除外。

第三十五条 拖拉机和联合收割机所有人在档案迁出办理完毕、但尚未办理转入前将档案损毁或丢失的,应当向迁出地农机监理机构申请补建档案。迁出地农机监理机构按照本规范第三十四条办理。

第三十六条 拖拉机和联合收割机档案按照以下分类确定保管期限:

(一)注销的拖拉机和联合收割机档案,保管期限为2年。

(二)被撤销登记的拖拉机和联合收割机档案,保管期限为3年。

(三)拖拉机和联合收割机年度检验资料,保管期限为2年。

(四)临时行驶号牌业务档案,保管期限为2年。

无上述情形的拖拉机和联合收割机档案,应长期保管。

拖拉机和联合收割机档案超出保管期限的可以销毁,销毁档案时,农机监理机构应当对需要销毁的档案登记造册,并书面报告上一级农机监理机构,经批准后方可销毁。销毁档案应当制作销毁登记簿和销毁记录;销毁登记簿记载档案类别、档案编号、注销原因、保管到期日期等信息;销毁记录记载档案类别、份数、批准机关及批准文号、销毁地点、销毁日期等信息,监销人、销毁人要在销毁记录上签字。销毁登记簿连同销毁记录装订成册,存档备查。

第六章 牌证制发

第三十七条 农业部农机监理机构负责牌证监制的具体工作,研究、起草和论证牌证相关标准,提出牌证防伪技术要求,对省级农机监理机构确定的牌证生产企业进行备案,分配登记证书印刷流水号,开展牌证监制工作培训,负责全国牌证订制和分发情况统计分析,向农业部报送年度工作报告。

第三十八条 省级农机监理机构负责制定本省(自治区、直辖市)牌证制发管理制度,规范牌证订制、分发、验收、保管等工作,将确定的牌证生产企业报农业部农机监理机构备案,按照相关标准对订制的牌证产品进行抽查,向农业部农机监理机构报送牌证制发年度工作总结。

第三十九条 拖拉机运输机组订制并核发两面号牌,其他拖拉机和联合收割机订制并核发一面号牌。

第七章 附 则

第四十条 登记审核岗按照下列方法录入信息。

(一)号牌号码:按照确定的号牌号码录入。

(二)登记证书编号:按照确定的登记证书编号录入。

(三)姓名(单位名称)、身份证明名称与号码、住址、联系电话、邮政编码、来历证明的名称和编号、转入地农机监理机构、保险公司的名称、合同号码、补领原因、换领原因、回收企业名称:按照提交的申请资料录入。

(四)类型、生产企业名称、品牌、型号名称、发动机号码、底盘号/机架号、挂车架号码、机身颜色、生产日期:按照合格证或进口凭证录入或按照查验岗实际核定的录入。手扶变型运输机按照手扶拖拉机运输机组录入。

(五)获得方式:根据获得方式录入"购买""继承""赠予""中奖""协议抵偿债务""资产重组""资产整体买卖""调拨""调解""裁定""判决""仲裁裁决""其他"等。

(六)日期:注册登记日期按照确定号牌号码的日期录入;变更登记日期、转入日期、转移登记日期、抵押/注销抵押登记日期、补领日期、换领日期、更正日期按照签注登记证书的日期录入;检验日期按照安全技术检验合格证明录入;临时行驶号牌有效期按照农机监理机构核准的期限录入;拖拉机运输机组交通事故责任强制保险的生效和终止日期按照保险凭证录入;注销登记日期、临时行驶号牌登记日期按照业务受理的日期录入;检验有效期至按照原检验有效期加1年录入。

(七)技术数据:按照合格证、进口凭证或有关技术资料和相关标准核定录入。功率单位为千瓦(kW),长度单位为毫米(mm),质量单位为千克(kg),喂入量单位为千克每秒(kg/s)。

(八)注销原因:按照提交的申请资料或撤销决定书录入。

(九)处罚机关、处罚时间、决定书编号:根据撤销决定书录入。

(十)通行区间:按照农机监理机构核准的区间录入。

(十一)更正后内容:按照核实的正确内容录入。

第四十一条 登记审核岗按照下列方法签注相关证件。

(一)行驶证签注

1.行驶证主页正面的号牌号码、类型、所有人、住址、底盘号/机架号、挂车架号码、发动机号码、品牌、型号名称、登记日期,分别按照计算机管理系统记录的相应内容签注;发证日期按照核发行驶证的日期签注。

2.行驶证副页正面的号牌号码、拖拉机和联合收割机类型、住址,分别按照计算机管理系统记录的相应内容签注;检验记录栏内,加盖检验专用章并签注检验有效期的截止日期,或按照检验专用章的格式由计算机打印检验有效期的截止日期。

(二)临时行驶号牌签注

1.临时行驶号牌正面:签注确定的临时行驶号牌号码。

2.临时行驶号牌背面:

(1)所有人、机型、品牌型号、发动机号、底盘号/机架号、临时通行区间、有效期限:按照计算机管理系统记录的相应内容签注,起止地点间用"—"分开;

(2)日期:按照核发临时行驶号牌的日期签注。

(三)登记证书签注

1.机身颜色,发动机、机身(底盘)、挂车变更

(1)居中签注"变更登记";

(2)属于改变机身颜色的,签注"机身颜色:"和变更后的机身颜色;

(3)属于更换发动机、机身(底盘)、挂车的,签注"发动机号码:"和变更后的发动机号码;或"底盘号/机架号:"和变更后的底盘号/机架号;或"挂车架号码:"和变更后的挂车架号码;

(4)签注"变更登记日期:"和变更登记的具体日期。

2.更换整机

(1)居中签注"变更登记";

(2)签注"机身颜色:"和变更后的机身颜色;

(3)签注"发动机号码:"和变更后的发动机号码;

(4)签注"底盘号/机架号:"和变更后的底盘号/机架号;

(5)签注"挂车架号码:"和变更后的挂车架号码;

(6)签注"生产日期:"和变更后的生产日期;

(7)签注"注册登记日期:"和变更后的注册登记的具体日期;

(8)签注"变更登记日期:"和变更登记的具体日期。

3.迁出农机监理机构管辖区

(1)居中签注"变更登记;

(2)签注"居住地:"和变更后的住址;

(3)签注"转入地农机监理机构名称:"和转入地农机监理机构的具体名称;

(4)签注"变更登记日期:"和变更登记的具体日期。

4.转入业务

签注登记证书的转入登记摘要信息栏:在登记证书的转入登记摘要信息栏的相应栏目内签注所有人的姓名或单位名称、身份证明名称与号码、登记机关名称、转入日期、号牌号码。

5.共同所有人姓名变更登记

(1)居中签注"变更登记";

(2)签注"姓名/名称:"和现所有人的姓名或单位名称;

(3)签注"身份证明名称/号码:"和现所有人身份证明的名称和号码;

(4)属于变更后所有人居住地不在农机监理机构管辖区域内的,签注"转入地农机监理机构名称:"和转入地农机监理机构的具体名称;

(5)签注"变更登记日期:"和变更登记的具体日期。

6.居住地在管辖区域内迁移、所有人的姓名或单位名称、身份证明名称或号码变更

(1)居中签注"变更登记";

(2)属于居住地在管辖区域内迁移的,签注"居住地:"和变更后的住址;

(3)属于变更所有人的姓名或单位名称的,签注"姓名/名称:"和变更后的所有人的姓名或单位名称;

(4)属于变更所有人身份证明名称、号码的,签注"身份证明名称/号码:"和变更后的身份证明的名称和号码;

(5)属于变更后所有人居住地不在农机监理机构管辖区域内的,签注"转入地农机监理机构名称:"和转入地农机监理机构的具体名称;

(6)签注"变更登记日期:"和变更登记的具体日期。

7.转移登记

(1)居中签注"转移登记";

(2)签注"姓名/名称:"和现所有人的姓名或单位名称;

(3)签注"身份证明名称/号码:"和现所有人身份证明的名称和号码;

(4)签注"获得方式:"和拖拉机和联合收割机的获得方式;

(5)属于现所有人不在农机监理机构管辖区域内的,签注"转入地农机监理机构名称:"和转入地农机监理机构的具体名称;

(6)签注“转移登记日期:”和转移登记的具体日期。

8.抵押登记

(1)居中签注“抵押登记”;

(2)签注“抵押权人姓名/名称:”和抵押权人姓名(单位名称);

(3)签注“身份证明名称/号码:”和抵押权人身份证明的名称和号码;

(4)签注“抵押登记日期:”和抵押登记的具体日期。

9.注销抵押登记

(1)居中签注“抵押登记”;

(2)签注“注销抵押日期:”和注销抵押的具体日期。

10.补领登记证书

按照计算机管理系统的记录在登记证书上签注已发生的所有登记事项,并签注登记证书的登记栏:

(1)居中签注“补领登记证书”;

(2)签注“补领原因:”和补领的具体原因;

(3)签注“补领次数:”和补领的具体次数;

(4)签注“补领日期:”和补领的具体日期。

11.换领登记证书

按照计算机管理系统的记录在登记证书上签注已发生的所有登记事项;对登记证书签注满后申请换领的,签注注册登记时的有关信息、现所有人的有关信息和变更登记的有关信息;签注登记证书的登记栏:

(1)居中签注“换领登记证书”;

(2)签注“换领日期:”和换领的具体日期。

12.登记事项更正

(1)居中签注“登记事项更正”;

(2)逐个签注“更正事项名称更正为:”和更正后的事项内容;

(3)签注“更正日期:”和更正的具体日期。

第四十二条 办理登记业务时,所有人为单位的,应当提交“统一社会信用代码”证照的复印件、加盖单位公章的委托书和被委托人身份证明作为所有人身份证明。

第四十三条 由代理人代理申请拖拉机和联合收割机登记和相关业务的,农机监理机构应当审查代理人的身份证明,代理人为单位的还应当审查经办人的身份证明;将代理人和经办人的身份证明复印件、拖拉机和联合收割机所有人的书面委托书存入档案。

第四十四条 农机监理机构在办理变更登记、转移登记、抵押登记、补领、换领牌证和更正业务时,对超过检验有效期的拖拉机和联合收割机,查验岗应当进行安全技术检验。

第四十五条 所有人未申领登记证书的,除抵押登记业务外,可不审查和签注登记证书。

第四十六条 本规范规定的“证件专用章”由农业机械化主管部门制作;本规范规定的各类表格、业务专用章、个人专用名章由农机监理机构制作(印章式样见附件2—3)。

第四十七条 本规范未尽事项,由省(自治区、直辖市)农业机械化主管部门负责制定。

第四十八条 本规范自2018年6月1日起施行。2004年10月26日公布的《拖拉机登记工作规范》、2007年3月16日公布的《联合收割机登记工作规范》、2008年10月8日公布的《拖拉机联合收割机牌证制发监督管理办法》和2013年1月29日公布的《拖拉机、联合收割机牌证业务档案管理规范》同时废止。

附件: 2—1.拖拉机和联合收割机登记业务申请表(略)
2—2.拖拉机和联合收割机档案袋式样(略)
2—3.拖拉机和联合收割机登记业务专用章式样(略)

农业部办公厅关于2017年农机事故情况的通报

农办机〔2018〕1号

各省、自治区、直辖市及计划单列市农机(农业、农牧)局(厅、委、办),新疆生产建设兵团农业局:

2017年,各级农业机械化主管部门和农机安全监理机构认真贯彻党中央国务院关于安全生产的决策部署,落实农机安全生产责任,创新农机安全监管机制,会同公安、安监等部门深入开展专项整治检查,全国农机事故持续下降,农机安全生产形势平稳向好。根据《农业机械安全监督管理条例》和《农业机械事故处理办法》规定,现将2017年全国农机事故情况通报如下。

一、农机道路外事故情况

2017年,累计报告在国家等级公路以外的农机事故829起,死亡130人,受伤226人,直接经济损失1 396.04万元。与上年相比,事故起数、死亡人数和受伤人数分别下降17.4%,2.3%和28.9%,直接经济损失上升15.2%。其中:拖拉机事故309起、死亡77人、受伤95人,分别占事故起数、死亡人数和受伤人数的37.3%,59.2%和42.1%。联合收割机事故485起、死亡41人、受伤114人,分别占事故起数、死亡人数和受伤人数的58.5%,31.6%和50.4%。其他农业机械事故35起、死亡12人、受伤17人,分别占事故起数、死亡人数和受伤人数的4.2%、9.2%和7.5%。

农机道路外事故的主要特点:

(一)联合收割机是事故多发机型,拖拉机是死亡事故主要机型。联合收割机事故485起,占农机道路外事故起数的58.5%。拖拉机事故造成77人死亡,占农机道路外事故死亡人数的59.2%。

(二)操作失误是引发农机道路外事故的重要原因。在全国农机道路外事故中,因驾驶操作人员操作失误引发的事故524起,造成64人死亡、128人受伤,分别占事故起数、死亡人数和受伤人数的63.2%、49.2%和56.6%。

(三)未年检和无证驾驶等违法现象仍然存在,引发的死亡事故占比较高。在全国农机道路外事故中,未年检农机引发的事故163起、死亡65人、受伤66人,分别占事故起数、死亡人数和受伤人数的19.7%,50%和29.2%;驾驶操作人员无证驾驶引发的事故236起、死亡67人、受伤58人,分别占事故起数、死亡人数和受伤人数的28.5%,51.5%和25.7%。未年检和无证驾驶引发的死亡事故占比均超过50%。

(四)无牌行驶的违法现象有所好转。在全国农机道路外事故中,有81起涉事农机是无牌行驶,造成死亡40人、受伤43人,比上年无牌行驶事故起数、死亡人数和受伤人数分别下降了33.6%、23%和30.6%。

二、农机道路交通事故情况

据公安部门统计,2017年全国接报拖拉机肇事导致人员伤亡的道路交通事故1 854起,造成787人死亡、1 731人受伤,直接财产损失688.6万元。与2016年相比,事故起数减少349起,下降15.8%;死亡人数减少161人,下降17%;受伤人数减少434人,下降20%;直接财产损失减少178.9万元,下降20.6%。其中,导致较大以上道路交通事故13起,同比减少2起;未造成重大道路交通事故,同比减少2起。

全国拖拉机导致的交通事故中,54.4%的肇事拖拉机没有号牌,31.2%的拖拉机驾驶人没有驾驶证。13起较大以上农机道路交通事故中,有5起涉及农机无牌行驶、驾驶人无证驾驶和违法载人等违法行为。具体情况如下:

(一)4月3日,王某驾驶重型仓栅式货车,沿河北省邢台市大牙线行驶,在躲避前方故障停车的王某无证驾驶的无牌拖拉机时,与对向行驶的小型普通客车相撞,造成4人死亡、2人受伤。

(二)4月10日,岳某驾驶运输型拖拉机,搭乘11人,行驶至重庆市开州区金峰镇大义村,车辆后滑翻坠于道路右侧62米坎下,造成7人死亡、5人受伤。

(三)8月11日,占某驾驶轻型普通货车,沿海南省棋子湾旅游通道行驶,与陈某驾驶的拖拉机(搭乘7人)发生碰撞,造成2人死亡、9人受伤。

(四)9月20日,张某驾驶手扶拖拉机,行驶至湖北省谷城县庙滩镇郭峪村3组村道,翻入沟中,造成拖拉机乘坐人员3人死亡、8人受伤。

(五)9月26日,高某驾驶无号牌拖拉机(搭乘10人),由贵州省安顺市新场乡凤山路口往桥头方向行驶,车辆发生侧翻,造成3人死亡、8人受伤。

总体来看,2017年全国农机事故起数和伤亡人数均同比有所下降,但农机亡人事故时有发生,安全隐患仍然存在,农机安全生产形势依然严峻。2018年,各地要按照1月25日全国安全生产电视电话会议要求,牢固树立安全红线意识,认真分析农机行业安全生产形势和事故特点,深入查找监管漏洞,以问题为导向,采取有针对性的措施,坚决防范农机安全事故发生。要加强农机事故调查,及时、准确、全面掌握事故发生情况,建立农机事故统计分析定期报告制度。要深入开展农机安全隐患排查和治理,建立农机、公安、安监等部门联合工作机制,严厉查处拖拉机无牌、假牌、逾期未检验、拼装、改装和驾驶人无证驾驶、违法载人等违法行为。要加强农机安全教育培训和应急演练,切实提高农机手安全生产意识和驾驶操作水平。

岁末年初是安全生产的关键时期,各地要提高站位,高度重视,全力以赴做好春节和全国“两会”期间的安全生产工作,切实保障农民群众生命财产安全。

农业部办公厅

二〇一八年二月二日

农业部办公厅　财政部办公厅
关于做好2018—2020年农机新产品购置补贴试点工作的通知

农办机〔2018〕5号

各省、自治区、直辖市及计划单列市农业(农牧、农村经济)厅(局、委)、农机管理局(办公室)、财政厅(局)、新疆生产建设兵团农业局、财务局,黑龙江省农垦总局,广东省农垦总局:

为落实《农业部办公厅、财政部办公厅关于印发〈2018—2020年农机购置补贴实施指导意见〉的通知》(农办财〔2018〕13号)要求,切实做好农机新产品购置补贴试点工作,经商中国民用航空局,现就有关事项通知如下。

一、试点目的和内容

(一)试点目的。发挥农机购置补贴政策的引导作用,加速农机新产品试验鉴定和推广应用,支持促进农机产品技术创新和研发生产,更好满足广大农民群众对新型农业机械日益增长的需要。

(二)试点内容。探索对尚无试验鉴定大纲的农机新产品开展补贴的路径和办法,或者探索现行试验鉴定大纲不能涵盖其新增功能和结构特征的新产品分类分档办法,完善价格、比例等补贴额测算因素的选取方式和确定标准,以补贴试点推动新产品的推广应用,制修订试验鉴定大纲、完善补贴额测算办法,为新产品纳入全国农机购置补贴机具种类范围奠定基础。

各省结合实际,自主决定是否开展试点以及选取试点内容,既可在全省范围实施,也可在部分重点市、县开展。

二、试点产品选定

(一)产品条件。试点产品应当农业机械属性明确,技术创新特征明显,能够弥补当地农业机械化发展短板,提升农业机械化水平。从先进性、安全性和适用性方面综合评价,切实排除假冒伪劣产品。先进性方面,至少拥有实用新型发明专利、整机发明专利以及省级以上科技成果鉴定或者评价证明之一;安全性方面,应当取得有资质的检验检测机构依据国家、行业或企业标准出具的产品出厂合格证明;适用性方面,应当通过省级农机化主管部门组织或委托县级以上农机鉴定、推广、科研单位开展的田(场)间实地试验验证。

(二)遴选程序。一是开展调查研究。紧紧围绕实施乡村振兴战略和推进农业供给侧结构性改革,聚焦农业绿色发展和丘陵山区农业机械化发展需要,征求农业产业部门、基层农机部门和农民的意见，自下而上摸清需求，提出拟选产品清单。二是进行条件审查。对拟选产品开展有无鉴定大纲或是否现行大纲不能涵盖其新增功能和结构特征的审查评估，初步选定产品。三是明确品目归属。根据《农业机械分类》(NY/T 1640—2015)，确定产品所属品目，遴选不超过3个试点机具品目(不含遥控飞行喷雾机、固定翼飞机、旋翼飞机)。四是申请品目备案。分一次或两次填写试点机具品目备案表(格式见附件1)，于2018年6月或者11月报农业部农业机械化管理司备案同意。五是公开选定产品。通过公开申报、专家评审、公示等程序，由省级农机化主管部门会同财政部门确定试点产品。

(三)工作要求。立足全国范围内选取试点产品，严禁地方保护主义。试点产品生产企业原则上应有2家以上，形成一定的竞争格局。对生产企业仅为1家的产品，经专门评估论证后，可以列入试点。试点机具品目一经备案确定，不再增加或替换。试点期限截止到2020年底。

三、资金规模和补贴标准

(一)资金规模。年度试点资金量按不超过试点省份年度中央财政农机购置补贴资金总规模的10%安排。其中，补贴资金总规模低于1 000万元的，年度试点资金量可提至最高100万元；3亿元及以上的，年度试点资金量不超过3 000万元。

(二)补贴标准。试点省份省级农机化主管部门负责补贴额确定工作，原则上依据试点产品市场销售均价测算，测算比例不超过30%。市场销售均价可通过市场调查获取。试点过程中，具体产品的实际补贴比例在30%上下一定范围内浮动符合政策规定。发现具体产品实际补贴比例明显偏高时，按《2018—2020年农机购置补贴实施指导意见》的相关规定处理。

四、监督管理

农机新产品购置补贴试点是农机购置补贴工作的重要组成部分，由省级农机化主管部门会同财政部门组织实施，可以按现行农机购置补贴政策规定操作，也可以采取项目管理等方式实施。要认真贯彻落实《2018—2020年农机购置补贴实施指导意见》的精神，切实加强全过程管理，并进一步做好以下工作。

(一)加强试点产品及其生产企业的条件审查。注重应用“全国农业机械试验鉴定管理服务信息化平台”公开的试验鉴定大纲信息，做好试点产品条件审查等工作。建立参与试点企业书面承诺制，明确企业在产品质量、售后服务、退换货及纠纷处理等方面的责任义务。

(二)加强试点产品技术缺陷风险防控。要公开试点产品的技术优势、使用潜在风险等信息，提示农民群众知悉产品使用风险，理性购买。对安装类、设施类或安全风险较高类试点产品，可在生产应用一段时期后再兑付补贴资金。对出现突出问题、成效不明显的产品及时采取整改、暂停、终止试点等措施，并开展评估，对存在违规行为的予以严肃查处。

(三)加强试点工作评估与考核。要围绕试点期限内实现制修订试点产品试验鉴定大纲等目标，边试点边组织开展试点产品试验鉴定大纲起草、修订及评估论证，及时完成试验鉴定大纲制修订及公开工作，将产品或品目按规定纳入全国农机购置补贴机具种类范围。做好年度试点工作总结，于每年12月15日前将年度自评及总结报农业部农业机械化管理司、财政部农业司。加强试点成效评估考核，将试点工作纳入农机购置补贴延伸绩效管理。

五、关于遥控飞行喷雾机补贴试点事宜

2018—2020年继续开展农机购置补贴引导植保无人飞机(即遥控飞行喷雾机)规范应用试点，有关工作按《农业部办公厅、财政部办公厅、中国民用航空局综合司关于开展农机购置补贴引导植保无人飞机规范应用试点工作的通知》(农办机〔2017〕10号)执行。其他新开展试点的省份，省级农机化、财政部门于2018年6月或者11月联合报农业部农业机械化管理司、财政部农业司备案同意(格式见附件2)，并抄报中国民用航空局飞行标准司。试点省份需每年12月15日前将年度试点工作总结报农业部农业机械化管理司、财政部农业司和中国民用航空局飞行标准司。农业部农业机械化管理司按照中央财政有关规定，组织对试点工作开展专项绩效考核。

附件：1.农机新产品购置补贴试点机具品目备案表(略)
2.植保无人飞机规范应用试点备案表(略)

农业部办公厅
财政部办公厅
二〇一八年三月十五日

农业部办公厅　国家认监委办公室 关于做好中央财政农机购置补贴机具资质采信农机产品认证结果工作的通知

农办机〔2018〕6号

各省、自治区、直辖市及计划单列市农业(农牧、农村经济)厅(局、委)、农机管理局(办公室)、质量技术监督局(市场监督管理部门)，新疆生产建设兵团农业局、质量技术监督局(市场监督管理部门)，黑龙江省农垦总局、广东省农垦总局，农业部农业机械试验鉴定总站及有关认证机构：

为贯彻《国务院关于加强质量认证体系建设促进全面质量管理的意见》(国发〔2018〕3号)精神，落实《农业部办公厅、财政部办公厅关于印发〈2018—2020年农机购置补贴实施指导意见〉的通知》(农办财〔2018〕13号)的要求，推进中央财政农机购置补贴机具资质采信农机产品认证结果工作，现就有关事项通知如下。

一、产品种类范围及认证要求

农机产品认证包括强制性产品认证和自愿性产品认证。对强制性产品认证结果直接采信，种类范围按国家认证认可监管部门《强制性产品认证实施规则农机产品》确定；对自愿性产品认证结果采信开展试点，试点产品获证后可具备补贴机具资质，试点期限2018—2020年。第一批试点产品为：100马力以下轮式拖拉机、甘蔗收获机、旋耕机、微耕机。

国家认证认可监督管理委员会（以下简称"国家认监委"）会同农业部组织制定并联合发布列入资质采信范围的产品认证规则，其中的产品品目名称、认证模式、技术规格参数与其核测方法等方面的规定，应满足农机购置补贴机具资质采信需要。

农机生产企业自愿持符合要求的产品认证证书，向省级农机化主管部门申请参与农机购置补贴政策实施。

二、参与采信工作认证机构的确定

承担农机购置补贴机具资质采信农机产品认证工作的认证机构（以下简称"认证机构"）应依照《中华人民共和国认证认可条例》等相关法律法规成立，并同时具备以下条件的，其认证结果在农机购置补贴过程中予以采信。一是从事农机产品检验、检测、认证或鉴定等质量评价活动3年以上，其中农机产品认证领域经历2年以上，具备公正、独立、有效地从事农机产品认证活动的技术与管理能力；二是累计颁发农机产品认证证书50张以上，且采用的认证模式为"型式试验＋初始工厂检查＋获证后跟踪检查"；三是拥有从事农机产品认证检查活动的人力资源，其中农机产品认证检查员应有5年以上农机质量评价活动从业经历，并经国家认证人员注册机构注册。

符合上述条件并愿意承担农机购置补贴机具资质采信产品认证工作的认证机构，可以向国家认监委提交采信机构登记表（见附件1）及有关资料、承诺书（见附件2）等。国家认监委组织产品质量认证、农机试验鉴定、农机购置补贴等方面专家进行评审，会商农业部后，确定并公布认证机构名单及其认证产品种类范围。

认证机构如有以下情况变化，应按照《认证机构管理办法》相关要求及时向国家认监委提请变更。一是机构名称、地址等机构信息发生变化；二是承担认证的资质采信产品种类范围发生变化；三是其他需申请变更登记的情况。

在试点期限内，按照上述条件对列入农机购置补贴采信工作的认证机构予以确定和管理，待试点结束、有关条件成熟后，农业部、国家认监委将制定相关管理办法予以进一步明确。

三、认证信息公开和管理

认证机构应根据农机购置补贴政策实施相关要求，向农业部农业机械试验鉴定总站负责管理的"全国农业机械试验鉴定管理服务信息化平台"（以下简称"平台"）上传经国家认监委批准的机构及认证产品种类范围信息，并在发放产品认证证书后两周内，按平台要求上传获证产品证书、照片、认证报告、所属品目、主要技术规格表等信息，其中品目名称要与补贴机具品目保持一致。

获证产品及其生产企业的信息等发生变更，或者在省级以上产品质量监督抽查中有被认定为不合格的情形，相关认证机构应按认证认可管理相关规定进行处理，处理结果形成后于两周内上传平台予以公开。

认证机构对认证结果和公开信息的真实性负法律责任，相关产品认证证书、认证报告、检验报告等记录应至少保存6年。

四、违规行为查处

各省农机化、认证监管部门要加强农机购置补贴机具资质采信农机产品认证结果工作的业务指导和监督检查，密切沟通配合，严厉查处补贴认证产品违规经营及违规认证等行为。

对于农机企业违规经营补贴认证产品的行为，各省农机化主管部门要会同有关部门按照农业部办公厅、财政部办公厅联合印发的《农业机械购置补贴产品违规经营行为处理办法（试行）》组织调查处理。

对于违规线索明显或经初步核实有较大违规嫌疑的认证机构，相关调查机关应及时函告平台管理单位，由平台管理单位先行采取冻结信息上传等防范处理措施，同步函告省级农机化主管部门，并根据国家认监委最终处理决定做好后续处理工作。对于违法违规认证机构及行为，国家认监委将按照有关法律法规组织调查处理。

附件：1. 承担农机购置补贴机具资质采信产品认证机构登记表（略）

2. 参与农机购置补贴机具资质采信工作承诺书（略）

农业部办公厅

国家认监委办公室

二〇一八年三月十四日

农业部办公厅关于印发《2018—2020年全国通用类农业机械中央财政资金最高补贴额一览表》的通知

农办机〔2018〕7号

各省、自治区、直辖市及计划单列市农业（农牧、农村经济）厅（局、委）、农机管理局（办公室），新疆生产建设兵团农业局，黑龙江省农垦总局，广东省农垦总局：

根据《农业部办公厅、财政部办公厅关于印发〈2018—2020年农机购置补贴实施指导意见〉的通知》（农办财〔2018〕13号）的要求，我部组织制定了《2018—2020年全国通用类农业机械中央财政资金最高补贴额一览表》（以下简称《一览表》），现予印发，并就有关事项通知如下。

《一览表》明确了通用类机具各个档次的最高补贴额。各省可在不超过最高补贴额的前提下，结合实际，采用、调整、优化相关档次，重新测算补贴额。具体要求：一是直接采用《一览表》分档档次的，各档次补贴额不得高于最高补贴额；二是归并或细化《一览表》分档档次的，要保持分档参数不变，新形成档次的补贴额不得高于归并前较低档次或细化前相应档次最高补贴额；三是选取《一览表》分档档次进行优化的，要立足于促进多功能、复式、智能化等新型绿色高效机具分档定补更加精准，统筹考虑机具主体结构、主要功能及试验鉴定、基层核验的可行性，精选拟优化档次，在保持原基本配置和参数的基础上，科学确定新增参数、档次名称，进行优化。优化后各档次的补贴额不得高于优化前相应档次最高补贴额。优化前的档次如继续保留，其补贴额不得高于优化后档次的补贴额；四是既归并或细化又优化的，要按照先归并或细化、再优化的顺序确定补贴额。

对《一览表》现有档次未涵盖的机具，均按非通用类机具管理，由各省结合实际进行分档及测算补贴额。

各省要按照《2018—2020年农机购置补贴实施指导意见》规定和本通知要求，严格遵循专家测算、集体审议、公示、发布的程序，加快制定公布本省农机购置补贴机具补贴额一览表。

附件：1. 2018—2020年全国通用类农业机械中央财政资金最高补贴额一览表

2. ××省(自治区、直辖市)及计划单列市、兵团、农垦农机购置补贴机具补贴额一览表(格式)(略)

农业部办公厅

二〇一八年三月九日

附件1

2018—2020年全国通用类农业机械中央财政资金最高补贴额一览表

大类	小类	品目	档次编号	档次名称	基本配置和参数	中央财政最高补贴额(元)	备注
一、耕整地机械	(一)耕地机械	1.旋耕机(含履带自走式旋耕机)	1.1	单轴1 000～1 500 mm旋耕机	单轴；1 000 mm≤耕幅<1 500 mm	300	
			1.2	单轴1 500～2 000 mm旋耕机	单轴；1 500 mm≤耕幅<2 000 mm	900	
			1.3	单轴2 000～2 500 mm旋耕机	单轴；2 000 mm≤耕幅<2 500 mm	1 900	
			1.4	单轴2 500 mm及以上旋耕机	单轴；耕幅≥2 500 mm	2 400	
			1.5	双轴1 000～1 500 mm旋耕机	双轴；1 000 mm≤耕幅<1 500 mm	600	
			1.6	双轴1 500～2 000 mm旋耕机	双轴；1 500 mm≤耕幅<2 000 mm	1 600	
			1.7	双轴2 000～2 500 mm旋耕机	双轴；2 000 mm≤耕幅<2 500 mm	3 200	
			1.8	双轴2 500 mm及以上旋耕机	双轴；耕幅≥2 500 mm	3 500	
			1.9	1 200～2 000 mm履带自走式旋耕机	形式：履带自走式；1 200 mm≤耕幅<2 000 mm	8 300	
			1.10	2 000 mm及以上履带自走式旋耕机	形式：履带自走式；耕幅≥2 000 mm	15 100	
		2.深松机	2.1	3铲及以下深松机	深松部件3个及以下	1 400	
			2.2	4—5铲深松机	深松部件4、5个	2 300	
			2.3	6铲及以上深松机	深松部件6个及以上	3 400	
			2.4	3铲及以下振动式深松机	振动式；深松部件3个及以下	2 800	
			2.5	4—5铲振动式深松机	振动式；深松部件4、5个	3 100	
			2.6	6铲及以上振动式深松机	振动式；深松部件6个及以上	4 900	

续表

大类	小类	品目	档次编号	档次名称	基本配置和参数	中央财政最高补贴额(元)	备注
二、种植施肥机械	(二)播种机械	3.穴播机	3.1	2～3行穴播机	普通排种器;播种行数2、3行	600	对穴播机品目先按排种器形式分档,其中精量排种器包括气力式和达到精量要求的指夹式,其他列为普通型式。
			3.2	4～5行穴播机	普通排种器;播种行数4、5行	1 500	
			3.3	6行及以上穴播机	普通排种器;播种行数≥6行	2 200	
			3.4	2～3行精量播种机	精量排种器;播种行数2、3行	1 300	
			3.5	4～5行精量播种机	精量排种器;播种行数4、5行	2 500	
			3.6	6～10行精量播种机	精量排种器;6行≤播种行数≤10行	4 800	
			3.7	11行及以上精量播种机	精量排种器;播种行数≥11行	7 500	
		4.免耕播种机	4.1	6行及以下免耕条播机	播种行数≤6行;作业幅宽≥1 m	1 100	对免耕播种机品目先按排种器形式分档,其中精量排种器包括气力式和达到精量要求的指夹式,其他列为普通型式。
			4.2	7～11行免耕条播机	7行≤播种行数≤11行	2 700	
			4.3	12～18行免耕条播机	12行≤播种行数≤18行	4 100	
			4.4	19～24行免耕条播机	19行≤播种行数≤24行	5 800	
			4.5	25行及以上免耕条播机	播种行数≥25行	5 800	
			4.6	2～3行免耕穴播机	普通排种器;播种行数2、3行	900	
			4.7	4～5行免耕穴播机	普通排种器;播种行数4、5行	1 600	
			4.8	6行及以上免耕穴播机	普通排种器;播种行数≥6行	3 000	
			4.9	2～3行免耕精量穴播机	精量排种器;播种行数2、3行	1 000	
			4.10	4～5行免耕精量穴播机	精量排种器;播种行数4、5行	1 800	
			4.11	6行及以上免耕精量穴播机	精量排种器;播种行数≥6行	6 200	
			4.12	2～3行牵引式免耕穴播机	精量排种器;播种行数2、3行;牵引式	12 300	
			4.13	4～5行牵引式免耕穴播机	精量排种器;播种行数4、5行;牵引式	23 300	
			4.14	6行及以上牵引式免耕穴播机	精量排种器;播种行数≥6行;牵引式	36 500	

续表

大类	小类	品目	档次编号	档次名称	基本配置和参数	中央财政最高补贴额(元)	备注
二、种植施肥机械	(三)栽植机械	5.水稻插秧机	5.1	4行手扶拖拉机配套水稻插秧机	与手扶拖拉机配套;4行	1 700	
			5.2	2行手扶步进式水稻插秧机	手扶步进式;2行	1 800	
			5.3	4行及以上手扶步进式水稻插秧机(简易型)	手扶步进式;以手扶或微耕机底盘为基础且无底盘升降等装置;4行及以上	3 400	
			5.4	4行手扶步进式水稻插秧机	手扶步进式;4行	4 400	
			5.5	6行及以上手扶步进式水稻插秧机	手扶步进式;6行及以上	5 800	
			5.6	6行及以上独轮乘坐式水稻插秧机	独轮乘坐式;6行及以上	4 200	
			5.7	4行四轮乘坐式水稻插秧机	四轮乘坐式;4行	16 800	
			5.8	6～7行四轮乘坐式水稻插秧机	四轮乘坐式;6、7行	29 200	
			5.9	8行及以上四轮乘坐式水稻插秧机	四轮乘坐式;8行及以上	38 600	
三、田间管理机械	(四)植保机械	6.喷杆喷雾机	6.1	12 m以下悬挂及牵引式喷杆喷雾机	喷幅＜12 m;形式:悬挂及牵引式	1 100	
			6.2	12～18 m悬挂及牵引式喷杆喷雾机	12 m≤喷幅＜18 m;形式:悬挂及牵引式	2 200	
			6.3	18 m及以上悬挂及牵引式喷杆喷雾机	喷幅≥18 m;形式:悬挂及牵引式	10 000	
			6.4	18马力以下自走式喷杆喷雾机	功率＜18马力;形式:自走式,四轮驱动、四轮转向	5 400	
			6.5	18～50马力自走式喷杆喷雾机	18马力≤功率＜50马力;形式:自走式,四轮驱动、四轮转向	26 300	
			6.6	50～100马力自走式喷杆喷雾机	50马力≤功率＜100马力;形式:自走式,四轮驱动、四轮转向	29 400	
			6.7	100马力及以上自走式喷杆喷雾机	功率≥100马力;形式:自走式,四轮驱动、四轮转向	50 000	

续表

大类	小类	品目	档次编号	档次名称	基本配置和参数	中央财政最高补贴额(元)	备注
四、收获机械	(五)谷物收获机械	7.自走轮式谷物联合收割机	7.1	2～3 kg/s 自走轮式谷物联合收割机	2 kg/s≤喂入量<3 kg/s;自走轮式;喂入方式:全喂入	11 700	
			7.2	3～4 kg/s 自走轮式谷物联合收割机	3 kg/s≤喂入量<4 kg/s;自走轮式;喂入方式:全喂入	12 900	
			7.3	4～5 kg/s 自走轮式谷物联合收割机	4 kg/s≤喂入量<5 kg/s;自走轮式;喂入方式:全喂入	13500	
			7.4	5～6 kg/s 自走轮式谷物联合收割机	5 kg/s≤喂入量<6 kg/s;自走轮式;喂入方式:全喂入	35 600	
			7.5	6～7 kg/s 自走轮式谷物联合收割机	6 kg/s≤喂入量<7 kg/s;自走轮式;喂入方式:全喂入	35 800	
			7.6	7 kg/s 及以上自走轮式谷物联合收割机	喂入量≥7 kg/s;自走轮式;喂入方式:全喂入	44 900	
		8.自走履带式谷物联合收割机(全喂入)	8.1	0.6～1 kg/s 自走履带式谷物联合收割机(全喂入),包含1～1.5 kg/s 自走履带式水稻联合收割机(全喂入)	0.6 kg/s≤喂入量<1 kg/s,1 kg/s≤水稻机喂入量<1.5 kg/s;自走履带式;喂入方式:全喂入	7 500	
			8.2	1～1.5 kg/s 自走履带式谷物联合收割机(全喂入),包含1.5～2.1 kg/s 自走履带式水稻联合收割机(全喂入)	1 kg/s≤喂入量<1.5 kg/s,1.5 kg/s≤水稻机喂入量<2.1 kg/s;自走履带式;喂入方式:全喂入	9 100	
			8.3	1.5～2.1 kg/s 自走履带式谷物联合收割机(全喂入),包含2.1～3 kg/s 自走履带式水稻联合收割机(全喂入)	1.5 kg/s≤喂入量<2.1 kg/s,2.1 kg/s≤水稻机喂入量<3 kg/s;自走履带式;喂入方式:全喂入	14 800	
			8.4	2.1～3 kg/s 自走履带式谷物联合收割机(全喂入),包含3～4 kg/s 自走履带式水稻联合收割机(全喂入)	2.1 kg/s≤喂入量<3 kg/s,3 kg/s≤水稻机喂入量<4 kg/s;自走履带式;喂入方式:全喂入	20 500	
			8.5	3～4 kg/s 自走履带式谷物联合收割机(全喂入),包含4 kg/s 及以上自走履带式水稻联合收割机(全喂入)	3 kg/s≤喂入量<4 kg/s,水稻机喂入量≥4 kg/s;自走履带式;喂入方式:全喂入	24 000	
			8.6	4 kg/s 及以上自走履带式谷物联合收割机(全喂入)	喂入量≥4 kg/s;自走履带式;喂入方式:全喂入	31 300	
		9.半喂入联合收割机	9.1	3 行 35 马力及以上半喂入联合收割机	收获行数:3 行;喂入方式:半喂入;功率≥35 马力	18 000	
			9.2	4 行及以上 35 马力及以上半喂入联合收割机	收获行数≥4 行;喂入方式:半喂入;功率≥35 马力	50 000	

续表

大类	小类	品目	档次编号	档次名称	基本配置和参数	中央财政最高补贴额（元）	备注
四、收获机械	（六）玉米收获机械	10.自走式玉米收获机（含穗茎兼收玉米收获机）	10.1	2行摘穗型自走式玉米收获机	2行割台；1 m≤幅宽＜1.6 m；形式：自走式（摘穗型）	13 300	
			10.2	3行摘穗型自走式玉米收获机	3行割台；1.6 m≤幅宽＜2.2 m；形式：自走式（摘穗型）	33 900	
			10.3	4行摘穗型自走式玉米收获机	4行割台；2.2 m≤幅宽＜2.8 m；形式：自走式（摘穗型）	47 000	
			10.4	5行及以上摘穗型自走式玉米收获机	5行及以上割台；幅宽≥2.8 m；形式：自走式（摘穗型）	74 400	
			10.5	2行摘穗剥皮型自走式玉米收获机	2行割台；1 m≤幅宽＜1.6 m；形式：自走式（摘穗剥皮型）	22 400	
			10.6	3行摘穗剥皮型自走式玉米收获机	3行割台；1.6 m≤幅宽＜2.2 m；形式：自走式（摘穗剥皮型）	42 300	
			10.7	4行摘穗剥皮型自走式玉米收获机	4行割台；2.2m≤幅宽＜2.8m；形式：自走式（摘穗剥皮型）	56 200	
			10.8	5行及以上摘穗剥皮型自走式玉米收获机	5行及以上割台；幅宽≥2.8 m；形式：自走式（摘穗剥皮型）	74 400	
		11.自走式玉米籽粒联合收获机	11.1	3行及以下自走式玉米籽粒联合收获机	3行及以下割台；幅宽＜2.2 m；形式：自走式	18 900	
			11.2	4行自走式玉米籽粒联合收获机	4行割台；2.2 m≤幅宽＜2.8 m；形式：自走式	35 800	
			11.3	5行及以上自走式玉米籽粒联合收获机	5行及以上割台；幅宽≥2.8 m；形式：自走式	87 400	
	（七）籽粒作物收获机械	12.油菜籽收获机	12.1	0.6～1 kg/s自走履带式油菜籽收获机	0.6 kg/s≤喂入量＜1 kg/s；自走履带式	7 500	
			12.2	1～1.5 kg/s自走履带式油菜籽收获机	1 kg/s≤喂入量＜1.5 kg/s；自走履带式	9 100	
			12.3	1.5～2.1 kg/s自走履带式油菜籽收获机	1.5 kg/s≤喂入量＜2.1 kg/s；自走履带式	14 800	
			12.4	2.1～3 kg/s自走履带式油菜籽收获机	2.1 kg/s≤喂入量＜3 kg/s；自走履带式	20 500	
			12.5	3～4 kg/s自走履带式油菜籽收获机	3 kg/s≤喂入量＜4 kg/s；自走履带式	24 000	
			12.6	4 kg/s及以上自走履带式油菜籽收获机	喂入量≥4 kg/s；自走履带式	31 300	
			12.7	2～3 kg/s自走轮式油菜籽收获机	2 kg/s≤喂入量＜3 kg/s；自走轮式	11 700	
			12.8	3～4 kg/s自走轮式油菜籽收获机	3 kg/s≤喂入量＜4 kg/s；自走轮式	12 900	
			12.9	4～5 kg/s自走轮式油菜籽收获机	4 kg/s≤喂入量＜5 kg/s；自走轮式	13 500	
			12.10	5～6 kg/s自走轮式油菜籽收获机	5 kg/s≤喂入量＜6 kg/s；自走轮式	35 600	
			12.11	6～7 kg/s自走轮式油菜籽收获机	6 kg/s≤喂入量＜7 kg/s；自走轮式	35 800	
			12.12	7 kg/s及以上自走轮式油菜籽收获机	喂入量≥7 kg/s；自走轮式	44 900	

续表

大类	小类	品目	档次编号	档次名称	基本配置和参数	中央财政最高补贴额(元)	备注
四、收获机械	(八)饲料作物收获机械	13. 打(压)捆机	13.1	0.7～1.2 m 捡拾压捆机	0.7 m≤捡拾宽度<1.2 m	7 600	
			13.2	1.2～1.7 m 捡拾压捆机	1.2 m≤捡拾宽度<1.7 m	18 400	
			13.3	1.7～2.2 m 捡拾压捆机	1.7 m≤捡拾宽度<2.2 m	34 500	
			13.4	2.2 m 及以上捡拾压捆机	捡拾宽度≥2.2 m	44 000	
			13.5	4 kW 及以上圆捆压捆机	圆捆;功率≥4 kW	9 400	
			13.6	7.5～15 kW 方捆压捆机	方捆;7.5 kW≤功率<15 kW	3 300	
			13.7	15 kW 及以上方捆压捆机	方捆;功率≥15 kW	14 600	
		14. 青饲料收获机	14.1	150～160 cm 悬挂甩刀式青饲料收获机	悬挂甩刀式;150 cm≤割幅<160 cm	4 200	
			14.2	160 cm 及以上悬挂甩刀式青饲料收获机	悬挂甩刀式;割幅≥160 cm	5 400	
			14.3	90～110 cm 悬挂单圆盘式青饲料收获机	悬挂单圆盘式;90 cm≤割幅<110 cm	4 500	
			14.4	110 cm 及以上悬挂单圆盘式青饲料收获机	悬挂单圆盘式;割幅≥110cm	17 200	
			14.5	90～110 cm 悬挂双圆盘式青饲料收获机	悬挂双圆盘式;90 cm≤割幅<110 cm	5 400	
			14.6	110～210 cm 悬挂双圆盘式青饲料收获机	悬挂双圆盘式;110 cm≤割幅<210 cm	17 200	
			14.7	210～220 cm 悬挂双圆盘式青饲料收获机	悬挂双圆盘式;210 cm≤割幅<220 cm	42 300	
			14.8	220 cm 及以上悬挂双圆盘式青饲料收获机	悬挂双圆盘式;割幅≥220 cm	47 500	
			14.9	160～190 cm 悬挂其他式青饲料收获机	悬挂其他式;160 cm≤割幅<190 cm	13 500	
			14.10	190～220 cm 悬挂其他式青饲料收获机	悬挂其他式;190 cm≤割幅<220 cm	14 400	
			14.11	220 cm 及以上悬挂其他式青饲料收获机	悬挂其他式;割幅≥220 cm	18 200	
			14.12	110 cm 及以上牵引式青饲料收获机	牵引式;割幅≥110 cm	8 600	
			14.13	200～260 cm 自走圆盘式青饲料收获机	自走圆盘式;200 cm≤割幅<260 cm	63 700	
			14.14	260 cm 及以上自走圆盘式青饲料收获机	自走圆盘式;割幅≥260 cm	129 600	
			14.15	180～220 cm 自走其他式青饲料收获机	自走其他式;180 cm≤割幅<220 cm	45 300	
			14.16	220～260 cm 自走其他式青饲料收获机	自走其他式;220 cm≤割幅<260 cm	64 900	
			14.17	260～290 cm 自走其他式青饲料收获机	自走其他式;260 cm≤割幅<290 cm	86 500	
			14.18	290 cm 及以上自走其他式青饲料收获机	自走其他式;割幅≥290 cm	129 600	

续表

大类	小类	品目	档次编号	档次名称	基本配置和参数	中央财政最高补贴额(元)	备注
四、收获机械	(九)茎秆收集处理机械	15.秸秆粉碎还田机	15.1	1 m以下秸秆粉碎还田机	作业幅宽<1 m	200	
			15.2	1~1.5 m秸秆粉碎还田机	1 m≤作业幅宽<1.5 m	900	
			15.3	1.5~2 m秸秆粉碎还田机	1.5 m≤作业幅宽<2 m	1 900	
			15.4	2~2.5 m秸秆粉碎还田机	2 m≤作业幅宽<2.5 m	2 200	
			15.5	2.5 m及以上秸秆粉碎还田机	作业幅宽≥2.5 m	2 700	
五、收获后处理机械	(十)干燥机械	16.谷物烘干机	16.1	批处理量4 t以下循环式谷物烘干机	批处理量<4 t;循环式	5 400	
			16.2	批处理量4~10 t循环式谷物烘干机	4 t≤批处理量<10 t;循环式	17 900	
			16.3	批处理量10~20 t循环式谷物烘干机	10 t≤批处理量<20 t;循环式	29 500	
			16.4	批处理量20~30 t循环式谷物烘干机	20 t≤批处理量<30 t;循环式	37 100	
			16.5	批处理量30 t及以上循环式谷物烘干机	批处理量≥30 t;循环式	69 900	
			16.6	处理量50 t/d以下连续式谷物烘干机	处理量<50 t/d;连续式	23 700	
			16.7	处理量50~100 t/d连续式谷物烘干机	50 t/d≤处理量<100 t/d;连续式	42 100	
			16.8	处理量100 t/d及以上连续式谷物烘干机	处理量≥100 t/d;连续式	116 200	
			16.9	3~5 t平床式谷物烘干机	3 t≤装载量<5 t;平床式	4 500	
			16.10	5 t及以上平床式谷物烘干机	装载量≥5 t;平床式	8 600	
六、畜牧机械	(十一)畜产品采集加工机械设备	17.挤奶机	17.1	1杯组手动移动式挤奶机	杯组数:1;脱杯方式:手动;形式:移动式	1 200	
			17.2	2杯组手动移动式挤奶机	杯组数:2;脱杯方式:手动;形式:移动式	1 800	
			17.3	6~8杯组平面式挤奶机	杯组数:6~8;形式:平面式	13 500	
			17.4	10~12杯组平面式挤奶机	杯组数:10~12;形式:平面式	23 600	
			17.5	14杯组平面式挤奶机	杯组数:14;形式:平面式	23 600	
			17.6	16杯组及以上平面式挤奶机	杯组数≥16;形式:平面式	23 600	
			17.7	8杯组手动脱杯中置(鱼骨)式挤奶机	杯组数:8;脱杯方式:手动;形式:中置(鱼骨)式	19 800	
			17.8	10杯组手动脱杯中置(鱼骨)式挤奶机	杯组数:10;脱杯方式:手动;形式:中置(鱼骨)式	19 800	
			17.9	12杯组手动脱杯中置(鱼骨)式挤奶机	杯组数:12;脱杯方式:手动;形式:中置(鱼骨)式	21 000	
			17.10	14~15杯组手动脱杯中置(鱼骨)式挤奶机	杯组数:14~15;脱杯方式:手动;形式:中置(鱼骨)式	34 100	

续表

大类	小类	品目	档次编号	档次名称	基本配置和参数	中央财政最高补贴额(元)	备注
六、畜牧机械	(十一)畜产品采集加工机械设备	17.挤奶机	17.11	16杯组手动脱杯中置(鱼骨)式挤奶机	杯组数:16;脱杯方式:手动;形式:中置(鱼骨)式	35 100	
			17.12	18～20杯组手动脱杯中置(鱼骨)式挤奶机	杯组数:18～20;脱杯方式:手动;形式:中置(鱼骨)式	35 100	
			17.13	24杯组手动脱杯中置(鱼骨)式挤奶机	杯组数:24;脱杯方式:手动;形式:中置(鱼骨)式	52 200	
			17.14	28～30杯组手动脱杯中置(鱼骨)式挤奶机	杯组数:28～30;脱杯方式:手动;形式:中置(鱼骨)式	62 700	
			17.15	32杯组手动脱杯中置(鱼骨)式挤奶机	杯组数:32;脱杯方式:手动;形式:中置(鱼骨)式	66 700	
			17.16	36杯组及以上手动脱杯中置(鱼骨)式挤奶机	杯组数≥36;脱杯方式:手动;形式:中置(鱼骨)式	90 900	
			17.17	8杯组自动脱杯中置(鱼骨)式挤奶机	杯组数:8;脱杯方式:自动;形式:中置(鱼骨)式	45 000	
			17.18	10杯组自动脱杯中置(鱼骨)式挤奶机	杯组数:10;脱杯方式:自动;形式:中置(鱼骨)式	45 000	
			17.19	12杯组自动脱杯中置(鱼骨)式挤奶机	杯组数:12;脱杯方式:自动;形式:中置(鱼骨)式	75 500	
			17.20	14杯组及以上自动脱杯中置(鱼骨)式挤奶机	杯组数≥14;脱杯方式:自动;形式:中置(鱼骨)式	102 100	
			17.21	16杯组及以上自动脱杯并列(转盘)式挤奶机	杯组数≥16;脱杯方式:自动;形式:并列(转盘)式	120 000	
			17.22	20杯组及以上手动脱杯并列(转盘)式挤奶机	杯组数≥20;脱杯方式:手动;形式:并列(转盘)式	54 000	
		18.贮奶(冷藏)罐	18.1	3 000～6 000 L贮奶罐	3 000 L≤容量<6 000 L	7 200	
			18.2	6 000～20 000 L贮奶罐	6 000 L≤容量<20 000 L	17 200	
			18.3	20 000 L及以上贮奶罐	容量≥20 000 L	20 700	
			18.4	3 000 L以下非全自动清洗冷藏罐	容量<3 000 L;清洗方式:非全自动清洗	7 200	
			18.5	3 000—6 000 L非全自动清洗冷藏罐	3 000 L≤容量<6 000 L;清洗方式:非全自动清洗	9 000	
			18.6	6 000 L及以上非全自动清洗冷藏罐	容量≥6 000 L;清洗方式:非全自动清洗	19 400	
			18.7	3 000 L以下全自动清洗冷藏罐	容量<3 000 L;清洗方式:全自动清洗	7 500	
			18.8	3 000～6 000 L全自动清洗冷藏罐	3 000 L≤容量<6 000 L;清洗方式:全自动清洗	10 800	
			18.9	6 000 L及以上全自动清洗冷藏罐	容量≥6000 L;清洗方式:全自动清洗	19 800	

续表

大类	小类	品目	档次编号	档次名称	基本配置和参数	中央财政最高补贴额(元)	备注
七、动力机械	(十二)拖拉机	19.轮式拖拉机(不含皮带传动轮式拖拉机)	19.1	20马力以下两轮驱动拖拉机	功率＜20马力;驱动方式:两轮驱动	1 800	
			19.2	20～30马力两轮驱动拖拉机	20马力≤功率＜30马力;驱动方式:两轮驱动	5 400	
			19.3	30～40马力两轮驱动拖拉机	30马力≤功率＜40马力;驱动方式:两轮驱动	9 300	
			19.4	40～50马力两轮驱动拖拉机	40马力≤功率＜50马力;驱动方式:两轮驱动	10 200	
			19.5	50～60马力两轮驱动拖拉机	50马力≤功率＜60马力;驱动方式:两轮驱动	12 000	
			19.6	60～70马力两轮驱动拖拉机	60马力≤功率＜70马力;驱动方式:两轮驱动	13 800	
			19.7	70～80马力两轮驱动拖拉机	70马力≤功率＜80马力;驱动方式:两轮驱动	19 600	
			19.8	80～90马力两轮驱动拖拉机	80马力≤功率＜90马力;驱动方式:两轮驱动	23 500	
			19.9	90～100马力两轮驱动拖拉机	90马力≤功率＜100马力;驱动方式:两轮驱动	27 000	
			19.10	100马力及以上两轮驱动拖拉机	功率≥100马力;驱动方式:两轮驱动	29 100	
			19.11	20马力以下四轮驱动拖拉机	功率＜20马力;驱动方式:四轮驱动	2 100	
			19.12	20～30马力四轮驱动拖拉机	20马力≤功率＜30马力;驱动方式:四轮驱动	6 200	
			19.13	30～40马力四轮驱动拖拉机	30马力≤功率＜40马力;驱动方式:四轮驱动	11 600	
			19.14	40～50马力四轮驱动拖拉机	40马力≤功率＜50马力;驱动方式:四轮驱动	13 300	
			19.15	50～60马力四轮驱动拖拉机	50马力≤功率＜60马力;驱动方式:四轮驱动	17 000	
			19.16	60～70马力四轮驱动拖拉机	60马力≤功率＜70马力;驱动方式:四轮驱动	18 300	
			19.17	70～80马力四轮驱动拖拉机	70马力≤功率＜80马力;驱动方式:四轮驱动	24 300	
			19.18	80～90马力四轮驱动拖拉机	80马力≤功率＜90马力;驱动方式:四轮驱动	29 200	
			19.19	90～100马力四轮驱动拖拉机	90马力≤功率＜100马力;驱动方式:四轮驱动	33 800	
			19.20	100～120马力四轮驱动拖拉机	100马力≤功率＜120马力;驱动方式:四轮驱动	33 800	
			19.21	120～140马力四轮驱动拖拉机	120马力≤功率＜140马力;驱动方式:四轮驱动	46 500	
			19.22	140～160马力四轮驱动拖拉机	140马力≤功率＜160马力;驱动方式:四轮驱动	66 700	
			19.23	160～180马力四轮驱动拖拉机	160马力≤功率＜180马力;驱动方式:四轮驱动	80 700	
			19.24	180～200马力四轮驱动拖拉机	180马力≤功率＜200马力;驱动方式:四轮驱动	97 300	
			19.25	200马力及以上四轮驱动拖拉机	功率≥200马力;驱动方式:四轮驱动	129 600	

续表

大类	小类	品目	档次编号	档次名称	基本配置和参数	中央财政最高补贴额(元)	备注
七、动力机械	(十二)拖拉机	20.履带式拖拉机	20.1	40～50马力履带式拖拉机	40马力≤功率<50马力;驱动方式:履带式	16 300	
			20.2	50～60马力履带式拖拉机	50马力≤功率<60马力;驱动方式:履带式	16 300	
			20.3	60～70马力履带式拖拉机	60马力≤功率<70马力;驱动方式:履带式	25 200	
			20.4	70～80马力履带式拖拉机	70马力≤功率<80马力;驱动方式:履带式	36 700	
			20.5	80～90马力履带式拖拉机	80马力≤功率<90马力;驱动方式:履带式	36 700	
			20.6	90～100马力履带式拖拉机	90马力≤功率<100马力;驱动方式:履带式	43 200	
			20.7	100～110马力履带式拖拉机	100马力≤功率<110马力;驱动方式:履带式	46 800	
			20.8	110～120马力履带式拖拉机	110马力≤功率<120马力;驱动方式:履带式	46 800	
			20.9	120～130马力履带式拖拉机	120马力≤功率<130马力;驱动方式:履带式	55 800	
			20.10	130～140马力履带式拖拉机	130马力≤功率<140马力;驱动方式:履带式	56 700	
			20.11	140～150马力履带式拖拉机	140马力≤功率<150马力;驱动方式:履带式	67 500	
			20.12	150～160马力履带式拖拉机	150马力≤功率<160马力;驱动方式:履带式	67 500	
			20.13	160马力及以上履带式拖拉机	功率≥160马力;驱动方式:履带式	108 000	
			20.14	50马力及以上轻型履带式拖拉机	功率≥50马力;驱动方式:履带式;橡胶履带	14 400	

农业农村部办公厅关于印发《2018年推进农业机械化全程全面发展重点技术推广行动方案》的通知

农办机〔2018〕9号

各省、自治区、直辖市及计划单列市农机(农业、农牧)局(厅、委、办),新疆生产建设兵团农业局,黑龙江省农垦总局,广东省农垦总局,农业农村部农业机械试验鉴定总站、农业农村部农业机械化技术开发推广总站,全国农机化科技创新专家组、农业农村部主要农作物生产全程机械化推进行动专家指导组,各有关单位:

为深入贯彻落实2018年《政府工作报告》"推进农业机械化全程全面发展"的部署,我部决定组织实施2018年推进农业机械化全程全面发展重点技术推广行动,并研究制定了行动方案,现予印发。

请各项行动重点工作负责单位精心组织,相关地方农机化主管部门和单位支持配合,认真抓好落实,务求取得实效。各地要结合实际,贯彻落实方案精神和要求,积极行动起来,狠抓重点技术的示范推广,加快推进农业机械化全程全面发展,为实施乡村振兴战略提供有力支撑。

农业农村部办公厅

二〇一八年四月十六日

2018年推进农业机械化全程全面发展重点技术推广行动方案

一、目的意义

当前，我国农业生产已经从依靠人力畜力为主转到以机械作业为主的新阶段，农业各领域对农业机械化的需求越来越迫切，广大农民对农机装备的依赖越来越明显。但农业机械化发展还不平衡不充分，经济作物和畜牧业、渔业、农产品初加工、设施农业的机械化水平还较低，南方丘陵山区的机械化水平有待提高，技术集成配套应用刚刚起步，迫切需要加大农机化技术推广力度，促进农机科技成果转化应用和集成配套，引领推动农业机械化转型升级。

党的十九大提出实施乡村振兴战略，推进农业农村现代化，对农业机械化发展提出了新的更高的要求。2018年《政府工作报告》明确"推进农业机械化全程全面发展"，《农业部关于大力实施乡村振兴战略加快推进农业转型升级的意见》(农发〔2018〕1号)对"加快推进农业机械化""推进'机器换人'"，作出了具体安排。组织实施推进农业机械化全程全面发展重点技术推广行动，聚焦重点领域、凝聚各方力量、突破重点技术，加快新技术、新机具推广应用，是贯彻落实党中央国务院决策部署，做好2018年农机化工作的重要举措，对加快农业机械化全程全面发展，促进乡村振兴具有重要意义。

二、重点工作

(一)主要农作物生产全程机械化推进行动。以攻薄弱、促集成为目标，在粮棉油糖主产区实施水稻、玉米、小麦、马铃薯、棉花、油菜、花生、大豆、甘蔗等九大农作物生产全程机械化技术试验示范项目，强化技术遴选、专家把关、绩效管理，打造150个以上核心示范基地。以补短板、提质量为主题，举办全国性或跨省域的系列全程机械化现场推进活动，统筹衔接专家组及地方有关活动，重点组织晚稻机械化移栽、玉米籽粒机收、黄淮海地区花生机播机收、大豆机种、西北地区马铃薯全程机械化、华南甘蔗全程机械化及智能农机作业等专题现场观摩研讨。开展甘蔗生产机械化农机农艺技术融合研究，举办甘蔗机械化的现场演示、展示及交流研讨活动。组织专家组和各主产区农机部门技术力量，针对新型经营主体，推出一系列接地气、可复制的全程机械化整体解决方案，向社会发布全程机械化发展倡议书，引导品种选育、农艺改进、农机研制、农机应用等方面相向而行。开展县域全程机械化发展水平评价，以评促建，推出100个左右基本实现全程机械化的示范县，加强典型经验宣传，引领向高质高效机械化升级。

(二)种子农机融合共促行动。组织开展主要农作物品种宜机化研究，提出适合水稻、玉米、小麦、马铃薯、棉花、油菜、花生、大豆、甘蔗生产全程机械化作业的良种选育要求。筛选推介一批适宜机械化的主推品种，推进品种、栽培与机械装备集成配套，提升机械化生产的效率和效益。开展育种机械化、种子处理加工技术装备试验示范，组织育制种机械化技术交流与合作，提升种子生产加工机械化水平。

(三)果菜茶生产机械化技术示范行动。组织开展水果、大宗蔬菜、茶叶等经济作物机械化生产技术调研，提出产业需求和推广重点。召开全国果菜茶机械化现场推进会，总结成效经验，明确推进思路和重点。举办果菜生产机械化发展论坛。围绕苹果、柑橘、茶叶机械化生产和运输等薄弱环节，开展新技术、新装备试验示范。建设大宗蔬菜机械化示范县，建立蔬菜移栽示范基地，加快技术装备的引进选型和试验示范。开展果菜茶机械化技术、设施农业技术培训。开展大宗蔬菜机械化现场演示、智能LED植物工厂关键技术示范等推广活动。

(四)特色产业节本增效机械化推广行动。针对特色粮油作物、麻类、中药材、热带亚热带作物等生产机械化难点多、实现难度大问题，开展调研活动，提出特色优势作物机械化发展研究报告。选择基础条件较好的作物，布局建立试验示范基地，突破小品种作物机械化"瓶颈"，提升特色优势产业竞争力。推进农机农艺融合，制定和完善特色作物机械化生产的种植模式和作业规范。推动组建热带作物(麻类)作物机械化创新联盟，推进热带亚热带作物、麻类作物机械化技术装备研发与推广。

(五)禽养殖机械化提升行动。实施牧草生产全程机械化示范项目。举办饲草料机械化技术培训，加快饲草料生产机械化技术推广应用。发挥饲草料生产机械化科技创新联盟作用，开展玉米秸秆饲料化利用新技术新装备示范推广活动。制修订一批畜禽养殖机械鉴定大纲，完善畜禽规模养殖装备指标评价体系，增强畜禽养殖机械试验鉴定能力。开展畜禽养殖装备技术展示和推广演示活动，举办"畜牧业现代化与养殖装备技术支撑"学术交流研讨会，以及蛋鸡标准化规模养殖支撑技术集成与装备推广演示活动等，促进畜禽养殖装备系统优化升级。

(六)农产品初加工机械化推进行动。开展农产品干燥与贮藏技术调研，提出扶持农产品产地初加工政策建议。推广北方高寒地区与南方高温高湿地区粮油低成本干燥、贮藏技术与装备，降低生产成本，减少产品损耗。开展水果、蔬菜、中药材产地商品化处理干燥技术与装备示范推广活动，举办剥麻与清洗机械化技术培训，提高特色农产品产地初加工机械化水平。公布谷物干燥机质量调查结果，指导生产企业改进机具性能，提高产品质量。

(七)农业绿色发展机械化技术推广行动。组织在主要农作物生产全程机械化示范县推广节水灌溉、保护性耕作、秸秆还田离田、化肥农药精施、有机肥施用等方面的机械化技术，构建绿色、高效的全程机械化技术体系。建立残膜捡拾、秸秆还田离田、保护性耕作、化肥农药精准施用等机械化示范基地，发挥农机化技术在农业绿色发展和面源污染治理中的重要作用。推广生物发酵、堆肥、运输、施用等畜禽粪污资源化利用技术装备，推动循环农业发展和畜牧业绿色生产。开展保护性耕作技术现场评估，扩大保护性耕作应用。组织植保无人机质量评价培训、作业示范以及成果展示。举办全国春耕生产农机化技术、果菜茶有机肥替代化肥机械化技术培训等活动。

(八)深度贫困地区农机化技术推广行动。落实《农业部支持深度贫困地区农业产业扶贫精准脱贫方案》和《"三区三州"等深度贫困地区特色扶贫行动》有关部署，组织全国农机化科技创新专家组、全程机械化推进行动专家指导组专家赴"三区三州"开展技术调研，开展机械化技术培训、机具现场演示、咨询服务等活动。组织"三区三州"农机化技术人员参加全国性农机化培训。针对四川红原县、理塘县、昭觉县等深度贫困地区特色畜禽、蔬菜产业的发展，组织畜禽养殖、蔬菜生产和农机化等方面的专家，指导制定产业发展的规划，开展技术培训、咨询服务、装备选型配套等，推进产业扶贫。组织农机化科研单位、农机制造企业在三个县建立联系点，"结对子"帮扶，培植壮大合作社、大户等主体，开展新技术新装备试验示范和技术推广活动，扶持壮大区域特色产业。

2018 年推进农业机械化全程全面发展重点技术推广行动重点工作分工详见附件。

三、工作要求

(一)加强组织领导，推动工作落实。有关单位要高度重视，加强组织领导，按照重点工作分工表，制订具体方案和进度安排，明确任务分工，落实工作责任和经费投入，推进各项工作顺利开展，如期完成，于 11 月 30 日前将工作总结报送农业农村部农业机械化管理司。

(二)加强合作协作，形成工作合力。充分发挥专家作用，加强农机农艺融合，推进技术集成应用。加强推广机构、科研教学单位、农业装备制造企业、新型农业生产经营主体的合作协作，发挥协会、学会等社会团体的作用，形成推广合力。

(三)加强作风建设，务求工作实效。严格遵守中央八项规定和廉洁自律的要求，力戒官僚主义、形式主义，深入基层，贴近实际，讲求效果，求真务实。创新"田间日"活动等体验式、参与式推广方式，加快农机化技术快速入户到田。

(四)加强宣传交流，营造良好氛围。及时发布相关信息，充分利用各种媒介，大力宣传重要活动的进展、成效和经验，提升重点技术推广应用的显示度和影响力，引导各方面积极参与行动的实施，营造推进农业机械化全程全面发展的良好氛围。

附件：《2018 年推进农业机械化全程全面发展重点技术推广行动方案》重点工作分工表(略)

农业农村部办公厅关于开展 2018 年农机"安全生产月"活动的通知

农办机〔2018〕10 号

各省、自治区、直辖市及计划单列市农机(农业、农牧)局(厅、委、办)，新疆生产建设兵团农业局：

为深入宣传贯彻习近平新时代中国特色社会主义思想和党中央、国务院关于加强安全生产工作的系列决策部署，按照《国务院安委会办公室关于开展 2018 年全国"安全生产月"和"安全生产万里行"活动的通知》(安委办〔2018〕8 号)要求，我部决定结合农机行业特点，于 6 月份在全国组织开展农机"安全生产月"活动，进一步增强农机手安全素质，有效防范和遏制农机重特大事故发生。现将有关事项通知如下。

一、总体思路

以习近平总书记关于安全生产工作的重要思想为指导，围绕党中央、国务院关于安全生产工作的决策部署，以"生命至上、安全发展"为主题，以增强农机手应急意识和安全素质、预防和减少农机事故、提高农业机械化安全生产水平为目标，以强化安全红线意识、压实安全责任、实施新颁规章、强化政策措施、创建安全文化、加大隐患治理、提升监管能力为重点，开展政治性、专业性、文艺性、新闻性有机结合、富有实效的宣传教育活动，切实推进农机安全文化进农村、进农户、进集市、进校园、进农机合作社、进农机经销网点、进农机维修网点，为促进农机安全生产形势持续稳定好转，推进乡村振兴战略实施营造良好的安全生产环境。

二、主要内容

各级农机化主管部门和农机安全监理机构要认真贯彻全国"安全生产月"活动精神，切实组织开展好农机"安全生产月"系列活动。

(一)开展送农机安全知识下乡活动

深入宣传习近平总书记关于安全生产工作的重要思想，党中央、国务院关于安全生产的决策部署，国务院安委会的工作要求，安全生产领域改革发展的目标任务，安全生产形势和安全生产法律法规标准等。结合农机安全生产实际，加强农机安全文化建设，设计制作并免费发放有针对性的农机安全生产宣传材料，深入一线开展送农机安全知识下乡活动。6 月 1 日，新修订的《拖拉机和联合收割机驾驶证管理规定》《拖拉机和联合收割机登记规定》《拖拉机和联合收割机驾驶证业务工作规范》《拖拉机和联合收割机登记业务工作规范》将同步施行，各地要在前期学习宣贯的基础上，进一步加大宣传解读力度，利用新闻媒体广泛宣传，利用培训班等形式深入细致解读，切实把农机监理"放管服"改革、便民服务等有关规定和措施落到实处。立足落实安全责任，组织各地开展农机管理部门负责人讲安全、监理干部下基层等活动，推动依法治安，普及安全知识，推进农机安全监管新制度、新规定广为知晓、深入人心。督导各地落实好国家免征农机监理 5 项行政事业性收费的政策，积极协调财政部门做好经费保障，确保政策落到实处。有条件的地方要积极争取财政投入，将驾驶证考试费纳入免征范围，实现农机监理免费全覆盖。进一步推动农机报废更新补贴、农机安全生产防护性能提升试点工作有序开展，促进农机节能减排和安全性能提升。

(二)开展农机安全宣传咨询日活动

6 月 16 日，国务院安委会办公室在北京设安全宣传咨询日主会场，要求各地区和有关单位同步开展相关活动。农业农村部拟在河北、湖南、重庆、甘肃4省(市)组织开展全国农机安全生产宣传咨询日活动，届时将由农业机械化管理司和农业机械化技术开发推广总站领导带队，邀请部安全生产委员会办公室、应急管理部有关部门领导组成督导检查组，参加全国农机“安全生产宣传咨询日”活动并督导当地农机安全生产工作。各级农机化主管部门和农机安全监理机构要统一行动，通过设置展台、发放宣传品、举办展览展示、开展文艺表演、演讲比赛、有奖竞猜等群众喜闻乐见的方式，开展丰富多样的农机安全现场宣传和咨询活动，解答农民群众有关农机安全生产、农机化生产技术和农机惠农政策等方面的问题。要积极拓宽宣传渠道，利用主流媒体、行业媒体、网站、微信微博、手机App和各类电子媒介等，深入开展农机安全生产宣传，扩大宣传覆盖面，营造良好舆论氛围。

(三)开展农机安全生产大检查活动

结合“三夏”农机作业特点，进一步落实安全生产责任，签订安全生产责任书，确保各项农机安全监管措施落到实处。认真组织开展农机安全生产大检查，深入排查事故隐患，严肃查处拖拉机无牌、假牌、脱检、改装和驾驶人无证驾驶、非法载人等违法行为。会同公安、安监等部门继续加强变型拖拉机治理，加快老旧变型拖拉机报废。严格农机事故报告制度，及时、准确、全面统计报送农机事故情况，严禁瞒报、漏报、错报农机事故。要建立24小时值班制度，并向社会公布值班电话，保持通讯畅通。农业农村部将组织人员深入河北、江苏、安徽、山东、河南、湖北、四川、陕西等8个小麦种植重点省份开展“三夏”农机化安全生产督导工作，重点督导小麦跨区机收机播以及农机技术推广、农机服务保障、农机防汛抗旱、农机安全生产、“平安农机”创建、变型拖拉机治理等情况，确保“三夏”农机抢收抢种作业安全高效。

(四)开展农机事故警示教育和应急演练活动

组织广大农机手观看警示教育片、警示教育展，采取以案说法、答记者问等方式剖析典型事故案例，做到举一反三，严防类似事故发生；采取事故警示教育视频片展播等方式开展网上警示教育活动；围绕典型事故案例，拍摄警示教育片，摄制事故警示公益广告、微电影、动漫等文化产品，在农机办证大厅、农机培训学校等农机手经常活动场所播放，扩大警示教育的覆盖面和影响力。坚持贴近实战、注重实效原则，广泛深入开展实战化农机事故应急演练，完善优化预案，加强应急基础建设，加大装备物资投入，注重专业人才培养；组织开展应急预案、应急知识、自救互救和避险逃生技能方面的培训和比武竞赛等活动，提高农机事故科学施救和事故灾难应急救援能力。

三、相关要求

(一)加强组织领导

各地农机化主管部门和农机安全监理机构要牢固树立“四个意识”，提高农机安全生产宣传教育工作摆位，将农机“安全生产月”活动纳入年度安全生产工作计划，与业务工作同部署、同落实、同考核。农业农村部农业机械化管理司成立全国农机“安全生产月”活动领导小组，办公室设在农业机械化管理司安全监理处。各级农机化主管部门要建立活动领导机构和工作协调机制，成立专门的活动组织机构，制订实施方案，分解细化任务，层层落实责任，保障经费投入，加强督导检查，确保各项措施落实落细。

(二)务求活动实效

切实把“安全生产月”活动与防范遏制农机重特大事故结合起来，与落实安全监管工作职责结合起来，与推进农机安全生产领域改革发展结合起来，深入农业生产一线，因地制宜策划好活动，从严从实从细开展好活动，努力使各项活动落地见效。要加强农机安全文化建设和宣传教育工作水平，以把握好时、度、效为原则，推动形成一个内容精彩、形式多样、传播广泛的农机安全生产宣传格局，进一步推动社会共同关心、支持、参与农机安全生产工作。

(三)及时跟踪调度

要注重对农机“安全生产月”活动信息的跟踪调度及影像资料的收集，动态掌握情况，及时发现、总结并宣传好做法好经验。请各省(区、市)农机化主管部门于5月31日前和7月3日前，分别将2018年农机“安全生产月”活动方案、工作总结及《农机安全监管活动统计表》，以纸质文件和电子文本两种方式报农业机械化管理司。

联 系 人：刘　俊

联系电话：010－59193363

传真电话：010－59193341

邮寄地址：北京市朝阳区农展馆南里11号农业农村部农业机械化管理司

电子邮箱：njhsajc@agri.gov.cn

附件：农机安全监管活动统计表(略)

农业农村部办公厅

二〇一八年五月十四日

农业农村部办公厅关于做好2018年农机跨区作业管理和服务工作的通知

农办机〔2018〕11号

各省、自治区、直辖市及计划单列市农机(农业、农牧)局(厅、委、办)，新疆生产建设兵团农业局，黑龙江省农垦总局：

全国大规模冬小麦跨区机收工作即将全面展开。“三夏”农时紧、任务重，确保夏粮颗粒归仓、秋粮适时播种，对于夺取今年粮食丰收，实现质量兴农、绿色兴农，推进实施农业供给侧结构性改革，助力乡村振兴具有重要意义。为有力、有序、有效地组织好今年"三夏"农机跨区作业大会战，现将有关要求通知如下。

一、精心组织实施，全力完成目标任务

各级农机化主管部门要增强责任感、使命感，将组织实施好农机跨区作业，打造信息"三夏"、质量"三夏"、绿色"三夏"、平安"三夏"、暖心"三夏"，作为当前的重点工作来抓，协调动员各方力量，力争达到以下目标：机具投入总量增长、装备结构优化，全国投入"三夏"生产的联合收割机达到63万台，比上年增加1万台；跨区作业的联合收割机稳定在28万台左右，其中大喂入量联合收割机数量占比达到70%以上。农机作业水平稳中有升，全国冬小麦机收水平达到94%，夏玉米机播水平达到82%，黄淮海主产区小麦机收水平稳定在96%以上。小麦机械化收获作业质量符合相关标准，损失率不超过3%。粮食主产区的作业机具供需平衡，联合收割机转移顺畅，夏收、夏种有序推进，秸秆还田、免耕播种等绿色农机化技术广泛应用。

二、打造信息"三夏"，提升作业效率

各地要提前组织开展小麦跨区机收作业市场调查，尽早做好机具供需、作业进度、作业价格等信息的收集分析，推广"五图作战法"，根据天气、小麦成熟状况、农机分布情况，制作小麦成熟进度示意图、雨量图、降水量预报图、小麦收割机动态分布图和小麦机收进展图等，科学指挥小麦应急作业调度。要积极应用"农机直通车·全国农机化信息服务平台"及手机App，帮助机手找活干、帮助农民找机用，鼓励农机大户、农机合作社及种植大户在平台发布信息，引导供需双方开展订单服务，促进联合收割机有序流动。要大力推进"互联网＋农机服务"建设，鼓励在作业机具上配套安装北斗卫星定位导航和作业监测装备，应用"大数据"技术实现"三夏"机械化生产的现代化管理。要认真执行《农业机械化生产信息报送制度》，掌握运用新的全国农机化综合管理系统，做好小麦机收进度报送工作。天津、河北、山西、江苏、安徽、山东、河南、湖北、四川、陕西等小麦主产省份要确保作业季节每日16点30分之前，完成当日机收进度数据报送。

三、打造质量"三夏"，促进提质减损

各地要对参加"三夏"作业的机手和操作人员开展驾驶操作技能、维修保养技能和跨区作业知识的培训，麦收前做好机具维修、调试，备足易损件、零配件。充分发挥农机大户、家庭农场、农机合作社、农机作业公司等新型农机服务主体市场信息灵、组织能力强、服务质量好等优势，大力推广托管式、订单式、租赁式、"滴滴农机"式和"一条龙"全程机械化作业等服务方式，带动更多小农户便捷应用机械化高效生产方式，最大限度提高"三夏"农机作业组织化、标准化程度，提升农业发展质量效益。要加大《谷物(小麦)联合收获机械作业质量》和《小麦机械化收获减损技术指导意见》的宣贯力度，引导农户和机手选择适合的收获机具和收获时机，严格控制小麦机收留茬高度，确保小麦机收损失率不超标。要充分发挥农机跨区作业能手、农机合作社示范社的品牌效应，着力打造明星服务队、服务标兵，提高跨区作业质量。要未雨绸缪，增加粮食烘干机械投入和区域性烘干服务，减少产后损失。加强与气象部门会商，强化"三夏"期间天气监测预报和预警，制定落实好切实可行的应急预案，做好应急抢收抢种准备，针对可能出现的小麦严重倒伏等问题，组织技术力量指导机手正确调整机具，最大限度将灾害损失降到最低。

四、打造绿色"三夏"，推动循环利用

坚持绿色生态导向，加快"机器换人"步伐，加快农机购置补贴政策执行进度，对保护性耕作、秸秆还田与利用等绿色增产技术应用所需的先进适用机具全部实行敞开补贴，确保补贴机具及时投入"三夏"生产。各地要紧紧围绕"一控两减三基本"目标，扩大绿色环保、高效节约型装备应用，大力推广秸秆粉碎还田、打捆离田、高速精量播种、免耕播种、种肥同播、分层施肥、高效施药等机械化作业技术，扩大绿色生产面积。特别是要大力推行"机收—秸秆处理—机播"一条龙复式作业，防范焚烧秸秆现象发生。适宜地区要大力推广小麦联合收获—麦秸抛洒覆盖还田—夏玉米免耕覆盖播种配套技术，实现小麦秸秆还田全覆盖，推动资源循环利用。

五、打造平安"三夏"，保障作业安全

各地要把"平安农机"创建活动落实到"三夏"农机化生产的各个环节，以"生命至上、安全发展"为主题组织2018年农机"安全生产月"活动，深入一线开展农机安全知识宣传咨询、安全生产大检查、农机事故警示教育和应急演练，提高机手安全生产意识，提升农机事故防范处置能力。加强与应急、公安、交通等部门配合协作，加大变型拖拉机整治力度，从严查处农业机械无牌行驶、无证驾驶、超速超载、违法载人、不参加年检以及使用伪造、变造牌证等违法违规行为，排查事故隐患，促进安全生产。引导参加跨区作业的机手合理选择机具转运车辆，避免超高超宽超长运输。会同公安部门严厉打击各种恶意拦截机械、敲诈机手、强行收取不合理费用的行为，保证跨区作业机械正常流动。

六、打造暖心"三夏"，做到便民惠农

各地农机化主管部门要发挥好牵头协调作用，切实做好小麦跨区机收的组织调度和后勤服务，及时帮助解决出现的机具供需矛盾和其他实际困难，做到成熟一片、收获一片、播种一片，不误农时。要切实规范《跨区作业证》免费发放管理，积极协调交通运输部门落实跨区作业车辆免费通行政策，保障农业机械顺利转移。积极在主干线路设立农机跨区作业接待服务站，为机手免费发放服务指引手册、技术明白纸、防暑降温物品。及时公布小麦主产区农机服务热线电话，确保"三夏"期间24小时专人值班，随时为机手和农户提供咨询并解决问题。督促农机生产、销售、维修企业加强技术服务，落实"三包"责任，有条件的地方要送修、送配件到田间地头，保持机具技术状态良好。协调石油、石化企业加强资源储备，优先保障麦收作业用油的顺畅供应，鼓励供油企业开展农机优惠加油、送油进村到田服务活动。要积极在"三夏"生产中组织扶贫助困活动，鼓励有条件的农机合作社采取包、帮、扶等措施，为军、烈、孤、困、寡等群体提供优先、优质、优惠、免费等"三优一免"农机作业服务，让困难家庭体会到更多社会温暖；组建农机作业应急服务队，着力解决好交通不便地区的群众麦收问题。要广泛宣传"三夏"农机化工作新亮点、新典型、新成效，在全社会营造支持农机、关注农机、合力促进农机化发展的良好氛围。

农业农村部办公厅

二〇一八年五月十六日

农业农村部办公厅关于做好 2018 年农机深松整地工作的通知

农办机〔2018〕13 号

各省、自治区、直辖市及计划单列市农机(农业、农牧)局(厅、委、办),新疆生产建设兵团农业局,黑龙江省农垦总局、广东省农垦总局:

开展农机深松整地,是改善耕地质量、提高农业综合生产能力、促进质量兴农、绿色兴农的重要举措。为贯彻落实《农业部关于大力实施乡村振兴战略加快推进农业转型升级的意见》(农发〔2018〕1 号)和《农业农村部　财政部关于做好 2018 年中央财政农业生产发展等项目实施工作的通知》(农财发〔2018〕13 号)部署要求,切实完成好今年深松整地目标任务,现就有关要求通知如下。

一、抓紧分解目标任务。2018 年全国深松深耕整地面积要达到 1.5 亿亩以上。根据《全国农机深松整地作业实施规划(2016—2020 年)》,结合近年来各地实施情况,我部细化分解了 2018 年全国农机深松整地作业任务,并将以任务清单和绩效目标形式下达各省。各有关省(区、市)和垦区农机化主管部门要将所承担的作业任务逐级分解下达,层层落实责任,保质保量完成全年目标任务。

二、因地制宜开展作业补助。各有关省(区、市)要按照《农业农村部　财政部关于做好 2018 年中央财政农业生产发展等项目实施工作的通知》(农财发〔2018〕13 号)精神,精心组织实施深松整地作业补助,在适宜地区加快农机深松技术的推广应用,确保完成任务清单确定的作业面积。要抓紧明确作业补助试点区域和计划补助面积,采取政府购买服务、先作业后补助等方式实施。要合理确定补贴标准,原则上不超过 25 元/亩,具体由各省综合考虑本辖区工作基础、地理条件、技术模式、成本费用等因素确定。要建立健全相关规章制度,加强补助资金兑付环节的风险防控,严格作业补助实施过程管理及档案管理。

三、启动深翻作业补助试点。东北四省区(黑龙江省、辽宁省、吉林省、内蒙古自治区)可根据农业生产实际需要,在适宜地区试点开展农机深翻(深耕)作业补助,促进秸秆还田和黑土地保护。要在实地调研的基础上,研究适宜开展农机深翻整地作业的区域范围,统筹考虑建立完善农机深翻与农机深松整地有机结合的作业技术体系,加强深翻作业效果跟踪监测,确保试点取得成效。

四、巩固提升作业质量。深松作业深度一般要求达到或超过 25 厘米,打破犁底层。各有关省(区、市)和垦区农机化主管部门要结合本辖区制定的深松作业质量标准和检测标准,针对往年作业中出现的问题,加强技术培训指导,进一步促进深松整地作业质量巩固提升。实施作业补助的地区,要不断创新完善监管措施,充分利用信息化远程监测等"互联网+监管"方式提高监管工作效率,保证深松作业质量,防止通过虚假作业、重复作业套取财政补助资金等违规行为发生。年度深松作业任务 150 万亩以上的省份,今年要确保实施信息化远程监测的作业面积占实际补助面积的 85%以上。

五、切实加强组织领导。各有关省(区、市)和垦区农机化主管部门要积极争取地方财政资金投入,保障农机深松工作顺利开展。要建立健全绩效评价机制,将深松作业补助政策目标实现情况、任务清单完成情况、资金使用管理情况等纳入指标体系,全面评估、考核政策落实情况,实行奖优罚劣。要将深松作业机具作为农机购置补贴重点,充分满足农民购置大马力拖拉机、深松机、联合整地机等作业机具的需求,做到敞开补贴、应补尽补,提高深松作业机具装备水平。要充分发挥农机大户、农机合作社等农机服务组织作用,鼓励依托专业化服务组织开展社会化服务,强化大型拖拉机和深松机的科学调度,争取成方连片作业,整乡整村推进。鼓励服务组织跨区域开展深松作业,提高深松作业机具使用效率。要充分通过新闻媒体或现场演示会、培训班等形式,及时总结宣传深松整地作业的好经验、好做法及产生的经济效益、社会效益,为推进农机深松整地工作营造良好的舆论氛围。

各有关省(区、市)和垦区农机化主管部门要将 2018 年农机深松整地工作纳入年度农业生产发展资金项目总体方案,按要求于 6 月 30 日前报送备案。自 8 月起,要在全国农机化综合管理系统中的作业信息报送管理模块,每月按时报送农机深松整地作业进度,同时在深松整地作业任务进度过半和基本结束时,将《2018 年农机深松整地作业进度统计表》(见附件)传真至我部农业机械化管理司。重点省份要在作业季增加报送频次,每周报送一次作业进度以及相关工作动态。要在深松整地作业基本结束后,认真总结工作经验和成效,及时统计农机深松整地作业补助落实情况,于 12 月 10 日前将 2018 年农机深松整地工作总结报送我部农业机械化管理司。

附件:2018 年农机深松整地作业进度统计表(略)

农业农村部办公厅

二〇一八年五月十四日

农业农村部办公厅关于2018年上半年农机事故情况的通报

农办机〔2018〕19号

各省、自治区、直辖市及计划单列市农机(农业、农牧)局(厅、委、办),新疆生产建设兵团农业局:

2018年上半年,各级农业机械化主管部门和农机安全监理机构认真贯彻党中央、国务院关于安全生产的决策部署,落实农机安全生产责任,推进农机安全监管制度改革,会同公安、应急管理等部门深入开展专项检查整治、强化农机安全宣传教育,全国农机事故持续下降,农机安全生产形势平稳向好。按照《农业机械安全监督管理条例》和《农业机械事故处理办法》规定,现对2018年上半年全国农机道路外事故情况、农机道路交通事故情况进行通报。

一、农机道路外事故情况

2018年1—6月,累计报告在国家等级公路以外的农机事故232起,死亡33人,受伤56人,直接经济损失342.91万元。与去年同期相比,事故起数、死亡人数、受伤人数和直接经济损失分别下降了35.2%、31.3%、47.7%和27.3%。其中:拖拉机事故147起、死亡31人、受伤41人,分别占事故起数、死亡人数和受伤人数的63.4%、93.9%和73.2%;联合收割机事故85起、死亡2人、受伤15人,分别占事故起数、死亡人数和受伤人数的36.6%、6.1%和26.8%。全国上半年没有发生较大以上农机道路外事故。

农机道路外事故的主要特点:

(一)操作失误是引发农机道路外事故的最重要原因。在全国农机道路外事故中,因驾驶操作人员操作失误引发的事故136起,造成16人死亡、30人受伤,分别占事故起数、死亡人数和受伤人数的58.6%、48.5%和53.6%。

(二)未年检和无证驾驶引发死亡事故占比较高。在全国农机道路外事故中,未年检农机引发的事故64起、死亡22人、受伤20人,分别占事故起数、死亡人数和受伤人数的27.6%、66.7%和35.7%;驾驶操作人员无证驾驶引发的事故68起、死亡25人、受伤19人,分别占事故起数、死亡人数和受伤人数的29.3%、75.8%和33.9%。未年检和无证驾驶引发的死亡事故占比超过60%。

(三)无牌行驶的违法现象有所抬头。在全国农机道路外事故中,有36起涉事农机是无牌行驶,造成死亡15人、受伤13人,分别占事故起数、死亡人数和受伤人数的15.5%、45.5%和23.2%。与去年相比,事故起数和死亡人数增加2.9%和15.4%,受伤人数减少31.6%。

二、农机道路交通事故情况

据公安部门统计,2018年1—6月,全国共接报拖拉机肇事导致人员伤亡的道路交通事故889起,造成326人死亡、893人受伤,直接财产损失305.4万元。与去年同期相比,事故起数减少39起,下降4.2%;死亡人数减少106人,下降24.5%;受伤人数增加13人,上升1.5%;直接财产损失减少71.1万元,下降18.9%。未造成较大以上道路交通事故,同比减少3起。

全国拖拉机导致的交通事故中,51.7%的肇事拖拉机没有号牌,其中,广西、安徽、江苏、湖北、广东等省区无号牌拖拉机肇事最为突出;31.5%的拖拉机驾驶人没有驾驶证,其中,广西、湖北、广东、安徽、吉林等省区无证驾驶拖拉机肇事最为突出。

总体看来,2018年上半年全国农机道路外事故起数、伤亡人数和直接经济损失均同比有所下降,但农机道路上伤人事故有所增加,安全隐患仍然存在。下半年,即将迎来"三秋"农机化作业高峰,各地要按照7月27日全国安全生产电视电话会议精神,牢固树立安全发展理念,深化改革创新,加强安全基础能力建设。加强农机事故调查,认真分析农机行业安全生产形势和事故特点,以问题为导向,采取有针对性的措施,做好事故防范。加强农机安全教育培训和应急演练,切实提高农机手安全生产意识和驾驶操作水平。加强农机安全风险防控和隐患排查治理,建立农机、公安、应急管理等部门联合工作机制,严厉查处拖拉机无牌、假牌、逾期未检验、拼装、改装和驾驶人无证驾驶、违法载人等违法行为。持续强化变型拖拉机专项治理,设定严格的报废淘汰期限,及时注销报废车辆,加快报废淘汰速度。会同应急管理部门开展好2018年度"平安农机"示范创建活动。提高工作站位,全力以赴做好重要农时、重要节假日期间的安全生产工作,切实保障农民群众生命财产安全。

农业农村部办公厅

二〇一八年七月三十日

农业农村部办公厅关于农业机械维修技术合格证核发行政许可取消后加强事中事后监管的通知

农办机〔2018〕21号

各省、自治区、直辖市及计划单列市农机(农业、农牧)局(厅、委、办),新疆生产建设兵团农业局,黑龙江省农垦总局:

为贯彻落实《国务院关于取消一批行政许可事项的决定》(国发〔2018〕28号)精神,加强农业机械维修技术合格证核发行政许可事项取消后的事中事后监管，做好相关工作衔接，维护农业机械维修当事人的合法权益，现就有关事项通知如下。

一、认真履行法定职责

坚决落实国务院决定精神，自2018年7月28日起，地方各级农业机械化主管部门停止受理申请和核发《农业机械维修技术合格证》。各地不再将取得《农业机械维修技术合格证》作为从事农业机械维修经营的必要条件，进一步便民利民、激发农机维修市场活力。为规范农业机械维修业务，提升维修质量，地方各级农业机械化主管部门要严格依照《农业机械安全监督管理条例》等法规，认真履行农业机械维修相关监督管理职责，积极转变农机维修管理方式，制定完善事中事后监管工作实施方案，防止出现管理真空。坚持“放管服”结合，加强高技能农机维修人才培养和区域农机维修能力建设，促进农业机械维修行业健康发展。

二、加强相关标准宣贯

依据《农业机械安全监督管理条例》第十八条规定，从事农业机械维修经营，应当有必要的维修场地，有必要的维修设施、设备和检测仪器，有相应的维修技术人员，有安全防护和环境保护措施。县级以上地方农业机械化主管部门应当加强对《农机修理通用技术规范》(GB/T 22129—2008)、《农业机械维修业开业技术条件》(NY/T1138.1－2—2016)等国家标准、行业标准的宣贯，引导农机维修经营者按照标准完善设备设施、人员、质量管理、安全生产等经营条件，承揽与自身维修能力相适应的业务，遵守国家有关维修质量安全技术规范和维修质量保证期的规定，确保维修质量。农业农村部将根据农业机械化发展需要，适时组织制定修订农机维修相关标准规范。

三、推动行业自律

各地要研究发布农业机械维修服务示范合同文本，规范服务内容。引导农业机械维修企业推行服务承诺制，公开明示服务项目、价格及配件来源、保修承诺等信息。农业机械维修企业应提供维修服务明细单，完整、真实、清晰地记录送修时间、送修故障、检查结果、维护和修理项目、材料费和工时费，以及农机用户签名等信息，作为消费者维权依据。支持成立各类农业机械维修行业自律组织，鼓励其发布服务规范、服务公约，组织会员交流提高维修水平，搭建维修企业与产销企业合作共赢的平台，开展服务能力、服务质量评价，宣传推介典型事例，倡导诚信经营、优质服务。鼓励相关行业协会牵头组织有实力有信誉的农机维修企业申报承担有关公益项目和公共服务。

四、依法开展监督检查

县级以上地方农业机械化主管部门应依照《农业机械安全监督管理条例》《农业机械维修管理规定》等法规规章，健全农业机械维修监督检查制度，加强执法人员培训，确保行政执法公开、公平、公正。要健全以“双随机一公开”监管为基本手段、以重点监管为补充、以信用监管为基础的新型监管体制，对农业机械维修者的维修质量、维修设备和检测仪器技术状态以及安全生产情况进行监督检查。对于检查中发现的不符合维修技术条件要求、未按规定填写维修记录等情况，应督促限期整改。对于农业机械维修经营者使用不符合农业机械安全技术标准的配件维修农业机械，或者拼装、改装农业机械整机，或者承揽维修已经达到报废条件的农业机械的，依法责令改正并按权限实施处罚。

五、畅通投诉渠道

县级农业机械化主管部门应当明确受理农机维修质量投诉监督机构，公布其联系方式等信息，畅通投诉渠道。投诉监督机构应依法受理符合条件的有关维修质量投诉或其他行政部门转交的投诉事项，依法调解质量纠纷，必要时组织进行现场调查，维护农业机械维修当事人的合法权益。县级农业机械化主管部门应加强与本行政区域工商行政管理、质量监督等部门沟通协调，细化完善农机维修企业登记、经营异常、质量投诉、行政处罚结果等信息共享反馈机制。县级以上地方农业机械化主管部门应当将掌握的农机维修质量投诉情况定期汇总并逐级上报。对于维修质量纠纷频发、严重违反服务承诺引发服务对象集中投诉的，农业机械化主管部门查实后应以适当形式及时发布消费警示，并反馈工商行政等部门和相关征信机构，推动实施联合惩戒。

各省级农业机械化主管部门要密切关注农业机械维修技术合格证核发行政许可取消后农业机械维修管理工作中遇到的新情况、新问题，跟踪评估本行政区域相关事中事后监管措施实施效果，及时将有关情况和意见建议报送我部农业机械化管理司。

农业农村部办公厅

二〇一八年八月二十一日

农业农村部办公厅关于进一步明确农机报废更新补贴工作有关要求的通知

农办机〔2018〕22号

各省、自治区、直辖市及计划单列市农机(农业、农牧)局(厅、委、办)，新疆生产建设兵团农业局、黑龙江省农垦总局、广东省农垦总局：

开展农机报废更新补贴，是实施农机购置补贴政策重要内容。今年以来，部分省份积极主动抓好农机报废更新补贴工作，取得了良好成效，但部分省份尚未启动。为加快推进农机报废更新补贴实施，经商财政部，现将有关要求进一步明确如下。

一、加快实施进度。《农业部办公厅、财政部办公厅关于印发〈2018—2020年农机购置补贴实施指导意见〉的通知》(农办财〔2018〕13号)明确要求：鼓励各省积极开展农机报废更新补贴，加快淘汰耗能高、污染重、安全性能低的老旧农机具。各地要据此抓紧组织实施农机报废更新补贴工作，已启动实施的省份要加强组织协调，加快实施进度，确保早见成效；尚未启动的省份要抓紧研究部署，制订实施方案，尽早启动农机报废更新补贴工作。

二、细化完善操作办法。自2016年起，各省、自治区、直辖市、计划单列市和中央直属垦区均可开展农机报废更新补贴工作。各地要继续参照我部会同财政部办公厅和商务部办公厅共同印发的《2012年农机报废更新补贴试点工作实施指导意见》（农办财〔2012〕133号）开展工作。各地要及时总结试点经验，进一步细化完善操作办法，充分利用信息化手段，强化服务措施，提高补贴办理效率，实现便民利民。

三、强化监督管理。各地要建立完善运转高效的工作机制和监管制度，确保农机报废更新补贴工作公平、公正、公开。要会同财政等部门全面推进信息公开，接受社会监督；要强化资金使用监管，严查伪造手续套取补贴资金等违法违规行为。要按照职责分工，规范旧机回收拆解，防止报废农机再次流入市场。

四、建立季报制度。为及时了解掌握各地农机报废更新补贴实施进度，请各省级农机化主管部门按季度汇总填写《农机报废更新补贴实施情况统计表》（见附件），并于每季度结束后10日内报送至我部农业机械化管理司（全年数据12月10日前报送，如有变化请在次年1月10日前补报），我部将视情况进行通报。

各省要及时对全年农机报废更新补贴实施情况进行总结，形成文字材料（包括农机报废更新补贴工作措施、主要成效、问题和建议等），于12月10日前报送至我部农业机械化管理司，联系电话：010－59192867、59193341（传真），电子邮箱：njhsajc@agri.gov.cn。

附件：农机报废更新补贴实施情况统计表（略）

农业农村部办公厅

二〇一八年九月七日

农业农村部办公厅关于开展秋冬季农机安全生产检查整治工作的通知

农办机〔2018〕23号

各省、自治区、直辖市及计划单列市农机（农业、农牧）局（厅、委、办），新疆生产建设兵团农业局：

秋冬季是农业生产高峰季，也是农机安全生产事故易发多发期。为深入贯彻中央领导重要指示批示和全国安全生产电视电话会议精神，落实国务院安委会有关工作部署，进一步排查农机安全隐患，强化安全监管，促进安全生产，我部决定在全国范围内组织开展秋冬季农机安全生产检查整治工作。现将有关事项通知如下。

一、重点任务

（一）深入开展农机安全隐患排查。积极组织开展农机安全执法检查和隐患排查，严查无牌无证、假牌假证、逾期未检、超速超载等违法违规行为。采取有效措施，大力提高拖拉机、联合收割机上牌率、检验率、持证率。切实规范农机安全监理行为，严禁给不符合国家安全标准、未经检验或检验不合格的农业机械发放牌证。要加大报废更新补贴实施力度，加快老旧农机淘汰，促进农机节能减排，减少安全隐患。

（二）持续推进变型拖拉机整洁。按照农业部办公厅、公安部办公厅、国家安全监管总局办公厅《关于开展变型拖拉机专项整治工作的通知》（农办机〔2017〕3号）要求，继续深入开展变型拖拉机整治。严厉查处违法发牌发证行为，从严做好存量变型拖拉机年度检验和安全检查，参考同类机动车车型设定更加严格的变型拖拉机报废年限，及时注销报废车辆。充分利用全国变型拖拉机查询平台共享相关信息，推进异地运营车辆联动查处。配合公安等部门开展联合执法检查，严厉查处违法行为。

（三）严厉打击农机假牌假证及翻新造假。针对个别地区发生的不法商户违法翻新旧农机、违法办理假牌证等事件，各级农机化主管部门要高度重视，立足自身职责，依法依规加强监管，并积极配合市场监管、公安等部门加大打击力度。对伪造、变造或者使用伪造、变造的拖拉机、联合收割机牌证的，要依法依规从严查处。要加强取消《农业机械维修技术合格证》后的事中事后监管，切实维护农机维修当事人的合法权益。

（四）严格落实农机安全监管新规定。严格执行新修订的《拖拉机和联合收割机驾驶证管理规定》《拖拉机和联合收割机登记规定》以及配套的工作规范和证件标准。要妥善处理新旧制度的衔接过渡，按时启用新版证件，严格按照新的分类方法开展注册登记和驾驶证考试。要严格落实农机安全监理免费政策，积极协调财政等部门，对免费政策实施后的农机安全监管投入给予必要保障。

（五）推进实施拖拉机和联合收割机出厂合格证标准。《农业机械出厂合格证　拖拉机和联合收割（获）机》（NY/T3118—2017）已于2018年6月1日正式实施，各地要加大宣传力度，积极推广、促进实施。在办理注册登记时，要严格按照标准审核出厂合格证，对不符合标准规定的，要主动引导企业尽快按标准制发出厂合格证。在企业修改合格证期间，不应影响购机者正常办理相关手续。

（六）扎实抓好“平安农机”创建活动。“平安农机”创建工作是农机安全监理工作的重要抓手。各地要按照国务院《“十三五”安全生产规划》和《“十三五”时期创建“平安农机”活动工作方案》（农机发〔2017〕1号）的要求，认真组织开展“平安农机”创建工作。通过创建，进一步完善农机安全监管制度，提升监管能力，促进安全生产。9月底前，各省要完成本年度创建单位和岗位标兵推荐工作。

二、进度安排

本次检查整治为期半年，时间为2018年9月至2019年2月，分制订方案、排查整治和总结提高三个阶段。

（一）第一阶段：制订方案（2018年9月）。各地结合农业生产重要农时、重点环节、重点机具和重点节假日，深入分析农机安全隐患问题及表现形式，抓住安全监管薄弱环节，确定检查整治工作重点，研究制订工作方案。

（二）第二阶段：排查整治（10—12 月）。集中力量开展农机安全隐患排查、变型拖拉机整治、执法检查及配合打假等工作，严查违法违规行为，督促整改落实，严防农机重大以上事故发生。

（三）第三阶段：总结提高（2019 年 1—2 月）。认真总结工作成效，推广好经验好做法，并研究创新工作方法，进一步健全农机安全监管长效机制。

三、工作要求

（一）精心组织。各地要本着对人民群众生命财产安全高度负责的精神，严格履行法定职责，深入开展农机安全隐患排查整治工作。要加强组织领导，成立检查整治工作领导小组，制定切实可行的工作方案，投入必要的人力、物力、财力，确保取得成效。

（二）加强配合。各级农机化主管部门要在当地党委政府领导下，主动加强与市场监管、公安、应急管理等部门的沟通协调，积极配合开展二手农机交易市场联合执法、农机道路交通安全联合执法等工作，深化综合治理，形成监管合力。

（三）严格排查。各地要逐项对照重点任务，深入组织开展检查整治。依法对辖区内存有安全隐患的农机作业场所、维修网点及农机合作社等进行全覆盖排查，对重点地区和单位隐患整改落实情况要进行“回头看”。农业农村部将视情况适时组织开展督导检查。

（四）强化引导。各地要加强对农机监管工作人员警示教育和业务培训，严格履职尽责，严防失职渎职。要加强宣传引导，进一步提高广大农机手、农机合作社、农机维修经营者的遵法守法和安全生产意识，引导农民依法依规购置和使用农业机械。

请各地将检查整治工作方案、统计表和工作总结（纸质和电子版）分别于 2018 年 9 月底前、2019 年 1 月 10 日前和 2019 年 2 月 25 日前报送我部农业机械化管理司。

联 系 人：刘　俊

邮寄地址：北京市朝阳区农展馆南里 11 号农业农村部农业机械化管理司安全监理处

联系电话：010－59193363

传真号码：010－59193341

电子邮箱：njhsajc@agri.gov.cn

附件：秋冬季农机安全生产检查整治统计表（略）

农业农村部办公厅

二〇一八年九月十七日

地方性法规、规章及文件

河北省农业厅　河北省财政厅
关于印发《河北省农机购置补贴产品违规经营行为处理细则（试行）》的通知

冀农业规〔2018〕5 号

各市（含定州市、辛集市）农业（农牧）局、财政局，雄安新区管委会：

为进一步加大农机购置补贴产品经营违规行为打击力度，严惩失信违规产销企业，建立健全农机购置补贴产品违规经营行为处理制度，确保补贴资金安全，根据农业部办公厅、财政部办公厅制定的《农业机械购置补贴产品违规经营行为处理办法（试行）》（农办财〔2017〕26 号）等法律法规和有关规定，我们制定了《河北省农机购置补贴产品违规经营行为处理细则（试行）》，现予印发，请遵照执行。

附件：《河北省农机购置补贴产品违规经营行为处理细则（试行）》

河北省农业厅

河北省财政厅

二〇一八年八月十七日

附件

河北省农机购置补贴产品违规经营行为处理细则
（试行）

第一章　总　则

第一条　为规范和做好我省农业机械购置补贴产品（以下简称“补贴产品”）违规经营行为查处工作，根据农业部办公厅、财政部办公厅制定的《农业机械购置补贴产品违规经营行为处理办法(试行)》(农办财〔2017〕26 号)等有关规定,结合我省实际,制定本细则。

第二条 本细则适用于我省各级农机化主管部门和财政部门查处农业机械生产企业、经销企业(以下简称“农机产销企业”)在参与我省农业机械购置补贴政策(以下简称“补贴政策”)实施中所发生的违规经营补贴产品的行为,以及申请农机购置补贴的购机者(以下简称“购机者”)参与违规经营补贴产品的行为。

第三条 本细则所称补贴产品违规经营行为(以下简称“违规行为”),是指农机产销企业在补贴产品投档、补贴产品信息上传农机购置补贴辅助管理系统、补贴产品经营、参与补贴申领等过程中发生的违规行为,以及购机者参与违规经营以申领补贴的行为。

第四条 违规行为查处遵循实事求是、公开公正、权责一致、属地为主的原则。

第五条 各级农机化、财政等部门在同级人民政府领导和组织下,按职责分工开展违规行为查处工作。

第六条 农机生产企业自主确定和公布补贴产品经销企业,指导监督其授权经销企业遵守补贴政策各项规定,并对经销企业的违规行为承担连带责任。农机产销企业自愿参与补贴政策实施,享有政策法规规定的合法权利,并承担以下责任义务。

(一)遵守补贴政策相关规定,合法合规经营,不得有骗补、套补等违法违规行为;

(二)正确宣传补贴政策,规范真实使用补贴产品标志标识,不误导购机者购置补贴产品,不参与购机者虚假申领补贴;

(三)按补贴政策要求提供、保存真实完整的纸质和电子资料,供应符合规定的农机产品;

(四)发现影响补贴政策实施的异常情况,应主动报告当地农机化主管部门,及时采取防范补救措施,并加强整改;

(五)对购机者符合规定的退(换)货要求,首先确认购机者尚未领取补贴或已将领取的补贴退回财政部门后,再为其办理退(换)货,并主动报告当地农机化、财政部门;

(六)承担违反政策规定所引起的纠纷和经济损失等后果,主动退回违规行为涉及的补贴资金,接受主管部门处理;

(七)其他有关责任义务。

农机产销企业须就所承担的责任义务向我省农机化、财政部门提供书面承诺。

第二章 违规行为类型

第七条 违规行为分轻微、较重和严重三类。

(一)轻微违规行为。主要指无主观故意,在补贴产品投档、信息上传、公示宣传、资料归集等方面履行承诺事项不到位,对补贴政策实施带来较轻影响的行为,且积极配合调查和整改。

(二)较重违规行为。主要指涉嫌主观故意,违背承诺,对补贴政策实施带来较大影响的行为。包括使用伪造、变造的补贴产品铭牌、合格证、鉴定证书,误导购机者购置补贴产品;销售的补贴产品配置与检验报告主参数配置不符;未主动报告所发现的影响补贴政策实施的异常情况并采取防范补救措施;虚报补贴产品价格,开具虚假发票等提交不真实的补贴申请材料;未按规定程序办理补贴产品退(换)或未及时报告相关情况等。

(三)严重违规行为。主要指存在明显主观故意,采用未购报补、一机多补、重复报补等非法手段骗套补贴资金而对补贴政策实施带来严重影响的行为,以及有组织煽动购机者闹事、制造群体性事件等。

第三章 违规行为处罚

第八条 各级农机化、财政部门应针对不同性质的违规行为,对违规农机产销企业和购机者采取相应的处理措施,不同措施可独立或合并实施。

(一)对轻微违规行为的处理。县级及以上农机化主管部门视情况对违规农机产销企业,采取警告、通报、暂停相关产品补贴资格、暂停经销相关补贴产品资格等措施,并限期整改。同时上报省级农机化主管部门。

(二)对较重违规行为的处理。省级农机化主管部门视情况对违规农机产销企业,采取或授权采取暂停相关或全部产品补贴资格、暂停或取消经销补贴产品资格、取消相关或全部产品补贴资格等措施。对参与较重违规行为的购机者,3 年内不得享受农机购置补贴。同时,要求违规农机产销企业和购机者限期整改。处理情况上报农业农村部、财政部。

(三)对严重违规行为的处理。省级农机化主管部门应对违规农机产销企业,采取取消经销补贴产品资格、取消全部产品补贴资格的措施,要求限期整改,并将违规农机产销企业及其法定代表人和购机者等相关人员列入补贴产品经营黑名单,禁止再参与补贴政策实施工作。处理情况上报农业农村部、财政部。

上述行为涉嫌犯罪的,依法移送司法机关处理。

第九条 在处理违规行为过程中涉及资金退缴、罚款等资金处理决定,由财政部门会同农机化主管部门作出。

对拒不履行资金处理决定的违规农机产销企业,由财政部门会同农机化主管部门向司法机关申请强制执行。

第十条 采取暂停处理措施的,暂停期为 3 个月以上、2 年以下;暂停期满后,经企业书面申请,按程序研究后续处理措施;暂停期满后 6 个月内,未收到企业书面申请的,视为该企业自行放弃相关产品补贴资格,原则上不再恢复。

对补贴资格被暂停或取消前,购机者已购置且经核查未发现违规问题的补贴产品,可按规定向购机者兑付补贴资金。补贴标准确需调整的,由省级农机化主管部门按规定重新组织测算,并将测算结果予以公布。

第十一条 对积极配合调查、主动报告问题、有效挽回或减轻损失的可从轻或减轻处理。对拒不配合调查、拒不执行相关处理决定、多次或重复发生违规行为的,应从重或加重处理。

第四章 违规行为查处程序

第十二条 各级农机化、财政部门接到群众举报投诉、上级机关转办或其他部门转交的违规行为线索后,按照以下程序启动查处工作,全程留痕。

(一)受理登记。对上级机关转办、其他部门转交或实名反映的本行政区域内的违规线索,应予登记。对提供不实联系方式、匿名反映且无具体线索的,可不予登记。举报投诉事项涉及其他部门职权的,按规定移交有关线索。

(二)调查核实。对已受理登记的举报投诉组织调查或转办。经初步调查,对有具体违规线索且违规嫌疑较大的企业,可在农机购置补贴辅助管理系统中对涉及的产品或企业先行采取封闭等防范处理措施。对存在技术争议的,应组织有关部门和专家进行论证。

(三)约谈告知。作出处理决定前,应履行约谈程序,告知涉事企业及购机者其违规情节和拟采取的处理措施等,听取意见。涉事企业及购机者在规定时限内不接受约谈或不配合约谈的,视同无异议。

(四)处理通报。根据调查结果和约谈情况,经集体研究作出有关处理决定并予公布。

(五)材料留存。调查处理完结后,对相关调查材料等留存备查。未经受理登记的相关材料亦留存。调查材料保存期5～10年。

第十三条 根据农机购置补贴违规通报及黑名单数据库发布的信息,省级农机化、财政部门对在其他省份发生较重或严重违规行为而被处理的农机产销企业,可联动处理,处理措施宜与违规行为发生地的系列措施总体保持一致。

第五章 附 则

第十四条 各级农机化、财政部门工作人员在补贴政策实施管理中的违纪、违法行为按相关法律法规和规定处理;涉嫌犯罪的,依法移送司法机关处理。

第十五条 本细则由河北省农业厅、河北省财政厅负责解释。

第十六条 本细则自2018年10月1日起施行,有效期两年。以往我省相关规定与本细则不一致的,以本细则为准。

山西省农机局关于加快机械化有机旱作农业发展的实施意见

晋农机办字〔2018〕12号

各市、县(市、区)农机局(中心),省局机关各处室、直属各单位:

为全面落实习近平总书记视察山西重要讲话精神和《山西省人民政府关于加快有机旱作农业发展的实施意见》,推动机械化有机旱作农业发展,结合全省农机化工作实际,现提出如下实施意见。

一、重要意义

针对我省干旱少雨、水资源严重缺乏、旱地土壤贫瘠、粮食产量低而不稳的实际,20世纪70年代末,农机部门在长治市屯留县王公庄开展了用机械化措施改造旱地中低产田的科学实验,逐步摸索出以机械化秸秆粉碎还田肥地贮墒、机械深翻蓄水保墒、机械播种适时抢墒和机械适度镇压提墒为主要内容的机械化旱作农业技术体系。长期以来,历届省委、省政府都将机械化旱作农业作为振兴山西旱作农业的主要技术措施。1992年起,我省将保护性耕作作为改造旱地中低产田的主要技术,进行试验研究和示范推广,逐步形成了较为完善的保护性耕作技术体系和机具系统。2003年,省人民政府出台《关于发展机械化保护性耕作农业的实施意见》,保护性耕作由示范推广阶段转向大面积普及应用阶段。截至目前,保护性耕作技术示范推广面积已达1 700多万亩,为实现农业生产社会、经济、生态效益的有机统一和可持续发展发挥了积极作用。

有机旱作农业的根本出路在于机械化。机械化有机旱作农业,就是以机械化为载体,完成平田整地、秸秆处理、耕翻、播种、施肥、植保、收获等环节机械化作业任务,是解决有机旱作农业规模小、效益差等问题的主要手段和措施。加快机械化有机旱作农业发展,对于加快我省农业现代化建设,推动农业和农村经济发展有着十分重要的现实意义。

二、区域布局

根据各地自然气候条件、作物种植制度和机械化耕作的特点,将全省机械化有机旱作农业划分为以下五个类型区域:

(一)北部高原风沙区。主要指系舟、管涔、芦芽山以北,石楼山、野鸡山东北区域,包括大同、朔州、忻州市的21个县(市、区)。该区域气候严寒,无霜期短,是我省小杂粮、玉米的主产区。在这一区域重点推广留茬固土、地膜覆盖、免少耕播种、轮作倒茬等机械化有机旱作农业技术措施;强化农牧结合,大力发展秸秆回收、牧草和秸秆青贮、压块等机械化秸秆综合利用技术,积极推进秸秆过腹还田技术措施的应用。

(二)西部丘陵山区。主要指吕梁山脉西麓以西,管涔山以南,黄河峡谷以东区域,包括吕梁、朔州、忻州、太原、晋中市的20个县(市、区)。该区域是国家和省级连片贫困区,植被稀少,生态环境脆弱。在这一区域重点推广农田宜机化改造、地膜覆盖、秸秆覆盖免少耕播种等机械化有机旱作农业技术措施,在重点实现培肥地力、稳产高产、增收节本的同时,达到防止水土流失、改善农业生态环境的目的。

(三)东南部盆地边山区。主要指太行、太岳山中间一带,包括阳泉、晋中、长治、晋城市的30个县(市、区)。该区域是我省玉米生产的主要区域,重点推广农田宜机化改造、秸秆还田、深松深翻、免少耕播种等机械化有机旱作农业技术措施,大力支持特色农业、绿色产业发展,保护生态和提高粮食产量、品质。

(四)中部平川盆地区。主要指忻定盆地和太原盆地,包括忻州、太原、晋中市的24个县(市、区),是我省典型的温和半干旱地区,地势平坦,是发展机械化粮食增产技术重点区域。在这一区域重点推广秸秆还田、深松深翻、免少耕播种等机械化有机旱作农业技术措施,旱地水地并举,提高农产品质量效益。

(五)南部丘陵盆地区。主要集中在临汾盆地、运城盆地、中条山地带,包括临汾、运城市的20个县(市、区),是我省的粮棉主产区。该区域光热资源丰富,农业基础较好,结构调整力度大。在这一区域重点推广秸秆还田、深松、免少耕播种等机械化有机旱作农业技术措施,全面发挥粮棉主产区的自然优势,把旱地建设成为高产稳产的基本农田。

三、重点工程

(一)农田宜机化改造示范工程

在东西部丘陵山区,开展平田整地、田间道路整修等农田宜机化改造,形成集中连片、设施配套、高产稳产、生态良好、抗灾能力强的基本农田。按照《山西省高标准农田建设规划(2014—2020年)》和《高标准农田建设通则》(GB/T 30600—2014)的要求,在丘陵山区25°以下坡耕地实施土地平整、机耕道建设、地力培肥和土壤改良,提高耕地质量。到2020年,全省宜机化改造农田50万亩,修建机耕道300千米、8 000平方米机库棚、15 000平方米停机坪。

(二)机械化秸秆还田提质工程

建立健全适用于不同地区不同类型的机械化秸秆还田技术体系,不断完善机械化作业模式。实施机械化秸秆还田作业补贴。重点在东南部盆地边山区、中部平川盆地区、南部丘陵盆地区,以玉米、小麦机械化秸秆还田作为主推技术,不断提升机械化秸秆还田质效,提高耕地地力。到2020年,全省机械化秸秆还田面积达2 300万亩,秸秆还田率达60%以上。

(三)农机深松整地推进工程

鼓励研发生产先进适用、安全可靠的深松整地机械,统筹购机补贴资金向大马力拖拉机及深松整地机械倾斜,切实保证农机深松整地作业需要。因地制宜选择合适的农机深松整地作业模式和技术路线,做到前后作业环节合理衔接,减少机械进地作业次数。充分发挥农机合作社、农机大户等农机服务组织的作用,做好统一调配,连片作业,整体推进。加大农机深松整地作业补助力度,扩大农机深松整地作业面积。建立健全相关规章制度,采用信息化远程监控方式,加强补助资金兑付环节的风险防控,提高实施效果。到2020年,全省1 600万亩适宜深松耕地轮作一遍,土壤耕层深度增加5～10 cm,蓄水能力提高15%～30%,粮食增产5%～10%。

(四)机械化生态保护农业工程

完善现有的机械化保护性耕作技术体系和机具系统,以保护性耕作技术服务站为龙头,农机大户为主体,中介服务为补充,不断创新服务模式,组织开展农机跨区作业,优化资源配置,拓展服务领域,强化服务功能。实施免少耕保护性耕作作业补贴。到2020年,全省机械化保护性耕作面积达1 750万亩,土壤有机质含量提高0.1个百分点,水土流失减少60%,粮食增产5%～10%。

(五)机械化秸秆综合利用工程

开展不同模式秸秆综合利用的示范引导,积极探索和解决秸秆综合利用中的技术难题。重点在北部高原风沙区建立秸秆综合利用示范区,建立较完善的秸秆田间处理、收集、储运体系,进一步优化秸秆综合利用结构和方式,加快推进秸秆综合利用的产业化发展。坚持与农业生产相结合的原则,优先发展秸秆饲草化、肥料化利用,在满足农业和畜牧业需求的基础上,统筹兼顾,加大秸秆回收打捆装备的补贴力度,引导秸秆基料化、能源化、原料化等综合利用发展,不断拓展利用领域,提高利用效益。到2020年,建成20个高标准秸秆综合利用示范区,示范区秸秆利用率达85%;全省机械化秸秆综合利用面积达到2 700万亩,机械化秸秆转化利用达到500万吨以上。

(六)农机农艺配套融合工程

推进农机农艺融合,研发满足我省特色农业和农艺要求的农机装备。开展玉米、马铃薯等作物农机农艺融合试点工作,建立玉米、马铃薯机械化、标准化种植试验示范区。坚持自主开发和引进、消化、再创新相结合,探索完善多方协作、共同发展的研发创新机制,逐步建立有机旱作农业机械化产、学、研、推相结合的研发创新体系。研发适合丘陵山区的经济耐用、环保低耗的小型机具,加快适合平川区大型复式机具推广应用。推进电动农机开发应用。普及高效适宜的探墒播种、坐水播种、地膜覆盖等有机旱作农业技术,努力促进农作物耕、种、管、收、防有机旱作农业全程机械化。在杂粮、林果、蔬菜、中药材、休闲等产业优势区域建设特色产业机械化示范区,推进农机化新技术新设备的示范应用,着力推动全省特色农业发展。继续推进率先实现农业机械化综合示范县乡村、农机化示范社场户工作,不断提升农机化综合水平。力争到2020年,全省90%以上的可机械作业旱地普及应用机械化有机旱作农业技术。

(七)智慧农机建设工程

促进"互联网+"与农机装备、作业生产、社会化服务深度融合。加强物联网、遥感技术、卫星定位、智能监测、远程终端等技术在农业机械装备上的应用,重点扶持在大中型拖拉机、联合收获机、深松机等重点机具上安装智能装备,逐步实现农机作业全程监控,提高农机智能化水平。支持鼓励农机管理部门、生产流通企业、社会服务组织、农机合作社开展市场供需对接、机具调度、服务保障等方面的信息化服务,提高农机社会化服务的效率效益。推广成熟可复制的农机作业、农机维修、配件销售的互联网应用模式,促进农机产品网络营销,逐步建成农机电商服务体系。发展农业机械"共享"服务模式,促进农机服务便捷高效。提升农机安全监理信息化管理水平。全省安装监控终端5 000台,建立省级智慧农机信息服务管理平台,实现农机深松作业实时远程监测,促进农机数据化、精准化、智能化转型,逐步建立实现数据采集、共享、分析和使用的农机大数据平台。

四、保障措施

(一)强化组织领导。各地要将机械化有机旱作农业作为推进当地农业农村现代化的方向性大事,切实增强责任感和使命感,制定优先发展战略和切实可行的实施方案,并积极争取纳入本地区经济社会发展规划和党委政府议事日程,为推进机械化有机旱作农业营造良好的发展环境。

(二)加大政策支持。要积极争取中央、省和地方财政支持,设立专项资金,保障任务目标的完成。要统筹安排购机补贴资金,向有机旱作农业作业机械倾斜。要强化对资金使用的监管力度,做到专款专用,并严格接受有关部门的审计监督。

(三)加强舆论宣传。要利用各种新闻媒体,充分发挥舆论的导向作用和科普宣传作用,广泛宣传,发动农民群众主动实施机械化有机旱作农业技术。各单位主要领导要带头学习和宣传机械化有机旱作农业技术,提高自身认识水平,转变观念,增强工作主动性。

(四)严格监督考核。要完善政策措施、标准体系,进一步规范机械化有机旱作农业发展。要对机械化有机旱作农业建立定期检查、情况反馈、进展通报、考核问责等工作制度,对工作成绩突出的予以表彰奖励,对工作进展滞后的要进行跟踪督导。

附件:加快机械化有机旱作农业发展2018年行动计划

山西省农机局

二〇一八年五月十一日

附件

加快机械化有机旱作农业发展2018年行动计划

为认真落实《关于加快机械化有机旱作农业发展的实施意见》，特制定加快机械化有机旱作农业发展2018年行动计划。

一、主要目标

推进农田宜机化改造、机械化秸秆还田、农机深松整地、机械化生态保护农业、机械化秸秆综合利用、农机农艺配套、智慧农机建设等重点工程，全力推动全省机械化有机旱作农业又好又快发展。2018年力争完成宜机化改造农田15万亩，机械化秸秆还田2 220万亩，深松整地作业545万亩，机械化生态保护农业1 710万亩，机械化秸秆饲料化、原料化、基料化、燃料化转化量达到330万吨以上。

二、重点任务

(一)农田宜机化改造

按照《山西省高标准农田建设规划(2014—2020年)》和《高标准农田建设通则》(GB/T 30600—2014)的要求，在丘陵山区25°以下坡耕地，实施土地平整、机耕道建设、机库棚及停机坪建设等宜机化改造工程。宜机化改造农田15万亩，修建机耕道100公里、机库棚2 500米^2、停机坪5 000米^2。

(二)机械化秸秆还田

在中部平川盆地区、南部丘陵盆地区、东南部盆地区，以玉米、小麦机械化秸秆还田为主推技术，提升秸秆还田质效，提高耕地地力。全省机械化秸秆还田面积达2 220万亩。

(三)农机深松整地作业

完善农机深松整地作业补助实施方案，扩大作业补助实施范围，统筹安排购机补贴资金向大马力拖拉机及深松整地机械倾斜，采用信息化远程监控方式，加强补助资金兑付环节的风险防控。全省深松整地作业补助面积达到200万亩以上，深松整地作业面积545万亩，土壤耕层深度增加5～10 cm。

(四)机械化生态保护农业

充分调动基层积极性，以农机专业合作社为龙头，农机大户为主体，中介服务为补充，在全省范围内，通过免少耕播种、秸秆覆盖、植保防治等技术手段，全省机械化保护性耕作面积达1 710万亩，土壤有机质含量提高0.03个百分点，水土流失减少60%。

(五)机械化秸秆综合利用

加强机收秸秆还田作业能力及秸秆田间收集收获能力，推广玉米青贮机械化收获技术，进行机械化秸秆捡拾、打捆、收获等秸秆田间处理、收集方式的示范推广，示范推广秸秆压块、基料化、打捆包膜等秸秆综合利用加工技术。机械化秸秆饲料化、基料化、燃料化、原料化转化量达到330万吨以上。

(六)农机农艺配套融合

积极研发满足我省特色农业和农艺要求的农机装备，以山西省科技创新协作成员单位为依托，通过现代农机装备引进试验项目对有机旱作农业装备立项支持，开展科研攻关和试验示范：一是旱作谷物播种复式作业装备，主要是在深松、补水、智能化控制等方面进行研发；二是有机肥抛施技术及复式装备研发；三是谷物探墒保苗播种技术与装备研究；四是旱作蔬菜移栽技术装备研究；五是玉米、马铃薯机械化、标准化种植试验示范。

(七)智慧农机平台建设

在全省范围内，扶持在大中型拖拉机、深松机等机具上安装监控终端5 000台，实现农机深松整地作业补助项目监测全覆盖。建立山西省智慧农机信息服务管理平台，实现农机深松作业省级实时监测和远程监控，精确统计作业面积，有效监控作业质量，保障补助资金安全。

三、保障措施

(一)加强组织领导。各地要提高认识，推动工作进一步细化，强化措施落实，确保各项工作扎实推进。要组织专家和相关技术人员，开展全面的技术指导和服务，确保目标任务的如期完成。

(二)强化政策支持。要积极争取政府和地方财政支持，设立专项资金，保障任务目标的完成。要统筹安排购机补贴资金，向有机旱作农业作业机械倾斜。要强化对资金使用的监管力度，做到专款专用，并严格接受有关部门的审计监督。

(三)加强宣传培训。要利用报纸、电视、广播、互联网等各种传媒，广泛宣传推广机械化有机旱作农业技术的目的意义，充分发挥舆论的导向作用。要把机械化有机旱作农业作为新型职业农民培训的重要内容，动员农民主动实施机械化有机旱作农业技术。

吉林省农业委员会　吉林省财政厅
关于加快推广秸秆覆盖还田保护性耕作技术
推进耕地质量耕作生态耕作效益“绿色增长”的实施意见

吉农机发〔2018〕22号

各市(州)农委、财政局，各县(市、区)农机(农业)局、财政局：

为深入贯彻落实中共中央、国务院和省委、省政府关于实施乡村振兴战略的意见及推进农业绿色生态高质高效发展的精神要求，根据省委、省政府有关一系列安排部署，结合我省实际,决定从2019—2025年在全省推广秸秆覆盖还田保护性耕作技术,推进耕地质量耕作生态耕作效益"绿色增长",制定实施意见如下:

一、以绿色生态发展为导向,加快推动形成耕地质量耕作生态耕作效益"绿色增长"的种植生态化生产方式

实施秸秆覆盖还田保护性耕作是农业耕作方式的革命。它是从生产端和供给侧为农业生产提供不牺牲及危害生态,使耕地质量耕作生态耕作效益实现"绿色增长"的种植生态化生产方式,是促进农业绿色高质高效发展的重要途径。实践证明,实施秸秆覆盖还田保护性耕作,能防止土壤流失、耕地退化,保护耕地,促进农业可持续发展;能培肥土壤,改善土壤结构,提升土壤生物活性,促进粮食增产稳产;能减少耕作环节,降低生产成本,提升生产效益,促进农业节本增效;能优化耕作方式,促进秸秆还田,减少田间土壤扬尘,促进环境友好型农业建设;能蓄水保墒,提高水分利用率,积极有序发展雨养农业,对促进农业绿色生态发展,提升农业发展质量,助力实施乡村振兴战略具有重要意义。

全省要牢固树立绿色生态发展理念,认真贯彻落实习近平总书记关于绿色发展、质量发展和要采取工程、农艺、生物等多种措施,调动农民积极性,共同把黑土地保护好、利用好的指示精神,加快推动形成以秸秆覆盖还田保护性耕作为基础的农机、栽培、植保、土壤、环境、生态、工程等多学科相互结合的种植生态化生产方式,构建资源节约、环境友好、绿色生态、高质高效农业发展新模式,到2025年,力争全省秸秆覆盖还田保护性耕作面积达玉米播种面积45%左右,在作业区,作业成本比传统耕作方式平均降幅10%~15%。

二、以科技创新推动为引领,加快推广秸秆覆盖还田保护性耕作技术

按照"因地制宜,分类指导,依地施技,科学耕作"的原则,以玉米、大豆等农作物为重点,在玉米、高粱、谷子、小麦、燕麦、大麦种植,玉米和大豆轮作等种植方式上,推广适宜不同生态区域的秸秆覆盖还田保护性耕作技术和作业模式。

(一)秸秆粉碎还田覆盖地表集行免耕播种作业技术模式。在我省中部秸秆生物量高、覆盖量大和东部低温冷凉、积温不足及土壤墒情较高的区域及地块,适宜推广秸秆粉碎还田覆盖地表集行(秸秆归行作业,露出播种带)免耕播种作业技术模式,重点解决在秸秆覆盖量较大情况下,免耕播种作业形成秸秆"拖堆"影响播种质量和低温冷凉区地温升温缓、土壤散墒慢等问题。

(二)高留根茬秸秆还田覆盖地表免耕播种作业技术模式。在我省东部低温冷凉区和积温不高的山区半山区及地块,适宜推广高留根茬秸秆还田覆盖地表(玉米收获时高留根茬40~45厘米,上部秸秆直接还田覆盖地表)免耕播种作业技术模式,通过高留茬覆盖还田,减少地表秸秆覆盖量,重点解决地温低、出苗缓等问题。

(三)秸秆覆盖均匀还田免耕播种作业技术模式。在我省西部风沙干旱区和秸秆覆盖适宜区,适宜推广秸秆覆盖均匀还田(收获时秸秆直接还田覆盖地表,留茬高度10厘米左右,秸秆长度30~40厘米,覆盖均匀)免耕播种作业技术模式,通过秸秆覆盖、护土保墒,重点解决春播墒情不足问题。

通过积极实践探索,加快形成适宜不同区域的秸秆覆盖还田保护性耕作技术路线、适宜不同耕地类型的秸秆覆盖还田保护性耕作技术方案、适宜不同秸秆生物量的秸秆覆盖还田保护性耕作技术方式、适宜不同种植方式的秸秆覆盖还田保护性耕作技术形式,进而形成秸秆覆盖还田、免耕播种施肥、病虫草害防治、机械化深松等农机农艺融合、本土熟化的秸秆覆盖还田保护性耕作技术模式。

三、以统筹规划推进为主线,加快制定落实秸秆覆盖还田保护性耕作发展规划

(一)示范引领。全省30个产粮大县,按照"村建点、乡建片、县建区、梯次推进"的发展布局,建立由"点、片、区"梯次结合构成的示范区,其他县(市、区)适宜推广、梯次跟进。示范区原则保持6年连续实施秸秆覆盖还田保护性耕作。

1.村建示范点。适宜的行政村,建立1个示范点,面积2~5公顷。力争到2020年,粮食主产县示范点建设数量,不低于全县适宜行政村数量的50%;力争到2022年,示范点建设数量不低于全县适宜行政村数量的60%;力争到2024年,示范点建设数量达全县适宜行政村数量的100%。

2.乡建示范片。适宜的乡(镇、街),建立1个示范片,面积5~15公顷。力争到2020年,粮食主产县的示范片建设数量,不低于全县适宜乡(镇、街)数量的60%;力争到2022年,示范点建设数量达到全县适宜乡(镇、街)80%;力争到2024年,示范点建设数量达到全县适宜乡(镇、街)100%。

3.县建示范区。每个县(市、区),建立1个示范区,面积50~200公顷。

(二)滚动推进。以全省30个产粮大县为重点,以国家现代农业示范区为引领,协同其他县(市、区),采取"规划引领,补贴驱动,滚动发展"的方式,建设滚动推进区。滚动推进区,以整村整乡整县集中连片方式建设,引领带动周边发展。

1.规划引领。以县级为基本单位,制定秸秆覆盖还田保护性耕作区域发展规划,摸清适宜秸秆覆盖还田保护性耕作的耕地数量和分布,分清适宜不同秸秆覆盖还田保护性耕作技术模式的耕地类型和种类,制定实施规划,形成由点及片,由片及面,进而实现全面推进的发展格局。

2.补贴推动。对滚动推进区,达到检查验收质量标准作业面积,给予免耕播种作业补贴,鼓励应用秸秆覆盖还田保护性耕作。

3.滚动推进。按照"两年一滚动"推进方式和发展布局,推动滚动推进区发展。对秸秆覆盖还田保护性耕作地块连续实施两年补贴后,不再给予作业补贴,作业补贴资金主要用于新建实施面积,通过"滚雪球"式建设和"地毯式"推进方式推动发展。

4.整体发动。整合资源要素,选择有一定发展基础的市(州)、县(市、区)实施整市整县整乡推进。

(三)带动发展。坚持示范推广与发展带动相结合,充分发挥示范区和滚动推进区示范引领和辐射带动作用,引导广大农户积极应用秸秆覆盖还田保护性耕作技术。

四、以强化科技支撑为基础,加快组建秸秆覆盖还田保护性耕作科技团队

按照"培养、使用、稳定、提高"的原则,开展科技团队建设,培养建立"安心本职、扎根当地、业务精通"的农民骨干专业队伍和科技专家团队。

(一)建立科技专家组。省、市(州)、县(市、区)农机化主管部门,组建由农机、农艺、植保、土肥、环境等行政、教学、科研、推广等学科、领域的专家组成专家团队，对推进工作提供科技支撑。

（二）建立技术推广队伍。充分发挥基层农机、农业技术推广机构作用，建立以县级为骨干、乡级为主体、新型农业经营主体和农业科技示范户为成员的技术推广队伍，推广秸秆覆盖还田保护性耕作技术。

（三）建立机械化作业队伍。以全程机械化新型农业经营主体为骨干，优选一批开展秸秆覆盖还田保护性耕作的作业组织和专业大户进行重点扶持，建成一批开展作业的新型农业经营主体，发展一批组织推进的社会化服务组织，培育一批施用技术的作业骨干队伍，建立健全骨干人员信息库，准确掌握当地机具分布、作业能力等情况，搭建作业主体与农户的桥梁。

五、以强化组织领导为保障，健全完善秸秆覆盖还田保护性耕作推进机制

（一）建立组织保障机制。建立省级主导、市级推进、县级主抓及各相关部门各尽其职、密切合作的工作机制。省成立推进工作领导小组，负责组织协调、督导检查、指导推进全省工作。县（市、区）成立相应领导小组，农机化主管部门负责安排部署和组织落实工作。乡（镇、街道）成立工作推进组，落实具体推进工作。县级领导小组，每年至少召开 1～2 次会议，研究部署相关工作，至少举办 1 次培训班，提高专业能力和管理水平。全省形成政府扶持引导、农民主体运行、多方参与推进和技术装备支撑发展、农机农艺融合促进、市场化方式推进的工作机制和深入发展的工作局面。

（二）建立发展扶持机制。通过政策引导及资金扶持，鼓励引导广大农民应用推广秸秆覆盖还田保护性耕作技术，鼓励支持各方力量参与秸秆覆盖还田保护性耕作推广工作，鼓励县（市、区）创新财政投入和使用机制，支持推进秸秆覆盖还田保护性耕作工作。省财政安排专项资金和利用国家有关项目资金对实施秸秆覆盖还田保护性耕作给予作业补贴及检查验收、技术指导、宣传培训、效果监测、建档立案等补助。鼓励推广使用先进适用的保护性耕作机具，将保护性耕作机具纳入农机购置补贴范围。鼓励支持全程机械化新型农业经营主体和新型农业经营组织承担作业任务，发挥其骨干作用。鼓励发展社会化服务体系，加快秸秆覆盖还田保护性耕作技术推广应用。

（三）建立秸秆管护机制。在示范区和滚动推进区，建立秸秆田间管护机制。在示范区和滚动推进区作业补贴地块，设立“吉林省秸秆覆盖还田保护性耕作区”标识牌和“严禁焚烧秸秆，推进绿色发展”管护牌，释放绿色发展和禁烧秸秆的管护信号。示范标识牌、管护警示牌的制作设立和相关管护工作，由作业补贴享受者负责。

（四）建立宣传培训机制。秸秆覆盖还田保护性耕作是农业耕作方式的革命。做好这项工作，必须转变传统耕作理念。各地建立专家“现场说法”、受益者“现身说效”的工作制度，建立现场观摩引导、现场作业示范和技术培训课、技术效益课的“二场二课”技术推广机制，以广大农民群众通俗易懂的方式推广秸秆覆盖还田保护性耕作技术。充分利用广播、电视、报纸、互联网等新闻媒介宣传优势开展宣传。

（五）建立试验研究机制。以示范区为基点，以省、市（州）、县（市、区）共建的方式，选择有代表性的地块，建设一批试验示范观测长效基地，用于当地开展试验研究，探索技术模式，积累作业数据，不断完善秸秆覆盖还田保护性耕作技术。各县（市、区）也要以示范片或示范点为依托，建立科技示范基地，完善秸秆覆盖还田保护性耕作技术，推进“绿色增长”扎根落地。

（六）建立督导推进机制。省里将推广秸秆覆盖还田保护性耕作技术，列入绩效考核任务目标，列为督导督办重要内容，每年督导检查工作落实情况。各地也要建立督导检查工作机制，大力推进工作，确保取得实效。

附件：2019—2025 年全省秸秆覆盖还田保护性耕作作业补贴实施方案

吉林省农业委员会

吉林省财政厅

二〇一八年九月二十五日

附件

2019—2025 年全省秸秆覆盖还田保护性耕作作业补贴实施方案

根据《吉林省农业委员会　吉林省财政厅关于加快推广秸秆覆盖还田保护性耕作技术　推进耕地质量耕作生态耕作效益“绿色增长”的实施意见》，制定《2019—2025 年全省秸秆覆盖还田保护性耕作作业补贴实施方案》如下：

一、补贴要求

（一）耕作要求。对采取秸秆覆盖还田免耕播种作业或高留根茬秸秆覆盖还田免耕播种作业方式给予作业补贴，并符合下列要求：

1. 采用秸秆覆盖还田免耕播种作业的，出苗后地表秸秆平均覆盖率不低于 30%；

2. 采用高留根茬秸秆覆盖还田免耕播种作业的，出苗后田间留置的留茬平均高度不低于 40 厘米（含免耕播种机作业正常刮倒）；

3. 田间不得有秸秆焚烧和燎叶；

4. 春季播种前不得有土壤耕作（农机深松除外）。

（二）实施主体。主要依托全省全程机械化新型农业经营主体和农机合作社、农机大户承担，鼓励其他农业生产经营组织和农户实施秸秆覆盖还田保护性耕作作业。

（三）作业地块。示范区的作业地块，要相对集中连片。滚动推进区的作业地块，中西部相对集中连片面积不低于 60 亩，东部和山区半山区相对集中连片面积不低于 30 亩，允许其中有“插花”或“断带”。

二、补贴内容

（一）补贴标准。对达到检查验收质量标准的项目实施面积，按照每亩 30 元的标准核发资金。其中：补贴对象的作业补贴为每亩 29 元；县级农机主管部门的检查验收、技术指导、宣传培训、建档立案等合计补助为每亩 1 元。市、县财政部门也可根据实际情况安排适应工作经费。

（二）补贴范围。各县（市、区）检查验收合格的项目作业面积。

（三）补贴对象。补贴范围内的农机作业者或接受作业服务的耕地承包经营者，具体补贴对象由各地根据实际确定。

（四）补贴方式。补贴采取"先干后补"的方式进行。即各地按照补贴作业内容、质量标准，对技术实施地块先进行检查验收，确定拟补贴的作业面积。在作业对象所在村公示 7 日无异议后，确定最终补贴面积、补贴对象的结果。补贴资金通过"一卡通"直接兑付，不得以现金形式发放。

三、检查验收

（一）质量标准

1. 实施秸秆覆盖还田免耕播种作业的，免耕播种出苗后地表秸秆平均覆盖率不低于 30%；实施高留根茬秸秆覆盖还田免耕播种作业的，免耕播种出苗后田间留置根茬平均高度不低于 40 厘米（含免耕播种机作业正常刮倒的秸秆）。

2. 田间不得有秸秆焚烧、燎叶和春季播种前土壤耕作痕迹（农机深松除外）。

（二）验收时间

出苗后到 8 月 10 日前。

（三）补贴面积

按照质量标准检查验收的合格面积，为补贴面积和补贴资金测算依据。

（四）验收方法

1. 实地查验。主要查验四项内容：(1)查验田间秸秆覆盖（根茬）留存情况；(2)查验耕地是否进行过耕翻耙和灭茬旋耕等动土作业；(3)是否实行免耕播种作业；(4)是否有焚烧痕迹。

2. 实地测定。根据不同作业形式，测定秸秆覆盖率或留茬高度。

3. 抽检数量。检查验收实行乡级全面检查，县级按规定比率随机抽检的方式进行。对示范区的作业地块全部检查。对滚动推进区和带动发展区的作业地块，抽检范围覆盖所有实施乡（镇）以及不少于 50% 的村屯，任务面积≤3 万亩，抽检面积比率 100%；任务面积 3～9 万亩，抽检面积比率 30% 以上；任务面积≥9 万亩，抽检面积比率 20% 以上。

四、实施程序

（一）组织调查申报。从 2018 年起，以 2019—2020 年、2021—2022 年、2023—2024 年两年为一个周期落实补贴作业面积。在每个周期末年（即：2020 年、2022 年、2024 年）的 9 月 30 日前，县级农机主管部门向省农委提出下一个周期的作业补贴面积申请。对因实际情况发生变化，需要调整作业补贴面积的，在每年 8 月 30 日前，提出调整申请，省农委会同省财政厅根据情况进行调整。

（二）下达作业指标。每年 9 月 30 日前，省农委同省财政厅下达下年度补贴作业任务通知。

（三）预拨补贴资全。每年 10 月 31 日前，省财政按年度作业任务情况，预拨下年作业补贴资金。

（四）落实作业任务。在每年 12 月 30 日前，各县（市、区）根据省下达的作业指导指标，组织落实本年度补贴作业任务和签订相关协议。

（五）开展免耕作业。每年 4 月，各县（市、区）组织开展秸秆覆盖还田保护性耕作免耕播种作业。

（六）组织检查验收。每年 5 月中旬至 7 月 31 日前，各县（市、区）组织完成作业补贴的实地初检、复检、抽检核实、公示、统计汇总、上报等项工作。检查验收人员和单位（组织）对检查验收结果的真实性、准确性负责。各市（州）农委负责对辖区县（市、区）工作进行组织协调和督导检查。鼓励各地创新检查验收方式，提高检查验收效率。

（七）完成补贴结算。每年 9 月 30 日前，按照财政部门规定程序，进行补贴资金结算和补贴款兑付。

1. 乡（镇、街道）农机、财政部门填写《吉林省秸秆覆盖还田保护性耕作作业补贴面积验收核准单》，乡（镇）政府审核，并分别上报县（市、区）农机、财政部门。

2. 县（市、区）农机、财政部门填写《吉林省秸秆覆盖还田保护性耕作作业补贴资金汇总表》，并联合行文向省农委和财政厅提出补贴资金结算申请。

3. 省农委对县（市、区）上报的补贴资金结算申请进行汇总，报省财政厅。省财政厅按省农委核实的资金数对预拨资金进行调整并拨付县财政局，由财政部门将补贴款兑付给补贴对象。

（八）进行工作总结。每年 10 月 30 日前，各地将补贴作业和补给资金发放情况工作总结报送省农委、省财政厅。

五、保障措施

（一）加强组织领导。秸秆覆盖还田保护性耕作补贴作业任务承担县是实施秸秆覆盖还田保护性耕作作业补贴工作的责任主体，要把发展秸秆覆盖还田保护性耕作提上重要议事日程，加强领导，落实责任，强化工作措施，并建立起政府领导下的工作机构和严格规范的工作机制、制度，切实保证规范化开展工作。省农委负责年度补贴实施方案制定及组织全省实施，省财政厅负责补贴资金拨付管理。

（二）加强监测点建设。全省各级农机部门要认真抓好秸秆覆盖还田保护性耕作技术实施效果监测工作，保持监测点分布及数量不变。县农机主管部门要按照秸秆覆盖还田保护性耕作监测点连续多年不变的原则，抓好相关工作落实，重点把握实施效果连续性、监测数据准确性和选取地点代表性三个方面，组织好本地开展监测工作，并邀请当地农业主管部门或农技推广部门有实践经验的相关技术人员共同参与，提高准确性和权威性，为全省不断扩大秸秆覆盖还田保护性耕作技术推广面积提供科学依据。

（三）加强信息公开。充分利用报纸、电视、广播、农机化信息网等媒介大力宣传秸秆覆盖还田保护性耕作扶持政策，公开补贴的程序、补贴标准、补贴方式和质量要求等。要将受益农户、补贴面积和补贴金额等相关信息（严禁公布通讯方式、身份证号码和银行账号等个人隐私信息）在当地进行公示，让补贴信息公开透明，接受社会和群众监督。

（四）健全机制，加强监督。各县（市、区）要建立检查验收和公示制度，设立监督电话。对举报的，做到有报必查。各市（州）要加强督导巡查，强化工作与技术执行到位情况的监管。各地要严格执行补贴技术质量标准和资金监管制度，补贴资金必须做到专款专用，坚决杜绝截留、挪用和虚报补贴面积，降低标准，套取补贴资金行为。对发现违法违纪行为，将依照《财政违法行为处罚处分条例》（国务院令第 427 号），追究相关单位和人员的责任。

附件：1. 吉林省秸秆覆盖还田保护性耕作作业补贴项目协议书（略）

2. 吉林省秸秆覆盖还田保护性耕作作业补贴面积验收核准单（略）

3. 吉林省秸秆覆盖还田保护性耕作作业补贴资金汇总表（略）

4. 吉林省秸秆覆盖还田保护性耕作实施效果监测方案（略）

江苏省农业保险工作领导小组办公室关于印发《江苏省粮食烘干机保险条款费率(试行)》的通知

苏农险办发〔2018〕6号

各设区市农业保险工作领导小组办公室,各设区市、县(市、区)财政局,各设区市、县(市、区)农机主管部门,苏州保监分局,紫金财险,各财产保险公司省级分公司:

为贯彻落实《中共江苏省委 江苏省人民政府关于贯彻落实乡村振兴战略的实施意见》(苏发〔2018〕1号)精神,进一步保障我省粮食生产安全,提高农业风险防范能力,拓展农机保险惠农政策,省农业农村厅会同省农险领导小组相关成员单位制定了《江苏省粮食烘干机保险条款费率(试行)》,现印发给你们,请组织实施。省级财政补贴政策及补贴资金管理,按照省财政厅《关于印发江苏省省级财政农业保险保险费奖补资金管理暂行办法的通知》(苏财规〔2017〕32号)执行。请各有关保险公司及时向保险监督管理部门完成报备工作。

实施过程如遇问题,请及时与省农业农村厅联系。

附件:江苏省粮食烘干机保险条款费率(试行)

江苏省农业保险工作领导小组办公室

二〇一八年十月二十九日

附件

江苏省粮食烘干机保险条款(试行)

总 则

第一条 江苏省粮食烘干机保险合同由本条款、投保单、保险单、批单、保险费凭证及特别约定共同组成。凡涉及保险合同的约定,均应采用书面形式。

第二条 本条款由财产保险、责任保险和通用条款三部分组成。财产保险、责任保险的约定适用于各自部分,通用条款的约定适用于整个保险合同。保险人在保险合同中承担的赔偿责任以保险单载明的相应部分责任限额、保险限额为限。

第三条 本条款所称被保险人,是指从事农业生产经营的农民和农业生产经营组织。农业生产经营组织,是指农村集体经济组织、农民专业合作经济组织、农业企业和其他从事农业生产经营的组织。

第四条 本条款所称粮食烘干机,是指采用循环加热方式降低粮食水分的机械设备,包括烘干机本体及热风炉、燃烧器、风机、提升输送设备、清选设备等配套设备。本条款所称附属设施,是指对粮食烘干起到支持和辅助作用的机房、除尘、消防、配电、储油罐、储气罐等设施。本条款所称粮食,是指列明的生产经营场所内的粮食。

具体保险财产清单在保险合同中约定。

第五条 本条款所称工作人员,是指列明的生产经营场所内粮食烘干机的操作人员、检修人员、辅助人员、管理人员,包括被保险人或其法定代表人,不包括粮食烘干机生产、销售、维修企业人员。

第六条 保险合同属于财政给予保险费补贴的,由财政部门按规定给予补贴。投保时,在保险单中载明财政补贴、投保人承担的保险费比例及具体金额。投保人交清应承担的保险费,保险合同成立。财政补贴资金由保险人按规定向当地财政部门申领。

第一部分 财产保险

保险责任

第七条 在保险期间内,因下列原因造成被保险粮食烘干机、附属设施、粮食的损失及费用,保险人依照保险合同的约定在保险限额内负责赔偿:

(一)雷击、暴雨、洪水、暴风、龙卷风、台风、飓风、沙尘暴、暴雪、冰雹、冰凌,泥石流、崩塌、突发性滑坡、地面下陷下沉;

(二)火灾、爆炸,倒塌、倾覆、碰撞、飞行物体和其他空中运行物体坠落等意外事故;

(三)粮食烘干机运行过程中的机器损坏事故;

(四)其他不属于财产保险责任免除范围内的损失及费用。

第八条 发生保险事故,工作人员为防止或减少损失所支付的必要、合理的施救费用,由保险人在保险限额以外另行承担,最高不超过保险限额的数额。

责任免除

第九条 下列原因引起的损失及费用,保险人不负责赔偿:

(一)被保险人及其法定代表人的故意或重大过失行为;

(二)自然磨损、朽蚀、腐蚀、霉变或其他渐变原因造成自身损失;

(三)贬值、丧失市场价值、停产、停业等各种间接损失;

(四)对保险标的进行维修保养过程中发现的损坏或损失;

(五)被盗窃、抢劫;

(六)地震、海啸及其次生灾害。

保险限额与起赔点

第十条 单台套粮食烘干机、附属设施和粮食的保险限额及保险费按《江苏省粮食烘干机保险费率(试行)》执行;多台套同时投保时,保险限额及保险费为单台套的倍数。

第十一条　每次保险事故起赔点为200元。

赔偿处理

第十二条　发生粮食烘干机生产者产品质量保证规定范围内的损失及费用,被保险人选择向保险人索赔的,保险人在保险合同所载明的责任范围内先予赔偿。保险人自向被保险人支付赔偿金之日起,在赔偿金额范围内代位行使被保险人向生产者(销售者)请求赔偿的权利,被保险人应提供必要的文件和所知道的有关情况。因被保险人故意或因重大过失致使保险人不能行使代位请求赔偿的权利的,保险人可以扣减或要求返还相应的赔偿金。

第十三条　因保险事故损坏的保险财产,应尽量修复。修复前被保险人应会同保险人检验,协商确定修复项目、方式及费用。未能协商确定的,修复费用以实际产生的合理费用为准。

第十四条　保险财产遭受损失后的残余部分由保险人、被保险人协商处理,残值由双方商定。如折归被保险人的,残值在赔偿金中扣除。

第十五条　赔偿金计算

(一)全部损失

保险事故造成全部损失或推定全部损失时,赔偿金＝保险限额。

(二)粮食烘干机、附属设施部分损失

保险事故造成被保险粮食烘干机、附属设施部分损失,保险人按实际修复费用在保险限额内计算赔偿金,实际修复费用低于200元的,不予赔偿。

赔偿金＝实际修复费用－残值。

在修复或更换零部件过程中,被保险人进行的性能增加或改进所产生的额外费用,保险人不负责赔偿。

(三)粮食部分损失

保险事故造成被保险粮食损失,在保险限额的30%以内计算赔偿。

赔偿金＝粮食价格×损失重量。粮食价格按照国家当年粮食最低收购价格的80%计算,也可以按照发生保险事故时当地粮食市场价格的80%计算,粮食最低收购价格与当地粮食市场价格不一致时,执行较高价格。

第十六条　保险财产发生保险事故,保险人按保险合同约定支付赔偿金后,保险限额相应减少。多次损失的赔偿金额之和(不含施救费用)达到保险限额,保险责任终止。投保人、被保险人与保险人协商同意补缴恢复保险限额减少部分的保险费后,原保险限额恢复。

第二部分　责任保险

保险责任

第十七条　在保险期间,被保险人在生产经营场所内,从事粮食烘干相关工作造成下列损失及费用,依法应由被保险人承担的民事赔偿责任,保险人按照保险合同的约定负责赔偿:

(一)工作人员的人身伤亡;

(二)第三者的人身伤亡和财产损失。

保险人对上述保险事故的赔偿金额不超过保险合同列明的责任限额。人身伤亡赔偿范围依据最高人民法院《关于审理人身损害赔偿案件适用法律若干问题的解释》的有关规定。

第十八条　保险事故发生后,被保险人因保险事故赔偿纠纷而被提起仲裁或诉讼的,应由被保险人承担的仲裁或诉讼费用以及事先经保险人书面同意支付的其他必要、合理的费用由保险人承担。

责任免除

第十九条　下列原因造成的损失及费用,保险人不负责赔偿:

(一)被保险人及其法定代表人的故意或重大过失行为;

(二)工作人员因醉酒导致本人人身伤亡的;

(三)工作人员自残或自杀的;

(四)粮食烘干机生产、销售、维修企业人员发生人身伤亡的。

第二十条　下列财产损失及费用,保险人不负责赔偿:

(一)工作人员的个人财产损失;

(二)罚款、罚金或惩罚性赔偿金。

责任限额

第二十一条　单台套粮食烘干机投保时,保险期间内保险人对每次保险事故每人赔偿责任限额为20万元、累计赔偿责任限额为40万元;多台套粮食烘干机投保时,保险期间内保险人对每次保险事故每人赔偿责任限额为20万元、累计赔偿责任限额为投保台套数与每次每人赔偿责任限额的乘积。

赔偿处理

第二十二条　保险人对每次保险事故的赔偿,以被保险人、受害人及保险人协商确定的或经仲裁裁决、法院判决应由被保险人赔偿的金额为准。

被保险人自行承诺或支付的赔偿金额,保险人有权重新核定。不属于保险赔偿范围或超出保险应赔偿金额的,保险人不承担赔偿责任。

第二十三条　被保险人对受害人应负的赔偿责任确定的,保险人可以根据被保险人的请求直接向该受害人赔偿保险金。被保险人怠于请求的,受害人有权就其应获赔偿部分直接向保险人请求赔偿保险金。

被保险人未向受害人赔偿的,保险人不负责向被保险人赔偿,受害人是被保险人本人或家庭成员除外。

第三部分　通用条款

保险期间

第二十四条　除经投保人、被保险人同意,保险责任自投保人、被保险人交清应承担保险费的次日零时起,保险期间为1年。保险单载明的保险责任起讫时间不得损害被保险人的保险利益。

无赔款优待

第二十五条　保险合同对保险期间内无事故、无赔款的投保农民和农业生产经营组织,在续保时享受保险费减收优待,按照《江苏省粮食烘干机保险费率(试行)》中年保险费单台套减收100元。

保险人义务

第二十六条　订立保险合同时,保险人向投保人提供的投保单应附格式条款,保险人应向投保人说明保险合同的内容。对保险合同中免除保险人责任的条款,保险人在订立合同时应在投保单、保险单或其他保险凭证上作出足以引起投保人注意的提示,对该条款的内容以书面形式向投保人作出明确说明,并取得投保人书面确认。否则,该条款不产生效力。

第二十七条　保险合同成立后,保险人应及时向投保人签发保险单或其他保险凭证。

第二十八条　保险人认为被保险人提供的有关索赔的证明

及资料不完整的，应及时一次性通知投保人、被保险人补充提供。

第二十九条 保险人收到被保险人的索赔请求后，应及时作出核定；情形复杂的，应在30日内作出核定。对属于保险责任的，保险人在与被保险人达成赔偿协议后10日内，履行赔偿义务；对不属于保险责任的，保险人应自作出核定之日起3日内向被保险人发出拒绝赔偿通知书，并说明理由。

保险人未及时履行前款规定义务的，除支付赔偿金外，应赔偿被保险人因此受到的损失。

第三十条 保险人自收到索赔请求及有关证明、资料之日起30日内，对其赔偿总额不能确定的，应根据已有证明及资料可以确定的部分金额先予支付，60日内应支付相应的差额。

投保人、被保险人义务

第三十一条 投保人须将同一生产经营场所内的粮食烘干机整体投保，投保时应提供被保险人身份证件，粮食烘干机出厂编号、购买日期、购置价格，附属设施清单，对保险人询问的有关情况如实告知。

第三十二条 被保险人应加强安全管理，采取合理的预防措施，尽力避免或减少事故的发生，维护保险标的的安全。

保险人可以对被保险人安全管理情况进行检查，向投保人、被保险人提出消除不安全因素及隐患的书面建议。

第三十三条 发生保险事故时，被保险人应：

（一）尽力采取必要、合理的措施，防止或减少损失；

（二）及时通知保险人。因故意或重大过失未及时通知，致使保险事故的性质、原因、损失程度等难以确定的，保险人对无法确定的部分，不承担赔偿责任，但保险人通过其他途径已及时知道或应及时知道保险事故发生的除外；

（三）协助保险人进行现场查勘。

第三十四条 被保险人请求赔偿时，应向保险人提供损失、费用清单，以及其他能够提供的与确认保险事故的性质、原因、损失程度有关的证明、资料。

第三十五条 被保险人接到人民法院传票或其他法律文书后，应及时告知保险人，提供有关材料，共同处理有关诉讼或仲裁事宜。

第三十六条 在保险期间内，被保险粮食烘干机转让他人的，受让人承继被保险人的权利和义务，被保险人和受让人应及时书面通知保险人。

其他事项

第三十七条 被保险人向保险人请求赔偿的诉讼时效期限为2年，自其知道或应知道保险事故发生之日起计算。

第三十八条 保险责任开始前，投保人要求解除保险合同的，应向保险人支付自缴保险费金额3%的手续费；保险责任开始后，不得解除保险合同。

第三十九条 因履行保险合同发生的争议，由当事人协商解决。协商不成的，由当事人从下列3种争议解决方式中选择一种，并在保险合同中载明：

（一）委托保险公估机构对保险标的或保险事故进行评估、勘验、鉴定、估损理算；

（二）提交保险单载明的仲裁委员会仲裁；

（三）依法向当地人民法院起诉。

第四十条 本条款下列用语的含义：

（一）意外事故：指不可预料的以及被保险人无法控制并造成物质损失的突发性事件，包括火灾、爆炸等造成人员伤害、财产损失的事件。

（二）重大过失：指一般人能预见自己的行为可能产生的后果，作为有相应工作能力的人员却没有预见或预见到但轻信不会发生，而造成事故或损失的一种主观心态。

江苏省粮食烘干机保险费率（试行）

类型	财产保险保险限额（万元）	责任保险每次每人赔偿限额（万元）	年保险费（元）
单台套批处理量20吨以下（含）的批式循环粮食烘干机	12	20	600
单台套批处理量20吨以上50吨以下（含）的批式循环粮食烘干机	18	20	700

浙江省农业厅关于印发《农业主导产业“机器换人”示范县评价办法》的通知

浙农专发〔2018〕93号

各市、县（市、区）农业（农机）局：

为加快推进农业“机器换人”，破解不平衡不充分问题，高水平创建全国农业“机器换人”示范省，助力乡村振兴战略实施，我厅制订了《农业主导产业“机器换人”示范县评价办法》，现印发给你们，请认真组织实施。

浙江省农业厅

二〇一八年八月二十四日

农业主导产业“机器换人”示范县评价办法

为深入实施农业“机器换人”示范工程，指导农业主导产业“机器换人”示范县建设，根据《浙江省人民政府办公厅关于加快推进农业领域“机器换人”的意见》（浙政办发〔2016〕19号）、《浙江省农业厅关于组织实施农业“机器换人”示范工程的通知》（浙农专发〔2016〕69号）等文件精神，特制定本评价办法。

一、评价对象

农业主导产业“机器换人”示范创建县（市、区）。

二、评价范围

粮油、蔬菜、茶叶、水果、畜牧、水产、竹木、花卉苗木、蚕桑、食用菌、中药材及县域其他种养殖规模或产值较大产业主要环节机械化程度。一般取县域种养殖规模或产值排名前5位的产业，并纳入当地农业主导产业范围。

三、评价指标

水稻产业“机器换人”示范县建设内容包含装备水平、作业与应用水平、社会化服务水平、安全生产水平、支撑保障水平等5个大项18小项指标，其他主导产业示范县建设内容包含作业与应用水平、社会化服务水平、安全生产水平、支撑保障水平等4个大项11小项指标。其中，水稻产业的达标指标项为耕种收综合机械化率、高效植保机械化率、稻谷机械化烘干率、秸秆处理机械化率、农机综合服务中心和“平安农机”建设共6项，其他主导产业的达标指标项为主要环节机械化率和“平安农机”建设共2项。达标指标项为一票否决项。具体指标情况详见附件1。

四、评价办法

采取打分制和达标项指标达标制的方式进行，总分105分（含附加分5分），总评分不低于90分且达标指标项达标的县（市、区）可评为农业主导产业“机器换人”示范县。具体评分细则详见附件2。

五、评价程序

参照《农业“机器换人”示范县、示范乡镇（园区）、示范基地评价办法》（浙农专发〔2017〕95号）示范县评价程序执行，创建评价表见附件3、4。

附件：1. 农业主导产业“机器换人”示范县建设标准

2. 农业主导产业“机器换人”示范县建设标准评分细则

3. 水稻产业农业“机器换人”示范县创建评价表（略）

4. 产业农业“机器换人”示范县创建评价表（略）

附件1

农业主导产业“机器换人”示范县建设标准

一、水稻产业“机器换人”示范县建设标准

建设内容	建设指标	指标值
装备水平	耕作环节农机装备保障水平	≥80%
	种植环节农机装备保障水平	≥50%
	收获环节农机装备保障水平	≥80%
	烘干环节农机装备保障水平	≥75%
作业与应用水平	耕种收综合机械化率★	≥85%
	高效植保机械化率★	≥60%
	稻谷机械化烘干率★	≥60%
	秸秆处理机械化率★	≥85%
	智慧农机装备应用示范基地	≥3个
社会化服务水平	农民（农机）专业合作社示范社	≥5个
	农机综合服务中心★	≥3个
安全生产水平	“平安农机”建设★	省级以上示范县
支撑保障水平	党委政府重视，组织保障到位	是
	农机农艺融合有效开展	是
	农机维修保障体系健全	是
	农机质量工作有效开展	是
	开展农机化技术培训	是
	创新做法▲	至少达到2项

续表

<table>
<tr><th colspan="4">二、其他主导产业“机器换人”示范县建设标准</th></tr>
<tr><th>建设内容</th><th colspan="2">建设指标</th><th>指标值</th></tr>
<tr><td rowspan="6">作业与应用水平</td><td colspan="2">主要环节(≥5个)机械化率★</td><td>≥70%</td></tr>
<tr><td rowspan="4">其中</td><td>名优茶加工机械化率、大宗茶修剪、采摘机械化率</td><td>≥95%</td></tr>
<tr><td>食用菌生产基质加工、菌包装袋、灭菌、接种机械化率</td><td>≥85%</td></tr>
<tr><td>规模以上养殖场自动喂料、环境控制、排泄物清理机械化率</td><td>≥80%</td></tr>
<tr><td>蔬菜种植、收获机械化率</td><td>≥50%</td></tr>
<tr><td colspan="2">智慧农机装备应用示范基地</td><td>≥3个</td></tr>
<tr><td rowspan="2">社会化服务水平</td><td colspan="2">农业龙头企业</td><td>≥1个</td></tr>
<tr><td colspan="2">农民(农机)专业合作社示范社</td><td>≥3个</td></tr>
<tr><td>安全生产水平</td><td colspan="2">“平安农机”建设★</td><td>近两年考核合格以上</td></tr>
<tr><td rowspan="6">支撑保障水平</td><td colspan="2">党委政府重视,组织保障到位</td><td>是</td></tr>
<tr><td colspan="2">农机农艺融合有效开展</td><td>是</td></tr>
<tr><td colspan="2">农机维修保障体系健全</td><td>是</td></tr>
<tr><td colspan="2">农机质量工作有效开展</td><td>是</td></tr>
<tr><td colspan="2">开展农机化技术培训</td><td>是</td></tr>
<tr><td colspan="2">创新做法▲</td><td>至少达到2项</td></tr>
</table>

备注:带★项为达标指标,带▲项为加分指标,其中达标指标未完成实行一票否决。

指标说明

一、装备水平。指水稻耕作、种植、收获、烘干环节机械保有量与单季水稻最大种植面积所需机械数量的百分比值。保障水平折算标准详见《农业“机器换人”示范县、示范乡镇(园区)、示范基地建设规范(试行)》(浙农专发〔2016〕121号)(以下简称“建设规范”)。

二、主要环节机械化率。指主导产业各主要环节机械化作业面积(量)与种养殖面积(量)的百分比值。具体如下:

(一)水稻。耕作、种植、高效植保、收获、烘干、秸秆处理等环节,详见“建设规范”。

(二)蔬菜。耕整、起垄(开沟)、育苗、种植、施肥、节水灌溉、高效植保、收获、环境控制、分级包装、贮藏保鲜等环节。其中,耕整、种植或收获、高效植保为达标项。

(三)茶叶。中耕除草、施肥、节水灌溉、高效植保、除霜防冻、修剪、采摘、茶园运输、加工等环节。其中,高效植保、修剪、茶园运输为达标项。

(四)水果。中耕除草、施肥、节水灌溉、高效植保、采摘、环境控制、果园运输、果品去壳、分级包装、贮藏保鲜等环节。其中,节水灌溉、高效植保、果园运输为达标项。

(五)畜牧。饲草料加工、自动喂料、畜(禽)舍环境控制、排泄物清理、排泄物资源化利用、水质净化处理、病死动物无害化处理、分级包装等环节。其中,自动喂料、畜(禽)舍环境控制、病死动物无害化处理为达标项。

(六)水产。自动投料、增氧、设施养殖、环境控制、清淤、水质净化、捕捞(收获)、烘干等环节。其中,自动投料、增氧、水质净化为达标项。

(七)花卉。耕作、起垄(开沟)、育苗、种植、施肥、节水灌溉、高效植保、收获、标准设施、环境控制、贮藏保鲜等环节。其中,耕作、节水灌溉、高效植保为达标项。

(八)蚕桑。桑园耕作、高效植保、桑枝剪伐、桑园运输、小蚕饲养环境控制、蚕茧烘干等环节。其中,桑枝剪伐、小蚕饲养环境控制、蚕茧烘干为达标项。

(九)食用菌。基质加工、培养料配制、装袋(瓶)、消毒灭菌、接种、标准设施、环境控制、下料、冷藏保鲜、烘干等环节。其中,基质加工、装袋(瓶)、接种为达标项。

(十)中药材。耕整、起垄(开沟)、育苗、种植、施肥、节水灌溉、高效植保、收获、标准设施、环境控制、贮藏保鲜、烘干等环节。

(十一)其他特色主导产业。按照生产实际确定主要作业环节。

三、智慧农机装备应用示范基地。指引进和示范推广基于物联网、云计算、移动互联等现代信息技术的智慧农机装备,如农业自动化生产加工流水线、农业物联网设备、农业机器人、无人驾驶农业机械等,实现农业生产过程的智能化。基地需具备一定规模、具有较好示范效应。

四、农业龙头企业。指以该主导产业为主要经营内容的市级以上农业龙头企业。

五、农民(农机)专业合作社示范社。指以该主导产业为主要经营内容的示范性农民(农机)专业合作社(联合社),其中水稻产业省级以上,其他主导产业市级以上。

六、其他指标和要求详见“建设规范”。

附件 2

农业主导产业“机器换人”示范县建设标准评分细则

一、水稻产业“机器换人”示范县建设标准评分细则

建设内容	建设指标	考评细则	考评分值	考评方式
装备水平	耕作环节农机装备保障水平	达到目标值得满分，每少 0.1 个百分点扣0.1分，直至扣完。	3	查阅统计部门年鉴、农机化管理统计年报及有关资料，现场抽查农机专业合作社及综合服务中心不少于 5 家
	种植环节农机装备保障水平	达到目标值得满分，每少 0.1 个百分点扣0.1分，直至扣完。	5	
	收获环节农机装备保障水平	达到目标值得满分，每少 0.1 个百分点扣0.1分，直至扣完。	4	
	烘干环节农机装备保障水平	达到目标值得满分，每少 0.1 个百分点扣0.1分，直至扣完。	5	
作业与应用水平	耕种收综合机械化率	达到目标值得满分，低于目标值一票否决。（丘陵县、山区县目标值可相应降低 5 个百分点）	20	查阅统计部门年鉴、农机化管理统计年报
	高效植保、烘干、秸秆处理机械化率	达到目标值得满分，低于目标值一票否决。	24	
	智慧农机装备应用示范基地	完成目标值得满分，3 个以下每少 1 个扣 3 分，直至扣完。	6	现场抽查不低于 50%
社会化服务水平	农机专业合作社示范社	通过省级以上农机专业合作社示范社认定数，完成目标值得满分，5 个以下每少 1 个扣 2 分，直至扣完。	5	查阅有关文件及现场抽查不低于 50%
	农机综合服务中心	达到目标值得满分，低于目标值一票否决。（山区县目标值为≥2 个）	8	实地检查
安全生产水平	“平安农机”建设	通过省级以上“平安农机”建设认定得满分，未通过一票否决。	6	查阅有关文件
支撑保障水平	党委政府重视，组织保障到位	地方党委政府发布相关文件（2 分）、成立领导小组（1 分）、制订实施方案（1 分），安排专项财政资金支出（2 分）。	6	查阅有关文件
	农机农艺融合有效开展	建立水稻产业农机农艺融合专家组（1 分），开展农机农艺技术集成试验研究和示范推广（0.5 分），有具体的技术路线、模式和作业规范（0.5 分）。	2	查阅有关文件及台账资料，现场抽查示范点不少于 1 个
	农机维修保障体系健全	农机维修网点较为齐全，有效满足区域内农机维修保养需求，原则上每 1 000 台套在用中大型农机装备建立 1 个农机维修网点。	2	查阅相关台账资料及现场抽查三级及以上农机维修点不少于 1 个
	农机质量工作有效开展	建立农机质量监督投诉管理制度（1 分），有效处理农机质量投诉事件（0.5 分），扎实开展农机质量宣传、质量调查等工作（0.5 分）。	2	查阅相关台账资料
	年均培训农机实用人才	完成水稻产业农机化培训 300 人次（含）以上得满分，300 人次以下每减少 10 人次扣 0.5 分，直至扣完。	2	查看培训记录
	创新做法	完成 2 项加 3 分，2 项以上每增加 1 项加 1 分，总分不超过 5 分。	加分项	查阅有关台账资料后研究确定

续表

二、其他主导产业"机器换人"示范县建设标准评分细则				
建设内容	建设指标	考评细则	考评分值	考评方式
作业与应用水平	主要环节（含关键环节）（≥5个）机械化率	达到目标值得满分（茶叶、食用菌、畜牧、蔬菜产业部分环节机械化率目标值单列），低于目标值一票否决。（主导产业类别选择理由需作出具体说明）	60	查阅农业行业部门统计数据及有关资料，每个主导产业现场抽查规模以上生产主体不少于2家智慧农机装备应用示范基地
	智慧农机装备应用示范基地	完成目标值得满分，3个以下每少1个扣3分，直至扣完。	6	现场抽查不低于50%
社会化服务水平	农业龙头企业	通过市级以上农业龙头企业认定数，完成目标值得满分，未完成不得分。	5	查阅有关文件及现场检查
	农民（农机）专业合作社示范社	通过市级以上农民（农机）专业合作社示范社认定数，完成目标值得满分，3个以下每少1个扣3分，直至扣完。	9	查阅有关文件及现场抽查不低于50%
安全生产水平	平安农机"建设	近两年农机安全生产考核合格等次以上得满分，不合格一票否决。	6	查阅有关文件
支撑保障水平	党委政府重视，组织保障到位	地方党委政府发布相关文件（2分）、成立领导小组（1分）、制订实施方案（1分），安排专项财政资金支出（2分）。	6	查阅有关文件
	农机农艺融合有效开展	建立主导产业农机农艺融合专家组（1分），开展农机农艺技术集成试验研究和示范推广（0.5分），有具体的技术路线、模式和作业规范（0.5分）。	2	查阅有关文件及台账资料，现场抽查示范点不少于1个
	农机维修保障体系健全	农机维修网点较为齐全，有效满足区域内农机维修保养需求，原则上每1 000台套在用中大型农机装备建立1个农机维修网点。	2	查阅相关台账资料及现场抽查三级及以上农机维修点不少于1个
	农机质量工作有效开展	建立农机质量监督投诉管理制度（1分），有效处理农机质量投诉事件（0.5分），扎实开展农机质量宣传、质量调查等工作（0.5分）。	2	查阅相关台账资料
	年均培训农机实用人才	完成主导产业农机化培训200人次（含）以上得满分，200人次以下每减少10人次扣0.5分，直至扣完。	2	查看培训记录
	创新做法	完成2项加3分，2项以上每增加1项加1分，总分不超过5分。	加分项	查阅有关台账资料后研究确定

浙江省农业厅关于印发《浙江省农业机械事故应急处置预案》的通知

浙农专发〔2018〕83号

各市、县（市、区）农业（农机）局：

现将修订后的《浙江省农业机械事故应急处置预案》印发给你们，请结合实际，认真贯彻执行。

浙江省农业厅

二〇一八年八月十五日

浙江省农业机械事故应急处置预案

1. 总则

1.1 编制目的

规范我省农业机械事故(以下简称农机事故)应急处置工作,提升应急管理水平,增强应急处置能力,科学实施应急救援,最大限度减少农机事故造成的人员伤亡和财产损失,维护人民群众生命财产安全和社会稳定。

1.2 编制依据

(1)《中华人民共和国安全生产法》

(2)《中华人民共和国突发事件应对法》

(3)《生产安全事故报告和调查处理条例》(国务院令第493号)

(4)《农业机械安全监督管理条例》(国务院令第563号)

(5)《农业机械事故处理办法》(农业部令2011年第2号)

(6)《浙江省生产安全事故应急预案》(浙政办发〔2017〕131号)

1.3 适用范围

本预案适用于本省行政区域内发生的道路外农机事故应急处置工作。

1.4 工作原则

坚持以人为本、安全第一,属地管理、分级响应,分工配合、协调联动,预防为主、综合治理的工作原则。

1.5 事故分级

农机事故分为四个等级,即特别重大农机事故(Ⅰ级)、重大农机事故(Ⅱ级)、较大农机事故(Ⅲ级)和一般农机事故(Ⅳ级)。

特别重大农机事故,是指造成30人以上死亡,或者100人以上重伤的事故,或者1亿元以上直接经济损失的事故。

重大农机事故,是指造成10人以上30人以下死亡,或者50人以上100人以下重伤的事故,或者5 000万元以上1亿元以下直接经济损失的事故。

较大农机事故,是指造成3人以上10人以下死亡,或者10人以上50人以下重伤的事故,或者1 000万元以上5 000万元以下直接经济损失的事故。

一般农机事故,是指造成3人以下死亡,或者10人以下重伤,或者1 000万元以下直接经济损失的事故。

上述有关数量表述中的“以上”包括本数,所称的“以下”不包括本数。

2. 组织机构及职责

2.1 工作机构

2.1.1 省级工作机构

由省农业厅农业突发事件应急管理领导小组负责全省农机事故应急处置工作,其中特别重大农机事故负责做好协助工作,重大农机事故负责做好组织、协调工作,较大农机事故负责做好指导工作。领导小组下设办公室,负责接收农机事故信息并提出处置意见,起草农机事故应急处置预案并提出修订意见,组织和指导全省农机安全生产应急处置宣传、培训和演练,总结农机事故应急处置工作情况。办公室设在省农机局。

2.1.2 市级工作机构

市级农机主管部门应当成立本级农机事故应急管理工作领导小组,负责组织、协调辖区内较大农机事故处置工作,协助处置重大以上农机事故,指导一般农机事故的处置工作。

2.1.3 县级工作机构

县级农机主管部门应当成立本级农机事故应急管理工作领导小组,负责组织、协调辖区内一般农机事故处置工作,协助处置较大以上农机事故。

2.2 现场应急救援指挥机构及职责

现场救援指挥和救援力量以属地为主。按应急响应级别和职责,成立以事发地政府为主,农机主管部门及有关单位参加的现场应急救援指挥部,指挥现场救援等相关工作,并视情设置综合协调、现场救援、事故处理和后勤保障等工作组。重大农机事故的现场应急救援指挥部总指挥和各应急工作组组长按有关规定任命。

2.2.1 综合协调组

综合协调组具体负责与事故发生地政府及安监、公安、卫计、宣传等部门的协调工作,保证伤员得到及时救治,事故事态及有关责任人得到控制,事故信息得以及时上报。

2.2.2 现场救援组

现场救援组具体负责保护事故现场、抢救伤员及财产,事故涉及危化品安全隐患的,协助当地人民政府(相关部门)封锁危险场所,疏散人员,最大限度降低为害程度;协助公安部门维护现场治安秩序,做好群众疏散和思想教育工作,确保现场抢救正常进行。

2.2.3 事故处理组

事故处理组具体负责事故现场和事故农业机械的检验、检测,制作现场笔录;查清事故发生的基本事实、审查事故证据、分析事故成因和各当事人的责任,制作农机事故责任认定书,做好事故善后处理工作;起草并提交事故调查报告等;按需成立农机事故处理专家组,对事故原因进行分析评判和定性等工作。

2.2.4 后勤保障组

后勤保障组负责应急救援和处置的资金、装备以及应急处置工作人员的通信及交通应急保障等工作。

3. 预防、预警、报告机制

3.1 事故预防

各级农机主管部门应当建立健全农机安全生产事故预防机制,加强农机隐患排查治理,有针对性地制定和落实农机事故防范对策,提升农机事故预防控制能力。

3.2 预警行动

各级农机主管部门接到可能导致较大以上农机事故的信息后,应当按照应急预案及时研究确定应对方案,并向当地政府(相关部门)汇报反映,通知有关部门、单位采取相应措施。

3.3 信息报告

各级农机主管部门应当向社会公布农机事故报案电话,建立值班制度,接到事故报告并核实后,迅速将事故情况按规定上报。

发生一般农机事故的,县级农机主管部门在接到事故报告后应及时报告同级安委会办公室、市级农机主管部门。

发生较大以上农机事故的,各级农机主管部门应在接到事故报告后立即向同级人民政府、安委会办公室、上级业务主管部门电话报告事故情况，并逐级上传《农业机械较大以上事故快速报表》，每级上报的间隔时间不超过1小时。

4. 应急响应

4.1 分级响应

发生农机事故后，按照事故的等级及伤亡情况，核定事故等级，启动相应级别应急预案；当农机事故随时间发展进一步恶化，情况复杂难以控制时，应当及时提升预警和反应级别。

4.1.1 Ⅳ级响应

核定为一般农机事故的，由事故发生地县级农机事故应急管理工作领导小组报当地人民政府和安委会办公室，启动Ⅳ级响应并组织实施。其中，造成2人死亡或者5～9人重伤的，市级农机事故应急管理工作领导小组派出专业人员指导农机事故应急处置工作。

4.1.2 Ⅲ级响应

核定为较大农机事故的，由事故发生地市级农机事故应急管理工作领导小组报同级人民政府和安委会办公室，启动Ⅲ级响应。

事故发生地县级农机事故应急管理工作领导小组立即启动预案，按照现场指挥部的统一部署，配合有关部全力开展应急处置，及时报告工作进展情况。其中，造成5～9人死亡或15～49人重伤的较大农机事故，厅农业突发事件应急管理领导小组派出工作人员赶赴事故现场指导事故处理。

4.1.3 Ⅱ级响应

核定为重大农机事故的，由厅农业突发事件应急管理领导小组报省人民政府和省安委会办公室，启动Ⅱ级应急响应，并由领导小组组长带领相关人员赶赴现场，组织开展应急救援工作。

事故发生地市、县农机事故应急管理工作领导小组及时启动相应预案，按照现场指挥部的统一部署，配合有关部门全力开展应急处置，及时向当地政府和上级有关部门报告工作进展情况。

4.1.4 Ⅰ级响应

核定为特别重大农机事故的，由农业农村部或省安委会启动实施Ⅰ级响应。厅农业突发事件应急管理领导小组组长带领相关人员赴现场，配合农业农村部或省安委会开展应急救援工作。

事故发生地市、县农机事故应急管理工作领导小组及时启动相应预案，按照现场指挥部的统一部署，配合有关部门全力开展应急处置，及时向当地政府和上级有关部门报告工作进展情况。

4.2 先期处置

农机事故发生后，在事故发生地政府部署工作前，现场应急处置工作由农机主管部门负责；上级农机主管部门到达之前，由下级农机主管部门负责，迅速有效地实施先期处置，及时抢救伤员，保护现场，全力控制农机事故发展态势，防止次生事故的发生。

4.3 现场处置

事故发生地农机主管部门应在现场应急救援指挥机构的统一指挥下，加强与公安、急救、消防、保险等部门或机构协调配合，及时向有关部门通报事故基本情况和救援进展情况，全力做好应急处置工作。

4.4 信息发布

发生特别重大或者重大农机事故时，应按规定由政府或有关部门负责向社会公开或通报（包括召开新闻发布会或通过有关媒体公布）事故信息，以方便群众及时获得信息，有效引导舆情。一般情况下，由农机事故现场应急救援指挥部在第一时间发布信息。

4.5 响应终止

农机事故现场处置工作完成后，农机事故现场应急救援指挥部应当终止响应，恢复农机安全生产作业正常秩序。

5. 后期处置

5.1 善后处置

事故发生地农机主管部门应向当地政府及安监部门汇报应急处置工作情况，协调保险机构及时开展保险理赔工作，协助当地政府处理农机事故的善后处置工作，妥善安置和慰问受害和受影响人员，尽快恢复正常秩序，保障社会稳定。

5.2 总结报告

农机事故善后处置工作结束后，农机事故应急管理工作领导小组应当及时总结分析应急处置经验教训，提出改进应急处置工作的建议，完成应急处置总结报告，并报上级农机主管部门及同级安监部门。

6. 保障措施

6.1 队伍保障

各级农机主管部门应当加强农机应急救援队伍建设，配强力量，落实职责，进行定期、不定期培训与考核。及时完善应急救援预案，根据实际情况和工作需要，定期和不定期组织农机事故应急观摩演练，锤炼救援队伍素质，提高快速反应和救援处置能力。

6.2 资金、物资保障

各级农机主管部门应当确保农机事故应急处置工作资金，落实演练、宣传培训经费，保障应急救援交通车辆。做好日常农机事故应急处置设施、设备的维护和更新，确保应急响应装备器材齐全完好，随时处于良好的应急备战状态。

6.3 协作部门保障

各级农机主管部门应当及时做好与公安交通、卫生等部门应急预案的对接，确保发生不同级别的农机事故发生后，应急救援涉及的救护、治安、交通道路管制等工作能迅速有序展开，伤员能迅速送治，救援物资、器材和救援人员运送能及时到位。

6.4 技术保障

涉及农机事故的技术鉴定由具备相应资质的检测机构承担。

6.5 奖励与责任

对在农机事故应急救援工作贡献突出的集体和个人，按照国家和省有关规定给予表扬。对在农机事故应急处置工作中，有玩忽职守、失职、渎职等行为，或者迟报、瞒报、漏报重要情况的有关责任人，依照有关法律法规及规定给予处罚、处分，直至移交司法机关追究刑事责任。

7. 附则

7.1 预案管理与更新

原则上每3～5年修订1次，应急救援相关法律法规或应急救援实施情况发生调整变化的，应当及时进行修订。

7.2 有关规定

（1）各级农机主管部门得到发生较大以上拖拉机道路交通事故信息或接到相关部门情况通报的，事故快速报告参照以上第3.3条规定执行。

（2）发生较大以上拖拉机道路交通事故，事故发生地县（市、区）、市农机主管部门在得到信息或接到相关部门情况通报后，应在第一时间赶赴事故现场了解情况。其中，发生死亡5～9人较大事故及以上事故的，省农业厅派人赶赴事故现场了解情况。当地政府要求农机监理部门配合处理的拖拉机道路交通事故，各级农机主管部门应积极配合。

7.3 预案实施

本预案自发布之日起施行。原《浙江省农业机械重特大事故应急预案》（浙农专发〔2011〕127号）同时废止。

附件：农业机械较大以上事故快速报表（略）

山东省农业机械管理局关于印发“两全两高”农业机械化示范县评价指标体系（试行）和评价办法（试行）的通知

鲁农机管字〔2018〕9号

各市农机局（办）：

为贯彻落实《山东省人民政府办公厅关于加快新旧动能转换推进“两全两高”农业机械化发展的意见》（鲁政办字〔2017〕211号）文件精神，科学评价县域“两全两高”农业机械化水平，省局研究制定了“两全两高”农业机械化示范县评价指标体系（试行）和评价办法（试行），现印发给你们，请结合本地实际认真贯彻执行。

附件：1.“两全两高”农业机械化示范县评价指标体系

2.“两全两高”农业机械化示范县评价办法

山东省农业机械管理局

二〇一八年八月三十日

附件1

“两全两高”农业机械化示范县评价指标体系（试行）

根据省人民政府办公厅《关于加快新旧动能转换推进“两全两高”农业机械化发展的意见》要求，参照农业农村部《主要农作物生产全程机械化示范县评价指标体系（试行）》和有关研究成果，特制定山东省“两全两高”农业机械化示范县评价指标体系。

一、评价对象

以我省县级行政区域为评价单元。

评价对象为自愿申报的已被授予全国主要农作物生产全程机械化示范县称号的县（市、区）。

二、评价范围

“两全两高”农业机械化示范县指标评价范围包括：种植业（主要农作物，下同）、畜牧业、渔业（水产养殖业）、农产品初加工业（不含蔬菜）、林果业（果茶桑）、设施农业六大产业生产机械化。根据县域各产业发展情况，按照“1+1+1”的纳入原则每个县确定3个产业进行评价。第一个“1”为种植业，是必须纳入考核的产业；第二个“1”为畜牧业、渔业和林果业3个产业中产值最高的一个产业；第三个“1”从其余的4个产业中自选一个特色优势产业。即“种植业+产值最高产业+特色优势产业”。

三、评价指标体系内容

“两全两高”农业机械化示范县评价指标体系由“全程全面”农业生产综合机械化率评价指标和“高质高效”支撑保障能力评价指标构成，两项评价指标综合评定。

（一）“全程全面”农业生产综合机械化率评价指标

“全程全面”农业生产综合机械化率为综合指标，下设一级指标6项，分别为种植业机械化率、畜牧业机械化率、渔业机械化率、农产品初加工业机械化率、林果业机械化率、设施农业机械化率。每个一级指标包含2～3项二级指标，共17项。根据评价范围确定的“1+1+1”纳入原则，在六大产业中选取3个产业进行评价。“全程全面”农业生产综合机械化率评价指标设置见表1。

表1 “全程全面”农业生产综合机械化率评价指标设置

综合指标	一级指标	二级指标	
		名称	权重
“全程全面”农业生产综合机械化率	种植业机械化率	作物1耕种收综合机械化水平	作物1种植面积占3种作物面积之和的比值
		作物2耕种收综合机械化水平	作物2种植面积占3种作物面积之和的比值
		作物3耕种收综合机械化水平	作物3种植面积占3种作物面积之和的比值

续表

综合指标	一级指标	二级指标	
		名称	权重
"全程全面"农业生产综合机械化率	畜牧业机械化率	饲草料生产与加工机械化水平	0.5
		饲料投喂机械化水平	0.25
		环境控制机械化水平	0.25
	渔业机械化率	投饲机械化水平	0.5
		水质调控(增氧)机械化水平	0.5
		脱出处理机械化水平	0.35
	农产品初加工业机械化率	清选处理机械化水平	0.35
		保质处理机械化水平	0.3
	林果业机械化率	中耕机械化水平	0.3
		施肥机械化水平	0.3
		植保机械化水平	0.4
	设施农业机械化率	耕整地机械化水平	0.4
		灌溉施肥机械化水平	0.3
		环境调控机械化水平	0.3

(二)"高质高效"支撑保障能力评价指标

"高质高效"支撑保障能力为综合指标,分共性指标和特性指标,总分为100分。其中共性指标为55分;特性指标为45分,包括种植业、畜牧业、渔业、农产品初加工业、林果业、设施农业六个产业指标,六个产业各占15分,根据评价范围选取其中3项,合计为45分。"高质高效"支撑保障能力评价指标设置及评分标准见表2。

表2 "高质高效"支撑保障能力评价指标设置及评分标准

综合指标	一级指标	二级指标	评分标准
"高质高效"支撑保障能力	共性指标(55分)	1.组织领导(15分)	党委政府重视"两全两高"农机化发展,成立领导小组,制定发展规划和工作推进方案,建立考核督查机制,每有1项得2分,共8分。
			有专项资金投入,建立了稳定的投入保障机制得4分,资金投入每100万元加1分,共7分。
		2.农机服务主体培育(10分)	农机社会服务组织章程、管理制度健全,国家、省级示范社每有1家得2分,3家及以上得5分。
			农机社会服务组织作业量达到总作业量的70%以上得3分,每增加5%加0.5分,共5分。
		3.技术示范推广能力(10分)	建立各业农机化示范基地3处以上,每年召开现场演示会3次以上,得3分,承担市级以上现场会的加1分,共4分。
			对种植大户、合作社开展培训和技术指导,有培训教材和资料得2分;建立规范化培训基地1处得1分;参加各类农机技能竞赛,获得省、市级以上奖励的,每有1项得1分,共6分。
		4.农业作业能力(10分)	拖拉机千瓦作业能力高,超过0.35公顷/千瓦得2分,每增加0.05公顷/千瓦加1分,共3分。
			联合收获机千瓦作业能力高,超过0.45公顷/千瓦得2分,每增加0.05公顷/千瓦加1分,共3分。
			建立农机作业信息化监管平台,得2分,智能检测作业项目超过2项加2分,共4分。
		5.安全生产保障(10分)	成功创建省级"平安农机"示范县的得4分,成功创建国家级"平安农机"示范县的得5分。 未发生重特大农机责任事故的得5分,否则不得分。

续表

综合指标	一级指标	二级指标	评分标准
“高质高效”支撑保障能力	种植业指标（15分）	1.高效植保机械化能力（5分）	高效植保机械化能力超过60%（其中丘陵县及山区县超过50%）得3分，每超过5%加1分，共5分。
		2.谷物产地烘干机械化能力（5分）	谷物产地烘干机械化能力超过40%（其中丘陵县及山区县超过30%）得3分，每超过5%加1分，共5分。
		3.秸秆机械化处理能力（5分）	秸秆机械化处理能力超过80%（其中丘陵县及山区县超过70%）得3分，每超过5%加1分，共5分。
	畜牧业指标（15分）	1.畜禽养殖场标准化及品牌建设（8分）	创建国家、省、市级标准化示范场比例占规模养殖场总数的20%以上得3分，每增加3%加1分；通过“三品一标”（无公害农产品、绿色食品、有机农产品、农产品地理标志）认证和拥有企业自主品牌比例达到县域生产总量的20%以上得3分，每增加3%加1分，共8分。
		2.畜禽养殖粪污及病死畜禽无害化处理能力（7分）	有与养殖规模相适应的畜禽养殖粪污和病死畜禽无害化处理利用场所得5分，处理能力达到100%加2分，共7分。
	渔业指标（15分）	1.工厂化水产养殖规模（8分）	工厂化水产养殖规模超过10万立方米得5分，每增加1万米^{3}加0.5分，共8分。
		2.水质调控能力（7分）	水质检测、消毒杀菌、水循环、过滤机械等推广应用面积大，有试验示范基地的得5分，试验示范基地3处以上的加1分，5处以上的加2分，共7分。
	农产品初加工业指标（15分）	1.加工能力建设（8分）	除粮食外，有2种大宗农产品分别有年产值超过1 000万元的初加工基地或龙头企业得5分，每增加1种或1处加1分，共8分。
		2.加工品牌建设（7分）	初加工农产品获得国家级品牌1项得3分，获省部级品牌1项得2分；共7分。
	林果业指标（15分）	1.现代化栽培果园面积（8分）	千亩以上现代化栽培果园达到3处得3分，每超过5千亩加1分，共8分。
		2.水肥一体化建设（7分）	微喷灌技术和水肥一体化技术推广应用面积达到10%的得3分，每增加3%加1分，共7分。
	设施农业指标（15分）	1.智能监管程度（8分）	水肥一体化管理智能程度高，面积达到1万亩得5分，每增加5千亩加1分，共8分。
		2.温室大棚宜机化（7分）	适于机械化作业的无立柱温室大棚占比超过5%得5分，每增加1%加1分，共7分。

四、综合评定

凡是“全程全面”农业生产综合机械化率达到规定指标值60%、“高质高效”支撑保障能力达到80分，“两全两高”农业机械化发展指数≥1，即具备“两全两高”农业机械化示范县申报资格。

五、指标解释与计算

以一个县作为评价单元，在六大产业中选取3个产业进行评价，并计算“全程全面”综合机械化率和“两全两高”农业机械化发展指数。

计算出“全程全面”农业生产综合机械化率，并确定“高质高效”支撑保障能力分数后，按加权综合指数法计算“两全两高”农业机械化发展指数，其中“全程全面”农业生产综合机械化率权重为0.7，“高质高效”支撑保障能力权重为0.3。

“两全两高”农业机械化发展指数＝0.7×（“全程全面”综合机械化率/60%）＋0.3×（“高质高效”支撑保障能力/80）。

计算“全程全面”农业生产综合机械化率时，先计算选择的3个产业机械化率，即3个一级指标值，然后加权计算“全程全面”农业生产综合机械化率，其中种植业权重为0.5，产值最高的产业权重为0.3，自选的特色产业权重为0.2。

“全程全面”农业生产综合机械化率＝0.5×种植业机械化率＋0.3×产值最高的产业机械化率＋0.2×自选产业机械化率。

各产业机械化率（一级指标值）解释与计算如下：

（一）种植业机械化率解释与计算

种植业机械化率评价指标设一级指标1个，二级指标3个，三级指标3个。

一级指标为种植业机械化率，二级指标为作物1耕种收综合机械化水平、作物2耕种收综合机械化水平、作物3耕种收综合机械化水平，权重为每种作物占3种作物的比值。三级指标为耕整地机械化率、种植机械化率、收获机械化率，权重依次为 0.4、0.3、0.3。

关于种植业机械化率的评价，根据按县域种植面积由大到小，一般选取不超过 3 种作物纳入评价，第三种作物作物面积不超过 10 万亩时只选择 2 种作物。把 3 种作物种植面积设定为 M_1、M_2、M_3，耕种收综合机械化率设定为 A_{M1}、A_{M2}、A_{M3}。

种植业机械化率 $=(M_1\times A_{M1}+M_2\times A_{M2}+M_3\times A_{M3})/(M_1+M_2+M_3)$。

“高质高效”支撑保障能力评价指标中的种植业指标按下文 2、3、4 给出的公式计算。

1. 单项农作物耕种收综合机械化率 A（%）

$A=0.4A_1+0.3A_2+0.3A_3$

（1）耕整地机械化率 A_1（%）

$$A_1=\frac{S_{jg}}{S_{yg}}\times 100$$

式中：S_{jg}——机耕面积（hm^2），指利用拖拉机等动力机械带动作业机械耕整过的单项农作物面积，其面积不能重复统计；

S_{yg}——单项农作物应耕地面积（hm^2）。

（2）种植机械化率 A_2（%）

$$A_2=\frac{S_{jz}}{S_{zz}}\times 100$$

式中：S_{jz}——机械化种植面积（hm^2），指使用各种播、栽机械实际种植的单项农作物面积；

S_{zz}——单项农作物总种植面积（hm^2）。

（3）收获机械化率 A_3（%）

$$A_3=\frac{S_{js}}{S_{zz}}\times 100$$

式中：S_{js}——机收面积（hm^2），指使用各类收获机实际收获的单项农作物的面积；

S_{zz}——单项农作物总种植面积（hm^2）。

2. 高效植保机械化能力 B（%）

高效植保机械化能力是指县域内高效植保机械（机动背负式植保机械除外）可以提供的最大服务面积与单季主要农作物最大种植面积的比值。高效植保机械是指有动力运载的，且作业效率在 2 hm^2/h、农药利用率达 40%以上的植保机械。

高效植保机械化能力 B：按作业效率 2 hm^2/h，一天工作 8 小时，一次机械植保作业 3 内完成进行计算。

$$B=2\times 8\times 3\times\frac{N_{jb}}{S_{yb}}\times 100$$

式中：N_{jb}——辖区内高效植保机械保有量（台套）；

S_{yb}——当季纳入考核的主要农作物总种植面积（hm^2）。

3. 谷物产地烘干机械化能力 C（%）

谷物产地烘干机械化能力是指县域内除收储体系外保有的谷物烘干机最大服务能力与单季水稻、玉米、麦三种作物最大总产量的比值。

$$C=P_{hg}\times\frac{W_{cd}}{W}100$$

式中：P_{hg}——谷物烘干机每年烘干总批次 100；

W_{cd}——辖区内除收储体系外所保有的谷物烘干机械总吨位（万 t）；

W——纳入评价的主要农作物单季最大总产量（万 t）。

4. 秸秆机械化处理能力 D（%）

秸秆机械化处理能力是指辖区内纳入评价的主要农作物秸秆机械化处理面积与纳入评价的主要农作物总种植面积的比值。

$$D=\frac{S_{jj}}{S_{qz}}\times 100$$

式中：S_{jj}——秸秆机械化处理面积（hm^2），包含秸秆机械化还田面积和机械化秸秆捡拾打捆面积，其面积不重复统计。

S_{qz}——主要农作物总种植面积（hm^2）。

（二）畜牧业机械化率解释与计算

畜牧业机械化率评价指标设一级指标 1 个，二级指标 3 个，三级指标 2 个。

一级指标为畜牧业机械化率，二级指标为饲草料生产与加工机械化水平、饲料投喂机械化水平、环境控制机械化水平，权重依次为 0.5、0.25、0.25。

饲草料生产与加工环节包括饲草收获和饲草料粉碎、搅拌等加工程序，确定 2 个三级指标，即饲草收获机械化水平、饲草料加工机械化水平，其权重根据“收获的饲草总量”和“饲草料加工总量”所占的比例来设定。

1. 畜牧业机械化率 A（%）

$A=0.5A_1+0.25A_2+0.25A_3$

（1）饲草料生产与加工机械化水平 A_1（%）

$A_1=\alpha_1 A_{11}+\alpha_2 A_{12}$（$\alpha_1+\alpha_2=1, 0\leqslant\alpha_1, \alpha_2\leqslant 1$）；

$$A_{11}=\frac{W_{js}}{W_s}\times 100$$

$$A_{12}=\frac{W_{jg}}{W_g}\times 100$$

$$\alpha_1=\frac{W_s}{W_s+W_g}$$

$\alpha_2=1-\alpha_1$

式中：W_{js}——机械化收获饲草秸秆量，指当年使用农业机械收割的牧草等饲草和秸秆的重量（万 t）。

W_s——收获的饲草秸秆总量，指当年所收获的牧草等饲草和秸秆的总重量（万 t）。

W_{jg}——机械化饲草料加工量，指当年使用各种饲草料加工机械加工饲草料的实际重量。不论加工何种物料，均按加工前原料重量计算（万 t）。

W_g——饲草料加工总量，指为满足当年各类畜禽饲养所需加工（指切割、粉碎、搅拌等）的饲草料实际重量。不包括直接投喂而无需加工的饲草料。不论加工何种物料，均按加工前原料重量计算（万 t）。

（2）饲料投喂机械化水平 A_2（%）

$$A_2=\frac{S_{js}}{S_z}\times 100$$

式中：S_z——畜禽总数（折算为羊单位），指当年饲养的畜禽折算为羊单位后的数量之和，以当年出栏量＋年末存栏量来计算（个）。

S_{js}——机械饲喂的畜禽数量（折算为羊单位），指当年由送料机、传输带等机械设备完成饲料投喂的畜禽数量，通过羊单位的折算后加总。计算方法参照“畜禽总数”（个）。

（3）环境控制机械化水平 A_3（%）

$$A_3=\frac{S_{jk}}{S_k}\times 100$$

式中：S_{jk}——机械环控的畜禽数量(折算为羊单位)，指当年饲养圈舍中，采用水帘、空调、风扇、暖风机等温热环境控制机械控制温湿度的畜禽数量，通过羊单位的折算后加总。只有温度和湿度两个因素同时受到控制的畜禽才应列入统计；如果只有其中一个因素受到控制，不列入统计(个)。

S_k——环控畜禽总数(折算为羊单位)，指当年饲养的对圈舍有温湿度要求并且可以通过一定的方法达到温湿度控制的畜禽总数，通过羊单位的折算后加总。不包括在室外饲养，对温湿度没有要求或无法实现温湿度控制的畜禽(个)。

2. 统计指标解释

根据畜牧业年鉴，畜牧业主要包含六大类畜禽，即大牲畜、猪、羊、家禽、兔和蜜蜂。大牲畜包括牛、马、驴、骡、骆驼；羊包括山羊、绵羊；家禽包括鸡、鸭、鹅。本指标体系评价范围不包含蜜蜂。各地在运用该指标体系进行评价时，应根据当地畜牧特点，确定 2～3 个主要畜禽种类进行统计和评价。当地主要畜禽种类，指存栏量或产值排名前 3 位的畜禽。

3. 数据换算

1 头牛＝5 个羊单位；

1 头猪＝1.5 个羊单位；

1 只家禽＝0.05 个羊单位；

1 匹马＝6 个羊单位；

1 头驴＝3 个羊单位；

1 匹骡＝5 个羊单位；

1 头骆驼＝7 个羊单位；

1 只兔＝0.125 个羊单位。

(三) 渔业机械化率解释与计算

渔业机械化率评价指标设一级指标 1 个，二级指标 2 个。

一级指标为渔业机械化率，二级指标为投饲机械化水平、水质调控(增氧)机械化水平，权重依次为 0.5、0.5。

1. 渔业机械化率 A(%)

$A=0.5A_1+0.5A_2$

(1) 投饲机械化水平 A_1(%)

$$A_1=\frac{Q_{st}}{Q_t}\times 100$$

式中：Q_{st}——指本年度内，采用动力机械(例如喷浆机，机动、气动及太阳能投饲机、投饲车、投饲船等)进行投饲作业的养殖产量，单位为吨；

Q_t——指本年度内，养殖总产量，单位为吨；

(2) 水质调控(增氧)机械化水平 A_2(%)

$$A_2=\frac{Q_{kt}}{Q_t}\times 100$$

式中：Q_{kt}——指本年度内，使用了增氧机械(例如叶轮式、水车式、充气式、喷水式、射流式增氧机，以及近年研制出的新产品有管式增氧机、涡轮喷射式增氧机、风力增氧机等)作业的养殖产量，单位为吨；

Q_t——指本年度内，养殖总产量，单位为吨。

(四) 农产品初加工业机械化率解释与计算

农产品初加工业械化率评价指标设一级指标 1 个，二级指标 3 个。

一级指标为农产品初加工业械化率，二级指标为脱出处理机械化水平、清选处理机械化水平、保质处理机械化水平，权重依次为 0.35、0.35、0.3。

农产品初加工机械化水平 A(%)

$A=0.35A_1+0.35A_2+0.30A_3$

式中：A——农产品初加工机械化水平；

A_1——农产品脱出处理机械化水平；

A_2——农产品清选处理机械化水平；

A_3——农产品保质处理机械化水平。

(1) 农产品脱出处理机械化水平 A_1(%)

$$A_1=\frac{S_{jt}}{S_{tt}}\times 100$$

式中：S_{jt}——机械脱出农产品质量，指当年使用机械进行粮油作物脱粒脱壳、水果去核去皮、畜禽类屠宰剥毛脱羽放血、水产品采肉处理、机收棉花的除杂、糖料作物剥叶切樱、茶叶杀青处理的各种农产品原料质量。即为了脱出农产品中有食用和经济价值部分，当年使用 NY/T 1640—2015 中收获后处理机械类的脱粒机械、部分种子加工机械和农产品初加工机械类的剥壳(去皮)机械、碧谷机、部分茶叶加工机械，以及去核机、屠宰设备、水产品脱壳机和采肉机等加工的各种初级原料的质量。多次重复加工，按首次加工的原料质量计入。单位为吨(t)；

S_{tt}——实际脱出农产品质量，指当年实际进行脱出处理的各种农产品质量，单位为吨(t)。

(2) 农产品清选处理机械化水平 A_2(%)

$$A_2=\frac{S_{jq}}{S_{qt}}\times 100$$

式中：S_{jq}——机械清选农产品质量，指当年使用机械进行粮油清选分级、果品清选分级、肉类胴体分割加工、蛋类清洗分级、乳类杀菌、水产品清洗分级、茶叶揉捻的各种农产品原料质量。即为选出或洗出农产品品质和外观较好部分，当年使用 NY/T 1640—2015 中收获后处理机械类的清选机械、种子加工机械和农产品初加工机械类的果品加工机械、部分茶叶加工机械，以及磁选机、杀菌机、过滤机、胴体加工设备、喷淋机、调质机、切断机、消毒机、灭菌机等加工的各种初级原料的质量。多次重复加工，按首次加工的原料质量计入。单位为吨(t)；

S_{qt}——实际清选农产品质量，指当年实际进行清选处理的各种农产品质量，单位为吨(t)。

(3) 农产品保质处理机械化水平 A_3(%)

$$A_3=\frac{S_{jb}}{S_{bt}}\times 100$$

式中：S_{jb}——机械保质农产品质量，指当年使用机械进行干燥、保鲜、储藏处理的各种农产品质量。即当年使用 NY/T 1640—2015 中收获后处理机械类的干燥机械和农产品初加工机械类的茶叶炒(烘)干机，以及有热源装置的干燥设施进行干燥处理的各种农产品质量，当年使用保鲜储藏设备、外加能源的预冷储藏等设施进行保鲜处理的各类农产品质量，当年使用外加能源进行通风、控温、气调等的设施进行储藏处理的各类农产品质量。多次重复加工，按首次加工的原料质量计算，单位为吨(t)；

S_{bz}——实际保质农产品质量，指当年实际进行保质处理的各种农产品质量，单位为吨(t)。

(五)林果业(果桑茶)机械化率解释与计算

林果业(果桑茶)机械化率评价指标设一级指标1个，二级指标3个。

一级指标为林果业(果桑茶)机械化率，二级指标为中耕机械化水平、施肥机械化水平、植保机械化水平，权重依次为0.3、0.3、0.4。

林果业(果桑茶)机械化率 A(%)

$A=0.3A_1+0.3A_2+0.4A_3$

(1)中耕机械化水平 A_1(%)

$$A_1=\frac{S_{jzg}}{S_z}\times 100$$

式中：S_{jzg}——机械中耕面积，指本年度使用机械对果、茶、桑等进行中耕和除草(不包括使用除草剂的方式)作业面积。同一块地在一年中进行多次中耕除草作业的，只要有1次使用了机械作业，则视作机械化作业，且只计算1次机械作业面积，单位为公顷(hm^2)。

S_z——本年度果、茶、桑等的种植总面积，单位为公顷(hm^2)。

(2)施肥机械化水平 A_2(%)

$$A_2=\frac{S_{jsf}}{S_z}\times 100$$

式中：S_{jsf}——机械施肥面积，指本年度使用动力机械对果、茶、桑等进行施肥作业的面积。主要指在施基肥或林果(果茶桑)生长过程中使用撒肥机、滴灌施液肥和开沟施肥机(使用植保机械等喷洒叶面肥或微耕机旋耕肥料不在该项指标统计范围内)等进行作业；同一块地在一年中进行多次施肥作业的，只要有1次使用了机械作业，则视作机械化作业，且只计算1次机械作业面积，单位为公顷(hm^2)。

(3)植保机械化水平 A_3(%)

$$A_3=\frac{S_{jzb}}{S_z}\times 100$$

式中：S_{jzb}——机械植保面积，指本年度使用动力植保机械及装置进行防治和消灭果、茶、桑等的病、虫、鼠、杂草(喷施除草剂)等作业(采用频振式杀虫灯、太阳灯等物理或生物防治措施亦视同机械化作业)的面积。同一块地在一年中进行多次植保作业的，只要有1次使用了机械作业，则视作机械化作业，且只计算1次机械作业面积，单位为公顷(hm^2)。

(六)设施农业机械化率解释与计算

设施农业械化率评价指标设一级指标1个，二级指标3个。

一级指标为设施农业机械化率，二级指标为耕整地机械化水平、灌溉施肥机械化水平、环境调控机械化水平，权重依次为0.4、0.3、0.3。

1. 设施农业机械化率 A(%)

$A=0.4A_1+0.3A_2+0.3A_3$

式中：A_1——耕整地机械化水平，%；

A_2——灌溉施肥机械化水平，%；

A_3——环境调控机械化水平，%。

(1)耕整地机械化水平 A(%)

$$A_1=\frac{S_{jg}}{S}\times 100$$

式中：S_{jg}——机耕设施面积，指本年度内使用耕整地机械作业的设施面积，单位为公顷(hm^2)。

S——设施总面积，指本年度塑料大棚、日光温室和连栋温室三种类型设施的总面积，单位为公顷(hm^2)。

(2)灌溉施肥机械化水平 A_2(%)

$$A_2=\frac{S_{gs}}{S}\times 100$$

式中：S_{gs}——机械灌溉施肥设施面积，指本年度内使用灌溉和施肥机械作业的设施面积，单位为公顷(hm^2)。

(3)环境调控机械化水平 A_3(%)

$$A_3=\frac{S_{jh}}{S}\times 100$$

式中：S_{jh}——机械环控设施面积，指本年度内使用环境调控机械作业的设施面积，单位为公顷(hm^2)。

附件2

“两全两高”农业机械化示范县评价办法(试行)

一、评价目标

贯彻落实《山东省人民政府办公厅关于加快新旧动能转换推进“两全两高”农业机械化发展的意见》(鲁政办字〔2017〕211号)，科学评价县域“两全两高”农业机械化水平，力争到2020年全省建成50个“两全两高”农业机械化示范县。通过以评促建，典型引路，带动提高全省“两全两高”农业机械化水平。

二、评价对象

以我省县级行政区域为评价单元。

评价对象为自愿申报的已被授予全国主要农作物生产全程机械化示范县称号的县(市、区)。

三、评价组织

省农机局组建“两全两高”农业机械化示范县评价领导小组，负责评价的组织领导。依托省农机局“两全两高”农业机械化评价指标体系制定小组，成立示范县评价专家组，负责对申报县进行材料审核和现场测评，形成综合评价结果，提交领导小组审定。省农机局原则上每年第三季度组织一次集中审核，并适时发布审定结果。

四、评价程序

(1)县级自评申报。申报县按照《"两全两高"农业机械化示范县评价指标体系(试行)》评价范围和要求进行自愿申报,填报自评表,撰写自评分析报告。自评表与自评报告数据均须提供相关证明材料,报送县级人民政府签署意见,报请市级农机管理部门审核。

(2)市级初评推荐。市级农机管理部门对申报材料进行初审,并实地考核初评后,将推荐申报示范县材料报送省农机局。

(3)省级审核复评。评价专家组通过审核材料、分析数据、实地验证等方式,结合"两全两高"农业机械化发展指数,对申报县进行评价,形成综合评价结果,提交评价领导小组审议,确定全省"两全两高"农业机械化示范县名单(公示稿)。

(4)公示发布结果。省农机局通过山东农机化信息网等公示拟确定的全省"两全两高"农业机械化示范县名单,公示无异议后,以省农机局文件发布。

五、申报材料要求

(1)《"两全两高"农业机械化示范县评价指标体系》中"全程全面"综合农业机械化率为达标评价,由申报县采用最近一个年度的统计数据,提交自评报告和证明材料。

(2)"高质高效"支撑保障能力为赋分评价,由申报县按要求填报数据,提交自评报告和证明材料。

申报材料要求内容齐全,数据可靠、合理。其中,自评报告须按照自评表所列内容逐项给出自评值和赋分的依据说明和证明材料清单,并按顺序提供证明材料。

(3)按顺序装订提交以下材料:申报材料目录;县域"两全两高"农业机械化水平自评报告,附县级人民政府签署的意见,市级农机管理部门的审核意见;县域"两全两高"农业机械化自评表(见附表1、2);县域"两全两高"农业机械化生产情况表(见附表3～8);"两全两高"农业机械化装备情况表(见附表9、10),附近3年购机补贴主要装备清单等相关证明材料(可只附打印版首页,并提交电子版全文);农机服务和农民合作组织情况表(见附表11),附3个以上农机服务组织出具的开展作业服务情况等证明材料;政府及部门促进"两全两高"农业机械化发展的相关文件;"两全两高"农业机械化技术路线等相关技术文件,附3个以上规模用户出具的对该技术路线的应用评价情况等证明材料;"两全两高"农业机械化技术推广、培训、宣传等情况,附培训通知、培训名册、媒体宣传等相关证明材料;其他材料。

附表:1.县域"全程全面"农业生产综合机械化率自评表(略)
2.县域"高质高效"支撑保障能力自评表(略)
3.县域种植业机械化生产情况表(略)
4.县域畜牧业机械化生产情况表(略)
5.县域渔业机械化生产情况表(略)
6.县域农产品初加工业机械化生产情况表(略)
7.县域林果业机械化生产情况表(略)
8.县域设施农业机械化生产情况表(略)
9.县域主要农作物机械化装备情况表(略)
10.县域畜牧业、渔业、农产品初加工业、林果业、设施农业机械化装备情况表(略)
11.县域农机服务和农民合作组织情况表(略)

山东省农业机械管理局　中国农业银行山东省分行
山东省农业发展信贷担保有限责任公司
关于政银担合作支持农机购置金融服务的通知

鲁农机计字〔2018〕20号

各市农机局(办),农业银行各二级分行,山东农担公司各办事处:

为进一步提升农机购置金融服务水平,加快推进我省农业机械化、农业现代化进程,更好地为打造乡村振兴"齐鲁样板"贡献力量,经省农机局、中国农业银行山东省分行和山东省农业发展信贷担保有限责任公司共同研究,确定面向农机合作社、农机大户等农机经营主体推广"鲁担惠农贷"金融产品,联合开展支持农机购置金融服务。现将有关事项通知如下:

一、充分认识政银担合作支持农机购置金融服务的重要意义

山东作为农业大省,推进农业机械化对助力乡村振兴战略实施、推动现代高效农业发展、增加农民收入都有着重要意义。近年来,省委、省政府非常重视农业机械化工作,出台了一系列支持、鼓励农机产业发展的政策。在政策强力推动和发展需求有力拉动下,我省农机化迅速发展,农机社会化服务的规模和范围不断扩大。截至2017年末,全省农机专业合作社0.77万个,各类农机作业服务组织2.1万个,农机专业户59万个。随着我省农机装备水平不断提升,对金融服务的需求日益增强,农机产业金融服务市场空间巨大。

"鲁担惠农贷"是由农业银行与山东农担公司面向农业适度规模经营主体联合开发的服务"三农"新产品,可以为农机经营主体购置各类农机具提供贷款额度最高不超过300万元、贷款期限最长3年的资金支持,可有效破解农机经营主体担保难、融资难的问题,满足各类购机单位和个人购置高效、高性能农机的融资需求。

各级农机部门和农业银行各分行、山东农担各办事处要加强合作,做好农机购置补贴政策以及"鲁担惠农贷"的宣传普及,协力加强金融服务,积极满足各类农机客户的金融需求,推动农机产业发展和社会化服务水平的提升。同时,要积极创新突破,做出特色,力争将农机购置金融服务的合作模式打造成服务“三农”及乡村振兴的典型范本，形成可复制推广的模式。

二、搭建多方合作平台，创新金融服务方式

（一）搭建业务运作平台。各级农机部门要及时共享国家农机补贴信息，向农业银行、山东农担公司（办事处）提供当地农机销售企业、农机合作社、农机大户、农机手等相关信息，协助农担公司办理农机贷款机具抵押手续。各级农业银行、省农担公司（办事处）要主动加强与农机部门的沟通交流，主动获得意向购置农机的各类经营主体信息，选择经营稳定、信用良好、管理规范的优质客户列入农机合作项目库。农机、农行、农担三方要坚持优势互补、紧密合作，创新服务方式，拓展服务载体，畅通融资渠道，实现与农机企业、农机合作社、购机农户融资需求的“无缝对接”。

（二）组织开展宣传推介。各级农机部门、农业银行与省农担公司（办事处）要多措并举、多点发力，组织开展全方位、多角度广覆盖的宣传活动，提高“鲁担惠农贷”的知名度和影响力。各级农机部门可充分利用行业主管部门的优势，邀请当地农机企业、农机合作社、农机大户，联合农业银行、省农担公司（办事处）通过举办业务恳谈会、产品推介会等形式，加大宣传范围和深度，突出宣传针对性和实效性。农业银行要按照“鲁担惠农贷”产品简介，制作宣传海报、宣传折页和明白纸，让农机经营主体准确了解办理条件、产品功能及业务流程。

（三）创新金融服务手段。对入库的农机经营主体，农行、农担要积极创新产品和服务，主动提供优质服务。对申请贷款额度不超过财政补贴模式项下的业务，农业银行、省农担公司在风险可控的前提下，适当简化信贷手续，优化业务流程，加快运作效率。对于申请贷款额度超出财政补贴模式的业务，农业银行、省农担公司要在确定第一还款来源充足的前提下，适应农机服务需求临时性、季节性的特点，在农机购置集中时期，开通绿色通道，强化银担配合，及时满足农机客户的融资需求。农业银行要发挥互联网平台优势和产品功能优势，通过批量采集客户信息，建立授信模型，采取线上自动审批模式，实现业务高效运作。

（四）落实各项惠农政策。一是贷款费率方面，农业银行执行人民银行同期贷款基准利率上浮比例原则上不超过30%，省农担公司担保费率最高不超过1.5%。遇到基准利率变化做相应调整。二是反担保措施方面，对申请贷款额度不超过财政补贴模式项下的业务，贷款反担保可仅需提供财政补贴设定担保。对其他业务，贷款反担保可采取农机企业担保、农户成年子女担保、农机具抵押等措施。三是金融产品方面，农业银行可为农机客户提供资金清算、结算、代理保险、代理基金和理财等综合性金融服务。对在农业银行资金结算较大、购买相关险种的客户，可适当提供利息优惠、优先受理等措施，为其提供专属信贷优惠政策。

三、组织保障

（一）加强组织领导。各级农机部门和农业银行、省农担公司（办事处）要高度重视政银担合作支持农机购置金融服务工作，及时跟进，主动联系，搭建好合作平台，要把合作工作列入重要议事日程，按照本通知部署要求，紧密结合地区实际，制定具体实施方案，确定具体责任部门，形成任务书、时间表、路线图，实现目标、任务、责任的量化细化和具体化。同时，主动向地方党委政府汇报合作进展情况，争取当地党委政府的政策支持。

（二）培育典型案例。各级农机部门和农业银行、省农担公司（办事处）要安排专人跟踪掌握辖内业务合作的进展情况，不断探索和总结好经验、好做法，与社会主流新闻媒体进行沟通交流，加强引导、宣传与推广。要将好的案例、典型经验在全辖范围内推广。

（三）做好风险管控。各级农机部门若发现可能影响贷款偿还的风险信号，应及时告知农业银行、省农担公司（办事处），共同对农机户进行帮扶。各级农业银行、省农担公司（办事处）要定期对发放的贷款进行风险检查，做好重点行业的监测和风险预警。要建立政银担信息共享与联惩机制，对恶意逃废银行债务和恶意脱保的申保人，视情况列入农机化扶持政策措施负面名单。

山东省农业机械管理局

中国农业银行山东省分行

山东省农业发展信贷担保有限责任公司

二〇一八年八月二十一日

山东省《拖拉机驾驶培训管理办法》实施细则

第一章 总 则

第一条 为实施好农业部《拖拉机驾驶培训管理办法》（以下简称《办法》），结合贯彻实施《农业机械安全监督管理条例》《山东省农业机械管理条例》《山东省农业机械化促进条例》等有关法规规定，制定本细则。

第二条 从事拖拉机驾驶培训业务的机构（以下简称培训机构）和教学人员（以下简称教员）及其相关活动，应当遵守本细则。

第三条 拖拉机驾驶培训实行社会化。农业机械管理部门及其安全监理机构不得举办或者参与举办拖拉机驾驶培训学校、驾驶培训班。

按照统筹规划、合理布局、公平竞争、保证质量的原则，依法对拖拉机驾驶培训机构实行资格管理。

第二章 培训管理

第四条 培训机构应当符合《办法》规定条件，并取得省农业机械管理局颁发的《中华人民共和国拖拉机驾驶培训许可证》（以下简称《培训许可证》），方可从事相关培训活动。

第五条 《培训许可证》可以通过信函、电报、电传、传真、网络和电子邮件等方式向省农业机械管理局提出申请，并提交下列材料：

（一）《拖拉机驾驶培训学校（班）申请表》一式3份；

（二）申请人的身份证明，主要包括机构法人证书复印件或有关部门批准文件复印件；

（三）教学场所材料，主要包括教练场地使用权证明、教练场地平面图、教室使用权证明、教室平面图、办公用房使用权证明、办公用房平面图等复印件；

（四）教学设备清单，主要包括教练车、配套农机具、常用机型的教学挂图、示教板、主要零部件实物、必要的电教设备等；

（五）教学和财务人员身份及资质证明，主要包括教学及财务人员一览表、教学负责人身份证明、教学负责人学历或技术职称证明复印件、教学负责人从事拖拉机驾驶培训工作3年以上证明、教员身份证明、教员资质证明、专职财务人员身份证明、财务人员资质证明复印件；

（六）组织管理制度材料，主要包括学员学籍档案管理制度、教员管理制度、教学设备管理制度、车辆管理制度、财务制度、安全管理制度；

（七）生源预测情况。

第六条　申请人应对申报材料的真实性负责，所提供申请材料复印件要加盖申请人单位公章。省农业机械管理局对材料齐全，内容符合要求的，出具书面受理凭证。不予受理的，书面通知申请人，并告知理由。

第七条　省农业机械管理局受理申请后，在10日内完成书面审查。书面审查合格的，指派2名以上专家进行现场评审，对申请人的身份、教室、办公用房、教练场地、教练车、教具、教学负责人、教员和财务人员资质、组织管理制度等实质内容进行核实。

书面审查或现场评审不合格的，省农业机械管理局书面通知申请人，并说明理由。

第八条　现场评审专家实行聘任制，一般应当具备下列条件：

（一）遵守国家法律法规，政治思想过硬，具有较高的农机化专业知识和良好的职业道德，公道正派，认真负责、原则性强、有担当精神；

（二）熟知《办法》以及拖拉机驾驶培训许可相关的法规政策，掌握拖拉机驾驶培训许可条件和拖拉机驾驶培训许可工作程序；

（三）在拖拉机驾驶培训许可管理或相近工作岗位上工作3年以上；

（四）身体健康，年龄不超过60周岁，能够独立完成拖拉机驾驶培训许可现场评审工作任务。

第九条　现场评审专家应当对申请人的实质内容进行认真核实，客观公正地出具评审报告，并对查验结果和报告真实性负责。

第十条　《培训许可证》有效期限为6年。有效期满继续从事拖拉机驾驶培训业务的，应当在培训许可有效期届满前30日向省农业机械管理局提出申请。逾期不提交申请的，《培训许可证》公告注销。

第十一条　培训机构变更名称、法定代表人、教学场所等事项的，应当向省农业机械管理局提出书面申请，填写《拖拉机驾驶培训机构变更事项申请表》，提供相关证明材料的原件。

第十二条　拖拉机驾驶培训机构应当按照《办法》规定要求开展培训，并保证培训质量。

第三章　教员考核

第十三条　教员分理论教员和教练员，应当经省农业机械管理局考核合格，身体健康，年龄一般不超过60周岁。理论教员应当具有农机及相关专业中专以上学历；教练员应当具有相应机型5年以上安全驾龄。

培训机构的教员不得少于5人，其中，教练员不得少于3人。

第十四条　申请教员考核应当向县级农业机械管理部门提交下列材料：

（一）《拖拉机驾驶培训教员考核表》一式2份；

（二）申请人身份证明、学历证书复印件各1份；

（三）县级以上医院出具的身体健康证明1份。

申请教练员考核还应当提交县级以上农业机械管理部门出具的其相应机型5年以上安全驾龄证明。

第十五条　县级农业机械管理部门对教员申请人提交的材料进行审核。审核合格的，报市级农业机械管理部门复核，复核合格的，报省农业机械管理局。

第十六条　教员考核由省农业机械管理局负责，主要采取水平测试的方式进行。理论教员主要测试拖拉机驾驶操作有关的法规知识、拖拉机的基本构造原理及操作使用维护保养等相关知识；教练员主要测试安全驾驶、操作使用及应急救护等技能。

教员考核原则上一年一次。省农业机械管理局可直接或委托市级农业机械管理部门对教员进行水平测试。

第十七条　省农业机械管理局对考核合格的教员制发《山东省拖拉机驾驶培训机构教员证》（以下简称《教员证》）。

《教员证》通过网络打印，加盖市级农业机械管理部门公章生效。《教员证》有效期限为6年。

第四章　教学管理

第十八条　培训机构应当在每期培训班开始前和培训结束后，分别将培训计划和学员素质评价、培训课时、教练员签名等培训记录材料报送县级农业机械管理部门审核。

第十九条　培训机构应当建立学员档案，一人一档，内容主要包括学员申请表、入学通知、身份证复印件、培训记录、结业证书副本和考试试卷等内容。

第二十条　培训机构应当按照国家的有关规定对教学车辆进行定期维护和检测，保持教学车辆性能完好，符合《农业机械运行安全技术条件》和《机动车运行安全技术条件》，满足教学和安全行车的要求。教练车应当按照拖拉机登记有关规定取得教练车牌证并检验合格。

第二十一条　培训机构应当建立健全教学车辆档案，内容主要包括悬挂教练车牌证的整机照片、教练车行驶证、整机出厂合格证明、拖拉机登记证书等。

第五章　监督检查

第二十二条　培训机构应于每年12月10日前，将《拖拉机驾驶培训机构情况表》报省农业机械管理局备案。逾期3个月仍未报送的，按“限期内仍拒不报送”处理。

第二十三条　县级以上农业机械管理部门应当建立健全监督制度，通过核查拖拉机驾驶培训机构从事拖拉机驾驶培训的有关材料，履行监督责任。监督检查的情况和处理结果应当予以记录，由监督检查人员签字后归档。拖拉机驾驶培训机构应当如实提供有关情况和材料。

违反规定的，按照《办法》有关规定处理。

第二十四条　有下列情形之一的，应当注销其所持有的《教员证》：

（一）年龄超过60周岁的；

（二）身体条件发生变化，不适合从事拖拉机驾驶培训教学工作的；

（三）本人提出申请的；

（四）《教员证》超过有效期限1年以上（含1年）的；

（五）因违章、肇事等被一次性吊扣拖拉机驾驶证3个月以上（含3个月）的；

（六）被注销拖拉机驾驶证的；

（七）在场地训练过程中，发生安全事故承担次要以上责任的；

（八）违法违纪或为教不廉、违背职业道德造成不良影响的；

（九）其他原因不能从事教学工作的。

第二十五条 有下列情形之一的，撤销培训许可，并收回《培训许可证》：

（一）行政机关工作人员滥用职权、玩忽职守作出准予培训许可决定的；

（二）超越法定职权作出准予培训许可决定的；

（三）违反法定程序作出准予培训许可决定的；

（四）对不具备申请资格或者不符合法定条件的申请人准予培训许可的；

（五）被许可人以欺骗、贿赂等不正当手段取得培训许可的；

（六）依法可以撤销培训许可的其他情形。

第六章 附 则

第二十六条 本细则自2018年7月1日起施行，有效期至2023年6月30日。原《省农机办关于印发〈山东省拖拉机驾驶培训管理办法〉的通知》（鲁农机科字［2008］8号）和《省农机办关于印发〈山东省拖拉机驾驶培训教学人员考核管理办法（试行）〉的通知》（鲁农机科字［2005］5号）同时废止。

广西壮族自治区人民政府办公厅关于印发《加快推进糖料蔗生产机械化发展实施方案（2018—2022年）》的通知

桂政办发〔2018〕84号

各市、县人民政府，自治区人民政府各组成部门、各直属机构：

《加快推进糖料蔗生产机械化发展的实施方案（2018—2022年）》已经自治区人民政府同意，现印发给你们，请认真组织实施。

广西壮族自治区人民政府办公厅

二〇一八年七月二十三日

加快推进糖料蔗生产机械化发展的实施方案（2018—2022年）

为深入贯彻习近平总书记视察广西时关于糖业发展的重要指示精神，全面落实《农业部办公厅国家发展和改革委员会办公厅财政部办公厅工业和信息化部办公厅关于印发〈推进广西甘蔗生产全程机械化行动方案（2017—2020年）〉的通知》（农办机〔2017〕6号）要求，结合我区实际，制定本方案。

一、总体要求

（一）指导思想

坚持以习近平新时代中国特色社会主义思想为指导，全面贯彻党的十九大和十九届二中、三中全会精神以及习近平总书记视察广西时的重要讲话精神，深入落实新发展理念，围绕乡村振兴战略，以深化农业供给侧结构性改革为主线，以“双高”基地建设为基础，通过持续推进生产机械化降低生产成本，夯实我区糖业高质量发展基础，加快推动我区糖业转型升级。

（二）目标任务

1. 有效提升糖料蔗生产机械化水平。争取用三个榨季时间，全区500万亩“双高”基地糖料蔗生产综合机械化水平达85%，其中机耕率达98%、机种率达85%、机收率达70%。2019/2020、2020/2021、2021/2022榨季全区“双高”基地糖料蔗机收率要分别达到30%、50%、70%。

2. 稳步提高糖料蔗生产机具保有量。从2019年起，按照全区每个榨季扶持引导购置糖料蔗联合收获机500台的计划，力争到2022年全区新增糖料蔗联合收获机1 500台，保有量达2 000台左右，基本满足全区500万亩“双高”基地机收需求，为加快糖料蔗收获机械化发展提供机具保障。

3. 优化糖料蔗生产机械化综合环境。到2022年，全区糖料蔗收获机械化补贴资金导向作用充分发挥，资金补贴方式合理平衡调整，购机补贴政策不断完善。制糖企业压榨前处理工艺与机收作业衔接有序，蔗农普遍接受机械收获作业理念，损耗测算方法和标准得到科学确定和普遍认可。企业机具研发取得新突破，重大技术全面推广，糖料蔗生产机械化发展取得阶段性成效。

二、重点工作

（一）加快糖料蔗收获机购买应用

一是将“双高”基地建设任务10万亩以上的14个重点任务县（区）列入糖料蔗全程机械化推广试点范围，每年每县（区）购置糖料蔗联合收获机不少于20台，集中力量推进糖料蔗收获机械化水平，辐射带动全区糖料蔗收获机械化发展。二是发挥龙头企业牵头引领作用,推动广西甘蔗生产服务有限公司每年购置糖料蔗联合收获机不少于100台,加快糖料蔗收获机械化服务专业化和社会化。三是通过垫资合资融资等方式帮助经营主体购机,强化市场主体担当。广西糖业集团有限公司、南宁糖业股份有限公司、广西洋浦南华糖业集团股份有限公司、广西南宁东亚糖业集团、中粮屯河崇左糖业有限公司、广西凤糖生化股份有限公司每年各扶持蔗区农机服务组织、“双高”基地经营主体等购置糖料蔗联合收获机不少于20台。四是培育糖料蔗联合收获机租赁市场,通过创新多样化融资渠道、多种租赁模式解决购机难题,推动金融机构、农业企业、制糖企业等增加购机数量,破解蔗农个体资金薄弱瓶颈。(自治区农机局、糖业发展办牵头负责;自治区财政厅,各有关设区市人民政府配合实施)

(二)加强糖料蔗收获机具研发生产

统筹利用科技创新项目资金,加快糖料蔗收获机械研发,突破关键核心技术,及时开展机具适应性改造和试验示范,引导企业从一体化种植和机收环节向全程、全产业延伸扩展。一是培育一批农机标杆企业,推动标杆企业成为承担糖料蔗生产机械产品研发、推广、服务的重点企业,加强针对广西地域特点的机具研发,扩大生产能力,延伸产业链,满足我区糖料蔗生产机械化需求。二是积极完善农机鉴定功能建设和服务,建立大型机具检测鉴定选型基地,加快成熟收获机及其配套机具的选型鉴定,促进研发成果尽快投放市场、服务生产。三是加强市场化运作,提升广西糖料蔗生产机械制造和服务水平,降低购置成本,减轻自治区财政和购机主体负担。(自治区工业和信息化委牵头负责;自治区发展改革委、科技厅、农机局,各有关设区市人民政府配合实施)

(三)创建糖料蔗生产机械化示范点

推动农机服务业及糖料蔗种植业标准化、规范化发展,实现农机农艺融合。一是积极争取国家政策和资金,支持崇左市扶绥县、南宁市武鸣区统筹整合各类资金创建全国糖料蔗生产全程机械化示范县(区),强化示范引领带动作用。二是筹措资金扶持建设30个以实现高效机收为目标的糖料蔗生产机械化核心示范基地,2018年开工建设10个示范基地。三是开展糖料蔗生产机械智能化服务试点工作,推广应用北斗远程监控和卫星导航自动驾驶系统,建设糖料蔗生产农机服务开放性数据平台,探索推广高新科技领域参与糖料蔗生产机械化途径,提高作业精度、土地利用率和作业效益。(自治区农机局、工业和信息化委牵头负责,自治区糖业发展办,各有关设区市人民政府配合实施)

(四)加强糖料蔗机收配套服务建设

1.实施作业补助。通过作业补贴扶持调动农机作业,提高农机作业水平,争取对蔗地整地、糖料蔗机械化种植、管理、收获等作业环节实施补助。(自治区农机局牵头负责,自治区财政厅、糖业发展办配合实施)

2.积极争取中央财政资金。按我区农机购置补贴实施方案相关规定实施补贴,提高机械化作业配套服务能力。(自治区农机局牵头负责,自治区财政厅、糖业发展办配合实施)

3.加快制糖企业压榨前处理工艺改造。建立糖料蔗收获、运输、压榨一体化运行机制。积极争取和整合各类项目资金,自治区根据实际情况每年从自治区糖业发展专项资金中安排一定资金,支持制糖企业加快糖厂喂蔗台、压榨槽等工艺改造,开通机收糖料蔗运输“绿色通道”,提高机收糖料蔗接纳压榨能力,逐步实现机收糖料蔗应收尽收。到2022年,全区制糖企业压榨前处理工艺改造数量达到60家以上。(自治区糖业发展办牵头负责)

4.探索社会资本、金融机构参与糖料蔗机械化收获服务新机制。发挥融资租赁贴息引导作用,推动社会资本进入,加强服务实体经济,加快农机生产企业、制糖企业、金融机构介入糖料蔗收获机械化推广工作,建立合作开展糖料蔗机械化经营服务新机制。(自治区金融办牵头负责,广西甘蔗生产服务有限公司配合实施)

5.加快制定出台广西糖料蔗机械收获地方标准。积极组织研究糖料蔗机械收获过程涉及的破蔸率、损失率、含杂率,科学制定标准,出台《糖料蔗机械联合收获技术规范》,加快推动糖料蔗机械化收获推广应用。(自治区农机局牵头负责,自治区糖业发展办配合实施)

6.开展新型职业农民培育工程。配套建设2个区域性糖料蔗联合收获机驾驶员培训中心,每年联合农机制造企业培训糖料蔗机械化规划、耕种、管理、收获及机具维护技术人员,加强机具使用人才储备。(自治区农机局牵头负责,自治区人力资源社会保障厅,各有关设区市人民政府配合实施)

三、保障措施

(一)加强组织领导

建立由自治区发展改革委、财政厅、糖业发展办、农机局等单位组成的广西推进优质高产高糖糖料蔗生产全程机械化工作联席会议制度,负责糖料蔗生产机械化政策制定调整、产业发展规划等,及时协调解决糖料蔗生产机械化发展的重大问题。联席会议办公室设在自治区农机局。

(二)落实工作责任

自治区各有关部门要对照目标任务和工作要求,制定具体实施方案,细化工作措施,明确工作责任;各有关设区市要建立相应机制,制定工作推进方案,加大对县乡的业务指导,共同形成有效沟通、相互配合、横向结合、上下联动的协调管理机制,推动糖料蔗收获机械化发展。

(三)完善扶持政策

一是加大自治区本级财政投入。自治区给予糖料蔗联合收获机购置补贴每台最高不超过25万元,鼓励市县根据财力情况给予适当补助;2018年采取以奖代补方式扶持建设10个糖料蔗生产机械化核心示范基地。二是完善糖料蔗收获机购置补贴政策。允许在资金总量不变的情况下,根据县(市、区)补贴资金余缺进行适当调剂;自2019年起,适当调整购机主体享受中央补贴资金最高限额。三是争取中央财政加大支持我区农机购置和田间收集搬运机购置补贴力度,并给予机械作业补贴,加强配套作业运转。

(四)加大宣传力度

各级各部门要加强宣传引导,创新宣传方式,突出惠农政策导向,牢固树立糖料蔗生产机械化理念,及时总结成功做法和先进经验,积极营造良好的社会氛围。

(五)强化督促考评

把推进糖料蔗收获机械化工作纳入重点督查范围,实行年度绩效量化考评,各项工作指标纳入自治区及各相关市县年度考核范围。自治区农机局、糖业发展办要加大督查指导力度,强化督导结果运用。对工作成效突出、作用明显的,要在政策、项目、资金方面给予倾斜支持;对工作滞后、项目推进缓慢、资金使用效益低下的,要通报批评、督促整改,并追究有关责任人的责任。

重庆市农业委员会关于土地宜机化整治先建后补的通知

渝农发〔2018〕148号

各区县(自治县)农委,万盛经开区农林局:

为深入贯彻落实党的十九大精神和习近平"三农"思想,确保我市土地宜机化整治更加科学有效实施,根据《重庆市实施乡村振兴战略行动计划》(渝委发〔2018〕1号)和《中共重庆市委农工委重庆市农业委员会关于印发2018年全市农业工作要点的通知》(渝委农发〔2018〕1号)精神,决定在全市推行土地宜机化整治先建后补,现将有关事项通知如下:

一、重要意义

土地宜机化整治是以国家《高标准农田建设通则》(GB/T 30600—2014)为指导,以重庆市《丘陵山区宜机化地块整理整治技术规范》(DB 50/T 795—2017)为标准,综合运用工程机械、农业机械、绿肥种植和农业废弃物消纳还田等工程和生物措施,对现有土地进行互联互通、大小并整、调整布局、理顺沟渠、有机质提升等有利于机械化生产作业的改造建设过程。通过土地宜机化整治,可以改善我市丘陵山区鸡窝地、巴掌田的现状,建成地相通、小改大、陡改缓、坡改梯、排灌畅、地肥沃的宜机化高标准农田,实现大中马力农业机械用得上、用得好的目标。我市经过近几年土地宜机化整治试验、试点和推广,取得了良好效果,得到了农村干部群众和业主的广泛认同,媒体、专家、各级领导给予了高度评价。实践充分证明,土地宜机化整治是提高我市丘陵山区农机化水平的治本之策,是提高农业综合生产力、确保粮食安全、实现农业节本增效的战略举措。针对推广过程中各级各方面积极性高、项目供不应求的状况,实行先建后补,是创新体制机制的有益探索,可以更好地发挥财政资金的撬动和引导作用,有利于建立公平、竞争、择优的推进机制,激发干部群众以及社会各界投入和参与积极性,提高财政资金使用效益和项目建设效率,增强项目建设的有效性和实效性。

二、基本原则

(一)坚持科学布局,绿色生态原则。优先在集中连片规模化经营、具备农村"三变"改革条件、干部群众和业主积极性高、具有窗口示范效应的地方选点布局。贯彻绿色生态理念,尽量利用既有成果、尽量轻简工程措施。用机械化绿肥生产、机械化秸秆粪污还田培肥土壤。

(二)坚持涉农项目建设"放管服"原则。根据《重庆市实施乡村振兴战略行动计划》精神,土地宜机化整治符合涉农项目建设"放管服"规定,可不实行招投标,由受益主体自行组织实施,依规施行先建后补。

(三)坚持政策引导,多方参与原则。充分发挥财政资金引导作用,带动受益者投工投劳投资;通过主动争取、主动结合、主动参与、整合各类农业项目,形成联动和共同推进的格局。

(四)坚持差额包干,谁用谁建原则。引导各类生产经营主体适度规模经营,建立"奖补包干、差额自筹、竞争申报、谁用谁建"的灵活有效机制。

三、适用对象及规模

(一)土地宜机化整治适用对象为重庆市范围内开展土地宜机化整治生产大户、家庭农场、农民合作社、农村集体经济组织、农业企业。

(二)土地宜机化整治规模要求集中连片面积达50亩以上,鼓励整村、整镇(乡)、整域(地形区域)推进。

四、执行标准

重庆市《丘陵山区宜机化地块整理整治技术规范》(DB 50/T 795—2017)。

五、奖补流程

(一)申报审查。实施主体编制土地宜机化整治方案,向区(县)农业主管部门申报审查(审查要件附后),经审查合格后,由区(县)农业主管部门公示,公示无异议由区(县)农业主管部门向市农委备案,并向实施主体发放审查通知书。

各区县农业主管部门应科学测算年度可调配的奖补资金额度,确定合理的申报受理数量,审查通知书时效期原则上为2年。

(二)组织实施。实施主体收到区(县)农业主管部门审查通知书后,自行组织实施。

(三)监督管理。项目建设期间,区(县)农业主管部门定期或不定期对实施情况进行技术指导和质量监督。

(四)竣工验收。项目完成后,实施主体向区(县)农业主管部门申请验收。区(县)农业主管部门按程序组织验收,市级农业主管部门根据实际情况对重点项目、重点区域进行抽查。

(五)奖补标准:

1. 地(田)块连通,每亩补助1 000元以内。
2. 缓坡化改造,每亩补助1 500元以内。
3. 水平条田、水平梯田和坡式梯台地改造,每亩补助2 000元以内。

各区(县)农业主管部门要根据当地土地现状、项目供求关系、项目体量大小,综合精准测算,在市级奖补指导标准范围内确定各自奖补标准。

(六)奖补兑现。经验收合格后,按照资金管理流程兑现奖补,兑现顺序同等条件下先建先补、低于指导标准申报先补、多建先补。享受贴息贴费的土地宜机化整治项目参照执行。

六、工作要求

(一)加强领导,密切配合。区(县)农业主管部门要积极争取所在地党委、政府重视和支持,切实加强组织领导,明确职责分工,做到主要领导亲自抓、分管领导具体抓、落实专人盯着抓,层层负责抓落实。加强与本级监委、财政、发改、国土、审计等部门衔接沟通,达成共识和整体合力。对执行中的问题和经验要及时报告。

(二)培训宣传,规范操作。区(县)农业主管部门要加大宣传力度,扩大社会知晓度,主动将相关政策和技术标准发布于政务信息网，采取多种形式开展政策标准宣传、普及和培训。规范操作，严格流程，公开公平，规范验收，确保土地宜机化整治效果。

（三）强化监督，健全制度。加强廉政风险防控，聚焦审查公平、工程质量、竣工验收、奖补兑现等关键环节。强化监督、健全制度，持之以恒正风肃纪，确保权力在阳光下运行。建立健全公开透明、规范高效的绩效管理机制，注重绩效成果运用，将绩效成果作为新一轮资金分配和奖惩的重要依据。

（四）拓展思路、创新机制。主动作为，拓宽土地宜机化整治资金投入渠道，尤其在农村金融撬动上有新举措，充分发挥财政资金的引导和撬动作用，带动社会资金投入，扎实推进土地宜机化整治，为乡村振兴夯实土地基础。

附件：1. 丘陵山区宜机化地块整理整治技术规范

2. 土地宜机化整治方案审查要件

重庆市农业委员会

二〇一八年七月三日

附件 1

丘陵山区宜机化地块整理整治技术规范

（重庆市地方标准 DB 50/T 795—2017）

1. 范围

本标准规定了丘陵山区宜机化地块整理整治的基本原则、建设内容及技术要求、建设流程等技术规范。

本标准适用于重庆市丘陵山区宜机化地块整理整治。

2. 术语和定义

下列术语和定义适用于本文件。

2.1 宜机化地块：适宜乘坐式或者大中型农业机械开展耕作、种植、田间管理和收获等作业的地块。

2.2 整理整治：在一定区域内，采用工程、生物等措施，对细碎异形等地块进行合并、对地块进出坡道及沟渠道路等进行改造，满足大中型农业机械作业要求的活动。

2.3 水平条田：在地形相对平缓地区，依据排灌方向沿等高线修建的几何形状为长方形或近似长方形的水平条状形农田。

2.4 坡式梯田：在地面坡度相对较大地区，依据地形在坡地上分段沿等高线修建的阶梯式农田。

2.5 缓坡地块：在地形相对较缓地区，依据排灌方向修建的几何形状为长方形或近似长方形的缓坡状地块。

2.6 梯台地块：在地面坡度相对较陡地区，依据地形和等高线修建的阶梯状或者斜坡状梯台式地块。

3. 基本原则

3.1 科学选址。道路通达、土层深厚、集中连片、排灌基础好、坡度不宜大于 25°；优先选择已经规模化流转的地块；先易后难、循序渐进。

3.2 绿色轻简。坚持资源循环、绿色低碳理念，充分考虑自然条件，因地制宜，土方就地就近挖填转运。

3.3 合理配套。合理选用挖掘机、推土机、平地机、拖拉机等机械设备，高效快捷地进行整理整治作业。

3.4 互补提升。充分利用各类土地整治成果，实现综合利用、互补提升。

3.5 效率优先。按照项目资金管理要求，实行先建后补或按规定招投标，充分发挥地块整理整治资金的使用效率和时间效率。

4. 建设内容及技术要求

4.1 建设内容

地块互联互通。通过开挖回填土壤等工程措施，修建地块进出坡道、完善田间道路，实现相邻地块之间、地块与道路之间衔接顺畅，满足大中型农业机械进出地块需要。

消除作业死角。对尖角、弯月形等影响农业机械作业的异形地块，进行开挖回填、截弯取直等整理，满足大中型农业机械作业要求。

优化地块布局。地块小并大、短并长、弯变直，实现以条带状分布为主，延长机械作业线路，减少机械折返频次。

合理布局沟渠。根据整理整治后的地块坡向和其他相邻地块雨水排泄流向，合理布局沟渠。沟渠的修建应兼顾农业机械通行需要，深开围沟、背沟，少开或浅开厢沟。

砾石填埋处理。地块整理整治中的砾石，宜就近集堆深埋处理。

土壤培肥熟化。地块整理整治后，通过秸秆还田、绿肥种植、粪肥施用等生态培肥方式，结合深松、旋耕等农业机械化措施，培肥熟化土壤，提升地力。

4.2 技术要求

水平条田单块长应不小于 100 m，宽不小于 30 m；或面积宜大于 5 亩。

坡式梯田单块长应不小于 50 m，宽不小于 20 m，或面积宜大于 2 亩。

单块旱地纵向坡度≤10%，单块旱地横向坡度≤3%，平均农业机械生产行径路线≥50 m。

最大挖填高度≤1.5 m。

砾石埋置深度≥50 cm。进出地块坡道坡度≤20%，宽 2～3 m。

5. 建设流程

5.1 地形测绘。测绘 1∶500～1∶2 000 原貌地形图。

5.2 方案设计。对地形图进行深度分析，并实地踏勘，对整理整治地块进行分区编号及地块的互联互通、沟渠布局等进行规划设计，形成地块整理整治方案。

5.3 施工设计。绘制总平面图，制作施工图，并对图标、图例、技术要求等进行说明。

5.4 现场放线。可在地形图找参照点手工放线，也可推算坐标值后用仪器放线。

5.5 工程施工。按照设计方案组织施工，先剥离表层耕作土壤堆积待用。地块整理整治成形后，将剥离的表层耕作土壤均匀铺平或生熟土混合，不宜生土覆盖。

5.6 资料整理。将项目申报、立项批复、地形图测绘、整理整治设计、工程施工、质量检查、竣工图纸等文字、图表、影像资料进行整理归档。

竣工验收。项目竣工后，按照规定报请主管部门进行竣工验收。

附件2

土地宜机化整治方案审查要件

序号	名称	内容要求
1	实施主体	谁用谁建设。
2	建设地点及规模	用≥1∶2 000地形图或正摄影像图标注。
3	规划设计	有总平面布局和地块设计分图配套文字说明、表格和图标图例。
4	建设内容	按照附件1相关技术内容分别列出申报项目需实施的内容和数量。
5	施工组织方案	含施工流程和建设机械配置及现场管理等内容。
6	拟报奖补标准	实施主体在充分研判项目的工程难易程度、自身资金配套和管理能力、竞争程度的基础上在全市指导性奖补标准之内提出各自拟申报的奖补标准。
7	承诺书	承诺自愿接受农业主管部门对工程数量和质量的监管及验收。

重庆市农业委员会办公室关于印发《实施智汇农机手金蓝领成长计划》的通知

渝农办发〔2018〕27号

各区县(自治县)农委，万盛经开区农林局，机关有关职能处室，有关直属事业单位，农业—026特有工种职业技能鉴定站：

经市农委同意，现将《实施智汇农机手金蓝领成长计划》印发给你们，请结合实际认真贯彻落实。

重庆市农业委员会办公室

二〇一八年三月一日

实施智汇农机手金蓝领成长计划

为贯彻落实党中央国务院“实施乡村振兴战略，必须破解人才瓶颈制约。要把人力资本开发放在首要位置，畅通智力、技术、管理下乡通道，造就更多乡土人才，聚天下人才而用之”精神，加快农业机械化技能人才培育，促进农业生产社会化服务，强化人才对现代农业发展和乡村振兴的支撑作用，根据《中共中央国务院关于实施乡村振兴战略的意见》《重庆市农业机械化发展“十三五”规划》，制定本行动计划。

一、重要意义

农业机械是发展现代农业的重要物质基础，农业机械化是农业现代化的重要标志。当前，农村“兼业化、老龄化、低文化”的现象十分普遍。“谁来种地”“如何种好地”问题成为现实难题。作为生产工具和手段的农业机械，正在成为破解这个现实难题的出路之一，当前，农民对农机作业的需求越来越迫切，农业生产对农机化的依赖越来越明显，亟待加快培育新型职业农机手，进一步加强教育培训，实施智汇农机手金蓝领成长计划，对加快推进农业机械化，促进现代农业发展和乡村振兴具有十分重要的意义。

(一)实施智汇农机手金蓝领成长计划，是加强人才队伍建设、培育新型职业农民的迫切需要

发展现代农业、实施乡村振兴必然要求高素质的农村劳动力，更需要培育新型农村实用人才。当前，我市耕种收综合机械化水平已经接近50%，农业生产方式正在由以人畜力为主向机械作业为主的根本性转变，全市12万农机手正在成为农业生产的生力军。但我市农机驾驶、操作、维修人员的科学文化素质和技能水平不高、生产经营水平较低，必须加强农业机械化教育培训，造就一批有文化、懂技术、会操作、善经营的新型职业农机手。

(二)实施智汇农机手金蓝领成长计划，是推进科技进步、转变农业机械化发展方式的客观要求

科技进步和劳动者素质提升是相互促进、缺一不可的两个方面，是促进发展方式转变的两个助推器。随着农机购置补贴政策的实施，农民买得起农机的问题正在逐步得到解决，但对农业机械化新技术的接受能力较低等问题突出。只有加强农业机械化教育培训，才能提高农机科技应用水平，进而促进农业机械化新技术的开发应用和农机装备结构的优化调整，加快农业机械化发展方式转变。

(三)实施智汇农机手金蓝领成长计划，是提升公共服务能力、夯实农业机械化发展基础的重要内容

农业机械化教育培训体系，是农业机械化公共服务体系的重要组成部分。教育培训能力，是农业机械化公共服务能力的

重要内容，是农业机械化行政能力的重要体现。加强农业机械化教育培训，提升农业机械化队伍整体素质，优化农业机械化人才队伍结构，对强化农业机械化技术支撑，夯实农业机械化发展基础有着十分重要的作用。

（四）实施智汇农机手金蓝领成长计划，是有效降低农机事故，促进农业机械安全发展的重要措施

农机安全生产责任重大，关系到农民的身体健康和财产安全。开展农机操作人员安全生产教育培训，提高农机手安全驾驶操作水平，是预防和降低农机事故的重要措施，是贯彻实施《安全生产法》和《农业机械安全监督管理条例》的基本要求，是保障农民生命财产安全的紧迫任务。

二、总体要求

（一）指导思想

全面贯彻党的十九大精神，以习近平新时代中国特色社会主义思想为指导，坚持稳中求进工作总基调，牢固树立新发展理念，落实高质量发展的要求，按照“产业兴旺、生态宜居、乡风文明、治理有效、生活富裕”的总要求，以提高社会化服务能力为方向，以培养职业农机手为重点，建立专门政策机制，创新培育方式，完善培育制度，强化培育体系，提升培育能力，加快构建一支有文化、懂技术、善经营、会管理的新型职业农机手队伍，为农业现代化建设和乡村振兴提供坚实的人力基础和保障。

（二）基本原则

坚持政府主导。新型职业农机手培育具有公共性、基础性和社会性，要加强统筹协调，制定扶持政策，加大经费投入，改善培育条件，营造良好氛围。

坚持市场机制。发挥市场在资源配置中的决定性作用，尊重农民意愿，突出问题导向，满足农民需求，调动农民参与培育的积极性；建立各类主体参与培育的有效机制，调动社会力量和市场主体参与的积极性，增强培育活力，规范培育行为，提高培育质量。

坚持立足产业。把服务现代农业产业发展作为培育新型职业农机手的出发点和落脚点，围绕农业供给侧结构性改革工作主线，以绿色发展为导向，着力培育壮大新型农业经营主体，加快推进农业转型升级，促进主导产业、特色产业和优势产业做大做强。

坚持精准培育。着眼构建新型职业农机手队伍，科学遴选培育对象，分产业、分类型、分层级、分模块实施教育培训，强化规范管理、定向扶持和跟踪服务，把职业农机手培养成建设现代农业和乡村振兴的主导力量之一。

（三）主要目标

到 2020 年，新型职业农机手队伍不断壮大，从业人员数量超过 15 万人，高技能人才总量超过 1 万人，职业化程度明显提高；新型职业农机手队伍总体文化素质、技能水平和经营能力显著改善；线上线下培训融合发展，基本实现农机大户和农机合作社带头人轮训一遍。新型职业农机手培育工作覆盖所有的农业区县，培育制度健全完善，培育机制灵活有效，培育能力适应需要，以公益性教育培训机构为主体、多种资源和市场主体有序参与的“一主多元”新型职业农机手教育培训体系全面建立。

三、重点任务

（一）精准遴选培育对象

以区县为主，深入开展摸底调查，围绕产业发展、新型农业经营主体培育和农业项目实施，选准培育对象，建立培育对象数据库。优先从国家现代农业示范区、粮食生产功能区、重要农产品生产保护区、特色农产品优势区、现代农业产业园遴选培育对象。从类型上分，按照新型农业经营主体和农业社会化服务主体发展情况，重点遴选主（兼）营社会化服务的农民合作社带头人、专业大户、家庭农场经营者为经营管理型职业农民培育对象，遴选从事农业产前、产中、产后经营性服务的驾驶、操作、维修人员为专业服务型职业农民培育对象。从产业上分，根据农业产业发展需要，重点遴选粮食和主要农产品适度规模生产，特色产业、设施农业生产的从业者。把产业扶贫建档立卡贫困户优先进选为培育对象。从工种上分，重点培育农机修理人员，适当兼顾拖拉机驾驶、联合收割机驾驶、主要作物生产加工机具操作、特色产业生产加工机具操作、设施农业装备操作、合作社经营管理等工种的技能人才。从渠道上分，把具有一定产业基础的务农农民作为培训提高的对象；把到农村创业兴业的农民工、中高等院校毕业生、退役士兵、科技人员等作为吸引发展的对象；把接受中、高等职业教育的农民和农机专业在校学生作为培养储备的对象。

（二）精准设计培训内容

针对农机手文化水平参差不齐、工作任务相对单一的特点，重点提高农机手专业技能。理论部分以掌握专业常识为主，了解宏观、综合知识为辅，原则上每个工种不超过 150 个常识知识点；专业技能以熟练掌握核心职业技能为主，原则上每个工种不超过 10 个核心职业技能，鼓励提升全技能水平。

（三）精准组织实施培训

针对职业农机手时间碎片化特点，改革完善培训方式，培训初中级技能人才原则上不设专业理论课程，可以设置宏观、综合性理论课，但总课程量不得超过 4 个学时，要充分利用“重庆农机 i 培训趣味学习交流平台”自学理论常识，所获得的成绩作为理论成绩。要严格专业技能训练，规范办班，每一期培训的时间不少于 4 天、人数不超过 30 人、每台教具每一期培训人数不超过 10 人，严禁超人数办班、严禁缩短培训天数、严禁超负荷标准使用教具。

（四）精准遴选师资队伍

每期培训的师资要从全市农业机械化技能人才培育师资库中优选，调整充实全市农业机械化技能人才培育师资库，各区县各单位要积极推荐市级师资库师资，把培训实践中受学员欢迎的授课老师推荐到市级师资库，各区县农机主管部门分管领导和农机科、站负责人要带头讲课，每个区县至少推荐 2 人进入师资库筛选。推荐表格式见附件 1。对推荐入库的授课教师将开展说课考核或竞赛，遴选 100 名兼职教师正式入库。

（五）精准财政政策扶持

要完善财政扶持政策，调整财政支持方向，继续实施“两免一补”培训政策，免费培训、免费技能鉴定、获证见习奖补。开展拖拉机驾驶培训机构、职业技能鉴定机构规范化建设奖补，充实教学设施设备，改善办学条件，完善信息化教学手段，加强基地建设，遴选建设一批培育示范基地，支持各地重点建设公共实训中心、实训基地、创业孵化基地等。

四、实施步骤

（一）2018 年重点工作

1. 建立培育对象数据库

市级技能人才数据库上线运用，以 2016 年以来取得国家职业资格的农业机械化技能人才为主要数据，进行结构和总量管理；各区县要抓紧建立本区县重点培育对象数据库，为有计划分批分层级开展培训打下基础。

2. 完善趣味学习交流平台

农机修理(初、中级)、合作社经理人(中级)动画版理论常识上线运行,完善驾驶、操作类游戏版理论常识;PC端和微信端平台全面上线。

3.规范开展培训鉴定工作

(1)实施区域。2018年智汇农机手金蓝领成长计划分别在九龙坡、永川、梁平、忠县、巴南、垫江、开州、巫溪、酉阳、荣昌、璧山、渝北、綦江、巫山、黔江、涪陵、江津、秀山、潼南、武隆等20个区县(以下简称项目承担区县)实施。

(2)预算额度。市财政局以渝农发〔2018〕34号文件共切块下达区县"农业服务体系建设"资金16 460万元,其中智汇农机手金蓝领成长计划项目承担区县具体资金额度详见附件2。

(3)资金用途。项目资金主要用于培训需求调研、实地实训、参观交流支出;职业等级鉴定考评和现场督考劳务支出;鉴定奖补;获证见习、跟踪服务等与农机高技能人才培育直接相关的支出。

(4)方案编制。相关区县农机主管部门内设农机管理科室或直属农机事业单位可申报实施,也可由合作社、家庭农场、农业企业或农业－026特有工种职业技能鉴定站所属的培训鉴定基地或工作站等其他培训机构申报实施,鼓励支持农业－026特有工种职业技能鉴定站所属的培训鉴定基地或工作站发挥规范培训鉴定优势,参与项目申报、实施。项目承担区县要严格按照渝农发〔2018〕34号文件精神及评审标准的要求,在摸清农机技能人才现状的基础上,做好培育计划,认真组织实施单位编制项目实施方案。未承担本项目的区县,确有农机修理工技能鉴定需求的,可与承担项目任务的邻近区县衔接、沟通,一并纳入其实施方案组织实施。

(5)支出标准。补助资金主要用于培训需求调查、理论教学、实作技能培训、见习等支出。培训支出原则上按照每人每天不超过400元进行支出预算控制。其中,教师讲课费等按照市财政局、市委组织部、市公务员局《关于印发〈重庆市市级机关培训费管理办法的通知〉》(渝财行〔2017〕49号)规定的标准执行。对符合《农机修理工》国家职业标准规定的资格条件,经审查合格并实际参加了鉴定的申请人的奖补,按照职业资格五级(初级)175元/人·次、四级(中级)230元/人·次、三级(高级)285元/人·次、二级(技师)和一级(高级技师)350元/人·次进行补助;申请人每年同工种同等级首次鉴定不合格的,可申请多次鉴定,但享受鉴定奖补不得超过两次。考评人员鉴定考评、督导员现场督考支出,参照市农委办公室关于印发《重庆市农业委员会机关财务开支管理办法(试行)》的通知(渝农办发〔2016〕147号)第十九条规定的标准计发劳务费,即每人每半天最高可发劳务费500元。区县财政和农机主管部门有相关标准规定的,可从其规定。

(6)水平评价。每个区县每年至少培育30名以上农机修理工通过国家职业技能等级鉴定,具体任务按照每年市农委、市财政局联合下达的任务清单执行。完善"异地考评、职业考官、市级督考"制度,提高职业资格等级证书含金量,组织好获证见习,做好培训成果转化。

(二)2019—2020年重点工作

1.补短板。根据市级技能人才数据库预警,采取针对性措施,补齐短板区县、短板工种的人才不足,解决技能人才结构不合理、分布不均衡问题。

2.建联盟。整合公共实训中心、高技能人才培训基地,组建跨区域、跨工种的技能人才培养基地联盟,打造农业机械化职业培训的"航空母舰"。

3.育名师。实施教学能力提升行动,培养一流师资,评选农业机械化专业名师20强、综合名师10强。

4.赛全员。转变农机职业技能竞赛价值取向,改"精英赛"为"全员赛",把竞赛作为评价技能水平、检验教学改革成果的手段和平台,50%以上培训班次实施职业技能竞赛。

五、保障措施

(一)加大财政扶持力度。积极争取财政把职业培训、技能人才培育作为公共财政的重要

扶持内容,持续加大投入,确保年度投入只增不减、不断扩大政策覆盖面。

(二)发挥好导师工作室引领作用。完善重庆农机修理培训导师工作室等五大工作室工作机制,发挥工作室和导师主动性、能动性,根据培训需求,不断改革培训内容、创新培训方式,为金蓝领行动计划提供智力支撑和行动指南。

(三)开展培训机构规范化建设。完善拖拉机驾驶培训机构、职业技能鉴定机构建设规范,创建一批硬件条件好、师资力量强、管理服务规范的公共实训中心、培训基地。

云南省农业厅 云南省财政厅关于印发《云南省农机购置补贴产品违规经营行为处理实施办法(试行)》的通知

云农机〔2018〕10号

各州(市)农业局、财政局,宣威市、镇雄县、腾冲市农业局、财政局:

为进一步规范农机购置补贴产品经营行为,加强对农机购置补贴产品违规经营行为的打击力度,确保农机购置补贴政策规范、高效、安全实施,根据农业农村部办公厅、财政部办公厅《农业机械购置补贴产品违规经营行为处理办法(试行)》(农办财〔2017〕26号)的规定,云南省农业厅、财政厅研究制定了《云南省农机购置补贴产品违规经营行为处理规范(试行)》,现予印发,请遵照执行。

云南省农业厅

云南省财政厅

二〇一八年九月三十日

云南省农机购置补贴产品违规经营行为处理实施办法（试行）

第一章　总　则

第一条　为做好农业机械购置补贴产品（以下简称“补贴产品”）违规经营行为查处工作，确保农机购置补贴政策规范、高效、安全实施，根据农业部、财政部《农业机械购置补贴产品违规经营行为处理办法（试行）》的规定，结合我省实际，制定本规范。

第二条　本规范适用于在我省行政区域内参与农机购置补贴产品经营活动的生产企业、经销企业（以下简称“产销企业”），在农机购置补贴政策实施过程中，所发生的违规经营补贴产品行为的查处；适用于农业部农机购置补贴违规通报及黑名单数据库中违规农机产销企业的联动查处。

第三条　本规范所称农机购置补贴产品违规经营行为（以下简称“违规行为”），是指农机产销企业在补贴产品投档、补贴产品信息上传农机购置补贴辅助管理系统、补贴产品生产及经营、参与补贴申领等过程中发生的违规行为，以及申请农机购置补贴的购机者（以下简称“购机者”）参与违规经营以申领补贴的行为。本规范未包含的违规行为可参照处理。

第四条　违规行为的调查、认定、处理遵循实事求是、公平公正、属地管理、权责一致的原则。

第五条　违规行为的调查处理过程涉及农机分类标准、农机推广鉴定、机具质量、分类分档、补贴额测算、补贴产品投档、补贴机具核实和补贴资金兑付等多个环节，各级农业、财政等部门要在同级人民政府领导和组织下，按职责分工积极开展违规行为查处工作。

第二章　责任义务

第六条　农机生产企业自主确定并向社会公布本企业补贴产品的经销企业，指导监督经销企业遵守补贴政策各项规定，对经销企业的违规行为承担连带责任。

第七条　自愿参与补贴政策实施的产销企业享有政策法规规定的各项合法权利，并应承担以下责任义务。

（一）遵守补贴政策相关规定，合法合规经营，不得有骗补、套补等违法违规行为；

（二）正确宣传补贴政策，规范使用产品标志标识，正确引导购机者购置补贴产品，严禁参与购机者虚假申请补贴行为；

（三）按补贴政策要求提供、保存真实完整的纸质和电子资料，供应符合规定的农机产品；

（四）发现影响补贴政策实施的异常情况，要主动报告相关农业部门，及时采取有效的防范补救措施，并认真整改；

（五）产销企业要严格按照《农业机械产品修理、更换、退货责任规定》（以下简称“三包规定”）做好补贴机具的售后服务、安全培训、操作培训，并协助购机者做好补贴机具的安装、调试、验收、补贴申请等工作；

（六）对购机者符合规定的退（换）货要求，首先确认购机者尚未领取补贴或已将领取的补贴退回财政部门后，再为其办理退（换）货，并主动报告当地农机化、财政部门；

（七）承担违反政策规定所引起的纠纷和经济损失等后果，主动退回违规行为涉及的补贴资金，接受主管部门处理；

（八）其他有关责任义务。

农机产销企业应就所承担的责任义务向农业、财政部门提供相关书面承诺。

第三章　违规行为

第八条　违规行为分为轻微、较重和严重三类。

第九条　轻微违规行为。主要指无主观故意，在补贴产品投档、信息上传、公示宣传、资料归集等方面履行承诺事项不到位，对补贴政策实施带来较轻影响的行为，且积极配合调查和整改。

（一）产销企业未在经营场所醒目位置公开或没有完整公开享受补贴的农业机械产品种类、生产企业、型号、配置、销售价格及补贴标准等相关内容；

（二）补贴产品存在补贴额过高等异常情形，未主动进行书面报告，购机者未申报补贴；

（三）补贴产品销售记录和售后服务记录不完整或未按照规定正确保存；

（四）补贴产品出厂编号、铭牌、合格证等不规范；

（五）未按三包规定及时有效做好相关服务，引起投诉；

（六）未按要求及时完善农机购置补贴辅助管理系统内补贴产品相关信息，影响购机者正常申请补贴；

（七）其他违反农机购置补贴政策，危害较轻的行为。

第十条　较重违规行为。主要指涉嫌主观故意，违背承诺，对补贴政策实施带来较大影响的行为，包括使用伪造、变造的补贴产品铭牌、合格证、鉴定证书，误导购机者购置补贴产品，销售的补贴产品配置与检验报告主参数配置不符，未主动报告所发现的影响补贴政策实施的异常情况并采取防范补救措施，未按规定程序办理补贴产品退（换）或未及时报告相关情况等。

（一）在农机购置补贴辅助管理系统中上传不实信息，且购机者已经申报补贴；

（二）补贴产品存在补贴额过高等异常情形，未主动进行书面报告，且购机者已经申报补贴；

（三）提供不实补贴申请资料；

（四）销售的产品与公开的参数和配置不符，包括降低配置、减少配置、以小充大、以非补贴产品冒充补贴产品等；

（五）伪造、变造、篡改、冒用农机购置补贴产品的铭牌、合格证、认证证书等信息；

（六）为购机者违规代办补贴手续；

（七）虚假宣传农机购置补贴政策，以许诺享受补贴为名诱导购机者购买产品；

（八）已补贴机具发生退货等情形，未及时主动报告当地农机、财政部门，导致补贴资金无法退还；

（九）其他违反农机购置补贴政策，情节较重的行为。

第十一条　严重违规行为。主要指存在明显主观故意，采用未购报补、一机多补、重复报补等非法手段骗套补贴资金而对补贴政策实施带来严重影响的行为，以及有组织煽动购机者闹事、制造群体性事件等。

（一）采用虚报、空套、一机多补等非法手段，骗取、套取财政补贴资金；

（二）向购机者提供假冒劣质，有重大安全隐患补贴产品，造成购机者重大经济损失，对补贴政策实施造成恶劣影响；

（三）组织或煽动购机者闹事，引发群体性事件，对补贴政策实施造成恶劣影响；

（四）抗拒依法监管或执行农业、财政部门作出的警告、限期整改、退缴补贴资金等处理决定，拒不配合监管，未按规定缴纳罚款；

（五）经有关部门查实，参与农机购置补贴过程中，存在商业贿赂等严重不正当竞争行为，或存在其他严重违法违规行为；

（六）有组织地倒卖已申领过补贴的机具；

（七）其他违反农机购置补贴政策，性质恶劣的行为。

上述行为涉嫌犯罪的，依法移送司法机关处理。

第四章 处理职权

第十二条 农业、财政部门应区分不同性质的违规行为，对违规产销企业采取相应的处理措施，不同措施可独立或合并实施。

（一）轻微违规行为的处理。县级及以上农业部门视情况对农机产销企业采取警告、通报、暂停相关产品补贴资格，并限期整改；

（二）较重违规行为的处理。省级农业部门视情况对违规产销企业，采取或授权采取暂停相关或全部产品补贴资格、暂停或取消经销补贴产品资格、取消相关或全部产品补贴资格等措施。对参与较重违规行为的购机者，3年内不得享受农机购置补贴。同时，要求违规产销企业和购机者限期整改；

（三）严重违规行为处理。省级农业部门采取取消经销补贴产品资格、取消全部产品补贴资格等措施进行处理，并将违规农机产销企业及其法定代表人或其他责任人列入农机购置补贴黑名单；

（四）列入黑名单的产销企业均不得为其生产和销售的农机产品办理补贴手续，列入黑名单的企业法定代表人和责任人均不得参与农机购置补贴政策实施。

第十三条 在处理违规行为过程中涉及资金退缴、罚款等资金处理决定，由财政部门会同农机化主管部门作出。

对拒不履行资金处理决定的违规农机产销企业，由财政部门会同农机化主管部门向司法机关申请强制执行。

第十四条 根据全国农机购置补贴违规通报及黑名单数据库发布的信息，对在其他省发生违规问题被处理的产销企业，可启动联动机制；联动处理时，不再重复安排调查，相关产品补贴资格的暂停、恢复均应与“违规问题发生地”的处理尽可能保持一致；并对涉嫌的产销企业在本地的经销行为进行监控，如发现问题及时上报省级主管部门，再做进一步调查处理。

第十五条 采取暂停处理措施的，应设3个月以上、2年以下的暂停期；暂停期满后，经企业书面申请，可按程序研究后续处理措施；暂停期满后6个月内，未收到企业书面申请的，视为该企业自行放弃相关产品补贴资格，原则上不再恢复。

对补贴资格被暂停或取消前，购机者已购置且经核查未发现违规问题的补贴产品，可按规定向购机者兑付补贴资金。补贴标准确需调整的，由省级农机化主管部门按规定重新组织测算，并将测算结果抄送同级财政部门。

第十六条 对积极配合调查、主动报告问题、有效挽回或减轻损失的违规产销企业，可酌情从轻或减轻处理；但对取消补贴资格的处理决定不得从轻或减轻。对拒不配合调查、拒不执行农业与财政部门处理决定、两次以上发生违规行为的，应从重或加重处理。

第十七条 农业、财政部门可视情况将相关处理决定抄送有关部门，对涉嫌构成犯罪的行为线索应及时向司法机关移送。

第五章 处理程序

第十八条 各级农机化、财政部门接到群众举报投诉、上级机关转办或其他部门转交的违规行为线索后，按照以下程序启动查处工作，全程留痕。

（一）受理登记。各级农业、财政部门组织受理本级补贴产品经营违规行为的举报投诉。上级机关转办或实名反映的违规线索，应予登记。对匿名反映且无具体线索的，经研究可不予登记。举报投诉事项涉及其他部门职权的，按规定移交有关线索。

（二）调查核实。对已受理登记的举报投诉组织调查或转办。经初步调查，对有具体违规线索且违规嫌疑较大的企业，可在农机购置补贴辅助管理系统中对涉及的产品或企业先行采取封闭等防范处理措施。对存在技术争议的，应组织有关部门和专家进行论证。

（三）约谈告知。农业、财政部门在作出正式处理决定前，应履行约谈程序，告知涉事企业其违规情节和处理意见。涉事企业在规定时限内不接受约谈或不配合约谈的，视同无异议。

（四）处理通报。根据调查结果和约谈情况，农业、财政部门应按规定公布有关处理决定。如涉事企业经移交相关部门查实有新的违法违规行为的，农业和财政部门可在职权范围内对其作出进一步处理。

（五）办结存档。调查处理完结后，由承担查处任务的农业、财政部门对相关调查材料等进行审核完结，并存档备查，未经受理登记的相关材料亦应留存，相关材料保存期为5年。

第六章 附 则

第十九条 农机化、财政部门工作人员在补贴政策实施管理中的违纪、违法行为按相关法律法规和规定处理；涉嫌犯罪的，依法移送司法机关处理。

第二十条 本办法所称先行封闭是指经初步调查，发现具体违规经营线索且涉嫌影响范围广的企业，可在农机购置补贴辅助管理系统中先行关闭录入、审核、结算功能的一种防范处理措施；补贴额过高是指单个产品的补贴额超过销售价格的50%以上；虚报是指产销企业销售的产品与公开的参数和配置不符，包括降低配置、减少配置、以小充大、以非补贴产品冒充补贴产品，编造伪造购机的虚假信息，申领财政补贴资金的行为；空套是指未实际购买补贴产品而编造购买事实，实现了套取财政补贴资金的行为；一机多补是指实际购买一台/套补贴产品，而采取非法手段编造资料，两次及以上领取同一财政补贴资金。

第二十一条 农机产销企业和购机者对违规行为处理决定不服，可以按照有关规定申请复核或者申诉。

第二十二条 本办法由云南省农业厅、财政厅负责解释。

第二十三条 本办法自公布之日起实施。以往相关规定凡与本办法不一致的，以本办法为准。

兵团农业局　兵团发展改革委　兵团科技局　兵团工信委　兵团财政局　兵团环保局关于印发《兵团农田残膜污染治理三年行动攻坚计划》的通知

兵农(机)发〔2018〕21号

各师(市)农业局、发展改革委、科技局、工信委、财政局、环保局：

现将《兵团农田残膜污染治理三年行动攻坚计划》印发你们，请认真贯彻执行。

兵团农业局

兵团发展改革委

兵团科技局

兵团工信委

兵团财政局

兵团环保局

二〇一八年一月三十一日

兵团农田残膜污染治理三年行动攻坚计划

一、序言

兵团农田地膜栽培技术大面积推广使用以来，对提高农作物单产水平、耕地保墒节水起到了重大推动作用。但是经过30多年的大范围使用，尤其是超薄地膜的广泛使用，使农田残膜逐年增多，农业面源污染不断加剧，农业生态环境和可持续发展受到严重影响。为从根本上扭转这一严峻态势，牢固树立绿色发展理念，转变农业发展方式，促进农业可持续发展，迫切需要采取综合防治措施，加大农业面源污染综合治理力度，基本实现农业投入品包装物及废弃农膜有效回收综合利用的目标。切实做好这项工作，是保障农业生产和农产品产地环境安全的内在要求，是推动农业生态文明建设的重要举措，对促进兵团农业现代化建设健康发展具有重大的现实和长远意义。

二、指导思想

贯彻中共中央办公厅、国务院办公厅《关于创新体制机制推进农业绿色发展的意见》，坚持质量立兵团、生态立兵团，实施农业绿色发展战略，以建设资源节约型、环境友好型农业生态体系为目标，以推进农业供给侧结构性改革为主线，尊重农业发展规律，强化改革创新、激励约束和政府监管，转变农业发展方式，节约利用资源，提升生态服务功能，按照"遏制增量，减少存量，管住地面，挖出地下"和分级治理的总体要求，加强行政推动，支持社会参与，实行综合治理，建立健全农田残膜污染综合治理工作长效机制，率先解决农田残膜污染突出问题，改善农业生产生活环境，实现农田残膜资源化循环利用，促进农业绿色发展。

三、现状

2017年兵团团场作物播种总面积1 615.89万亩，其中覆膜作物面积1 184.08万亩。兵团团场覆膜作物主要有棉花、玉米、番茄、甜菜和其他作物(工业用辣椒、籽用瓜、蔬菜)等，不同作物覆膜量不同，一般在4.5～5.8千克/亩，初步测算兵团团场年度地膜用量在6～7万吨。依据分级治理的要求，按照残膜含量大小将土地污染划分四个等级，分别为一级轻度污染、二级中度污染、三级重度污染、四级严重污染。2017年兵团农田残膜污染调查面积1164.43万亩，一级轻度污染条田191.1万亩，占16.41%；二级中度污染条田450.84万亩，占38.72%；三级重度污染条田396.45万亩，占34.05%；四级严重污染条田125.99万亩，占10.82%。农田残膜量最高值为76.7千克/亩，最低值为5千克/亩，全兵团加权平均值为19.08千克/亩。

经过三十多年的覆膜种植，残膜对土地污染现象比较普遍，从实际调查看，0～10厘米耕层亩残膜量占总量的28%，以碎片状为主，10～20厘米耕层亩残膜量占总量的40%，大部分呈5～10厘米长条或片状为主，分布不均匀，20～30厘米耕层残膜绝大部分是上年未收净地膜犁地时埋入，占总量的32%，呈长条状不均匀分布。残膜对土地的污染已经到了非治理不可的地步。

四、攻坚目标

到2020年达到或接近农田残膜治理目标，消除残膜对土壤的负面影响。当季地膜回收率达到95%以上，回收地膜100%再利用。杜绝土地残膜含量在10千克/亩以上的团场，力争农田残膜含量降低到5千克/亩。

——机械回收残膜效果明显提高。到2020年，当季地膜机具回收率由2017年的70%提升到90%以上；2018年实现0～20厘米耕层残膜回收机具定型，到2020年回收率达到50%以上；2019年实现0～30厘米全耕层残膜回收机具定型，到2020年回收率达到70%以上。

——耕层残膜含量逐年减少。2018年，一级污染团场由41个增加到70个，占比增加到47.6%。二级团场由现在的58个减少50个以下，占比减少到34%。三级团场由现在的39个减少到27个，占比减少到18.4%；四级污染以上的团场由现在的9个减少到0个；2019年，一级污染团场由70个增加到100个，占比增加到68%。二级团场由现在的50个减少到30个以下，占比减少到20.4%。三级团场由现在的27个减少到17个，占比减少到11.6%；到2020年，耕层残膜含量由2017年的19.8千克/亩减少到5～10千克/亩；147个团场均降为一级。

——地膜回收实现全部再利用。2018年每个师都要建设残膜回收网点和再利用加工企业；2019年残膜回收网点和回收再利用加工企业布局合理；到2020年，全面建立农田残膜回收再利用体系。残膜回收网点和回收再利用加工企业实现全覆盖，全面实现残膜回收再利用或100%无害化处理。

——创新栽培模式。到 2020 年，覆膜作物夏季适时揭膜面积由 2017 年的 150 万亩提高到 800 万亩；在南北疆各选一个团场开展工厂化育苗移栽技术、无膜栽培技术试验攻关。

五、重点任务

针对兵团农田残膜污染综合治理存在的主要问题，通过实施新型高效残膜回收机具创新、实施覆膜栽培模式创新、引导企业创新回收再利用、引导全民树立绿色发展理念等四方面措施，实现农田残膜污染综合治理突破性进展，为实现农业绿色发展奠定基础，当好生态卫士。

（一）技术层面

1. 研发新型高效残膜回收机具。重点研发全耕层残膜回收机具，填补全耕层残膜回收机具的空白；完善 0～30 厘米耕层残膜回收机具性能，提高其可靠性和工作效率，全面推广应用；针对当季残膜回收机具作业效率和作业质量不能满足农艺要求的难题，以研发作业可靠、效率高和成本较低的残膜回收机具为目标，以提高当季地膜回收率达到 90％以上。

2. 土壤残膜含量分级治理。对 41 个一级轻度污染的团场（见附件），要以 0～5 厘米耕层残膜回收机具作业为主，0～20 厘米耕层残膜回收机具作业为辅，确保土壤残膜含量为 5 千克/亩。对 58 个二级中度污染的团场，要以 0～20 厘米耕层残膜回收机具作业为主，0～30 厘米全耕层残膜回收机具作业为辅，确保土壤残膜含量控制在 5～10 千克/亩。对 48 个三级重度污染以上的团场，以 0～30 厘米全耕层残膜回收机具作业为主，加大残膜清理力度，对污染严重的条田可以增加作业次数，有效回收耕层残膜，确保 2020 年达到 5～10 千克/亩的治理目标。

3. 创新栽培模式。通过试验示范，重点突破工厂化育苗移栽技术、无膜栽培技术、夏季揭膜栽培技术，形成适合于新疆气候特点的棉花、玉米等主要作物的新型栽培技术模式，探索一条从源头上控制地膜残留的途径。同时，及时总结经验，逐步扩大示范面积。

4. 引导企业创新残膜回收再利用加工。重点解决农田残膜回收后无处存放、随意堆放和污染环境的难题。建立“企业牵头、网点回收、农户参与、政府监督、市场运作”的残膜回收再利用体系。引导企业投资建设农田残膜回收网点和回收再利用加工，实施农田残膜全部资源化利用，促进农田残膜综合利用和无害化处理。

（二）管理层面

1. 创新体制机制。按照“保护优先，预防为主，综合治理”的原则，发挥市场引领作用，采取政府购买服务等方式，鼓励第三方和社会力量共同参与，合力推动农业绿色发展。建立农田地膜生产、使用、回收、再利用的农田残膜治理长效机制，明确各级部门的属地监管职责，解决农田残膜污染综合治理主体缺位、监管缺失的问题，形成政府推动、政策引导、公众参与、依法管理的共治局面。

2. 明确农田残膜治理主体。抓住团场土地确权颁证和农业供给侧结构性改革工作的机遇，确立土地经营者的农田残膜治理的主体。土地经营者应当保护和保养耕地，及时回收农田残膜并按要求交送指定地点，防止农田残膜对土地的污染。

3. 制定农田残膜污染治理作业规程。重点解决农田残膜治理没有作为必要的作业程序。制定农田残膜污染治理作业规程，明确农田残膜污染治理作业时间、作业机具、作业质量、作业收费、验收标准等，将农田残膜污染治理作为农产品生产全过程中必不可少的农艺措施，最大限度减少残膜对土壤的污染。

4. 依法管理。重点解决有法不依、执法不严的现状。认真贯彻落实《新疆维吾尔自治区农田地膜管理条例》，各级农业部门依法加强对本行政区域内的农田地膜使用和废旧农田地膜回收利用及其污染防治监督管理工作，履行应有职责。完善农田残膜污染综合治理制度。依法强制生产、销售和使用符合标准的加厚地膜，加大对农用地膜质量管控，加大对地膜生产厂家的监督管理。以团场为单位开展地膜使用全回收、消除土壤残留等试验试点。建立农膜生产、使用、回收等综合治理体系，落实使用者妥善收集、生产者和经营者回收处理的责任。

（三）明确各部门职责

各级各部门要切实落实职责分工，加强协作，形成合力。农业部门要做好农田残膜污染治理和回收利用技术的试点示范和推广，组织开展残膜污染治理的检测评估，探索建立第三方残膜污染评估网点，切实加强残膜综合治理监督管理；发改部门要统筹规划，给予农田残膜污染回收网点、再利用企业等重点项目支持；科技部门要按照攻坚计划目标任务加强技术集成和科技攻关，加快推进相关技术的转化应用；工信部门要在企业技术装备改造等方面予以扶持，加强对相关企业的监督检查；财政部门要统筹安排预算，会同有关部门加强资金监管；国土资源部门要把残膜污染治理列入耕地保护责任目标考核，优先保障综合治理设施用地；环保部门负责兵团农田残膜污染治理综合监督管理、考核和有关协调工作；统计部门要参与组织实施农田地膜残留量检测工作，定期向社会发布相关信息；质监部门要强化质量监督管理，督促企业严格执行有关标准。

六、保障措施

（一）加强组织领导

由兵团农业局牵头，统筹推进三年行动攻坚计划的实施，兵团机关有关部门按职责分工，加强配合。各师要建立相应的协调工作机制，加强工作统筹安排。

（二）落实目标任务

兵团农业局会同发改委、科技局、工信委、财政局等部门将三年行动攻坚计划目标任务分解落实到师。各师要将三年行动攻坚计划纳入年度重点工作，结合实际制定具体实施方案，进一步细化分解目标任务，确保落实到位。

（三）开展跟踪服务

兵师各有关部门要进一步增强服务意识，提升服务水平。各师要建立三年行动攻坚计划动态跟踪机制，切实协调解决攻坚计划中遇到的困难和问题，每年 6 月底、12 月底前向兵团农业局报送各项工作进展情况。

（四）强化督查考核

兵团定期组织对兵师团各部门落实三年行动攻坚计划的情况开展专项督查。对完成重点考核指标较好的师团予以通报表扬，对未完成年度重点考核指标且排名靠后的师团由兵团领导约谈。

（五）加强舆论引导

加强对农田残膜污染综合治理的舆论宣传、科学普及和技术推广。充分利用报纸、广播、电视、新媒体等新闻媒介和宣传平台，大力宣传农田残膜污染综合治理工作的重要意义，兵团党委、兵团加强残膜污染治理的总体要求、工作部署和政策措施，推广普及农业清洁生产、环境保护、残膜污染治理的新技术、新机械和综合治理措施，引导职工群众自觉参与农田残膜污染综合治理工作。

附件：兵团各团场农田残膜污染分级汇总表（略）

索 引

说 明

一、本索引采用主题分析索引方法,依据汉语拼音字母顺序排列,同音字按声调排列。

二、类目用黑体字。数字表示内容所在页码或参见页码,数字后字母表示从左到右内容所在栏别。

三、除标题外,机构与负责人、大事记栏目内容不作索引。

A

B

C

D

F

G

H

J

K

L

M

N

P

Q

R

S

T

W

Y

Z